经济教材译丛

（原书第 8 版）

国际经济学

International Economics (8th Edition)

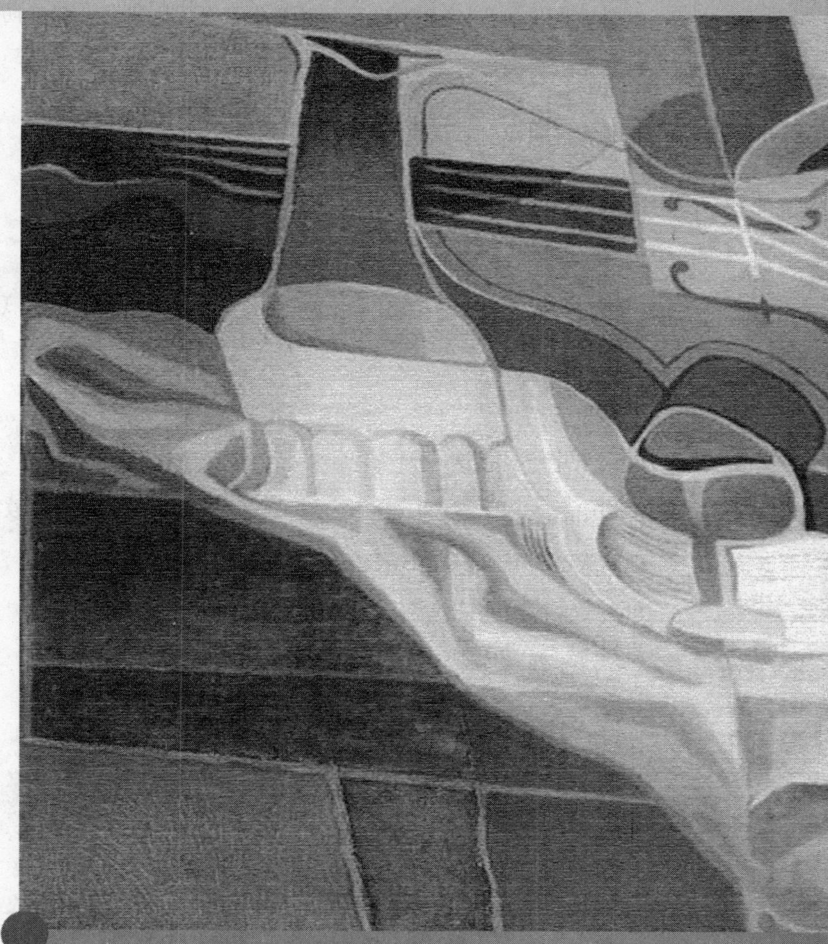

(美) 史蒂芬·赫斯特德 (Steven Husted) 著
匹兹堡大学
迈克尔·梅尔文 (Michael Melvin)
亚利桑那州立大学
黄春媛 译

机械工业出版社
China Machine Press

本书涵盖了国际经济学领域所涉及的国际贸易学和国际金融学的全部知识，并对该领域内的核心理论、政策分析以及日益加强的国际经济一体化进程中的制度因素与历史背景进行了详尽的介绍。本书理论体系完善、内容丰富，具有深厚的微观经济学和宏观经济学基础。

本书适用于高等院校经济学、国际经济与贸易、国际金融等专业的本科生，也可以作为国际经济专业研究生教材。

Steven Husted, Michael Melvin. International Economics, 8th Edition.

ISBN 0-321-59456-8

本书版权登记号：图字：01-2009-6549

图书在版编目（CIP）数据

国际经济学（原书第8版）/（美）赫斯特德（Husted, S.），（美）梅尔文（Melvin, M.）著；黄春媛译．—北京：机械工业出版社，2011.4

（经济教材译丛）

书名原文：International Economics

ISBN 978-7-111-34033-1

Ⅰ．国…　Ⅱ．①赫…　②梅…　③黄…　Ⅲ．国际经济学－教材　Ⅳ．F11-0

中国版本图书馆 CIP 数据核字（2011）第 058456 号

机械工业出版社（北京市西城区百万庄大街 22 号　邮政编码 100037）
责任编辑：胡智辉　　　　版式设计：刘永青
北京诚信伟业印刷有限公司印刷
2011 年 5 月第 1 版第 1 次印刷
185mm×260mm · 25.5 印张
标准书号：ISBN 978-7-111-34033-1
定价：62.00 元

凡购本书，如有缺页、倒页、脱页，由本社发行部调换
客服热线：（010）88379210；88361066
购书热线：（010）68326294；88379649；68995259
投稿热线：（010）88379007
读者信箱：hzjg@hzbook.com

译者序

美国匹兹堡大学的史蒂芬·赫斯特德教授和亚利桑那州立大学的迈克尔·梅尔文博士出版的经典著作《国际经济学》，是一部非常出色的国际经济学教材。本书理论体系完善、内容丰富，具有深厚的微观经济学和宏观经济学基础。本书涵盖了国际经济学领域所涉及的国际贸易学和国际金融学的全部知识，并对该领域内的核心理论、政策分析以及日益加强的国际经济一体化进程中的制度因素与历史背景进行了详尽的介绍。

在国际金融和经济危机不断蔓延的艰难时期，两位作者再次更新了他们的著作，出版了该书的第 8 版。第 8 版除了保持该著作全面、系统、易于学习和掌握的特点之外，还具有如下新的特点。

第一，本书分为两大部分，第一部分（第 1 ~ 10 章）是国际贸易部分，系统介绍了国际贸易的方式及格局、国际贸易的基本理论、国际贸易政策、区域经济一体化、贸易与经济增长的关系以及国际生产要素流动问题。同时独创性地在第 2 章介绍了基本的一般均衡分析方法，向学生介绍了构建经济模型的逻辑和基本方法。第二部分（第 11 ~ 21 章）是国际金融部分，介绍了国际金融市场、国际金融交易、金融工具和国际投资、国际金融危机的最新进展和数据，同时系统介绍了国际收支理论、汇率决定理论、国际货币体系以及开放经济的宏观经济学。基于该书理论结构的完整性和灵活性，读者既可以系统学习国际经济学的全部知识，也可以根据时间和需要选择性地学习相关内容。

第二，本书各章都附有关于现实经济问题的真实案例，内容涉及国际金融危机、各国之间的金融联系、世界贸易组织（WTO）的多哈回合贸易谈判、区域贸易协定、国际保护主义、贸易与环境保护，以及近现代世界经济史等。各章案例都具有权威性和新颖性，可以在加深理解的同时激发学生的学习兴趣。

第三，本书还系统地介绍了世界经济热点等问题，尤其是在第 20 章和第 21 章中补充了大量篇幅来探讨本次全球金融危机。同时新版也增加了反映本学科发展的前沿动态和最新研究成果。

第四，本书具有来源丰富的习题。互联网上一些有趣及时的材料被引入各章内容的相关练习中。每一章结束还附有一个可以做网上练习的参考网站。

本书可以作为学术型和应用型本科院校的经济学、国际经济与贸易、国际金融等专业的课堂教材，也可以作为国际经济专业研究生的参考案例读物，同时还可以作为国际贸易、国际金融等相关领域从业人员的参考用书。

对于本书的翻译，译者忠于原著，并未进行删减。本书的翻译和校对工作由南开大学经济学院国际经济贸易系的黄春媛全面负责。另外，卞超、陈忱、吴爽、彭佳、申琳参加了本书的部分初译工作，在此表示感谢。

限于译者的水平，翻译中的错误疏漏之处在所难免，恳请广大读者批评指正。

黄春媛

2011 年 3 月于南开大学

前　言

自从本书第7版出版以来，发生了很多事情。奥巴马就任美国总统，承诺会在美国经济和对外政策方面实行改制。国际贸易额在近年来第一次下降，在很多受经济衰退困扰的经济体中，政治家们为了限制失业，要求采取保护主义措施的呼声越来越多。由于谈判双方未能就进一步削减贸易壁垒达成一致，WTO多哈回合贸易谈判几近破裂。

当我们写下这些话时，世界正处于一个历史性的国际金融危机之中，而这场危机已使很多国家步入深度衰退的境地并毫无停息的迹象。中央银行的政策利率在几个主要国家已接近为零，政府正雄心勃勃地推出一系列支出和税收政策，旨在减弱危机的影响。理解各国金融之间的联系从未像现在这般重要过。

正如在本书的前几版中所提到的，我们编撰这本书的目的很简单：我们希望在学习国际经济方面给学生提供方便、全面、相关和最新的指导。通过来自使用过这本书的学生和老师的一致好评，我们认为我们已经成功地实现了总体目标。我们的宗旨依然不变。为此，我们对本版进行大幅修订，希望能够涵盖所有的基础知识和许多其他议题，如北美自由贸易协定（NAFTA）和其他一些自由贸易协定或全球金融危机等这些最近大量讨论的主题。

结构介绍

我们力求编写一本涵盖当前国际经济发展的著作，同时也适用于那些只上过一两门经济学课程的学生。为此，我们尽量减少了数学内容，把比较困难的扩展放到附录之中。这本书包含了一系列有用的学习辅助，包括全球视角栏目、与正文中观点相近的现实世界的案例分析，以及每一章末的习题。除了正文中的介绍，我们还将互联网上一些有趣及时的材料引入到各章内容的相关练习中。在每一章结束还附有一个可以做网上练习的世界经济参考网站。这些练习是在标准教材中不太可能用到的动态关联习题。

覆盖范围和重点

为了让学生对书中所讨论问题有较好的感觉，我们引入了现实中的大量数据。例如，第 1 章几乎完全是描述国民经济和国际贸易的模式和方向的。其他表格贯穿全书。在尽可能的范围内，我们力求提供现有的最新的统计数据。

第 2 章是在国际经济学教材上可以找到的较不寻常的章节之一，其用意是提供关于基本的一般均衡分析的复习，特别是向学生介绍构建经济模型的逻辑和方法。本章开始就利用简单的生产可能性边界对封闭经济下的一般均衡做了简单的分析，然后首次介绍了从事国际贸易对一个经济体的意义。接下来的两章使用生产可能性边界作为主要分析工具，详细介绍了古典贸易模型和赫克歇尔 – 俄林（HO）贸易模型。

第 5 章专门介绍了对古典模型和 HO 模型的实证检验，接着简要说明了新的贸易理论，包括不完全竞争和规模收益递增模型。第 6 章用 4 个小节的内容介绍了商业政策和关税。第 7 章探讨的是战略性贸易政策和以环境保护为理由的贸易保护。第 8 章提供了美国贸易政策的大量细节，包括处理环境问题的贸易政策案例分析、与欧盟在香蕉上的贸易纠纷，以及保护美国钢铁业的保障措施。这一章中也对 WTO 多哈回合贸易谈判进行了深入探讨。

第 9 章是完全致力于探讨区域贸易协定的经济学。本章一开始就对这种安排的成本和收益展开探讨，然后转而研究北美自由贸易协定和欧盟。第 10 章以贸易、增长和生产要素的国际流动问题结束了本部分内容。

第 11 章介绍了国际金融及其相关重要概念和数据。第 12 章涉及收支平衡，利用国民收入账户说明了国民储蓄、投资和经常账户之间的联系。第 13 章中对外汇市场的描述超出了其他教材中的一贯内容，描述了 24 小时性质的市场，包括当地交易时间和交易量。第 14 章和第 15 章在现实案例和数据支持下，介绍了价格和汇率、利率和汇率的联系。第 16 章讨论了国际投资，并对 21 世纪前的国际金融危机做了详细分析。第 17 章介绍了国际收支理论。第 18 章是汇率理论。第 19 章分析了国际货币标准的历史和现状，涉及汇率目标区和货币发行局。第 20 章涉及国际银行和国家风险分析。第 21 章介绍了开放经济下的宏观经济学，同时也引入了全球金融危机和宏观影响的新内容。

本版的更新

除了对数据和实例进行更新，我们也对本版做了大量修订。

- 简化了国民需求和供给曲线的推导过程，将较专业的内容移到了附录。
- 第 6 章涵盖了对出口关税的扩展讨论，包括一个关于出口关税在拉美和其他地区实际应用的全球视角。同时也将有效保护率的相关讨论予以删减。
- 第 7 章对非关税壁垒的内容进行了大量修改和扩展。对贸易和美国的污染水平做了全新的透视。
- 第 9 章涉及了美国与其他国家之间的自由贸易协定的一些细节。
- 第 13 章引入了更实际的外汇市场的运作细节。

- 第 14 章利用巨无霸汉堡的实例来说明购买力平价。
- 第 15 章是关于全球化对利率影响的新的探讨。
- 第 16 章对套利交易的投资策略进行了详细介绍。
- 第 17 章详细介绍了汇率变动对价格产生的传递效应的降低，这是发达经济体最新的进展。
- 第 20 章和第 21 章关于全球金融危机的内容，也许是本版最重要的新增内容。

我们希望这些改变有助于读者在学习过程中进一步提高。国际经济学是一个动态学科，世界也在不断变化。作为作者，我们的职责是确保教材涵盖了符合学生水平的所有相关变动。

课程重点的变化

本教材编排灵活，适用于一学期关于国际经济学的纵览，或者是两个学期关于国际贸易和国际金融的较全面的学习。考虑到个别老师可能会对内容有特别偏好，我们提供以下建议：

- 一学期的国际经济学的概况了解：第 1 ~ 4 章、第 6 ~ 8 章、第 11 ~ 15 章和第 19 ~ 20 章。
- 一学期的国际贸易理论课程学习：第 1 ~ 10 章。
- 一学期的国际金融课程学习：第 11 ~ 21 章。

致谢

任何一本教材的完成都离不开朋友与同事的建议、批评和观点。我们得到了很多人的帮助：阿森纳·阿卡、吉姆·卡辛，帕萨卡·高赛尔，约翰 K. 希尔、克季·霍根、道格拉斯·欧文、阿里·库坦、史蒂夫·毛图斯、杰奎·波默罗伊、罗伊·拉芬、史蒂夫·托卡瑞克、马加力·瓦莱罗 - 汤诺尼。特别感谢玛丽·康诺利、贝蒂娜·梅尔文、尤金妮奥·但丁·苏亚雷斯，感谢他们对本书的阅读编辑和校对，以及劳伦斯·奥斐斯，他关于教材内容和层次的想法在本书的第一部分大量引用。

在编写本书的过程中，我们从其他读者的评论中获益良多。对此次出版提供帮助的有邱爱民、罗恩·戴维斯、扎基·尤萨夫扎伊、玛丽·罗斯·利西、雷蒙德·麦克德莫特、马里纳·罗瑟、格里·希蒙斯、尼鲁夫·苏赫拉。前期的出版准备得到了以下各位的帮助：理查德 V. 阿德金森、穆赫辛·巴赫曼尼 - 奥斯库伊、丽塔·巴拉班、劳埃德 B. 布朗、菲利普 J. 布莱森、詹姆斯 H. 卡辛、史蒂芬·斯科特·张、罗伯特 V. 切勒夫、雷蒙德·科恩、阿丁顿·考平、迪恩·科尔特斯、萨蒂亚 P. 达斯、赞恩·丹尼克 - 里姆、威廉·唐纳利、路易斯 R. 盖尔、约翰·吉尔伯特、巴萨姆·哈力克、帕诺斯·哈特齐帕内约托、卢茨·亨德里克斯、麦浩金、托摩塔卡·伊什迈尼、班·纳马·詹恩、马格努斯·约翰森、苏 K. 琼斯、约恩贝·金、丹尼斯·伊比科南、阿迪库·卡尼、威廉 E. 莱尔德、班扬拉卡·李、丹尼尔·李、林启英、克里斯蒂娜·莱贝克、约瑟夫 A. 马金尼、迈克尔 A. 麦克弗森、理查德·米勒姆、迈克尔 H. 莫菲特、威廉 E. 摩根、罗伯特·劳恩、道格拉斯·纳尔逊、约翰·内拉尔、乔希诺·瓦科斯基、瓦尔特 G. 帕克、苏珊·波索、大卫 A. 里克、丹尼尔·瑞安、安德柳亚斯·萨维吉斯、班西 L. 索菲、约翰 A. 肖、加里·布鲁克斯·斯坦，尤金·尼奥苏雷亚斯、爱德华德、迈克尔·韦谢斯、弗兰·克维斯、哈罗德 R. 威廉斯、达雷尔·杨、阿伦 H. 泽曼。我们不可能涵盖他们所有的好建议，但是他们对最终的出版起了很大帮助。培生教育出版集团的编辑人员莫伊尔·卡姆·赛波特、米纳·金、加宾·布罗迪、南希·菲顿、希瑟·约翰逊都尽可能使我们的成果达到完美。

最后，我们还要感谢支持我们的家人，以及那些为我们的教学和教材提供良好方法和主题的国际经济学课程的学生们。

史蒂芬·赫斯特德
迈克尔·梅尔文

作者简介

史蒂芬·赫斯特德

美国匹兹堡大学经济学教授，密歇根州立大学博士。过去的任职包括：经济顾问委员会的高级经济学家；国际货币基金组织的访问学者；澳大利亚国立大学的经济学系和社会科学研究院的客座教授；以及格拉斯哥大学和斯特拉思克莱德大学经济系客座教授。赫斯特德教授的研究兴趣是国际贸易政策和国际金融问题，他已经在《政治经济学杂志》、《经济学与统计学评论》及其他主要期刊上发表了学术论文。

迈克尔·梅尔文

巴克莱国际投资公司货币研究部主管，《国际货币与金融杂志》编辑。美国亚利桑那州立大学院长会杰出学者，前经济学教授。加州大学洛杉矶分校博士学位。过去的经历包括：美联储和国际货币基金组织的访问学者；美国西北大学凯洛格管理学院客座教授；加州大学洛杉矶分校安德森管理学院客座教授；加州大学圣迭戈分校经济系客座教授；夏威夷大学亚太管理学院客座教授。梅尔文教授的研究兴趣是在国际金融领域，并且他已经在《美国经济评论》、《财务杂志》和其他主要期刊上发表了学术论文。

教 学 建 议

一、教学目的

本课程教学的目的在于让学生掌握国际经济学的基本理论与方法，主要包括第1～10章的国际贸易和第11～21章的国际金融两大部分。本书不仅从古典国际贸易理论和购买力平价理论开始逐步介绍了国际贸易与国际金融的相关理论，还针对全球经济发展中的现实问题和研究热点问题给出了许多专题介绍。

二、授课建议

本课程以课堂理论教学为主，案例讨论为辅。建议总学时54学时。

三、授课进度

教学内容	学习要点	课时安排
第1章 国际贸易概述	（1）了解国民经济的内容和特点 （2）了解国际贸易的模式和方向 （3）了解国际贸易的商品构成	2
第2章 国际贸易模型分析工具	（1）理解国际贸易模型基本假设的含义 （2）掌握测度社会福利和进行国际贸易分析的基本工具 （3）了解国家供给和需求曲线的推导	2
第3章 古典国际贸易模型	（1）掌握亚当·斯密绝对优势贸易模型 （2）掌握李嘉图相对优势贸易模型 （3）掌握古典模型的一般均衡解 （4）对古典模型进行评价	4
第4章 赫克歇尔－俄林模型	（1）了解HO理论的基本假设 （2）掌握HO理论的推导过程和结论 （3）了解HO理论的最新发展	4
第5章 贸易模型的检验： 列昂惕夫之谜及其发展	（1）了解对HO理论进行的不同实证检验 （2）掌握对列昂惕夫之谜的解释 （3）掌握产业内贸易的特征	2
第6章 关　　税	（1）掌握自由贸易的利益分析 （2）掌握关税的经济影响和福利成本	2

（续）

教学内容	学习要点	课时安排
第7章 非关税壁垒和关于 贸易保护的争论	（1）掌握配额的福利影响 （2）了解配额和关税的区别 （3）了解其他非关税壁垒的形式和影响	2
第8章 商业政策的历史与实践	（1）了解美国商业政策的历史 （2）了解 WTO、乌拉圭回合和多哈回合的进程 （3）了解美国贸易政策的执行	2
第9章 特惠贸易协定	（1）掌握特惠贸易协定的经济分析 （2）了解北美自由贸易协定、欧盟 （3）了解地区主义与多边主义的关系	2
第10章 国际贸易与经济增长	（1）掌握国际贸易与经济增长的关系 （2）了解国际要素流动的一般理论	2
第11章 国际金融概述	（1）掌握国际外汇市场交易情况 （2）掌握价格与汇率的关系 （3）掌握利率与汇率的关系	2
第12章 国际收支平衡	（1）了解国际收支平衡表的主要内容 （2）掌握国际收支平衡表的均衡与调整	2
第13章 外汇市场	（1）了解即期汇率、远期汇率的意义及其应用 （2）了解套汇、掉期、期货交易的方法与应用 （3）了解央行对外汇市场的干预	2
第14章 价格和汇率：购买力平价	（1）掌握绝对购买力平价 （2）掌握相对购买力平价 （3）理解通货膨胀与购买力平价的关系 （4）了解实际汇率的概念	4
第15章 汇率、利率和利率平价	（1）掌握利率平价 （2）掌握利率、汇率和通货膨胀的关系 （3）了解预期汇率和利率的期限结构	2
第16章 外汇风险、预测与国际投资	（1）了解外汇风险的种类和防范方法 （2）了解国际投资和资产组合多样化 （3）了解资本外逃、外资流入和直接投资	2
第17章 国际收支基本理论	（1）掌握贸易收支的弹性论 （2）掌握贸易收支的吸收论 （3）掌握国际收支的货币论	4
第18章 汇率理论	（1）掌握汇率的资产分析法 （2）掌握汇率的货币分析法 （3）掌握汇率的资产组合平衡分析法 （4）了解冲销和汇率超调	4
第19章 国际货币本位	（1）了解国际货币本位的演变历史 （2）了解汇率制度选择的依据及其影响 （3）了解最有货币区理论及其实践	2

（续）

教学内容	学习要点	课时安排
第 20 章 国际银行业务、债务和风险	（1）了解国际银行业务的起源和发展 （2）了解欧洲银行的存贷利差 （3）了解国际债务和对国家风险的度量	2
第 21 章 开放经济下的宏观 政策及其调整	（1）掌握 *IS*、*LM*、*BP* 曲线的推导 （2）掌握开放经济条件下的宏观经济均衡条件 （3）掌握固定和浮动汇率制度下的宏观经济政策组合 （4）掌握全球金融危机及宏观经济政策的影响	4
课时总计		54

目 录

第1章

国际贸易概述

学习目标

国民经济的特点；

国际贸易的方向；

国家间进行贸易的是什么商品。

国际经济学家研究的是一些令人着迷的问题：全球性金融危机会对国际贸易造成什么影响？近来国际贸易的增长是否加剧了此次危机的影响？美国对国际贸易不断增长的依赖是否导致了美国人失去了“好”工作？美国的公司能抵挡住来自低工资国家公司的竞争吗？WTO 会对美国的政策产生什么影响？为什么美国有如此巨大的贸易赤字，这些赤字对美国经济是有害的吗？美元的适当价值应该是多少？换句话说，国际经济学家所考虑的问题就是那些几乎每天都出现在新闻上的、真实世界中的各种各样的话题。

本书对国际经济学的内容进行了详细的介绍。以上所有提到的问题本书都会进行讨论，并告诉读者经济学家是怎样开展对这些问题的研究的。本书向读者展现了大量的关于国际商品交易范围和性质的信息。同时，我们试图将本书中提到的问题和概念与现实的例子联系起来。最后也是最重要的一点，本书试图向读者提供一种简单的分析工具，让读者能够自己去研究一些诸如上述段落中所提到的问题，并对将来可能出现的经济事件进行分析。

回忆在经济学原理课程中，课程材料被分为两个主要的部分：微观经济学和宏观经济学。总体上说，在国际经济学中，特别是在这本书中，对课程材料也进行了类似的划分。本书前 10 章主要研究国际贸易理论（国际微观经济学）。在这些章节中最重要的是国际商品和服务的交换。特别重要的一些问题有：各国为什么要参与到国际贸易中去？国家之间进行国际贸易的是什么商品？国际贸易如何对经济中的就业数量和分布以及收入水平产生影响？国际贸易应该被关税、配额或者其他国际贸易壁垒所约束吗？如果可以被约束，那么这些约束的限度是什么？国家是如何受到国际劳动力流动和资本流动的影响的？除了这些问题以外，本书中这部分内容还会对贸易政策是如何在美国和世界其他地方形成的进行讨论，以及对各种各样现存的国家间国际贸易安排的形式进行描述。

第11~21章主要研究国际金融问题（国际宏观经济学）。这部分最重要的问题在于国际金融资产的交换。学习的主要内容包括：国际收支平衡；汇率的决定理论；汇率、价格和利率之间的关系；国际银行、债务和风险；不同国家间宏观经济政策的相互影响。在这些章节中还讨论了国际货币体系的演变以及国际组织（比如国际货币基金组织）在当今国际经济中的作用。[㊀]

经济学的目的是要对我们在现实世界中看到的商品交易模式进行解释，国际经济学则是侧重分析国家与国家之间的商品交易。国际经济学的目标是要塑造一个理论框架，使之足够从大体上解释国际贸易现象，并在国际经济的大环境下对可能发生的变化的结果进行预测。因此，本书中大部分的讨论都是为了解释经济行为建立的各种理论。但理论不是在真空中形成的，我们在开始学习理论之前要先了解一些事实。国际贸易对于世界上各个国家有多么重要？哪些国家之间进行贸易？进行国际贸易的都是哪些商品？本章接下来的内容将对以上问题给出实际答案。

1.1 国民经济的特点

目前世界上有190多个国家，它们大小形状各异。一些国家国土面积很大，这些国家中有的人口众多（如中国、印度），有的人口却很少（如澳大利亚、加拿大）。一些国家国土面积狭小，相对于较小的国土面积，有的人口众多（如日本），有的则人口很少（如牙买加、新加坡）。不管国土形状如何，它们都有一些共同的特性，比如每个国家都有经济活动，商品和劳务被生产、交换以及消费。

一国经济活动的范围可以通过很多种方式进行度量。两种最常用的方式是一国的**国民生产总值**（gross national product，GNP）和**国内生产总值**（gross domestic product，GDP）[㊁]。GNP和GDP都是对一国最终销售的商品和劳务总价值的估计。由于商品和劳务的销售形成了这些销售产品的收入，GNP和GDP也可以被看做全部国民收入的指标。GNP和GDP的区别在于产品是由谁在什么地方生产的。GDP表示在一国范围内的产出，而不管生产要素（如劳动力和资本）是国内的还是国外的。GNP表示由国内要素生产的产品，不管这些要素的位置是不是在国土范围内。比如，由加拿大人在美国工厂生产的产品，应该属于美国GDP的一部分，同时也是加拿大GNP的一部分。对大多数国家来说，GNP和GDP只有很小的差异。之所以有微小差异是因为一些生产要素（如劳动力和资本）是可以在国际间流动的。在第10章，本书将会对国际要素流动的经济含义进行讨论。

关于一国生活水平的粗略测量是由一国GNP（或GDP）占其人口的比例计算出的，这被称为一国的人均收入，或人均GNP（或人均GDP）。这从大体上告诉我们，如果一国的产品总值平均分配到每一个社会成员身上，每个人会得到多少。通过这个划分标准，一些国

㊀ 关于国际金融的详细介绍，详见第11章。

㊁ 世界银行出版物现在将GNP称为国民总收入（GNI）。

家是低或中等收入国家（尽管一些居民可能很富有），而其他一些国家是高收入国家（尽管一些居民可能很贫穷）。在本书中，较贫穷的国家被称为发展中国家，较富有的国家被称为发达国家或工业化国家。

所有国家都参与到国际贸易中来，也就是说，一些商品和劳务在一国内生产并销售给其他国家的经济主体（个人、公司、政府），这被称为**出口**（export）。一些在一国内消费的商品和劳务却是从其他国家的经济主体那里购买的，这被称为**进口**（import）。

国家在参与国际贸易的多寡方面有所不同。用出口占 GDP（或 GNP）的比重乘以 100，这一数值（同样也是一个粗略的测量）可以衡量一国参与国际贸易的程度。这个指标被称为**开放度**（index of openness）。总体来说，这一指标数值在 0 ~ 100 之间变化，但高于 100 的值也是可能存在的。[㊀]开放度较大的国家与世界其他国家的贸易量较大，被称为相对开放的国家。开放度较低的国家被称为相对封闭的国家，因为国际贸易只占这些国家经济活动的很小一部分。

为了更好地理解目前为止我们所给出的概念，我们来看看现实世界中的一些数据。表 1-1给出了一组样本经济体的数据。信息中包含使用人口数量和经济体土地面积表示的经济体大小、人均 GNP（以两种方式表示）、1980 年和 2007 年的开放度（出口商品和服务占 GDP 的百分比），以及货物贸易指标（2007 年的进出口额）。

让我们来探索一下表格中所包含的事实。首先，我们注意到，对于每组经济体类别，数据都是以人均 GNP 的升序进行排列。世界上最贫穷的经济体大多位于非洲和亚洲，而最富有的经济体则大多是西欧、北美和太平洋周边的工业化经济体。除了印度，物理大小（国土面积）和人口数量对人均收入几乎没有什么解释力。

表 1-1 样本经济体的主要经济特征

	2007 年人口数量/百万	面积/千平方公里	人均 GNP			开放度		货物和服务	
			2007 年/美元	购买力评价估计/美元	年平均增长率（%）2000 ~ 2007 年	1980 年	2007 年	出口 2007 年（百万美元）	进口 2007 年（百万美元）
低收入经济体									
布隆迪	8.0	28	110	330	−0.8	9.0	5.6	55	350
埃塞俄比亚	79.0	1 104	220	780	4.9	11.0	6.7	1 290	5 320
马拉维	14.0	118	250	750	0.6	25.0	18.9	670	1 380
塞拉利昂	6.0	72	260	660	7.5	18.0	15.6	260	420
尼日尔	14.0	1 267	280	630	0.4	25.0	15.6	650	970
莫桑比克	21.0	802	320	690	5.7	11.0	34.2	2 650	3 210
卢旺达	10.0	26	320	860	3.3	14.0	5.0	165	600
马达加斯加	20.0	587	320	920	0.5	13.0	16.2	1 190	2 590

㊀ 该指标值高于 100，表示该国的出口高于其生产总值（GDP 或 GNP）。当该国大多数的经济活动都是以进口原材料及半成品的加工和最终产品出口为主时，这种情况是有可能发生的。在开放度超过 100 的这些值的计算中，产出总是以附加值——资本和劳务在加工生产中的价值——来计算的，而出口则是以商品的总价值计算的，包含了进口部分的价值。在这种情况下，出口总额就会大于产品的价值增量。

（续）

	2007年人口数量/百万	面积/千平方公里	人均GNP			开放度		货物和服务	
			2007年/美元	购买力评价估计/美元	年平均增长率（%）2000～2007年	1980年	2007年	出口 2007年（百万美元）	进口 2007年（百万美元）
津巴布韦	13.0	391	340	n. a. [①]	−5.2	23.0	60.0	2 050	2 420
乌干达	31.0	241	340	920	2.5	19.0	13.6	1 530	3 350
尼泊尔	28.0	147	340	1 040	1.2	12.0	8.7	888	2 904
多哥	7.0	57	360	800	−0.2	51.0	27.7	690	1 450
中非共和国	4.0	623	380	740	−1.6	25.0	11.4	195	230
坦桑尼亚	40.0	945	400	1 200	4.2	n. a.	12.4	2 005	5 337
几内亚	9.0	246	400	1 120	0.9	n. a.	24.1	1 100	1 190
布基纳法索	15.0	274	430	1 120	2.7	10.0	9.8	660	1 700
孟加拉国	159.0	144	470	1 340	4.0	4.0	18.3	12 360	18 470
马里	12.0	1 240	500	1 040	2.4	15.0	23.6	1 620	2 000
乍得	11.0	1 284	540	1 280	8.8	17.0	48.7	3 450	1 500
海地	10.0	28	560	1 150	−1.4	22.0	9.0	550	1 550
贝宁	9.0	113	570	1 310	0.6	23.0	10.9	590	1 110
加纳	23.0	239	590	1 330	3.3	8.0	28.3	4 320	7 980
肯尼亚	38.0	580	680	1 540	1.8	28.0	14.0	4 140	9 210
塞内加尔	12.0	197	820	1 640	1.9	27.0	14.8	1 650	4 250
毛里塔尼亚	3.0	1 026	840	2 010	2.3	37.0	51.4	1 360	1 510
巴布亚新几内亚	6.0	463	850	1 870	0.1	43.0	73.6	4 610	2 950
巴基斯坦	162.0	796	870	2 570	3.5	12.0	12.2	17 457	32 598
科特迪瓦	19.0	322	910	1 590	−1.5	35.0	42.9	8 400	6 100
尼日利亚	148.0	924	930	1 770	4.3	29.0	40.1	66 500	27 500
组平均			490	1 138	2.0	19.5	23.2	4 933	5 178
中等收入经济体									
印度	1 123.0	3 288	950	2 740	6.4	6.0	12.4	145 228	216 682
刚果共和国	4.0	342	1 540	2 750	1.8	60.0	79.8	6 100	2 900
喀麦隆	19.0	475	1 050	2 120	1.3	28.0	18.2	3 750	3 760
玻利维亚	10.0	1 099	1 260	4 140	1.7	25.0	34.2	4 485	3 446
斯里兰卡	20.0	66	1 540	4 210	4.9	32.0	24.0	7 750	10 840
埃及	75.0	1 001	1 580	5 400	2.7	31.0	12.6	16 201	27 064
洪都拉斯	7.0	112	1 600	3 620	3.4	36.0	17.6	2 160	6 760
菲律宾	88.0	300	1 620	3 730	3.1	24.0	34.9	50 276	57 160
印度尼西亚	226.0	1 905	1 650	3 580	3.8	34.0	27.3	118 163	91 715
巴拉圭	6.0	407	1 570	4 380	1.4	15.0	28.1	3 374	7 280
摩洛哥	31.0	447	2 250	3 990	3.7	17.0	20.0	14 646	31 468
危地马拉	13.0	109	2 440	4 520	1.1	22.0	20.7	6 926	13 758
约旦	6.0	89	2 850	5 160	3.8	40.0	36.4	5 760	13 310
萨尔瓦多	7.0	21	2 850	5 640	1.3	34.0	19.7	3 980	8 677

（续）

	2007 年人口数量/百万	面积/千平方公里	人均 GNP 2007 年/美元	人均 GNP 购买力评价估计/美元	人均 GNP 年平均增长率（%）2000 ~ 2007 年	开放度 1980 年	开放度 2007 年	货物和服务 出口 2007 年（百万美元）	货物和服务 进口 2007 年（百万美元）
厄瓜多尔	13.0	284	3 080	7 040	3.8	25.0	31.1	13 751	13 565
突尼斯	10.0	164	3 200	7 130	3.8	40.0	42.9	15 029	18 980
哥伦比亚	46.0	1 139	3 250	6 640	3.1	16.0	17.1	29 360	32 897
泰国	64.0	513	3 400	7 880	4.7	24.0	62.0	152 469	141 347
秘鲁	28.0	1 285	3 450	7 240	3.5	22.0	25.6	27 956	20 185
多米尼加共和国	10.0	49	3 550	6 340	3.2	19.0	18.3	6 700	13 100
阿尔及利亚	34.0	2 382	3 620	7 640	3.0	34.0	44.0	59 518	27 439
保加利亚	8.0	111	4 590	11 180	6.5	36.0	46.7	18 450	30 034
巴拿马	3.0	76	5 510	10 610	4.2	51.0	6.1	1 200	7 010
哥斯达黎加	4.0	51	5 560	10 700	3.4	26.0	37.1	9 367	12 955
南非	48.0	1 221	5 760	9 560	3.2	36.0	25.1	69 788	90 990
巴西	192.0	8 547	5 910	9 370	1.9	9.0	12.2	160 649	126 581
阿根廷	40.0	2 780	6 050	12 990	3.7	5.0	21.3	55 933	44 780
罗马尼亚	22.0	238	6 150	10 980	6.7	35.0	24.3	40 257	69 712
乌拉圭	3.0	177	6 380	11 040	4.6	15.0	19.4	4 480	5 480
马来西亚	27.0	330	6 540	13 570	3.2	58.0	97.5	176 211	146 982
委内瑞拉	27.0	912	7 320	11 920	3.0	29.0	30.3	69 165	48 951
俄罗斯	142.0	17 075	7 560	14 400	7.0	n. a.	27.5	355 177	223 059
土耳其	74.0	775	8 020	12 090	4.6	5.0	16.3	107 154	169 987
墨西哥	105.0	1 958	8 340	12 580	1.6	11.0	30.5	272 044	296 578
智利	17.0	757	8 350	12 590	3.4	23.0	41.7	68 296	46 108
波兰	38.0	323	9 840	15 590	4.2	28.0	32.7	137 609	160 804
组平均			4 125	7 849	3.5	25.9	30.6	93 441	86 438
高收入经济体									
匈牙利	10.0	93	11 570	17 430	4.2	39.0	68.1	94 160	94 792
斯洛伐克	5.0	49	11 730	19 330	6.0	n. a.	77.5	58 082	60 103
捷克	10.0	79	14 450	21 820	4.4	n. a.	72.8	122 414	117 980
葡萄牙	11.0	92	18 950	20 640	0.3	25.0	23.2	50 994	77 050
韩国	49.0	99	19 690	24 750	4.2	34.0	38.3	371 554	356 648
以色列	7.0	21	21 900	25 930	1.4	44.0	33.4	54 065	58 950
爱尔兰	4.0	70	21 900	25 930	3.2	48.0	47.5	121 068	81 678
新西兰	4.0	271	28 780	26 340	1.9	30.0	20.8	26 950	30 890
西班牙	45.0	506	29 450	30 110	1.8	16.0	16.9	241 962	373 585
希腊	11.0	132	29 630	32 520	3.9	16.0	6.5	23 574	75 553
中国香港特区	7.0	1	31 610	44 050	4.7	90.0	169.2	349 663	370 733
新加坡	5.0	1	32 470	48 520	3.9	215.0	185.5	299 271	263 150
意大利	59.0	301	33 540	29 900	0.2	22.0	23.3	491 532	504 591

（续）

	2007年人口数量/百万	面积/千平方公里	人均GNP 2007年/美元	购买力评价估计/美元	年平均增长率（%）2000～2007年	开放度 1980年	2007年	货物和服务 出口 2007年（百万美元）	进口 2007年（百万美元）
澳大利亚	21.0	7 741	35 960	33 340	2.0	19.0	17.2	141 079	165 331
日本	128.0	378	37 670	34 600	1.6	14.0	16.3	712 839	620 967
法国	62.0	552	38 500	33 470	1.0	22.0	21.6	552 193	613 224
德国	82.0	357	38 860	33 820	1.1	n. a.	40.2	1 326 521	1 059 439
加拿大	33.0	9 971	39 420	35 310	1.7	28.0	31.6	418 493	389 670
比利时	11.0	33	40 710	35 110	1.4	57.0	96.4	432 327	415 752
奥地利	8.0	84	42 700	38 090	1.4	36.0	43.0	162 204	161 800
英国	61.0	245	42 740	34 370	2.1	27.0	16.0	435 615	617 178
芬兰	5.0	338	44 400	35 270	2.8	33.0	36.4	89 656	81 145
荷兰	16.0	41	45 820	39 500	1.2	51.0	73.0	550 636	490 582
美国	302.0	9 364	46 040	45 850	1.8	10.0	8.4	1 163 183	2 016 978
瑞典	9.0	321	46 060	35 840	2.4	29.0	37.9	168 223	150 039
丹麦	5.0	43	54 910	36 740	1.5	33.0	33.5	103 307	99 375
瑞士	8.0	41	59 880	43 080	0.9	35.0	41.3	171 621	160 798
挪威	5.0	324	76 450	53 690	1.8	43.0	36.5	139 424	80 347
组平均			35 564	33 405	2.3	36.3	47.6	316 879	342 440

① n. a. =不可得。

资料来源：World Bank，*World Development Report* 2009（Washington，D. C. World Bank）various tables.

根据表中第3列的数据，大多数中低收入的经济体都相当贫穷。一些经济体的人均GNP低于500美元，相比之下，高收入经济体的人均GNP超过了35 000美元。以印度为例，2007年的人均GNP为950美元。你也许会很奇怪，怎么会有人能在每年如此低的收入水平下生存。对于这个问题，部分答案是基于这样一个事实，即由于不同经济体的生产力水平和政府政策的差异，导致了个体在这样一些中低收入经济体中以较低的价格消费商品和劳务，这一价格低于美国或其他发达经济体人民的消费价格。举例来说，在印度多数城市，中等收入的居民平均每月的房租为100美元，一个男性平均花费50美分到1美元的价格理一次发。这两种价格都明显低于美国的同类消费价格。由于标准的GNP测量是根据产品的代表性市场价格进行测算的，因此在一些国家，其产品价格以美元表示后变得很低，进而导致GNP偏低。

近年来，一些国际组织开始推行一种新的生活水平的测算方法，这种新方法考虑到了国际上商品和劳务支付价格的差异。这些数据回答了这样一个问题：在其他国家和地区，居民以本地市场价格能够买到的东西在美国需要花多少美元才能够买到？测量的核心有一个交换率的概念称为购买力平价（PPP）。表中第4列给出的是2007年基于PPP交换率的人均GNP。[⊖]值得注意的是，对于表格中最贫穷的那些国家和地区，第4列的数值明显要高于第3列。这表明虽然经济体间的人民生活水平仍然存在很大差距，但并不像第3列数据表示出来的有那么极端的差异。举例来说，按照传统的方法测量的印度年人均GNP是950美元，在

⊖ 关于购买力平价的详细解释，见第14章。关于PPP交换率对收入的测量，见Paul Schreyer和Francette Koechlin的“Purchasing Power Parities—Measurement and Uses”，OECD Statistics Brief，March 2002。网址www. oecd. org/dataoecd/32/34/2078177. pdf。

通过 PPP 修正后，这一表示典型印度居民生活水平的数据变成了 2 740 美元。

1.1.1　经济增长

对于表 1-1 中的大多数经济体，2000 ~ 2007 年是一个人民生活水平相对增长较快的时期。表中的低收入经济体人均 GNP 以每年 2% 的平均速度增长（见第 5 列）[⊖]。在这一组中，各经济体的增长率有相当大的不同。有的为年均负增长（津巴布韦 -5.2%），有的为年均正增长（乍得 8.8%、塞拉利昂 7.5%、莫桑比克 5.7%）。事实上，低收入经济体中人口巨大的那些国家（尼日利亚、巴基斯坦、埃塞俄比亚以及孟加拉国）在过去 10 年里都经历了正的年均增长。在这一时期，中等收入经济体的增长是最快的，平均为 3.5%，几乎是高收入经济体人均增长率的 2 倍。

在低收入经济体中，2000 ~ 2006 年期间最严重的负增长出现在津巴布韦、中非共和国、海地和科特迪瓦，这些国家的人均 GNP 都以每年 1% 甚至更高的速率下降。没有任何一个中等收入或高收入经济体在这一时期经历过负增长，尽管在 2008 年年末（表中并未出现）许多经济体出现人均收入水平下降的迹象。人均收入负增长表示平均而言该经济体每个个体的人均收入少于以前的年份。很多因素都可能导致持续性的人均收入下降。在 2008 年，源于美国的金融危机迅速扩散到其他国家和地区，导致了世界经济的低迷，银行和其他金融机构削减了给企业和家庭的贷款。在写本书的时候告知低迷时期会持续多久或者这次衰退影响会有多深还为时过早。

在一些国家，人均 GNP 的下降是由于战争（或者内战）使得工厂和经济基础设施（如港口、公共设备、铁路、机场）遭到破坏引起的。在其他一些国家，也可能是由于该国所依赖的主要经济商品价格的下降所致（如咖啡、铜、可可、糖），并很可能伴随着基于想飞速发展工业化的误导性的政府政策。在一些国家，负增长可能只简单地反映了伴随着人口数量迅速增长的经济停滞。不管是哪种原因，负增长，尤其是长时间内的负增长，是严重经济衰退的征兆。

相反，其他国家在 2000 ~ 2007 年表现出强劲的增长。这些国家一部分位于东欧，包括匈牙利、保加利亚、俄罗斯、罗马尼亚、波兰、捷克和斯洛伐克。在过去的 20 年中，这些国家都经历了不平凡的转型。过去基于中央计划生产的经济体制已经瓦解，并为私人所有制取代。其他在这一时期呈现高增长的国家和地区（年平均增长率超过 3%）还包括阿尔及利亚、中国、希腊、中国香港、韩国、斯里兰卡和泰国。

为什么增长率同时在不同经济体的分组组内和低收入发展中经济体与高收入发达经济体间都有不同呢？这是因为随着时间的不断增长，各经济体的生产要素禀赋（如劳动力、资本和技术）在不断增长，而且不仅是量上的更是质上的。许多经济学家认为经济增长的主要动力来自于工人的知识和技术的积累。[⊜]这种人力资本的增长发生在学校、实验室以及工

⊖ 第 5 列给出了人均 GNP 的变化率。在全文中，我们使用“^”这个符号来表示变量的百分比变化。例如，$\hat{x}$ 表示 x 的百分比变化，如果 x 等于两个数字的比，比如人均 GNP（例如，$x = y/z$，其中 $y = \text{GNP}$，$z =$ 人口数），由一个简单的近似规则可知 x 的增长率 $\hat{x} = \hat{y} - \hat{z}$。我们也不时地利用这一规则。在这种情况下，人均 GNP 与 GNP 的增长成正比，与人口增长成反比。如果 GNP 增长 1%，但人口数增长 3%，那么人均 GNP 就会下降 2%。

⊜ 关于这一说法在 Robert E. Lucas，Jr.，“Making a Miracle，” Econometrica（1993）中有更完整的描述。

作中。对车间和设备的投资对于改进实物资本也非常重要。但至关紧要的是，工人需要在要求他们面临挑战的特定环境下，才能产生新的技术。这种环境出现在出口占总产出比重很大的国家中。对于产品是否能够在国际市场上受到欢迎并具有竞争力的相伴而来的挑战在于，在创新上的不断增长以及源源不断的企业家人才、管理人才以及科学技术的获得。没有来自外部竞争的压力，人力资本的获得以及全面的经济增长都将非常缓慢。因此，在表1-1中我们并不惊讶地看到，许多高增长的经济体都趋于更加开放。

1.1.2 国际贸易

国际贸易对于世界上不同的经济体来说重要性是不相同的。表1-1中的第6列和第7列给出了1980年和2007年的开放度指数。先看一下1980年的开放度指数。对于大多数经济体来说，出口占GDP的比率都在10~40之间。换句话说，大多数经济体的出口占GDP的10%~40%。所有经济体开放度指数的平均值为29。

最开放的经济体是新加坡，开放度指数达到215（即出口是GDP的2倍多）。其他开放程度高的经济体包括中国香港（开放度指数为90）、刚果（60）、马来西亚（58）、比利时（57）、多哥（51）、牙买加（51）、巴拿马（51）、荷兰（51）。最封闭的经济体包括巴西（9）、印度（6）以及美国（10）。这一开放度指数的分布格局指出，越是大型的经济体，其开放程度越低；相反，越是较小的经济体，其开放程度越高。对于这一事实的直观解释是，越是较小的经济体越没有能力生产出那么多当地居民需要的产品，于是对出口产生了需求，因为出口产品可以换取本地无法生产的商品。而越是较大的经济体越有能力生产出多样化的产品，尤其是对于那些拥有丰富的资源和生产要素禀赋的国家来说，情况更是如此。

在1980~2007年间，大多数经济体都变得较为开放了，其平均开放度从29上升到33。但是，随着经济增长，开放度的变化在不同收入组间明显不同。平均来说，低收入经济体仍然保持最封闭的状态。

新加坡（186）、中国香港（169）和马来西亚（98）仍然是最开放的。其他开放程度较高的经济体包括比利时（96）、刚果（80）、荷兰（73）、巴布亚新几内亚（74）、斯洛伐克（78）、捷克（73）、匈牙利（68）和泰国（62）。

总的来说，1980年时比较封闭的经济体，到2007年都变得较为开放了。阿根廷的开放度从5上升到21；中国从6上升到37；加纳从8上升到28；墨西哥从11上升到31。相反，印度（12）、埃塞俄比亚（7）、日本（16）和美国（8）依然保持相对封闭的状态。很有意思的是，尽管从开放度指标来看，美国和日本是两个相对最封闭的经济体，但它们却是在2007年出口总额排名中位居第三和第四位的国家（见第8列）。这表明这两个经济体相对于世界其他国家和地区而言，其规模有多么巨大。尽管美国和日本在国际市场上销售了巨额的商品和劳务，但它们的出口相对于其总的经济活动来说就显得相对很少了，因此它们的开放度才会如此低。

平均开放度的提高预示着国际贸易在世界经济中占有越来越重要的地位。图1-1描绘了1950~2007年间的世界实际总出口和商品总产出（世界GDP）。[⊖]为了节省空间，每一水平系列都被转换成为以1950年为100的指数表示。根据图形显示，产出和出口在1950~1960

⊖ 出口数据中没有包含服务贸易。

年期间增长大致一致。从 20 世纪 60 年代初开始，世界总出口开始以大大超出总产出的速度增长。1973 年，世界总出口比 1950 年的水平增长了 500%，与此同时，世界总产出的增长水平大概是 200% 多一点。1989 年，世界总出口比 1950 年的水平增长了 1 000%，而世界总产出的增长水平是 400% 多一点。如图 1-1 所示，国际贸易在 20 世纪 90 年代飞速增长。从 1990 ~ 2007 年，世界总出口增长了 1 倍多，而同一时期，世界总产出增长了 56%。

是什么导致了国际贸易的这一高速增长？对于这个问题没有一个简单的答案。但在这一时期中，有一个因素扮演了重要的角色，那就是国际贸易壁垒的减少。贸易壁垒包括运输成本和信息成本。随着科学技术在这些领域的发展，比如集装箱运输、超大型油轮以及卫星通信技术和网络技术，现在不同国家买卖双方间的联系交流以及货物运输都更加及时有效。

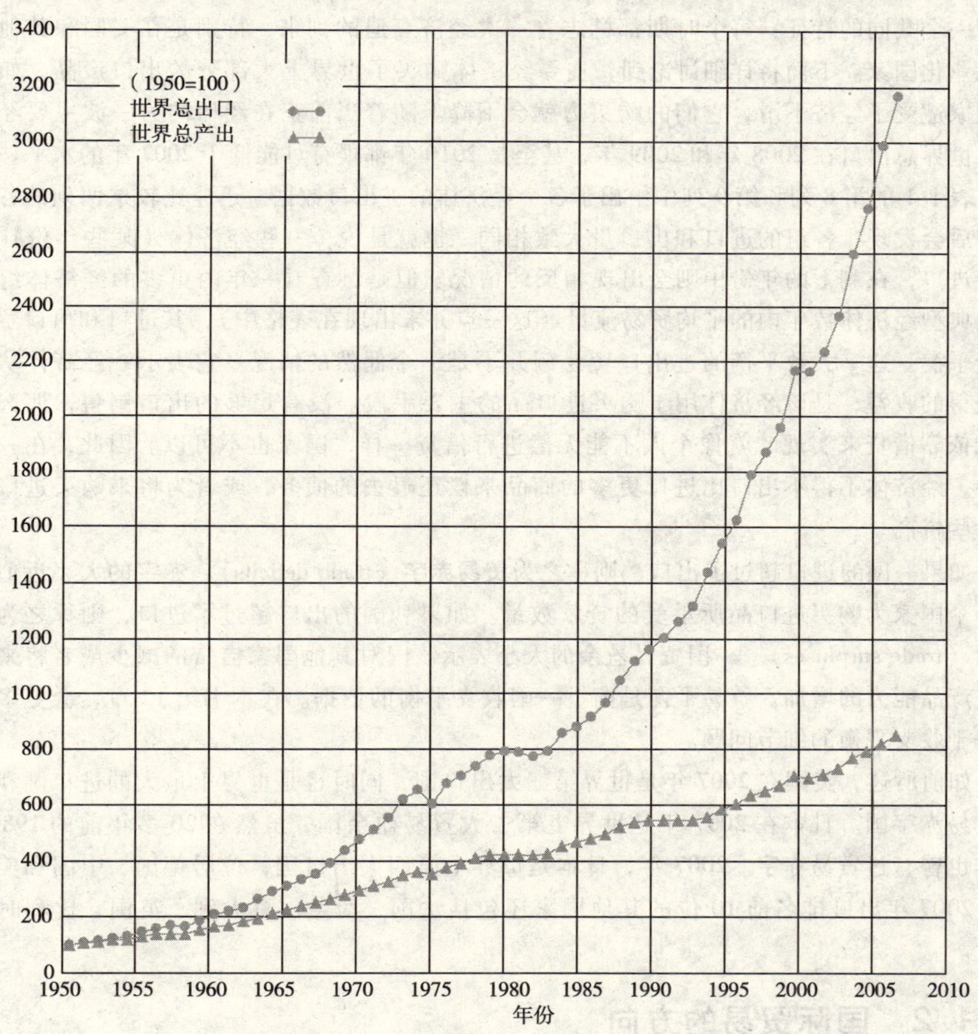

图 1-1　世界实际总出口和总产出：1950 ~ 2007 年

资料来源：World Trade Organization, *International* Trade Statistics 2008, Table A1.

贸易壁垒还包括政府对贸易强加的限制条款，包括关税和配额。在过去的 40 年里，世界各地的政府，尤其是工业化经济体政府，达成了一系列多边协议来降低政府强加的贸易壁垒。一些协议产生于小型的国家群体之中，比如1957年形成的现在我们称之为欧盟的组织，为大部分欧洲国家带来了实质上的自由贸易。还有其他一些协议，比如在20世纪60年代的肯尼迪回合、70年代的东京回合、80年代和90年代初的乌拉圭回合中达成的关税减让协议，在很多国家和地区中都有效。这些协议曾三次成功地将工业化国家的关税总水平降低了超过40%。在本书第6章和第7章中，我们会详细探讨关税以及其他政策是如何影响国际贸易的。在第8章和第9章，本书将谈到贸易壁垒减让和其他一些区域性贸易协议的产生，以及美国当前的贸易政策措施。[⊖]

如图1-1所示，国际贸易在过去的60年里每年都在增长。虽然如此，实际总出口在某几年中却是下降的，主要是在20世纪70年代中期和80年代初，以及2001年。这三个时期都有一个共同的特征：每个时期都标志着一次经济衰退的到来，特别是在美国和其他的主要工业化国家。下面将详细讨论到，主要经济体购买了世界上大部分的出口产品。如果这些国家遭受了经济下滑，它们的购买力就会下降。随着当前正在经历的另一波主要经济下滑，世界总出口在2008年和2009年，甚至是2010年都很有可能低于2007年的水平。

表1-1的第8列和第9列中给出了各个经济体的进出口数据。迅速比较这两列的各组平均数后会发现，各组的进口和出口量大致相同。也就是说，一些经济体（某些年份）出口多于进口，在剩下的年份中则会出现相反的情况。但是，查看一年内更多的经济体组别后或是典型经济体数年内的平均贸易流量（这一点并未出现在表格中），其进口和出口贸易额趋于平衡。这一大致平衡的进出口贸易额并不是一个偶然的情况。它表示一经济体从出口中获得的收益，是该经济体用于购买进口品的主要手段。没有足够的出口销售，那么进口只能依靠借贷来实现。就像个人不能无偿进行借贷一样，国家也不可以。因此，在一些年份中，经济体不得不出口比进口更多的商品来偿还过去的债务，或者为将来购买进口品存下一些资产。

如果一国的进口超过了出口，则称之为**贸易赤字**（trade deficits）。赤字的大小近似表示了一个国家为购买进口品所承受的贷款数量。如果一国的出口超过了进口，则称之为**贸易盈余**（trade surpluses）。一国贸易盈余的大小表示该国对其他国家借贷的减少或者将来购买进口产品能力的增加。贸易平衡是衡量一国收支平衡的依据。在本书第12章，会更多地探讨关于收支平衡的细节问题。

如前所述，美国在2007年是世界第三大出口国，同时也是世界上最大的进口国和最大的贸易赤字国。日本在2007年是世界上第二大贸易盈余国，虽然在20多年前的1980年，日本也曾有过贸易赤字。2007年，日本是世界上第四大出口国，位居德国、中国和美国之后。2007年出口排名前10位的其他国家还包括法国、荷兰、意大利、英国、比利时和加拿大。

1.2 国际贸易的方向

我们已经证实了国际贸易正在不断增长。然而，是否在所有国家贸易都以相同的速率扩

⊖ 关于引起贸易增长超过总产出增长的因素的统计分析，详见Mark Dean和Maria Sebastia-Barriel，“Why Has World Trade Grown Faster Than World Output?” *Bank of England Quarterly Bulletin*（Autumn 2004）。

张？哪些国家相互之间开展贸易？这些贸易模式是否会随时间发生变化？我们现在转而讨论这些问题。图 1-2 同时给出了 1965 年和 2007 年地区间国际贸易的地理分布以及出口总量的数据。贸易额按 10 亿美元计。图中给出了 6 个地区的出口情况。这些地区既包括工业化国家集团（如美国、加拿大和欧盟），又包括发展中国家集团（如拉丁美洲、非洲和中东）。亚洲地区包括 3 个传统工业化国家——日本、澳大利亚和新西兰，几个新兴工业化国家和地区——中国香港、韩国和新加坡，以及众多发展中国家，包括中国、印度、印度尼西亚和巴基斯坦。

图中的数据给出了许多关于贸易模式的程式化事实。[㊀] 首先，数据表明工业化国家占据了世界贸易的绝大部分。1965 年，美国、加拿大和欧盟 25 国生产了全世界出口的 63%。如果我们将澳大利亚、日本和新西兰的出口也包括进去，那么工业化国家的出口构成了同年世界总出口的 70%。[㊁]2007 年，这 30 个国家的出口构成了世界总出口的 63%。

工业化国家不仅是世界最大的出口者，数据表明它们同时也是世界最大的进口者。美国、加拿大和欧盟在 1965 年和 2007 年都是所有地区的首要出口市场。

图 1-2 的一个显著特征在于亚洲作为一个出口生产者的重要性在不断增长。2007 年的世界出口额是 1965 年的 85 倍，但 2007 年亚洲的出口额比 1965 高出 208 倍。在 39 年间，亚洲的出口占全世界贸易的份额从 12% 增长到 29%。正如之前所述，对这一显著增长做出主要贡献的国家是中国、日本以及新兴工业化国家（NIC）。

随着亚洲作为出口生产者重要性的不断增长，拉丁美洲和非洲所占的比重受到侵蚀。拉丁美洲占世界出口的份额从 7% 下降到了 6%，非洲的份额从将近 5% 下降到 2% 左右，北美洲的出口份额在这一时期也出现了下降，从 20% 多下降至 11% 左右。

表 1-2 列出了所选国家和地区 2007 年的主要贸易伙伴。对每一个国家和地区都给出了其商品出口的前十位贸易伙伴。该表揭示了几个普遍的模式。第一，美国是许多国家的主要贸易伙伴，这反映了美国经济的规模以及其相比于世界其他地区的高收入水平。第二，有相当的证据显示，地理距离也会影响贸易模式，加拿大和美国就互为彼此最大的贸易伙伴。

表 1-2　2007 年样本国家和地区的前十大贸易伙伴

货物总出口百分比					
美国		英国		中国	
加拿大	21.37	美国	14.20	美国	19.14
墨西哥	11.74	德国	11.12	中国香港特区	15.13
中国	5.61	法国	8.14	日本	8.38
日本	5.39	爱尔兰	8.01	韩国	4.61

㊀ 程式化事实（或经验性规律）是指在规则基础上由现实世界中的数据所观察得到的模式。例如，年轻人和老年人倾向于超过其收入的过度支出，而中年人倾向于储蓄，这就是消费行为的一个程式化事实。

㊁ 这三个国家的出口水平被包含在亚洲的出口中。1965 年，它们总共出口 125 亿美元，其中日本占 80 亿美元。2007 年，这三个国家的出口共计 8 840 亿美元，其中日本为 7 150 亿美元。

（续）

货物总出口百分比					
美国		中国		英国	
英国	4.33	荷兰	6.80	德国	4.00
德国	4.27	比利时－卢森堡	5.45	荷兰	3.40
韩国	2.98	西班牙	4.50	英国	2.60
荷兰	2.84	意大利	4.13	新加坡	2.44
法国	2.39	瑞典	2.21	俄罗斯	2.34
比利时－卢森堡	2.26	瑞士	1.77	印度	1.97
德国		加拿大		日本	
法国	9.50	美国	20.38	美国	78.91
美国	7.57	中国	15.30	英国	2.83
英国	7.22	韩国	7.60	中国	2.07
意大利	6.68	中国香港特区	5.45	日本	2.03
荷兰	6.50	泰国	3.59	墨西哥	1.10
比利时－卢森堡	5.73	德国	3.17	荷兰	0.89
奥地利	5.48	新加坡	3.06	德国	0.86
西班牙	4.93	荷兰	2.60	挪威	0.82
瑞士	3.79	英国	2.28	比利时－卢森堡	0.71
波兰	3.76	马来西亚	2.11	法国	0.69
墨西哥		印度		巴西	
美国	82.18	美国	16.13	美国	14.91
加拿大	2.39	阿根廷	9.18	中国	8.70
德国	1.51	中国	6.84	阿联酋	8.65
西班牙	1.36	荷兰	5.63	英国	4.35
哥伦比亚	1.08	德国	4.59	中国香港特区	3.64
委内瑞拉	0.86	委内瑞拉	3.01	德国	3.53
巴西	0.74	意大利	2.84	新加坡	3.48
日本	0.70	日本	2.75	意大利	2.76
荷兰	0.70	智利	2.71	韩国	2.75
中国	0.70	墨西哥	2.71	比利时－卢森堡	2.71
新加坡		俄罗斯		埃及	
马来西亚	12.91	美国	9.70	荷兰	12.15
中国香港特区	10.47	意大利	9.47	意大利	7.81
印度尼西亚	9.83	西班牙	7.59	德国	7.48
中国	9.67	叙利亚	5.52	土耳其	5.24
美国	8.91	沙特阿拉伯	4.86	白俄罗斯	4.96
日本	4.81	英国	4.22	乌克兰	4.66
泰国	4.14	法国	3.94	中国	4.51
澳大利亚	3.74	德国	3.81	瑞士	3.95
韩国	3.55	日本	3.21	波兰	3.77
印度	3.34	土耳其	2.59	哈萨克斯坦	3.39

资料来源：International Monetary Fund，Direction of Trade Statistics，November 2008.

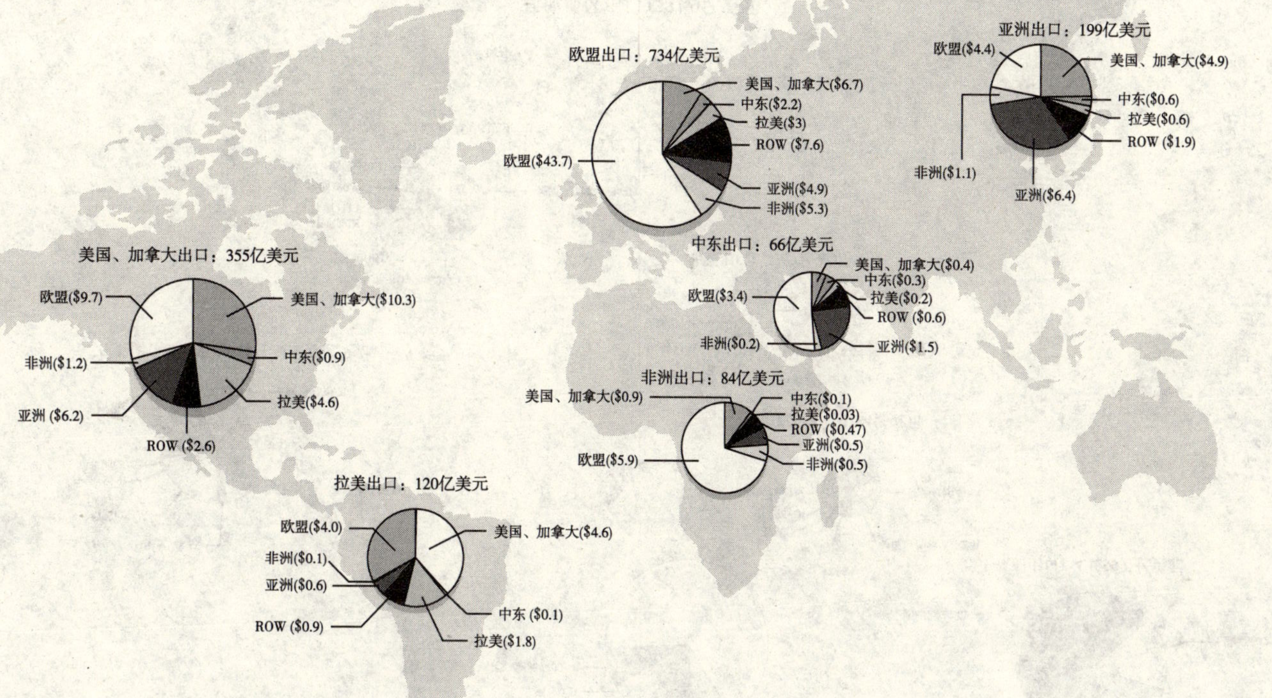

图1-2　货物贸易的地理格局：1965年和2007年

注：欧盟包括奥地利、比利时、塞浦路斯、捷克、丹麦、芬兰、法国、德国、希腊、匈牙利、爱尔兰、意大利、拉脱维亚、卢森堡、马耳他、新西兰、波兰、葡萄牙、斯洛伐克、斯洛文尼亚、瑞典、英国。
亚洲包括澳大利亚和新西兰。
拉丁美洲包括墨西哥。
ROW：世界其他国家。
资料来源：International Monetary Fund, *Direction of Trade Statistics*, November 2008 (Washington, D.C.: International Monetary Fund, Bureau of Statistics)

2007年世界出口：138 300亿美元
欧盟出口：5.2761万亿美元
ROW (580.7)
拉美(106.1)
中东 (153.5)
非洲120.2)
亚洲 (400.1)
欧盟 (3,522.80)
美国、加拿大 (392.7)
亚洲出口：4.1299万亿美元
ROW (192.9)
拉美 (144.9)
中东 (165.7)
非洲 (82)
亚洲(2,222.0)
美国、加拿大(670.3)
欧盟(652.1)
中东出口：7184亿美元
ROW (76.8)
拉美(5.8)
中东(68.3)
非洲(24.2)
亚洲 (331.8)
美国、加拿大(82.4)
欧盟(129.1)
非洲出口：3337亿美元
ROW (15.6)
拉美 (14.9)
中东 (7.1)
非洲(32.3)
亚洲(65.4)
美国、加拿大(87.3)
欧盟 (111.1)
美国、加拿大出口：1.5834万亿美元
ROW (48.6)
拉美(253.7)
中东(55.9)
非洲(20.5)
亚洲 (345)
美国、加拿大(580.5)
欧盟 (279.2)
拉美出口：7903亿美元
ROW (46.2)
拉美(151)
中东(12.3)
非洲 (11.8)
亚洲 (90.9)
欧盟(111.1)
美国、加拿大(367)
其他地区出口1331.9亿美元

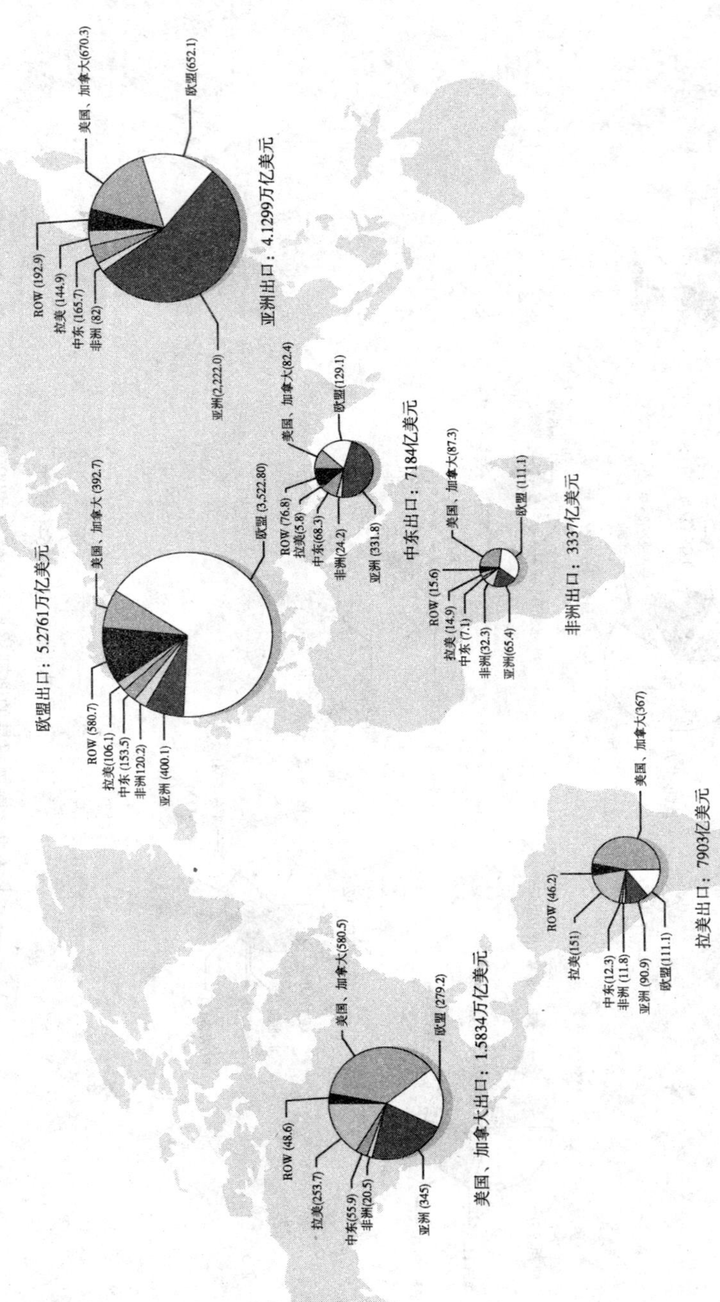

图1-2 （续）

一般而言，英国、法国和德国相互之间以及与西欧国家之间都广泛地开展贸易；墨西哥主要同美国开展贸易；新加坡主要同西太平洋国家和地区开展贸易；而俄罗斯则主要同东欧国家开展贸易。

总结这一节所描述的贸易模式，我们看到工业化国家占据了世界进出口的绝大部分。特别是，最大规模的贸易发生在工业化国家之间。亚洲国家在世界贸易中的份额在过去 30 年里翻了一番，成为排在欧盟之后的第二大出口来源，同时也成为对来自世界其他地区商品的重要消费者。

在国家贸易模式方面，一国倾向于同其邻国开展广泛的贸易。这一现象在欧盟表现得尤为明显，欧盟 2/3 的出口都流向内部其他成员国。而在北美，加拿大、美国和墨西哥互为彼此商品的主要市场。此外，美国还是许多其他国家的重要出口市场。

针对这一节所描述的国家贸易模式，国际经济学家进行了许多实证上的检验。这些经济学家运用引力模型来预测哪些国家之间将会发生贸易。[㊀]引力模型是根据两个贸易伙伴的经济特征估计一国对另一国贸易流量的统计模型。引力模型的一个基本预测是当两国联合 GNP 越高、地理距离越小时，其双边贸易规模越大。在看过这一节所给出的结果后，经济学家毫无疑问地发现引力模型能很好地解释贸易。

1.3 国家间进行贸易的是什么商品

到目前为止，我们已经证实了贸易是世界经济的一个重要（平均占 GDP 的将近 40%）而快速增长的部分，我们也描述了一系列关于总体贸易模式的程式化事实。本节我们将给出有关国家间进行贸易的个体商品的一些信息。在我们考虑单个国家的进出口之前，让我们考察一下哪种商品最可能被用来贸易。

表 1-3 给出了各种商品按其在 2006 年世界贸易中的份额（按价值计）的排序。[㊁]石油从 2003 年的第 3 位上升至 2006 年最大的个体贸易物品（按价值计）。如表 1-3 所示，2006 年的石油出口额大约是 2003 年的 3 倍。石油在那一年排名第一取决于两个相关因素（可能在 2007 年也是如此）：第一，许多发展中国家自 2002 年开始一直持续到 2008 年中期的收入增长刺激了石油需求；第二，加上来自工业化国家的需求，世界石油需求相对于世界供给有所增加，价格在这一时期持续上升。由于对石油的需求是很缺乏弹性的，在石油上的总支出便随价格上升而增加。2006 年，办公用品、计算机及零配件出口排名第二（按价值计），汽车出口排第三。这三种商品在过去 15 年里一直排在世界出口的前三位。

㊀ 更多关于引力模型的理论，见 James Anderson，"A Theoretical Foundation for the Gravity Equation，" American Economic Review（1979）；and J. Bergstrand，"The Gravity Equation in International Trade：Some Microeconomic Foundations and Empirical Evidence，" Review of Economics and Statistics（1985）. 一些近来的实证研究包括 Andrew Rose，" One Money，One Market：Estimating the Effects of Common Currencies on Trade，" Economic Policy（2000），and James Anderson and Eric van Wincoop，"Gravity with Gravitas：A Solution to the Border Puzzle，" American Economic Review（2003）。

㊁ 在表的最左边一列，不同产业根据标准国际贸易分类（SITC）码进行了分类。这种分类将不同产业划分为 10 大类，分别记为 0～9。在每一大类里，又根据生产过程的具体类型进一步划分小类。于是，这些产业分组便有了一个两位数的识别码，其中首位数表示其所属的大类。例如，公路车辆的识别码为 78，首位 7 代表大类机器和运输设备。一个三位数的识别码可以表示划分得更细的类别。例如，客用摩托车的识别码为 781。

表 1-3 1994 年、1999 年、2003 年和 2006 年世界主要产品的世界贸易

（排名、以 10 亿美元计的总价值、所占百分比）

国际贸易标准分类代码	产品名称	1994 年			1999 年			2003 年			2006 年		
		排名	总值	份额	排名	总值	份额	排名	总值	份额	排名	总值	份额
333	原油	3	160.6	4.4	4	216.5	4.1	3	385.3	5.5	1	991.9	8.3
751 +752 +759	办公用品、计算机及零配件	2	183.9	5.0	1	306.1	5.8	1	763.6	10.9	2	545.4	4.6
781	机动车辆	1	205.6	5.6	2	294.2	5.6	2	393.3	5.6	3	533.3	4.5
776	晶体管、真空管等	6	126.7	3.4	3	224.0	4.3	4	292.9	4.2	4	490.4	4.1
334	石油产品	12	74.8	2.0	14	106.3	2.0	11	183.2	2.6	5	426.1	3.6
764	电信设备及零件	11	96.2	2.6	6	169.3	3.2	7	227.6	3.2	6	407.0	3.4
67	钢铁	8	113.5	3.1	10	130.7	2.5	10	185.6	2.6	7	367.0	3.1
54	医药品	16	58.8	1.6	15	104.6	2.0	8	213.5	3.0	8	320.3	2.7
84	服装	4	147.2	4.0	5	185.3	3.5	5	235.0	3.4	9	311.6	2.6
51	有机化学品	14	66.6	1.8	12	116.0	2.2	13	175.5	2.5	10	298.7	2.5
784	机动车配件	9	104.0	2.8	9	132.1	2.5	12	178.8	2.5	11	253.8	2.1
34	天然气及人造煤气	36	26.1	0.7	26	51.2	1.0	17	103.4	1.5	12	229.5	1.9
65	纺织品	5	130.1	3.5	8	147.2	2.8	9	186.2	2.7	13	206.2	1.7
63 +64	纸浆及纸	10	97.6	2.6	11	128.3	2.4	14	157.1	2.2	14	202.7	1.7
58 +893	合成树脂和塑料	7	121.4	3.3	7	164.0	3.1	6	233.5	3.3	15	179.5	1.5
772	电路电气零件	17	51.5	1.4	16	77.5	1.5	16	103.5	1.5	16	165.2	1.4
287 +2 881 682	铜、铜矿及碎屑	28	34.8	0.9	27	50.9	1.0	28	64.7	0.9	17	162.8	1.4
05	蔬菜及水果	15	61.4	1.7	17	71.8	1.4	18	90.9	1.3	18	134.7	1.1
792	飞机	13	69.9	1.9	13	110.0	2.1	15	117.1	1.7	19	132.0	1.1
287 +684	铝土矿、氧化铝、铝	27	35.6	1.0	21	59.4	1.1	24	78.1	1.1	20	128.0	1.1
874	测量仪器	21	44.6	1.2	19	64.3	1.2	19	85.2	1.2	21	127.4	1.1
713	活塞发动机	18	47.5	1.3	18	66.4	1.3	21	83.4	1.2	22	122.3	1.0
821	家具	24	37.9	1.0	22	57.2	1.1	23	78.6	1.1	23	116.9	1.0
782	货车、特殊车辆	22	41.5	1.1	24	54.0	1.0	26	69.9	1.0	24	107.5	0.9
22 +42 +081	含油种子、植物油	35	28.4	0.8	25	51.3	1.0	25	70.8	1.0	25	98.9	0.8

（续）

国际贸易标准分类代码	产品名称	1994年			1999年			2003年			2006年		
		排名	总值	份额	排名	总值	份额	排名	总值	份额	排名	总值	份额
894	玩具、运动制品	30	32.9	0.9	30	44.9	0.9	33	53.1	0.8	26	90.7	0.8
62	橡胶制品	32	30.9	0.8	33	43.0	0.8	32	54.9	0.8	27	86.9	0.7
667	珍珠及稀有宝石	25	37.1	1.0	31	44.9	0.9	29	60.5	0.9	28	86.4	0.7
03	鱼及其制品	37	25.9	0.7	28	47.0	0.9	20	84.3	1.2	29	85.3	0.7
04	谷物及其制品	20	45.2	1.2	23	55.2	1.1	27	67.9	1.0	30	84.0	0.7
723	土木工程设备	43	21.1	0.6	45	24.6	0.5	43	33.4	0.5	31	80.4	0.7
281+282	铁矿及碎屑	47	12.5	0.3	39	31.7	0.6	45	24.6	0.4	32	80.0	0.7
741	制热制冷设备	33	30.6	0.8	36	38.6	0.7	35	50.4	0.7	33	79.8	0.7
851	鞋类	26	36.8	1.0	35	39.7	0.8	36	47.8	0.7	34	79.4	0.7
01	肉及肉制品	23	40.0	1.1	32	43.5	0.8	30	55.4	0.8	35	76.9	0.6
52	无机化学品	38	25.8	0.7	41	31.1	0.6	39	38.3	0.5	36	74.6	0.6
32	煤炭	45	17.3	0.5	46	18.5	0.4	44	26.2	0.4	37	68.0	0.6
714	动力机械	40	25.3	07	29	466	09	31	55.2	0.8	38	675	0.6
24	软木及木材	29	34.4	09	37	36.9	0.7	37	38.7	0.6	39	59.7	0.5
793	船	31	32.1	0.9	34	40.1	0.8	34	52.7	0.8	40	53.9	0.5
112	酒精饮料	42	23.5	0.6	42	30.0	0.6	38	38.6	0.6	41	51.9	0.4
07	咖啡、茶、可可、调味料	34	29.1	0.8	40	31.1	0.6	42	33.5	0.5	42	5.0	0.4
02	乳品及蛋品	41	24.6	0.7	44	26.9	0.5	41	34.0	0.5	43	48.0	0.4
881+882+883	摄影器材	39	25.6	0.7	38	32.1	0.6	40	35.0	0.5	44	36.2	0.3
749	非电子设备及零件	19	46.4	1.3	20	61.1	1.2	22	16.1	0.2	45	22.2	0.2
26 266-267	天然纺织纤维	46	15.5	0.4	47	14.1	0.3	46	15.1	0.2	46	21.3	0.2
	合计		2 779.0	75.3		3 920.0	74.6		5 672.4	80.9		8 442.2	71.0
货物贸易总额(10亿美元)			3 690.0			5 257.0			7 013.0			11 887.5	

资料来源：United Nations, 2006 *International Trade Statistics Yearbook*, United Nations Comtrade Web site, http://comtrade un. org/pb/, and GATT, *International Trade* (Geneva: GATT, various years).

服装、塑料、电子通信设备、医药品、纺织品和钢铁也位于贸易品类别的前10位之中。许多美国人也许曾猜想这些商品会出现在世界进口清单的顶端。在过去的几十年里，美国人熟悉了关于从中东进口石油的新闻故事；在匹兹堡、加里（印第安纳）和其他地方的铁矿关闭；失业的汽车工人从密歇根迁往堪萨斯；服装制造商催促美国人寻找“美国制造”的标识。简而言之，由于美国比世界上其他任何国家都进口更多的商品，它并不会为一些普遍贸易的商品正是美国的主要进口品而感到惊奇。

表1-3还列出了在世界市场上经常交易的其他产品，包括木制品和纸张、石油产品、化学品、医药品和飞机，而这其中许多是美国的出口品。

我们注意到，最常进行贸易的商品是农产品、原材料、半成品或资本品（如石油、钢铁、纺织品、办公设备、谷物、汽车零部件、天然气、塑料、化学品、木材、水果蔬菜、油料、飞机和电子通信设备），很少有例外。消费者直接购买的商品很少作为进口品而在世界市场上直接竞争。[㊀]相反，一个更为普遍的模式似乎是各国纷纷进口原材料或半制成品，并在成品交易之前完成制造过程。

自20世纪晚期起，半制成品贸易有了显著的增长。跨国公司看准世界运输成本和贸易壁垒的降低，将生产组装流程分散到世界各地。这一行为被称为全球化生产（或外包），而这也是解释世界贸易增长的一个主要因素。一些经济学家声称，全球化生产的扩张也许能帮助解释美国及其他地区熟练与非熟练工人之间日益扩大的工资差距。[㊁]更多关于贸易与工资关系的讨论见第4章，而更多关于外包的讨论见第10章。

涉及国际服务贸易的信息没有被包含在表1-3中，但其正成为国际商业中不断增长的部分。2007年，世界服务贸易额总计3.3万亿美元，占整个国际贸易的将近25%。在国际间进行贸易的服务主要有三类：交通运输服务、旅行服务和其他服务。交通运输服务贸易包括一国居民租赁另一国的船舶、航线或机动车辆用以运送货物或人员。例如，美国公司经常从别国（如巴拿马）租借货船把货物运送至外国港口。为使用这些运输工具而形成的所有支出便构成了美国的交通运输服务进口。2007年，交通运输服务占据了整个服务贸易的23%左右。

旅行服务包括一国居民旅行至另一国时而对特定项目的支付，包括住宿、餐饮、旅游等。2007年，旅行服务占整个国际服务贸易出口的约1/4。许多被当做度假胜地的国家，如巴哈马和牙买加，严重依赖旅行服务的出口。

其他服务贸易的例子包括银行、医疗、咨询、保险和教育。例如，外国学生在美国读大学便是美国的教育出口。2007年，其他服务占世界服务贸易的50%略强。

如同在商品贸易中一样，主要工业化国家在服务贸易中也占有重要地位。2007年，美国的服务贸易出口为4 560亿美元，进口为3 360亿美元，这两项都位居世界第一。英国是世界上第二大服务出口国（2 730亿美元），接下来是德国（2 060亿美元）、法国（1 370亿美元）以及西班牙（1 280亿美元）。德国是2007年度的第二大服务进口国（2 500亿美

㊀ 当然，客用摩托车、家用计算机、服装和玩具除外。

㊁ 见 R. Feenstra and G. Hanson, “Global Production Sharing and Rising Inequality: A Survey of Trade and Wages,” in E. Kwan Choi and James Harrigan, eds., *Handbook of International Trade*, (Oxford: Blackewell, 2003)。

元），接下来是英国（1 940 亿美元）、日本（1 490 亿美元）和中国（1 290 亿美元）。⊖

表 1-4 给出了 2007 年样本国家商品贸易的一些细节。⊜ 可以看出，在美国的出口中（第 1 列），差不多有 50% 的商品都是机器和运输设备。在这一组别中，机动车辆（大部分出口到加拿大）占到了美国总出口的 9%，飞机占到总出口的 6%，办公用品（包括计算机）占 5%。美国其他的主要出口品还包括食品——该类产品大多数为谷物（如小麦）、原料（包括纸和造纸木浆）、化学制品以及基础产品。

表 1-4　2006 年样本国家出口产品分类

（占总出口的百分比）

国际贸易标准分类代码	产品名称	美国	德国	日本	中国	英国	加拿大	墨西哥	巴西	新加坡	埃及
0	食品及活动物	5.24	3.49	0.00	2.65	2.79	5.82	4.12	18.43	0.92	5.80
01	肉及肉制品	0.70	0.62	0.00	0.00	0.00	0.93	0.00	6.17	0.00	0.00
04	谷物及其制品	1.53	0.49	0.00	0.15	0.52	1.55	0.00	0.51	0.00	0.00
1	饮料及烟类	0.49	0.70	0.00	0.00	1.76	0.00	1.20	1.31	0.52	0.00
12	烟草及其制品	0.00	0.00	0.00	0.00	0.00	0.00	0.00	1.31	0.00	0.00
2	非食用原料	4.83	1.75	1.21	0.82	1.76	7.58	1.40	16.40	0.63	2.90
24	软木及木材	0.00	0.00	0.00	0.00	0.00	2.40	0.00	1.16	0.00	0.00
3	矿物燃料、润滑油及有关原料	3.37	2.52	0.91	1.84	9.65	19.97	15.44	7.69	13.13	55.07
32	煤、焦炭及煤砖	0.00	0.00	0.00	0.59	0.00	0.80	0.00	0.00	0.00	0.00
33	石油、石油产品及有关原料	2.58	1.69	0.85	1.14	8.78	11.62	15.32	7.69	12.95	33.33
4	动植物油、脂及蜡	0.00	0.00	0.00	0.00	0.00	0.00	0.00	1.02	0.00	0.00
5	化学成品及有关产品	13.06	14.00	8.94	4.59	14.42	7.58	3.52	6.75	11.33	5.07
6	按原料分类的制成品	9.98	14.38	11.46	18.04	11.32	15.31	8.32	18.14	4.27	13.04
65	纺纱、织物、制成品及有关产品	1.22	1.29	1.07	5.03	1.04	0.62	0.88	1.02	0.33	0.00
67	钢铁	1.23	3.01	4.62	3.35	2.12	1.60	1.68	6.89	0.92	5.80
68	有色金属	1.63	2.36	1.55	1.88	2.00	4.82	1.36	3.05	1.03	0.72
7	机械及运输设备	47.69	49.10	63.71	47.09	42.78	31.75	54.08	24.24	57.69	0.72
75	办公用机械及自动数据处理设备	4.73	2.81	3.73	13.88	4.70	1.01	4.92	0.00	11.85	0.00
761	电视	0.00	0.00	0.51	1.34	0.00	0.00	6.64	0.00	0.00	0.00
763	录音机、留声机	0.00	0.00	1.72	2.20	0.00	0.00	0.00	0.00	0.37	0.00
78	机动车辆	8.61	16.25	21.63	2.84	8.03	16.55	15.76	8.64	1.03	0.00
792	飞机	6.43	2.24	0.00	0.00	0.00	2.27	0.00	2.47	0.85	0.00
8	杂项制品	11.19	9.78	8.13	24.56	10.78	5.80	11.08	3.63	6.51	2.17
84	服装及衣着附件	0.47	1.24	0.00	9.85	1.17	0.46	2.52	0.00	0.74	0.72
851	鞋类	0.00	0.00	0.00	2.25	0.00	0.00	0.00	1.45	0.00	0.00
88	摄影器材、光学物品及钟表	0.80	0.64	2.72	0.74	0.63	0.00	0.44	0.00	0.92	0.00
9	未分类的商品	3.98	4.14	5.15	0.40	4.64	5.59	0.72	2.39	4.86	13.77

资料来源：United Nations, 2006 *International Trade Statistics Yearbook*, United Nations Comtrade Web site, http://comtrade.un.org/pb/.

⊖ WTO 已经开始为服务贸易提供数据，并且其重要性已经和商品贸易相当了。更多详情参见 *WTO Annual Report*（Geneva：World Trade Organization）或者参见网址 http://www.wto.org。

⊜ 这一表格也用到了国际贸易标准分类代码来区分产业。

日本几乎所有的出口品（见第3列）都是基础产品（11.4%）和机械及运输设备（63.7%）。铁和钢的出口占到基础产品出口的1/3，机动车辆占到机械及运输设备出口的1/3。

我们来比较一下美国和日本出口结构的不同。美国出口的产品种类更丰富，除了饮料、烟草、动植物油外，所有主要工业产品都有一定量的出口。日本的出口则主要集中在两种工业产品上。怎么解释这种不同呢？

答案之一是资源的可利用性。美国是一个有着广阔耕地和森林的大国，同时也拥有大量的熟练工人和充足的资金，因此美国有生产丰富产品的资源。日本则是一个小国，几乎没有任何自然资源，耕地更是非常稀少，但另一方面，日本有着大量的熟练劳动力，逐渐地，日本公司在新的工厂和设备上进行投资。因此，日本就有了能够生产制成品的资源，但这些资源并不足以生产食物来养活该国的人口，或者生产原料等去支撑它的工业。

我们已经给出了一些解释美、日在出口结构上差异的原因。除此之外，各国进口品的种类给出了对上述问题的又一个解释（但并不完全）。在表1-5中，美国2006年几乎18%的进口都是矿物能源。这就反映了一个事实，即美国的原油供应不足以满足其需求。美国其他的主要进口产品还包括制成品——这种贸易并不完全与国内缺乏资源的工业生产一致。

表1-5　2006年样本国家进口产品分类

（占总出口的百分比）

国际贸易标准分类代码	产品名称	美国	德国	日本	中国	英国	加拿大	墨西哥	巴西	新加坡	埃及
0	食品及活动物	3.13	5.30	7.44	1.03	6.17	4.69	4.69	3.83	1.80	14.98
01	肉及肉制品	0.00	0.69	1.45	0.00	1.19	0.46	1.05	0.00	0.00	2.42
04	谷物及其制品	0.00	0.00	0.95	0.00	0.46	0.49	1.25	1.75	0.00	7.25
1	饮料及烟类	0.87	0.74	1.02	0.00	1.25	0.80	0.00	0.00	0.63	0.97
12	烟草及其制品	0.00	0.00	0.59	0.00	0.00	0.00	0.00	0.00	0.00	0.97
2	非食用原料	1.72	3.52	7.24	8.59	2.31	2.83	2.89	3.61	0.67	7.25
24	软木及木材	0.59	0.00	1.23	0.60	0.46	0.46	0.00	0.00	0.00	2.90
3	矿物燃料、润滑油及有关原料	17.98	12.07	27.92	9.19	8.94	9.12	5.66	18.73	18.77	16.43
32	煤、焦炭及煤砖	0.00	0.48	2.45	0.00	0.66	0.00	0.00	1.86	0.00	0.00
33	石油、石油产品及有关原料	15.90	7.91	20.12	8.68	7.31	7.80	3.90	14.90	18.77	11.11
4	动植物油、脂及蜡	0.00	0.00	0.00	0.40	0.00	0.00	0.00	0.00	0.00	2.42
5	化学成品及有关产品	7.64	11.52	7.05	8.98	9.60	10.26	10.74	18.07	5.99	9.66
6	按原料分类的制成品	12.23	13.91	9.34	8.97	11.63	13.20	15.81	11.39	7.33	12.08
65	纺纱、织物、制成品及有关产品	1.22	1.37	1.07	1.69	1.25	1.26	2.34	1.75	0.46	0.00
67	钢铁	2.06	3.13	1.12	2.23	1.53	3.12	3.05	1.97	1.80	4.83
68	有色金属	2.29	3.23	3.13	2.35	1.93	1.63	2.23	2.96	2.01	0.97
7	机械及运输设备	37.74	37.06	24.50	36.85	33.72	44.81	47.68	37.46	54.67	18.84
75	办公用机械及自动数据处理设备	5.65	4.60	4.56	4.20	4.82	3.66	4.53	2.96	8.13	0.00
761	电视	1.45	0.59	0.00	0.00	0.96	0.69	0.00	0.00	0.00	0.00

（续）

国际贸易标准分类代码	产品名称	美国	德国	日本	中国	英国	加拿大	墨西哥	巴西	新加坡	埃及
763	录音机、留声机	0.88	0.50	0.57	0.00	0.59	0.51	0.51	0.00	0.54	0.00
78	机动车辆	11.22	8.35	2.43	1.75	10.16	16.78	9.72	6.13	1.72	4.35
792	飞机	0.92	2.77	0.88	1.05	0.00	1.49	0.00	1.31	2.43	0.00
8	杂项制品	15.16	10.63	13.61	7.36	13.92	11.66	10.62	6.24	7.29	2.90
84	服装及衣着附件	4.33	2.96	4.13	0.00	3.66	1.94	0.98	0.00	1.05	0.00
85	鞋类	1.05	0.65	0.66	0.00	0.82	0.00	0.00	0.00	0.00	0.00
88	摄影器材、光学物品及钟表	0.71	0.60	1.11	0.93	0.59	0.49	0.66	0.55	1.13	0.00
9	未分类的商品	3.37	4.87	1.69	18.64	12.19	2.49	1.37	0.66	2.72	14.01

资料来源：United Nations，2006 *International Trade Statistics Yearbook*，United Nations Comtrade Web site，http：//comtrade. un. org/pb/.

日本的进口与其出口结构一样，也相对集中。矿物能源是其最主要的进口种类，占到总进口的28%。原料和食物占到15%。也就是说，日本超过40%的进口品都可以解释一个事实，即日本是一个资源稀缺的国家。

因此，下面的贸易格局出现在这两个国家中：日本出口工业产品到世界其他国家交换食物、原料及能源。美国出口工业产品的同时，也出口原料和食物，进口的则是能源、热带产品，以及各种工业产品。

解释美、日这种贸易格局就是在解释分析国际贸易的商品构成。分析是为了寻找下列问题的答案：哪个国家与其他国家进行贸易？交换什么产品？由于世界上有太多的商品和国家，以及各种经济活动，因此很难描述，更不用说理解所有的事情是如何进行的。所以经济学家要建立经济理论——对假设进行简化的国际商业模型，这样基本的经济结构就能够被解释了。在接下来的章节里，我们将会构建这样一些理论。例如，基于比较优势的 HO 定理就表明，一国基于当地的资源和生产要素的数量来决定出口产品种类。本书第 4 章将对这一理论进行详细探讨，其他国际贸易的理论将出现在本书的第 3 章和第 5 章。但首先在接下来的第 2 章，我们要讨论经济学家用来构建理论模型的基本方法。

小 结

1. 国际贸易是世界经济活动中很小但是正在逐渐壮大的部分。在过去的 40 年里，国际贸易以 2 000% 的速度在扩张。
2. 目前，发达国家是国际贸易的主要参与者，它们参与了世界贸易总额的 60%，这些几乎都是发达国家之间的产业内贸易。同时，发达国家也是发展中国家出口产品的最大销售市场。
3. 美国是国际贸易的最大参与国（以进出口总量衡量），它是很多国家的重要贸易伙伴。
4. 大多数国家都倾向于和自己的邻居开展贸易。
5. 虽然机动车目前在世界贸易中位居第三位（按价值计），但大部分的贸易产品还是农产品、原材料、半制成品或资本品。

习 题

1. 解释为什么相邻的国家倾向于开展广泛的双边贸易？
2. 利用表1-4和表1-5的数据以及你对墨西哥经济的了解，总结并解释墨西哥的贸易结构。
3. 在表1-1中找出5个有趣的事实。
4. 在表1-4和表1-5中找出5个有趣的事实。
5. 比较表1-3中1994年和2006年排名前10位的出口品，讨论为什么这些排名会发生剧烈变化？
6. 根据表1-1找出2006年最开放的5个经济体。比较它们的增长表现与表中其他经济体有何不同？
7. 根据表1-4比较美国和加拿大出口结构的异同。有什么明显的原因可以解释你所观察到的现象？
8. 根据图1-2，欧盟内部的贸易占到欧洲贸易的很大比例。这一现象的原因是什么？
9. 根据图1-2，欧盟是非洲和中东出口品的主要市场。你认为哪些产品是这些地区的主要出口品？为什么欧盟是它们最好的市场？
10. 根据表1-5，比较中国和德国的进口结构有何不同。

如需要更多的习题和补充阅读，请访问我们的网址：www.pearsonhighered.com/husted。

第2章

国际贸易模型分析工具

学习目标

一些方法论上的准备；
基本模型：假设；
基本模型：结论；
测度社会福利；
国家供给与需求。

从第1章可以看出国际经济及其复杂性。世界上所有国家参与其中，其中一些国家间贸易量很大，而另一些则很小。从各个国家生产性资源禀赋和经济发展水平角度看，国家之间存在差异。大多数国家有很多贸易伙伴，成千上万种不同类型的商品相互交换。如何理解和解释这些活动呢？

从本章开始，我们回答这个问题。特别的，从本章开始建立一个参与国际贸易的国家的经济模型。一旦该模型或者说理论建立起来，将被用来回答许多重要的问题。例如，为什么国际贸易会发生？为什么会产生贸易利益？贸易的成本是什么？显而易见的是，国际贸易确实伴随着利益，否则人们便不会参与其中。同样明显的是，国家中的个体从贸易中获益并不相同，否则贸易就不会像今天一样持续出现争端。

希望我们的理论能够回答与参与贸易的国家类型相关的许多问题。例如，一国进口什么产品、出口什么产品？这是国际经济关系理论中一个最古老的问题。另外，贸易量是多少？相对于整个经济容量而言，贸易量是大还是小？商品价格是多少？国际比价的一个测度方法是贸易条件，其计算方法是一国出口品的价格除以其进口品的价格。我们将会看到，一国贸易条件的改变与该国从国际贸易中的获利紧密相连。

最后，希望我们的理论能够解释贸易对生产要素的分配效应，即国际贸易如何影响劳动力的工资水平或者资本品所有者的租金？这可能是关于国际贸易最重要的问题；然而，乍一看，贸易对工资和租金好像没有什么影响。但是像美国钢铁工人联合会一样的组织提醒我们，贸易对收入分配影响很大。例如，来自国外钢铁厂商的竞争导致国内钢材的大幅减产以及工会对国内钢铁厂商在工资方面的让步。所以，上述情况导致了反对自由贸易和支持保护主义的呼声。基于此，我们也希望我们的理论能够解释政府如何干预国际贸易及其影响是什么。

本书在国际贸易理论的发展过程中遵循这样的路径：本章集中于经济模型基本元素的建立。我们将注意力放在一个封闭国家的经济上，研究这样一个经济体以理解在没有国际贸易的情况下价格和产出是如何决定的，并便于与开放后的价格和产量做出比较。在接下来两章中，我们将该国引入国际贸易中，并在两章中分别假设这个国家的生产具有不同的特征。从第6章开始，我们研究如何把政府干预引入模型以及这些干预会产生什么影响。

2.1 一些方法论上的准备

经济是由许多在商品服务的交易中相互影响的经济人（包括个人和企业）组成的。在国际经济中，经济被国界分割开来，国家也被看做是经济人。国际经济学旨在阐述国家在商品和服务交易中的相互作用。

经济学家通常通过建立经济模型的方法来帮助他们理解各种经济行为。经济模型就是对这些行为的一种理论上的描述。经济模型存在多种形式，可以只是关于经济行为的一种文字上的描述。文字模型是所有模型中最重要的一种，通常比较简单，便于大众理解，通过这种途径，经济学家能够把他们对于经济现象的理解传递给大众。但是，一个模型要想真正发挥作用，就必须能够应用于各种场合。因此，建立一个好的文字模型的挑战就在于，需要确保该模型有一个潜在的与其内在逻辑相吻合的规范的结构。鉴于数学是逻辑的正规语言，经济学家就经常使用数学这一工具来建立他们的理论。

经济理论的数学表述通常采用两种形式。一种是几何方法，就像我们在本书中经常遇到的一样。几何模型的优点在于，它是规范的数学表述，大多数人理解起来相对简单，而且在分析不同的现象时也相对容易。几何模型的一个劣势在于，它被限制在三维以内，也限制了可以同时被研究或操控的变量的数量。

模型也可以是代数形式的。代数模型很有用，首先，它不受维度的限制；其次，它可以与计算机相连对经济数据进行统计检验或者模拟一个经济行为。

尽管在形式上有所差异，但所有的经济理论都有某些共同的特征。模型是现实的抽象，它们运用关于研究环境或经济人行为的假设，使经济学家做出理论允许范围内的最精确的预测。理论必然要比真实社会简单，因此它们在解释和预测经济行为方面并不总是准确的。诺贝尔经济学奖获得者、经济学家米尔顿·弗里德曼认为，对理论可信度的检测不是去质疑假设的正确性而是应该把理论推导结果与现实相比较。[⊖]如果理论预测经常与现实相矛盾，或者不如其他理论预测的准确，这样的理论就应该被抛弃。这是一个通用于所有科学的方

⊖ Milton Friedman. "The Methodology of Positive Economics," in *Essays in Positive Economics* (Chicago: University of Chicago Press, 1953), 3-43.

法论。然而，这个方法论却很难应用于经济学之中——因为经济学家很难实施控制性试验。

考虑如下的例子：从基础微观经济学中我们知道（在关于供给和需求的一般假设下），向一种物品征税的结果就是提高价格。假设政府对每加仑石油征 50 美分的税，此后不久石油价格下降。难道是经济理论错了么？如果天真地按照上述评判经济学理论的标准来看，答案似乎是肯定的。然而，很容易证明，征税的同时，石油的需求下降了（源于经济衰退或是全国范围的减少碳排放的绿色环保行动），石油价格可能会下降。因此，理想的状态是，我们希望我们的理论可以提供关于世界运转的一个完整的描述，这样我们就可以区分不同的甚至是相互冲突的力量对于整个经济的影响。一旦这些因素被确定下来，理论就可以表述为保持其他变量不变，一个变量对经济的影响。回到我们的例子，我们表达理论的正确方式是，保持其他变量不变，对香烟征税将会导致价格上升。

我们将在以下几章中看到，真实世界与国际贸易理论预测的结果并不总是相符的。在某些情况下，这种不一致促使我们寻找还没有被考虑在内的因素。在其他情况下，这将导致我们发展新的理论。

所有经济理论的第二个共同特征是他们都可以被用来做**实证分析**（positive analysis）和**规范分析**（normative analysis）。实证分析试图回答描述性的问题：对香烟征税对香烟产量和香烟消费量有什么影响？规范分析旨在回答更具说明性的问题：政府是否应该向香烟征税？第一类问题的答案通常没有什么争议，尤其是在经济学家中间。使用同样模型的任何两个经济学家会得出同样的结论（虽然不同的模型会得出不同的答案）。规范分析的答案更多地依赖于价值判断，而且一个经济学家的答案可能与另一个经济学家非常不同。在这本书中，我们试图指出在何时何处应该将我们的价值判断注入分析之中。对于与国际经济相关的各种政府政策最优化问题的不同观点，我们也将尽力给予公平的考虑。

2.2　基本模型：假设

现在我们开始建立一个参与国际贸易国家的基本模型，也就是**一般均衡**（general equilibrium）模型。在一般均衡分析中，对于该国生产以及消费的所有物品来说，生产、消费、价格以及（最终）国际贸易都是同时决定的。

一般均衡模型有很多优点，其最大的益处是它使我们能够追踪一个经济体参与国际贸易后所有部门的变化。一般均衡最大的缺点在于如果我们真的要探索该经济体生产、消费和所有可能被生产或消费的商品价格的同时变化，我们很快就会发现模型太过庞大和复杂以至于很难被有效地运用。因此，我们被迫做出一些简化的假设。下面就首先列出 7 个假设条件。

假设 1： 所有经济人，特别是企业和消费者，都是理性的。

经济人是目标驱动型的。企业以利润最大化为目标做出生产决策，消费者以效用最大化为目标做出消费决策。这是经济学的一个基本原则。如果这个假设不成立，经济行为就会充满随意性且难以被解释。

假设2：世界上只有两个国家，美国（用字母A表示）和英国（用字母B表示）。世界上也同样只有两种商品，大豆（用字母S表示）和纺织品（用字母T表示）。两国的两种商品都完全相同，且两国都消费这两种商品。

这个假设是为几何分析上的便利而设立的。事实上，一般均衡模型可以用代数表示，其中国家数量和商品数量可以是超过2的任何数量，这一章的所有结论都适用于更一般的模型。然而，在某些情况下，当国家的数量超过2时，以后几章的结论并不能很好地维持。我们将指出在什么情况下它是正确的。

假设3：不存在**货币幻觉**（money illusion）。

我们假设当企业做出生产决策或者消费者做出消费决策时，他们会考虑所有的价格而不是只考虑其中一部分。所以，当经济中没有实际量改变时，他们不会改变自己的行为。为了使这个假设的意义更加清晰，我们考虑以下几个例子。

假设一个农民试图决定来年生产何种谷物。他有两种选择（比如说，玉米和小麦），而且付出同样的努力，他可以收获同等数量的粮食。[⊖]假设最初两种产品价格相同，在这种情况下，农民对于生产哪种产品漠不关心，通过投硬币的方式他决定生产小麦。在耕种之前，农民了解到玉米的价格翻倍了。他应该种植玉米么？答案是不一定。首先，他应该弄清楚小麦的价格如何变化，当玉米的价格增量超过小麦的价格增量时，他才应该种玉米。如果小麦的价格也翻倍了，他转而种玉米并不会带来境况的改善。只看到一种产品价格改变而没有考虑其他产品价格改变的农民则产生了货币幻觉。

考虑另外一个例子。假设一个人的工资比上一年增长了10%。具有货币幻觉的人将认为，仅仅是因为他的名义收入提高了，他的购买力（实际收入）也提高了。很明显，事实并非如此，因为他购买产品的价格可能上涨不止10%。

我们如何表示企业和个人在经济体中活动时并不受货币幻觉的困扰呢？答案是所有的经济决策（无论是生产决策还是消费决策）都应该是基于**相对价格**（relative price）而不是**名义价格**（nominal price）做出的。名义价格是指货币价格，如大豆的美元价格，用 P_S 表示，或者是纺织品的美元价格，用 P_T 表示；相对价格是一个价格比例，如 P_S/P_T。为了理解相对价格如何使用，我们看看以下这个重要的规则：

如果 $P_S/P_T=k$，那么1单位S $=k$ 单位T（价值量）

或者　　1单位T $=1/k$ 单位S（价值量）

例如，1蒲式耳大豆价格为10美元，1码布价格为5美元。用布表示的大豆的相对价格，P_S/P_T，就是2，即1蒲式耳大豆在市场上卖得的价钱可以购买2码布。更加需要注意的是，如果两种价格都翻倍或改变同样的比例，结论仍旧是正确的。针对相对价格如何改变生产者和消费者行为的例子，参见全球视角2-1。

⊖ 对于那些熟悉农务的同学，我们知道这是一个非常做作的难以信服的例子，但请接受。

全球视角 2-1　世界对于较高石油相对价格的反应

整个 2007 年和 2008 年初期，石油和汽油价格在世界范围内大幅度攀升。在美国的许多地方，1 加仑石油价格从大约 2 美元上涨到 4 美元。在此期间，鉴于所有其他物品价格均没有如此大幅的增长，汽油价格的增加只被看成是相对价格变化。这一相对价格的改变对美国和全世界的经济行为产生了巨大的影响。2008 年，美国原油和石油月均消费量同比下降 4 个百分点。2008 年 5 月，美国人比上一年同期少开车 97 亿公里，同比下降 3.7%。如下是其他一些关于美国消费者对于相对价格变化的反应。

美国人购买汽车的方向由大型汽车转向更小的、更省油的汽车和低座小摩托车、自行车。如丰田普锐斯混合动力汽车的经销权很快被卖光，潜在的购买者需要排队才能获得这样一辆汽车。福特公司宣布，它将在北美地区的装配工厂大规模改变已有车系，不再生产卡车、越野车和其他耗油量巨大的汽车，转而生产像其在欧洲及油价近年来一直很高的世界其他地区一样的小型省油汽车。据报道，自行车修理厂业务大增。统计数字显示，学生更愿意参加远程网络课堂而不是开车去学校上课，火车和其他公共交通工具乘车量上升，家庭更倾向于购买节能电器。

在世界范围内，生产商采取措施减少对汽油和其他石油产品的使用。国内外航空公司转而购买市场上最节能的飞机机型。印度拉贾斯坦邦的农民使用骆驼而不是拖拉机来耕地。相似的是，田纳西州部分居民使用的是骡子，也不是拖拉机。艾奥瓦州的农民使用空气烘干收获的玉米而不是用丙烷加热器。

这些改变说明为什么经济学家强调相对价格的变化在驱动人们行为改变方面具有重要的作用。2008 年年底汽油相对价格大幅下降，尽管 2009 年年初的消费量依然低迷，但这是由于全球金融危机导致的经济活动和个人收入的大幅下降。节能行为是否继续显然取决于能源相对价格的变化和未来几年整个经济的运行情况。

资料来源：These and other examples can be found in "See U. S. Retools Economy, Curbing Thirst for Oil," *Wall Street Journal*, August 12, 2008. ■

还可以使用图示的方法来阐述相对价格，如图 2-1 所示。

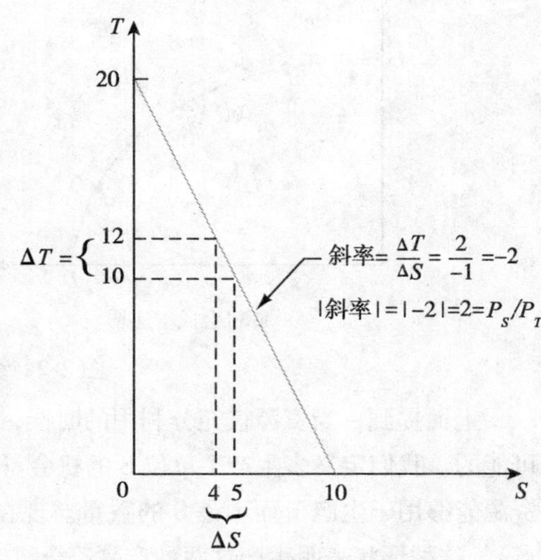

图 2-1　价格线示例

图中在纵轴上测度布的码数，在横轴上测度大豆的数量。假设 P_S/P_T 等于 2。再假设一个农民生产 10 单位大豆并在市场上全部卖掉，用大豆所得他最多能买到多少布呢？因为大豆的价格是布的 2 倍，所以答案是 20 单位。我们通过画一条经过 20 单位 T 和 10 单位 S 的直线来表示这种关系。这条线即为价格线（或贸易条件线）。价格线告诉我们（对于一个给定的相对价格）用一定数量的货币可以买到的两种物品组合的所有可能的情况。

价格线最重要的特征就是其斜率（的绝对值）

即为相对价格 P_S/P_T。再次考虑这个图，如果农民卖 1 单位 S，我们知道他获得的收入可以买 2 单位 T。沿着直线移动反映了等值的贸易——唯一一种非强制的交换类型。

注意直线的端点向我们展示了参与贸易者的收入水平。最初我们假设农民生产 10 单位 S，现在假定他生产 1 000 单位然后带到市场去卖。他最多能买多少 T，答案当然是 2 000 单位。在这种情况下，价格线的端点是 *S* 轴的 1 000 和 *T* 轴的 2 000，这条线的斜率（绝对值）仍然是 2，这是 S 的相对价格。所以，对于任何给定的 S 或 T 的水平，价格线都告诉我们在市场中用一者交换另一者的比例。

最后，假设 P_S/P_T 的值由 2 上升到 3，价格线如何变化呢？它将变得更加陡峭。这意味着什么呢？这意味着同样数量的 S 现在可以换 3 单位纺织品而不是 2 单位。即 T 变得更加便宜，相应地，S 变得更加昂贵。在几何上，斜率大于 1 的价格线意味着 S 相对于 T 来说更加昂贵，斜率小于 1 的价格线则表明 S 相对于 T 来说更加便宜。

假设 4：在每个国家，要素禀赋是固定的，并且每个国家可利用的技术是持久的。

如果这些情况成立，我们就可以用**生产可能性边界**（production possibility frontier，PPF）来阐述一国的供给情况。生产可能性边界告诉我们，在生产技术、生产要素（土地、劳动、资本）、物品 S 产量不变的情况下，一国能够生产的某种物品（如 T）的最大量。图 2-2 阐述了一国生产可能性边界两种可能的形状。图 2-2a 与大多数课本提供的图是相同的。给定这个国家的资源，生产可以在 *DE* 线的任何一点或 *ED* 线以内发生。如果产出正好在边界上，比如说点 *G*，那么资源就是充分利用的，生产也是有效率的。这是因为如果不减少一种物品的生产而增加另一种物品的生产是不可能的。如果生产发生在生产可能性边界之内，比如点 *I*，那么生产存在无效率，因为在不增加该国资源总量的情况下，一种物品或者两种物品的产量都可以增加。生产不可能发生在生产可能性边界之外，如点 *H*，因为这需要这个国家并不存在的额外的资源或者技术。

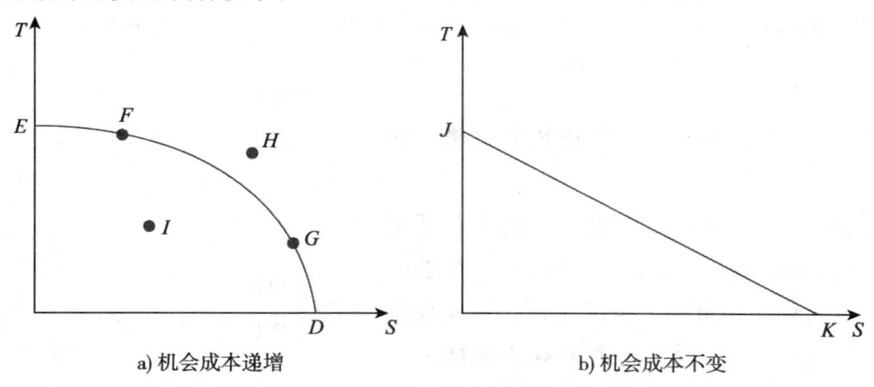

图 2-2 生产可能性边界示例

上面提到，当资源被充分利用的时候，不减少一种物品的生产而增加另一种物品的生产是不可能的。我们定义多生产 1 单位 S 的**机会（或社会）成本**(opportunity(or social)cost) 为生产 S 的资源能够用于生产 T 而不是 S 的数量。现在，注意图 2-2a 的生产可能性边界是弓形的（凹向原点），这种形状表明生产这两种产品符合机会成本递增的假设。也就是说，从 E 点开始（只生产商品 T），随着生产越来越多的 S（经济沿着生产可能性边界下滑），用 T 产量表示的成本增加了。

更简单地说，像图 2-2a 指出的，经济中每多生产 1 单位 S，T 产量的减少量就会增加。从数学上说，我们可以定义多生产 1 单位 S 的机会成本就是生产可能性边界在初始点的斜率，即 $-\Delta T/\Delta S$。⊖

是什么导致机会成本递增？一个可能性是 S 和 T 这两个产业在生产过程中使用要素的组合有所不同。比如，生产纺织品可能需要更多的劳动力，而生产大豆可能只需要少量劳动力。与此相类似，生产大豆可能需要大规模的土地，但是生产纺织品只需要很小的一块地方。现在考虑图中的点 *E*，在该点该国所有的资源都用来生产 T，远离该点时 T 行业必须向 S 行业释放生产要素。假定 T 行业需要大量的劳动和很少的土地，而 S 行业的需要正好相反，有效的资源配置将促使 T 释放相对于劳动来说更多的土地，结果 T 的产出只减少一小部分，而 S 的产出却有很大的增加。但是这个过程不会无限地进行下去，如果 S 的产量继续增加，最终 T 行业将会释放出相对于土地来说越来越多的劳动，随着这种过程的继续，T 的产量将减少得越来越多。

图 2-2b 阐释了另一个假设——机会成本不变。在这种情况下，随着 S 生产的扩张，T 的产量以同等的速率下降。产生这种结果的一种情况是，两个行业生产过程的要素使用比例相等。例如，假设两个行业总是以每公顷土地上雇用 100 个工人的比例来生产，随着一个行业的萎缩，它将会按照这个比率释放要素，产出也是以固定的量减少，同时扩张的行业也会按照这个速率吸收要素，产量以一个固定的量增加。

在下面的这个例子中，我们假定经济不是符合机会成本不变就是符合机会成本递增。虽然这两种情况在现实中都有可能发生，但是大多数经济学家认为机会成本递增假设与现实更加贴近。另一方面，机会成本不变的假设有时非常有用，因为它更容易操作而且对于国际贸易对经济特征的影响有更好的预测。

假设 5：两国的两个行业都符合完全竞争条件，另外，生产过程没有外部性。

前面提到，多生产 1 单位 S 的机会成本（或社会成本）就是在此过程中少生产的 T 的数量。假设 5 保证了市场价格反映的是真实的社会（机会）成本。从微观经济学的基本原则我们知道，一个竞争性企业通过在价格等于边际成本（即最后 1 单位产量的成本）的点上生产来实现利润最大化。如果生产过程没有外部性（例如，生产过程中没有产生污染），那么多生产 1 单位 S 的机会成本就精确地等于生产这种产品所用的资源的价值（包括正常利润）。用这些资源生产 S 的替代方案就是用它们生产 T，因此在这个例子中生产和机会成本完全对应。

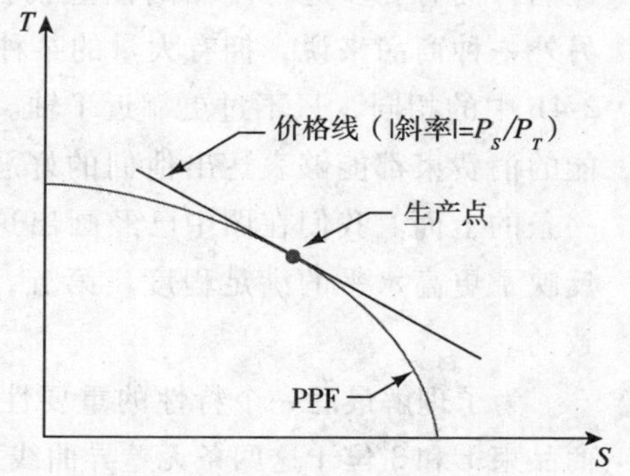

图 2-3 价格线和生产点之间的关系

有两点值得我们更深入地探讨。第一，这个假设提供了一个方便的图解。完全竞争要求价格等于边际成本。在我们的例子中，用 T 表示的 S 的价格等于用 T 表示的生产 S 的成本。或者等价地说，在生产点

⊖ 因为 *PPF* 斜率是负的，我们在机会成本定义前加一个负号，这样成本就可以用一个正数来表示。或者，我们可以定义成本为 *PPF* 在初始点斜率的绝对值。

处，生产可能性边界斜率的绝对值 $|\Delta T/\Delta S|$ 必须等于相对市场价格 P_S/P_T，如图2-3所示。

第二，完全竞争的假设也适用于要素市场。这意味着此处假设在现实中可能存在的使要素所得高于完全竞争要素市场的工会或类似组织并不存在。

假设6：生产要素在各个国家的两个行业间自由流动。

这个假设意味着在要素所得存在差异的情况下生产要素将在两个产业间移动。这就保证了要素（比如说劳动）在该国两个行业中得到相同的要素报酬（如工资）。

假设4到假设6描述了我们将要研究的经济的供给面。下一个假设，即假设7，将与需求相关。然而，在我们给出最后一个假设之前，我们必须离题来复习一下消费者决策理论。

当一个人来到市场的时候，他会遇到很多选择。什么决定了消费者的最终选择？经济学家相信消费者选择每种商品的数量依赖于每种商品的价格、消费者可以花费的总价和对这些商品已有的偏好。在给定价格、预算和偏好的基础上，假定消费者将选择产生最大可能满意度（或效用）的一组商品。

如何阐释消费者效用最大化的过程呢？考虑一个简化的例子。假设琼斯夫人可以在两组物品中选择，每一组都包含一定数量的S和T，这两组商品束在图2-4a中被描绘成点0和1。0组包含 S_0 单位的S和 T_0 单位的T，1组包含 S_1 单位的S和 T_1 单位的T。再假设琼斯夫人不能卖掉或放弃她选择的商品束中的商品。琼斯夫人只有两个选择，她可能更喜欢0商品束，也可能更喜欢1商品束，或者她对两种商品束同样喜欢。经济学家把**无差异曲线**（indifference curve）定义为对单个消费者产生相同满意程度的商品束的轨迹。

无差异曲线有很多重要的特性，我们用2-4b来解释其中的一些。第一，它们是因人而异的，有关于其位置和形状的一切都依赖于被研究个体的偏好。第二，无差异曲线向下倾斜。这反映了两种商品对消费者而言都是真正的“商品”，即如果一组商品T的量变少了，为了使消费者得到同等程度的满足，必须消费更多的S。第三，无差异曲线是凸向原点的。这就体现了人们喜欢多样性这样一个常识，当他们所拥有的一种类型的产品数量越多时，他们对拥有更多这种产品的欲望就会越少。然而，需要注意的是，有人可能偏好相对于另外一种商品来说，拥有大量的某种商品，如T。在这种情况下，无差异曲线的形状与图2-4b中的相同，只不过更靠近T轴。第四，因为——至少假设——消费者对于任何一组可能的消费束都能够表达出他们的好恶，因此会出现无穷的无差异曲线，每一条都位于另一条的上面。我们在图中已经画出这样的三条线。重点需要注意的是更高的无差异曲线反映了更高水平的满足程度。第五，无差异曲线不能相交，这就保证了偏好的排序是一致的。

为了理解最后一个特性的重要性，假设两条无差异曲线相交了，如图2-4c画的那样，商品束1和3位于这两条无差异曲线上。对于此图中的代表性消费者来讲，2（包含了更多的两种物品）比1处于更高的无差异曲线上，因此这个人相对于1来说应该更喜欢2。由于3位于2所在的无差异曲线上，这个人相对于1来说也更喜欢3。但是在这个图中，3还与1位于共同的无差异曲线上，这就意味着这两个商品束提供了相同的满足程度，于是产生了逻辑矛盾。如果个人偏好具有一致性，他或她就不能既认为相对于1来说更偏好3，又认为

1 与 3 无差异。

我们已经了解了无差异曲线的重要特性，现在就可以用这些特性找到解决琼斯夫人满意度最大化的商品束问题的解。假设琼斯夫人打算在商品 S 和 T 上共花费 M 美元。在市场上，她必须为每单位 S 支付 P_S，为每单位 T 支付 P_T，如果她在两种商品上花光 M 美元，那么他的支出必须满足这个公式：

$$P_S \times S_j + P_T \times T_j = M \tag{2-1}$$

式中 S_j 和 T_j 代表琼斯夫人购买的 S 和 T 的数量。式（2-1）就表示了一条价格线（参见假设 3），见图 2-4d。价格线是一条斜率的绝对值等于 P_S/P_T 的直线。价格线的端点代表了这个人在只能花 M 美元买这两种商品时可以买到的最大量的 S（点 E）和 T（点 F）。价格线和无差异曲线的切点决定了这个消费者获得最大水平满意程度的商品组合。价格线上的其他商品组合位于更低的无差异曲线上，代表更低水平的满意程度。而更高的无差异曲线所代表的商品组合使用现在已有的预算是购买不到的。

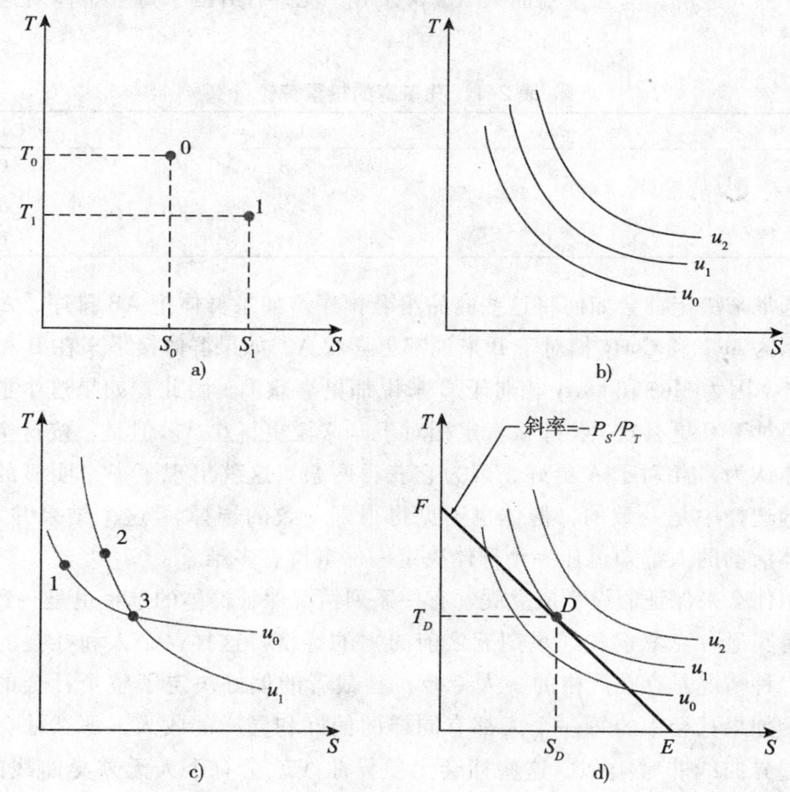

图 2-4　无差异曲线和个体效用最大化

现在我们来细想一下。你在成千上万的情况下到商店去购物，你是否曾经意识到你有无差异曲线吗（像经济学家认为你有的那样）？答案很可能是不。这个事实能够把前面的那些讨论归于无用么？再一次，答案是不。重要的（也是前面的分析试图反应的）是给定一系列约束条件，如你的预算约束以及要买的产品的价格，你最终决定购买的是能够带给你最高满足程度的商品。图 2-4d 简化了这个过程。

我们现在把分析方向由单个个体及其做出的选择转移到一组个体（如一个社区或一个

国家）的选择。为此，我们做出如下的假定。

假设7：一个社会的消费偏好可以用一系列社会无差异曲线来表示。

也就是说，我们假设有一组**社会无差异曲线**（community indifference curve，CIC）来表达社会在面对不同商品组合时的偏好，就如同个人无差异曲线表现个人的偏好一样。如果这些曲线是一致的，它们拥有我们已经讨论过的个人无差异曲线的一切特性。

结果是，假设7非常有用。它的意思是，不同的个体可以被分成一组然后在所有的消费可能上排序。但是在现实世界中，这比看起来要难。群体如何做偏好的选择呢？一种方法是选举。做出的决定反应大多数投票者的偏好。如同以下的例子所表示的，在这样的选举中，如果人们之间意见不同但是在他们个人的偏好上显示出一致性，他们作为一个组很可能不存在一致性。

考虑一个三人经济，与三个商品束A、B和C。表2-1给出了每个个体对这三种商品的排序。

表2-1 孔多塞的投票悖论

偏好排序	Moe	Larry	Curly
1	A	B	C
2	B	C	A
3	C	A	B

现在用选举来决定社会如何将这些商品组合排序。如果群体把AB排序，A将以两票对一票胜出，因为Moe和Curly相对于B来说都更喜欢A。如果群体接下来在B和C中间做选择，B将胜出，因为Moe和Larry相对于C来说都更喜欢B。因此，如果这个群体相对于B更喜欢A，相对于C更喜欢B，那么肯定相对于C来说更喜欢A。但是，按这个表格所显示的，这个群体认为C相对于A更好，因为它获得两票。这就出现了一个明显的问题。即使个体在他们的选择中是一致的，群体也不见得得到一致的选择。㊀这个结果并不让人惊讶。任何熟悉集体活动的人都知道让一个群体决定一件事情有多难。

那我们用什么来保证假设7成立呢？有一系列情况保证群体的选择也是一致的。一种情况是单人、鲁宾逊－克罗索式（星期五之前的）的经济。这样，个人和社会的偏好显然是一致的。第二种情况是存在严格的一人专政，独裁者的偏好决定了整个社会的选择。最后一种情况是，如果社会中的每一个人都有同样的偏好和同样的收入，那么社会无差异曲线就同个人无差异曲线非常类似，这些社会无差异曲线就会有个人无差异曲线的所有特征。现在我们假设最后一种情况成立。㊁

㊀ 这个悖论最开始是由法国数学家Marquis de Condorcet（1743—1794）提出的。想知道更多关于建立社会无差异曲线的问题，请看Kenneth J. Arrow, Social Choice and Individual Values（New York：John Wiley and Sons，1951）。

㊁ 想知道更多关于社会无差异曲线的解释和几何原理，参见Edward Tower，“The Geometry of Community Indifference Curves” Weltwirtschaftliches Archiv（1979）。

2.3　基本模型：解

我们已经做了基本假设，现在将直接求解一般均衡模型的解。特别地，我们将结合供给和需求因素来找到生产、消费和价格。然而在这样做之前，需要注意的是，我们得到的是**封闭**（autarky）条件下的解。封闭意味着自给自足。一个自给自足的国家是放弃参与国际贸易的国家，这样的经济被认为是封闭经济。因此封闭条件下的解即是封闭经济的一般均衡解。图 2-5 阐释了在机会成本不变假设下的解。直线 EF 是这个经济的生产可能性边界。线 CIC_0 、CIC_1 和 CIC_2 代表这个国家的几条社会无差异曲线。供给和需求如何在这个模型中相互作用呢？回忆假设 1，所有经济人都是理性的。因此消费者希望购买使他们满足程度最大化的商品组合。供应商通过他们的生产决策来试图满足消费者的需求。从图中很容易看出，消费者在 Z 点，即社会无差异曲线和生产可能性边界的切点，达到效用最大化。因此，点 Z 是这个经济体理想的消费点。既然这个经济是封闭的，点 Z 也是理想的生产点——即生产商通过生产社会需要的商品来实现利润最大化。结论是，在封闭条件下，这个国家将生产和消费包含 S_Z 单位大豆和 T_Z 单位纺织品的商品组合。

我们已经建立了两种商品的生产和消费水平。那它们的相对价格是什么呢？从假设 5 可以看出，价格比率是由位于生产点的生产可能性边界的斜率来决定的。因此，本例中的价格比率对应的是线段 EF 的斜率。这是一个有趣的结论，因为它表明只要这两种商品都被生产——如果生产是在机会成本不变的情况下进行的——那么需求在决定相对价格上毫无作用。在这样一个世界中需求的唯一作用是确定两种商品产量的精确组合。

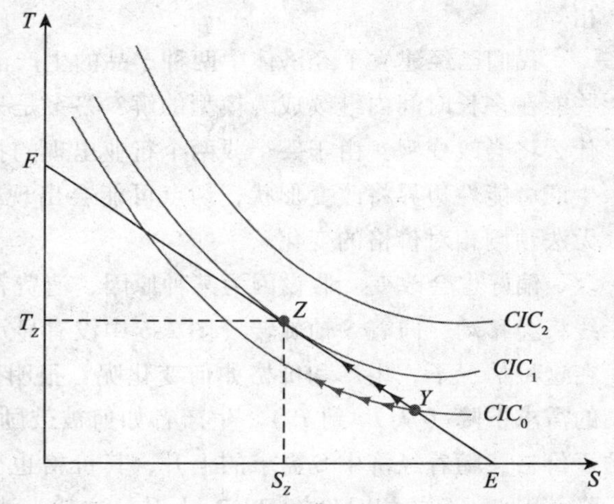

图 2-5　封闭经济的一般均衡：机会成本不变

需求如何与供给相互作用来保证经济在 Z 点运行？如果生产者猜测错误在 Z 点以外的点（如 Y 点）进行生产会如何呢？如果生产最初发生在 Y 点，与消费者的欲望相比，更多的 S 和更少的 T 被生产出来了。消费者只有在 S 的相对价格降到无差异曲线 CIC 与生产可能性边界相交的 Y 点所确定的斜率相等时，才会对这组产品表示满意，即消费者为 S 支付的价钱——相对市场价格——比他们愿意付的价格要高。于是 S 的消费量将有下降的趋势，在市场上产生 S 的短期过剩供给，这又会导致 S 生产的减少（例如，生产有短期的向生产可能性边界内部移动的趋势）。随着要素在 S 行业变得失业，他们将在 T 行业重新被雇用。随着重新被使用的要素和 T 的产量的增加，经济向 Z 点移动，重回生产可能性边界。

在机会成本递增的经济中，需求起着更有趣的作用。图 2-6 阐释了这种情形。我们同样通过生产可能性边界（曲线 GH）来反映生产情况，用社会无差异曲线（CIC 曲线）来反映需求情况。像以前一样，最优生产消费点是由生产可能性曲线和社会无差异曲线的切点决定的，用点 X 表示。S 的相对价格是生产可能性边界在 X 点的斜率。

如果生产者在 X 点外的其他点生产，经济如何做出反映呢？考虑在点 U 生产会发生什么情况？在该点，T 的生产超过一般均衡水平而 S 的生产低于一般均衡水平。在点 U，消费者愿意为 S 付更高的价格（由该点的社会无差异曲线的斜率决定），消费者需求的压力使 S 的相对价格上升，促使 S 的生产商增加产量，T 生产商减少产量。国民产出上的这些效应将使经济朝 X 点移动，在该点消费者愿意支付的价格和它们需要支付的市场价格完全相等。

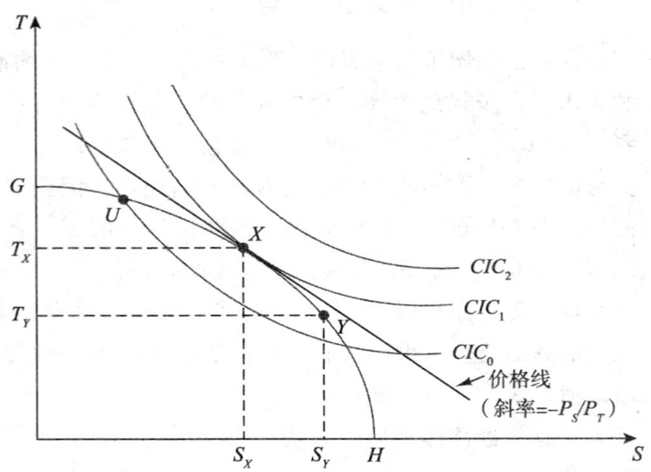

图 2-6 封闭经济的一般均衡：机会成本递增

我们已经建立了经济体中两种产品的生产消费水平和它们在市场上交易的相对价格。这些能在多长时间内继续成为模型的解？答案是只要没有任何条件改变，X 仍然是最优点。但什么将会改变呢？由于一个或两个行业出现的技术进步，生产状况将改变。在这种情况下，生产可能性边界将改变形状，切点可能会出现在更高的点上。如果没有更多的信息，我们无法预测相对价格的变化。

偏好也会改变。假设因为某种原因，消费者群体增加了他们对 S 的偏好。社会无差异曲线将会移动，向着 S 轴旋转（图 2-6 中没有显示）。这会产生一个新的最佳消费点，如点 Y。在这种情况下，生产和价格如何变化呢？很明显，在点 Y，S 的需求上升（从 S_X 到 S_Y），T 的需求下降（从 T_X 到 T_Y）。生产者如何被鼓励改变产量水平来适应需求变化呢？答案就在于价格。随着经济中 S 需求的上升，其价格也会上升。而 T 需求的下降也会导致其价格下降。因此，S 的相对价格 P_S/P_T 上升。这就为消费者从纺织品向大豆转移资源提供了动力。

2.4 测度国家福利

经济学家的一个重要目标就是在任何可能的时候证明不同种类经济活动的好处。例如，经济学家能够证明在大多数经济情况下完全竞争是比垄断更优的。回忆我们以前的讨论，这样的评论属于规范经济学的领域。在本文中我们乐于回答的规范经济学问题与自由贸易优于其他贸易安排问题相关。为此，我们需要建立一个经济福利的测度方法以便可以应用到不同的贸易情景中。

我们已经建立了一国福利的一种可能的测度方法，即社会无差异曲线。然而我们知道社会无差异曲线的使用需要关于群体偏好的严格假设，而这样的假设在现实生活中很难成立。此外，即使这些假设成立，在既没有关于满足的精确的度量方法又没有经济的代言人来告诉我们这个国家运行得如何的情况下，我们怎么能够知道这个国家的满足程度是怎样的呢？幸运的是，有一个简单直接的方法可以解决这个问题。在这一部分，我们将展示表现群体满意度和测量国家福利的更普遍的方法——GDP——之间的关系。

从之前的讨论可知，每条社会无差异曲线代表着一个固定的满足程度，更高的曲线代表更高的满足程度。我们如何测量这种满足程度呢？答案是我们不能，至少不能直接测度。原因是显而易见的。满意程度除非主观感知，不然不能被观察到，而且不能在个体之间进行比较。熟悉“为教授打分”网站的同学知道，他们可以给教授的一些特性打分，分值为1～5分。如果一个同学给一位教授打4分，另一个同学给同一位教授打3分，我们真的能够知道第一个学生比第二个学生更喜欢这位教授吗？答案是不。我们需要的是一个关于满足的不那么模糊的测度标准。在社会无差异曲线问题中使用的标准是实际国内生产总值。

从第1章可知，国内生产总值是一个国家在一定时期内（通常是一年）生产的所有物品和劳务市场价值的总和。在我们简单的例子中，只生产两种产品，GDP的表达式如式(2-2)所示：

$$GDP = P_S \times S + P_T \times T \tag{2-2}$$

这个等式表明，在任何时刻，一个国家的GDP等于这个国家大豆和纺织品的生产价值（记住在真实世界中GDP还包括更多商品的价值）。从这个公式我们还可以看出，GDP可能在两种情况下改变：或者是生产水平改变了（如S或T改变了），或者价格改变了。显然，这两种类型的变化有不同的含义。在第一种情况下，GDP上升意味着有更多可供消费的产品，即真实GDP的上升。相反，如果GDP上升仅仅是由于价格上升导致的，那么我们就说名义GDP上升，实际GDP不变。

为了继续区分这两种类型的变化，假设我们在等式两边同除P_T。这就把GDP的测度单位从货币转向实物（T的数量）。用式（2-3）来表示：

$$GDP/P_T = (P_S/P_T) \times S + T \tag{2-3}$$

从对价格线的讨论中可知，P_S/P_T表示用T表示的S的价格，那么式（2-3）的右边第一项就是用T表示的S的产量，第二项就是T的产量。当这两项如此结合的时候，我们就有了真实GDP的测度指标。通过用这种方式测量GDP，GDP的任何变化都反映了真实（产出）的变化而不是名义（价格）的变化。

现在考虑图2-7。我们画出和式(2-3)相符的一些GDP线。每条线的斜率都是相等的，而且其绝对值和给定的相对价格相等。线的高度由GDP的价值决定。更高的线代表更高的GDP水平。重要的是，对于给定的P_S/P_T，生产可能性边界上的生产点代表的GDP水平最高。类似地，只要消费者最大化其集体效用，实际GDP的增加就可能导致社会生活水平的提高。

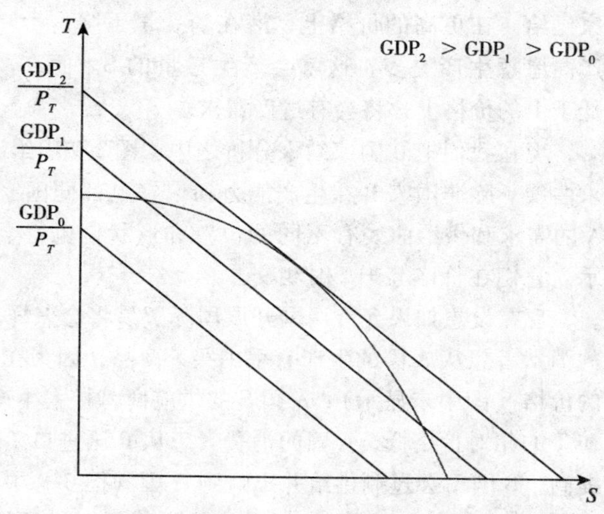

图2-7　实际GDP水平的决定

我们使用“可能”这个词有以下几个原因。首先，一国人口也可能会随着时间增长（假设4把这种情况排除在模型之外)。因此，即使一国的实际产出在增长，但是如果人口增长得更快，那么平均来说每人可用于消费的商品和服务变少了。因此，更好的测度生活水平的方法是人均实际GDP，因为它假设所有的个体能够从生活水平的增长中获益，尽管这个测度也并不完美。同样，和在真实世界里计算的一样，这个数据没有包含很多的经济活动（例如家务活动和非法交易)，也没有涵盖对生活质量有贡献的其他未被测量的要素（如闲暇）。

2.5 国家供给和需求

我们以两种商品的国家供给和需求一般均衡模型的拓展来结束本章的分析。这些曲线提供了另一种（等价的）证明生产、消费和价格如何决定的方法。然后，我们用这些曲线来说明可能引致国际贸易的因素。

我们将一种产品（如 S）的**国家供给**（national supply）定义为在 S 不同的相对价格下，该国 S 的产量组合，如图 2-8 中的 NS_S 曲线。这个曲线有着我们所熟悉的向上的斜率。这反映了潜在的机会成本递增假设。在这种假设下，随着经济中生产出越来越多的 S，需要越来越高的相对价格增加来抵补生产成本的上升。这就如同在递增的机会成本情况下，生产可能性边界随着一种产品（如 S）的产量增加而变得越来越陡峭。

一种产品的**国家需求**（national demand）曲线是一种表明了在不同相对价格下，一国对某种产品的不同消费需求，如图 2-8 中的 ND_S 曲线。向下的斜率反映了需求定律的标准假设，即更高（更低）的相对价格会降低（促进）对一种商品的消费需求。

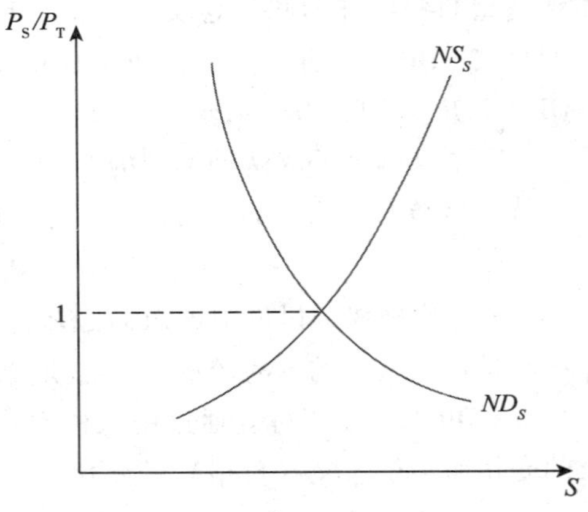

图 2-8 封闭价格比率的另一种推导

图 2-8 中国家供给和需求曲线的交点为封闭均衡点的确立提供了另外一种分析方法。在这个例子中，当价格等于 1 时，S 的国家需求等于国家供给。在更高的价格上，潜在消费量下降，生产商愿意生产更多，这就会产生过量的 S。而在低于 1 的价格上，将会有过度需求。

现在我们把 B 国家纳入分析之中。图 2-9 中给出了国家 B 和国家 A 的国家供给和国家需求曲线。除非国家 B 在生产能力和偏好上都同国家 A 相似，那么 B 的需求和供给曲线将和 A 的需求和供给曲线有不同的位置和形状，也将会在不同的封闭价格上相交。如图 2-9 所示，它们在价格等于 2 时相交。

现在设想如果允许两国开展国际贸易将会怎样。从两个国家的封闭均衡价格开始，B 国的消费者想从 A 国的生产者手中买 S 商品，因为在 A 国 S 更便宜。额外的需求将拉高 A 国 S 的价格（图中未显示)，A 国 S 的供应商将扩大生产，并向 B 国出口。类似地，因为 B 国起初 T 的相对价格低，A 国的消费者想从 B 国进口 T，那么 B 国 T 的需求就会增加，相对价格提高，B 国 T 会过剩供给并出口到 A 国（图 2-9 中未显示)。

因为 A 国 S 的封闭（相对）价格更低，于是其在 S 的生产上具有比较优势，在 T 的生产上具有比较劣势。根据相似的逻辑，B 国在 T 的生产上具有比较优势，在 S 的生产上具有

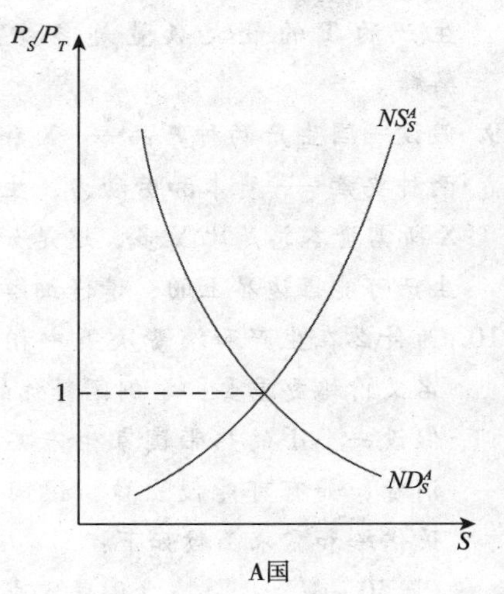

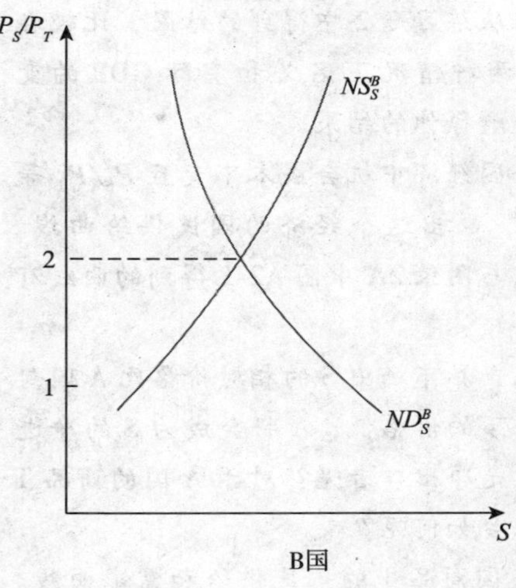

图 2-9　封闭价格的国际差异

比较劣势。如图 2-9 所示，存在使贸易沿着比较优势进行的激励。每个国家出口其具有比较优势的产品，进口其具有比较劣势的产品。

各国是如何在特定商品上获得比较优势的呢？如前面的图形分析所示，答案肯定与供给和需求的国际差异有关。200 多年来，经济学家们试图更具体地阐释这个问题。他们的大多数工作集中在供给的国际差异上，一些分析也集中在需求的国际差异上。在接下来的几章中，我们将随着对这个重要问题理解的历史发展来回顾比较优势的发展。

小　结

1. 经济学家建立经济模型来帮助他们理解不同经济力量的相互作用。在这些模型中引用假设来简化分析并增强其预测能力。
2. 本章建立了封闭经济的一般均衡模型。一般均衡模型将所有商品通过生产、消费、价格和（最终）国际贸易的形式同时进行分析。
3. 模型的解预测在封闭条件下，生产点和消费点将在这个国家的生产可能性边界上重合。同时，这个结果保证了在给定的封闭价格下，该国人民享受到可能的最高生活水平。
4. 如果这个经济体中的人们被允许参加国际贸易，则贸易会沿着比较优势发生。

习　题

1. 假设一个经济生产三种产品——葡萄干（R）、大豆（S）和纺织品（T），在机会成本不变的情况下，其生产可能性边界是什么样子的？如果机会成本递增，情况又会如何？
2. 用以下数据计算该国名义和实际 GDP 水平。

情形	P_S	S	P_T	T
a	5 美元	20	1 美元	15
b	10 美元	20	2 美元	15
c	4 美元	40	8 美元	12
d	4 美元	60	8 美元	18

3. 运用你从练习题2中得到的结果，比较在a和b两种情况下名义和实际GDP的变化，并解释你的结果。
4. 假设一国经济中机会成本不变且P_S/P_T等于1.5，画出这个经济的国民供给曲线。解释它与附录2A中图A2-1得到的曲线有何不同。
5. 假设在世界市场中S的相对价格比A国封闭条件下的价格低，A将会成为S的净进口者还是净出口者呢？对于A国的商品T来说又会如何呢？
6. 画出A国商品T的国民供给和需求曲线。注意如何标注坐标轴。
7. 如果一国在生产可能性边界上的一点生产，在该点上生产可能边界的斜率小于无差异曲线的斜率，如果生产沿着生产可能性曲线向下移动，生活水平将提高。判断正确与否，证明并解释。
8. 假设A国生产两种产品且机会成本不变。给定其资源，它能生产的S的最大数量是500单位，生产T的机会成本是2。它能生产的T的最大数量是多少？画图并解释。
9. 假设一国生产两种产品——X和Y，使用两种要素——资本和劳动力，生产一单位X所需资本总是比Y多，这是如何表现在生产可能性边界上的，请仔细解释。
10. 为什么在生产和消费决策中相对价格比名义价格更重要，举例阐释你的答案。
11. 假设一个小的热带国家生产芒果供国内消费，如有可能便出口，该国芒果的国民供给和需求函数如下：

    $P = 50 - M$　　（国民需求）

    $P = 25 + M$　　（国民供给）

    P代表芒果的相对价格，M代表芒果的数量（吨）

    a. 用几何方法阐释这些关系。

    b. 封闭条件下价格和交换量是多少？

    c. 假设芒果的世界价格是45，这个小国会出口芒果吗？如果出口，出口多少吨？

如需要更多的习题和补充阅读，请访问我们的网址：www. pearsonhighered. com/husted。

附录 2A　国民供给和国民需求曲线的来历

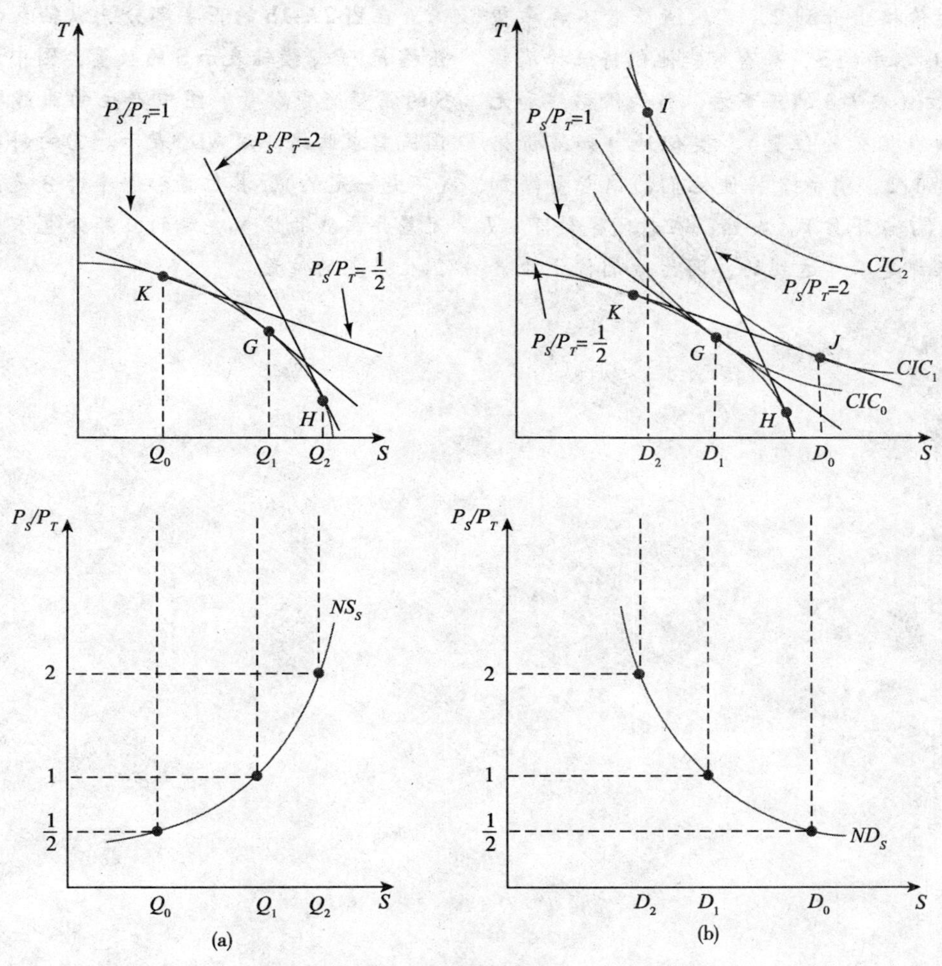

图 2A-1　国民供给曲线和国民需求曲线的推导

考虑图 2A-1a。在上面的图中，我们复制了 A 国的生产可能性边界。我们在图上画出三条不同的价格线代表可能存在的三种价格：1/2，1 和 2。回忆生产点是由相对价格线来决定的。特别地，当 S 的价格开始上升的时候，生产者会生产更多的 S。在图的上半部分我们可以从切点向右移动的趋势中看出这一现象。

上述过程在下面的图中以不同的方式呈现。在那里，我们用纵轴表示相对价格，用横轴表示产量，然后根据三个相对价格确定 S 的产量水平，得到的曲线就是 A 国的国民供给曲线，把它标为 NS_S。注意这个曲线的斜率为正。这是由于我们假设机会成本递增。事实上，当我们沿着生产可能性边界下移，潜在的国民供给曲线变得越来越陡峭。这也反映了一个事实，即为了增加 S 的产量，需要价格不断地上升来弥补机会成本的递增。

在图 2A-1b 中，我们示范了如何得到 A 国 S 产品的需求曲线。在上半部分，我们画出 A 国的生产可能性边界和对应于几个价格的无差异曲线。为了增加效用，消费者将选择位于价格线与最高的无差异曲线相切位置的商品组合。从图中我们看到当 $P_S/P_T=1$

时，消费水平是 D_1（在 G 的正下方），现在让相对价格上升到 2，显然消费者不再希望消费 D_1 水平的 S，如有可能他们将选择消费 D_2 单位（在 I 点的正下方，新的价格线和无差异曲线相交的位置）。类似地，如果价格降低到 1/2，消费者将使他们的消费量增加到 D_0（J 点下方）。当然，在封闭条件下，I 和 J 点都是不可达到的，因为他们位于生产可能性边界之外。

在图 2A-1b 的下半部分，纵轴表示相对价格 P_S/P_T，横轴表示 S 的数量，图中记录了 S 的渴望消费数量。图中产生的曲线即 S 的国民需求曲线，用 ND_S 表示。它的斜率为负（不是一定的），其位置和斜率部分是由该国无差异曲线的位置决定的，部分也依赖于该国生产点的位置。

第3章

古典国际贸易模型

学习目标

以绝对优势为基础的贸易：亚当·斯密模型；
以相对优势为基础的贸易：大卫·李嘉图模型；
古典模型的一般均衡解；
国际贸易的收益；
贸易和工资的关系；
对古典模型的评价。

我们已经掌握了所有必需的工具，现在就可以提出相应的理论来解释各国如何参与国际贸易以及为什么参与国际贸易。在本章中，我们将通过古典贸易模型来解决这个问题。古典贸易模型最早是由亚当·斯密在他1776年出版的名著《国富论》中提出来的。此后的许多经济学家在接下来的几十年里对这个理论做出了巨大的贡献，包括大卫·李嘉图、罗伯特·托伦斯和约翰·穆勒。李嘉图对国际贸易理论的贡献被认为非常重要，因此古典贸易模型有时候也被称为李嘉图模型。

李嘉图关于国际贸易的观点发表在他1819年出版的《政治经济学原理》一书的第7章中。本章讨论了相对优势的概念，这一原理被大多数经济学家看做是决定国际贸易模式的基础。尽管李嘉图因发现了比较优势法则而被人们赞扬，但是学习经济思想史的学生们却对他的贡献持批评态度，因为有充足的证据表明，罗伯特·托伦斯这位那个时代不太著名的英国经济学家，在比李嘉图更早的1808年就提出了比较优势的概念。

我们永远都不得而知，比较优势这个概念是李嘉图了解托伦斯的工作并借鉴了对方的创意，还是他独立创造的。比较优势原则是如此重要以至于它可以独立地解释200年前提出的理论。我们研究古典理论还有其他原因。第一，这个模型的假设对现实世界中存在的现象具有借鉴意义。特别是它们可以帮助我们理解发达国家和发展中国家之间互惠贸易关系的基础。第二，这个理论解释了为什么在美国这样的国家，工资这么高但是其货物依然能够在国际市场上竞争。第三，它比其他理论更好地解释了从生产的国际专业化中得到的收益。

3.1 以绝对优势为基础的贸易：亚当·斯密模型

如果你想建立一个国际贸易模型，你将从哪开始？一个很明显的起点就是观察你身边的世界。也许你观察到的经济行为能够用来解释国家间的互动。这就是苏格兰教授亚当·斯密在写《国富论》之前所做的。他所见的是这样一个世界：工厂正成为生产的重要工具。在斯密眼里，工厂的主要优势就在于每个工人专注于一份特定的工作。作为专业化的结果，工厂的产出远远超过每个工人自己生产的总和。斯密通过描述一个制针工厂的运作来阐述他的思想：

> [A] 制针行业的工人没有受过教育，也不熟悉如何使用机器……尽其最大的努力，一天可能能够制作1根针，但肯定不是20根。但是在该行业现在这种运作方式中……它被分解为一系列步骤……一个工人抽线，另一个弄直，第三个切割，第四个削尖它，第五个研磨针头；制作针头需要两到三个不同的步骤；……该行业本身甚至成为书面的交易；制针的重要性是……把它分为大约18个不同的操作……我曾经看到过这种类型的工厂，只有10个雇用工人…… [T] 他们一天能够制作大约12磅（48 000根针）……可以认为每个人……大约每天制作4 800根针。㊀

斯密为这个过程中的劳动分配做了解释，他的例子说明了这个分配过程可以获得的巨大优势。

现在让我们进一步分析这个例子，就如同斯密所做的那样。假设我们认为整个世界就是一个工厂，能够生产各种各样的产品。如果每个国家都自给自足，那么这个世界将生产多少产品呢？这和每个人都自己制针是差不多的。反过来，如果每个国家都仅仅专注于一些产品的生产，那么总产出将会是多少？这正如工厂里的工人专注于某一方面的工作。如同在工厂里发生的分工一样，**国际劳动分工**（international division of labor）能够使世界产出远远超过自给自足的生产水平。此时产生的生产剩余能够在进行国际贸易的所有国家中进行分配，使得所有国家的所得都超过他们不进行国际贸易的水平。

这就是斯密对世界生产应该如何组织的建议。但是当斯密环顾他所在的世界的时候，他发现很多政府部门通过一系列的机构、法律和规定来限制国际贸易，因此限制了劳动的国际分工。政府的这套限制国际贸易的体系被称为**重商主义**（mercantilism）。18世纪产生并在英国和绝大部分欧洲地区和其他地方流行的重商主义体系包含非常多的具体措施，如进口税、进口商品禁令、特别法令以及牺牲某些行业换取其他行业利益的特别税。重商主义的

㊀ 参见 Adam Smith，*The Wealth of Nations*（New York：Modern Library，1937），第4-5页。

一个目标就是鼓励出口限制进口。[⊖]斯密指出，通过限制进口和鼓励国内产品出口，重商主义降低了福利，或者说降低了一个国家的生活水平。斯密用他的书来抨击重商主义并推动自由的国际贸易。

自由的国际贸易如何实现正确的国际劳动分工呢？特别是该如何决定谁生产什么呢？更进一步地，一旦产品被生产出来，什么才是它们正确的分配方式？为了给这些问题以及其他你关心的问题以解答，我们必须建立一个涉及国际贸易的模型。请记住，在这么做的时候，我们第一步要做的就是阐明我们的假设。我们将保留我们在第 2 章讨论过的 7 点假设并在其基础上增加 5 点假设。

假设 8：生产要素不能在国家间流动。

这个假设仅仅保证一旦国际贸易开始后，一国的生产可能性边界不会改变形状或者位置。它也暗示了我们观察到的一些真实生活中的现象，例如移民（合法或者非法的）和跨国公司在这个模型中是不允许的，在第 10 章中我们将提到国际要素流动的问题。这个假设还有一层含义。比如，如果劳动力不能在国家间流动，那么就没有理由去期待使用相同货币表示的工资率能够在国家间相同，即使在贸易发生后。

假设 9：商品贸易没有障碍。

这就是说，我们假设所有商品都是自由贸易。这意味着我们排除了关税、配额甚至运输成本的存在。关于贸易壁垒程度和重要性的完整讨论将在第 6 ~ 8 章给出。假设 9 的一个重要暗示是一旦贸易开始，同一种商品的价格在世界任何地方都是一样的。

假设 10：出口必须与进口相抵。

换一种说法，贸易必须是平衡的。这个假设排除了国家间货币的净流动。它说的是一个国家为了从外国获得商品，它必须付出与这些商品价值相同的商品而不是货币。从长期看，外国人不可能倾向于要任何别国的货币而不是商品。这是因为一国货币的价值与一国货币能够购买的商品紧密相关，当一国价格不断上升的时候，其货币能够购买的货物减少，货币将失去价值。因此，当出口商通过把商品卖给外国客户赚取外汇的时候，他不可能把这些外汇长时间放在手里。实际上，他会把外汇卖给当地银行；而当地银行则会把外汇卖给需要外币来购买外国货物的进口商。通过这种方式，外币就回流出去了。但是如果外币完全回流了，那么本质上就是货物与货物之间的易货交易。假设 10 仅仅保证了这在我们的模型中是真实的。

那么假设 10 在现实世界中如何存在呢？在第 1 章中我们已经说过了，在任何一个给定的年份里，对于大多数国家而言出口和进口是严格平衡的。这对于表 1-1 中收入群体的平均贸易流动是再正确不过的。然而，对于某些国家来说也有其他情况，例如美国和日本，经

⊖ 对于英国重商主义的描述和分析，参见 Douglas Irwin，Against the Tide（Princeton：Princeton University Press，1996），第 2 章。

历了非常大的贸易不平衡。

上面的三个假设与参与自由贸易的国家的行为有关。我们在本章以及第4章中继续保留这些假设。下面的两个假设仅仅与古典模型有关，本章结束后就将被抛弃不用。

假设11：在生产率分析或者生产成本方面，劳动是唯一的影响因素。

这个看起来似乎是一个相当古怪的假设。然而，它比乍看起来更加有道理。另一种表达这个假设的方式是，劳动和资本都被用来生产大豆（S）或纺织品（T），在两个行业中这些要素都会以同一比例被使用（如每工人/每铲）。此外，这个假设暗示了工人会把生产工具带到工作场所（想象一下木匠或者机械师）。注意，当我们假设在一个国家内劳动和资本的混合使用是相同的时候，我们没有说在国家与国家之间劳动与资本的混合是相同的，或是不同国家的工人使用同种工具。

假设11使用现代的方式表述了一个非常古老的观点。古典经济学家深信一个价格决定理论，即劳动价值论。这个理论指出，一国在自给自足的经济里，一种商品的价格是由生产这种商品所需的劳动量决定的。这个理论看起来很容易反驳。你能想到有很多商品，它们的价格是一样的，但是很明显它们所需要的劳动量是不同的。然而古典经济学家把这个理论看做一个更为复杂的过程，因为他们假设在计算生产中所需要的劳动量的时候，必须把制造生产中所需实物资本的劳动也包括进去。

有些经济学家在一段时间内认为劳动价值论不是对现实很好的反映。为了使这个理论保持正确，你必须加入许多额外的非常严格的限制假设。对我们而言幸运的是，我们的假设比劳动价值论要更加一般。更进一步说，即使是假设11，也比我们所需要的更加严格。另一方面，这个假设允许我们以最简单的方式来描述一般性的结果。

假设12：生产描述了劳动和产出之间的**规模收益不变**（constant returns to scale）。

规模收益不变是指等比例的投入变化将导致产出的同比例变化这样一种技术关系。比如，在一个特定的行业里把所有投入要素翻番的话，产出也将翻番。在古典模型中仅有劳动这一种生产的相关要素，所以规模收益不变的假设意味着在生产过程中使用的劳动量和产出之间有一个固定的比例。此外，由这个国家的技术水平、气候或者土地质量决定的这个固定比例对于所有的产出水平都是适用的。举个例子，如果在国家A制作1码纺织品需要8小时，那么制作2码纺织品就需要16个小时，制作10码纺织品就需要80个小时。这是另一可以使我们阐述一国向国际贸易开放对国内生产影响的极端简化的假设。

表3-1 以绝对优势为基础的贸易①

	国家	
	A	B
大豆	3	12
纺织品	6	4

① 表中数据为生产每单位产品所需的劳动量。

有了新的假设就需要考虑如何使我们的模型符合这些假设。假设国家 A 和国家 B 的两个行业 S 和 T 的固定投入产出比就如表 3-1 中给定的那样。特别地，表中的数据反映了在一个特定的国家生产 1 单位某种产品所需要的时间。比如，国家 A 每多生产 1 单位 S 需要花费 3 小时；同时，根据假设 12，无论现在生产多少数量的 S，这种关系都是保持不变。

仔细观察表 3-1，我们能从中学到很多东西。第一，我们可以看到，A 国工人比 B 国工人生产 S 所需的时间更少，而 B 国工人在生产 T 上比 A 国工人所需时间更少。因为 A 国工人比 B 国工人生产 S 所需要的时间更少，我们就说 A 国在 S 产品的生产上具有**绝对优势**(absolute advantage)。类似地，B 国在本例中在 T 产品的生产上具有绝对优势。

亚当·斯密认为，合适的国际劳动分工是某国专业化生产其具有绝对优势的商品。在这个例子中，与其像各国原来自给自足那样两种产品都生产，倒不如国家 A 专注于 S 的生产，国家 B 专注于 T 的生产。

想象一下如果每个国家都遵循这条原则的话会发生什么。这个过程的结果显示在表 3-2 中，假设 T 的产出在国家 A 减少了 1 单位，这将释放出 6 小时的劳动。把这些劳动力转移到 S 的生产中，用这 6 小时的劳动将使 S 的产出增加 2 单位。同样的道理，让 S 在 B 国的产出减少 1 单位，此时将有 12 小时的劳动被释放到 T 行业中。用这多出来的 12 小时劳动将生产出额外的 3 单位纺织品。

表 3-2　当 A 国专业化生产大豆（S）、B 国专业化生产纺织品（T）时，专业化分工所带来的每单位收益

	每单位收益	
	S 的产量	T 的产量
A 国	+2	−1
B 国	−1	+3
世界	+1	+2

现在可以总结一下结果。在 A 国，从 T 转移到 S 的 6 小时劳动导致 T 的产出下降 1 个单位而 S 的产出增加 2 个单位。在 B 国，当 S 的产出减少 1 单位时，T 的产出将增加 2 个单位。因此，我们可以看到国际劳动分工的效益。没有使用任何新的资源，总的世界产出却增加了。这种增加是通过一个简单的法则实现的，即每个国家应该集中生产自己产出效率最高的产品。

现在的问题是，怎样保证每个国家的工人将其生产力集中在具有绝对优势的产品上。斯密认为，这个问题是容易解决的，市场力量将会确保这种情况的发生。劳动价值论告诉我们，贸易前商品的价格是由商品中所包含的劳动量来决定的。假设每个部门都是完全竞争的（假设 5），我们很容易得出，自给自足情况下的商品价格和生产其所需要的劳动投入的价值相等，它等于 i 国的工资率 W_i 乘以劳动投入量。

从表 3-1 中可以确定贸易前各国的相对价格比 P_S/P_T。具体地，在 A 国：

$$P_S = W_A \times \text{hours}_{SA} = W_A \times 3$$

$$P_T = W_A \times \text{hours}_{TA} = W_A \times 6$$

因此

$$\text{A 国的 } P_S/P_T=(W_A\times 3)/(W_A\times 6)=3/6=1/2$$

同理，

$$\text{B 国的 } P_S/P_T=(W_B\times 12)/(W_B\times 4)=12/4=3$$

这些计算过程告诉我们，在自给自足状态下，A 国 1 单位 S 的价格是 1/2 单位的 T，但是在 B 国，1 单位 S 的价格是 3 单位的 T。一旦进行贸易，B 国的消费者会从 A 国生产者那里购买大豆，而不是从本国的生产者手中购买，因为 A 国的价格更低。因此，A 国大豆的需求会上升。而大豆的产量要怎样才能跟上增加的需求呢？资源必须从纺织业流出。这会发生吗？同样，市场力量会使之发生。比如，贸易前 1 单位纺织品的价格在 A 国是 2 单位大豆，而在 B 国仅是 1/3 单位大豆。因此，一旦 A 国的消费者有机会从 B 国购买，他们对本国纺织品的需求就会降低。A 国纺织品需求的降低会导致失业，工人们会离开这个行业奔向正在扩张中的大豆业。当然，完全相反的过程正在 B 国进行，那里纺织品的需求增长导致这个行业的扩张，同时大豆产业萎缩。

让我们花点时间来总结一下迄今为止我们得出的结论吧。亚当·斯密的国际贸易模型包括以下几点：㊀

（1）由于各种各样的原因，包括技术和气候的不同，世界各国生产各种产品的能力不同。

（2）如果世界各国专注于生产其具有绝对优势的产品，而不是像重商主义者那样闭关自守，整个世界的产量都会增加。

（3）这样的局面不难达到，因为这是市场力量和自由国际贸易相结合的必然结果。每种产品的价格在生产该产品具有绝对优势的国家肯定是最低的。

3.2 作为贸易基础的比较优势理论：大卫·李嘉图模型

可能还有一些问题仍然困扰着你。首先，如果一国在两种产品生产上都有绝对优势会怎样？这个问题困扰着许多第一次读亚当·斯密书的人。托伦斯和李嘉图指出这个问题的答案是，在那种情况下，每个国家都应专注于生产具有最大绝对优势的产品（如果该国在两种产品的生产上都有绝对优势）或者具有最小绝对劣势的产品（如果该国在任何产品的生产上都没有绝对优势）。这条定律就是**比较优势**（comparative advantage）定律。

考察表 3-3 中的例子。正如之前的投入产出表那样，这些数字表明某国生产 1 单位某种产品时需要的劳动时间数。请注意这个例子和之前我们看到的那个例子的不同：这里，A 国在两种产品的生产上都具有绝对优势！然而，A 国在两种产品上绝对优势的程度不尽相同。具体地，我们注意到 A 国在 S 产品上的生产效率是 B 国的 4 倍（可通过 3 小时和 12 小时的比较得出）。然而，A 国在 T 产品上的生产效率仅是 B 国的 4/3 倍（可通过 6 小时和 8 小时的比较得出）。因为 A 国最大的绝对优势来自于 S 产品的生产，我们可以说该国在 S 产品的生产上具有比较优势。同理，因为 B 国在 T 产品的生产上绝对劣势最小，我们可以说 B 国在 T 产品的生产上具有比较优势。

㊀ 想要更多关于斯密对于贸易的论述，请见 Douglas Irwin，op. cit，第 6 章。

表 3-3　以比较优势为基础的贸易[①]

	国家	
	A	B
大豆	3	12
纺织品	6	8

① 表中数据为生产每单位产品所需的劳动量。

根据比较优势定律，一旦两国之间进行贸易，每个国家都应该专业化生产其具有比较优势的产品，并将过剩产量出口到另一国以交换其他产品。这个过程会带来什么结果？假设趋向比较优势的方向有一个轻微的产量调整，如表 3-4 所示。

表 3-4　当 A 国生产更多 S 而 B 国生产更多 T 时，根据比较优势进行分工带来的每单位收益

	每单位收益	
	S 的产量	T 的产量
A 国	+2	-1
B 国	-1	+1.5
世界	+1	+0.5

如果 A 国按照比较优势法则扩大生产，其 S 的产量会增加。增产需要的资源只可能来自于 T 行业。换句话说，T 的产量会减少。假设 T 的生产下降了 1 单位，这就释放了 6 小时的劳动时间。这些劳动可以被用于 S 的生产中，于是 S 的产量扩大了 2 单位。在 B 国，S 的产量减少 1 单位，释放出 12 小时的劳动。这些劳动用于纺织业的生产中可以生产出 1.5 单位的纺织品。如表 3-4 所示，在这个例子中我们得出了可观的结果，尽管世界范围内资源使用量不变，尽管 A 国在两种产品的生产上都具有绝对优势，通过按照比较优势定律进行生产，两种产品的产量都有增长。可能在某些例子中根据比较优势理论进行生产无法使每种产品的产量都提高。但是，就算在那种情况下，所有的国家也都会因为这样分工而获利，因为每国都会生产更多的产品，而这些产品可以在世界市场上卖出更高的价格。

3.3　古典模型的一般均衡解

到目前为止，我们关于古典模型的讨论都是紧密按照逻辑顺序和古典经济学家著作中的表现方式来进行的。现在是时候把古典模型用一种更正式的方式表达出来了，分析的工具我们在之前的章节中已有说明。

我们假设表 3-3 所示的技术情况仍适用于这两个国家。首先，我们可以直接从该表中所示的数值推导出这两国的生产可能性边界。例如，假设 A 国一年的总劳动时间为 12 000 小时。那么其生产 S 的最高产量是多少？答案是 4 000 单位（12 000 小时/3 小时每单位）。T 的最大产量等于 2 000 单位（12 000 小时/6 小时每单位）。在 S 轴和 T 轴上分别标出最大产出水平，然后连起这两点，就可以得到 A 国的生产可能性边界，如图 3-1a 所示。

为什么生产可能性边界是一条直线呢？答案来自于一个假设：不管两种产品的产出量多大，投入产出比都是不变的。比如，从 2 000 单位 T 和 0 单位 S 这一点开始，如果我们要减少 1 000 单位 T 的产出，会释放出 6 000 小时的劳动，这些劳动会被用于 S 产品的生产。S 行业每额外增加 3 小时劳动，就可以新增 1 单位产出。于是 6 000 小时劳动时间的增加就意

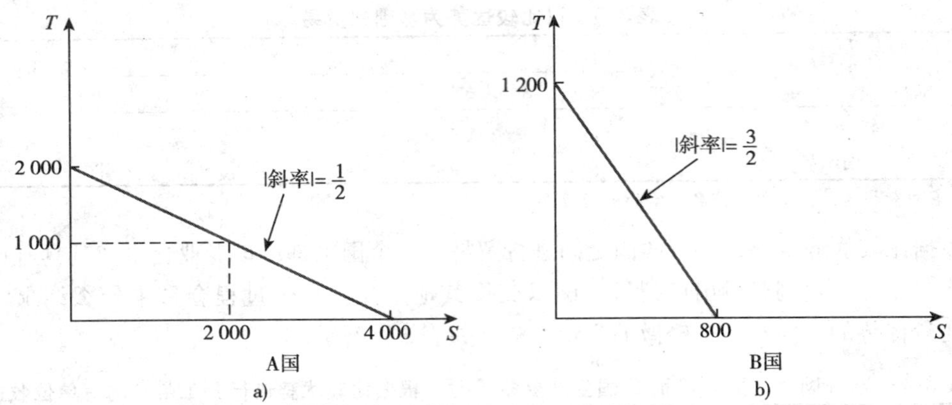

图 3-1 A 国和 B 国的生产可能性边界

味着可以多生产出 2 000 单位的 S 产品。这个例子表明，在 A 国以 T 产品来表示的 S 产品的机会成本等于 1/2。也就是说，对于 A 国来说，每多生产 1 单位 S，T 的产量就会减少 1/2。这点很容易看出来，因为 A 国生产可能性边界的斜率为 1/2。在第 2 章的讨论中我们已经知道，生产可能性边界的斜率告诉我们该国贸易前的相对价格是 P_S/P_T。

我们可以在 B 国重复同样的分析。假设该国有 9 600 小时可提供的劳动时间。在这个国家，S 的最大产量是 800 单位（9 600/12），而 T 得最大产量为 1 200 单位（9 600/8）。B 国 S 产品的机会成本（也就是说 B 国的贸易前相对价格）是 3/2（1 200/800）。

让我们总结一下从这个例子中得出的结论。贸易前 S 的价格在 A 国是 1/2 单位的 T，在 B 国是 3/2 单位的 T。要得出这个结论先要知道每国的生产可能性边界，还要知道两国生产两种产品需要的单位劳动时间和两国的最大劳动供给量。我们注意到，贸易前的价格可以通过表 3-3 中的数据轻松得到。

如果两个国家都处于自给自足状态，竞争性行为会使得一般均衡解出现在生产可能性边界的某一点上。生产可能性边界和该国一系列社会无差异曲线的切点决定了这些均衡点。这些均衡点在图 3-2a 和 3-2b 中分别表现为点 K 和 L。

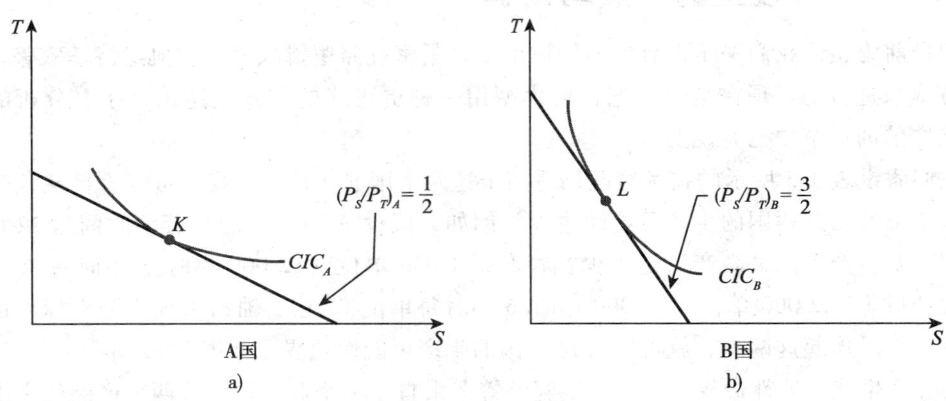

图 3-2 A 国和 B 国的贸易前均衡

如果国际贸易发生，这两国的一般均衡解会发生什么变化呢？让我们来考虑一下起作用的因素。我们知道在 B 国 T 的贸易前价格要低于 A 国。在贸易进行后，这种价格差异还会继续存在吗？在假设成立的情况下，答案是不会。因为贸易无障碍，S产品的需求在A国会上升，在B国会下降。随之，在A国S的相对价格会开始上升而在B国会下降。（同理，T的需求，以及其相对价格——P_T/P_S——在A国会下降，在B国会上升。）因此P_T/P_S会一直变化，直到达到新的均衡位置。这个新的均衡就是国际贸易均衡。

这个均衡有什么特点呢？首先，只会有一个世界价格，而不会有两个贸易前价格。这个价格被称为**贸易条件**（terms of trade）。很快我们就会来分析达到这个世界价格的过程。我们现在只知道世界价格将会在1/2（A国的贸易前价格）和3/2（B国的贸易前价格）之间。这是因为A国的生产者绝不会愿意以一个低于他们在自给自足状态下可以得到的价格在世界市场上出售S产品（1/2），而B国消费者也绝不会为S产品付出高于他们在国内厂商那里可以得到的价格。

想想如果贸易条件变成3/4那会怎么样？在A国，曾经可以以1单位S产品获得1/2单位T产品的S产品生产者现在可以在世界市场上以3/4单位T的价格将自己的产品出售给国内外消费者。由于这个改变，A国的大豆厂商会要扩大他们的生产规模。另一方面，A国的纺织品生产者，看到他们产品的单位价格从2单位大豆降到了4/3单位，会开始缩减产出。由于在贸易前他们就是完全竞争的厂商，在原有价格下就只能获得正常利润。现在，由于T产品的价格下降，他们会遭遇损失甚至停产。随着T行业在A国的衰退，劳动力开始流入扩张中的S行业。这个过程到什么时候才会停止？答案是，在机会成本不变的假定下，在新的均衡条件下A国会完全专业化生产S产品。当然，由于可类比的过程发生在B国，B国将会完全专注于生产T产品。㊀

注意一个很重要的结果：在前述条件下，自由的国际贸易会使每个国家完全专业化生产其具有比较优势的产品。也就是说，贸易前价格较低的产品产量将会上升，而依据定义，贸易前某产品价格较低的国家在该产品上具有比较优势。因此，生产和贸易是依据比较优势定律进行的。

我们要怎样用图形来表示完全专业化分工呢？见图3-3。像以前一样，图3-3a表示A国的情况，而图3-3b表示B国的情况；点K和L分别代表两国贸易前的均衡点。在这两张图中，我们都加入了一条新的线。这条标着*TOT*的线有两个非常重要的特点。第一，它的斜率（在绝对值上）等于贸易条件，我们仍然假设其为3/4。第二，这条线在该国的国际贸易生产点上和该国的生产可能性边界相交。因此，在图3-3a中该线从J点开始，在图3-3b中从M开始。正如我们刚解释了的，A国进行的国际贸易会使其S的产量增加而T的产量减少。A国生产可能性边界上的箭头表现了这个过程，尽管这很可能不是一个经济体靠近J点的实际路径。图3-3b中相似的箭头表明B国T产品的增产和S产品的减产。

这条*TOT*线代表参与国际贸易国家的**消费可能性边界**（consumption possibility frontier）。一国的消费可能性边界告诉我们一国通过国际贸易可以达到的不同的商品组合（消费组合）。让我们再看看A国。有了国际贸易，该国完全专业化生产S，如果国内居民愿意，他

㊀ 完全分工是古典模型的标准预测，然而这种情况很少发生。比如，假设A国很大而B国很小，B国可能无法生产A国要消费的所有的T。在这种情况下，B就会完全分工，而A继续生产两种商品。另外，贸易条件会和A国贸易前的价格一致。要想了解关于此种情形的更多信息，请看下一部分的结尾。

们可以选择不进行贸易。当然，那样的话国内就只有S产品可供消费。或者，A国的生产者可以将S出售到国际市场上，每单位S可获得3/4单位T产品。

A国的消费选择怎样呢？在3/4的国际价格上，A国的最佳消费组合在A的社会无差异曲线和*TOT*线的切点上达到。在图3-3a中，这一点是点*I*。A国要怎样才能达到点*I*呢？我们需要再看看这张图。在*J*点上，A国生产*OJ*单位S产品，而不生产T产品。它的最佳消费组合，点*I*，包括了*OH*单位的S和*HI*单位的T。因此，A国生产的S比该国居民想要消费的数量多出了*HJ*单位，这个差额变成了出口。同理，该国居民想要消费的T的数量比该国生产的T高出了*HI*单位，这个差额通过进口来弥补。

三角形*HIJ*是A国的**贸易三角**（trade triangle）。贸易三角告诉我们在给定的世界价格水平下，一国居民进行贸易的程度。也就是说，这个三角形的大小告诉了我们在给定贸易条件下理想的出口和进口数量，而贸易条件是由三角形斜边斜率的绝对值决定的。

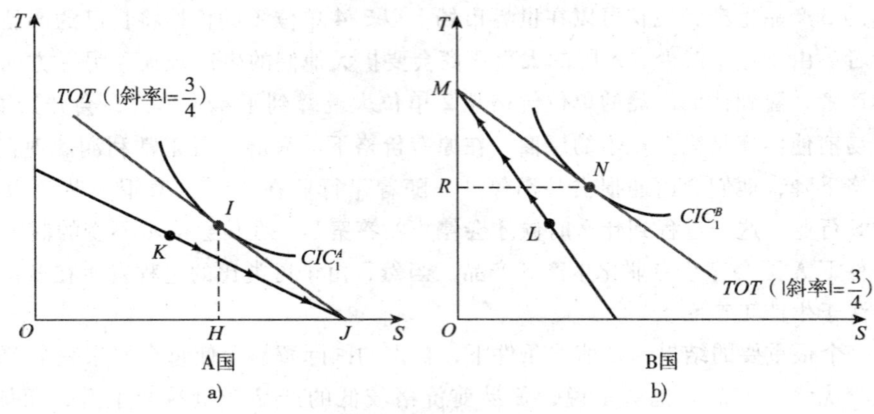

图3-3 A国和B国的贸易后均衡

在图3-3b中，我们可以用同样的方式推出B国的贸易三角。对于该国来说，生产点在*M*点，完全专业化生产T。在价格为3/4条件下，最佳消费点在*TOT*线上的*N*点达到。因此，B国的贸易三角为*MRN*。B国的出口为*MR*，进口为*RN*。

我们可以从这两国的贸易三角中看出什么呢？首先，让我们回忆一下几何学的知识，相似三角形有着相同的形状但不一定相同的大小（也就是说，它们有同样的内角）。从我们对贸易三角的推导可知，它们总是（在几何上）相似的。我们是怎么知道的呢？前面已经提到，两国贸易三角斜边的斜率（那条对着直角的边）是一样的，因为它代表世界价格。现在，因为每个三角形都有一个直角，因此这两个三角形的内角总是相同的。其次，在国际贸易均衡中，这两个三角形不仅相似，而且全等（这意味着这两个图形完全是一样的）。这个结论得以成立是因为我们假设得到一种商品必须以另一种商品为代价。在均衡中，A国S的理想出口量（在本例中，是A国贸易三角的底边）必须等于B国对于S的理想进口量（B国贸易三角的底边）。因为我们用数轴上的物理单位来衡量商品，均衡要求两个长度完全一样。同样的，均衡要求两个三角形的高完全一致。

有意思的是，如果两个相似三角形的长度一致（也就是说，如果A国S的理想出口数量等于B国S的理想进口量），那么，两个三角形的高度也会一致（也就是说，A对于T的理想进口量等于 B 在该产品上的理想出口量），这是几何上的性质，同样也是经济学中的性质。正式地，经济学上把这个法则叫做**瓦尔拉斯定理**（Walras Law）。这个定理说明，如果世界上有 n 个市场，其中任何 $n-1$ 个市场都达到了均衡，那么第 n 个市场也会一样。针对我们的问题，这条定理尤其有用，因为我们只有两个市场。在这个模型中，如果一个市场达到均衡，另一个也会达到均衡。

假设两个贸易三角不全等仅相似。在几何上，只可能是其中一个三角形的侧边和底边都比另一个要大。从经济学角度来说，有较大贸易三角的国家的居民比他们的外国朋友想要进行更多的贸易。在这种情况下，贸易均衡怎么达成呢？这个问题几何上的答案很简单。较小的贸易三角必须变大，而较大的三角必须变小。是否有一个经济过程会使这个过程发生呢？答案是肯定的。这个过程叫做**相互需求**（reciprocal demand）。

相互需求是指国际需求和供给的互动过程，它就像任何其他市场的供给和需求一样起作用。如果在世界市场上需求不等于供给，国际价格就会变化以达到均衡。随着世界市场上价格的变化，两个三角形的形状也会改变。每个国家两种消费品的最佳消费量也会变化（在图 3-3a 中，可以拿一把尺子，让它的一端固定在 J 点上，另一端上下移动，这样你就能很容易地理解了）。只要一国在它的出口品上保持完全专业化分工，那么它的生产点就会保持不动。因此，两国的消费量改变而生产量不变，随着国际价格的改变，两国理想的贸易数量也就会改变。也就是说，贸易三角的形状随着国际价格的变化而变化。

要达到国际均衡状态，有着较大贸易三角国家的进口产品价格必须上升，因为只有这样才能降低该国居民对进口产品的需求，同时有着较小贸易三角国家的进口产品价格必须下降，因为只有这样该国居民才会想要更多的贸易。换句话说，在有过剩需求的市场上，价格必须上升；有多余供给的市场上，价格将会下降。这就是我们在所有市场上都能见到的价格调节方式随着价格变化，贸易三角的大小开始趋于一致。当这个过程完全完成的时候，结果就是国际贸易均衡（全等的贸易三角）。

让我们总结一下到现在为止我们从模型中学到了什么。

（1）一个国家不必在任何产品的生产上获得绝对优势就能参与国际贸易。需要的仅是该国在一种或几种商品的生产中取得比较优势。在一个两商品、两国家的世界里，在某种商品上具有比较优势的国家与其他国家相比，在该商品上有着较低的贸易前相对价格。

（2）国际贸易将会按照比较优势理论进行。一国将出口其具有比较优势的产品来交换其相对劣势的产品。这是因为每国具有相对优势的产品在贸易前必然比其他国家售价低，这也就奠定了贸易的基础。

（3）国际贸易均衡具有以下特性：只有一个世界价格——贸易条件。这个价格会位于两国贸易前价格之间的某点处。它是通过被称为相互需求的国际供需力量互相作用而产生的。进一步说，通过国际价格的变化来保证所有市场的贸易平衡。

3.4　国际贸易的收益

我们已经得出结论，自由的国际贸易会导致每一个国家都专业化生产其具有比较优势的商品，这一般都会导致整个世界产量的增加。那么谁是贸易的获利者呢？两国都会获利，还是一国的利益是以牺牲另一国利益为代价的呢？两国的居民在贸易后应该都比自给自足的情况下境况变得更好，不然贸易也就不会发生。我们将在本部分详细说明以上问题及其他关于贸易利益的问题。

图 3-4 给出了 A 国的贸易均衡状态。国际贸易对 A 国的影响是，其生产点从自给自足状态下的均衡点 *K* 移动到了专业化生产 S 的 *J* 点，但同时仍然消费由 *I* 点代表的消费组合。前面已经分析过，A 国要达到消费点 *I* 必须出口 *HJ* 单位的 S 产品，以交换 *HI* 单位的 *T* 产品。A 国居民在消费点 *I* 所得到的效用是否大于消费点 *K* 呢？答案是肯定的。我们是怎么知道的？有几种方式可以来证明这个命题。

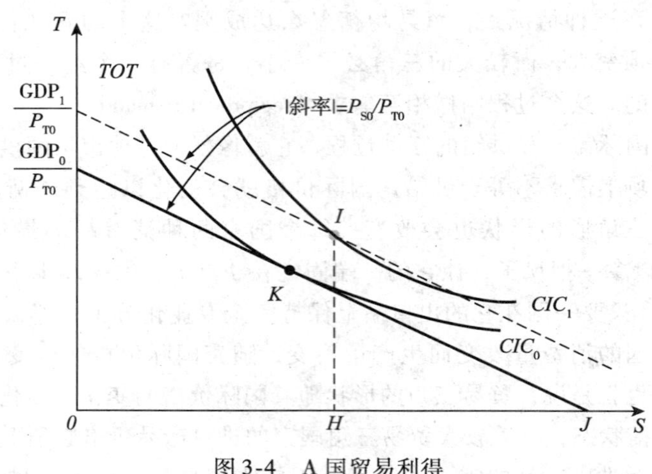

图 3-4 A 国贸易利得

首先，我们可以看出 *I* 点在 *K* 点的右上方。这表明这个消费组合比 *K* 点代表的消费组合包含了更多的两种商品。而且我们已经假设该国人口不变，于是在新的均衡中，通过国际贸易所得的更多的商品就可以分配给每个居民。因此，A 国的每位居民都有可能比自给自足状态下的效用提高。

但是，你会发现，一国的居民其实并不需要选择包括了更多两种商品的消费点。他们可以选择任何在 *TOT* 线上的点作为他们的消费组合。是否有一个更普遍的方式来决定经济福利的增减呢？基于我们在前几章关于社会无差异曲线存在和意义的假定，我们可知，贸易后 A 国居民的效用提高。这是因为点 *I* 所在的无差异曲线处在比点 *K* 更高的位置上。如果更高的 *CIC* 线意味着更高的社会福利，那么 A 国的福利肯定是提高了的。回忆我们为了让社会无差异曲线存在而做出的严格假设。这些假定的严格性意味着我们必须要有更加直接的证据来证明贸易后 A 国的福利有所提高，好在这种证据是存在的。

我们分析的依据是在前几章曾经解释过的实际 GDP 定理。也就是说，如果用贸易前的价格来衡量，A 国在贸易前的实际 GDP 是 GDP_0/P_{T0}。现在，看看通过点 *I*（贸易后消费点）的那条和贸易前 P_{S0}/P_{T0} 斜率一样的虚线。第二条线的截距大于 A 国生产可能性边界的截距，这表明无论是用两种商品中的哪一种来衡量，在 *I* 点 A 国的消费值超过 *K* 点的消费值。换句话说，A 国的生活水平提高了，或者说 A 国居民在贸易后可以比贸易前消费更多的商品束。

A 国的贸易利益是从哪来的呢？有两个来源。首先是贸易带来的消费利得。这是因为在国际价格下，A 国的消费者可以以更低的价格购买商品。其次是生产利得。这是因为国际贸易会导致生产集中于 A 国的劳动生产率更高的行业。由此带来的更高产量意味着 A 国的实际 GDP 提高，使得该国居民可以增加消费并由此提高整体的生活水平。这种利得有多大？这是我们接下来要讨论的问题，这个问题的答案因国家而异，且决定于世界价格和贸易前价格的差异大小。这种利得可能会非常大，比如在全球视角 3.1 中，我们将讨论日本在 19 世纪开放了贸易后其获得的贸易利得。

贸易利得是和贸易条件内在相关的。在我们所讨论的两国—两商品的例子中，贸易条件越接近于一国的贸易前价格，另一国的贸易利得就会更大。回忆一下我们的例子。A 国贸易前的价格比为 1/2，B 国为 3/2。对于 A 国来说，要从国际贸易中获利，国际价格必须高于 1/2。因为 A 国在世界市场中出售 S 商品换取 T 商品，S 的相对价格越高（同理，T 的相对价格越低），A 国居民获利越多。对于 B 国来说，要想在贸易中获利，世界价格要低于 3/2。如果世界价格处在两国贸易前价格之间，那么两国的福利都可以比贸易前更高。显然，如果世界价格是 3/2 或者很靠近 3/2，那么 A 国居民的福利增长得更多，B 国居民的福利增长得较少。相反，如果世界价格在 1/2 或其附近，那么 A 国的福利增长得较少，而 B 国的福利增长得较多。那么，是否能进一步说明国际价格的决定，以便得出哪一个国家会从国际贸易中获利更多的结论呢？

前面我们曾提到过，国际价格是通过相互需求的过程来决定的。当贸易流平衡的时候，国际价格才停止变动。国际价格会在多大程度上偏离每国的贸易前价格决定于国外需求和供给力量的大小。如果由于国外需求的增长导致对一国某种产品的需求有大规模增长，那么这种商品的价格会大幅度上升。如果国外需求小于国内消费量，那么其对价格的影响会很少甚至可以忽略不计。

全球视角 3-1　1858 年日本开放国际贸易的利得

一直到 1858 年为止，日本还基本上完全隔离在国际贸易之外。在那一年，日本政府停止了闭关自守，开始和世界上其他地方进行贸易。在最近一项关于这种政策转向对日本贸易模式影响的研究中，丹尼尔·伯恩霍芬（Daniel Bernhofen）和约翰·布朗（John Brown）提出，日本的经济反应和我们本章所述的理论不谋而合。和模型中预测的一样，贸易沿着比较优势的方向扩大了。[①]

在早期的研究中，理查德·胡珀（Richard Huber）告诉了我们产量和贸易情况的改变是如何影响日本经济的。[②]比如说，在贸易一开始，日本就开始专业化生产三种产品：丝绸、蚕卵和茶。贸易前，这些产品的价格相当低。在贸易壁垒被取消后，这些产品的价格急速升高。日本的丝绸价格扣除物价因素后升高了 26%，茶价升高了 50%。日本进口品的价格也急剧降低，扣除物价因素后降低了 39%。日本生产者和消费者对贸易条件的改变也做出了反应。在开放市场后的 12 年内，国际贸易的增加了 7 000%。根据胡珀教授的计算，贸易条件的改善和应用国外先进技术带来的好处使得日本的实际国民收入增长了 65%。

① See Daniel M. Bernhofen and John C. Brown, "A Direct Test of the Theory of Comparative Advantage: The Case of Japan," *Journal of Political Economy* (2004).

② See J. Richard Huber, "Effect on Prices of Japan's Entry into World Commerce After 1858," *Journal of Political Economy* (1971). ■

这个分析提出了以下这个普遍定律：如果两个国土大小相似、消费偏好相似的国家参与国际贸易，贸易所得会在两国之间分配得比较平均。相反的，如果一国比另一国大很多，那么较大的那个国家只能得到较少的利益。实际上，在两个国家大小相差很大的情况下，大国很可能继续生产其具有比较劣势的产品，因为小国没有能力为世界范围内所有的需求提供产品。如果这种情况发生，那么小国可以得到所有的贸易利得。这种情况被称为**充当不重要角色的重要性**（importance of being unimportant）。

3.5 贸易和工资的关系

古典理论是如何解释国际贸易和要素报酬之间关系的呢？为了回答这个问题，我们需要回忆一下以前关于两个经济体间货币价格决定的讨论。我们已经假设，两个产业在任何情况下都是完全竞争的，而且劳动是唯一的投入要素，劳动的使用需要工资作为报酬。所以贸易前的均衡会满足以下这一组关系：

$$\begin{aligned} P_{SA} &= W_A \times \text{hours}_{SA} = W_A \times 3 \\ P_{TA} &= W_A \times \text{hours}_{TA} = W_A \times 6 \\ P_{SB} &= W_B \times \text{hours}_{SB} = W_B \times 12 \\ P_{TB} &= W_B \times \text{hours}_{TB} = W_B \times 8 \end{aligned} \tag{3-1}$$

价格和工资都是用当地货币衡量的，反映贸易前的水平。贸易一旦开始进行，就会按照比较优势的方向进行，那么如果用同样的货币衡量，一国拥有比较优势商品的贸易前货币价格低于或等于外国该商品的贸易前价格。要使贸易能够进行，必须有至少一种商品的定价较低。为了便于解释，我们假设两个价格是不同的。那么，为了让贸易能够在这个例子中按照比较优势的方向发生，必须满足以下两个条件：

$$\begin{aligned} P_{SA} &< E \times P_{SB} \\ P_{TA} &> E \times P_{TB} \end{aligned} \tag{3-2}$$

E 是把 B 国货币换成 A 国货币的汇率。（如果我们假设 A 代表美国，B 代表英国，那么 $E=2$ 美元，这意味着 2 美元等于 1 英镑。）现在，我们可以用式（3-1）中的信息，将式（3-2）中的不等式转化成以下形式：

$$\begin{aligned} W_A \times 3 &< E \times W_B \times 12 \\ W_A \times 6 &> E \times W_B \times 8 \end{aligned} \tag{3-3}$$

这个不等式组可以同时被解出，过程很简单。在第一个不等式中，两边同时除以 $E \times W_B$。然后，两边同时除以 3。这样就使所有的代数项移到了不等式的左边，而所有的数值移到了右边，但这并没有改变这种表达的正确性。现在，在第二个不等式上应用同样的变化。最后的结果是：

$$\begin{aligned} W_A/(E \times W_B) &< 4 \\ W_A/(E \times W_B) &> 4/3 \end{aligned} \tag{3-4}$$

或者，把两式结合，

$$4/3 < W_A/(E \times W_B) < 4 \tag{3-5}$$

让我们仔细看看式（3-5）。这个表达式的中间项 $W_A/(E \times W_B)$ 被称为相对工资率。也就是说，它等于 A 国的工资率除以 B 国的工资率（用 A 国货币衡量的）。式（3-5）说明，为了让国际贸易沿着比较优势的方向发生，A国工人必须比B国工人挣得多。进一步说，A国工人的工资要低于B国工人工资的4倍，高于B国工人工资的4/3倍。我们要怎么解释这个结论呢？

该问题的答案和两国的劳动生产率有关。再次回忆一下表3-3中的数据。在那个例子中，A国的工人比B国工人在两种商品的生产中都更有生产率（也就是说A国在大豆和纺织品上都有绝对优势）。式（3-5）要表达的是，因为A国工人在同样的时间里可以比B国工人生产更多的产品，所以A国工人应该得到更高的工资。工资高多少呢？在A国具有比较优势的大豆产业，A国工人的效率是B国工人的4倍。所以，A国的工资率不会比B国工资的4倍高。而在A国具有比较劣势的纺织产业，A国工人的效率仅是B国工人的4/3。因此，A国工资应该比B国工资的4/3要多。

贸易前两国的货币价格和各国的工资率是内在相关的。也就是说，随着工资率的上升，价格也会上升。假设A国或B国的工资偏离了生产率，这会对国际贸易产生什么影响？我们以A国为例。假设A国的工资上升到B国工资的5倍；即，

$$W_A = 5 \times E \times W_B$$

贸易前两国的价格结构会是怎样呢？

$$P_{SA} = W_A \times 3 = (5 \times E \times W_B) \times 3 = E \times W_B \times 15 \tag{3-6}$$
$$P_{TA} = W_A \times 6 = (5 \times E \times W_B) \times 6 = E \times W_B \times 30$$

B国以A国货币衡量的贸易前价格是：

$$E \times P_{SB} = E \times W_B \times 12 \tag{3-7}$$
$$E \times P_{TB} = E \times W_B \times 8$$

对比式（3-6）和式（3-7）里给出的两国的价格。显然，A国在两种产品上的贸易前价格都高于B国。这是由于两国之间的工资率差异超过了两国之间最大的生产率差异。

在我们刚讨论过的那个例子里，B国有向A国出售两种商品的动机。相反，A国并不能卖给B国什么东西。在现实世界的这种例子中，B国对A国会有贸易盈余，也就是说，B国的出口超过其进口。同理，A国会有贸易赤字。

这个例子提供了两个很有价值的结论。第一，两个生产率水平不同的国家要想发展双向贸易，一国的工资必须要高于另一国。如果技术上的不同带来了生产率的不同，那么在技术上较先进的国家必然工资率较高。这个简单的例子解释了为什么美国工人的相对工资较高，尤其是和发展中国家相比时情况更是如此，美国却还在世界市场上有竞争力。全球视角3-2将这种分析应用于预测美国和墨西哥之间比较优势的方向。

E 全球视角3-2　美国和墨西哥工资与生产率的比较

在一项关于北美自由贸易区可能对贸易产生影响的有趣的研究中，安德鲁·索罗卡（Andrew Solocha）进行了与本部分类似的关于贸易与工资关系的分析。[①]索罗卡教授使用20世纪90年代早期美国、加拿大和墨西哥在多个行业中工资和劳动生产率的数据，考察一国某行业的工资是否与劳动生产率不符合，以期用这些数据去确定比较优势的形态。

索罗卡教授的方法比我们上文中讨论的简化模型要复杂得多。因为现实中一国远不止只

有两个产业，而且更重要的是，任何一国各行业间的工资都是不尽相同的。[②]尽管如此，基本理念还是相似的。现在让 a_j 代表在本国生产一单位商品 j 所需的劳动时间（比如说，在A国生产1单位S需要3小时），a_j^* 代表外国生产1单位商品 j 所需要的劳动时间（比如，B国生产1单位S需要12小时）。我们已经知道，如果 $W_A/(E\times W_B)$ 高于 a_j^*/a_j（即12/3），那么A国在商品S上就失去了其比较优势。安德鲁·索罗卡在研究中计算了类似的比率。他的研究和我们的主要区别在于他的工资率是因行业而异的（即 $W_{A_j}/(E\times W_{B_j})$），而且他衡量每个比率都使用的是某特定国家所有产业的平均值（即j部门的工资和生产率是相对于每一国家的平均工资和平均生产率来衡量的）。索罗卡教授认为，如果某特定产业的工资率低于（超过）该产业的生产率比率，那么美国（墨西哥）就在该产业具有比较优势。他的计算结果如表3-5所示。

表3-5 美国–墨西哥相对工资和生产率数据

产业	相对工资	相对生产率
食品	0.979	1.624
饮料	1.212	1.345
烟草	1.052	0.755
纺织品	0.756	1.049
服装	0.699	1.306
鞋袜	0.673	0.865
木制品	0.940	1.553
家具	0.952	0.961
纸制品	1.034	1.376
纸浆	1.256	1.915
印刷品	0.819	1.175
工业化学品	1.038	1.088
基础工业化学品，不含肥料	0.932	0.730
合成树脂	1.115	1.105
其他化学品	0.850	2.043
药品	0.901	2.686
汽油、煤产品	1.255	0.683
橡胶制品	0.585	0.727
塑料制品	0.853	1.242
陶器、瓷器	1.008	1.157
玻璃制品	0.784	1.004
非金属制品	0.747	0.909
钢铁	1.316	0.597
有色金属	0.924	0.375
金属制品	0.973	1.114
机械	0.905	0.780

（续）

产业	相对工资	相对生产率
办公，计算用品	0.888	0.606
电子机械	1.152	1.170
广播电视	1.339	1.159
交通工具	1.187	0.521
机动车辆	1.182	0.512
专业产品	0.848	1.580
其他行业	0.339	0.940

为了更好地理解这些数据，先假设墨西哥每个行业的工资都相等，墨西哥工人无论在哪个行业工作都拥有一样的生产率。在这个特殊的假设下，让我们看看钢铁行业的进入。1.316意味着美国钢铁业工人的工资要比平均美国制造业工人工资高出30%还多。这也许跟现实相差不会太远。0.597这个值暗示着美国钢铁业工人的生产效率仅是整个制造业工人平均水平的60%。这让人非常惊讶。更有可能的情况是，美国工人的生产率很高，但是墨西哥工人在这个产业与其在其他行业相比生产率更高。不管怎样，因为1.316大幅高于0.597，索罗卡教授的计算表明在这个行业墨西哥有比较成本优势。除此之外，墨西哥似乎在有色金属、运输和石油产品业也有明显的比较成本优势。美国在食品业、木材业、造纸业、医药业、塑料业和专业产品方面有比较成本优势。令人惊讶的是，这个分析也表明，美国竟然在服装业和纺织业上具有劳动成本的比较优势。

① 参见 Andrew Solocha, "Implications of Comparative Cost Advantages for the NAFTA," *The International Trade Journal* (1994)。

② 回忆到我们假设仅存在两个行业，且两行业工资相等。■

第二，这个例子表明，如果一国的工资和生产率不符，该国会因为其工人的生产效率低而失去比较优势。比如，在我们考虑的最后一个例子中，假设 $W_A = 5 \times E \times W_B$。A国工人要想具有国际竞争力，$W_A$ 不应高于 $4 \times E \times W_B$。A国面临这样的情况可以做什么呢？有两个可能的解决方法。一个就是A国工资相对于B国工资要降低（即，必须降低到 $4 \times W_B$ 以下），或者用A国货币衡量的B国工资相对于A国工资升高。如果 E 的值升高，这种情况就会发生。当 E 升高，B国货币相对于A国货币升值。

在国际经济中这些变化会以怎样的程度自然发生呢？这是接下来我们要讨论的问题之一。目前，我们暂时在工资和生产率一致的假定之上考虑这个问题。

3.6 对古典模型的评价

正如在本章开始时提到的那样，古典模型基础框架是近200年来经济学教材中的标准内容。古典模型经历了时间的检验，说明了这个模型有许多可取之处。这些可取之处究竟是什么呢？

显然，最重要的一点就是贸易是沿着比较优势的方向发生的。这告诉我们国际贸易是一种可以提高整个世界生产能力的经济现象，也是一种可以带来参与国生活水平提高的经济现象。更进一步说，这是自由市场行为带来的直接结果。

古典模型自然也有不足之处。这个模型在很多方面都不尽完善；尽管这个模型是把贸易建立在不同国家的生产率差异上，但它并没有解释这些差异的来源。该模型还提出了一些在现实世界中根本不可能存在的极端预测。它预测各国会完全专业化生产其可供出口的商品，而完全放弃生产进口竞争品。然而在现实世界中，很显然所有国家都会继续生产进口竞争品；例如，美国进口钢材，也生产钢材。最后，这个模型表明，如果参与国在技术上非常不同的话，贸易就会带来更大的收益。然而，正如第 1 章所述，绝大部分的国际贸易都是发生在工业化国家之间的，而这些国家的技术水平和生活水平都很相似。

古典模型只能用于教学而不再适用于解释贸易现象吗？答案是否定的。例如，它可以告诉我们发达国家和发展中国家之间贸易发生的动力。它还用直观的方式解释了为什么高工资国家在面临低工资国家的竞争时，还可以继续从贸易中获利。在第 4 章中，我们会继续探讨一个更加现代的国际贸易理论。这个理论试图去解决前面提到的古典模型存在的一些问题。

小　　结

1. 国际贸易的古典模型是 200 多年前由亚当·斯密创立的。他认为不同国家在不同商品的生产中有其特殊的优势。他还证明了如果各国按照各自的生产优势进行生产并自由开展贸易，世界的总产量也会增加。
2. 托伦斯和李嘉图发展了这个理论，他们提出即使一国在任何一种产品的生产上都没有绝对优势，该国以及其他国家也可以从国际贸易中获利。只要各国专业化生产其具有最大绝对优势或最小绝对劣势的产品，这种情况就会发生。这被称为比较优势理论。
3. 贸易前的相对价格决定了比较优势的方向，并由此决定了贸易的方向。在某种商品上具有比较优势的国家相比其他商品、其他国家，具有更低的贸易前价格。
4. 国际价格会出在两国贸易前的相对价格之间。国际价格离一国的贸易前价格越近，其他国家就会从贸易中获利越多。
5. 技术先进的国家劳动生产率更高，由此在这些国家中工资也会更高。只要工资和生产率一致，高工资国家就能保持其比较优势。

习　　题

1. 使用以下条件计算：(a) 贸易前的相对价格；(b) 比较优势的方向；(c) 相对工资的范围。

生产 S 和 T 所需的劳动时间

情形 1			情形 2		
	A	B		A	B
S	6	15	S	10	5
T	2	12	T	4	5

（续）

情形 3			情形 4		
	A	B		A	B
S	10	8	S	4	9
T	20	4	T	2	3

2. 试推出以下结论：若 A 国在 S 产品的生产上具有绝对优势而 B 国在 T 产品的生产上具有绝对优势，那么 A 国必然在 S 产品的

生产上具有比较优势而B国在T产品的生产上具有比较优势。

3. 试推出若一国在S产品的生产上具有比较优势，那么其必然在T产品的生产上具有比较劣势。

4. 使用表3-3中的数据，推导若每一国都专注于生产其具有比较劣势的产品，整个国际产出会有什么变化？

5. 假设A国有20 000小时的劳动可提供。生产1单位S产品需要5小时劳动，生产1单位T产品需要4小时劳动。试算出A国生产可能性边界的形状和刻度。

6. 使用习题5中的信息和以下数据画出A国的贸易三角：国际相对价格 = 2；A国进口2 000单位；A国出口是多少？

7. 评价以下观点：

   a. 发达国家在与发展中国家的贸易中无法受益。

   b. 由于发达国家可以在其与发展中国家的贸易中控制价格，他们会获得所有的贸易利益。

   c. 因为美国的工资太高，其已不能在世界市场中竞争。

8. 试证明，生产中不完全分工与完全分工相比带来的福利水平更低。

9. 假设A国和B国的技术水平如下表所示：

	A	B
S	4	8
T	2	4

在本例中是否还有进行贸易的动机？试解释。

10. 在习题1的情形2中，哪一国会更希望世界价格是1.1而不是2？请解释原因。

11. 假设有两个国家A国和B国，两国技术水平在习题1中的情形4中给出。假设A国的工资率为W_A，等于每小时10美元，用美元衡量的B国工资$E \times W_B$，等于每小时5美元。试计算在A、B两国S、T两种产品各自的贸易前价格。在这种情况下是否有互利贸易的可能？为什么？假设W_A上升到了每小时12美元，其他条件不变，贸易模式会有什么变化？为什么？A国有什么办法可以解决这个状况呢？

12. 假设有两个国家，分别是A国和B国，其技术水平如习题1中情形3所示。假设A国的工资率W_A等于每小时10美元，那么要使贸易对两国都有利，用美元衡量的B国工资$E \times W_B$必须处于X美元到Y美元之间。试算出X和Y的值，并解释原因。

13. 古典模型预测，各国会完全专业化生产其具有比较优势的产品。解释为什么参与国际贸易会带来这种结果？

14. 假设A国有10 000小时的劳动力可以提供，其最初的技术水平如习题1中的情形3所示。试推出其生产可能性边界并确定其具体规模。现假设A国的科学家研发出了一种可以使该国两产业的生产率翻倍的技术。那么A国的生产可能性边界会发生什么变化呢？解释原因。比较优势模式又会发生什么变化呢？解释原因。

15. 假设A国有40 000小时劳动时间可以提供给生产，其最初的技术水平如习题1中的情形4所示。试推出其生产可能性边界并确定其具体刻度。现假设A国的科学家研发出了一种可以使该国S产业的生产率翻倍的技术。那么A国的生产可能性边界会发生什么变化呢？解释原因。比较优势模式又会发生什么变化呢？解释原因。

如需要更多的习题和补充阅读，请访问我们的网址：www.pearsonhighered.com/husted。

附录3A 多种产品的古典模型[⊖]

我们可以很自然地将古典模型推广到两个国家多于两种产品的情形。这个推广带来的主要结果就是，各国在贸易后将会专业化生产1种或几种产品，并且出口其消费剩余的产品。

假设世界上有5种产品，S、T、X、Y和Z，而不是仅有S和T。进一步假设古典模型其他所有的假定都成立。也就是说，两国5个行业都有固定的投入产出比。这些劳动产出比在表3A-1中给出。我们从表中的数据可知，在这个例子中，B国是技术先进的国家。B国最大的技术优势也可以说是其最大的比较优势在于产品T，在该行业B国工人的效率是A国工人的3倍。A国最大的技术优势也就是其比较优势在于产品Y，在该行业其工人和B国工人有一样的生产力。

从我们在第3章较早的分析中可以看出两个现象。首先，如果只有两种产品，一旦贸易发生，A国将会倾向于专业化生产Y并开始出口这种产品，而B国将会倾向于专业化生产T然后出口这种产品。这个说法在这里也成立。那么其他三种产品会怎样呢？它们会在哪国生产呢？问题的答案决定于相对工资率。

让我们回忆一下第3章的另一个结论：为了让贸易沿着比较优势的方向发展，相对价格比率必须处于相对生产率的最高值和最低值之间。因此，在用同种货币衡量时，在技术上较弱势的A国的工资必须低于B国的工资，但是不能少于B国工资的1/3。或者说，根据第3章所述的相对工资公式，有：

$$1/3 < W_A / (E \times W_B) < 1 \quad (A3\text{-}1)$$

表3A-1 不同国家不同行业的劳动力需求

	产业				
	S	T	X	Y	Z
A国	4	9	10	2	5
B国	2	3	4	2	3

表3A-2 不同行业B国相对于A国劳动时间的比率

	产业				
	T	X	S	Z	Y
比率	0.33	0.4	0.5	0.6	1

让我们回过头去看看表3A-1中的信息，将商品按照A国的比较优势顺序从左至右排列。在左边，我们会看到A国（B国）拥有最小（最大）比较优势的产品。在表3A-2中，我们依据B国的生产劳动时间除以A国的生产劳动时间所得结果来进行排序，因此表中数据都成了用升序排列的比率。这个排名顺序被称为比较优势链条。两国相对工资率的值决定了两国最终的贸易模式。假设相对工资率为0.66，这表示A国工人的工资是B国的2/3（用同种货币衡量时）。现在见表3A-2。我们知道相对工资率必须处于生产率的差异之间。0.66的相对工资率小于1但是大于所有其他的相对生产率值。在那种情况下，B国可以以比A国低的价格出售除了Y以外的所有产品。因此，可能形成的贸易模式将是A国仅集中生产Y产品并用这种产品去交换包括模型中一些或其他所有产品的商品束。如果相对工资更低，比如说是0.45，那么A国出售S产品和Z产品也有利可图。结果是，相对工资率的值决定了在何处分割比较优势链条，使得A国出口某些产品而B国出口另一些产品。

⊖ 更多关于多种商品的古典模型案例可见 Rudiger Dornbusch, Stanley Fischer, Paul Samuelson, "Comparative Advantage, Trade, and Payments in a Ricardian Model with a Continuum of Goods," *American Economic Review* 67 (1977): 823-839; and Charles Wilson, "On the General Structure of Ricardian Models with a Continuum of Goods: Applications to Growth, Tariff Theory, and Technical Change," *Econometrica* 48 (1980): 1675-1702

附录 3B 提供曲线与贸易条件

在第 3 章我们讨论了贸易条件的决定过程。这个过程被称为相互需求。在这个附录中，我们将使用另外一种几何工具来展示相互需求过程，这个工具被称为提供曲线。

参见图 3B-1，在图中我们可以看到 A 国的生产可能性边界，及当贸易条件等于 TOT_1 时 A 国的最佳消费点。注意，在这个均衡中，A 国会出口 *EH* 单位 S 产品并进口 *HF* 单位 T 产品。现在，让我们来考虑一个有趣的问题，如果贸易条件改变，那么 A 国的最佳贸易数量会发生什么变化呢？

在图 3B-2 中我们可以看到，当贸易条件为 3 个不同值的时候 A 国分别的最佳贸易点。随着 *TOT* 线变陡峭，A 国的最佳进口量增加（从 T_0 到 T_3），同时其最佳出口量也增加（从 S_0 到 S_3）。曲线 *GFJK* 代表了 A 国在不同世界价格下的最佳消费组合。这条线段被称为 A 国的价格 - 消费曲线。

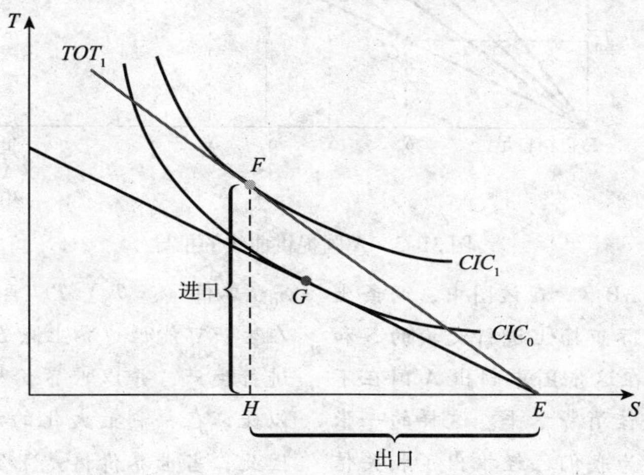

图 3B-1 A 国的贸易均衡

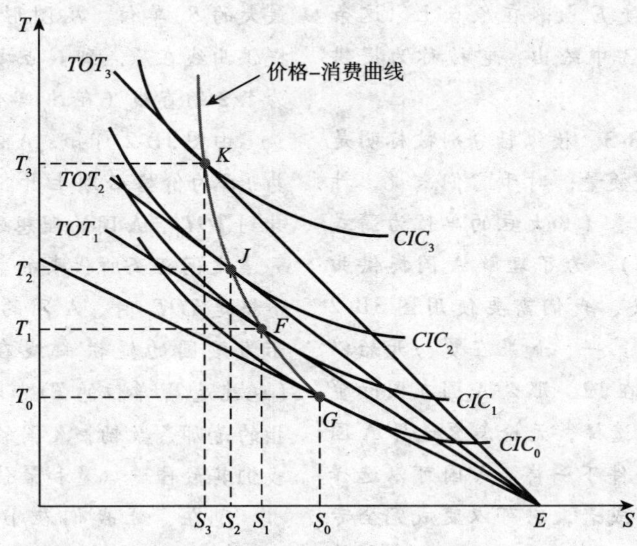

图 3B-2 A 国的价格 - 消费线

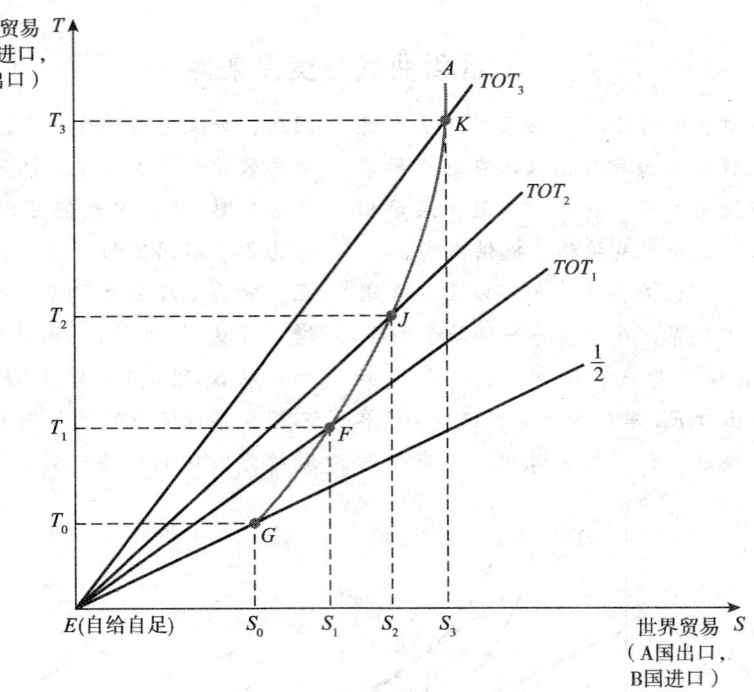

图 3B-3 A 国提供曲线的推导

现在，考虑图 3B-3。在该图中，两条坐标轴分别表示在国际市场上进行交换的 S 和 T 的数量。让我们在这张图中画出 A 国在不同价格水平下的最佳消费水平。这样的一张图很容易画出，因为我们已经推出了相关信息。比如，我们可以将 A 国消费价格曲线上的线段 *EG* 翻转，使 *E* 点落在原点上。这条新的曲线在图 3B-3 中给出，它被称为提供曲线。

仔细观察图 3B-3。横纵轴分别被标明是贸易中的 S 和 T 的数量；对于它们来说，计量单位都是物理数量（如大豆的单位为蒲式耳，布的单位为码）。为了理解 A 国提供曲线上每个点的意义，我们需要使用图 3B-2 中所包含的信息。第一，如果在贸易开始以后，S 的价格停留在 12，那么 A 国在国际贸易方面就会有很多选择，无论怎么选择 A 国的福利都和封闭条件下一样。A 国可以选择完全不进行贸易。或者，它可以变成完全专业化生产 S 产品，出口 ES_0 单位 *S* 以交换 S_0G 单位（$=T_0$）*T*。再或者，它可以选择在生产可能性边界上点 *E* 和点 *G* 之间的某处进行生产，并以世界价格来交换 12 单位 S，以保证在福利最大化的消费点 *G* 进行消费。因此，当世界价格是 1/2 的时候，A 国愿意出口任何数量的 S，从 0 单位（在点 *E*）到最大的 S_0 单位。从图形上表示就是 A 国的提供曲线在原点到 *G* 点之间被画成一条斜率为 1/2 的直线（在 S_0 单位之上）。

由图 3B-2 可知，A 国要想进行更多的贸易，S 的价格必须上升。比如，随着价格上升到 TOT_1，A 国的理想进口量上升到 *E* 点和 S_1 点之间距离所代表的数量。当然，当世界价格是 TOT_1 时，A 国的理想进口水平被表示为该国的提供曲线在点 S_1 之上的高度（也就是 T_1 单位的 *T*）。因此，依赖于我们所指的是哪条数轴，A 国的提供曲线可以告诉我们其最佳进口量和最佳出口量。

现在，让我们在 B 国重复上述过程。（推导过程留给你自己去做。）在图 3B-4 中提供了这条被标示为 *EB* 的曲线。有几点需要注意。因为A国的提供曲线告诉我们A国在不同价格水平上最佳贸易量，B国的提供曲线告诉我们B国的同样信息，那么在两条曲线相交的地方就会达到国际均衡。只有在这个交点上，两国的最佳贸易量才会对应相等。这个点在图中被标为 *J* 点。在 *S* 轴上 *J* 点正下方的点 S_j 代表A国S产品的理想出口量和B国S产品的理想进口量。显然，由于这些点都是相同的，在世界市场上S产品必然达到了均衡。还要注意，由于两条曲线在交点上高度一致，T的贸易也会达到均衡。这又是对瓦尔拉斯定理的一次简单见证。

从原点（点 *E*）到交点的线段的斜率决定了贸易条件，在此被表示为 TOT_2。我们也可以给出相互需求的过程，此时可以直接得到世界市场价格。假设原来的价格是 TOT_1。在这个价格水平上，A国处于 *F* 点（出口 S_A 单位S），但是B国处于 *Z* 点（进口 S_B 单位S）。显然，B在世界市场上对于S的需求超过了A国的供给。为了达到市场出清，价格必须上升。图中的箭头就表明了这个过程。

最后，还要注意到，因为A国和B国在 *J* 点同时位于其价格消费曲线上，两国在该点的社会无差异曲线必然互相相切。因此，两国之间的商品分配必然位于国际贸易均衡的契约线上。注意到，贸易前的消费点 *G* 和 *R* 情况并不是这样的。这使我们将第3章表格中推导出来的结论又用图形表达了一遍。自由贸易比自给自足更有效率。

第 4 章

赫克歇尔 – 俄林模型

学习目标

HO 模型：基本假设；
HO 定理；
HO 模型中的均衡；
一些新的 HO 定理；
一些最终的观察。

经济学家像其他科学家一样，直到认为他们已经把事情理顺才会感到高兴。如第 4 章所述，传统的国际贸易理论有很多严重的缺陷，特别是它提供的几个预测在现实的贸易中是不会发生的。现实和理论预测的不一致性给 19 世纪和 20 世纪的经济学家提供了从更深层次探索国际贸易的原因与结果的动力。

起初，经济学家试图放松一些古典模型的严格假设来增加对于国际贸易的理解。例如，经济学家们取消了机会成本不变的假设，反之假设生产是以机会成本递增的形式发生的。这次修正把贸易将会导致一国完全放弃进口替代产品的生产这样刻板的且经常与现实不符的预测从理论中移除。但是古典模型中还存在其他问题。它建立在贸易产生于国家间生产率的差别这样的论断上，但是却不能够解释这些差异存在的原因。而且，与理论预测相反，在欧洲国家之间，或是在欧洲国家和美国这样经济发展水平相似的国家之间的贸易似乎更加繁荣。

一些经济学家完全放弃古典理论去寻求对比较优势的另外一种解释。在 20 世纪初，关于国际贸易的一种重要的新的理论产生了。两个瑞典经济学家埃利 · 赫克歇尔和伯蒂尔 · 俄林创立了关于国际贸易模式和决定因素的赫克歇尔 – 俄林（HO）模型。赫克歇尔在 1919 年发表的一篇论文上阐述了模型的基本内容。然而这篇论文是用瑞典文写的，30 多年内都没有被翻译成英文。㊀结果这个模型没有得到应有的重视。赫克歇尔的学生俄林在他 1924 年的博士论文中发展了这些思想（也是用瑞典文完成），之后于 1933 年在哈佛大学用英文出版的一本书中收录。

赫克歇尔和俄林围绕国家和产品的两个基本特性建立他们的理论。国家间由于生产要素拥有量的不同而相互存在差异。产品的差异体现在生产过程所需的要素量上。给定这些特征，赫克歇尔和俄林认为一个国家在生产密集使用其丰裕要素［也叫**要素禀赋**（factor endowments），例如劳动力、土地、资本、自然资源等］的产品上成本较低（即拥有比较优势）。例如，相对于其他要素来说，拥有大量土地的国家在土地密集型产品（如小麦）的生产上具有比较优势。

在俄林的书㊁出版之后，赫克歇尔和俄林的思想立刻受到全世界经济学家的追随。这个模型的吸引力就在于它的简洁、逻辑的完整性以及它所带来的研究国家贸易原因和结果的便利。经济学家们研究了这个模型后发现，它能够为国家贸易对于工资和其他要素价格的影响、经济增长对于贸易模式的影响等诸如此类问题的解答提供思路，还对经济体中不同利益集团的政治行为做出了解释。

在本章接下来的内容中，我们将检验 HO 模型。像第 2 章、第 3 章一样，我们从指出模型的假设条件开始。然后，我们把注意力转移到模型的一些重要拓展上。我们自始至终都会比较和对比古典模型和 HO 理论的结构和预测结果。

4.1 HO 模型：基本假设

现在，你可能对于经济学家如何建立理论比较熟悉了。首先，他们通过清楚地说明一系列假设条件来建立模型框架。然后，一旦假设条件就位，就可以用它来解出模型，并用它进行实践检验。这也是我们这里所采取的方法。为了证明 HO 模型，我们沿用第 2 章和第 3 章中的前 10 个假设。我们放弃劳动是唯一相关生产要素（假设 11）和各国的技术完全被描述成是劳动投入的知识含量（假设 12）的假设。最后这两个假设只属于古典模型。在本章，我们加入了 5 个新的假设。

假设 13：有两种生产要素：劳动力（L）和资本（K）。资本所有者获得租金（R），劳动者得到工资报酬（W）。

这个假设放宽了古典模型的一个严格假设。回忆第 3 章，我们假设只有劳动是相关的生产要素。做这样的假设是因为劳动力在生产任何产品中永远使用相同量的机器。在 HO 模型中，工人在生产过程中使用的机器量成为决定贸易模式的重要决定因素，而且会随着要素相对价格的变化而变化。

㊀ 关于本文的英文翻译稿，名为“The Effect of Foreign Trade on the Distribution of Income”出现在 Howard S. Ellis 和 Lloyd A. Metzler，编辑的 Readings in International Trade（Philadelphia：The Blakiston Co.，1949）。

㊁ 俄林的书叫做：*Interregional and International Trade*（Boston：Harvard University Press，1933）。

假设 14：各国的技术水平相同。

这个假设在 HO 模型中至关重要。也就是说，对于任何产品（例如纺织品），两个国家的生产者可以选择的生产技术是相同的。对于大多数商品的生产来说都有许多种不同的方法，这些方法包含不同量的劳动和资本投入的配比。各个国家对于生产技术的选择依赖于那些国家的要素价格。如果 A 国的劳动力相对于资本的价格比 B 国便宜，A 国的纺织品生产商就会比 B 国生产商使用更劳动密集型的技术。然而，如果两国的要素价格相等，那么给定行业在两国的生产过程就会是相同的。注意这个假设的结果是排除国际贸易的古典基础。HO 模型代表了对于古典理论的一个典型的背离。

假设 15：两国在纺织品（T 商品）的生产上，每台机器所需要的劳动量比大豆（S 商品）多。两个国家两种商品的生产都满足规模收益不变。

假设的第一部分只是说 T 比 S 更加**劳动密集型**（labor intensive），或者说 S 比 T 更加**资本密集型**（capital intensive）。那么，对于任何生产水平或者是在任何国家，T 行业每台机器所需要的劳动量都要比 S 行业高。从数学角度看，以下的关系总是成立：

$$L_T/K_T > L_S/K_S \tag{4-1}$$

或者等价地，

$$K_T/L_T < K_S/L_S \tag{4-2}$$

式中 L_j 是 j 行业雇用的劳动量（j = S 或者 T），K_j 是 j 行业使用的资本量。

读者在考虑这个假设时应该记住两件事。第一，选择 T 作为相对劳动密集型的商品是任意的。第二，在定义劳动（或资本）密集度的时候，我们注重的是相对劳动密集度，即重要的是两种商品中的一种必须每台机器配备更多的工人而不是单纯的对工人人数的比较。一个企业不单单因为比另一个企业规模大、雇用更多的工人而成为劳动密集型产业。资本/劳动力比 K_j/L_j 的不同决定了相对要素密集度。现实生活中的这些差别是非常明显的。然而，为了证明这个假设的普遍适用性，全球视角 4-1 提供了关于美国不同行业的资本/劳动力比的一些内容。

假设 15 的第二部分指出资本和劳动的同比例变化会导致产出的等比例变化。例如，使目前的纺织品产量加倍的一种方法就是使用 2 倍的资本和劳动。

E 全球视角 4-1　美国特定行业的资本/劳动力比

HO 理论的一个重要元素就是不同商品生产过程中的要素密集度不同。研究了表 4-1 中的内容之后，我们会发现一些有意思的问题。首先，行业间的资本/劳动力比差异是很大的。1960 年，资本/劳动力比最低的为服装行业，其人均资本量为 1 500 美元，资本/劳动力比最高的为石油煤矿产品产业，其人均资本量为 93 800 美元。2000 年时，这两个行业仍然代表了人均资本量的极端，服装行业的数字为 8 300 美元/每人，而石油煤矿产品行业为 266 700美元/每人。

表4-1　美国行业在特定年份的资本/劳动力比（以1972年美元平价的千倍计算）

行业	1960	1980	2000
服装	1.5	3.2	8.3
化学	30.4	58.9	85.9
电子机械	6.4	13.0	35.3
金属制品	8.7	13.2	22.1
食品和同类产品	12.2	22.5	36.8
家具	4.6	7.6	10.4
设备和相关产业	6.5	13.3	27.2
皮革制品	2.3	4.3	14.6
杂项制造业	4.1	9.7	14.6
非电子类机械	9.0	14.6	25.9
纸制品	20.2	38.4	58.9
石油和煤矿	93.8	161.2	266.7
初级金属类	26.5	37.1	71.0
印刷和出版	10.2	11.9	16.9
橡胶和塑料	10.3	18.8	24.7
石器陶器及玻璃工艺品	16.2	26.7	35.6
纺织品	8.4	14.3	27.3
烟草生产	9.0	31.9	100.1
运输设备	10.5	20.3	21.3
平均值	15.3	27.4	47.6

资料来源：E. R. Berndt and D. O. Wood, "Energy Price Shocks and Productivity Growth: A Survey," working paper (Cambridge, Mass.: MIT, 1985), updated by authors.

第二件值得注意的事情是随着时间的推进，所有行业的资本/劳动力比都有所上升。这个结果反映了这些年来美国的资本储备量比劳动力数量增加得更迅速。第三，在这40年间的研究过程中，按行业划分的排名并没有发生剧烈的变化。■

假设16：国家之间在要素禀赋上（资本和劳动）有所差异。本书假设A国相对资本丰裕，B国相对劳动丰裕。

一国相对**劳动力（或资本）丰裕**（labor (or capital) abundant）意味着什么？我们所用的定义是，如果一国劳动力存量相对于其资本存量的比要大于另一国，我们就说这个国家是相对劳动力丰裕的。[⊖] 从数学上看，then, country A would be relatively capital abundant if

$$K_A/L_A > K_B/L_B \tag{4-3}$$

式中 L_K 是K国（A或B）的劳动力总量，K_K 是这个国家的机器总量。如同讨论两种商品生产过程中的要素密集度问题时一样，相对差异是很重要的。[⊜] 一国不可能只因为人口更多而

⊖ 我们所用的要素丰裕度的定义被称为数量定义。还有另外一种定义（可能不一致）为要素丰裕度的价格定义。它认为如果一国的工资/租金比比别国要低，那么这个国家就是相对劳动力丰裕的。依据假设16和价格定义，存在以下的关系：

$$W_A/R_A > W_B/R_B$$

式中 W_k 是k国的工资（k代表A或者B），R_k 代表k国的租金。在本文中我们假设两种定义同时成立。但是经济学中没有任何定律保证它成立。

⊜ 机敏的读者会发现，在描述生产技术时我们说T产品是劳动密集型产品，而在描述国家时，我们说B国是劳动丰裕的国家。在HO模型的表述中，上述说法已经成为共识，今后我们还将继续使用这一表达方法。

成为劳动丰裕的国家，这个国家的资本总量也必须被考虑进去。更简单地说，相对比例比绝对水平更为重要。另外，假设劳动丰裕的国家工资－租金比更低，而资本丰裕的国家则刚好相反。[⊖]

联系假设15和假设16的内容使我们能够画出这两个国家生产可能性边界的形状。首先，因为这两国两种产品的要素密集度不同，每个国家的生产可能性边界都表现出机会成本递增。为了更好地理解这一点，考虑下面的实验：假设在B国，我们最初把所有的资本和劳动都用于S产业，这将在B国的生产可能性边界上产生一点，落在*S*轴上（见图4-1的*Z*点）。现在假设S行业减少1单位产出，那么S行业就有剩余的生产要素可以用于T商品的生产。S行业如何减少产出呢？它将保留尽量多的资本，因为S的生产需要相对更多的资本。当它减少产出的时候，这个产业最初释放的大部分都是劳动，因为S行业需要劳动相对少。所以，最初很可能随着S的缩减，相对更多的劳动被释放出来供T行业使用。而T正好在生产中需要更多的劳动。结果，S释放的要素正好可以使T以最快的速度扩张。所以，最初当我们沿着*Z*点移动时，T的产量增加得很快，S的产量减少得也很少。

为什么当靠近*Y*点时，B国的生产可能性边界变得越来越平坦呢？再次思考这两个行业扩张和收缩的过程。当我们靠近*Y*点时，S的产量将接近0。我们可以预想，当产量下降时，S产业试图留住更多的资本。然而，很明显S的产量越接近零，被该行业闲置的资本量就越大。当T行业吸收越来越多的资本时，它能够扩张的程度就越来越小。这一点仍然是由于我们关于生产T的潜在技术的假设所造成的。

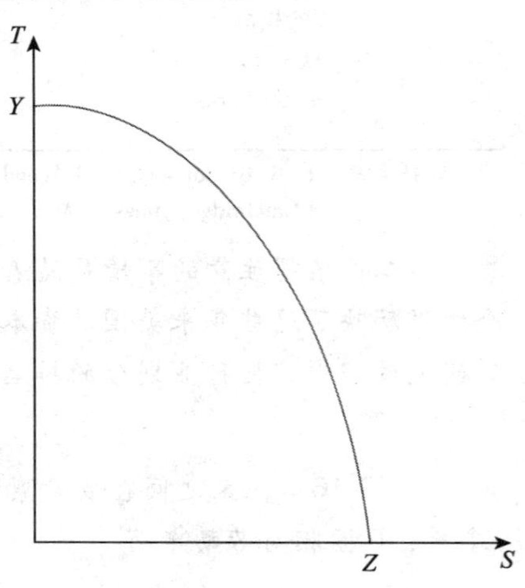

图4-1　B国的生产可能性边界

我们已经了解，B国的生产可能性边界表现出机会成本递增的特征。因为两国的技术是相同的，A国的生产可能性边界也反映了同样的特征。尽管两个生产可能性边界不是线性的，它们也不会有相同的形状。因为B国是相对劳动丰裕的，商品T被假设为劳动密集型产品，那么B国生产可能性边界的位置就更靠近*T*轴（见图4-1）。也就是说，给定生产这两种产品的资源和技术，B国相对于S来说能生产出更多的T。通过相同的推理，A国的生产可能性边界将更靠近*S*轴。

至此我们已经阐明了两国经济的供给面，现在我们转向需求面。

假设17：两国偏好相同。

这个假设说明两国的社会无差异曲线是相等的。如果面对相同的相对价格和相同的GDP水平，两个国家将消费同样数量的两种商品。正如我们将在下一部分更详细阐明的那样，这个假设的目的就是保证比较优势和由其决定的贸易方向是由两国的供给条件而不是需求

⊖ 这被称为萨缪尔森的强要素丰裕度假设。

因素决定的。

4.2 HO 定理

HO 模型认为两国的国际贸易流向是由两国的要素禀赋和两种产品的要素密集度决定的。在两商品情况下，这个理论可以用 HO 定理来精确阐述。

> **HO 定理**：一国将在密集使用其丰裕要素的产品生产上具有比较优势，进而出口这种产品。

更简单地说，理论认为与其他国家相比，资本丰裕的国家在那些需要更高人均资本量产品的生产上具有比较优势。考虑到我们的假设，B(A) 国在纺织品（大豆）上具有比较优势，因为我们假设 B(A) 国是相对劳动力丰裕（资本丰裕）的国家，而纺织品（大豆）是相对劳动力（资本）密集型产品。

现在我们用图示来证明 HO 定理，考虑图 4-2。在讨论模型的假设条件的时候，我们已经确定两国的生产可能性边界显示机会成本递增的特性而且会有不同的形状。这在图 4-2 分别表示国家 A 和 B 的 a、b 图中可以显示出来。我们的一个目的就是找到两国的封闭价格来决定比较优势的方向。为了实现这个目的，我们把需求因素引入其中。由于假设两国的偏好相同，在图中就表现为两国的 *CIC* 曲线有相同的形状且位于相同的位置。*CIC* 曲线有这个特性，而且为了突出它们反应的是相同的偏好，我们把两条线都标为 *CIC*。[㊀]现在考虑两国封闭条件下的生产和消费均衡点，A 国在 *I* 点，B 国在 *X* 点。

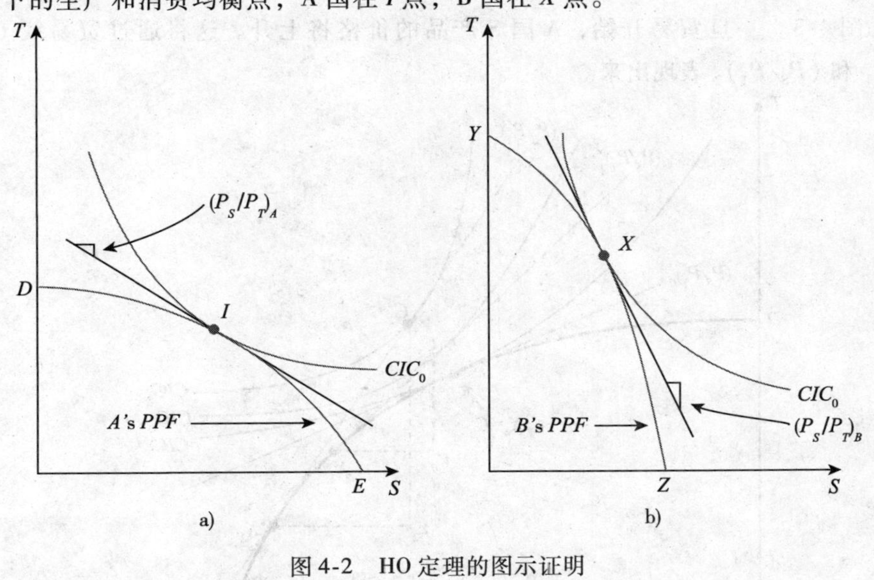

图 4-2　HO 定理的图示证明

㊀ 注意即使两条 *CIC* 曲线有相同的标注，也并不意味着两国在封闭条件下有相同的满意程度（或实际 GDP）。如果两国满意程度不同，我们必须假设 *CIC* 曲线足够运转良好以至于当一者移动到更高或更低满足程度时，它们的形状不会剧烈变化。我们的充分证据就是随着实际 GDP 在不变相对价格下增长时，消费者仍然会以相同的比例购买更多的两种产品。

如我们在第2章所学，在生产点处，生产可能性曲线的斜率就是该国的相对价格。我们在生产点画与生产可能性边界相切的价格线，标为 $(P_S/P_T)_A$ 和 $(P_S/P_T)_B$。从图中我们清楚地看到：

$$(P_S/P_T)_A < (P_S/P_T)_B \tag{4-4}$$

这就确立了国家A（B）在商品S（T）的生产上具有比较优势。[㊀]现在让我们回到假设，我们假设S是资本密集型产品，A是资本丰裕的国家，这就证明了理论。在你继续读下去之前，你应该确信，我们不仅对于国家A证明了这个理论，同样对于国家B也证明了这个理论。

迄今为止，我们展示了HO模型中比较优势是如何确定的。我们怎么确定贸易会按照比较优势的方向进行呢？这个问题的答案和我们在第3章中得到的一样，即在一个竞争的环境中，贸易流向是由经济人的利润追逐活动决定的。如果一国某种产品相对便宜，这些产品就会被出售到价格相对高的地方。显然A国会出口商品S。同样的，B国的出口商也愿意向A国出口T，因为在A国T相对较贵。

4.3 HO模型中的均衡[㊁]

现在我们考虑一国引入国家贸易对生产和消费决策的影响。在我们分析这个影响之后，我们检验HO模型中的世界贸易均衡。从前面的章节中我们知道，一旦两国间允许开展贸易，相对价格的差异将不复存在。结果S的价格在A国将上升（最初是低价格的），在B国将下降（最初是高价格的）。现在让我们把注意力集中到A国。

考虑图4-3。一旦贸易开始，A国S产品的价格将上升。这将通过贸易线 $(P_S/P_T)_0$、$(P_S/P_T)_1$ 和 $(P_S/P_T)_2$ 表现出来。

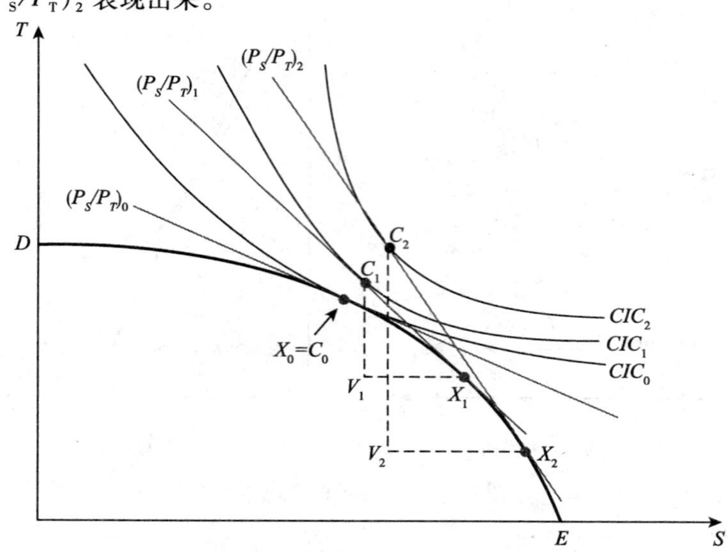

图4-3 商品S的世界价格上升对A国贸易的影响

㊀ 回忆在封闭条件下，一国某种商品相对价格较低，则这个国家在该种产品的生产上具有比较优势。

㊁ 此节可以被略过，不会影响知识的连贯性。

最平的价格线 $(P_S/P_T)_0$ 在封闭点 $X_0(=C_0)$ 和 A 国的生产可能性边界相切。随着贸易条件上升到 $(P_S/P_T)_1$，T 的产量下降，要素被释放到 S 产业，使 A 的生产点移动到 X_1 点。在该点，S 的供给量超过当地的需求，一些 S 可以被运到 B 国来交换 T。这就使消费点离开生产可能性边界到达 C_1 点，在 $(P_S/P_T)_1$ 条件下贸易量是多少？在图中用三角形 $V_1C_1X_1$ 表示。三角形 $V_1C_1X_1$ 是价格为 $(P_S/P_T)_1$ 时的贸易三角。三角形的底边 V_1X_1 代表 A 国的出口，侧边 V_1C_1 代表 A 国的进口。

如果贸易条件继续上升到 $(P_S/P_T)_2$，生产点将沿着生产可能性边界下移到 X_2，在这一点，A 国几乎就要完全专业化生产大豆。消费点从 C_1 移到 C_2，A 国在纺织品的消费上越来越依赖 B 国。如图所示，A 国的贸易三角形规模增长到 $V_2C_2X_2$。

我们刚刚讨论的图形容易误导。读者应该注意，在任何一时间点上市场上只存在这一个价格。价格是多少，如何决定呢？答案和李嘉图模型一样。贸易开始后的贸易条件是由供给和需求的国际力量即相互需求决定的。这些力量寻求一个在两国能够同时存在的价格使得贸易流量平衡。毕竟，如果合意的贸易流量没有平衡，那么通过定义，一国将期望比另一国更多的贸易，这将导致贸易条件的改变。

从图上看，国际均衡的条件就是两国的贸易三角全等，这和以前的均衡条件是相同的。这些三角的边代表给定价格水平下合意的贸易量，而价格是由贸易三角形斜边的斜率表示的。

图 4-4 给出国际贸易均衡的一个例子。在图 4-4a 中给出了 A 国的贸易三角。特别是，贸易开始达到均衡后，A 国的生产点在 X_A，消费点在 C_A。A 国的出口用 V_AX_A 的距离表示，进口由 V_AC_A 的距离表示。图 4-4b 给出了 B 国的均衡，生产点在 X_B，消费点在 C_B。B 国的出口用 V_BX_B 的距离表示，进口由 V_BC_B 的距离表示。

我们怎么知道这个图阐释了国家贸易均衡呢？答案是两国的贸易三角形全等。当国际比价为 $(P_S/P_T)_1$ 时，A 国合意的出口量 V_AX_A 等于 B 国在同一国际比价下的进口量 V_BC_B。根据简单的几何知识，两个三角形的底有相同的长度。而且，如果 S 产品的国际市场均衡，那么 T 也是均衡的。因此，我们知道三角形的侧边高度也是相等的。

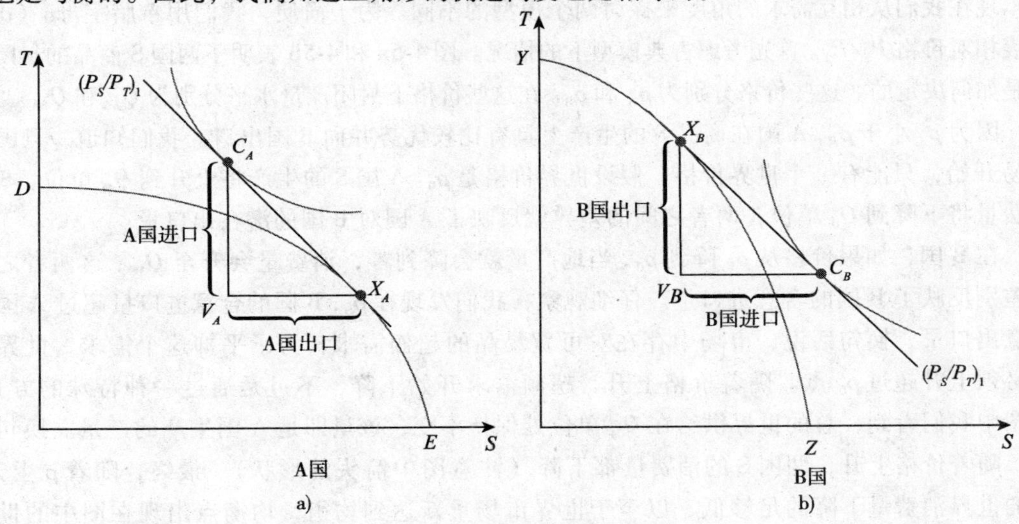

图 4-4　HO 模型的贸易均衡

这个均衡还有什么其他的特性么，如何拿它们和古典模型中的分析相比较？首先注意这两个国家都不会专业化生产其具有比较优势的产品。**不完全专业化分工**（incomplete specialization）是机会成本递增的必然成果。由于国际贸易的引入导致一国可出口产品的相对价格提高，就会激励厂商生产更多的那种产品。只要扩张的相对成本小于等于相对价格，生产就会继续扩张。然而在这个模型中，当生产扩张时，相对成本也在增长。结果总会在某一点，相对成本超过了相对价格，这一点代表了生产继续扩张的障碍，除非价格可以继续上升。

在HO模型中完全专业化分工可能实现吗？不会，但是也不能被排除。像我们之前指出的，生产点依赖于出口品的相对价格。有可能价格上升得足够高，使得所有的经济资源都被吸引到出口产业。第二个使完全专业化分工更为可能的因素是，两种产品在要素投入的使用上非常相似。生产两种产品的技术越相似，一种产品产量的减少量随着要素被吸引到另一个产业就会越少。换句话说，随着生产过程中商品越来越相似，生产可能性边界线就越平坦，并变得越来越像直线，即古典模型中机会成本不变的生产可能性曲线——在这种情况下，完全专业化分工非常可能实现。

HO模型和古典模型的第二点紧密联系的区别与相互需求导致均衡贸易条件的方式有关。回忆在古典模型中，一旦贸易开始，生产点固定在完全专业化分工的点上，这就意味着均衡的进出口水平只是通过两国需求的变化实现的。在HO模型中，相互需求通过引致供给和需求都发生变化来决定均衡价格。图4-5阐释了这一点。

图的上半部分呈现了古典模型假设的供给和需求曲线。图的下半部分画出了两国在HO假设条件下的国家供给和需求曲线。两图的主要区别就在于国家供给曲线的形状。传统的国家供给曲线是水平的，直到一个固定点为止，反映了机会成本不变的潜在假设。之后，这些曲线成为垂直的，证明一旦达到了完全专业化分工，无论价格变的多高，产量也不可能再增加了。HO的国家供给曲线在达到专业分工以后也是垂直的，然而在这点之前，是向上倾斜的，反应机会成本递增的存在。

现在我们从相互需求的角度来探讨两个模型的不同。为了简便，我们用希腊字母ρ（rho）代表相对价格P_S/P_T。首先考虑古典模型下的情况。图4-5a和4-5b表明了两国S商品的封闭价格是如何决定的。这些价格分别为ρ_A和ρ_B。在这些价格下封闭产量水平分别为Q_{AA}和Q_{BA}。

因为ρ_A小于ρ_B，A国在商品S的生产上具有比较优势并向B国出口。我们知道一旦国际贸易开始，只能有一个世界价格。假设世界价格是ρ_0。A国S的生产将上升到Q_M单位，S的消费量将下降到Q_0单位，两者之间的差异就反映了A国对B国的潜在出口量。

在B国，如果价格从ρ_B降到ρ_0，当地产量就会降到零，消费量会升至Q_{B0}，这两者之间的差别反映了B国的合意进口量。仔细观察，我们发现在ρ_0，B国的合意进口量超过A国的合意出口量，换句话说，市场中存在对可贸易品的超额需求，为了平抑这个需求，世界价格必须上升超过ρ_0点。随着价格上升，超额需求开始下降，不过是通过一种特殊的方式。从图中我们看到，总的世界供给在Q_M单位处保持不变，该量即是A国生产的产量。换句话说，随着价格上升，两国S的消费量都下降（注意图中箭头的形状）。最终，随着ρ上升，总的世界消费量下降的足够低，以至于世界市场重新达到均衡，均衡点出现在图中的世界价格ρ_1处。

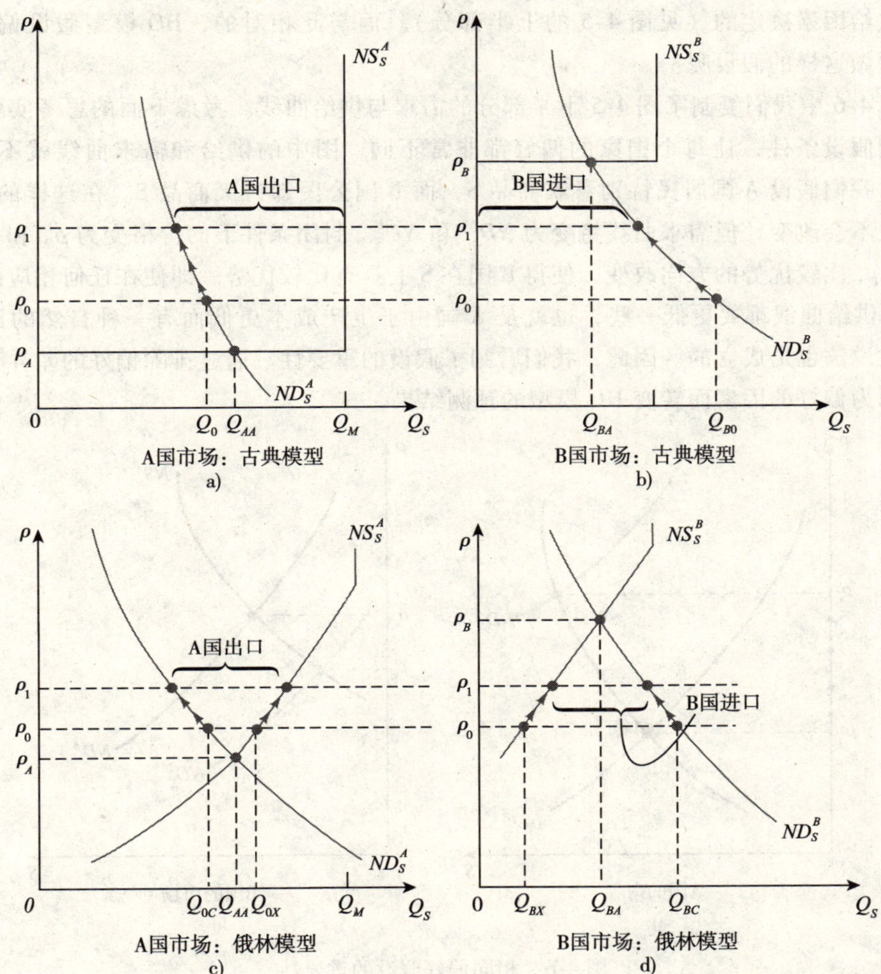

图 4-5　古典模型和 HO 模型的相互需求

图 4-5 的下半部分阐述了 HO 模型假设下的相互需求机制。像以前一样，封闭价格和产量分别为 ρ_A、ρ_B、Q_{AA} 和 Q_{BA}。我们再次假设 A 国 S 的封闭价格较低，因此在这种商品上有比较优势。一旦贸易开始，A 国 S 价格上升，B 国 S 价格下降，促使 S 由 A 流向 B 国。如果最初价格是 ρ_0，A 国的合意出口量将是在此价格下生产和消费的差额，$Q_{0X}-Q_{0C}$。B 国的合意进口量是 $Q_{BC}-Q_{BX}$。再次通过检查，我们可以看出最初存在一个超额需求。这个超额需求如何被消除呢？价格必须上升。但是我们要注意这个模型与前面的差异。随着 ρ 上升，两国消费量同时下降（就像在古典模型中一样），但两国的供给量都在上升。换句话说，在出口国，世界价格越高，这个国家就会出口越多，这其中有两个原因，第一是因为本国居民的需求量减少，第二是因为生产者愿意生产的产量增加。在进口国，世界价格越高，它进口就越少，这也是基于同样的原因：消费者的消费需求更少了，而本国消费者生产的产量更多了。

HO 模型和古典模型第三个主要的区别是二者关于需求的假设的重要性不同。古典模型关于两国消费者偏好没有做任何限制性的假设，只是假设消费者都是充分世界性的，那么在贸易开放前后两种产品都会被消费。对需求关注不足的原因在于，封闭条件下的价格是单纯由供给因素决定的（见图 4-5 的上半部分）。而与此相对的，HO 模型假设偏好相同。为什么要做这样的假设呢？

在图 4-6 中我们复制了图 4-5 下半部分的需求与供给曲线。考虑下面的思考实验：假设我们改变假设条件，让每个国家的偏好都非常不同，图中的供给和需求曲线就不再适用。特别的，我们假设 A 国居民特别喜欢商品 S，而 B 国公民却讨厌商品 S。在这样的条件下，供给曲线不会改变，但需求曲线将变为 $ND_S^{A'}$ 和 $ND_S^{B'}$。封闭条件下的价格变为 ρ'_A 和 ρ'_B，因为 ρ'_A 大于 ρ'_B，比较优势的方向改变，使得 B 国在 S 上具有比较优势。即使在任何相应的产量水平，A 国供给曲线都要更低一些，也就是 A 国由于生产成本更低而有一种自然的比较优势时，上述说法也是成立的。因此，我们看到了假设的重要性。通过排除偏好的差异，我们可以预防因为偏好的因素而转变 HO 模型的预测结果。

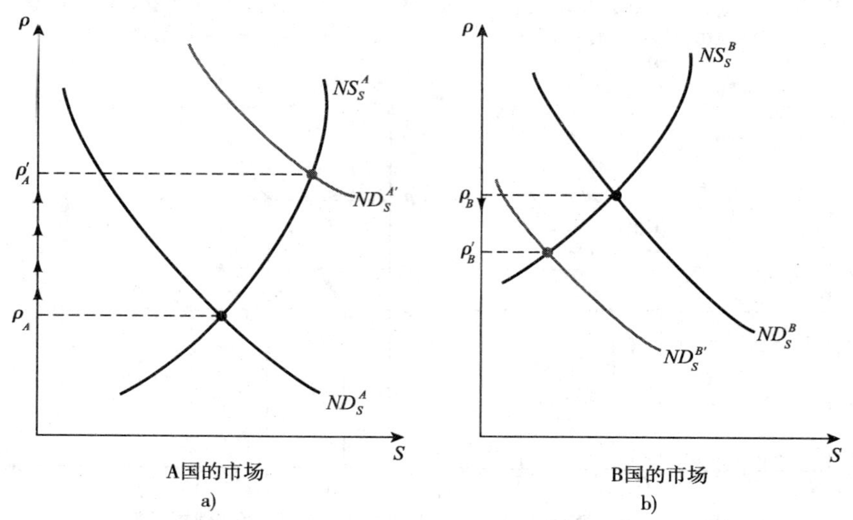

图 4-6 相同偏好假设的重要性

4.4 一些新的 HO 定理

在预测比较优势方向的 HO 理论之外，HO 模型还对参与国际贸易经济体的经济行为提供了其他重要的定理。这些定理是关于诸如经济增长对贸易的影响以及贸易对一国社会收入分配的影响的。这些定理中的第一个被称为罗伯津斯基定理。[⊖]

罗伯津斯基定理：在不变的世界价格下，如果一国某种要素禀赋增加，该国密集使用该要素产品的产量就会增加，而密集使用另一种要素产品的产量会下降。

相应的，保持其他条件不变，如果 A 国增加其资本存量，它将生产更多的 S 和更少的 T。此例在图 4-7 中予以阐释。A 国资本存量的增加导致其生产可能性边界向外移动。在这种移动中，沿 *S* 轴的移动量更大，因为 S 行业是资本密集型行业。新的生产点（增长发生

⊖ 这个定理首先是由 T. M. Rybczynski 在“Factor Endowments and Relative Commodity Prices,” Economica（1955）中提出的。

后）由 X_1 表示，也就是世界价格 ρ 与新的生产可能性曲线相切的那一点。

因为 S 是 A 国的出口品，A 国资本存量的增加就会导致 A 国生产者增加他们的出口量。相反，在其他条件不变的情况下，如果 A 国的劳动力增加，A 国会生产更多的 T 并减少贸易量。

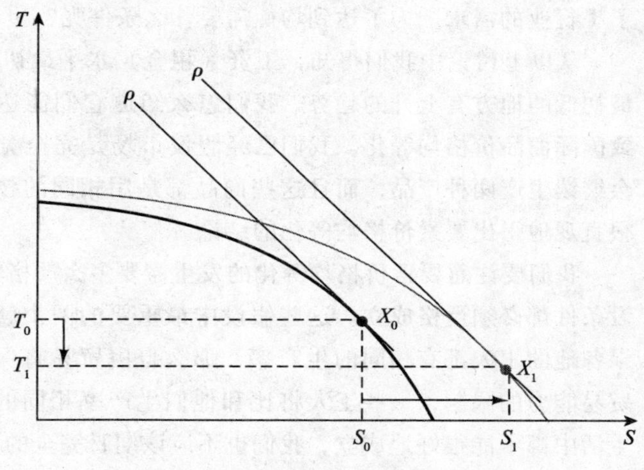

图 4-7　A 国资本存量增加的影响

附录 4A 给出了罗伯津斯基定理的证明过程。然而这个定理背后的道理是显而易见的。它基本上描述了一国的增长对于生产和贸易的影响。低储蓄率和在新工厂新设备中投入很少的国家将生产和贸易劳动含量相对较高的产品，而高储蓄率和高投资率的国家将倾向于生产和贸易资本密集型的产品。㊀

可能 HO 模型中最受争议的定理就是关于国际贸易对要素价格影响的定理。这个定理被称为**要素价格均等化**（factor price equalization，FPE）定理。㊁

> **要素价格均等化定理**：保持 HO 模型的所有假设条件，自由贸易将导致国际要素价格均等化。

换句话说，在贸易开始之前高工资的国家，贸易会导致其工资降低，而低工资的国家的工资将通过贸易得到提升。在 HO 模型严格的假设条件下，这些趋势将会持续，直到参与贸易国家的工资实现均等化。除了工资之外，资本的租金也会实现均等化。

为了更好地理解这个理论，我们试图证明它的正确性。回忆我们的假设，国家 A 的资本丰裕而劳动稀缺，这表明最初这个国家工资较高，而租金较低。而在资本稀缺、劳动丰裕的 B 国，最初工资较低，租金较高。现在贸易发生了，A 国 S 产品的产量有增加的趋势，T 产品的产量有减少的趋势。S 行业的人均资本量比 T 行业要高，因此最初随着 T 行业的收缩，S 对于要素增加的需求和由 T 行业释放的要素并不匹配。特别地，我们可以预见，T 行业释放的劳动将超过 S 最初的需求，而 T 行业释放的资本则少于 S 行业的需求。因此，在要素市场上就会出现在原有工资水平上对劳动的过度供给和原有租金水平上对资本的过度需求。为了达到均衡，A 国的工资将下降，而租金将上升。

在 B 国，贸易导致 T 产品产量的扩张。T 行业扩张所需的资源肯定来自 S 行业。S 行业

㊀ 第 10 章给出了对经济增长和国际贸易之间关系的拓展讨论。

㊁ 赫克歇尔首次在文章中提出国际贸易将导致要素价格均等化的思想。俄林认为只是存在一个要素价格均等化的趋势。萨缪尔森在《经济学杂志》，“国家贸易和要素价格均等化”一文中指出贸易将导致要素价格均等化。有趣的是，在萨缪尔森文章刚刚出版以后，他发现另一位经济学家勒纳，1933 年在英国的一个学生，写了一篇学期论文也证明了这个理论。

每单位劳动使用的资本比T行业多。当S行业减产的时候，S行业向T行业释放的资本超过了T行业的需求。为了达到均衡需要什么条件呢？租金肯定要下降，工资肯定要上升。

从以上讨论中我们得知，工资（租金）水平最初高的地方有工资（租金）下降的趋势，最初低的地方有上升的趋势。我们怎么知道它们能达到相等呢？答案很简单。国际贸易导致国际商品价格均等化。我们已经假设市场是完全竞争的，技术也是相同的。既然两国都会继续生产两种产品，而且这些商品都是用相同的技术生产且具有相同的价格，我们可以很直观地得出要素价格均等化的结论。

我们要注意要素价格均等化的发生需要多么严格的条件。特别地，所有HO模型中的假设条件都必须严格成立。这些假设中最重要的两个就是没有贸易障碍和技术相同假设。如果各地的工人都有相同的生产率，那么自由贸易将保证他们有相同的工资。然而如果存在贸易能力的限制，一些工人将比和他们生产率相同的工人挣得更多。鉴于两条假设在现实生活中都不能很好地成立，我们也不应该期盼完全的要素价格均等化。

还有一些对于该定理主要预测结果的支持。丹·本-大卫（Dan Ben-David）的一份研究检验了减少国家间贸易障碍对于不同国家间收入水平的影响。[㊀]他的分析集中于伴随着欧盟的成立，西欧贸易壁垒减少的影响。其研究表明，贸易自由化导致国家间收入差距的显著减少。鉴于研究各国可利用的生产技术非常相似，丹·本-大卫的研究结果和理论是相符的。

要素价格均等化定理认为在发生国际贸易以后一些要素的收入将上升，而另一些则下降。下一个HO定理则更加明确地指出贸易中的受益者和受损者。

斯托尔珀-萨缪尔森定理：自由贸易使丰裕要素所有者受益，使稀缺要素所有者受损。[㊁]

为了理解这个定理的深意，我们先回到要素价格均等化定理的证明中去。在那里我们证明，工资在劳动稀缺的A国下降，而在劳动力丰裕的B国上升。同样，租金在资本丰裕的A国上升，在资本稀缺的B国下降。这事实上就已经证明了斯托尔珀-萨缪尔森定理。[㊂]

丰裕要素在生产过程中收入增加，稀缺要素则收入减少。这种结果背后蕴含的经济含义是显而易见的。为什么A国最初的工资高呢？因为劳动相对稀缺，因此在要素市场上可以充分利用它的稀缺性。国际贸易的引入就意味着在A国使用稀缺要素的生产者必须和B国使用丰裕要素的生产者竞争，国际竞争压力将A国的工资压低。即使劳动力在国家间不能自由移动，价格也将在生产过程中通过对要素使用权的竞争性投标中实现均等化。

斯托尔珀-萨缪尔森定理的含义是什么呢？首先，我们已经说明了社会上一些团体反对自由贸易的原因。在古典模型中，国际贸易使每个人都获利。这是因为在工人由进口替代产业转移到日益扩大的出口产业过程中，不需要工资的调整来保证充分就业。在HO模型中，稀缺要素为了在任何一个产业中保持被雇用状态必须降低价格。全球视角4-2讨论了几

㊀ 参见 Dan Ben-David, "Equalizing Exchange: A Study of the Effects of Trade Liberalization," Quarterly Journal of Economics（1993）。

㊁ 这个定理首先由 Wolfgang Stolper 和 Paul Samuelson 在 "Protection and Real Wages," Review of Economic Studies（1941）中提出。

㊂ 关于此定理的正规证明在附录4.1中给出。

个在美国经济中关于 HO 理论含义的研究，其中也包括斯托尔珀－萨缪尔森定理。

全球视角 4-2　美国经济中的贸易、工资和就业

在过去30 多年中，美国经济中多个部门的收入分配发生了显著的转移。蓝领工人的实际工资只有轻微的增长。[①]这段时期的大部分时间内，大学毕业生的实际工资显著上升，以致显著加大了两类工人工资的差距。在同一时期，美国最富人群的实际收入迅速达到了创纪录的水平。2006 年，公司利润在国民收入中的份额增长到了过去60 年中的最高。随着这些收入和收入份额的变化，美国经济的性质也随之变化。制造业的就业急剧减少，尤其在低技术部门，比如纺织服装、袜业部门，而服务业的就业大幅提高。很多政客、工会领袖和评论家经常指责是国际贸易造成了这种现象。他们认为和低工资国家的贸易正在摧毁美国制造业的根基，被 HO 模型预见的要素价格均等化过程正在致使低技术工资下降到发展中国家的工资水平。

在过去几十年特别是从20 世纪 90 年代初开始，美国国际贸易的特征之一是从亚洲和拉丁美洲进口制成品的重要性不断提高。这中间最主要的是中国和亚洲新兴工业化经济体(韩国、新加坡和中国的香港及台湾地区)，还有巴西、马来西亚、墨西哥和泰国。[②]许多经济学家已经查阅数据来判断这种增加的贸易是否已经加大了美国的收入差距。在20 世纪 90 年代中期，一系列研究认为，快速的技术进步导致公司降低了他们对低技术工人的需求，以致降低了工资和就业水平，而国际贸易在收入差距扩大中只是起到了较小的作用。[③]

由于差距不断扩大，一些经济学家转过头来重新研究这些问题，发现他们自己选择了相反的立场。罗伯特·劳伦斯继续认为贸易没有起到作用，他认为美国不再生产很多低技术的、劳动力密集型的进口产品。即使美国确实也生产那些从发展中国家进口的产品，美国的生产过程也比外国更加的资本密集型。因此，他认为，基本没有来自发展中国家的直接工业竞争，也就没有理由将收入差距归咎于贸易。[④]

保罗·克鲁格曼在他最近的论文中也重新验证了这个问题。他认为贸易在收入差距扩大中的责任越来越大。这是因为生产实践中国际垂直专业化的不断发展。高科技产品的较低技术部件在发展中国家生产或组装。在这个过程中，美国对之前本国内完成这些工作的低技术工人的需求降低，导致这些工人的工资降低。尽管克鲁格曼的结论认为贸易快速增长的工资不平等效应可能是显著的，但他也承认统计上支持他结论的证据是不完整的。

因此，在这一点上，贸易对美国工资和技术工人与非技术工人收入差距的影响仍然是不清楚的。然而，可以确定的是，贸易不是起作用的唯一因素。技术进步、工会的减少和很多其他因素也导致了收入差距的出现。另外，差距本身可能未被正确地测量，比较典型的是，支付给工人的福利并未被包含在计算之中。

① 蓝领工人包括精密生产工艺和修理工人、机器操作工、交通工具操作者和劳工。

② 这9 个经济体在美国 1980～2004 年与发展中国家和地区的贸易增长中占到80%。

③ 参见 Paul Krugman 和 Robert Z. Lawrence，"Trade，Jobs and Wages，" Scientific American (1994)，还有 Gary Burtless，"International Trade and the Rise of Earnings Inequality，" Journal of Economic Literature (1995)。

④ 参见 Robert Z. Lawrence，Blue-Collar Blues：Is Trade to Blame for Rising U. S. Income Inequality? Peterson Institute for International Economics，Washington，D. C.，2008. ■

斯托尔珀-萨缪尔森定理给出了为什么政府会干预国际贸易的一个原因。显然，预期贸易后工资会下降的工人将反对国际贸易。类似的，资本稀缺国家的资本家也会反对国际贸易。结果，稀缺要素所有者将游说政府采取措施限制贸易量。另一方面，丰裕要素所有者则倾向于游说政府采取自由贸易政策。㊀

最后，很重要的一点是即使社会上一些团体因为国际贸易受损，但对整个国家来讲国际贸易与封闭相比还是获利的。为了更确信这一点，请复习图4-4。显然，贸易发生后，每个国家都享受到了在封闭条件下无法享受的一组商品，这意味着对于整个国家来说生活水平的提高。更简单地说，从贸易中获利的人获得的好处比受损的人损失的要多。㊁这是一个含有政策含义的有趣的结果。应该存在一套税收和转移支付的体系来弥补在国际贸易中受损的人，同时使从国际贸易中获利的人比在封闭条件下过得更好。这样一套体系从未被执行过，但是美国和其他国家都做过这种尝试（尽管非常不完美）。在第8章中我们将简要地介绍美国在第二次世界大战后实行的贸易调整援助项目。

4.5 一些最终的观察

本章试图清晰地说明关于国际贸易商品结构的简单的HO模型。经过大概20年的时间，从1933～1953年，这个模型可能是所有经济学中最受尊崇的一般均衡理论。经济学家对其逻辑紧密性、对于现实世界各种贸易模式的解释和该模型可用来应用到贸易对收入分配影响这样的问题中大为惊异。因此，即使到了现在，大多数贸易经济学家还是很喜欢用这个模型。

正如我们在第5章中将看到的，这个模型也存在着一些问题。就像古典模型遇到的问题一样，经济学家们用此理论预测的结果与现实并不相符。这又导致一些经济学家试图丰富这个模型，通过加入更多的变量和商品来解决这个问题。这就需要运用数学工具，如线性代数来阐述，而不是单纯的几何学，所以我们在本章中放弃介绍这些。然而简单的HO模型中一些更有趣和清晰的预测，如要素价格均等化，在模型更一般的版本中反而不能很好地成立。㊂

㊀ 在一份有趣且阅览量很大的报纸上，史蒂芬·马吉检测了这个命题。他发现，在20个案例中有19个都会发生这样的情况，即行业和工会组织在保护主义政策上采取相同的立场。关于这些发现的一个解释是，在短期内，资本在部门间不能移动。详情请参阅附录4.2. Stephen Magee, "Three Simple Tests of the Stolper-Samuelson Theorem," in *Current Issues in World Trade and Payments*, ed. P. Oppenheimer (London: Routledge & Kegan Paul, 1980)。

㊁ 关于这种说法的简洁的证明，见 Avinash Dixit and Victor Norman, *Theory of International Trade* (Cambridge, England: Cambridge University Press, 1980)。

㊂ 一个清晰的和精确的关于多种商品、多种要素的HO模型的论述，参见 Edward Leamer, Sources of Comparative Advantage: Theory and Evidence (Boston: MIT Press, 1984). 特别要注意第1章，里面包含了一个非常有趣的讨论，即违法HO模型的一些假设条件时，模型的预测效应如何。其他关于多要素、多产品的HO模型的文献包括 Alan Deardorff, "Weak Links in the Law of Comparative Advantage," *Journal of International Economics* (1979); Wilfred Ethier, "Some of the Theorems of International Trade with Many Goods and Factors," *Journal of International Economics* (1974); Ronald Jones and Jose Scheinkman, "The Relevance of the Two-Sector Production Model in the N-Factor Case," Kyklos (1968); and James Williams, "The Factor Proportions Theorem: The Case of m Commodities and n Factors," *Canadian Journal of Economics* (1977)。关于这一领域的这些重要的文献参见 Wilfred Ethier 的文献综述 "Higher Dimensional Issues in Trade Theory," in Handbook of International Economics, vol. 1, ed. Ronald Jones and Peter Kenen (Amsterdam: North-Holland, 1984)。

其他经济学家考虑到 HO 模型明显的缺点，试图建立国际贸易的新模型。下一章将讨论其中一些新的理论。然而，这些理论中没有一个像 HO 模型一样结构完整。因此，尽管存在缺点，但 HO 模型仍会继续在世界贸易理论中保持重要的地位。

小　结

1. 关于比较优势的赫克歇尔－俄林模型（HO 模型）是关于参与国际贸易的经济体的一个完整的模型。这个模型认为，比较优势是由一个国家相对于世界其他国家的相对要素禀赋决定的。
2. HO 定理认为一国在密集使用其丰裕要素的产品上具有比较优势。
3. 与古典模型不同，HO 模型认为在均衡点时各个国家仍然会生产两种产品，不会实现完全专业化分工。
4. 仍然同古典模型不同，HO 模型需要对两国偏好的性质做严格假设，否则得出的结论可能会相反。
5. HO 理论还包括其他几个重要的定理：罗伯津斯基定理、要素价格均等化定理和斯托尔珀－萨缪尔森定理。
6. 罗伯津斯基定理认为如果一国要素禀赋增长（要素价格不变），该国将会增加密集使用增长要素的产品的生产，而减少另一种产品的生产。
7. 要素价格均等化定理认为 HO 模型严格的假设条件下，自由贸易将导致国际要素收入均等化。
8. 斯托尔珀－萨缪尔森定理认为贸易对于丰裕要素有利，而对稀缺要素不利。此结果和古典模型不同，因为古典模型认为每个个体都将从国际贸易中获利。
9. 尽管存在斯托尔珀－萨缪尔森定理的结果，但是贸易仍然会使两个国家获利，因为获益者的收益大于受损者的损失。

习　题

1. 用 HO 模型的贸易一般均衡理论（见图 4-4）证明一般情况下，完全专业化生产出口品与不完全专业化分工相比将降低生活水平。
2. 有些人认为要素价格均等化定理意味着美国的工资必须降低到世界上最不发达国家的水平。请对这种论述的可信性做出评论。
3. 下表是两国要素禀赋的数据：

要素禀赋	国家	
	A	B
劳动力（百万人）	45	20
资本存量（千台机器）	15	10

   a. 哪个国家相对资本丰裕？
   b. 哪个国家相对劳动力丰裕？
   c. 假设 S 产品与 T 相比是资本密集型产品，哪个国家在 S 的生产上具有比较优势？
4. 比较并对比关于商品贸易构成的古典模型和 HO 模型。讨论二者在假设条件、贸易后的生产点以及贸易对收入分配的影响上的区别。
5. 澳大利亚土地丰裕，印度劳动力丰裕。相对于纺织品来说，小麦是土地密集型产品。图示证明这两个国家贸易前后的均衡情况。标注每个国家的贸易三角。当这两个国家发生贸易后哪种要素获益哪种要素受损？请仔细解释。

6. 过去30年世界经济的一个重要变化就是太平洋地区国家资本投资的大量增长（特别是日本和韩国）。这种投资对两国与其他国家比方说美国相比，对商品贸易的结构有什么影响呢？请详细解释。（提示：考虑使用罗伯津斯基定理。）
7. 仔细解释为什么世界范围内相似的技术消除了国际贸易的古典基础。
8. 用罗伯津斯基定理证明要素禀赋越不相近的国家在贸易开始后越容易实现专业化分工。
9. 使用如下关于国家C和国家D要素禀赋的数据来回答练习3中的问题。

要素禀赋	国家	
	C	D
劳动力（百万人）	12	30
资本存量（千台机器）	48	60

10. 假设国家A是劳动力丰裕的。它可以生产两种产品：X和Y。商品X和商品Y相比是资本密集型的。画出A国的生产可能性边界并决定用Y表示的X贸易前的相对价格。现在，假设出现技术创新使得资本在X产业更具生产效率，但在Y产业并不能达到这种效果。在不同的图中阐述A国的生产可能性边界将如何变化并解释你的结果，同时表示出这对A国X产品的贸易前价格会产生什么影响，对A国的贸易格局有什么影响，并解释。
11. HO模型中关于相似偏好的假设增加了要素禀赋的国际差异决定比较优势的可能性。这种说法是对还是错呢？请解释。

如需要更多的习题和补充阅读，请访问我们的网址：www. pearsonhighered. com/husted。

附录 4A　关于选定的几个 HO 定理的严格证明

在此附录中我们提供了关于 HO 定理和它的几个基本推论的严格证明。我们使用的最主要的几何工具就是等产量线。等产量线描述的是生产固定产量的产品时劳动和资本的不同组合。例如，假设商品 S 的生产需要使用劳动（L）和资本（K）。图 4A-1 阐释了该行业的一幅可能的等产量线图。两条坐标轴测度的是要素 K 和 L 的投入量。在每条曲线上 S 的产出是相等的，在图上表示为产量水平 S_0、S_1 和 S_2。特别需要注意的是，等产量线离原点越远，表示产量水平越大，这也反映了更多的投入导致更多的产出这一基本事实。

曲线的曲率代表保持相同产量水平的情况下，劳动可以被替换为资本的容易程度。虽然我们经常把等产量线画成图中这种形状，但是经济理论并没有把它们限定为这种形状。它们甚至可以呈现出直角形状，在这种技术条件下，两种要素完全不可替换，两种要素要保持固定的比例，为了达到更大的产量任何多余的要素都是无用的。在另一个极端，等产量线也可能是直线（斜率为负），表明要素是可以完全替代的。现在我们就将展示如何使用这些等产量线来证明不同的定理。

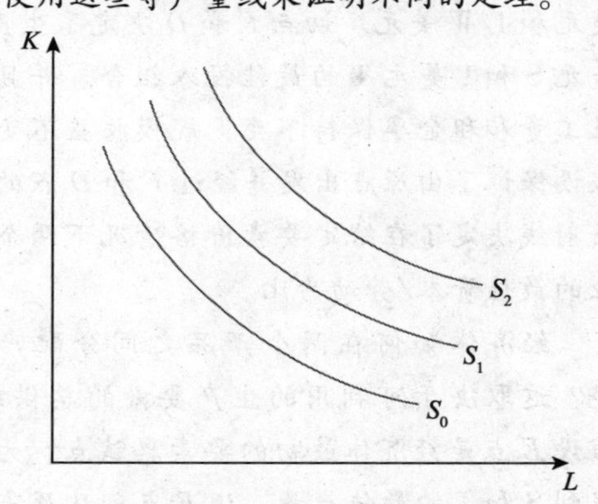

图 4A-1　S 行业的等产量线图

HO 定理（价格定义）

HO 定理表明一国将在密集使用其丰裕要素的产品上具有比较优势。我们如何把这个关于要素禀赋和要素密集度的定理表现在图中呢？

在本章主体部分的例子中，我们假设国家 A(B) 资本（劳动力）丰裕，商品 S(T) 是资本（劳动力）密集型产品。那么 A(B) 国在 S(T) 产品的生产上具有比较优势。

考虑图 4A-2，我们把商品 S 和商品 T 的等产量线添加到同一个图中。每条等产量线代表生产 1 单位相关产品需要的不同的生产技术。

在继续证明之前，我们先注意一下这个图的一些事项。第一，S 产品的等产量曲线比 T 产品的等产量线离 *K* 轴更近，这也反映了 S 产品比 T 产品更加资本密集的潜在假设。第二，我们证明了每种产品只有一组等产量曲线。各个产业规模收益不变的假设意味着等产量线的布局规则，而且随着产量的增加有规律地增长。如果我们能够证明一个理论对于一个产量水平可以成立，它就可以被应用到任何一个产量水平上，因为增加产量或减少产量只需要同比例的增加或减少要素。规模收益不变（并且不存在固定成本）的假设同时意味着平均成本和边际成本是不变的，并且在所有产量水平上都是相等的。

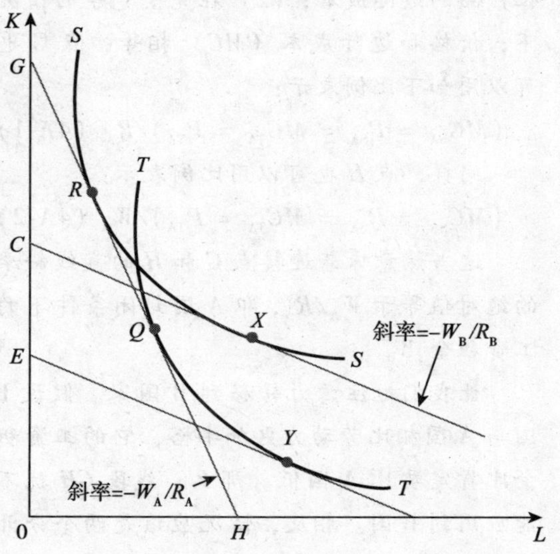

图 4A-2　HO 定理（价格定义）的证明

第三，两个国家相似技术的假设意味着等产量线可以同时很好地表示国家A和国家B的生产情况，所以我们可以用一幅图比较国家间的成本。第四，回忆一个企业将选择能够生产出合意量的成本最低的产量组合。在图中，这一组合点在等成本线（如 *GH*）和等产量线相切处，如S行业在 *R* 点，T行业在 *Q* 点。

我们现在转入关于比较优势的证明。我们想证明什么呢？特别地，我们想证明当A国封闭情况下的工资租金比B国高的时候，商品T（S）在封闭条件下的相对价格在A（B）国比在B（A）国更高。假设S的封闭价格 P_S/P_T 在A国等于1，用货币表示就是S和T有相同的价格。如果是这种情况，线段 *GH* 必须指代A国企业面临的贸易前的成本约束。为什么呢？鉴于这条线既和S产品的等产量线相切又和T产品的等产量线相切，生产1单位S或者T的成本是相等的。这和 *GH* 等成本线是相符的，它代表在给定租金和工资的情况下，一定量的货币所能雇用的资本和劳动的所有组合。依赖于以下事实：(1) 生产1单位产品的总成本也是生产该单位产品的边际成本；(2) 在完全竞争的情况下，价格和边际成本（*MC*）相等，点G也可以用如下比例表示：

$$(MC_{SA}=P_{SA}=MC_{TA}=P_{TA})/R_A \quad (4A\text{-}1)$$

同样，点 *H* 也可以用比例表示：

$$(MC_{SA}=P_{SA}=MC_{TA}=P_{TA})/W_A \quad (4A\text{-}2)$$

这当然意味着连接点 *G* 和 *H* 的直线斜率的绝对值等于 W_A/R_A，即A国封闭条件下的工资租金比。

让我们把注意力转移到B国家。假设B国与A国相比劳动力更加丰裕，它的工资租金比肯定要比A国低。那么，线段 *GH* 就不能应用到B国。相反，情况应该是两个分开但是平行的等成本线来表示B国生产1单位各种商品的最佳投入选择。这些选择在图4A-2中用点 *X* 和 *Y* 表示。注意在B国生产1单位S的等成本线比在B国生产1单位T的等成本线更高，那么在B国生产1单位S的边际成本比生产1单位T的边际成本高，即 $MC_{SB}>MC_{TB}$，但是鉴于价格等于边际成本，上述情况意味着 $P_{SB}>P_{TB}$。这正是我们想要证明的。由于S在A国的相对价格等于1但是在B国大于1，因此我们证明出A国在S产品上具有比较优势，而B国在 *T* 产品上具有比较优势。

罗伯津斯基定理

罗伯津斯基定理认为，如果一国某种要素禀赋（如劳动力）增加了，那么在其他条件（包括要素和产品价格）不变的情况下，密集使用该要素的产品产量将上升，另一种产品的产量将下降。为了证明这个定理，我们仍然需要使用等产量曲线图。

考虑图4A-3，图中我们展示了两条等产量线，一条是商品S的，一条是商品T的，这两条等产量线都是1美元各种商品的产量。假设S产品的相对价格是1，如前所述，这就意味着存在一条等成本线与两条等产量线相切，如图4A-3所示。而且我们知道这条等成本线的垂直和水平截距分别等于1/*R*美元和1/*W*美元。切点 *F* 和 *D* 决定了生产1美元S和1美元T的最佳投入组合。并且如果工资和租金率保持不变，规模收益不变的假设保证了由原点出发并经过 *F* 和 *D* 点的两条射线决定了在给定要素价格情况下两个产业的最佳资本/劳动力比。

经济体如何在两个产品之间分配产量呢？这取决于可利用的生产要素的总供给。假设 *E* 点是经济体最初的要素禀赋点，为了找到S和T的最佳产量，从 *E* 点朝从原点出发的两条射线画平行线，与两条射线相交于 *G* 和 *H* 点。这两点代表了给定价格情况下S和T的最佳产量水平。我们如何验证这是正确的呢？第一，产量肯定出现在射线上。第二，我们希望使资源充分利用。例如，如果我们把线 OG 代表的要素组合加入点 H，我们达到总的 E 水平的要素禀赋，同样的，如果我们把 OH 加到 G，我们也会得到 E 点。

现在我们就要证明这个定理。假设一国的劳动禀赋增加，但资本量和价格没有改变。这就使该国的要素禀赋点水平移动，即从 E 点移动到 E' 点。以 E' 和原点做顶点做一个平行四边形，我们会发现 S 和 T 的最佳产量水平已经发生变化。特别地，S 的产量降低（到 G'），T 的产量上升（到 H'），这证明了这个定理。

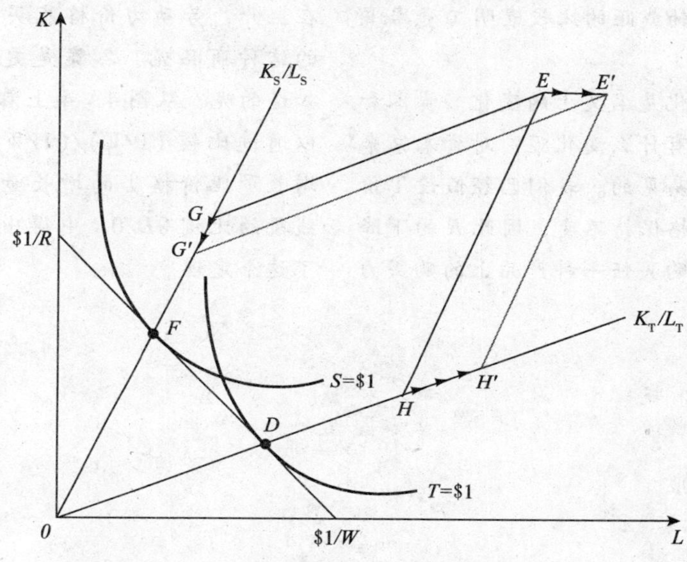

图 4A-3　罗伯津斯基定理的证明

斯托尔珀－萨缪尔森定理

斯托尔珀－萨缪尔森定理认为价格上升，产品密集使用的要素将从价格上升中获利，另一种要素受损。在 HO 模型的背景下，这个定理可以被简单地解释成丰裕要素从贸易中获利，稀缺要素受损。为了证明这个论断的正确性，参见图 4A-4。

如前所述，我们给出了代表 1 美元 S 产品和 T 产品产量的等产量曲线。令这个经济体生产这两种产品。在最初的 W 和 R 的价格和价值水平下，生产 1 美元两种产品的最佳要素投入是由点 F 和点 D 给出的。现在假设由于开放国际贸易的缘故，T 的价格上升。随着 T 的价格水平变高，1 美元价值的这种产品将位于更低的等产量曲线上（等产量线指代物理单位）。那么 T＝1 美元等产量线将变为标示为 T′的等产量线。如果仍然需要生产两种产品，那么 1 美元等成本线必须旋转来保持和两条等产量线 S 和 T′相切。这是如何完成的呢？工资和租金必须做出改变。新

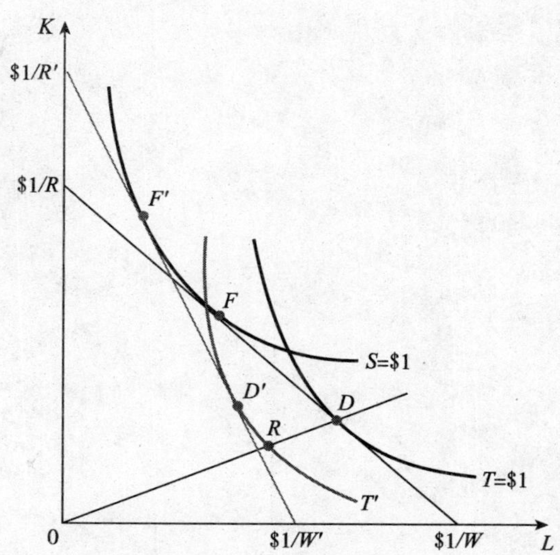

图 4A-4　斯托尔珀－萨缪尔森定理的证明

的等成本线的截距是 $1/R'$ 美元和 $1/W'$ 美元，鉴于这些分数的分子和前面一样，我们可以通过简单的比较 $1/R$ 和 $1/R'$，$1/W$ 和 $1/W'$ 来推断租金和工资都发生了什么变化。在第一种情况下，分数上升了，这只有在 $R' < R$，也就是租金下降的情况下这才会发生。另一方面，对横轴截距的比较表明工资率 W 上升了。

W 和 R 的变化是名义上的变化。资本和劳动力的购买力有什么变化呢？对资本家来说，答案是显而易见的。我们已经假设 T 价格上升时 S 的价格保持不变，因此 R 的下降意味着资本家在购买任一种产品上的购买力都是下降的，也就是说在劳动密集型产品 T 相对于资本密集型产品 S 的价格相对上升时，资本家的状况变坏。

那么劳动力呢？W 的上升确定无疑地表明劳动力价格可以购买更多的 S，因为 S 的价格被假定为不变的。然而，T 的价格在上升，劳动力价格能买到更多还是更少的这种商品呢？答案是更多。我们是怎么知道的呢？从图 4A-4 上看，工资的增加可以通过比较 $(1/W)/(1/W')$ 来体现。这个增长量比价格 T 的增长量要高，这可以从线段的比例 $0D/0R$ 中得出结论。这就证明了这个定理。

附录 4B　特定要素模型

HO 模型以长期的视角来看待这个世界的运行。也就是说在比较两个均衡点的时候，有足够的时间使得资本在产业间移动。在现实生活中，机器设备通常有特定的用途，在产业间转移资本资源会花费很长的时间。事实证明，如果要素不能在部门间快速移动，那么国际贸易的短期影响将和长期影响有所不同。在此附录中，我们简单讨论一下特定要素（李嘉图 – 维纳）模型。这个模型非常有助于我们理解国际贸易对一国经济的短期影响。

特定要素模型涵盖了 HO 模型的所有假设条件和基本结构，只有一点例外：在这个模型中，有一种要素在部门间不可移动。在这里我们假设资本是不可移动的要素，那么 S 行业使用的机器设备和 T 行业使用的机器设备是不同的。而且这两种机器在生产过程中不能替换使用。鉴于这两种机器是完全不同的，那么也没有办法保证这两种机器的所有者获得相同的租金。另一方面，假设劳动是可以完全自由移动的，这保证了两个产业的工资水平是相等的。

图 4B-1 展示了国家 A 劳动力市场的贸易前均衡状况。这个图和我们以前展示的图有些许不同，所以需要解释一下。横轴的长度测度的是 A 国的劳动力总量，并且 S 行业的劳动量从 O_S 向右测度，T 行业的劳动量从 O_T 向左测度。两条纵轴都是测量 A 国的工资水平。VMP_S 曲线代表 S 行业的劳动需求。特定就业水平下该需求曲线的高度等于劳动的边际产品价值 $P_S \times MP_{LS}$，这个数量也是 S 行业的企业卖掉最后雇用的工人创造的产品后所赚取的收入。显然，如果最后一个工人的成本没有超过他创造的边际产品的价值，那么企业还会想再雇用工人。换句话说，S 产业将继续雇用工人直到 $W = P_S \times MP_{LS}$。

VMP_T 曲线代表 T 行业的劳动需求。它的方向与 VMP_S 方向相反，因为我们是以 O_T 点为起点测度 T 行业的劳动力，越向左移动代表的数量越多。与 S 行业相同，T 行业将继续雇用工人直到 $W = P_T \times MP_{LT}$。

劳动力市场均衡发生在两条曲线的交点处。交点的高度决定了工人的工资，无论他们是受雇于哪个行业。图中仅在该点处，$W = P_S \times MP_{LS}$ 且 $W = P_T \times MP_{LT}$。在均衡情况下，S 行业雇用工人的数量为 $O_S D$，T 行业雇用工人的数量为 DO_T。两个行业工人的工资都是 W_0。

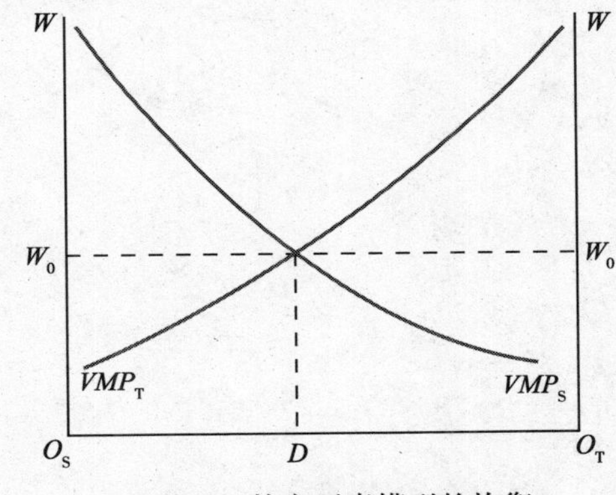

图 4B-1　特定要素模型的均衡

现在我们用特定要素模型来分析如果国家 A 开始进行国际贸易对于工资和租金的影响。我们已经知道 A 国在商品 S 上具有比较优势，一旦贸易开展，P_S/P_T 在 A 国将上升。最容易阐述 A 国劳动力市场将发生什么的就是假设相对价格的上升是由于 P_S 上升而 P_T 保持不变。在这种假设情况下，S 行业的劳动需求将上升 P_S 上升的量，而 T 行业的劳动需求则保持不变，如图 4B-2 所示。

在新均衡点发生了什么变化呢？S 行业的就业量从 $O_S D$ 上升到 $O_S G$，而 T 产业的就业量则减少相同的量。如图 4B-2 所示，国际贸易导致了就业的重新分配。在这种情况下，全部工人的工资由 W_0 上升到 W_1。工人

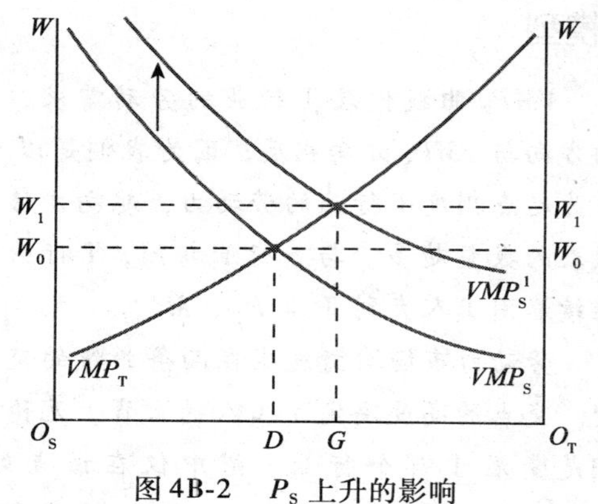

图 4B-2 P_S 上升的影响

们状况更好了么？不一定，因为S产品的价格也上升了并且比工资上升得更多。如果工人消费大量的S和很少量的T，他们的状况会变得更差。

资本所有者的情况如何呢？在行业S，资本所有者在真实层面状况变好了。同样数量的机器产量变得更多，因为有更多的工人，并且商品价格也变高了。那么租金收入必然上升。相反，T行业的资本所有者状况变差了。同样的机器产量更少了，因为工人变少了，同时商品价格没有发生变化，于是行业T的租金收入下降了。这样我们就可以理解为什么特定行业的资本和劳动可能会反对国际贸易的扩张。

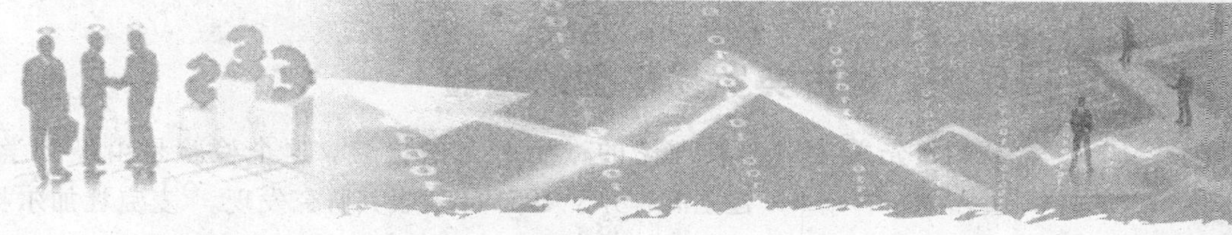

第5章

贸易模型的检验：列昂惕夫之谜及其发展

学习目标

对古典贸易模型的检验；
对HO模型的检验；
对列昂惕夫之谜的解释；
关于HO模型的其他检验；
关于HO模型的最新检验；
比较优势论的其他一些理论；
产业内贸易；
报酬递增和不完全竞争。

本章将讨论对我们至今所学习的各种比较优势模型的效力进行检验的各种尝试。经济学家如何从事理论检验呢？答案是他们找出与其想要检验的理论相关的经济数据，并检验这些数据来验证事实是否符合模型的预测。在过去50多年的时间里，很多经济学家就是沿着这样的程序对古典模型和HO模型进行检验的。正如我们即将看到的，这些检验的结果充其量也就是不确定的，而且还常常是有争议的。

我们将要描述的这些检验无法成功解决古典模型或HO模型的一般有效性问题，所以一些经济学家已开始寻找新的关于国际贸易的决定因素的观点。这些新模型与我们前面学习过的模型不同，因为它们总是将注意力集中到仅包括一定数量产品种类的贸易上，而且本质上总是仅仅实现局部均衡。不过，尽管存在这样的局限性，但是这些新模型中的一些确实得到了很多拥护。最近的实证分析也发现了对其中一些模型的预测相当多的支持证据。因此，在本章中我们还将对这些国际贸易的新理论进行一些细致的讨论。

5.1 对古典贸易模型的检验

我们首先关注对古典理论的一个著名的检验。这个检验是由经济学家麦克杜加尔（G. D. A. MacDougall）建立的，并于1951年发表其研究发现。[㊀]麦克杜加尔找到了美国和英国1937年对世界其他国家和地区的出口贸易数据（行业数据），以及每个国家在这些产品生产上的总产出和劳动力投入数据。[㊁]该研究中总计包含了25个不同的行业。麦克杜加尔设计的检验方法非常直观。古典模型预测，一国会在与本国其他产品和其他国家相比，本国劳动力更有效率的产品上具有比较优势。麦克杜加尔打算做的是对比两个国家每个行业内的劳动生产率和出口绩效。他的假设是，在那些美国的劳动生产率高于英国的行业中（在对工资差异进行调整之后），美国的出口相对于英国应该更高。

那么麦克杜加尔如何去实现他的实验呢？首先，麦克杜加尔使用行业的劳动力投入去除行业产出，得到一个衡量每个国家各个行业劳动生产率的变量（劳动的平均产出，APL）。然后，为了找到一个衡量相对劳动生产率的方法，他为研究中每一个行业都构建了一个关于美国劳动平均产出APL与英国劳动平均产出APL的比例。举例来说，如果Z行业的比例结果等于3.5，那么平均而言，在Z行业中一个美国工人生产的产出就是其英国同行的3.5倍。

在麦克杜加尔研究的时期，美国的工资率大约是英国的2倍。因此，根据古典模型，美国就应该在那些美国工人的生产率超过英国工人2倍以上的行业具有比较优势——换句话说，就是在麦克杜加尔计算的相对生产率超过2的行业。麦克杜加尔将美国特定行业出口对英国相同行业出口的比例作为他衡量相对比较优势的指标。

表5-1来自麦克杜加尔的论文，给出了麦克杜加尔实验中的部分结果。正如表中所表明的，确实存在支持古典模型的证据。在25种产出中，有20种都符合一般性的假设，即如果美国的劳动生产率超过英国劳动生产率的2倍以上，则美国的出口将超过英国的出口。除此之外，在美国工人的生产率低于英国工人生产率2倍的行业中，英国的出口往往超过美国的出口。

表5-1 麦克杜加尔对古典模型检验的结果

行业[①]	美国每工人产出/英国每工人产出	美国出口/英国出口
录音机	超过2	8
生铁	↓	5
汽车		4
玻璃容器		3.5
锡杯		3
机器		1.5
纸	超过2	1

㊀ See G. D. A. MacDougall, "British and American Exports: A Study Suggested by the Theory of Comparative Costs," *Economic Journal* 61 (1951).

㊁ 1937年两国之间的贸易可以忽略不计，在某种程度上这是由于高关税造成的，特别是美国的高关税。

（续）

行业[1]	美国每工人产出/英国每工人产出	美国出口/英国出口
香烟	1.4～2	0.5
油毡	↓	0.33
针织品		0.33
皮革鞋类		0.33
焦炭		0.2
人造丝织物		0.2
棉制品		0.11
人造丝制品		0.09
啤酒	1.4～2	0.06
水泥	小于 1.4	0.09
男士毛料织物	↓	0.04
人造黄油		0.03
毛织品和精纺羊毛	小于 1.4	0.004

① 例外行业（美国每工人产出超过英国每工人产出的 2 倍，但美国的出口却少于英国出口的行业）：电灯泡、橡胶轮胎、肥皂、饼干和火柴。

资料来源：麦克杜加尔，"British and American Exports"，Table 1.

从这一检验的结论我们可以总结出什么呢？㊀第一，我们需要接受它作为证明出口绩效和劳动生产率之间关系的证据。然而，这不见得是古典模型具有一般效力的证据——这样讲是出于以下三个原因。第一，古典模型寻求解释的是两国之间的贸易，而不是两个国家向第三国的贸易（麦克杜加尔所研究的贸易类型）。在一个重要的研究中，乔纳森·伊顿（Jonathon Eaton）和塞缪尔·科特梅（Samuel Kortem）证明了如何将古典模型进行扩展，以解释很多国家之间的贸易。㊁他们的扩展包括加入不同国家之间的距离作为运输成本的代理变量。他们使用 1990 年 19 个国家之间的总制造业贸易数据证明，当控制市场之间的距离后，双边出口量可以很好地被生产率差异所解释。㊂

第二，麦克杜加尔所报告的结果并没有完全排除其他模型的可能性。比如，可以证明在某种相对一般的条件下，HO 模型也可以预测麦克杜加尔所观察到的贸易模式。㊃第三，注意

㊀ MacDougall's results for the United States and the United Kingdom have been reconfirmed in several other studies. See especially G. D. A. MacDougall, Monica Dowley, Pauline Fox, and Senta Pugh, "British and American Productivity, Prices, and Exports: An Addendum"; and Robert Stern, "British and American Productivity and Comparative Costs in International Trade," both in *Oxford Economic Papers* (1962). Another, more recent, study also finds evidence consistent with MacDougall's results. See Stephen S. Golub and Chang-Tai Hsieh, "Classical Ricardian Theory of Comparative Advantage Revisited," *Review of International Economics* (2000). For contradictory evidence, see Mordechai Kreinin, "The Theory of Comparative Cost—Further Empirical Evidence," *Economic Internazionale* (1969); and James McGilvray and David Simpson, "The Commodity Structure of Anglo-Irish Trade," *Review of Economics and Statistics* (1973).

㊁ 参见 Jonathan Eaton 和 Samuel Kortem，"Technology, Geography, and Trade," *Econometrica*（2002）。

㊂ 另一项最近的研究扩展了 Eaton-Kortem 模型来解释个别行业之间的双边贸易。参见 Arnaud Costinot 和 Ivana Komunjer，"What Goods Do Countries Trade? New Ricardian Evidence，" *NBER Working Paper* #13691（2007）。

㊃ 对这种观点的证明在某种程度上超过了本书的范围。高级读者可以参见 J. Ford，"On the Equivalence of the Classical and Factor Models in Explaining International Trade Patterns"，The Manchester School（1967）；以及 Rodney Falvey，"Comparative Advantage in a Multi - factor World，" *International Economic Review*（1981）。

到麦克杜加尔的试验程序使得我们只能比较相对出口水平和相对劳动生产率之间的关系。它没有控制其他因素的影响，比如运输成本、生产分化以及歧视性贸易壁垒等，这些因素可能可以解释麦克杜加尔观察到的贸易模式。

5.2 对HO模型的检验

在经济学历史上最著名的检验可能就是瓦西里·列昂惕夫（Wassily Leontief）于20世纪50年代早期对HO理论进行的检验。[⊖]在做这一检验的时期，列昂惕夫是哈佛大学的一名教师。他早已是一名世界闻名的经济学家，特别是以他对一般均衡系统的实证建模而闻名。他在分析中使用的主要工具是投入-产出表，这一工具重要到可以使他获得1973年的诺贝尔经济学奖。

投入-产出表（input-output table）描述了经济中各个部门之间的商品和服务流动。经济中的每个部门都需要依赖其他部门提供它所需的大部分原材料和中间投入品。举例来说，计算机生产就需要钢铁、塑料、半导体、纸张（用于包装）甚至计算机服务（用于设计和类似事物）。类似地，事实上每个行业的生产都需要使用计算机。因此，计算机行业从其他行业购买产品，并向这些行业出售产品。在一个经济体中的每个部门之间都可以找到类似的产业间关系。投入-产出表详细描述了生产过程中产生的这些产业间交易。

对投入-产出表最好的理解方法是把它看做一个包括多个列和行的电子数据表格。经济中的每个行业在其中都以列条目出现一次并以行条目出现一次。列条目代表的是特定行业在指定年份从经济中所有其他行业进行的购买。因此，比如沿着计算机列条目向下读，我们就可以找到生产那一年的计算机所需要的钢铁的价值、半导体的价值、纸张的价值以及塑料的价值等。行条目代表一个特定行业向经济中所有其他行业进行的销售。沿着行条目从左向右读可以提供关于哪些行业购买了特定行业产出的信息。

投入-产出表一个巨大的优点是它用图表就可以表明行业间的相互关联如何。比如，为了生产更多的汽车需要更多的钢铁、玻璃、油漆以及类似的投入品。因此，如果发生了可能会带来某一行业比如汽车行业扩张的事件，那么向汽车行业供应投入品的行业也应该得到扩张。并且随着这些其他行业的增长，另外又会有一些行业也将得到扩张。当然，行业的扩张不可能不需要额外的劳动力和资本。因此，伴随着投入-产出表一起出现的是详细描述一个指定行业固定数量产出所需要的劳动力和资本的一系列信息。

虽然从纯粹科学的层面来了解经济部门之间的关系是很有意思的，但是在某些情况下，投入-产出表已被用于或正在被用于进行经济计划和政策的制定。在战争时期，投入-产出表中的信息可能会特别重要。比如，如果政府决定必须生产更多的飞机，则投入-产出表就指出了经济中所有提供生产飞机所需额外资源的行业。

列昂惕夫使用来自美国200个不同行业的数据来构建他的投入-产出表。除了在投入-产出表中描述的行业间的具体信息之外，模型还详细给出了200个行业各自对劳动力和资本

⊖ 这一检验的结果记录在一篇1953年在美国哲学协会上报告的名为《国内生产和对外贸易：对美国资本地位的再思考》的文章中。这篇文章被部分再版在Richard Caves和Harry Johnson主编的*Readings in International Economics*中（Homewood, Ill.: Richard D. Irwin, Inc., 1968）。

的需求。在第二次世界大战期间，列昂惕夫就任美国政府顾问，他的模型被广泛地应用于为经济制定生产决策计划。然而在战争后期，政府却不再需要制定经济计划了。结果，列昂惕夫将注意力转移到将他的模型进行新的应用方面。其中的一项应用就是检验HO模型的一般效力。

首先，我们如何使用投入-产出表来检验HO模型看起来可能不是很清楚。事实上，检验的程序相对比较简单和直观。列昂惕夫从检验美国1947年的出口和进口数据开始。然后考虑如下的实验：假设美国出口成比例地下降100万美元，而美国进口成比例地上升100万美元。那么为了实现生产水平的这种变化，需要多少资本和劳动力呢？

在我们告诉你这一检验的结果之前，让我们首先考虑我们预期列昂惕夫会发现什么。很显然，美国在1947年时是世界上占统治地位的经济体。战争使美国的资本储备未受影响，而且战争的成果帮助美国经济从战前的萧条中恢复了活力。所有这些都意味着美国，至少在历史上的那个时点，绝对可以称得上是世界上资本最丰裕的国家。[⊖]如果是这样，根据HO模型的预测，美国应该出口资本密集型产品，进口劳动密集型产品。在这种情况下，列昂惕夫的实验应该表现出的是，美国从假设的出口减少中空闲出的每单位工人的资本数量应该超过生产那些假设中美国进口竞争产品扩张所需要的每单位工人资本的数量。而列昂惕夫的发现却恰恰相反！

列昂惕夫使用他的投入-产出表和1947年的数据证明，为了使用本国产出扩张来替换100万美元的美国进口，需要额外的每工人170年的劳动力和310万美元的资本。[⊜]而美国减少出口100万美元，将提供每工人182.3年的劳动和260万美元的资本。因此，根据该实验，美国的出口相对于美国的进口往往是劳动密集型的。由于这一发现是如此的出乎意料，所以它被称为是**列昂惕夫之谜**（Leontief paradox）。

正如它的名字所反映的，列昂惕夫之谜是由一名经济学家所揭示的最使人迷惑的、最麻烦的实证发现之一。HO模型从最初的理论发展开始，就被绝大多数经济学家认为是解释比较优势的那个专门的模型。这一模型逻辑上的完整性、它关于贸易的流向看起来与平时观察到的贸易流向的一致性、它可以很方便地被控制用于研究贸易对经济其他方面（比如要素报酬）影响的效果，都增强了该模型在经济学家中的声誉。然后突然间，HO模型看起来好像甚至无法解释假定上没有疑义的美国的贸易模式了。

5.3　对列昂惕夫之谜的解释

不足为奇地，经济学家们立即的反应就是在HO模型的前提条件下发展对列昂惕夫之谜的解释来还原模型。列昂惕夫第一个进行了这种尝试。他提出，他的结果得自于模型

⊖ 需要特别注意的是，在列昂惕夫实施他的实验的时候，还没有办法直接检验这一观点。当时不存在国家基础上的资本存量数据。即使是今天，我们所持有的关于资本存量的数据也是很粗糙的。这是真实的情况，因为存在很多种类的资本品。螺钉旋具、计算机和推土机都是资本品，正如还有其他很多种类的产品。那么你怎么将它们加入到一个单一的资本变量中去呢？唯一可行的方法就是计算所有这些产品在某个时点上可以获得的价值的总和。但我们应该清楚地看到，价值10万美元的螺钉旋具对于一国生产可能性的影响与价值10万美元的计算机是不同的。

⊜ 注意列昂惕夫在他的研究中排除了咖啡、香蕉等不在美国生产的产品的进口。

隐含的关于美国工人的生产率与外国工人生产率相等的假定是不正确的这一事实。他写道：

> 让我们……拒绝简单但空洞的比较技术平价假设，并做更合理的假定，在给定资本数量的任何组合下，美国劳动力的一人年相当于外国的三人年（增加强调）。这样的话，在比较美国和世界其他地区占有的资本和劳动的相对数量时……美国的总工人数就应该乘以3。㊀

正如这段话所指出的，列昂惕夫试图给出的解释是为了说明由于美国工人相对于世界其他地区的工人的生产效率足够高，美国被看做相对劳动力丰裕的国家是更适当的。然后，在这些替代的情况下，列昂惕夫的发现就变得与HO理论是一致的了。

列昂惕夫的解释与事实如何一致呢？如上面的这段话所暗示的，列昂惕夫很明显地在猜测美国劳动力的相对优越性。他的论断是建立在美国社会的生产定位、它对企业家精神和组织的强调以及美国的普通教育体系可以产生相对更有效率工人的假设条件基础上的。自从列昂惕夫出版了他的发现后，积累了大量的证据表明，列昂惕夫所声称的美国劳动力的优越性是不正确的或至少是言过其实的。㊁

在列昂惕夫之后又出现了其他的解释。凡涅克指出，基于简单两要素（资本和劳动力）模型基础上的检验注定会产生列昂惕夫发现的这类结果。他的说法也许是对的，因为一种重要的第三要素——自然资源——在前面的分析中都被遗漏了。凡涅克的论证如下：假设美国在自然资源上相对稀缺，但是在劳动力和资本上相对丰裕。在这种情况下，HO模型会预测美国应该进口自然资源密集型产品。但是列昂惕夫在他的数据中并没有寻找这些现象。此外，矿物等自然资源往往需要使用资本密集型技术来制造（比如采矿和熔炼）。这样的话，列昂惕夫之谜就可以被解释了。在两要素模型中，美国的进口产品表现出是相对资本密集型的。而实际上，在三要素模型中，这些产品都是相对自然资源密集型的。更为近期的对HO模型进行的检验尝试将凡涅克的解释考虑在内，方法是将自然资源密集型的进口和出口产品数据排除出去。在某些情况下，当这样做时，列昂惕夫之谜就消失了。㊂

W. P 特拉维斯在20世纪60年代早期的作品中指出，列昂惕夫之谜可以被美国使用的

㊀ 瓦西里·列昂惕夫，"Domestic Production and Foreign Trade，"第523-524页。

㊁ 比如参见 Mordechai Kreinin，"Comparative Labor Effectiveness and the Leontief Scarce-Factor Paradox"，*American Economic Review*（1955）。在那篇文章中，Kreinin指出，根据向美国跨国公司经理们寄出的问卷表明，这些经理们认为美国在20世纪50年代早期的劳动力仅比外国劳动力有轻微的优越性。然而，在最近一项对HO模型的检验中，Daniel Trefler发现只要要素禀赋可以正确地衡量生产率的国际差距时，就存在很强的证据支持HO模型的预测。他的结论是列昂惕夫在讨论生产率调整对于正确检验HO模型的必要性时，有一个正确的想法，但是没有必要的正确数字。参见 Daniel Trefler，"International Factor Price Differences：Leontief Was Right!" *Journal of Political Economy*（1993）。

㊂ 凡涅克的观点首先出现在他的书 The Natural Resource Content of United States Foreign Trade 中（Boston：MIT Press，1963）。见 Alan Deardorff，"Testing Trade Theories and Predicting Trade Flows" 文章中的表4.1（第484页），载于国际经济学手册，第1卷，Ronald Jones 和 Peter Kenen 主编（Amsterdam：North-Holland Publishers，1984），其中给出了一些关于包含和不包含自然资源密集型产品的检验的结果对比。

关税结构所解释。[㊀]具体来讲，美国对劳动密集型产品设定的关税往往很高，经常超过25%。而对资本密集型产品设定的关税相对较低。特拉维斯认为，这种关税结构会导致美国的贸易模式发生偏离自然比较优势，进口相对资本密集型商品的扭曲。虽然特拉维斯的评论是正确的，但是很难确切地检验他的观点，因为这样的检验必然要包括在没有关税的情况下，美国的进口情况将会如何的问题。

当时另一种建议的解释方法是违反假设17——偏好的国际等同性。回忆在第4章中HO模型假设各国间的偏好是相同的。正如我们所指出的，如果情况不是如此，贸易就不必沿着HO模型设定的方式流动。一种检验偏好相同假设的方法是检验国家间的消费模式。虽然只能获得有限的统计资料，然而，现有的数据似乎表明，各国的支出模式是不同的，特别是在高收入国家和低收入国家之间。2004年世界观察研究所的一项研究表明，美国、加拿大和西欧加在一起占世界年商品和服务消费的60%，但它们的人口只占世界人口的大约11%。相反，非洲和南亚拥有世界37%的人口，但仅代表世界消费支出的大约6%。[㊁]最近的一项关于高收入国家消费的研究表明国家间的支出模式是有区别的。[㊂]表5-2提供了样本国家平均消费份额的一些数据。如表中所示，这些国家之间存在一些较大的差异，特别是在食物、饮料、烟草类和医药与卫生保健类，尽管文献表明支出份额上的差距正在逐渐减小。

尽管由于各个国家之间的关税、运费和政策的不同导致各国相关价格之间的差异，但基本可以肯定违背了假设17。偏好是否充分不同，足以推翻HO预测吗？没有人曾给出确切的证据。

最后，我们注意到关于这个悖论的另外一种解释。在列昂惕夫的检验中，他使用美国的投入-产出表来构造美国出口品和进口竞争品的要素需求。他假设外国商品应该与美国进口竞争商品采用同样的技术。尽管这个假设与HO模型中的相同技术假说一致（回忆假设14），但只有当世界范围内的要素价格一致，或者要素价格变化而不同国家无法在生产过程中实现劳动和资本的代替时，这种情况在HO模型中才会成立。如果这些条件不成立（事实正是如此），而且如果美国劳动力的价格高于其他国家（在列昂惕夫研究的时期很可能是如此），列昂惕夫得到的结果将是美国的进口商品比世界其他国家生产这些产品时实际使用的技术更加资本密集型。这是合理的，因为外国的劳动力成本更低，外国生产商更倾向于采用劳动密集型技术，相对而言，美国的劳动力成本较高，其生产中的劳动密集程度更低。

㊀ 参见 W. P. Travis, The Theory of Trade and Production (Boston: Harvard University Press, 1964)。

㊁ 参见世界观察研究所，“2004年的世界：各成员国的消费”，新闻稿，http://www.joe-ks.com/archives_jun2004/World_Consumption.htm。

㊂ 参见 Konya, Ohashi, “International Consumption Patterns among High Income Countries: Evidence from the OECD Data,” *Review of International Economics*, September 2007。

表 5-2 OECD 国家 1985～1999 年按不同商品分类的消费份额

	奥地利	澳大利亚	比利时	加拿大	丹麦	芬兰	法国	德国	希腊	爱尔兰	意大利	日本	卢森堡	新西兰	挪威	葡萄牙	西班牙	瑞典	荷兰	土耳其	英国	美国
饮食	18	17	17	15	19	21	18	15	31	26	20	18	19	16	18	23	30	21	19	35	17	12
衣服	5	8	7	6	5	5	6	7	9	6	9	6	7	6	5	7	9	8	6	11	6	6
能源	21	23	18	23	25	21	20	20	15	13	16	20	18	19	21	19	10	13	28	21	19	18
居家	7	7	9	7	6	6	7	7	7	6	9	5	10	7	7	7	8	6	6	11	6	5
医疗	8	5	11	6	3	5	12	14	5	5	7	11	7	12	7	6	5	5	4	3	3	16
交通	14	15	13	15	15	16	15	15	12	13	12	10	17	12	17	14	16	15	16	8	16	14
文教	13	9	9	13	12	11	9	10	6	12	10	10	8	11	11	11	8	9	11	5	12	11
其他	15	16	15	16	14	5	13	12	15	19	17	20	14	17	14	13	15	23	11	7	21	17

注：由于被调整过，数据加总可能不是 100。

资料来源：Taken from Table 1 of "International Consumption Patterns among High-Income Countries: Evidence from the OECD Data," by István Kónya and Hiroshi Ohashi, *Review of International Economics*, September 2007.

5.4 关于HO模型的其他检验

关于HO模型的检验并没有终止于列昂惕夫的开创性研究。列昂惕夫自己就使用1951年的数据重复了最初的实验。他发现悖论依然存在。罗伯特·鲍德温（Robert Balduin）检验了美国1962年的数据，同样发现了悖论。罗伯特·斯特恩（Robert Stern）和基思·马斯库斯（Keith Maskus）研究了美国1972年的贸易数据。那一年，美国出口部门的资本/劳动力比率超过了进口部门，从那以后，悖论似乎消失了（以美国是资本充裕为前提）。㊀

还有一些类似于列昂惕夫检验的其他检验使用了世界其他国家的数据。日本的贸易也呈现出了悖论。运用20世纪50年代的数据，当时日本被认为是劳动充裕的国家，日本的出口商品被发现是资本密集的，而进口商品是劳动密集的。这个悖论被解释为这样一个事实，当时日本比它的一些贸易伙伴国更加工业化，而与另一些伙伴国相比其工业化程度相对较低。那么，按照HO定理，它应该向它不发达的贸易伙伴国出口资本密集型产品，向其发达的贸易伙伴国出口劳动密集型产品。当只考虑美日贸易时，情况正是如此。㊁

更多存在悖论的例子还包括加拿大和印度。加拿大的出口（主要是对美国）多是资本密集型商品，而印度对美国的出口也比其从美国进口商品的资本密集度更高。然而，后面这项研究也表明，总体上印度出口商品相对于其进口商品更加倾向于劳动密集型，这些证据似乎和HO的预测相符。此外，最近一项关于发展中国家之间贸易的研究也给予了HO模型有力的支持。㊂

5.5 关于HO模型的最新检验

从20世纪80年代开始，对HO模型的相关检验又一次多起来。这次的研究兴趣基于至少两个因素。首先，经济学家们发现列昂惕夫和其他一些人对HO模型的检验是不完全的，因为这些检验在关注贸易中的要素密集度时，没有直接将贸易流量与被检验国家的要素禀赋相联系。㊃在某种程度上，对HO模型进行完整检验的失误源于国家生产要素禀赋数据的严重缺失。然而，到20世纪70年代末期时，已经有更好的数据得以被利用。这给经济学家们研究至今为止关于HO理论未知的影响提供了机会。

第二个激发起学者研究兴趣的因素源自爱德华·莱默（Edward Leamer）基于多要素

㊀ 更多细节，参见瓦西里·列昂惕夫，“Factor Proportiond and the Sturcture of American Trade: Further Theoretical and Empirical Analysis,” *Review of Economics and Statistics*（1956）；罗伯特·鲍德温，“Determinations of the Commodity Structure of U. S. Trade,” *American Economic Review*（1971）；罗伯特·斯特恩和基思·马斯库斯，“Determinations of the Structure of U. S. Foreign Trade, 1958-76” *Journal of International Economics*（1981）.

㊁ 更多细节，参见M. Tatemoto和S. Ichimura，“Factor Proportions and Foreign Trade: The Case of Japan,” Review of Eeconomics and Statistics（1959）。

㊂ 参见D. Wahl，“Capital and Labor Rrequirements for Canada's Foreign Trade,” *Canadian Journal of Economics and Political Science*（1961）；R. Bharadwaj，“Factor propotions and the Structure of Indo-U. S. Trade,” *Indian Economic Journal*（1962）；Oli Havrylyshyn，“The Direction of Developing Country Trade: Empirical Evidence of Differences between South-South and South-North Trade.” *Journal of Development Economics*（1985）。

㊃ 回忆列昂惕夫的结果被认为是存在悖论的，仅仅是因为经济学家们认为美国较其他国家而言必定是资本更加密集的。列昂惕夫将他自己的发现解释为，美国实际上是劳动充裕的国家。还没有为解决这个问题所做的收集数据方面的尝试。

(超过两个要素)视角对 HO 模型进行的理论观测。在之前的讨论中，瓦涅克已经指出，美国的进口实际上是第三种资源——自然资源密集型的。这意味着美国出口商品可能在其他两种要素——劳动力和资本上是密集的。当数据被重新检验后，这被证明是对的。在这种环境下，即美国的出口商品中兼有大量的资本和劳动服务时，有谁能推断美国究竟是哪一种要素充裕的国家呢？莱默指出，如果美国出口产品的资本/劳动力投入比超过了美国消费产品的资本/劳动力投入比，那么美国将显示为资本相对充裕的 。同样的，当列昂惕夫的数据被重新检验时，这被证实是正确的。[㊀]

因此，在多要素的 HO 模型方面，爱德华·莱默似乎解释了列昂惕夫之谜。莱默进而从这个角度对模型做了很多重要的实验。这些检验中的一项结果发表在他 1984 年出版的 *Sources of Comparative Advantage* 一书中。[㊁]其中，莱默对58 个国家的贸易数据进行了细致的研究。他所做的是测量所有样本国家的 11 种要素的禀赋（资本、熟练劳动力、识字的非熟练劳动力、不识字的劳动力、四种土地、煤、矿和石油）。然后，他把这些要素禀赋与这些国家的贸易商品进行比对。为了保证研究所用的比值数据是可管理的，他运用一种统计技术来对不同商品进行贸易上的合计。莱默把两种商品归为一类的标准是，如果一个国家在出口一种商品时，它们也倾向于出口另一种商品。开始时有 62 种不同商品的信息，莱默根据它们贸易特征的相似性将它们归为十类；例如水果、糖、咖啡、饮料和橡胶被归为“热带产品”类。之后，莱默把不同种类商品的贸易同生产的要素禀赋进行比对。他得出的结论是一个国家的出口商品受限于生产要素的可获得性。例如，一个热带农场相对充裕的国家倾向于成为热带产品的净出口国。

与我们讨论过的其他所有针对 HO 模型所做的检验一样，这个检验也不是针对模型的一个完全的检验。这是因为莱默给商品分类时是以商品的贸易类型相似为依据的，而不是以商品的要素密集度相似为依据的。也就是说，莱默指出贸易类型和要素禀赋是相关的。列昂惕夫和其他人已经证明贸易类型和要素密集度是相关的，尽管有时会出现悖论。HO 模型不能被完全检验，除非国际贸易中要素禀赋和要素密集度的理论联系能够被完全建立或者完全否定。凯斯·马库斯（Keith Maskus）以及另外一组经济学家哈里·鲍文（Harry Bouen）、爱德华·莱默和莱昂·斯文库斯卡斯（Leo Sveikauskas）分别对这个问题进行了研究。[㊂]

马库斯查看了美国的要素禀赋数据。他还使用了美国的投入 - 产出表来计算美国贸易产品的要素密集度。他所发现的结果与 HO 理论严密的预测大相径庭。例如，根据 1958 年的要素禀赋数据，美国最为充裕的是物质资本，接下来是熟练劳动力，最稀缺的是非熟练劳动力。然而要素密集度的数据显示，出口商品大多是非熟练劳动密集型的，接下来是熟练

㊀ 更多资料，参见 Edward Leamer，“The Leontief Paradox，Reconsidered，” *Journal of Political Economy*（1980）。

㊁ 参见 Edward Leamer，Sources of International Comparative Advantage：Theory and Evidence（Cambrdge，Mass.：MIT Press，1984）. 这本书易于理解，甚至对本科生也是如此。这本书附录 D 中的条形图，把贸易流量和要素禀赋进行了对比，提供了对这项研究主要成果易于理解的总结。

㊂ 参见 Keith Maskus，“A test of the Heckscher-Ohlin-Vanek Theorem：The Leontief Commonplace，” *Journal of International Economics*（1985）；Harry Bowen，Edward Leamer，Leo Sveikauskas，“Multicountry，Multifactor Tests of the Factor Abundance Theory，” *American Economic Review*（1987）。

劳动密集型的，而出口产品的物质资本密集度最低。当使用 1972 年的数据进行检验时，得到了类似的结果。

鲍文的研究也得到了类似的结论，但是是在更多国家的范围内得到的。这些作者继续研究以了解为什么他们的测试与 HO 模型相违背。他们考虑到的一种可能是消费类型与/或生产技术在不同的国家会有差别。他们也考虑到了另一种可能就是他们所使用的数据存在大量的测量误差。最后，他们把 HO 模型与他们的测试结果相违的原因归于两点：一是由于数据问题，二是认为美国的投入－产出表能够描述其他国家的应用技术这个假设是明显不符合现实的。

20 世纪 90 年代初以来，经验检验开始把检验重点放在与现实更加符合的 HO 模型的修改版上。丹尼尔·特雷弗勒证实如果假设不同国家的技术存在差异，则要素价格均等便可以得到强有力的支持。[㊀]在另一篇论文中，他发现如果把技术差异的假设和各国偏好本国商品的假设结合起来，那么现实中的国际贸易与 HO 模型预测之间的出入就可以解决。[㊁]詹姆斯·哈里根使用类似的方式发现一个把技术差异和要素禀赋差异结合起来的模型能很好地解释国家间的生产专业化现象。[㊂]最近，彼得·斯科特发现，如果假设国家间生产要素禀赋存在巨大差异，则各国会专业化生产某些特定的产品集。他发现由数据得到的专业化分工类型与 HO 模型的预测非常相近。[㊃]这些论文传递的信息是，如果放松 HO 模型的一些严格假设，则 HO 模型可以得到数据的有力支持。[㊄]

尽管有这些最新的研究成果，HO 模型在经验检验中令人失望的表现使一些经济学家不再把它作为研究国际贸易的基础理论，而是从比较优势理论出发，发展了一些新的理论。下面我们将对这些理论做简单的介绍。

5.6　比较优势论的其他一些理论

自列昂惕夫的发现发表以来，延伸出的其他理论主要可以归为两类。有一些理论建立在放松一个或多个 HO 模型的限制性假设的基础上。在其他的理论中，HO 的理论框架被完全抛弃。正如下面的讨论所揭示的，新发展的一些理论没有 HO 模型那么普遍适用，而只是用来解释一小类商品的贸易。

㊀ 参见 Daniel Trefler，“International Factor Price Differences：Leontief Was Right!” Journal of Political Economy (1993)。

㊁ 参见 Trefler，“The Case of the Missing Trade and Other Mysteries，” *American Economic Review*（1995）。

㊂ 参见 James Harrigan，“Technology，Factor Supplies and International Specialization：Testing the Neoclassical Model，” *American Economic Review*（1997）。

㊃ 参见 Peter K. Schott，“One Size Fits All? Heckscher-Ohlin Specialization in Global Production，” *American Economic Review*（June 2003）。

㊄ 在 HO 模型的一些假设被放松的条件下，其他一些研究也使 HO 模型得到强有力的支持，如 Donald R. Davis 和 David E. Weinstein，“An Account of Global Factor Trade，” *American Economic Review*（2001）；John Romalis，“Factor Propotions and the Structure of Commodity Trade，” *American Economic Review*（2004）。

5.6.1 人力资本理论

最具代表性的其他理论之一是由唐纳德·基辛（Donald Keesing）提出的。[一]在所有其他模型中，他的想法最贴近HO模型。最重要的理论是该理论并没有关注不同国家及产品之间的劳动力和资本的差异，基辛指出应该被强调的是熟练与非熟练劳动力的不同禀赋与密集度。特别地，一些国家比其他国家拥有更多的熟练劳动力。一些产品的生产比其他产品需要投入更多的熟练劳动力（试想电脑和纺织品的比较）。有更多熟练劳动力禀赋的国家在生产熟练劳动力密集的产品时更具比较优势。

基辛的模型提供了对列昂惕夫之谜的直接解释，因为美国相对于其他国家而言，拥有更多的受过训练和良好教育的劳动力，美国的出口商品倾向于熟练劳动力密集型。[二]埃尔文·克拉维斯（Irving Kravis）为这个理论提供了强有力的经验证据，他指出美国大部分美国出口商品都位于高薪产业，而美国的进口商品主要由低薪产业提供。[三]

5.6.2 产品生命周期理论

雷蒙德·弗农（Raymond Vernon）指出，对于许多制成品来说，比较优势会随着时间的变化在不同国家之间转移。[四]这是因为这些产品经过了一个**产品生命周期**（product life cycle）。这个生命周期包括一个产品在市场上从被发明到被测试的阶段。在这个阶段中，产品的生产同样经历了实验阶段。

之后，当该产品取得成功并在市场上稳定地占据一席之地时，标准化的生产过程就发生了。在这期间，不同生产商的竞争产品趋于一致，产品的生产过程也趋于一致。这时，该产品就成熟了。它将在这个阶段持久销售，或者被其他新产品代替。

产品生命周期是如何与比较优势联系在一起的呢？答案很简单。在一个产品生命的早期，发明国具有比较优势。当这个国家开始向世界其他地方出口这种商品时，并且随着这个产品的生产越来越标准化，其他国家的竞争企业很有可能开始占据一些市场份额，前提是这些公司拥有大规模生产的低成本优势。就这样，比较优势从发明国转移到生产成本低的国家。

下面我们来看看这个模型如何解释列昂惕夫之谜。假设美国是一个创新国，生产许多新产品。美国在最新发明的产品上具有比较优势。因为这些产品的生产一旦被标准化，其生

[一] 为获得对其理论更全面地讨论及对其理论推断的检验，参见 Donald Keesing，"Labor Skills and International Trade: Evaluating Many Trade Flows with a Single Measuring Device," *Review of Economics and Statistics* (August1965)；和"Labor Skills and Comparative Advantage," *American Economic Review*（May 1966）。

[二] 列昂惕夫并没有区分熟练与非熟练劳动力的投入。进一步注意这个对悖论的解释和列昂惕夫自己的解释的区别。列昂惕夫认为，本质上所有美国工人相对于其他国家的工人更为高效，因此美国实际上是劳动力充裕的国家。基辛指出美国熟练与非熟练劳动力的比率比其他国家要高，所以美国是一个熟练劳动力相对充裕的国家。

[三] 这个结论时至今日仍然成立。关于克拉维斯研究的更多细节，参见其文章"Wages and Foreign Trade," *Review of Economics and Statistics*（1956）。

[四] 参见 Raymond Vernon，"International Investment and International Trade in the Product Cycle," Quarterly Journal of Economics（1966）。

产就更趋向于劳动密集型。固定资产的投资可能会被推迟到产品被确认哪些特征最受公众欢迎以及如何进行最佳的自动化生产时。因此，美国的出口商品倾向于劳动密集型。进一步，因为生产标准化意味着更多地采用资本密集型生产技术，如果后来美国失去了该产品的比较优势并开始进口这种产品，这种产品将趋于资本密集型。[㊀]

产品生命周期模型是一个拥有有限适用性的模型。它代表了一种尝试，试图解释在一种制成品的发明、设计、开发等环节需要不同程度的技术复杂性的贸易。在一些情况下，这个理论似乎与事实相符。例如，彩色电视机是在美国发明的，在产品生命周期的早期，美国生产并出口该产品。然而，随着时间的推移，彩电的生产几乎已经完全转移至诸如日本、中国台湾、韩国等其他国家和地区了。

对于其他一些生产技术复杂的产品，比如电脑和航天飞机，这个模型就不太适用了。最先开发这些商品的美国仍然保持着很大的比较优势，尽管事实上这些产品已经相对成熟了。这些例子指出了产品生命周期理论的基本缺陷——它在推断比较优势的区位随时间变化方面所表现出来的无能为力。[㊁]

5.6.3　产品重叠需求理论

到目前为止我们讨论的所有理论都有一个基础：比较优势都来源于供给层面。也就是说，封闭条件下拥有一种商品最低生产成本的国家将出口该商品。这些理论的不同在于讨论哪一些变量决定了不同国家生产成本的高低。斯特凡·林德（Stefan Linder）指出，关于差异制成品贸易流向的解释来自于需求层面而不是供给层面。[㊂]结果，针对制造业的贸易，他将摒弃所有我们考虑过的解释，提供一个全新的理论。

林德的假说如下：每个国家都生产满足本国消费者偏好的商品。然而，不是所有的消费者都一样。有一些人偏好有一些细微差别的多样化的商品。国际贸易提供了得到这些商品的方法。那么，国际贸易的优势就在于，消费者从一个有更多选择的商品组合中获益。

进一步，林德的假说解释了怎样类型的国家间最有可能发生贸易。拥有相似生活

㊀ 在一篇有趣的论文中，Richard Brecher 和 Eshan Choudhri 揭示了新发明的产品如何用来解释列昂惕夫之谜。特别地，他们指出即使美国是一个资本充裕国，如果他们新发明的产品的生产是劳动密集的，那么美国贸易模式的特点就正如列昂惕夫所揭示的那样。参见“New Products and the Factor Content of International Trade,” *Journal of Political Economy*（1984）。

㊁ 一项由 Joseph Gagnon 和 Andrew Rose 进行的研究对产品生命周期理论在解释贸易流量上的重要性提出了质疑。他们检验了1962～1988年美日贸易流量的数据，发现1962年美国的净出口（进口）产品同样是1988年的净出口（进口）产品。日本也出现了类似的结果。这个发现与产品生命周期理论中比较优势的区位随时间改变的结论矛盾。参见“Dynamic Persistence of Industry Trade Balances: How Pervasive is the Product Cycle?” *Oxford Economic Papers*（1995）。另外两个最近对分解贸易流的研究为产品生命周期理论找到了一些支持的证据。Robert Feensta 和 Andrew Rose 证实在一种产品生命周期早期生产该产品的国家倾向于有更高的生产率和更快的增长率，参见“Putting Things in Order: Trade Dynamics and Product Cycles,” *Review of Economics and Statistics*（2000）。Susan Zhu 证明一种产品的生产向发展中国家转移有助于解释熟练工人相对于非熟练工人工资的提高，参见“Can Product Cycles Explain Skill Upgrading?” *Journal of International Economics*（2005）。

㊂ 林德在他的书 An Essay on Trade and Transformation（New York：John Wiley and Sons，1961）中阐述了他的观点。

水平（人均 GDP）的国家倾向于消费相似的商品。生活水平部分是由一个国家的要素禀赋决定的。拥有更多人均资本的国家会比拥有较少人均资本的国家更富裕。因此，两个具有相似特征的国家会发生贸易。富国倾向于与富国发生贸易，穷国倾向于与穷国发生贸易。林德假说的这个含义与 HO 模型的预测形成尖锐的矛盾。在 HO 模型中，拥有不同要素禀赋的国家最有可能发生贸易，因为它们在贸易前的相对价格上存在着巨大的差异。而且富国与其他富国进行广泛的贸易的推断是我们在第 1 章中讨论过的一种贸易类型。

下面有几点需要做出补充。首先，林德的理论只适用于差异化的制成品。他倾向于运用一个 HO 类型的模型来解释原材料或农产品贸易。其次，由于他拒绝使用 HO 模型来解释制成品贸易，他没有发现列昂惕夫之谜的悖论。或许，列昂惕夫的发现仅仅能反映美国消费者对资本密集型商品的意愿。

再次，林德的模型对国际贸易中一种重要的现象——**产业内贸易**（intraindustry trade）提供了解释。当一个国家进口并出口同种类型的产品时，这种贸易便发生了。比较优势论的简单模型似乎排除了这种贸易发生的可能性。然而，如果像林德指出的那样，贸易的发生是为了满足消费者对产品多样化的需要，那么我们就不会惊讶为什么荷兰会出口喜力啤酒而进口卢云堡啤酒。最后我们发现，尽管林德理论的假设很有吸引力，但早期的研究却给予了该理论很少的经验支持。然而，近期的一些研究支持了林德的理论。[⊖]并且，产业内贸易重要性的不断提高带动了从供给角度解释这种现象的经济理论的发展。我们现在对这些理论进行讨论。

5.7 产业内贸易

产业内贸易的例子在现实世界中不难发现。戴尔生产的计算机出口到全世界，同时美国进口由日立、NEC 和其他外国公司生产的电脑。类似的，当波音出口商用飞机时，一些美国的航空公司购买了一家欧洲制造商——空中客车生产的飞机。尽管有这些例子存在，产业内贸易发生的程度是一个待解决的实证问题。

一些研究指出，产业内贸易无处不在，见表 5-3。其中，我们对所选的国家和地区在 1995 年制成品的产业内贸易程度进行了估计。制作这张表运用的计算产业内贸易（IIT）的方法是格鲁贝尔－劳埃德指数，由式（5-1）给出：

$$IIT = 100 \times \left(1 - \frac{\sum_{j=1}^{n} |X_j - M_j|}{\sum_{j=1}^{n} (X_j + M_j)} \right) \tag{5-1}$$

⊖ 参见 Jerry 和 Marie Thursby，“Bilateral Trade Flows, the Linder Hypothesis, and Exchange Risk,” *Review of Economics and Statistics*（1987）；Jeffrey Bergstrand，“The Heckscher- Ohlin- Samuelson Model, the Linder Hypothesis, and the Determinations of Bilateral Intra- Industry Trade,” *Economic Journal*（1990）；Carsten Fink, Beata Smarzynska Javorcik, Spatareanu，“Income- Related Biases in International Trade: What Do Trademark Registration Data Tell Us?” *Review of World Economics*（2005）。

表 5-3　1995 年各国和地区间制成品的产业内贸易

英国	85.4	意大利	68.2	新西兰	37.7
法国	83.5	墨西哥	63.1	澳大利亚	36.6
荷兰	83.3	瑞士	62.9	土耳其	33.5
比利时－卢森堡	81.2	马来西亚	60.4	希腊	33.2
新加坡	77.7	韩国	55.9	中国香港	28.4
捷克	75.8	中国台湾	55.7	印度尼西亚	27.8
德国	75.3	葡萄牙	54.4	智利	25.7
奥地利	74.1	芬兰	54.2	斯里兰卡	18.9
西班牙	72.5	菲律宾	53.4	文莱	17.9
美国	71.7	泰国	52.0	冰岛	17.2
加拿大	70.4	波兰	49.9	孟加拉国	10.0
爱尔兰	69.3	中国	47.6	巴基斯坦	6.5
匈牙利	68.9	挪威	46.7	老挝	6.3
丹麦	68.5	日本	42.3	巴布亚新几内亚	5.1
瑞典	68.3	印度	38.2		

资料来源：National Asia Pacific Economic and Scientific Database intraindustry trade Web page. http://napes.anu.edu.au/nph/iitdemo.html.

式中 j 指代一个特定行业，n 指代 n 个不同行业。[㊀]理论上产业内贸易的数值可以高达100。在这种情况下，一个国家所有贸易都是产业内贸易，并且任何一种商品都达到贸易平衡（例如轿车的出口等于轿车的进口，计算机的出口等于计算机的进口）。如果一个国家的贸易都不是产业内贸易但是所有的贸易都达到均衡，那么产业内贸易的数值将为0。

如表中数据显示的那样，世界范围内产业内贸易的差异是相当大的。总的来说，产业内贸易程度最高的国家是发达国家，特别是西欧的国家。发展中国家和生产农副产品的国家的产业内贸易比重很小。[㊁]

产业内贸易的存在似乎挑战了我们先前讨论的比较优势理论的模型。毕竟，如果一个国家在一种产品上具有比较优势，为什么还要进口它呢？一些解答与 HO 模型是相符的。例如，考虑运费问题。在北美洲东海岸，美国将木材出口到加拿大。在西海岸，木材贸易的流向是相反的。事实上对这种贸易来说，将木材从加拿大不列颠哥伦比亚省运送到美国要比把它向东运往安大略省更便宜。因此，尽管（西部）加拿大相对来说森林资源更丰富，但安大略省更倾向于从美国进口木材。

对产业内贸易的第二种解释与标准比较优势模型相一致，与经济学家衡量产业内贸易的数据的建设有关。很显然，可贸易的商品有成千上万种（想想看身边各种各样的衣服，你

㊀ 参见 Herbert G. Grubel 和 Peter J. Lloyd，Intra－Industry Trade（London：Macmillan，1975）。

㊁ 最近但不那么广泛的的关于产业内贸易的研究包括 Don P. Clark，"Recent Evidence on Determinations of Intra-Industry Trade，" *Weltwirtschaftliches Archiv*（1993）；David Greenaway，R. Hine，Chris Milner，"Vertical and Horizontal Intraindustry Trade：A Cross Industry Analysis for the United Kingdom，" The *Economic Journal*（1995）；Roy J. Ruffin，"The Nature and Significance of Intra-Industry Trade，" *Economic&Financial Review*（Federal Reserve Bank of Dallas，1999）；Patricia Rice，Martin Stewart，Anthony Venebles，"The Geography of Intra-Industry Trade：Empirics，" *Topics in Economic Analysis&Plicy*（2003）。

就一定会相信这一点），但政府又是如何掌握这些不同类型贸易的情况呢？

在一些情况下，政府部门根据产品的最终用途的特性来统计数据。例如桌子，所有桌子的用途几乎是一样的，但是它们可以用不同的材料来制造。比如说它们可以是木头做的，也可以是金属做的。那么那些有大量金属矿砂和金属冶炼设施的国家就在制造金属桌子上具有比较优势，而那些富有大量木材资源的国家则在制造木头桌子上具有比较优势。即使是在HO世界里，只要出口和进口的商品分别使用不同的投入品生产，而且只要消费者把他们看做不是完全的替代品，一个国家就很可能同时出口和进口桌子。

除了上面提到的很多具有相似用途的商品可以通过不同的方法制造以外，还有第二个问题：有很多商品，它们的数据存储和外观限定范围还需要进一步的数据巩固，甚至包括那些并不是相似类型的商品。例如棉毛衣加上羊毛衣成为一类，被称为毛衣。然后毛衣又和其他类型的衣服如衬衫、短裙、连衣裙合在一起称为服饰。像这样的分类还出现在其他的行业数据分组中。因此，我们很容易想象，一些产业内贸易纯粹只是个统计现象罢了。如果经济学家得到了更加精确详细的贸易数据（如关于棉毛衣和羊毛衣贸易的数据），这些产业内贸易就不会存在。不幸的是，即使是经济学家们手中那些细分得最精细的数据也包含了一些合并的项目，可以用生产中的要素需求来解释其潜在的双向贸易。

5.8 报酬递增和不完全竞争

除了刚才所举的例子之外，我们仍有理由去认为还有很多产业内贸易是不能仅仅用数据的聚集和分类就能解释的。那么我们就要为产业内贸易寻求新的解释。目前，有一种观点受到了经济学家们的普遍关注，这种观点主要涉及**规模收益递增**（increasing returns to scale）在生产过程中的作用。在这一部分，我们将定义何为规模收益递增，并且描述规模收益递增的存在对一国国内产业结构的意义。然后，我们再回过头来讨论规模收益递增和国际贸易的关系。

当投入的生产要素的成比例增长带来总产量以更大的比例增长时，我们就说存在规模收益递增。例如，将某一汽车厂的规模和工人数量扩大一倍，而汽车产量的增加却大于一倍，则我们说汽车的生产存在规模收益递增。规模收益递增的概念既可以用于一个企业，也可以用于整个行业。在这两种情况下，当产量增加时，企业（或行业）的长期平均成本是下降的。

规模收益递增对一个产业内的个别企业来说可以是外部的也可以是内部的。就第一种情形而言，更多的资源被投入到商品的生产中，行业中所有企业的生产成本曲线都向下移动。这种情形似乎非常符合19世纪美国农业发展的状况。随着中西部地区和大平原的开发以及众多农场的建立，建设铁路线来将粮食运送到市场和生产农业器具都变得有利可图。交通基础设施的迅速发展和生产要素供应的增加都有助于降低农场主们的生产成本。

如果一个经济体中的一个或多个行业存在规模收益递增，这将会影响到一个国家的生产可能性曲线的形状。为了了解这一点，假设大豆（S）和纺织品（T）都表现出外部经济，并且这两种产业所使用的资本和劳动的比例是相同的。在图5-1中，我们画出了这个国家的生产可能性曲线，点E（F）代表当它完全专注于生产S（T）产品时，所能得到的最大产量。这些点决定了社会福利曲线的两个断点。现在假设从E点开始，在资源配置逐渐远离S

的过程中，每个行业最终各占所有生产要素的一半。可以看出S的产出将下降到原来水平的一半以下。这意味着S新的产出水平将位于图上 H 这样的一点处。因为T现在拥有了一半的可利用资源，它的产出将会增加。但由于它也遵循规模收益递增规律，T的产出水平将低于将全要素用于T产品生产时产出水平的一半。因此，它将会在 G 点这样的点生产。这样，我们就看出，规模收益递增导致生产可能性曲线凸向原点。[⊖]

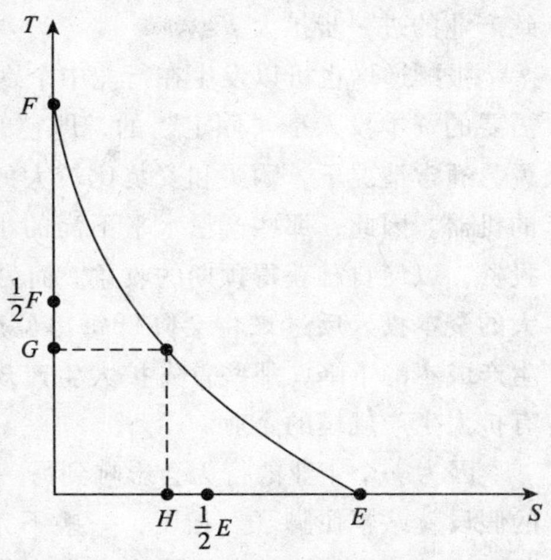

图5-1 一国行业规模报酬递增时的生产可能性边界

图5-2给出了一个国家的两种产业S和T都呈现规模收益递增的状况。这个国家的封闭均衡位于 M 点，在这一点处生产可能性曲线与可以达到的最高的社会无差异曲线（CIC_0）相切。而封闭相对价格则在生产可能性曲线在切点处的斜率得到。封闭均衡不是这个国家最理想的均衡状态。在给定的价格下，如果专业化生产某一种产品（如产品T），最大限度地从规模收益递增中获得收益，将生产出来的剩余产品在世界范围内进行贸易，从而获得其他所需要的商品，这样做将获得更大的收益。这由图中国际贸易的均衡点 N 所表示。图5-2是在假设国际贸易条件与封闭相对价格一致的前提下得到的。这种假设并不是必须的，而且这种情况在现实世界中似乎不太可能发生。但是，图表却很清楚地向我们说明了，与我们之前讨论的模型不同，在这里，从贸易中获得的收益不是因为在世界市场上以比封闭价格更优惠的价格进行交易而得到的，而是因为国际贸易使得一个国家可以专注于某一些产业，这些产业在投入更多的生产要素时，平均生产成本会下降（从而生产率上升）。因此，我们看到了一个解释国际贸易的全新的理由。贸易使得各个国家能够扩大生产，从而得到规模收益递增所带来的收益。

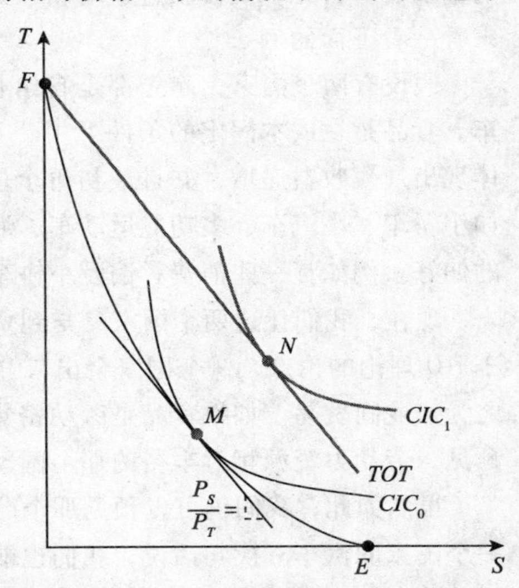

图5-2 规模报酬递增和贸易利得

假设我们之前所说的那个国家专业化生产S，并且从贸易中获得了一定的收益。如图所示，如果该国这样做，在一个给定的价格下，该国所处的社会无差异曲线 CIC 将会落在社会无差异曲线 CIC_0 和 CIC_1 之间（图中并未画出）。那么，这个国家专业化的方向将一定程度上决定它能从贸易中得到的整体利益。那么又是什么决定了专业化的方向呢？这个问题的答案就比较复杂了。一种可能是历史的偶然因素。例如，一张海外客户订货的订单将可能导致生产某一产品的

⊖ 这种情况不一定总是正确的。然而，即使规模报酬递增时也会出现的凹性生产可能性边界所需的条件超过了本书的范围。

产业的扩张。而一旦这个产业开始成长，该产业的平均生产成本将会下降，而这往往会导致产业的进一步扩大。[⊖]

报酬递增也可以发生在行业中个别企业内部。在这种情况下，我们通常假设产品生产所需要的资本投入是“固定”的，即它的规模大小很难被改变去适应不同水平的生产。比如说，通常情况下，购买和安装比较大的机器设备所耗费的成本比例要小于购买和安装较小的机器。因此，那些产量水平不高的小公司也不得不以超过他们盈利水平的规模进行资本投资，以使自己获得预期的收益。而另一方面，那些产量较大的大公司则恰好能够证明较大的资本投入反过来将会降低每单位产品的生产成本。除此之外，随着产量规模的扩大，生产成本的下降，那些首先扩大生产规模的企业将压低产品的市场价格，从而挤走那些没有扩大生产规模的企业。

因为一个企业的行为会影响到另一个企业的发展状况，所以完全竞争在行业内普遍存在的假设就站不住脚了。相反，一些不完全竞争的形式，例如垄断竞争、寡头垄断或完全垄断开始盛行。精确的市场结构的出现将部分依赖于市场规模的大小、在规模经济消失前企业可以扩大规模的程度，以及所生产的产品是否能根据设计和性能上的差异（通过品牌名称）加以区分。

存在于企业层面上的报酬递增现象，对国际贸易的模式或国际贸易的影响有何意义？这是一个现如今许多研究都致力于回答和解决的问题。其中一些理论的成果已经初现其特别的重要性。首先，规模收益递增和不完全竞争可以很容易地解释产业内贸易现象。让我们来看一看下面的例子。

假设有两个国家，起先都是自给自足的。这两个国家各自都有两种商品，即食品和汽车。食品是在成本固定的条件下由一系列完全竞争的企业来进行生产。汽车产业的生产则体现出规模收益递增，并且最初每个国家都有许多汽车公司，生产轻微差异化的产品（例如小轿车、小汽车、多功能运动车、油电混合车等）。在每一个国家，消费者都有多种多样的偏好。例如，一些消费者偏爱小轿车，而另一些消费者则更喜欢油电混合车。

现在，我们让这两个国家参与到贸易中来。将会发生什么事情呢？很多事情。首先，基于HO理论的论点，一个国家会出口食品到另一个国家以换取汽车。这种类型的贸易我们称之为产业间贸易。如果食品是劳动密集型产品，而汽车是资本密集型产品，那么我们可以预见，劳动力资源相对丰裕的那个国家将会出口食品。

虽然如此，我们仍可以预见那个劳动力资源相对丰裕的国家也会出口一些汽车去换取另一个国家的汽车。换句话说，我们也能预见到产业内贸易的存在。这是因为由于贸易壁垒的移除，不同种类的汽车市场现在得到了扩张。两个国家的汽车生产企业都倾向于扩大生产规模。如果生产油电混合车的外国公司能够率先扩大生产规模，这一行为就会促使国内

⊖ 经济生产活动的区位可能取决于历史偶然因素这一说法是贸易地理学研究中的一小部分，这一类文献强调了由于生产的地理集中导致的报酬递增和成本递减的重要性。以美国为例，美国的生产地理集中包括加利福尼亚的“硅谷”，专门生产半导体及相关产品。还有底特律的汽车，佐治亚的多尔顿生产地毯。在保罗·克鲁格曼的《地理和贸易》（Cambridge, Mass.: MIT Press, 1991）一书中，他告诉人们专业化生产日益明显，尤其是在各州之间贸易障碍很小的美国。他认为在像欧盟这样内部贸易障碍逐渐变少的地方，专业化生产和贸易必将兴起。

的竞争者——当地的油电混合车生产商破产。这一结论是源于对规模收益递增的假设。无论是哪一个企业先扩大生产规模，它都能降低生产成本从而降低其销售价格。因此，一种类型汽车的生产商——例如我们所举例的油电混合车生产商，将在一个国家实现扩张，其代价是在另一个国家的同类企业受损。与此同时，另一个国家的多功能运动车生产商或许会在另一个国家扩大生产规模。事实上，这种专业化的模式和区位在一般情况下是无法预测的。最后，我们可能会预见到，一个国家出口许多种类的汽车以换取食品和其他不同种类的汽车。

在上述的例子中，产业间贸易的发生是源于要素禀赋的不同。从我们关于 HO 理论模型的分析中可知，两个国家的要素禀赋情况越相近，这两个国家进行国际贸易的动机就越少。那么，下面的这个结论至少能够运用于产品生产遵循收益递增原则的情况：两个国家的要素禀赋情况越相近，这两个国家所进行的国际贸易就越有可能是产业内贸易。这个结论可以帮助解释表 5-3 所显示的存在于西方工业化国家之间的较高程度的产业内贸易。

从最近关于报酬递增和不完全竞争理论中可以得出的第二个重要结论是有关于自由贸易的福利影响的。在这段时间里，我们已经论证了国际贸易能够同时提高两个国家的国民生活水平。但当一些商品生产中存在规模收益递增时，情况就不是这样了。特别是当自由贸易由于受规模收益递增效应的影响而导致了商品生产的整体收缩时，贸易就不再对人们有利了。这种情况似乎不太可能发生。相反，各国都能从贸易中获益的情况则更可能发生。㊀

5.9　结论

在这一章里，我们讨论了那些对比较优势决定因素的理论进行检验的努力所得到的结果。关于“劳动生产率的不同决定了贸易流动的方向”这一古典命题的检验倾向于支持这种观点，但并不和它等同。而关于 HO 定理的检验得到的结果不太好，并且常常出现似乎是自相矛盾的结果。那么，我们能从这些讨论中得出什么结论呢？

首先，我们所生活的世界是一个十分复杂的世界。当然，这个世界上也的确存在着一些我们自始至终都无法了解掌握的东西。关于建模的最原始的动机就是想要去简化这个世界，好让我们更好地去识别和理解那些在解释特定现象中的最重要的影响因素。例如，HO 理论模型在抛开了技术、偏好、关税和规模经济方面的差异，试图在国际要素禀赋差异的基础上来解释不同的贸易模式。但是到目前为止，已经有证据表明，对这一理论的检验的很大一部分所得出的结论与该理论之前所预测的结果是完全矛盾的。但是这些检验的结果并不足以完全否定 HO 理论。之所以这么说，是因为检验的结果可能由于检验过程中本身存在的问题而不够准确，这些问题可能出现在数据的可靠性、测量的准确性等过程中；也有可能是由于现实世界中的那些对于 HO 理论假设的系统性偏离的存在而使检测结果不尽如人意——这些偏离如此强烈以至于使得贸易模式偏离了 HO 模型之前的预期。直到今天，也没

㊀ 在过去的 20 年里，关于规模收益递增和国际贸易的著作大量发表，由 Gene. M. Gressman 编辑的 Imperfect Competition and International trade（Cambridge，Mass.：MIT Press，1992）收录了其中一些代表性文章，还有一本关于这一话题的优秀教科书是由 Elhanan Helpman 和 Paul R. Krugman 所著的 Market structure and Foreign Trade（Cambridge，Mass.：MIT Press，1985）。

有人能够确定这两者到底哪一个才是正确的。

从本章我们得出的第二个重要信息就是：经济学家们很难对比较优势理论模型进行直接检验。让我们再回顾一下之前我们所讨论过的关于HO模型的检验。我们需要有关于全国生产要素禀赋的信息。在有的情况下，这些信息相对容易得到并且可以直接测量和进行比较(例如耕地数量、林地数量等)。但在另一些情况下，要素测度的可比性就比较差了。例如，一个美国的非熟练劳动力可能比那些不发达国家的非熟练劳动力的熟练程度要高，因为他可能接受过更多的基础教育。还有些情况下，要素测度根本就不可比。这种情况出现在有形资本的测度中，不同产业的机器是不同的，但所有这些机器却被加总起来并统一用货币价值来测度。

对HO定理的检验并没有随着测量要素禀赋时遇到的困难而结束。我们还需要关于生产要素密集度的知识。列昂惕夫的理论过程以及后来的鲍文、莱默和斯文库斯卡斯都是假设美国的生产技术（从美国的投入－产出表里得到）为世界普遍采用的生产技术的代表。但是，简单的观察就可以告诉我们事实不可能是这样的。在那些劳动力相对廉价的国家里，一些在美国原是资本密集型的活动（如农业），在这些国家却成为了劳动密集型。

最终，似乎这些问题还是不够，政府收集和整理关于贸易流量数据的方法可以导致对理论的拒绝，即如果政府统计商品贸易数据所依据的是产品的最终用途而不是生产的要素密集度，那么就不可能得到明确的理论检验结果。回想一下我们之前所举的例子——关于衡量桌子贸易中所遇到的问题，这些桌子既可以是用木头做的也可以是用金属制作的。

通过这一章的讨论得出的第三个重要的结论就是，国际经济学是一门不断进化的科学。当一些经济学家还在通过不断寻找传统模型的证据来对这些传统模型进行实证检验时，另一些经济学家们则已经开始探索和发展新的贸易理论了。尽管还没有一种理论能够取代HO定理作为比较优势的主导范式，但在不断努力的同时我们学到了更多的东西。

小　　结

1. 经济学家们通过将他们根据某种理论进行的预测与现实结果相对比，来检验这些理论的正确性。
2. 无论是检验古典模型还是HO模型的努力都还没有结果。
3. 由麦克杜格尔主导的一场对古典模型的检验，所得到的结果与模型几乎一致。相反，各种对古典模型的预测，包括完全专业化和无产业内贸易，都无法得到数据的支持。
4. 列昂惕夫对HO模型的检验是经济史上最著名的实证检验。他向人们揭示了一个看起来似乎矛盾的结果，即美国出口劳动密集型产品，而进口资本密集型产品。
5. 一些最新的对HO定理的检验同样也出现了与模型不一致的结果。
6. 列昂惕夫悖论使一些经济学家们开始放弃HO模型，并且开始寻找替代的国际贸易理论。这些模型都有一个共同点就是它们的范围较HO定理而言都有所缩小。与HO定理不同，它们只用于解释国际贸易的某一领域，通常是制成品贸易。
7. 许多新理论都试图解释产业内贸易这种现象。产业内贸易是指同时进出口同一种产品的贸易，它日益普遍，尤其是在欧洲工业化经济体的相互贸易中更是如此。

习　题

1. 为什么列昂惕夫的发现看起来存在矛盾呢？请解释说明。
2. 假设以下数据代表着各个国家的完全贸易数据，请根据这些数据和式（5-1）计算出每个国家的个产业内贸易数值。

	出口（美元）	进口（美元）
国家A		
商品X	10 000	5 000
商品Y	8 000	1 000
商品Z	0	12 000
国家B		
商品R	5 000	0
商品S	400	6 000
商品T	1 600	1 000
国家C		
商品M	2 000	1 800
商品N	1 000	1 500
商品O	1 500	1 200

3. 讨论各国参与产业内贸易的原因。
4. 详细阐述列昂惕夫是如何对HO定理进行检验的。为什么这是一个不完整的模型检验？
5. 试讨论对列昂惕夫之谜的其他解释的优点。你认为为什么人们会这么努力解释列昂惕夫的结论和HO模型的矛盾呢？
6. HO定理还有什么其他的方面需要检验吗？（提示：生产要素价格均等化。）如果让你去用现实数据检验这一命题，你的结果会是什么？这个结果会不会驳斥模型呢？
7. 试解释这些比较优势的替代模型是如何解释列昂惕夫悖论的。
8. 林德假说是否能为国际贸易中的小麦贸易和煤炭贸易提供一个可信的解释？请解释为什么。

参考文献

Harrigan, James. "Specialization and the Volume of Trade: Do the Data Obey the Laws?" In *The Handbook of International Trade*, edited by K. Choi and J. Harrigan. London: Basil Blackwell, 2002.

Leamer, Edward. *Sources of International Comparative Advantage: Theory and Evidence.* Cambridge, Mass.: MIT Press, 1984.

如需要更多的习题和补充阅读，请访问我们的网址：www. pearsonhighered. com/husted。

第6章

关　　税

学习目标

自由贸易的利益；
关税简述；
关税的经济分析；
再论自由贸易的利益；
关税的福利成本；
关税的扩展。

到目前为止，我们将注意力集中在国际贸易的起因和结果的讨论上。我们已经看到，国际贸易会导致一个经济体中产量的再分配，它也会影响生产要素获得的报酬。由于以上两个原因，在每个国家都会有一些人偏好通过政府政策来影响国际贸易的规模和构成。在第6~9章中，我们会把注意力转向政府在国际贸易中的作用。

政府所采取的影响贸易流量（进入或者离开一国）的规模和构成的措施被称为**商业政策**（commercial policy）。在实施商业政策时，政府有各种各样的选择，包括**关税**（tariffs），即对进口或出口征收的税款；**配额**（quotas），即政府对进口或者出口的价值或数量实施的限制；**补贴**（subsidies），即政府为鼓励出口或者抑制进口对某个产业的支付；以及**非关税壁垒**（nontariff barriers），包括了一系列政府政策和法规，比如健康与安全标准，或者是影响贸易流向的政府采购政策。

本书第6~9章提供了对各种不同形式的商业政策的深入讨论。第6章主要对关税进行理论分析。在第7章，我们会把注意力转向其他形式的贸易政策。在第8章，我们将讨论美国和其他国家的商业政策实践，以及国内和国际为贸易政策的实施制定规则的各种倡议。在第9章，我们将会论述各种区域贸易集团的形成，比如欧盟和北美自由贸易区，还将分析这些协定对成员国及非成员国产生的一些影响。

在开始分析商业政策之前，有必要再次回到贸易的一般均衡理论，回顾一下自由贸易政策的利益。通过关注这些利益，我们为与那些通过使用商业政策而扭曲贸易流向的国家进行对比建立了比较的基础。

6.1 自由贸易的利益

当一个国家打开市场采取自由贸易政策时，它将会从很多方面获益。首先，它会得到**静态贸易利益**（static gains from trade）。这些利益可以从图6-1中看出。图中描述了一国在自由贸易下的均衡。图中的*A*点是封闭条件下的均衡点。假设ρ_F是自由贸易时的国际比价，那么贸易会导致该国消费和生产活动的改变。特别地，消费点移到了*C*点，生产点移到了*X*点。我们认为这对该国是有利的，因为在没有贸易的情况下不可能购买和享受到*C*点那么多的产品。

这种贸易利益可以被分为两部分：消费利益和生产利益。再次从封闭状态下的*A*点开始，假设我们开放市场，实行自由贸易。假设该国的价格仍然是自由贸易的价格ρ_F，但是产量不能改变。这个国家会变得更富裕吗？答案是肯定的。我们在图中通过画一条斜率为ρ_F且通过*A*点的价格线来说明这种情形。即使产量保持不变，能以世界价格进行贸易的机会使得消费点离开生产可能性边界，移动到*B*点。[⊖]使用社会无差异曲线来反映社会福利，那么移动到更高的社会无差异曲线代表了静态的消费利益，即在世界价格下从封闭状态变化为进行贸易所带来的一次性利益。

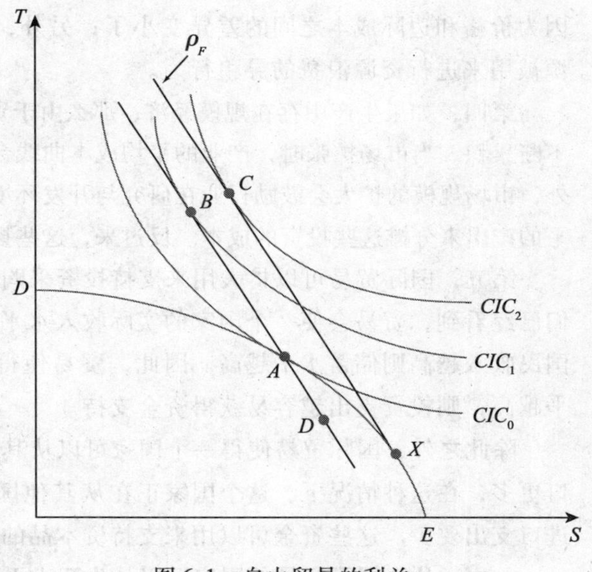

图6-1 自由贸易的利益

一旦资源配置可以离开*A*点，该国会获得更多的经济利益。这些收益表现为消费点从*B*点移动到*C*点，社会福利从CIC_1移动到CIC_2。这些利益之所以产生，是因为多产的资源被纳入到该国具有比较优势的行业中；由于这种资源的再分配，总产出（GNP）会提高。因此，这种福利的第二次提升被称为贸易的静态生产利益。

自由贸易也会带来**动态利益**（dynamic gains），这是对贸易和经济增长的关系而言的。一个经济体随着时间不断增长，或者是因为经历了多产要素存量的累积，或者是技术创新

⊖ 当价格变化时，我们怎么知道消费点会沿着价格线从*A*点向上移动到*B*点，而不是沿着价格线向下移动到某点，比如*D*点？答案很简单：如果*D*点比*A*点更优，那么，因为*D*点在生产可能性边界内部，在不存在贸易时，该经济体会选择位于该点。封闭状态时该国并没有选择*D*点的事实证明，在给定贸易机会时消费点不会移动到*D*点。

帮助该国现有的要素存量变得更有效率。在我们的模型中，经济增长意味着一个国家的生产可能性边界向外移动。国际贸易与经济增长的关系表现在以下几个方面。[⊖]

第一，贸易不必局限于最终消费品之间的贸易。事实上，正如我们在表1-3中看到的数据，大量的国际贸易是由原材料和中间产品贸易组成的。同时也有大量的资本品贸易。实际上，当一个国家使用消费品来换取进口资本品时，这个国家的生产能力也会提高；一旦资本投入使用，这个国家就可以生产出更多的所有产品。资本品的进口产生的资本存量积累程度比封闭状态下更高，于是自由贸易提高了该国的经济增长率。[⊜]

第二，国际贸易会加强国际间技术进步的扩散。一个国家某个提高生产活动效率的想法可以（并且往往会）授予其他国家的企业采用。通过这个过程，技术从一个国家被转移到另一个国家。在没有贸易的情况下，这种转移就不会发生，经济增长也会更慢。

第三，国际贸易可以促进竞争，即一旦一个国家开放市场，当地的垄断者就会失去在当地市场的垄断势力。这会从两个方面产生动态利益：更多的竞争会鼓励更有效率的生产，因为价格和边际成本之间的差异变小了；另外，由于竞争会减少行业租金，会有更少的资源被用来进行资源浪费的寻租行为。

第四，如果生产中存在规模经济，那么由于贸易扩大了市场规模，国际贸易的动态利益会不断累积。当市场扩张时，产业的平均成本曲线会下移得更多，由此带来价格的不断下降。此外，市场规模的扩大会鼓励行业在研究与开发环境进行更多的投资，因为它们可以通过更高水平的产出来分摊这些投资的成本。反过来，这些投资又可以提高国家的整体技术水平。

第五，国际贸易可以扩大用来支持投资采购的储蓄池。这可以通过几种方式来实现。我们已经看到，贸易会使一个国家的实际收入水平比封闭时提高得更多。有大量的证据证明，国民收入越高则储蓄水平越高。因此，贸易使得国民储蓄比自给自足时提高很多。储蓄水平越高，则投资支出越容易获得资金支持。

除此之外，国际贸易使得一个国家可以从其他国家借得储蓄。假设一个国家的进口比出口更多，在这种情况下，这个国家正在从其他国家获得资金，因为这个国家的出口收入比进口支出要少。这些资金可以用来支持资本品的进口。

总之，从事国际贸易的国家可以从生活水平的直接改善和经济增长两个方面获得利益。竞争性的经济体获得的生活水平比在封闭情况下高。一个国家从贸易中不仅可以获得经济利益，还可以获得**政治利益**（political gains）。政治利益的产生是因为，随着国家之间在经济上相互依赖的不断增强，它们更加不愿意采取对彼此有敌意的行为。

尽管存在这些明显的好处，各国仍采取一系列措施来改变自由贸易的规模。可能贸易扭曲最常采用的措施就是关税，它是政府对贸易流量征收的税款。为什么各国会忽视自由贸易政策带来的利益呢？关税是如何影响一个国家的贸易水平和经济福利的呢？在本章接下来将会回答这些问题。

⊖ 关于动态利益的文献综述，参考美国国际贸易委员会，*The Dynamic Effects of Trade Liberalization：A Survey*（Washington，D. C：Government Printing Office，1993年2月）。

⊜ Ricard Baldwin 提供了测量这种效应的技术。他发现欧洲1992年创新带来的动态利益几乎和静态利益一样大。参见 Ricard Baldwin，“Measurable Dynamic Gains from Trade，” *Journal of Political Economy*（1992）。

6.2 关税简述

关税是政府对进口或者出口商品征收的税款。关税在世界各地十分普遍，并且有着很长的历史。实际上世界上的每个国家都至少对某些商品征收关税。美国对一系列的进口商品征收关税。但是，美国不征收出口关税。对出口征税在美国宪法的最初条款里是禁止的。[㊀]许多国家对出口征收关税，比如阿根廷对大豆征收出口关税。

正像我们将要论证的一样，关税对整个经济体会产生多种影响。比如，关税具有**收入效应**（revenue effect），即关税是政府增加收入的方式。关税还有**保护效应**（protective effect）。假设考虑进口关税的情况。由于关税只针对进口商品征收，外国厂商与国内竞争者相比会承担一个额外的成本。如果外国厂商把这部分成本通过提高价格的形式转嫁给本国消费者，那么本国生产同类产品的厂商在与外国对手的竞争中更容易占据上风。由于关税明显地表现出这种保护效应，因此关税和类似关税的其他形式的贸易壁垒的支持者，常常被人们称为保护主义者。

一般地，收入效应和保护效应会同时发挥作用。然而，也存在只有一种效应发挥作用的特殊情况。例如，在没有国内生产者存在的时候，对一种进口产品征收关税将只会产生收入效应。另外一个例子是禁止性关税，禁止性关税是指关税太高以至于没有商品进口的情况，此时仅存在纯粹的保护效应，因为在这种情况下政府没有获得收入。

发达国家的政府很少把关税作为政府收入的主要来源。[㊁]因此，很难从美国或者其他主要的工业化国家中找到征收只存在收入效应的关税的例子。另一方面，发展中国家的政府把贸易税收作为政府收入的一项重要来源。在发展中国家，纯粹收入效应的例子大量存在。发达国家的关税之所以存在主要因为他们的保护效应。

为了更好地认识关税，我们来看表6-1。我们从2008年美国关税表中复制了一页到表6-1中。这个表里有很多信息需要注意。首先，这个表格十分具体。来自这页的商品涉及特制的水果或果脯，包括樱桃、桃和草莓。总体来看，关税表实际上列出了每一种可以想到的制成品的关税，包括烟花、自行车里程表、空磁带、计算机芯片、光盘、T恤衫等。关税表总共有将近3 000页。[㊂]

表6-1 2008年美国的协调关税率明细表

标题/副标题	商品描述	数量单位	税率		
			1		2
			一般	特殊	
2008（con.）	水果、坚果和其他植物可食用部分，以其他方式加工或保鲜，无论是否含有添加糖分或其他增加甜度的物质或酒，不在别处包含或特殊说明（con.）:				

㊀ 关于美国关税政策历史的更多讨论，详见第8章。

㊁ 比如，美国的关税收入占联邦政府收入的比例不到2%。其他工业化国家也存在类似的比例。在发展中国家，这个比例会高很多，详见表7-4。

㊂ 美国的关税表，可以从www. usitc. gov/获得。

（续）

标题/副标题	商品描述	数量单位	税率 1 一般	税率 1 特殊	税率 2
2008.40.00	梨		15.3%	Free（A, CA, D, E, IL, J, JO, MX, P） 5.7%（SG） 10.7%（BH）	35%
	在其他每包小于1.4kg的包装中	kg			
	其他	kg			
2008.50	杏：				
2008.50.20	果肉	kg	10.0%	Free（A, BH, CA, E, IL, J, JO, MA, MX, P, SG） 7.7%（AU）	35%
2008.50.40	其他	kg	29.8%	Free（A, CA, E, IL, J, MX, P） 5.9%（JO） 14.9%（SG） 20.8%（BH）	35%
2008.60.00	樱桃		6.9¢/kg +4.5%	Free（A, BH, CA, D, E, IL, J, JO, MX, P, SG） 2.5¢/kg+1.6%（CL） 2.7¢/kg+1.8%（MA） 4.1¢/kg+2.7%（AU）	21¢/kg +40%
	黑樱桃酒	kg			
	其他：				
	甜品	kg			
	酸品	kg			
2008.70	桃子，包括油桃				
2008.70.10	油桃		16.0%	Free（A, CA, D, E, IL, J, JO, MX, P） 6%（SG） 11.2%（BH） 12.4%（AU） 14.6%（CL）	35%
	在其他每包小于1.4kg的包装中	kg			
	其他	kg			
2008.70.20	其他桃子		17.0%	Free（A, CA, E, IL, J, JO, MX, P） 6.3%（SG） 11.9%（BH） 15.5%（CL）	35%
	在其他每包小于1.4kg的包装中	kg			

（续）

标题/副标题	商品描述	数量单位	税率 1 一般	税率 1 特殊	税率 2
	其他	kg			
2008.80.00	草莓	kg	11.9%	Free（A，CA，D，E，IL，J，JO，MX，P） 4.4%（SG） 4.4%（CL） 4.7%（MA） 4.7%（BH） 7.1%（AU）	35%
2008.91.00	棕榈心	kg	0.9%	Free（A，AU，BH，CA，CL，E，IL，J，JO，MA，MX，P，SG）	35%
2008.92	混合物：				
2008.92.10	密封包装且不含杏、柑橘类的水果、桃子或梨				
			5.6%	Free（A，BH，CA，D，E，IL，J，JO，MA，MX，P，SG） 2.8%（CL） 3.3%（AU）	35%
	加工谷类制品	kg			
	其他	kg			
2008.92.90	其他		14.9%	Free（A，CA，E，IL，J，MX，P） 5.5%（SG） 5.0%（AU）	35%

接下来，注意每个产品都有三种可能的关税。第一列，被称为第一列基本税率，是海关官员最常使用的一种关税目录。这种目录下的关税对美国授予**最惠国待遇**（most favored nation status，MFN）的国家的商品征收。如果美国（或者其他国家）授予其他国家最惠国待遇，表明美国同意向这些国家征收的关税税率不会高于对其他任何国家的产品征收的关税税率。[⊖]

现在，看看这一栏关税的数字。这些比率表明关税是如何计算的。比如，关税可能是**从价**（ad valorem）计算的，即关税是以商品价值的一个百分比例来征收的。大多数美国关税法规是用从价税来表述的。比如，美国对桃脯征收的最惠国待遇关税税率为17%，但是对特制棕榈的最惠国关税税率仅为0.9%。这表明我们之前的结论。进口桃类产品和许多国内的产品竞争，因此这类产品的关税就很高。美国很少有生产罐装棕榈心的食品加工商，因

⊖ 美国政府现在用永久正常贸易关系（PNTR）来表示最惠国待遇。

此在这类产品上的关税基本为零。

关税也可以是**从量**（specific）征收的，即关税可以是对每单位贸易商品征收一个固定的数额，而不考虑每单位产品的货币价值。最后，关税也可以是**复合**（compound）的。这种关税包括了从量和从价征收两个部分。在表6-1中，樱桃加工品的保护性复合关税是每公斤6.9美分（从量税）加上产品价格的4.5%（从价税）。

没有被授予最惠国待遇的国家根据第二列关税税率来征收关税。正如表6-1所示，这些税率比最惠国税率要高很多（有时会高200%或者300%）。㊀比如，对樱桃加工产品的非最惠国待遇关税是35%，几乎是最惠国税率的3倍。

第三列关税率，被称为第一列特别关税率，这种关税甚至比最惠国关税还要低，适用于许多来自发展中国家的特定产品，或者是与美国签订特别贸易协定的国家的产品。第一种情形的例子是**普惠制**（generalized system of preference，GSP），这是美国在20世纪70年代早期制定的。其他的工业化国家，包括加拿大、欧盟和日本，也有他们自己的普惠制，其制定时间都与美国大体相同或比美国更早。㊁普惠制背后的想法是通过向来自发展中国家的产品征收较低的关税，给予普惠制的国家比如美国的进口商将有动力扩大他们从获得普惠制的国家进口产品。反过来，出口的扩张会提高这些国家的生活水平（也会提高像美国这样的工业化国家的进口需求）。在表中，加括号的字母A表示普惠制税率。另一个美国贸易援助计划是开始于20世纪80年代的加勒比盆地计划（CBI）。这项计划对来自加勒比盆地的大多数国家的特定产品征收较低的关税。在表6-1中，加勒比盆地计划税率用加括号的字母E来表示。比如来自于加勒比盆地计划适用国家的桃加工产品在美国是免税的。第三个贸易援助计划是开始于1991年的《安第斯特惠贸易法案》（ATPA）。这项计划向玻利维亚、哥伦比亚、厄瓜多尔和秘鲁生产的许多商品提供免税进入美国市场的条件。这项计划的目的是为了向这些国家提供除了生产毒品作物之外的其他选择。《安第斯特惠贸易法案》的税率用带括号的字母J来表示。美国于2000年签署生效的《非洲增长与机遇法案》（AGOA）贸易援助计划旨在鼓励非洲国家继续开放经济、建立自由市场。非洲增长与机遇法案的税率用字母D来表示。

美国除了对来自发展中国家的产品实施特别关税之外，还对与之签署特惠贸易协定的国家进行关税减让。到2008年年中，美国已经与加拿大和墨西哥（北美自由贸易协定）、澳大利亚、巴林、智利、以色列、约旦、摩洛哥、新加坡以及五个中美洲国家，即哥斯达黎加、多米尼加共和国、萨尔瓦多、洪都拉斯和尼加拉瓜签订了协定。这些协定规定在签署国家间实施自由贸易，但是某些关税要经过一定的过渡阶段后才能变为零。在表6-1中，各个国家的税率使用如下的字母表示：AU表示澳大利亚，BH表示巴林，CL表示智利，IL代表以色列，JO代表约旦，MA代表摩洛哥，SG代表新加坡，CA代表加拿大，MX代表墨西哥，P代表中美洲国家。

㊀ 实际上，与第二列关税相符的税率是经1930年《斯姆特－霍利关税法案》立法通过的关税率。在2008年，没有获得美国最惠国待遇授权的国家是古巴和朝鲜。更多关于《斯姆特－霍利关税法案》的情况，请参阅全球视角6-3和第8章的讨论。

㊁ 因为这些关税减让旨在促进经济发展，很多参与的国家同意关税减让不会违反最惠国协定。

在我们继续下面的内容之前，先说一下需要注意的地方。以美国的标准来看，表6-1中的关税税率相对较高。对很多像半导体和计算机这样的制成品而言，美国的最惠国关税率为零。正如我们下面将要说明的，美国的平均关税率小于5%。

6.3 关税的经济分析

为了分析包括关税在内的商业政策的经济效应，有必要采用一些新的分析工具。特别地，我们将离开一般均衡的分析框架，来关注特定产品的市场。为了避免与前面的记号混淆，我们来考虑A国的葡萄市场（G）。在图6-2中，我们画出了葡萄的需求曲线（标记为D_G）。这条曲线是A国全体居民个人需要曲线的加总。曲线表示A国的居民愿意为一定数量的葡萄（G商品）所支付的最高价格。比如，如果A国的葡萄供给由一个垄断厂商控制，并且每次能将1单位商品卖给出价最高者，则垄断厂商从第1单位卖出的商品中得到的价格为P_1，从第2单位卖出的商品中得到的价格是P_2，依此类推。然而，这种产品售卖方式是不常发生的。更多的情况是，市场上只有一个价格，结果所有人支付相同的价格，即使有人愿意支付更高的价格。

再次观察图6-2。假设P是市场价格，则市场上的购买数量是Q单位。总支出（价格乘以数量）由矩形$0PAQ$表示。另一方面，如果市场上只有一个垄断者以市场愿意承受的价格卖出每单位产品，那么购买葡萄的总支出将会是需求曲线以下数量到Q单位的全部面积。消费者愿意支付的价格与实际支付的价格之间的差异被称为**消费者剩余**（consumer surplus）。在图6-2中消费者剩余是底部从市场价格开始的显示为阴影的三角形面积。

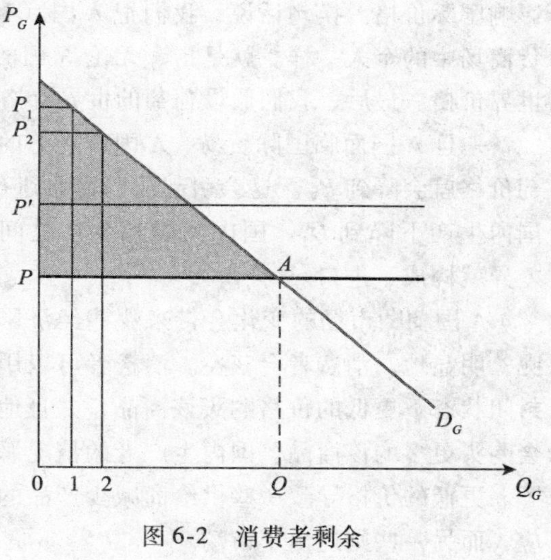

图6-2　消费者剩余

消费者剩余有着十分重要和有用的解释。它代表着人们为购买一定数量的商品愿意花费却不必要花费的金钱。因此，消费者剩余给我们提供了表示消费者从市场交易中得到的利益的实用工具。注意消费者剩余与价格成反比变化，即如果葡萄的市场价格上升到P'，消费者剩余将会下降；较低的市场价格将会使消费者剩余上升。

现在我们来关注市场的另一方面——生产者。在图6-3中，我们画出了国内生产者的供给曲线（标注为S_G）。这条曲线表明在市场上给定葡萄数量时，生产者愿意接受的最低价格。例如，为了卖出1单位的商品，市场价格必须至少为P_0。假设市场价格为P，那么当市场供给的商品数量到Q时，则生产者获得的价格超过生产和交易这些单位商品所需的最低价格P_0。企业获得的价格与最低价格之间的差异被称为**生产者剩余**（producer surplus）（用图中的阴影区域表示）。生产者剩余也可以被认为是利润加上可以支付生产固定成本的收入。这是因为在任何产出水平下的供给曲线的高度表明的是生产者生产这一单位产品的额外（或者边际）成本。即那单位产品的可变成本。在图6-3中，供给曲线下方直到Q点所表示的区域代表了总可变成本，而这个区域加上阴影部分代表总收入。因此，阴影部分是总收入和总可变成本的差异，或者是总固定成本加上短期利润。

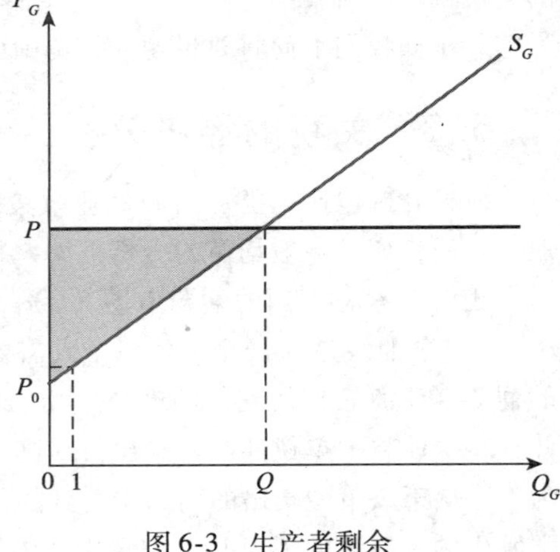

图6-3 生产者剩余

6.4 再论自由贸易的利益

我们可以用消费者剩余和生产者剩余作为分析经济政策的工具。为了说明这个问题，我们回到对自由贸易的静态利益的讨论上。图6-4表示了A国的市场。在封闭状态下的均衡中，葡萄的均衡价格是P_A，均衡数量是Q_A。

现在，我们将国际贸易引入这个模型中。假设A国是一个经济意义上的小国。这意味着它不影响国际价格。换句话说，我们把A国（暂且）当做一个世界市场的价格接受者，就像百货商场中的个人一样。就是指，无论A国的消费者购买多少商品，他们的决定都不会影响世界价格。最后，我们假设葡萄的世界价格P_W比P_A低。

一旦A国面临国际贸易，A国市场上的葡萄价格就会降到P_W。这会引起消费增加到Q_2，国内生产下降到Q_1。国内消费和生产之间的差异就构成了进口。

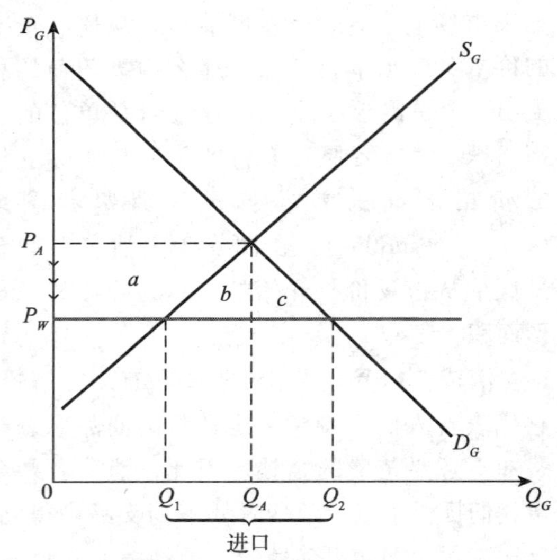

图6-4 自由贸易利益（进口方面）

A国葡萄市场的变化会带来哪些经济影响呢？明显地，消费者会获益。消费者可以用比封闭状态下更低的价格购买该商品，并且他们会购买更多的该商品。国内生产者的情况恶化了。更低的价格导致一些供给商减少产品的供应，而另一些则退出了市场。

考虑到经济体中某些人的情况改善而另一些人的情况恶化，我们怎么评价这种向自由贸易转变的影响呢？答案是通过利用生产者和消费者剩余获得的。生产者剩余的变化告诉我们以美元计算的供给方的财富是如何变化的。消费者剩余的变化告诉我们以美元计算的消费者收益或者损失是多少。为了分析这种政策或者其他影响经济的政策，这两种剩余都必须在一个共同的美元基础上进行比较。即，假设1美元的消费者剩余和1美元的生产者剩余有着相同的福利权重。

我们尝试分析一下图6-4的情况。与封闭条件下的均衡相比，自由贸易的消费者剩余增加了图中a、b、c代表的区域。经济中生产者剩余下降了字母a代表的区域。这个例子中自由贸易的净效应是提高了$(b+c)$美元。表6-2总结了这些结果。

表 6-2 进口国市场转为自由贸易的福利效应汇总 （单位：美元）

消费者剩余的变化	a	$+b$	$+c$
生产者剩余的变化	$-a$		
净福利变化		b	$+c$

上面的例子表明了自由贸易对进口市场的经济效应。现在讨论这种分析如何应用到出口市场中。考虑图 6-5，假设这个图代表了蜂蜜（H）市场。

在封闭状态下，H 的价格完全由内部的供给和需求来决定，因此等于 P'_A。假设 H 的世界价格等于 P'_W。那么，在国际贸易发生后，国内的供给方由于面对更高的价格，将会增加产出。同时，国内的需求数量会下降。新的供给数量会达到 Q_4，而新的需求数量则是 Q_3，两者之差代表了该国对其他国家 H 产品的出口。

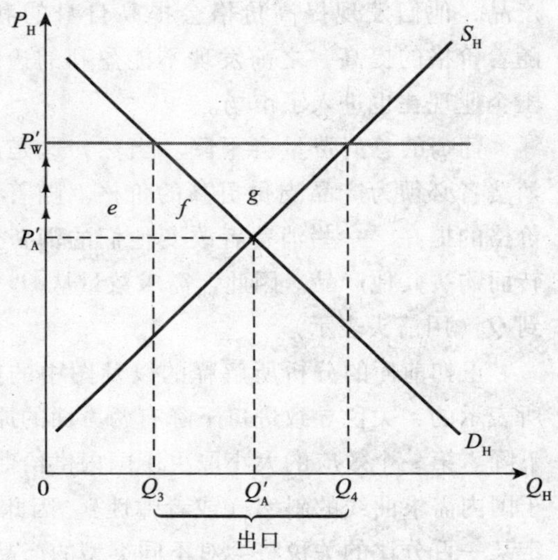

图 6-5 自由贸易利益（出口方面）

下面分析这个例子的福利含义。因为价格上升，消费者剩余下降。消费者剩余总共减少了 $(e+f)$ 美元。价格上升却提高了生产者剩余，生产者剩余增长了 $(e+f+g)$ 美元。市场中国民福利的净效应提高了 g 美元。表 6-3 概括了这些结果。

表 6-3 出口国市场转为自由贸易的福利效应汇总 （单位：美元）

消费者剩余的变化	$+e$	$-f$	
生产者剩余的变化	e	$+f$	$+g$
净福利变化			g

国际贸易在进口市场和出口市场都带来了国民福利的增加这一事实是十分重要的。它毫不含糊地表明，对一个国家来说，自由贸易比封闭市场要好。两个市场的福利加总，即图 6-4 的 $(b+c)$ 美元加上图 6-5 中的 g 美元，与图 6-1 中国际贸易引起社会无差异曲线的提高所带来的福利在分析上是等同的。现在我们已经清楚，对 A 国来说，进口 G 并出口 H 比保持封闭状态要好。显然地，因为 B 国是这些市场交易的另外一方，因此 B 国进行贸易也会比保持封闭获得更多的好处。

6.5 关税的福利成本

现在，我们运用刚才建立的工具来分析关税的影响。假设 A 国政府对进口葡萄征收 t 美元的从量关税。考虑图 6-6，我们再次使用国内的葡萄市场。假设 A 国政府对进口的葡萄征收 t 美元的关税。因为假设 A 国是一个小国，它不能影响葡萄的世界价格。因此，A 国消费者必须为葡萄支付的价格上升的幅度等于整个关税数量，即从 P_W 上升到 P_W+t。图 6-6 中标出了这两种价格。

考虑关税对生产和消费的影响。在自由贸易情况下，国内产量是 Q_1 单位，而消费是 Q_2 单位。这两个数量之差表示进口。在征收关税之后，生产从 Q_1 上升到 Q_3（用箭头表示）。为什么？再次考虑关税对价格的影响。一旦开始征收关税，它就会通过外国产品价格上升的形式转嫁到该国。由于国内生产者也出售相同的产品，他们发现提高价格会提高自身的利益；随着价格的提高，之前发现不能盈利的边缘本土企业现在也进入了市场。

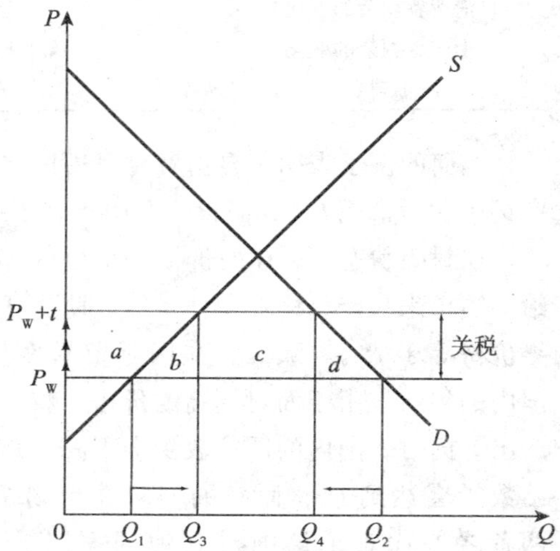

葡萄的总消费量会下降。当然，这是因为消费者必须为产品支付更高的价格。随着市场价格的提高，一些消费者改变他们的消费选择转而购买其他产品。因此，需求数量从 Q_2 下降到 Q_4（用箭头表示）。

图 6-6 进口关税的效应

正如前面的分析所解释的以及图中的箭头所表示的，关税导致进口下降有两方面的原因：第一，国内产出的扩张；第二，国内消费的下降。第一个效应的大小取决于国内供给曲线的斜率（或者弹性）。第二个效应的大小取决于国内需求曲线的斜率（或者弹性）。因此，由于不同的产品有不同的需求和供给特征，给定某一百分比的关税将会对不同类型的产品产生不同的影响。

下面我们来讨论关税的福利成本。再次考虑图 6-6，因为征收关税，消费者必须为他们消费的葡萄支付更高的价格。这意味着消费者剩余的损失。消费者剩余损失了多少呢？消费者损失了在需求曲线之下夹在两条价格线之间的区域。换句话说，消费者损失了 $(a+b+c+d)$ 美元。国内生产者从关税中获益，利益提高了 a 美元。

还有谁获益或者受损呢？明显地，因为政府有了一种新的收入来源，所以政府也获益。政府获益多少呢？答案是 c 美元。为什么？再次考察图 6-6。政府从每单位进口中获得了 t 美元关税。区域 c 的底等于开始征收关税时的进口水平，c 的宽等于关税的大小。所以，区域 c 等于关税收入。如果我们假设 A 国政府把征收的关税重新分配到经济中，那么关税收入表示的是收入的内部转移而不是经济损失。于是，在我们的福利分析中，当我们应该把政府收入的增加（或减少）看做与消费者或者生产者剩余的增加（或减少）具有相同的福利比重。关税的净效应是消费者损失 $(a+b+c+d)$ 美元，国内生产者获益 a 美元，政府获益 c 美元。结果我们发现整个经济体损失了 $(b+d)$ 美元。表 6-4 总结了这个结果。损失了 $(b+d)$ 美元对一个经济体来说意味着什么？怎样解释这些损失？

表 6-4 小国征收关税的福利成本 （单位：美元）

消费者剩余的变化	$-a$	$-b$	$-c$	$-d$
生产者剩余的变化	a			
政府收入的变化			c	
净福利变化		$-b$		$-d$

$(b+d)$ 美元被称为**关税的无谓成本**（deadweight cost of the tariff）。实际上，这是社会征收关税的成本。令人惊讶的是，这部分数量任何人都没有得到，它是一种经济浪费。我们看图 6-7，来理解这句话是什么意思。在图中，我们复制了图 6-6 的信息并且加入了一些额外的符号。区域 b（或者，等同于 b 美元）被称为关税的生产无谓成本。这部分表示把国内产出从 Q_1 增加到 Q_3，超过在世界市场上购买同样数量的产品所需资源的价值。我们是怎么知道的呢？仔细看图。我们已经说明，因为关税的存在，国内企业的利益会增加 a 美元。在图 6-7 中，这个数量被分解成两个部分。区域 a_1 表示在自由贸易下卖出每单位产品而获得的利润，即在自由贸易时，国内销售是单位 Q_1，每单位价格是 P_W。在存在关税的条件下，现在每单位的价格是 P_W+t。

正如我们之前说过的，关税的保护效应会使得国内企业可以在超过自由贸易水平下扩大生产。这表明了国内企业利润增加的第二种来源。销售收入的增长等于产量的增加量（Q_1Q_3 单位）乘以每单位的价格（P_W+t 美元），或者，如图中标明的，等于 (a_2+b+e) 美元。正如前面提到的，a_2 美元是扩大的产出带来的生产者剩余。生产这些产出所需资源的成本是区域 $b+e$。不存在关税时，这些单位的产品可以在世界市场以 e 美元来购买。因此，b 美元代表了增加的产量由更高成本的国内市场而不是由更低成本的外国生产者来提供所带来的资源投入的成本。

d 区域是关税的消费无谓成本。这部分表示由于产品价格上升，消费转移到不太需要的替代品上而带来的消费者满意度损失的价值，即在征收关税之前，消费者购买 Q_2 单位的产品。在征收关税之后，消费量下降到 Q_4 单位。消费者损失了 $(a+b+c)$ 美元，因为他们现在所购买的产品花费了更多的货币。消费者额外又损失了 d 美元，因为这种产品的消费下降，转而购买其他商品。我们如何得知由于后一种效应使得消费者损失福利了呢？答案是如果 Q_4 是征收关税前的最优数量，消费者就应该购买 Q_4 数量的该商品。实际上，消费者选择购买更多的该商品。这样，由于征税带来的消费行为的改变是关税无谓成本的第二个组成部分。

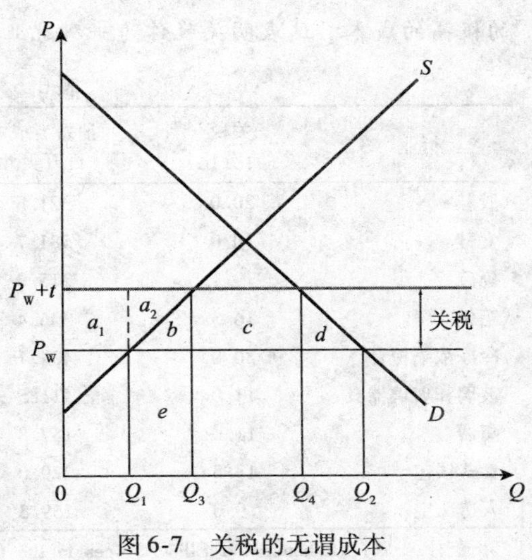

图 6-7 关税的无谓成本

在分析关税的经济成本时，我们关注的是进口商品可以用固定价格无限量购买的完全竞争市场。在这种市场上，很容易根据图中的内容来进行福利计算。考虑区域 b。在几何上，我们知道三角形的面积公式是 1/2 × 底 × 高。三角形的高等于关税的规模，三角形的底等于由于关税带来的国内生产的扩张。类似地，三角形 d 的面积等于 1/2 × 关税（高）× 关税带来的国内消费量的变化（底）。由于进口量的减少是国内生产的变化（Q_1 到 Q_3）和消费的变化（Q_2 到 Q_4）的加总，那么关税的总无谓成本可以简化为 1/2 × 关税 × 进口量的下降。[⊖]

⊖ 注意这个公式只适用于需求和供给曲线是线性的情况。

对关税或关税消除的福利效应的计算已经成为研究贸易的经济学家的一项日常工作。以上提到的公式是政府经济学家和民间经济学家计算关税的经济成本的方法之一。全球视角6-1估计了美国对某些产业进行关税保护的福利影响。[⊖]

全球视角6-1 关税的福利成本：对美国特定行业的估计

尽管目前美国的平均关税很低，但有些商品的关税仍然很高。1994年，来自彼得森国际经济研究所（PIIE）的加里·胡夫鲍尔（Lyde Hufbauer）和金伯利·艾略特（Kimberly Ann Elliot）出版了一份关于美国关税很高的产业的关税保护福利成本的分析报告。[①]表6-5中表明了他们的一些发现。表中的信息包括消费者的损失，即由于关税导致的消费者剩余的损失（就我们的分析而言，该损失等于$a+b+c+d$美元）；生产者收益，即因为关税而提高的利润（a美元）；和关税的无谓成本（即$b+d$美元）。表中也列出了由于存在关税"留住"的每个工作带来的消费者损失。

从表6-5中可以看出，即使是美国经济篮子中一个相对很小的商品，保护带来的消费者损失也会很大。比总成本更为引人注目的是为了保持进口竞争行业的就业而强加给消费者的极高的成本。这表明关税作为一种就业创造政策是相对无效的。

表6-5 关税的福利成本

行业	关税（百分比）	消费者成本（百万美元）	生产者收益（百万美元）	消费者每岗位成本（千美元）	无谓成本（百万美元）
胶鞋	20.0	321.8	85.1	189.2	18.6
女鞋	10.0	581.7	108.3	157.2	17.0
瓷砖	19.1	215.0	69.6	619.8	3.1
箱包	16.3	326.4	24.8	1 444.3	40.2
冷冻浓缩橙汁	30.0	434.7	156.3	713.8	54.1
玻璃和玻璃器具	11.0	411.5	250.6	278.6	13.9
陶器	11.0	157.8	27.8	377.5	3.1
女式钱包	13.5	229.0	24.8	296.3	20.1
人造珠宝	9.0	159.3	71.2	149.3	7.7

资料来源：Hufbauer and Elliott. Values in the table converted to 2005 dollars using the U. S. GDP deflator. Table constructed by the authors.

彼得森国际经济研究所的研究采取的是20世纪80年代后期以来美国工业和关税水平的数据。从那时开始，美国的制造业结构发生了重大的变化，美国采用了在乌拉圭回合谈判中达成的关税削减。美国国际贸易委员会（USITC）[②]进行并且最近修改了一项对现存关税和其他贸易壁垒福利成本的研究。正如结果表明的，彼得森国际经济研究所的研究报告识别

⊖ 更多的对福利的估计，参阅Robert Baldwin，Jack Mutti，和Divid Richardson，"Welfare Effects on the United States of a Significant Multilateral Tariff Reduction，" *Journal of International Econmomics*（1980）；Stephen Magee，"The Welfare Effects of Restrictions on U. S. Trade，" Brookings Papers on Economic Activity（1972）；David Tarr和Morris Mokre，*Aggregate Costs to the United States of Tariffs and Quotas on Imports：General Tariff Cuts and Removal of Quotas on Automobiles，Steel，Sugar，and Textiles*（Washington，D. C：Federal Trade Commission，1984）。

出的行业继续从关税保护中获益。美国国际贸易委员会对美国为维持这种保护的成本进行了最新的研究。美国国际贸易委员会的研究建立了美国整体经济的计算机模型；分析并且预测如果这些现有的关税在2005年之前全部取消的话，美国经济到2011年会发生什么变化。研究结果在某种程度上与彼得森国际经济研究所报告的数字类型不太相同。表6-6概括了这些结果。

表 6-6

			到2011年的预期变化		
	美国关税（%）	2005年就业水平	产出（%）	就业率（%）	福利增长（2005年百万美元）
滚球和滚柱轴承	6.0	27 000	−4.7	−4.6	11.2
人造珠宝	6.4	4 000	−3.2	−2.6	11.7
餐具	4.6	35 000	−3.7	−3.2	12.1
可食用脂肪和油	5.0	7 000	−0.9	−0.7	2.0
玻璃器具	4.5	88 000	−0.3	−0.2	20.1
乐器	3.9	13 000	−1.1	−1.1	3.8
钢笔和机械铅笔	5.1	7 000	−2.6	−2.1	9.5
加工的水果和蔬菜	4.8	39 000	−2.1	−1.9	12.9
手表、钟表及其零件	5.1	3 000	1.0	0.7	7.2

资料来源：USITC. Table constructed by the authors.

表中的某些地方需要注意。第一，即使被认为是高关税保护部门的平均关税也是很低的。这些关税税率都不超过6.4%。这是因为关税税率是以产品的关税收入占该产品进口价值的百分比来计算的。正如表6-1所示，因为存在各种不同的贸易协定，许多名义关税率很高的产品实际上都是免税进入美国市场的。表中的行业也是如此，其中很多产品的法定关税水平是20%或者更高。

第二，那些受关税保护程度高的部门实际上雇用相对很少的工人。2005年，超过1 420万美国人在制造业工作。第二个表中没有一个部门有相当于这个总数1%的就业水平。另外，尽管美国国际贸易委员会预测由于技术进步，以上的部门和其他部门的岗位总数会继续下降，但是在假设关税消失的条件下就业和产出的百分比变化仍然很小。实际上，美国国际贸易委员会预测随着关税的取消，手表、钟表及其零件部门作为一个整体，其就业和产出将会提高。这是因为有更多的零件将被进口，使得国内手表生产者更具有竞争力。

最后，尽管对每一个行业来说现存关税的福利成本很低，但是每岗位的保护成本却仍然很高。这再次说明，关税不是一个保护就业的有效方法。[③]

① Gary Clyde 与 Kimberly Ann Elliott, Measuring the Costs of Protection in the United States. (Washington, D. C: Insititute for International Economics, 1994.)

② 美国国际贸易委员会，*The Economic Effects of US Import Restraints* (Washington, D. C.: USITC, 2007年2月)。在线地址：http://www.usitc.gov/publications/pub3906.pdf.

③ 这些成本值并没有在表中报告。在假设行业的就业水平保持在2005年水平的前提下，可以通过预期的就业下降来计算就业损失，并把结果换算成福利水平，从而计算出成本。比如，玻璃器皿的每位岗成本就是114 205美元。■

6.6 关税的扩展

到现在为止，本章的分析都依靠关于接受保护产品的类型和征收关税国家规模的相当严格的假设。在本部分，我们将讨论放松这些严格假设时出现的问题。

6.6.1 出口关税

正如在对本章的介绍中提到的，一些国家对某些出口商品征收关税。比如，假设A国对其出口的玉米每蒲式耳征收z美元的出口关税。观察图6-8，我们来研究出口关税的效应。因为我们继续假设A国是一个小国，所以它所做的任何事情都不会影响玉米的国际价格P_W。然而，如果A国的农民继续出口玉米，他们获得的产品价格会下降z美元，则价格P_W-z成为国内价格。图6-8中给出了这两种价格。

首先考虑自由贸易的情况。在P_W的价格下，国内产量是Q_2蒲式耳，国内消费是Q_1蒲式耳。这两个数量之差代表了A国向世界其他国家出口的玉米数量。现在考虑出口关税的影响。在A国国内，玉米的价格下降到P_W-z。这导致国内生产从Q_2蒲式耳下降到Q_4蒲式耳，而国内消费从Q_1蒲式耳上升到Q_3蒲式耳（用箭头表示）。因为这些变化，出口数量下降到Q_3Q_4单位。和进口关税的情况类似，生产和消费的变化取决于供给和需求曲线的斜率。

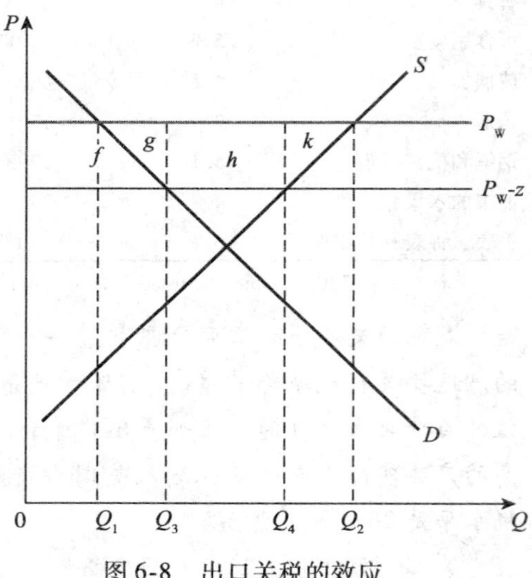

图6-8 出口关税的效应

接下来我们讨论关税的福利影响。再次观察图6-8。因为征收出口关税，生产者获得了一个较低的产品价格，利润一定会下降。在图中，生产者剩余（或者说，利润）下降了$(f+g+h+k)$美元。国内较低的产品价格意味着消费者境况改善了。消费者剩余提高了f美元。政府因为征收关税而获得多少收入呢？答案是h美元，它是由每单位征收的关税z美元乘以征收关税后的出口水平所决定的。若我们继续假定政府将关税收入重新分配到经济中去，那么关税表示了收入的内部转移。于是，关税的无谓成本是$(g+h)$美元。表6-7概括了这个结果。

表6-7 小国征出口关税的福利损失 （单位：美元）

消费者剩余的变化	f			
生产者剩余的变化	$-f$	$-g$	$-h$	$-k$
政府收入的变化			h	
净福利变化		$-g$		$-k$

出口关税的无谓成本和进口关税的无谓成本有着相似的含义。区域g代表关税的消费无谓成本。这是因为出口关税导致国内价格下降，消费比自由贸易水平有所上升。引起国内消费扩张的价格是g美元，这个数量由征收关税前的行业利润水平产生。区域k代表关税的

生产无谓成本。这反映了利润损失，因为出口部门的生产从 Q_4 单位下降到 Q_2 单位。因为这两个数量都表示利润损失，所以在多数情况下，出口关税被商业利益集团所强烈反对也就不足为奇了。然而，一些国家仍然继续使用出口关税。全球视角 6-2 将讨论一些最近现实世界中使用出口关税的例子。

全球视角 6-2　不同农产品的出口关税

2007 年和 2008 年上半年，一些农产品的世界价格显著地上涨。价格上涨可以归于很多因素，包括经济快速增长的国家需求的上升，石油价格的上升提高了产品分销到个体市场的成本，世界范围的从玉米和其他谷类中生产比如酒精之类的产品和主要粮食生产国的干旱等。为了应对价格的上涨，很多国家采取措施来限制粮食出口来降低国内消费的粮食价格，或者通过对商品出口商的较高利润征收关税来提高政府收入。

世界上第二大大米出口国印度对印度香米征收出口关税，并且禁止其他品种大米的出口。越南、印度尼西亚、巴西和柬埔寨均宣布对大米出口实行临时禁令。俄罗斯宣布延长对小麦和大麦征收极高的出口关税。马拉维禁止向除了津巴布韦之外的所有国家出口玉米。所有这些政策给出的目标都是在各自的国家内保持以上商品的供给来限制价格上涨。令人惊奇的是，这些政策的长期效应却使价格比原先可能的价格更高。出口受限制国家的农民变得很消极，不再增加生产投资。或者，他们会选择生产那些出口不受限制的产品。此外，限制产品进入世界市场会使得世界价格变得比之前更高，而无法从世界价格上升中获利会进一步打击当地的生产者。最后，类似以上政策的早期实践表明，一旦进口国无法从一个特定供给国购买产品，他们就会转向其他供给国，并且不会再转回到原来的供给国购买。[①]

由于上述政策中的大多数使用的是出口限制而不是关税，政府收入将会被放在次要地位进行考虑。但是并不是所有在此时采取政策的国家都是这样想的。阿根廷是世界上重要的农产品尤其是小麦和大豆的出口国。2008 年 3 月，克里斯蒂娜·基什内尔总统（Chirstina Kichner）单方面提高了阿根廷一系列商品的出口关税。大豆出口的关税税率从大约 35% 上升到 44%。[②]基什内尔总统解释说，从关税税率提高获得的 30 亿 ~40 亿美元的收入将会用来支持救助城市贫困人口，而且关税可以使阿根廷的粮食价格保持在较低的水平。

阿根廷的农民被这些政策激怒了。他们开展了一系列的全国罢工，关闭高速公路以阻止卡车将出口品运送到码头，引起当地粮食短缺等等。随着反对的持续，基什内尔总统宣布她会把关税增加问题交给阿根廷国会处理。起先人们认为国会将支持这项措施，但是随着国会投票日期的临近，有 25 万人举行游行支持农民。在 2008 年 7 月，阿根廷参议院以较低优势投票通过反对征收此项税，增加关税的政策被废除了。

① For more on this, see "Cereal Offenders," The Economist, March 27, 2008.

② Export tariffs had been about 20 percent in 2002. ■

6.6.2　最优关税

假设征收关税的国家是一个大国，是征税产品重要的进口国（或出口国）。正如我们将要看到的，在这种情况下征收关税，相对于自由贸易来说，会导致这个国家福利的提高。本质上，因为这个国家存在市场势力，通过征收关税能够继续以较低的世界价格获得该产品。实际上，通过迫使世界价格下降，征收关税的国家将一部分关税负担转嫁给出口国来承担。

假设A国是一个经济意义上的大国，即A国是世界上某种产品的重要进口国。假设这种产品是木材（L产品），令B国向A国出口木材L。在图6-9左边图中，我们给出A国的木材市场。在右边的图中，给出B国的木材市场。在没有贸易的情况下，A国L的价格是P_A，B国L的价格是P_B。简单观察图就会发现如果发生自由贸易，B国将在L上拥有比较优势，并将出口L到A国。很明显，在比P_A低的任何价格下，A国都将会进口L；在比P_B高的任何价格下，B国都将会出口L。

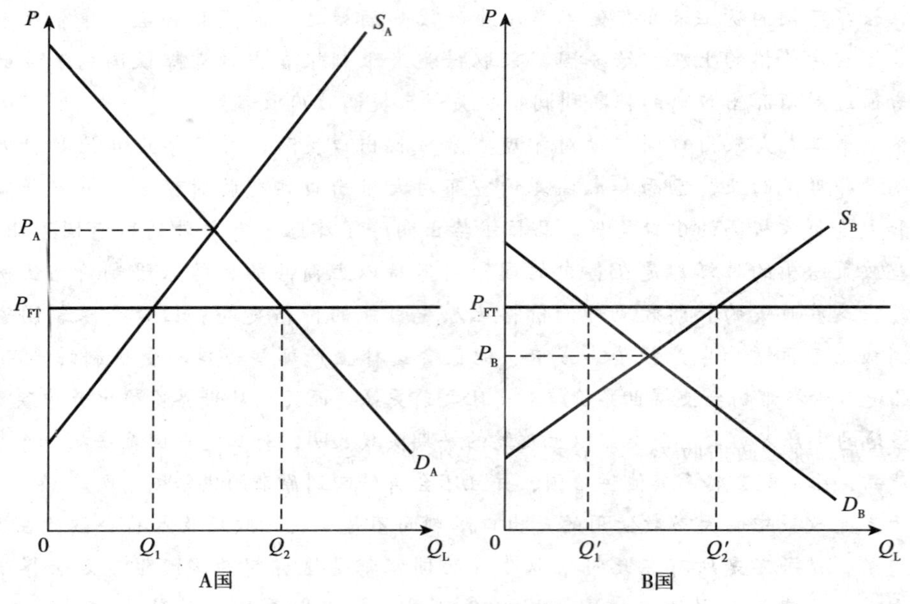

图6-9 国际自由贸易均衡

世界均衡价格定义为A国消费者想要进口的数量等于B国生产者想要出口的数量条件下对应的价格。在图中，这个价格表示为P_{FT}。在这个价格下，A国合意的进口数量为Q_1Q_2单位，正好与B国合意的出口数量（在右边的图中用$Q_1'Q_2'$表示）相匹配。注意：P_{FT}是自由贸易条件下唯一可能的均衡点。如果价格高于P_{FT}，A国的进口需求将会下降，而B国的出口供给将会上升。换句话说，高于P_{FT}的自由贸易价格会导致世界市场上L的过度供给；过度供给会使价格趋于下降。由于相同的原因，很容易看出任何低于P_{FT}的自由贸易价格会导致L的国际过度需求，导致产品的市场价格趋于上升。

A国和B国通过刚才描述的方式进行互动从而决定世界价格，这是A国国际市场势力的来源。特别地，A国对L进口需求的变化会直接影响世界价格。需求的提高将推动世界价格上升；而需求的下降会使世界价格下降。为了弄清这个过程是如何发生的，考虑以下的例子。

假设A国对L的进口征收关税，导致进口下降到Q_3Q_4单位。在图6-10左边的图中，通过价格从P_{FT}提高到P''来表示。注意A国的关税对B国产生的影响。由于A国是B国产品的重要消费者，当A国使用关税来减少其需求时，会引起B国的价格下降。如左图所示，价格会持续下降直到世界贸易再次平衡。这种平衡发生在价格为 P' 的时候，此时B国的出口为 $Q'_3Q'_4$ 单位，恰好与A国征收关税后对木材的需求 $Q'_3Q'_4$ 相等。

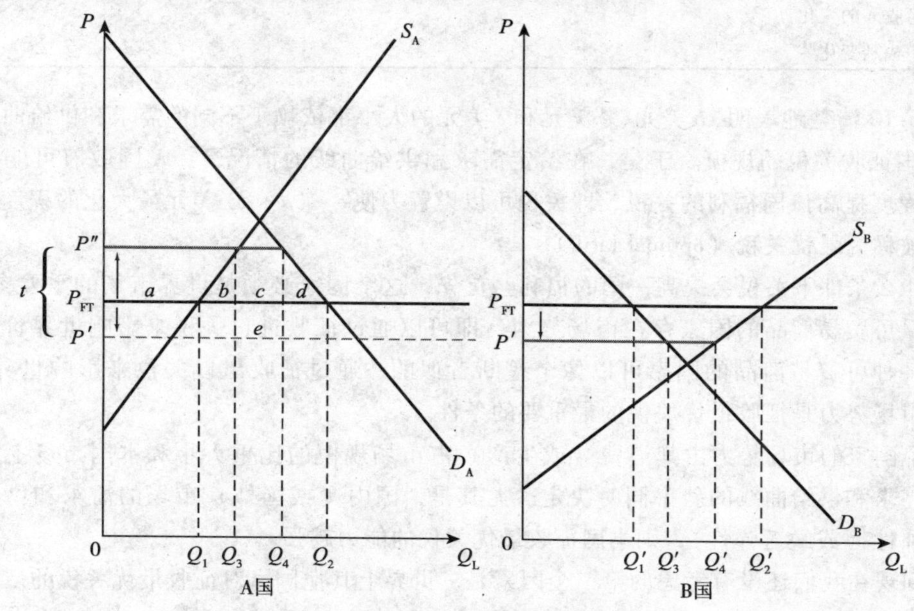

图6-10 大国征收关税的图示

伴随着价格的提高，A国消费者的消费者剩余损失了 $(a+b+c+d)$ 美元，生产者剩余提高了 a 美元。那么政府收入呢？它提高了多少呢？答案是政府收入上升了 $(c+e)$ 美元。为了说明这一点，首先注意关税的大小被定义为A国消费者为产品支付的价格（P''）与B国生产者获得的价格（P'）的差额，即每单位商品的关税 t 美元等于 $P''-P'$。这样，可以看出A国的价格上升，但是上升的幅度小于关税。比如，如果关税是每单位10美元，那么A国消费者面临的实际价格上涨小于10美元。A国是B国产品如此重要的消费国以至于B国的生产者通过降低价格的方法来承担一部分关税以期维持其销售量。在新的均衡中，B国生产者接受的价格从 P_{FT} 降到 P'。

这意味着A国现在进口的木材以更低的价格进入该国。接着，一旦开始征收关税，A国新的价格就变为 $P''(=P'+t)$。这会更方便地解释 $(c+e)$ 美元。c 美元代表A国消费者支付给A国政府的（实际）关税收入。这是因为矩形 c 的高等于A国消费价格的上升值，底等于进口水平。e 美元代表B国的生产者（实际）支付的关税。即矩形 e 的高代表B国生产者削减的价格，底等于A国的进口水平（即B国的出口水平）。

关税给A国的总体福利带来什么影响呢？要回答这个问题，我们只需分析各种不同的剩余，见表6-8。由于征收关税给A国带来的福利变化等于 $e-(b+d)$ 美元。结果可能是正数也可能是负数，取决于表达式中两项的相对大小。正如前面提到的，e 美元代表外国人支付的关税收入，因为其出口的世界价格已经下降了。在其他条件不变的情况下，区域 e 越大，由于征收关税带来A国福利提高的可能性就越大。$(b+d)$ 美元表示通常的关税无谓成本。该数额越小，则A国福利提高的可能性就越大。

表 6-8　大国征收关税的福利成本

消费者剩余的变化	$-a$	$-b$	$-c$	$-d$	
生产者剩余的变化	a				
政府收入的变化			c		e
净福利变化		$-b$		$-d$	$+e$

图 6-10 清楚地表明，b 美元、d 美元和 e 美元的大小都依赖于不同的需求和供给曲线的斜率和 A 国征收关税的规模。于是，在给定需求和供给曲线的情况下，A 国政府可能征收一个最大程度提高该国福利的关税，即关税可以设置为使 $e-(b+d)$ 美元最大化的程度。这样的关税被称为**最优关税**（optimal tariff）。

在什么条件下关税会提高一国的福利？首先，这个国家必须是世界市场的重要参与者。消费大量可贸易商品的国家存在市场势力，即可以通过征收进口关税来影响世界价格。生产大量某种可贸易商品的国家可以像个垄断者似的，通过征收出口关税来影响世界价格。于是，市场势力是征收最优关税的最重要的条件。

一个国家的市场势力由其消费（或生产）占市场规模的比重大小和本国市场上本国和外国的需求和供给曲线的斜率同时决定。尤其是，国内（或国外）市场的需求和供给曲线越富于弹性（或缺乏弹性），则本国征收最优关税的能力越强。㊀

直到现在我们还没有考虑的第二个因素是，世界上其他国家对征收最优关税的反应。很明显，当 A 国的福利随着关税的征收而提高时，B 国的福利会下降。这对 A 国来说明显不是一个友好的政策，可能会导致 B 国政府的关税报复措施。当一个国家征收关税（或其他形式的贸易保护行为）导致其他国家的贸易保护行为时，我们就说产生了**贸易（或关税）战**（trade（or tariff）war）。㊁贸易战尽管不会导致贸易的彻底消失，但是一定会导致世界贸易的萎缩。而且，虽然理论上存在 A 国的福利甚至在 B 采取报复行为后仍然保持在高于自由贸易水平上的可能，但是更可能发生的是在报复行为采取之后两国的福利水平都会下降。全球视角 6-3 关注 1930 年《斯姆特－霍利关税法案》实施之后的关税升级所导致的最后一次大的贸易战的一些结果。

全球视角 6-3　　《斯姆特－霍利关税法案》及其后果

美国宪法第 I 条授予国会“管理与外国的商业往来”和“制定并征收……关税”的唯一权力。在共和制的前 150 多年里，国会一次次地运用这个特权来修改贸易法案。最近的一次发生在 1929 年年初，当时是应胡佛总统的要求而对贸易法案进行修改。在胡佛总统 1928 年竞选期间，他向农民承诺征收关税来提高不断下落的农产品价格。[①] 国会着手帮助总统兑现这个承诺。

起初，关税修改仅限于农产品。但是不久后，来自制造业为主的州的议员开始要求为其所在地区的产业征收额外关税。**政治分肥**（pork-barrel politics）的过程郑重其事地开始了，

㊀ 在本章末的一道习题中，读者被要求证明这个结论。

㊁ 贸易战相对不常出现。最近的一次发生在 1930 年《斯姆特－霍利关税法案》实施之后。对更多细节的讨论参见全球视角 6-3。

议员承诺投票保护其他州的行业，以换取其他州对他们所在州的行业进行保护的投票。

美国关税壁垒扩张和增加的过程花费了很大的时间和精力。为了准备贸易法案的变化，美国众议院筹款委员会出示了超过11 000页的证明材料。直到1930年4月，这个关于改变关税的法案——1930年关税法案，才被国会两院通过并送交总统签署。这个法案也被称为《斯姆特－霍利关税法案》，以这项立法的主要国会支持者的名字命名。

在签署法案之前，胡佛总统接到了38个外国政府的正式抗议，警告针对美国政府此项行为可能会采取报复行动。一些期望此项法案通过的国家则很快在最终结果出来之前提高了自身的关税。超过1 000名美国经济学家写信劝说总统应否决这个法案。1930年6月17日，《斯姆特－霍利关税法案》签署并正式生效。结果是美国出现了历史上最高的普通关税结构。进口商品的平均关税水平上升到课税品价格的60%。超过12 000种商品的关税提高了。

其他国家反应很迅速。查尔斯·金德尔伯格，在他关于大萧条历史的书中写道：

> 西班牙的反应是，由于担心美国在葡萄、橘子、玉米和洋葱上的关税，在1930年7月22日通过了Wais关税；瑞士反对手表、刺绣、鞋的关税增加，于是抵制来自美国的出口品；加拿大反对美国在很多种食品、原木、木材上的关税，于是在1930～1932间将关税水平提高了3倍；意大利反对在帽子和草帽、羊毛毡帽和橄榄油等产品上增加关税，在1930年6月30日对美国的汽车采取报复行为……古巴、墨西哥、法国、澳大利亚和新西兰也通过立法采用新的关税。[②]

最后，超过40个国家提高了它们的关税水平，这些较高的贸易壁垒伴随着收入水平的下降，使世界贸易的发展实际上处于停滞状态。到1933年，世界贸易水平只有1929年贸易水平的1/3。美国的出口萎缩了。这在金德尔伯格教授画的一幅图中表现得十分明显，见下面的图6-11。

伴随着大萧条，国际贸易在1933年触底。慢慢地，出口开始回升。[③]这部分得益于主要贸易伙伴之间旨在降低贸易壁垒的谈判。这些谈判由罗斯福总统负责，并在1934年的互惠贸易法案中得到国会的授权。这部法律给美国的现代贸易政策设定了方向，从此后，国会偶尔向总统让渡权力来改变贸易壁垒。

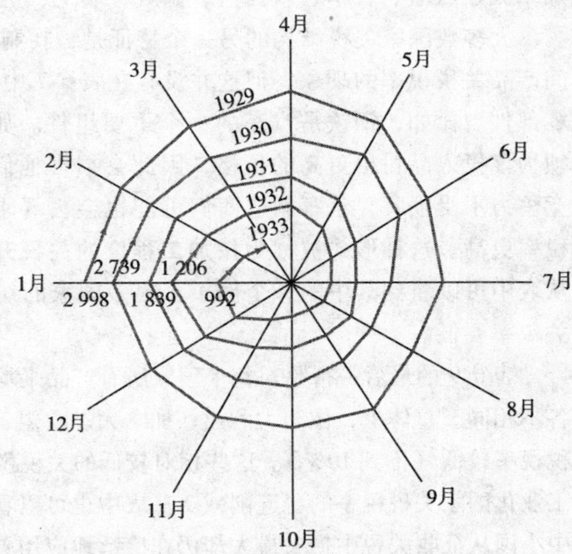

图6-11 世界贸易的螺旋形收缩，1929年1月～1933年3月（75个国家的进口总量，以百万美元为单位）

① 奇怪的是，由于开始征税时针对的商品是美国很少进口的商品，所以这些关税对价格上涨的作用到底有多大令人怀疑。

② Charles Kindleberger, *The World in Depression*, 1929—1939 (Berkley and Los Angeles: University of California Press, 1973)，第132页（包括图6-11）。

③ 然而，直到1942年，国际贸易才回复到其在1929年的水平上。■

由于存在报复的可能，在大多数情况下，很多国家都不会采取征收最优关税的措施。比如，没有证据表明美国正试图努力在贸易政策的执行中运用市场势力，而美国肯定存在可以这样做的市场势力。

征收最佳出口关税的例子在现实中更为常见。20世纪70年代石油输出国组织（OPEC）国家的石油价格上涨，虽然在那时没有像这样表现出来，实质上是通过迫使其他国家支付其征收的关税来提高OPEC国家的内部福利。

6.6.3 关税有多高

到目前为止，我们假设只对一种产品征收关税。实际上，世界上有很多产品，各个国家趋向于对这些产品保持广泛的关税结构。表6-7是一些被挑选出的国家2006年平均最惠国关税的税率。首先要注意的是表格中代表了包含所有商品的产品分类下的平均关税。由于在某一个产品目录下有很多不同的商品，单个商品的关税可能会与表中的平均关税相去甚远。另外，因为表中包括美国在内的很多国家，都与其他很多国家签订了贸易协议，所以不是每一个位于进口产品分类中的产品都适用这些关税率。比如，因为北美自由贸易协定的签订，美国对很多来自加拿大和墨西哥的进口产品都不征收关税。所以，对许多国家来说，表中的平均关税可能夸大了这些商品的实际保护水平。

其次，关税在不同的商品分类之间有很大不同。对许多国家来说，对农产品的关税税率实际上都超过了对制成品的税率。乳制品的平均关税率经常是禁止性地高，其税率在加拿大、日本、挪威、瑞士和土耳其超过了100%。[⊖]对农产品的高关税和其他形式的保护措施有着很长的历史，也为世界贸易谈判提出了一个持续的挑战。无论在穷国还是富国，政府都不愿开放农业市场去面临世界竞争。相比而言，很多制成品的关税相当低，在澳大利亚、加拿大、欧盟、日本、新西兰、挪威、瑞士、土耳其和美国，其平均税率都不到5%。

大多数国家关税结构的另一个特征是，在制造业部门中存在最终产品的关税税率高于中间产品关税税率的现象，但这并没有在表6-7中反映出来。这是因为大多数制成品有很多的零部件。比如，钢铁是汽车的一个重要组件。如果对钢铁征收关税，当地的汽车制造商必须为该投入品付出更高的价格，因此会损害他们的竞争能力。为了抵消这种影响并保证其竞争力不受损害，汽车制造商们可能也会去寻求关税保护，而且税率一般会比零部件的关税率更高。这种形式被称为**按加工程度的关税升级**（tariff escalation by stages of processing）。从表中可以看到其中的一个例子，很多国家的纺织品（它是衣物的原料）关税率比衣物的关税率要低。

表6-9的最后一行是对每个国家所有产品平均关税的测量。这一行表明，不同国家的关税各不相同。总体上，像澳大利亚、加拿大、欧盟、日本、瑞士和美国这样的高收入经济体的关税税率较低（不到10%）。这些相对较低的关税税率表明自第二次世界大战后开始出现的主要工业化国家关税税率的普遍削减。从表中也可以看出，发展中国家的关税税率较高。一些发展中小国从征收关税中损失最大却仍在广泛地应用关税，这是一个奇怪和悬而未决的现象。

⊖ 在某种程度上，这是因为近些年很多国家都用农产品的进口关税来代替配额限制。更多关于配额的知识请参阅第7章。

表6-9 2006年一些国家按产品分类的简单平均最惠国适用关税税率

	澳大利亚	巴西	加拿大	埃及	欧盟	印度	印度尼西亚	日本	韩国	马来西亚	墨西哥	新西兰	挪威	斯里兰卡	瑞士	土耳其	美国	委内瑞拉
动物产品	0.4	8.9	29.6	18.1	25.4	33.0	4.2	15.5	22.1	0.5	16.8	1.7	207.1	26.2	141.6	127.1	2.5	17.2
乳制品	4.3	18.3	248.6	9.8	53.8	35.0	5.0	178.1	67.5	3.4	23.5	1.5	114.7	22.9	158.2	119.2	25.0	19.3
水果、蔬菜、植物	1.5	9.6	3.3	13.8	11.8	31.5	5.1	12.9	57.2	3.8	16.5	1.4	27.6	24.0	21.5	31.8	5.0	14.8
咖啡、茶	1.0	13.3	10.4	18.8	6.5	56.3	4.8	16.7	53.9	9.0	34.6	3.1	2.8	28.0	7.0	31.6	4.1	17.9
谷物和配制品	1.3	11.9	20.1	22.8	25.6	37.3	5.6	76.6	134.3	5.1	20.1	3.6	66.0	23.7	35.2	31.2	3.8	17.9
油子、脂肪、油	1.5	7.8	4.9	5.3	5.9	52.5	4.2	10.8	37.6	1.7	12.8	0.8	47.0	21.4	38.3	13.3	4.6	16.0
糖和甜食	1.9	16.5	5.7	14.9	32.9	48.4	8.3	27.3	19.0	2.8	70.5	1.7	40.6	18.2	39.4	86.2	20.5	17.4
饮料和烟草	2.4	16.7	7.2	826.8	20.2	68.9	56.0	15.5	31.7	148.1	31.8	3.5	27.6	58.2	43.6	35.9	15.9	18.6
棉花	0.0	6.9	0.5	4.0	0.0	17.0	4.0	0.0	1.0	0.0	9.3	0.0	0.0	0.0	0.0	0.0	5.2	10.0
其他农产品	0.2	7.7	6.9	4.1	5.3	27.1	4.3	6.3	15.9	0.6	9.8	0.7	32.4	13.2	9.7	10.5	1.1	9.2
鱼和鱼类产品	0.0	10.1	1.0	8.5	10.3	30.0	4.9	5.7	16.1	2.2	16.6	0.6	2.2	15.0	0.4	33.5	1.1	19.1
矿石和金属	2.7	9.9	1.7	9.7	1.9	15.4	6.8	1.0	4.8	10.9	11.4	2.2	0.0	10.6	1.4	2.7	1.7	10.3
石油	0.0	0.3	2.7	5.2	2.7	14.0	2.2	0.7	5.1	1.1	8.7	0.3	0.0	8.4	0.0	3.0	2.1	9.8
化学品	1.8	8.3	2.8	5.8	4.6	15.0	5.4	2.5	5.8	3.3	9.8	1.0	0.0	5.3	1.0	4.5	2.8	8.3
木材、纸张	3.4	11.0	1.1	13.6	1.1	13.5	5.3	0.9	2.4	10.7	12.3	1.6	0.0	13.8	3.9	1.1	0.4	13.2
纺织品	6.8	16.8	6.9	19.1	6.6	20.2	9.2	5.5	9.2	10.5	16.1	3.0	0.5	3.9	5.9	6.6	7.9	18.3
衣物	15.4	20.0	17.0	38.9	11.5	22.4	14.1	9.2	12.6	16.0	35.0	16.2	9.9	14.8	4.9	11.5	11.5	29.7
皮革制品和鞋类	5.6	14.7	5.6	14.0	4.2	15.4	7.7	15.0	7.9	13.9	18.1	4.8	0.0	19.3	1.9	4.2	4.3	15.4
非电机	3.0	12.8	1.5	5.8	1.7	14.3	2.3	0.0	6.0	3.6	8.3	4.1	0.0	4.9	0.5	1.7	1.2	9.2
电机	3.0	14.1	2.4	9.5	2.5	12.3	6.1	0.2	6.0	6.5	11.3	3.4	0.0	12.0	0.8	2.5	1.7	11.4
运输设备	6.2	18.1	5.8	12.9	4.1	24.8	12.3	0.0	5.4	11.5	17.3	4.6	0.0	9.9	1.5	4.3	3.1	13.6
制造品 n. e. s①	1.4	15.8	2.8	14.2	2.4	13.9	7.2	1.1	6.4	4.9	12.7	2.3	0.0	14.0	1.1	2.5	2.1	11.3
农业	1.2	10.2	17.3	66.6	15.1	37.6	8.2	24.3	47.8	12.3	18.2	1.7	61.1	23.8	43.8	42.0	5.3	15.0
工业	3.9	12.6	3.7	12.2	3.9	16.4	6.8	2.8	6.6	7.9	13.3	3.2	0.6	9.2	2.1	4.7	3.3	12.7
总计	3.5	12.3	5.5	19.3	5.4	19.2	6.9	5.6	12.1	8.5	14.0	3.0	8.6	11.2	7.6	9.6	3.5	13.0

① n. s. e：不再另行规定。

资料来源：2006 Tariff Profiles, World Trade Organization, www. wto. org, country pages. Constructed by authors.

小　结

1. 关税是国家对进口或者出口商品征的税。这种商业政策可能是世界范围内各国政府用来管理贸易流量的最常用的工具。
2. 进口关税的效应是使商品的价格上涨从而抑制消费。与此同时，国内替代品的生产者发现提高价格和利润变得更为容易。因此，关税被认为是保护国内生产者的。
3. 一般来说，与自由贸易相比，关税会降低一个国家的生活水平，因为关税对消费者福利损害的程度大于对生产者的帮助程度。
4. 如果一个国家在国际市场上存在市场势力，关税就可以提高其生活水平。这个结论对大多数国家和产品来说并不适用。即使条件都具备，福利的改善严格依赖于外国不会通过提高自身关税来采取报复行为。

习　题

1. 证明：自由贸易比没有贸易要好。
2. 证明：贸易（存在关税）比没有贸易要好。
3. 假定一个国家征收纯收入效应的关税。画图说明这种关税的福利效应。这些效应和本章分析的一般的无谓成本有什么不同？
4. 国内供给曲线越缺乏弹性（即越陡），任何关税的生产无谓成本就越低。这种说法对还是错？证明并解释原因。
5. 国内需求曲线越富于弹性（即越平坦），任何关税的消费无谓成本就越低。这种说法对还是错？证明并解释原因。
6. 运用全球视角6-1的第一个表格的数据来计算美国橡胶鞋类、女鞋和箱包的关税收入。
7. 根据以下信息，计算对个人计算机建议征收20%的关税带来的消费者的损失、生产者的收益、政府收入的变化和无谓成本。

计算机价格（自由贸易时）	2 000 美元
国内产量（自由贸易时）	100 000 美元
国内产量（征收关税后）	120 000 美元
国内消费量（自由贸易时）	150 000 美元
国内消费量（征收关税后）	140 000 美元

8. 小国的最优关税是零。用几何来证明这句话然后解释你的结果。
9. 证明对于一个世界市场上的大国来说，国内的需求和供给曲线越富有弹性，其征收最优关税的能力就越强。
10. 证明外国的需求和供给曲线越缺乏弹性，这个世界市场上的大国征收最优关税的能力越强。使用这个结论来解释为什么石油输出国组织（OPEC）在20世纪70年代的价格提升对西方国家的经济具有那么毁灭性的影响。
11. 假设一个国家对某种商品的出口每单位征收t美元的出口关税。用图形描述以上情形，并计算这项政策的福利成本。
12. 利用表6-9的数据来比较美国和日本的贸易保护主义政策。在哪些部门两国的保护水平相当？在哪些部门它们的保护水平不同？试着解释这些情形。
13. 假设某个开放小国的鞋子的需求和供给是：

$$P = 100 - 2Q\text{（需求）}$$

$$P = 4 + Q\text{（供给）}$$

式中P表示价格，Q表示数量。

   a. 封闭条件下鞋子的价格和生产数量各是多少？
   b. 如果世界价格是10美元，那么鞋子

的产量、消费量和进口数量各是多少？

c. 如果征收3美元的关税，b问题的答案将会如何变化？

14. 假设需求和供给曲线和13题相同。世界价格是50美元。

a. 自由贸易下生产和消费水平各是多少？

b. 如果世界价格是50美元，这个国家是出口国还是进口国？

c. 假设当地政府对发生贸易的产品每单位征收5美元的关税。此时产品的产量、消费量和贸易水平将会发生怎样的变化？

d. 这项政策的福利成本是多少？

参考文献

Hufbauer, Gary Clyde, and Kimberly Ann Elliott. *Measuring the Costs of Protection in the United States*. Washington, D. C.: Institute for International Economics, 1994.

Kindleberger, Charles. *The World in Depression*, 1929-1939. Berkeley and Los Angeles: University of California Press, 1973.

如需要更多的习题和补充阅读，请访问我们的网址：www.pearsonhighered.com/husted。

第7章

非关税壁垒和关于贸易保护的争论

学习目标

配额；
配额的福利效应；
关税和配额的异同；
其他非关税壁垒；
关于贸易保护的争论。

第6章讨论的全部是将关税作为国际贸易壁垒的情况。尽管关税的确是最常用的贸易壁垒，它却绝非政府可采用的贸易政策的唯一形式。实际上，大多数政府也经常使用各种形式的非关税壁垒作为其贸易政策工具。被非关税壁垒所限制的贸易数量是巨大的，也正是因为如此，非关税壁垒已经成为关于减少贸易壁垒的国际对话中的焦点话题。

在本章，我们将探讨各种非关税壁垒的性质。[⊖]我们将讨论集中在配额上，配额是政府对某种产品的国际贸易施加的数量或金额的限制。我们也会考察其他的非关税措施，比如补贴、健康和安全标准以及政府采购政策，所有这些的目的都是减少国际贸易的规模。在本章我们将讨论这些政策与关税的相似性与不同点。

⊖ The classic analysis of nontariff barriers is in Robert Baldwin, *Nontariff Distortions of International Trade* (Washington, D. C.: Brookings Institute, 1970). See also Julio Nogues, Andrzej Olechowski, and L. Alan Winters, "The Extent of Nontariff Barriers to Imports of Industrial Countries," *World Bank Staff Working Papers* #789 (1986); Sam Laird and Alexander Yeats, *Quantitative Methods for Trade-Barrier Analysis* (New York: New York University Press, 1990); and Alan Deardorff and Robert Stern, *Measurement of Nontariff Barriers* (Ann Arbor: University of Michigan Press, 1998). For a superb, nontechnical introduction to the topic, see Cletus Coughlin and Geoffrey Wood, "An Introduction to Nontariff Barriers to Trade," *Review* (Federal Reserve Bank of St. Louis, 1989).

在我们分析了非关税壁垒之后，我们将关注的重点转向设置贸易壁垒的动机上。特别地，我们将重点考察贸易保护的合理理由。政府有各种各样的理由为他们施行的贸易保护政策辩解，其中包括：维持就业量、产业重组、国防安全和政府收入。这部分有趣的结论之一是，这些我们经常听到的理由中的大多数纯属无稽之谈，也就是说贸易保护根本就达不到原本预期的目标。另一方面，贸易保护的合理理由是存在的，但是在这些理由被广泛应用的案例中，贸易保护绝对不是达到目的的最佳方法。

7.1　配额

配额（quotas）是政府对某种产品的国际贸易施加的数量或金额的限制。比如，一个政府可能会在某年限制某种产品（比如糖）的进口量不得超过 125 万吨，[㊀]或者宣布只允许不超过 2 500 万美元的另一种商品（比如棉质上衣）可以进口到该国。[㊁] 因为配额限制了市场上的外国竞争，它的效果跟关税相似。也就是说，在施行这些政策之后，国内价格将会上升，而进口量下降。

完全消除了某种产品国际贸易的配额被称为**贸易禁运**（embargo）。贸易禁运有时会被用作对另一国政策措施的经济制裁方式。比如说，美国从 1960 年开始对其出口到古巴的商品进行禁运，从 1962 年开始对大部分来自古巴的进口品进行禁运。现在，美国禁止大部分来自伊朗、缅甸、朝鲜和苏丹某些地区的进口品。有时，一国会出于国家安全的考虑而进行贸易禁运。比如，北大西洋公约组织成员国有一项协议，限制某些“高科技”产品出口到他们认为的非友好国家。尽管有一些实例，贸易禁运的情况还是很少的。[㊂]配额数量更经常被设定在零以上，这样的话，尽管贸易是被限制的，但还是有一些贸易会发生。

配额被认为是一种比关税更严格的措施，其中的理由我们很快会讨论到。可能正是因为这种观点，很长一段时间以来，对大多数制成品施加的配额被世界贸易组织执行的国际贸易法所禁止。

尽管这样，各国还是经常使用配额来保护其农业、纺织业和服装业。在 20 世纪 70 年代早期，美国、加拿大和欧盟通过谈判协定了一个世界通用的配额系统，该系统被称为限制纺织品和服装国际贸易的多种纤维协定。这个协议规定了许多生产并试图出口纺织品的国家的特定市场份额。根据 1994 年乌拉圭回合谈判的协议，签约国家用关税或**关税率配额**（tariff rate quotas，TRQ）替代了大多数农产品、纺织品和服装的配额。[㊃]关税配额是一种特殊的配额形式，它允许一定量商品以低关税率（通常为零关税）进入某国，然后对超过配额数量的商品进口施加一个更高（通常高很多）的关税率。尽管用这些替代保护方式来替代配额的运动一直在进行中，配额仍然存在。

㊀ 实际上，这是美国 1993 年 10 月到 1994 年 9 月糖进口的配额水平。

㊁ 实际上，常常基于市场份额的数量配额，比价值配额更加常用；因此，数量配额将是下文关注的重点。

㊂ 想要更多贸易政策的历史和贸易政策影响国外政策的分析，请见 Gary Hufbauer，Jeffrey Schott，Kimberly Elliott 和 Barbara Oegg，Economic Sanctions Reconsidered（Washington D. C.：Peterson Institute for International Economics，2008）。想要更多关于美国制裁的信息，请见：U. S. International Trade Commission，Overview & Analysis of Current U. S. Unilateral Economic Sanctions（Washington D. C.：USITC，August 1998）。

㊃ 参见第 8 章关于 WTO 和乌拉圭回合的完整讨论。

多种纤维协定的逐步结束在2005年1月1日完成。但国际贸易法允许各国施行配额政策来为当地受损行业提供暂时性的支援或解决国际收支平衡问题。面临从中国涌入的数量激增的纺织服装品，欧盟在2005的夏天与中国达成一个三年协议来限制中国这些产品的出口增速。美国在2005年11月与中国达成了一个类似的协议。

除了这些针对特定国家的配额，美国在牛奶、奶酪、黄油、人造黄油、花生、糖、各种含糖产品（包括巧克力）、棉花还有废棉上都有关税率配额。除此之外，美国还有一项被称为《1920年琼斯法案》的法律，要求所有行驶在美国各大港口之间的货物用美国制造、美国所有的船只来装运。像这样的事例在世界范围内屡见不鲜。比如，加拿大在奶制品、蛋类和禽类上都有关税率配额；印度尼西亚禁止了原木和藤制品的出口；泰国禁止了香烟的进口；芬兰也在软木材产品的进口上有禁令。

除了正式的限制，各国也使用间接的方式来施行配额，他们可以和出口国达成协议，使其“自愿地”限制出口。这些协议也在WTO的作用下逐渐淘汰。

在政府当局看来，配额是贸易政策中一个很灵活的工具。它们可以对所有国家使用，也可以对少数几个国家使用。配额所产生的内部和外部效应部分取决于政策是怎样执行的。有时一国会发放一种未分配的国际配额。在这种情况下，海关官员会对到达港口的外国供应者的进口商品规定一个限额（可能是数量限额，可能是金额限额）。一旦限额达到，该种产品就不能再进口到该国。因此，只有那些最先出口到该国的国外供应者才能在该国出售商品，晚到的就失去了机会。

全球未分配配额相对来说比较少见，尤其是在工业化国家之间，其理由如下。首先，因为这个体系有利于那些在配额期限内较早出口的国家，该国的进口港在一年的某段时间内会拥挤不堪，而在某些时间却无人问津。这会导致货物处理设备使用上的无效率。除此之外，在这种配额制度之下，到达该国港口的货物必会超过配额允许的数量。其次，因为该配额不能对各个潜在供应者区别对待，一些外国生产商很可能失去其一直拥有的市场，这会导致国家间严重的纠纷。最后，因为全球未分配配额可以给那些成功进入该国市场的幸运厂商丰厚的利润，有些政府当局可能会让某些利益体（也许就包括了他们自己）成为这些政策的获利者。因此，配额通过许可证来分配已成了惯例。

配额许可证给予了其持有者在特定期限将一定量的某种商品出口到该国的权利。根据不同的配额制度，许可证可以被出售或被分配。许可证可以被本国持有，也可能被外国持有。我们马上会分析到，配额体系的福利效应部分取决于谁是许可证的持有人和他们获得许可证的价格。

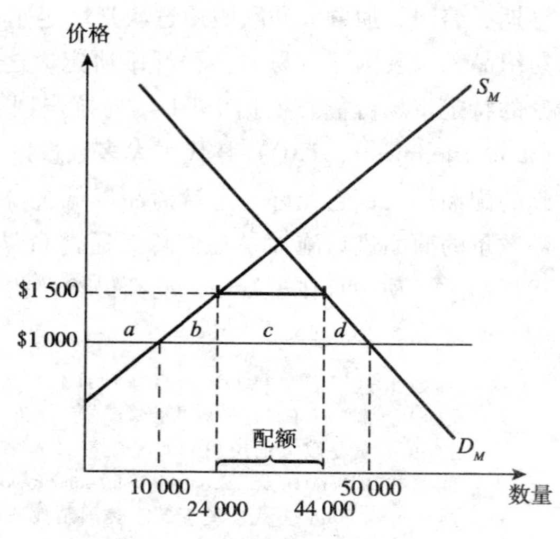

图7-1 配额的福利效应

为了更好地理解配额的经济效应，让我们来看看图7-1。图中表示的是商品M的市场——假如这是摩托车市场。标记了S_M的曲线为国内生产者的供给曲线，标记了 D_M 的曲线是国内的需求曲线。世界价格假设为 1 000 美元。在自由贸易状态下，该国居民会消费 50 000 辆摩托车，其中 10 000 辆是在国内生产的，40 000辆是进口的。

假设政府实行了配额政策，使进口量限制在 20 000 单位。因为进口量的减少，摩托车价格会升高，这会鼓励当地厂商扩大生产。这些市场力量会带来新的均衡。均衡会出现在什么位置呢？再看看该图。价格会继续升高直到进口量下降到配额水平 20 000 单位为止。从图中看出来，价格会一直上升直到国内需求和国内供给的差额等于 20 000。由图可得，这将在 1 500 美元的价格水平上达到。在这个价格上，消费量是 44 000 单位，其中 20 000 单位来自进口，剩下的 24 000 单位是在国内生产的。因此，就像关税的效果一样，配额可以限制贸易，提高价格。实际上，就如图 2-1 中所示，20 000 单位的配额在效果上和 500 美元的关税是一样的。这样的比较恰当吗？这正是我们接下来要讨论的问题。

7.2　配额的福利效应

在对关税的研究中，这个政策的福利效果是我们关心的问题之一。那么配额的福利效应如何呢？让我们再看看图 7-1。配额的实施提高了国内价格，因此降低了消费者剩余。消费者失去了（$a+b+c+d$）美元。其中，a 美元代表当地厂商增加的利润（生产者剩余）。这个利润的增加是因为（在关税的案例中也是如此）进口壁垒降低了当地厂商所面对的外国竞争。因此，国内厂商可以将他们的价格提高到自由贸易的价格之上而不用担心其消费者会转而购买外国厂商的产品。三角形（$b+d$）美元代表配额的无谓损失，这和 500 美元关税带来的无谓损失完全一致。再看看 c 区域，这个区域又代表什么呢？

c 区域代表**配额租金**（quota rents）。配额租金是那些有权从外国进口货物到该国并在受保护市场上出售该产品的人得到的利润。为了更清晰地分析，我们仔细观察被标记为 c 区域的矩形。该矩形的底边代表允许进入该国的进口数量（在该例中为 20 000 单位）。矩形的高代表世界价格（1 000 美元）和国内价格（1 500 美元）之间的差别。这两个价格的差额代表了有权出售进口货物的人出售每单位商品所得的（额外）利润。

这把我们带回到了关于谁得到许可证以及许可证的价格为多少的话题上。我们可以在几种情况中做出辨别。假设许可证是由政府拍卖售出。如果所有许可证都是用竞争性出价的方法卖出的，则政府收益可以弥补几乎所有的损失 c（假设政府会将所得用来弥补经济损失）。将 c 美元看做政府收入的增加使我们可以直接计算出配额的经济代价。与此同时，配额会导致收入从消费者那里转移到国内生产商（ a 美元）和政府（ b 美元）那里。剩下的消费者剩余的损失代表了经济的净无谓损失（ $b+d$ ）美元。这一点在表 7-1 中可以看出。

表 7-1　政府拍卖配额许可证时的配额福利效应　（单位：美元）

消费者剩余的变化	$-a$	$-b$	$-c$	$-d$
生产者剩余的变化	a			
政府收入的变化			c	
净福利损失		$-b$		$-d$

因此，如果我们还假设 1 美元的政府收入和 1 美元的生产者或者消费者剩余对于社会福

利的意义相同，那么，如果政府用拍卖方式来出售配额许可证，配额的福利损失和使价格上升到同样水平的进口关税带来的福利损失相同。关税和配额在这种情况下似乎效果相同，但我们还是有必要看看其他情况。令人吃惊的是，政府几乎不采用拍卖的办法来分配进口许可证。俄罗斯是个例外，该国政府用拍卖的方式来出售糖等商品的许可证。

c 区域有多大？答案取决于实施配额国家的实际情况、被保护产品的情况和保护程度。在 20 世纪 80 年代中期，两项研究分别估计了如果美国当时用拍卖方式出售配额权，其政府可以从中得到多少收入。这些研究表明，美国政府因为没有利用拍卖来出售配额，每年损失的收益在 37 亿美元到 68 亿美元之间。这个数量的绝大部分来自钢铁和纺织服装业的配额许可证。㊀

如果政府直接发放许可证，那么配额保护的福利效应很大程度上取决于谁会得到这些许可证。比如，如果国内生产者或进口商得到许可证，福利效应在数量上和拍卖许可证的效果一样。拍卖和直接发放唯一的不同在于，在发放许可证的情况下，c 区域变成了国内生产者剩余的一部分。也就是说，本国企业得到的利润提高了（$a+c$）美元，而政府收入不变。

美国在 20 世纪 60 年代就有将配额租金发给国内生产者的例子。政府对石油的进口实施配额。此配额的目的是提高国内油价，以提高美国油田的竞争力。配额权被给予了美国石油行业。该配额非常严格，以至于国内厂商可以在世界市场上以每桶 1. 85 美元的价格（从波斯湾到美国）购买石油，并在国内市场上以 3. 10 美元的高价卖出，价格加成达到 67%。在 1966 年，石油进口商们获得的配额租金累计可达 6. 2 亿美元（按 2007 年美元价格折算大约是 32 亿美元）。

现在，让我们来探讨政府将配额权给国外的情况。这种政策的一个经典例子是和国外生产者谈判达成的**自愿出口限制**（voluntary export restraint，VER）协议。在这样的协议之下，外国政府限制其对进口国的出口。反过来，这些国外厂商可以提高价格，并由此在正常利润之外赚取配额租金。自愿出口限制的福利损失是多少呢？消费者剩余同样损失（$a+b+c+d$）美元。其中，a 美元被转移给了国内生产者；（$b+d$）美元同样是该经济体的无谓损失；c 美元是从国内居民到外国出口商的收入转移。因此，这也是该经济体的损失。总的来说，在自愿出口限制情况下，该国损失了（$b+c+d$）美元。这些信息在表 7-2 中进行了总结。

表 7-2 自愿出口限制的福利效应

消费者剩余的变化	$-a$	$-b$	$-c$	$-d$
生产者剩余的变化	a			
政府收入的变化			0	
净福利损失①		$-b$	$-c$	$-d$

① $-(b+d)$ 美元是自愿出口限制的无谓损失。$-c$ 美元代表转移给外国人的收入。

因此，我们可以知道如果某国政府和外国达成一项自愿出口限制协议，由此带来的福利

㊀ 参见 Fred Bergsten，Kimberly Elliott，Jeffrey Schott，Wendy Takacs，*Auction Quotas and United States Trade Policy*（Washington D. C.：Institute for International Economics，1987）和 Congressional Budget Office，"Revenue Estimates for Auctioning Existing Import Quotas"（memorandum，February 1987）。这些研究都没有更新，所以无法得知损失的拍卖收入在今天会是多少。另外，美国改变了很多贸易限制，文中所提的许多配额现在已经不实行了。

损失要比关税条件下的福利损失大，也比用拍卖方法出售许可证或者将配额分配给国内居民情况下的损失大。这正是为什么我们必须了解配额分配方式的原因。

7.3 关税和配额的异同

至今为止，我们已经向大家展示了，关税和配额对于产品价格、产量和进口的影响都是相似的。我们也证明了这两种政策至少有一个重要的区别——对 c 区域的解释和谁会得到这部分利益。实际上，对 c 区域的分配仅仅是关税和配额之间区别的其中之一。我们要了解它们之间的不同，是为了更好地理解政府是怎样在这两种政策之间做出选择的。[⊖]

关税和配额之间一个主要的区别是这两种不同政策对于被保护产业的行为会产生不同的影响。假设国内产业是垄断的。有了关税以后，国内垄断者最高只能将价格定在世界价格加关税这样一个水平上。因为垄断者面对的是来自外国供应商的潜在竞争，故不能再利用其国内垄断力量了。

在使用配额时，情况却不是如此。在实施配额的情况下，垄断者知道其竞争仅局限在特定数量的进口上。因此，他们只需将市场总需求减去配额允许的进口量，然后就可以在剩下的国内市场上恢复其垄断力量了。现在我们可以得出一个一般性的结论：如果国内厂商在国内市场有市场力量，那么在配额条件下，该厂商会比在关税条件下的要更高的价格，并生产更少商品。

关税和配额保护在市场力量随时间改变时也会带来不同的效果。假设国内需求增加，在关税保护条件下，国内价格会维持在世界价格加关税的水平上。那么增加的需求量会被增加的进口量所弥补。而在配额条件下，进口数量不可能增加。市场能达到均衡的唯一方式是让价格去自行调整。国内价格越高，无谓损失也就越大。

两种保护手段的第三个区别在于其管理上的难度不同。我们已经知道了配额的福利效应部分取决于哪一利益主体得到配额权和配额权是否被政府出售。问题是这一决定是如何做出的呢？为什么很少有政府会用拍卖手段出售配额这个问题的答案不是三言两语说得清的。一些经济学家认为，这是因为政治家们不想让消费者知道哪些人愿意为配额权买单。这会明确告诉消费者们配额给他们带来的损失。还有一些人却认为，在保护的目的是暂时性减少国外竞争的情况下，政府会因为其收入的损失而不愿实行配额制。还有些不那么爱说政

⊖ There is a considerable body of literature on the equivalence or nonequivalence of different forms of commercial policy. See, for instance, Hirofumi Shibata, "Note on the Equivalence of Tariffs and Quotas," *American Economic Review* (1968); Jagdish Bhagwati, "More on the Equivalence of Tariffs and Quotas," *American Economic Review* (1968); Carlos Rodriguez, "The Non-equivalence of Tariffs and Quotas under Retaliation," *Journal of International Economics* (1974); Wendy Takacs, "The Nonequivalence of Tariffs, Import Quotas, and Voluntary Export Restraints," *Journal of International Economics* (1978); Jose Lizondo, "A Note on the Nonequivalence of Import Barriers and Voluntary Export Restraints," *Journal of International Economics* (1984); John Karikari, "Tariffs versus Quotas in a Differentiated Products Market: A Conjectural Variations in Prices Approach," *International Economic Journal* (1996); Jerzy Konieczny and Robert Waschik, "The Non-equivalence of Tariffs and Quotas in a Dynamic Trade Model," *Journal of International Economics* (1999); and Harvey Lapan and Bruno Larue, "Smuggling and Bhagwati's Non-equivalence Between Tariffs and Quotas," *Review of International Economics* (2002). A summary of research on quotas is found in James E. Anderson, *The Relative Inefficiency of Quotas* (Cambridge, Mass.: MIT Press, 1988).

府坏话的评论家则认为，在许多情况下配额租金相对来说是很低的，尤其是和举行拍卖会的官僚成本相比。[一]

因此，大多数情况下大家讨论的焦点都在于一个问题，即如何分配配额权。一个常用的分配方法是基于传统市场份额来分配配额。[二]这种方法的问题是，它使市场局限在了历史关系上。这样的分配方式使消费者不能随着他们偏好的改变或基于效率的考虑来改变他们的消费选择。没有一个合理的机制可以保证，如果一国在某种产品的生产上相对变得更有效率了，该国就可以得到更大的市场份额。相反，在关税情况下，进口者可以自由地在世界市场上搜寻最合意的商品，市场份额会根据生产效率的相对变化而变化。

最后一个问题是，和关税相比，配合保护鼓励了更多的渎职和腐败。因为配额权的分配有很大的独断性和任意性，贿赂政府官员以取得配额是有利可图的。而且，就算当局者会抵制诱惑，潜在的受益者也愿意在竞选捐助、邀请游说者参加的昂贵晚餐或周末度假中投入数量可观的金钱。这种对配额权的追逐会导致资源的消耗。而这些消耗并不能带来基于消费目的的产出，因此它被认为是对经济资源的一种浪费。[三]

7.4 其他非关税壁垒

正如我们在本章导读中提到的那样，贸易过程中存在着各种各样的非关税壁垒。在这一部分，我们会讨论几个例子。

7.4.1 海关估价

世界范围内许多关税都是按价值收取的。正因为如此，收取的关税量取决于进口商品的价格，且海关官员如何确定价格会影响整体贸易量。想要对本国产业实行高强度保护的国家或者那些想要通过关税来提高政府收入的国家会指令其海关官员使用方法来提高对进口价值的估计。比如，海关会在进口货物的原始价值上再加上一个固定比率（比如说10%）来弥补其运费和保险费，这个比率通常会大大高于实际上的运费数额。或者，海关官员会把通关时的文书工作或者其他“服务”包括在货物价值里，这样也会使进口商不得不支付更高的关税。像这样的操作很容易导致腐败，因为进口商会想尽办法降低海关估价，以减少纳税。除此之外，出口商也可能制作假文件，把估价降低到市场价格之下，以降低这种歧视性海关估价对贸易的负面影响。

WTO 协议的第 VII 条陈述了各成员在海关估价的过程中必须遵守的政策。这一条款的目

[一] 用拍卖方法分配配额许可证在政府方面也面临着许多行政阻力。美国联邦官员经常使用的反对理由是，没有哪一个国家愿意第一个被告知，以前该国得到的配额租金现在要以拍卖的方式分给出价最高的人。显然，只要这种观点被援引并占统治地位，那么配额许可证是永远也不会被出售的。

[二] 通常的情况是国内进口商或国外生产商得到了这个权力。

[三] 关于政府政策的潜在获利者攫取租金会带来的经济效应这一问题的研究颇多。其中重要的成就包括：Jagdish Bhagwati and T. N. Srinivasan，“Revenue Seeking：A Generalization of the Theory of Tariffs，” *Journal of Political Economy*（1980）；William Brock and Stephen Magee，“The Economics of Special Interest Politics：The Case of the Tariff，” *American Economic Review*（1978）；Anne Krueger，“The Political Economy of the Rent Seeking Society，” *American Economic Review*（1974）；Gordon Tullock，“The Welfare Cost of Tariffs，Monopolies，and Theft，” *Western Economic Journal*（1967）。

的在于保证被各成员采用的进口商品估价系统是公平和统一的。这些体系应该“符合商业现实，禁止任意的或虚假的海关估价”。在大多数情况下，报关代理人被要求使用交易基础来给商品定价。这意味着与商品相关的发票成了确定价格的基础。然而，如果发票看起来很可疑，报关员可以要求进口方（或出口方）出示能更好估价的文件。[㊀]作为WTO成员，美国以交易价格为基础来确定进口价格。美国贸易法禁止将运输费和在货物被进口后产生的保险费、装箱费，还有进口之后的州税和地方税加到进口价格估算里。

7.4.2 政府采购政策

当政府（无论是联邦政府、州政府或是地方政府）购买产品或者服务时，法律通常会要求他们从本国厂商处购买。在美国，各级政府都必须服从一条叫**“购买美国货”**（Buy American）的规定。[㊁]

联邦的“购买美国货”法案在1933年第一次被通过。它要求美国政府机构（除了国防部）购买本国生产的产品或服务，除非国内价格比国外价格高出12%以上。[㊂]根据法律，国防部只能在本国货物比外国货物贵50%的情况下才能购买外国货品，不过此条例对从北约国家购买特定的几种武器的情况下不成立。这项“购买美国货”政策的明显含义在于，国内厂商可以提高对政府的要价，就像进口竞争品有50%的关税一样。这种政策会提高政府提供公共服务的成本，将收入从纳税人那里转移给国内厂商。

其他国家也有类似法案。比如，多年来英国也有一项“购买英国货”政策。直到最近，日本政府都拒绝考虑从美国购买超级计算机转而租用本国生产者生产的产品。通过这种方式，一些大型建设项目，比如说新机场项目的合同自然就落到了日本公司手中，这有效减少了这些重大项目中国外力量的参与。在过去，法国政府也曾保证过向本国厂商购买一定比例的电子产品。

在1979年，国际贸易规则被修订，以限制各成员政府采购的本土偏好。基本上，签署了协议的成员就可以拿到其他签约成员的政府订单。在1994年，作为乌拉圭回合协议的一部分，政府采购协议扩展到了同时包括商品和服务的范畴，范围覆盖了中央政府、次级中央政府和国营企业，来追寻在采购程序上的改进。WTO关于政府采购问题协议的签约成员包括了美国、加拿大、欧盟、中国香港，冰岛、以色列、韩国、列支敦士登、日本，挪威、新加坡和瑞士。每个签约成员都分别通过谈判确定了例外于该协议的行业。美国政府机构中，交通部、能源部、田纳西流域管理局、国防部工程分队、垦务局和总务管理局的数据通信处可以不受该协议限制进行采购。

其他没有被该条约包括的联邦部门包括美国邮政局、通信卫星公司和联合铁路公司。除此之外，对来自小企业或少数民族企业生产的特定产品或盲人制作的产品，还有国防部拨款法案中包括的从国内购买的特定商品（即纺织品、服装、鞋、食物、不锈钢餐具、几种

㊀ 关于该政策是如何在实际中运作的案例，请见 Ramon L. Clarete，“Philippines: Adopting the Transaction Basis for Customs Valuation,” WTO网站，www. wto. org/english/res_ e/booksp_ e/casestudies_ e/case37_ e. htm。

㊁ 关于“买美国货”政策的历史，请见：Dana Frank, *Buy American*（Boston: Beacon Press, 1999）。

㊂ 在有些情况下，最大的差异仅6%。

特殊金属、公交车、手工工具、船舶和轮船的主要部件），都可以不遵守该协议。

7.4.3 技术性贸易壁垒

各成员政府通常都要求在本地区出售的商品达到一定的技术规则或者标准。这些标准可能是出于情报考虑，也可能是为了保护环境，保证消费者安全，维护国家安全或是确保产品质量。尽管这些国家政策事出有因，太多的标准却会对生产商和出口商造成极大的障碍，会造成许多冲突矛盾，世界上一些随意规定的标准是国际贸易的阻碍。关于这种麻烦的标准的例子随处可见。在20世纪80年代中期，日本政府宣布外国生产的雪橇不能再在日本销售了，因为它们不安全。支持这个法案的理由是，日本的雪不同于欧洲或者美国的雪。在外国政府的一致反对下，禁令最终被撤销了。

在2008年年中，墨西哥向WTO投诉，说巴西政府改变了可以作为龙舌兰酒卖到巴西国内的酒的标准。本来只有含有龙舌兰仙人掌（只有墨西哥产该植物）成分的产品可以被称为是龙舌兰酒，巴西却规定由其他植物制成的酒也可以被标上龙舌兰酒的标签在该国出售。墨西哥争论说，如果放松了对产品的标准，墨西哥厂商的产品将不敌便宜的巴西产品。

也是在2008年，美国国土安全部将硝酸钾（用于制造肥料、火药和焰火）列在了其重点关注的化学品列表上。购买一定量列表中化学品的购买者需要在美国国土安全部确定身份，并要经过安全检查。智利政府和以色列政府担心从它们国家出口的这些产品会受到影响，于是向WTO投诉。美国争辩到，其他国家也出于安全考虑限制了硝酸类产品的贸易。在本书撰稿期间，这三方的矛盾，以及其他的一些问题都还在解决过程中。

为了解决类似这样的事件，WTO协议中有一部分就是技术性贸易壁垒协定。该协定的目的就是保证各个规定、标准、分类和质检程序不会对贸易造成不必要的障碍。该协议要求各成员在运用规章和标准的过程中遵守非歧视原则。成员应该公开它们的规定标准，并且将他们政策的改变告知WTO。[⊖]

7.4.4 健康和安全标准

设立技术标准很重要的一个原因就是为了保证食品和药品的安全性。政府一般都会对这些产品的质量做出规定，但是如前所述，这种规定也可以被用来阻碍贸易。另一个WTO协议《卫生检疫协议》（SPA）的目的就在于建立一组处理食品安全和动植物健康标准的基本规则。

SPA允许成员设定自己的规则，但是它要求这些规则具有科学依据，且只能在刚好保护人类以及动植物安全或健康的程度上进行。各成员的标准都不同，但是如果出口国可以证明其国内实行的标准和进口国标准的安全程度是一样的，进口国也可以接受出口国的标准。至于技术性标准，政府必须提前将新的或有改变的卫生检疫标准公布，并设立国家咨询点来提供相关信息。

毫不奇怪的是，关于健康安全标准的争议屡见不鲜。美国和欧盟就经常就不同的标准起争执。一个长期存在的争议就集中于美国牛肉生产中使用的催长激素。1989年，欧盟禁止

⊖ 更多关于WTO和技术标准的信息请见：www. wto. org/english/tratop_ e/ebt_ e/tbt_ e. htm。

含有此类激素的牛肉进口。这个禁令对美国牛肉出口的影响极大，因为大多数美国的牛都有使用这种（美国食品安全检查标准允许的）激素。美国政府坚持声称该禁令是一项非法的贸易措施，因为没有任何结论性的证据可以证明这种催长激素对人类有害。1996 年，美国正式发起了针对欧盟的 WTO 争端解决程序。1997 年，一个独立的 WTO 工作组宣布美国的申诉合理，认为欧盟的禁令违反了欧盟曾做出的承诺，因为该禁令没有科学的风险评估基础。1998 年的时候，另一个 WTO 处理上诉的工作组再次肯定了这个结论。1999 年，WTO 授权美国对 1.17 亿美元的欧洲出口农产品实行报复性的禁止性关税。直到 2009 年年初，这些关税还在执行过程中。

以下是另外一个关于健康标准争论的案例：1996 年，欧盟在动物和动物产品上使用了一项新的进口控制措施，这对美国向欧洲的出口可能造成极大威胁。这项禁令的本来目的是为了标准化欧盟各国的兽医监测程序。显然这些标准化的程序和美国不同。争议双方在 1997 年年初进入谈判，并在不久以后就达成了协议，建立起互相认可对方兽医检查程序的框架。

一国政府实施健康安全检测标准是政府行为的一个合法表现方式。这些标准的目的在于保证本国居民的生命安全不因为一些产品可能的负面作用受威胁。然而，正如之前案例所表明的那样，正是因为有这些标准，本国厂商就有坚持让外国产品按照当地标准生产的动机，或者尽管本国居民的生命健康安全不会受到威胁，本国厂商也不希望外国商品进入本国市场。无论是哪种情况，结果就是产品的价格上涨，当地厂商的市场份额扩大。

7.4.5　知识产权保护不利[⊖]

知识产权被定义为发明家、艺术家或作家的创新性或创造性想法。有关专利、版权和商标的法律可以保证知识产权的所有人至少在一定时期内对自己的观点享有独占的控制权，这样知识产权的所有者才会有创新的动机。比如说，专利权会给发明者创造机会使其收回其投资及制造发明品并进行市场营销的成本。版权使作者能够控制他们作品的复制、传播和公开展示。商标可以向消费者保证产品的一些特性，比如说质量。

不同的国家对知识产权的保护程度不同，这也会对国际贸易产生重要影响。比如，美国医药公司投诉，由于阿根廷对于他们药品专利的保护不力，阿根廷公司生产了大量的便宜替代品销售到其国内和国际市场。

药品的知识产权保护问题在世界范围内的争议越来越大。发展中国家控诉说，在许多药品上太严格的专利保护使其价格过高，这导致了严重的公共健康问题，也限制了经济的发展速度。一个例子就是，美国制造艾滋病药物的公司饱受批评，就是因为艾滋病肆虐的国家都买不起这些公司的药品。

医药公司辩解到，专利是一种刺激公司继续从事重要药物研发工作的必要工具。没有了专利，用来对抗各种各样疾病的新的、更好的药物就根本不可能出现。并且，他们还指出，许多药物，包括治疗艾滋病的药物，就算没有受专利保护也会很昂贵，因为他们的生产成

⊖ 关于该话题的精彩讨论，请见：Keith Maskus, *Intellectual Property Rights in the Global Economy* (Washington, D. C.: Institute for International Economics, 2000)。

本很高。

很明显，双方的观点都有一定的道理，这个问题的长期解决方案还得靠政府之间的合作来得出。比如，针对如疟疾等只在发展中国家流行的疾病的药物就算有专利保护也很难有新发展。因为发展中国家买不起这些药物。此时，政府直接给予相关研究机构财政补贴来鼓励这些药物的研发是一个可能的解决办法。同理，对于一些同时影响穷国和富国的疾病，比如说艾滋病，对于医药公司来说收益最大的方法就是在不同的市场上设定不同的价格。[㊀]对于政府来说，他们该做的就是阻止定价低的国家的居民把药品倒卖到定价高的国家。[㊁]

另一个在国际贸易中越来越严重的问题就是仿制品的贸易。这些商品以欺骗性的（或者假冒的）商标在国际市场上流通。因为赝品，那些商标的真正拥有者损失的绝不仅仅是销售量。假冒产品通常质量低下，性能很差。被假冒的厂商的声誉极有可能因此受到影响，给真品或者该公司的其他产品的销售带来负面影响。

正是因为知识产权保护不足会带来一系列问题，以美国为首的各国致力于对知识产权更广泛的保护，这一点在贸易谈判的乌拉圭回合中达到了。在这方面的协议被称为《与贸易相关的知识产权协议》（TRIPs），其中包括了专利、商标、版权和工业设计。它还规定了各WTO成员都必须遵守的最低保护标准。在包括版权在内的一些领域，该协议沿用了一直以来的国际惯例。而在其他一些领域，比如说专利保护方面，该协议的保护标准与以往协议相比有所提高。尽管如此，关于知识产权保护的争议仍然在升温。

7.4.6 出口补贴[㊂]

出口补贴（export subsidy）指的是一国政府直接（或间接）给予该国一个或多个出口产业的补贴。该补贴通常和出口水平有关，因此可以使出口商以低于国际价格的价格水平出售商品。有了较低的价格，出口商就有可能在世界市场上占据更大的市场份额。和配额一样，WTO认为对于工业制成品的出口补贴也是违法的。外国的出口补贴也是违反美国法律的。[㊃]不过WTO允许在初级产品（或者非制成品）上设置配额，包括美国在内的许多国家也在至少一些农产品上设置了出口补贴。

出口补贴的经济效果和进口关税的效果其实是对称的。就像关税会导致进口竞争部门生产扩大一样，出口补贴会使得出口品的产量增加。资源会从进口竞争部门流出。因为扩大产量以增加出口所要付出的代价超过了在国际市场上的销售所得，因此会有经济浪费产

㊀ 这被称为国际价格歧视。更多有关知识请见第8章关于倾销的讨论。

㊁ 关于该话题更多信息请见："Striking a Balance: Patents and Access to Drugs and Health Care," World Intellctual Poperty Organization Website, www.wpo.org; Jagdish Bhagwati, "Parents and the Poor," Financial Times (September 16, 2002)。

㊂ 关于补贴更详细的研究请见 Gary Hufbauer and Shelton Erb, Subsidies in International Trade (Washington D.C.: Institute for International Economics 1984)。美国及其他发达国家的特殊补贴政策请见：Jack Mutti and Harry Grubert, "The Domestic International Sales Corporation and Its Effects," and Heywood Fleisig and Catharine Hill, "The Benefits and Costs of Official Export Credit Programs," in *The Structure and Evolution of Recent U.S. Trade Policy*, ed. Robert Baldwin and Anne Krueger (Chicago: University of Chicago Press, 1984)。

㊃ 在第8章，我们会更加详细地讨论美国法律关于外国出口补贴的问题。

生。[1]更进一步说，因为出口补贴会促使一国国内市场上的产品流向国际市场，出口品的国内价格会上升。消费者会因此受损。与此同时，他们还因为出口补贴要缴纳更多的税收。

在现实世界中，出口补贴的形式多种多样。包括税收减免、对国外买家的低息贷款、保险保证，政府对研发的资金支持、亏损补贴或者直接给予低息贷款。如前所述，不管是国际法还是美国这样的一些国家的法律都禁止出口补贴。在这两种法律框架下，处理出口补贴的法律方式就是向被补贴的出口品征税，叫做**反补贴税**（countervailing duty），以抵消补贴的影响，把产品价格提高到补贴前的水平。

由于关税保护可以用来抵消国外补贴，国内厂商就有充足的动机宣称国外补贴的存在。而这些指责针对的措施很可能仅仅和出口有非常间接的关系。因此，各国政府不得不确定外国的各项政策是否含有补贴的因素在内。显然，这个问题的判断标准非常含糊。比如，美国政府对国内飞机制造商波音公司的资助合同是否包含了补贴的因素？一些欧洲国家认为这些资助是不公平的补贴，因为在军用飞机研发过程中得到的许多技术都可以用于设计新的商用飞机。

7.5 关于贸易保护的争论

我们已经讨论过了现行的各种形式的贸易保护措施。从这些讨论中我们可以得出结论，在许多情况下，贸易保护是有损国家福利的。如果情况如此，为什么各国政府还是如此热衷于进行贸易保护呢？这个问题等同于问，是否在一些情况下，贸易保护是实现某些政治目标的有效手段呢？我们接下来将告诉大家，最后一个问题的答案是肯定的。贸易保护是达到一些经济或非经济目的的有效政策。然而，如前所述，贸易保护从来不是达到政府目标的经济上最有效率的政策。

在下一部分，我们会讨论不断被提出的支持贸易保护的理由，尽管它们在逻辑上未必成立。[2]这个讨论是很重要的，因为尽管这些论据在逻辑上有缺陷，它们却非常受政府和广大民众的欢迎。在对这些理由进行概述之后，我们再来看看更站得住脚的一些论据。在后来的这些论据中，我们不仅会讨论贸易保护在达到政府目标中起到的作用，也会讨论其他的一些可以对社会造成更小损失的政策。

7.5.1 不合理的理由[3]

1. 爱国主义

有人认为对外国竞争设置障碍是一种爱国主义行为。那些写上了“美国人就买美国货”的招贴画和鼓励消费者购买有“美国制造”标签服装的电视广告都是很好的例子。这些都是市场上合理的促销方法。但是，其实这里的爱国主义被用错了地方。当国内消费者因为贸易保护提高了进口品的价格而转而购买本地生产的产品时，这一点尤其正确。毕竟，我

---

[1] 如果不是这样，出口者们在没有补贴的情况下也会生产得更多。

[2] Haberler 在他的书 *The Theory of International Trade*（New York：Augustus M. Kelly Publishers. 1968）中区分了贸易保护的合理理由和不合理理由，他认为针对不合理理由不需要详细讨论。更多细节请见该书第17章。

[3] 下面给出的例子不是全部关于贸易保护的不合理理由。相反，它们代表了现在很流行的一些关于贸易保护的不合理理由。

们已经知道，在一国进行贸易保护的大多数情况下，其国家福利都会降低。而真正的爱国主义者是会反对一切损害祖国利益的行为的。

2. 就业

一个支持贸易保护的最常用的论据就是，贸易保护可以创造，或至少可以维持就业。这个观点的天真之处在于，它认为如果被保护部门的产量增加，整个国家的就业量都会增加。整体看来，这个结论是错误的，因为它忽略了贸易保护对其他市场的影响（也就是说，它忽略了一般均衡效应）。

确实，贸易保护会使被保护部门扩张。然而扩张需要的资源从哪里来？显然，其他产业的产出会下降。或者，就算被保护部门有闲置资源的存在，由保护带来的进口减少也会导致出口部门就业量的减少。正如凯恩斯所述，“进口是收入而出口是付出，一国如果减少收入，它的境况又怎么可能变好呢？关税可以带来的好处地震都可以给你，可能效果还更好。”[㊀]换句话说，贸易保护的作用充其量是就业的再分配，而不是创造就业。

3. 结合的谬误

有时保护被认为合理的理由是建立在“一旦某部门发展了，其他部门也会跟着发展”这样的理论基础上的。弗雷德里克·巴斯夏（Frederic Bastiat）在1854年所著的一篇精妙的讽刺文很好地说明了该理论的合理性，该文标题是“蜡烛厂家的诉状”：

> 我们正深陷一场无法容忍的与外国竞争者的对抗中，该竞争者先进的照明能力使得他可以以极低的价格进入法国市场，一进入就抢走了我们所有的顾客，使法国工业中如此重要的一个部门发展停滞。这个对手就是太阳。
>
> 我们要求设立一项法律，封闭任何阳光可能穿透的窗户、屋顶窗、天窗、口子、洞、裂缝和裂沟。我们的产业为国家提供了如此重要的产品，国家绝不能不知感恩地眼睁睁看着我们身陷不公平竞争的泥潭而不顾。
>
> 请不要不听我们的理由而将这个诉状看做讽刺。您对于人工照明的保护将有利于法国的任何一个行业。如果您赐予我们提供照明的垄断权，我们将能够购买大量的动物脂肪、煤炭、油、树脂、蜡、酒精、银、铁、铜还有水晶。增加的动物脂肪消费量会提高牛羊养殖量。肉、毛、皮还有作为农业生产基础的肥料都将变得非常充裕……简而言之，接受我们的请求会使农业的各个产业都得到极大发展。航运事业也会受益。数以千计的船只很快会被用来捕鲸……当我们和我们的供应商们都富裕了，我们的消费量会使得每一行业中的工人都更富足……不管是富裕的股东还是最穷的火柴制造者，没有一个法国人不会对我们请愿的巨大成功感兴趣。[㊁]

4. 对于国内产业的公平竞争

经常可以听到控诉外国厂商不公平竞争的声音。有时是外国工人的工资更低，有时是外国公司没有受到关于污染控制或者工人权益的法律的限制。不管是哪种理由，国内厂商的

㊀ 这一引文来自Haberler的书，第246页。

㊁ 这段引文来自Leland Yeager和David Tuerck，*Foreign Trade and U. S. Policy*（New York：Praeger Publisers. 1976）142-143页。

哀号似乎都是为了寻求一个“公平的竞争机会”。这个理由听似有道理，但其实就和刚才讨论的理由一样，都是不成立的。商场（不管是国内的还是国际的）如战场。正因为如此，商场是残酷的。每个公司的目标都是超过对手。达到这个目标的一种可靠方式就是以更低的代价生产更高质的产品。国际贸易加剧了竞争，并由此使消费者受益。建立在“公平”就是要限制竞争这样理论基础上的贸易保护要求本来就是不公平的。这还会使国内消费者失去在市场上自由选择各种产品的权利。

5. 对国内市场的保护

有人认为购买本国产品比购买外国产品好，因为商品还在国内，钱也还在国内。另一方面，当我们从国外进口时，我们得到了商品但现金流出了。㊀这怎么会是对的呢！想象一下，我们可以从世界各国进口各种各样的商品，而这些国家只要我们的纸币。我们根本不需要工作——除了在需要时，不时地印点钞票之外。实际上，这在现实世界中是不存在的。商品最终还是要用商品来偿还。流出一国的货币会回到该国以购买该国生产的出口品，我们必须工作才能生产出这些产品。

7.5.2 合理的理由㊁

1. 政府收入

任何政府要运行就要有税收做后盾。关税就是政府收入的来源之一。并且，有两个原因使得关税对于某些政府来说是特别有吸引力的税种。第一，实际纳税人很可能是外国人而非本国居民。在这种情况下本国福利当然会上升。然而，正如我们在第 6 章所看到的，这种情况只对有世界市场力量的大国才成立。第二，关税很容易征收。这是真的，因为每个国家仅有有限个可以进出该国的天然港口，政府需要做的仅是在入境口岸上设立一个海关。

表 7-3 提供了一些国家政府收入中贸易税或者说关税所占的比例。显而易见，在大多数工业国家中，政府收入中仅有一小部分来源于关税。税收的主要来源是收入税或增值税。而在发展中国家，情况大不相同。关税占据了政府收入很大的一个比例，该比例有时甚至高达 50%。造成这种税收结构的原因很可能是，发展中国家的政府征收收入税或增值税的难度太大。㊂

表 7-3 关税和贸易税在政府收入中所占的比重

国家	年份	比例	国家	年份	比例
工业化国家					
美国	2006	1.04	加拿大	2006	1.27
澳大利亚	2006	1.86	日本	2005	0.59
新西兰	2006	1.69	奥地利	2006	0.00

㊀ 该说法错误的被归于了亚伯拉罕·林肯。

㊁ 正如上一部分所述，下面的论据只是关于贸易保护的合理论据中的一部分。没有讨论的理由包括最佳关税理论。更多细节请见第 6 章。

㊂ 对于这个问题的统计分析，参见 Raymond Riezman 和 Joel Slemrod，“Tariffs and Collection Costs,” *Weltwirtschaftliches Archiv*（1987）。

（续）

国家	年份	比例	国家	年份	比例
		工业化国家			
比利时	2006	0.00	丹麦	2006	0.00
芬兰	2006	0.00	法国	2006	0.00
德国	2006	0.00	希腊	2006	0.00
冰岛	2006	1.10	爱尔兰	2006	0.00
意大利	2006	0.00	卢森堡	2006	0.00
荷兰	2006	0.00	挪威	2006	0.16
葡萄牙	2006	0.00	圣马力诺	2002	1.00
西班牙	2006	0.00	瑞典	2006	0.00
瑞士	2005	1.11	英国	2006	0.00
		发展中国家			
非洲					
刚果（金）	2002	n. a.	刚果（布）	2003	6.65
科特迪瓦	2006	n. a.	埃塞俄比亚	2002	n. a.
莱索托	2005	49.46	马达加斯加	2006	n. a.
毛里求斯	2006	16.85	塞舌尔	2005	15.65
南非	2006	4.24	斯威士兰	2003	47.66
突尼斯	2006	n. a.			
亚洲					
孟加拉国	2004	n. a.	不丹	2000	0.89
印度	2006	n. a.	印度尼西亚	2004	n. a.
韩国	2005	n. a.	马来西亚	2003	n. a.
马尔代夫	2006	23.58	蒙古	2003	5.67
缅甸	2004	n. a.	尼泊尔	2004	n. a.
巴基斯坦	2006	n. a.	新加坡	2005	0.05
泰国	2006	6.18			
欧洲（除去工业化国家）					
亚美尼亚	2006	3.30	白俄罗斯	2006	7.25
波黑	2005	n. a.	保加利亚	2006	2.44
克罗地亚	2006	1.57	塞浦路斯①	2006	0.72
捷克①	2006	0.00	爱沙尼亚①	2006	0.00
格鲁吉亚	2006	4.02	匈牙利①	2006	0.00
哈萨克斯坦	2006	6.00	吉尔吉斯斯坦	2006	13.20
拉脱维亚①	2006	0.61	立陶宛①	2006	0.00
马耳他①	2006	0.00	摩尔多瓦	2005	5.51
波兰①	2006	0.00	罗马尼亚①	2005	0.00
俄罗斯	2006	29.17	斯洛伐克①	2006	0.00
斯洛文尼亚①	2006	0.00	乌克兰	2006	4.25
中东					
伊朗	2004	8.17	巴林	2005	n. a.
科威特	2006	1.29	以色列	2006	0.71
西半球					
阿根廷	2004	15.82	巴巴多斯	2004	7.96

（续）

国家	年份	比例	国家	年份	比例
发展中国家					
玻利维亚	2006	2.10	智利	2006	1.58
哥斯达黎加	2006	4.94	多米尼加共和国	2005	22.95
萨尔瓦多	2006	5.97	牙买加	2005	10.11
墨西哥	2000	4.07	巴拿马	2001	8.58
巴拉圭	2006	8.23	秘鲁	2005	5.70
圣克里斯多夫	2003	31.28	特立尼达和多巴哥	2005	4.77
乌拉圭	2006	5.12	委内瑞拉	2004	4.68

① 欧盟成员。商品从非欧盟成员国进入欧盟成员国都会征收欧盟关税。收益不计入本国政府所有。

资料来源：Constructed by authors from data in Tables W3 and W4, *Government Finance Statistics Yearbook*, International Monetary Fund, 2007.

尽管关税是比较容易征收的税种，以增加政府收入为理由去征收关税却是浪费和无效率的。征收一个普遍的收入税是个更好的办法。关税会扭曲商品之间的相对价格，造成无谓损失。更多的生产集中在了相对效率较低的经济部门。而收入税产生的资源再分配效应较小。更进一步说，如果政府想要使富人适用的税率比穷人高，采用累进收入税的征收方法就可以轻松达到目的。最后，如果政府想在一个最有效率的关税水平上征税，则需要先知道每一种贸易商品的供给和需求曲线的相关信息。因为关税收入的大小（区域c）取决于这两条线的斜率。[㊀]可是要计算出最大关税所需要的信息量是巨大的，世界上的任何国家，包括美国，都无法做到。

2. 收入再分配

贸易政策可以用来在社会一个部门和另一个部门之间再分配收入。也就是说，它可以使社会中的一些人境况变好，另一些人境况变差。我们提过最常见的收入再分配的例子是从消费者到生产者之间的再分配。也就是说，消费者剩余减少，而国内企业的利润增加。很多工业化国家和发展中国家都因为想要增加国内某部门的利润而进行贸易保护。

有时，如前所述，收入在其他部门之间进行分配。回忆一下HO模型的预测。HO模型认为贸易有利于丰裕的生产要素而不利于稀缺的要素。因此，稀缺要素所有者会向政府要求保护，以避免其收入受损。HO模型于是预测，劳动和资本在贸易政策上的立场是相反的。史蒂芬·迈吉研究了各个产业和工会在议会证词中所采取的立场。[㊁]他的研究表明，在许多情况下，劳动和资本在贸易政策问题上采取的立场是相同的。比如说，不管是国内钢材公司还是钢材工人联盟都支持在钢材贸易上设立障碍。这种利益的共同性告诉我们，如果不实行贸易保护，至少在短期，这两个利益体的利益都会受损。如果资本和劳动在各个部门之间不能流动的话，这种情况就会发生。

在一些国家，贸易政策的目标之一是向富人征税以接济穷人。这个目标可以通过对奢侈品征收高额税收并对生活必需品的出口征税来实现。理由是，如果对奢侈品征进口税，富人就得给政府交税。同理，生活必需品的出口税使得更多的此种产品留在了国内，其价格

㊀ 你可以自己画几个有不同斜率的需求和供给曲线图，就会了解这种观点。

㊁ 参见Stephen Magee, "Three Simple Test of the Stolper-Samuelson Theorem," in *Issues in International Economics*, ed. Peter Oppenheimer (London: Oriel Press, 1978)。

就会降低。但是这种政策的问题在于，如果对奢侈品设立贸易障碍，它们的价格会升高，那么国内居民就有在本国生产这些产品的动机。更进一步说，因为生活必需品更便宜了，本地生产者就愈发没有动力来生产它们了。贸易保护的长期影响就是，高价奢侈品的产量增加而低价生活必需品的产量减少。显然，这和政府本来的目标是南辕北辙的。

任何形式的税收都有收入转移的作用。纳税人的收入降低，而政府福利的接受人收入提高。商业政策似乎是一个很好的实现收入再分配的工具。因为任何贸易政策带给受损者的损失并不明显。比如，当政府实行配额时，价格升高，然而，人们不会意识到配额的存在，也不会意识到配额对市场的影响。同理，关税会导致价格升高，这些税是直接由消费者承担的。但是，和销售税正相反，关税很少在零售点征收，所以被购买商品的价格中有一部分是用来交税了这一点并不明显。因此，通过贸易政策，政府可以用税收向社会大众征税来为某些特殊利益集团敛财，这种税收虽然是无形的，但同样繁重。

至于政府收入，收入税在收入再分配方面表现得更好。无谓损失被减少。并且，政府无需处理类似于定义奢侈品的法律范围这样棘手的工作。

3. 非经济目标

有时，政府会因为非经济理由而进行贸易保护。也就是说，政府的目标和经济福利没有直接关系。一个很好的例子就是国家安全。人们常说，和国家安全紧密相关的产业应该被保护免于国际竞争。这会保证战争时期或者国家危难时期关键产品的供给——这是贸易保护最古老的理由之一。比如，亚当·斯密这个自由贸易的支持者在《国富论》里说道，这个理由是成立的。[㊀]

确实，国家安全确实是对于某些产业实行贸易保护的一个有效理由。经济学家们不能否认，为国家安全考虑，某些产品的本国生产是必要的。但是贸易保护并不是维护国家安全的最佳方法。

该理由的第一个问题是，它很容易被滥用。利兰·耶格尔（Leland Yeager）和大卫·图尔克（David Tuerck）在他们关于贸易政策的著作中描述了一些产业在议会面前陈述其产业对于国家安全重要性的情况。

> 手套、钢笔、陶器、花生、伞架、纸、蜡烛还有图钉仅仅是强调其战略重要性的很多产业中的一些。铅笔厂商坚称，普通木制铅笔不管是在和平时期还是战争时期都是进行各种活动的必需品……蕾丝制造商认为他们在战争时期可以将生产设备用来生产蚊帐，以备在热带进行战争所需，因此他们呼吁更高程度的保护。麻线生产者强调他们制造的渔网对于国家战争时期的食物供给至关重要，它们也可以用来隐藏。金枪鱼渔夫称他们的船是海军的附属船只。刺绣的生产者认为他们制作的肩章对于提升士气作用重大。[㊁]

㊀ 想要关于国家安全理由的最新研究，请见 T. N. Srinivasan，“The National Defense Argument for Government Intervention in Foreign Trade，“ in *U. S. Trade Politics in a Changing World Economy*, ed. Robert Stern（Cambridge: MIT Press，1986）。对这篇论文的评论请见 Michael Intrilligator and Elhanan and Srinivasan 的补充说明。关于此话题较早的研究请见 Earl Thompson，“An Economic Basis for the National Defense Argument for Aiding Certain Industries，” Journal of Political Economy（1979）。

㊁ Leland Yeager 和 David Tuerck，*Foreign Trade and U. S. Policy*，第 145 页。

显然，正如该摘录所示，只要他们愿意，几乎每一产业都可以向政策制定者编一个故事来讲述其产业的战略重要性。有时，政策制定者很难拒绝他们的要求。

关于国家安全理由的第二个问题就是，有时国家安全目标可以靠扩大进口而不是缩小进口来更好地达到。为了满足安全需要，在国家特殊时期一些产品的国内供给是很必要的。而满足这些需求最实惠的方法很可能是政府在和平时期在国际市场大量买入此种商品并储存起来，这样在战争时期就有充足的供应了。和这种方法相反的做法是设立贸易障碍，以保证这些商品是本土生产的。这种方法的代价就是无谓损失。因此，仅当本土生产是保证国家安全的必需措施时，国家安全理由才成立。

美国就是设立特别法律限制某些与国家安全相关商品进口的众多国家之一。[⊖]这项在1962 年的贸易扩大法案第 232 部分和第 233 部分中提出的权利被用到的次数不多，最有名的要数石油进口，和更近一点的机械工具自愿出口限制的谈判。这个条款被用到次数不多的原因之一也许是，美国在许多与安全相关的产品上具有比较优势。实际上，美国更可能限制这些产品的出口，而不是阻止他们的进口。

在自由贸易的同时对某些产业实行直接补贴是比贸易保护更好的保证一定数量的安全相关产品在国内生产的方法。要更好地理解这一点，请看图 7-2。图中展示的是一个和国家安全密切相关产品的市场。在图中可以看出，如果该国实行自由贸易，国内产量将是 Q_0 单位。假设政策制定者出于国家安全考虑，认为该产品的国内产量应该上升到 Q_1 单位。显然，达到这个目的的方法之一就是征收 t 美元的关税。

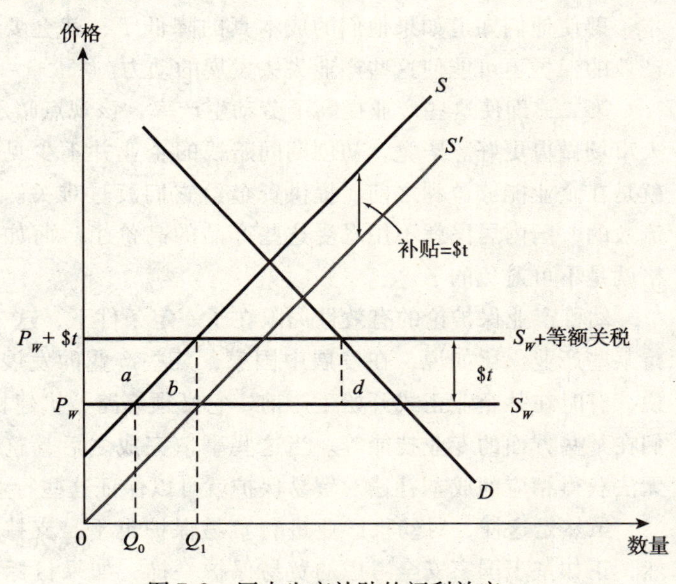

图 7-2　国内生产补贴的福利效应

考虑一下在自由贸易的情况下，如果政府对国内每单位产品的生产发放一个 t 美元的补贴会是什么情况。该补贴会使国内供给曲线向下移动 t 个单位——表示该产业现在面对的较低成本。移动后的供给曲线为 S' 。因为补贴，国内厂商可以扩大他们的生产到补贴扩大后的供给曲线和世界价格相交的那一点上。也就是说，他们会选择生产 Q_1 单位的产品。进行补贴的经济损失是什么呢？首先，损失的是补贴本身。从图 7-2 中很容易可以看出，生产者得到的补贴数量是 $a + b$ 美元，这是 t 美元（a 区域的边长）乘以在国内生产的每单位商品（ Q_1 单位）。政府支付补贴的钱从哪里来？显然是从纳税人那儿来，而纳税人是属于消费者范畴的。

⊖ 想要了解关于美国贸易法的更多知识，参见第 8 章。

补贴后生产者会怎样呢？他们的国内利润将会增加 a 美元。另外的一些钱被用来支付生产量从 Q_0 增加到 Q_1 所需资源的额外开销。因此，和在关税的例子中一样，b 美元可以看做是政府补贴政策的无谓损失。总而言之，消费者因为税收变高而失去了 $a+b$ 美元，其中的 a 美元被生产者以利润的形式得到了。社会成本是区域 b，它是补贴的生产无谓损失。与关税损失相比，t 美元的关税会带来 $b+d$ 单位的无谓损失，显然补贴的结果更好。也就是说，关税和补贴的区别在于，前者既有生产上的无谓损失又有消费上的无谓损失。而在自由贸易下实行补贴时，商品仍然以世界价格出售，所以不存在消费的无谓损失。

最后，补贴相对于贸易保护的优越性还在于：它们的透明度更高。如果政府定期给国内行业进行补贴，这将会在公共记录中有所表现。与贸易壁垒相比，整个社会因为支持某产业而付出的代价是显而易见的。因此，仅仅和国家安全有间接联系的行业要获得补贴比获得进口保护更难。

4. 幼稚产业保护

支持贸易保护最早的理由之一是**幼稚产业保护论**（infant industry argument）。[⊖]某些产业需要暂时性的保护以发展繁荣，这是幼稚产业保护的理论基础。这可能是因为生产过程的初始成本是很高的。但是，如果给予足够的时间和受保护的市场，厂商可以扩大生产并学习到降低成本的技术，在国际上变得有竞争力。实际上，在一定时期以后，贸易保护就不再必要了，而且，如果政府对受保护产业的选择是明智的，那么该产业会从此繁荣起来。

幼稚产业保护论的逻辑存在很多问题。第一，它假设被保护的厂商会想尽办法降低成本，即使他们知道如果他们的成本真的降低了，就会要面临日益增长的外国竞争。对幼稚产业的保护更可能使这些产业失去发展的动力。

第二，即使这些产业提高了劳动生产率，该观点暗示在选择投资对象方面政府可以比私人市场做得更好。毕竟，初创期间赔钱的企业并不少见。而私有经济金融部门的职责之一就是在企业能够盈利之前，提供资金给它们渡过难关。并且，如果初始资金是从私人部门流入的，国内居民就不用忍受这些产品的高价了。而如果政府对这些行业施加保护，高价格就是不可避免的了。

幼稚产业保护论的有效性局限在了一定条件下，这个条件就是政府位于更高的地位来支持某些产业。比如说，在发展中国家，某些产业的发展会带动基础设施水平的提高。就是说，有时在某企业正式开始生产前，它必须修路、扩建机场、扩充公共服务设施、培养工人们在某些方面的专业技能等。当这些事情完成之后，整个社会也会获利，但是那个产业却无法获得相应的成本补偿。贸易保护就可以保证这些行业为社会提供的服务能得到补偿。

虽然是这样，对幼稚产业进行贸易保护也不是支持某些产业发展的最有效的办法。显然，正如基于国家安全考虑的贸易保护一样，如果目标是扩大产量，那么在自由贸易状态下实行生产补贴会比进行贸易保护更加有效。并且，如果政府想要发展基础设施建设（例

⊖ 想要了解关于此话题更先进的理论方法，请见 Marc Melitz，“When and How Should Infant Industry Be Protected?” *Journal of International Economics*（2005）。对该观点的批判，请见 Robert Baldwin，“The Case Against Infant – Industry Tariff Protection，” *Journal of Political Economy*（1969）。关于美国历史上的案例，参见 Douglas Irwin，“Did Late Nineteenth Century U. S. Tariffs Promote Infant Industries? Evidence from the Tin Plate Industry，” *Journal of Economic History*（2000）。

如改善路况、修葺港口、机场或者提高工人素质），那么大多数情况下政府可以直接提供这些服务，这会比让私人部门提供相应服务，再对该部门进行保护要有效得多。

5. 国内扭曲

经济学中一个很著名的理论表明，完全竞争是帕累托最优的。也就是说，如果市场是完全竞争的，那么没有人可以在不损害其他人利益的前提下使自己的境况变得更好。在现实世界中，完全竞争几乎不可能实现。根据次优理论，如果在经济中存在扭曲使之不能达到完全竞争状态，那么政府应该实施一些政策来增加更多的扭曲。比如，如果有政策支持某些利益集团，那么，就要使用贸易保护来保证目标的实现，并降低目标实现的成本。

美国的农业政策就是一个例子。政府决定通过一系列的价格支持来帮助国内农民。图 7-3 体现了这个政策的效果。在自给自足状态下，如果没有政府这个支持计划，产品销售价格将会是 P_0。而这个价格支持计划的目的就是保证农民以 P_1 的价格销售商品。这会使产量上升到 Q_1，消费量下降到 Q_0，那么最终政府就要收购买卖的差额 Q_0Q_1 单位。现在，再加入国际贸易因素。假设世界价格是 P_w。显然，政府此时不能进行自由贸易，因为它已经保证了要以 P_1 的价格购买这种产品。如果允许自由贸易，进口者会以较低的世界价格购买该农产品，再以较高的支持价格售出，那么这项农业支持计划的代价就太大了。因此，由于扭曲型政策——价格支持计划的存在，第二个扭曲的政策——也就是贸易保护——就是必要的了。

在美国和其他国家地区，有许多贸易保护主义政策的实行正是因为这个次佳的原因。顾名思义，关税不是最好的政策。但更好的政策会使政策失效（会消除政府支持计划的影响），这就使得贸易保护非常有必要了。

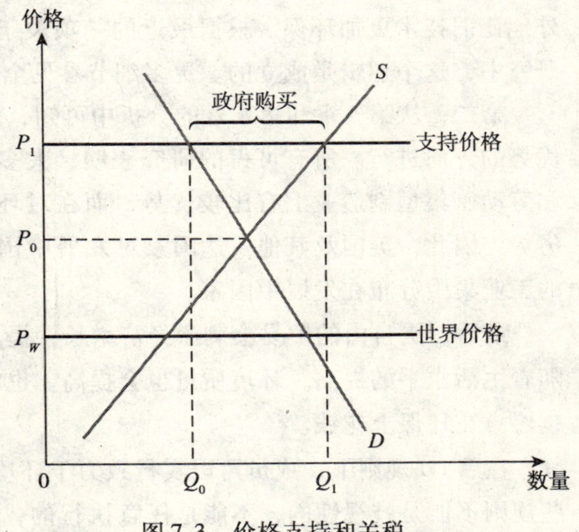

图 7-3 价格支持和关税

6. 保护环境

一些产品的生产过程可能产生一些负面的外部性。这是某些行为不必要的副产品，这种副产品会使另一些行为的代价变大。比如，钢铁的生产会污染空气，使当地其他企业，比如说餐馆或医院很难获得干净的环境。外部性就是市场失灵的一个表现。也就是说，生产钢铁的社会成本（也就是由此给当地其他企业带来的成本增加）超过了钢铁生产者的私人实际成本。

钢铁生产者在决定产量的时候不会把多出的社会成本考虑在内。因此，市场力量会使得钢铁产量比社会合意的数量高。市场失灵表明了政府的责任。在我们钢铁生产的例子里，政府就应该对钢铁生产厂家征收一个污染税以降低其产量。

国际贸易给这些希望通过政策的制定来解决外部性等市场失灵问题的政府带来了新的难题。如果一国生产某种有污染的产品，那么污染也就随着贸易到处传播，各国政府就可以采取贸易政策（比如说关税或者配额）来降低污染行业的生产。但是贸易政策绝不是解决问题的最好方法。当且仅当实施政策的国家是产生污染国家主要消费者的时候，贸易政策才会比较有效。在其他情况下，这种政策对外国的影响非常小。不管在哪种情况下，不实行当地污染税而进行贸易保护只会助长国内产量的扩张和污染的扩大。㊀

另外，防止环境质量下降也常被用来作为进行某些贸易保护的理由。关于北美自由贸易区建立的一些争论就是一个很好的例子。一些美国的环保主义者认为北美自由贸易区的建立会加剧全球污染。他们的论据是：在该条约成立之前，美国公司面临着越来越紧迫的降低污染的压力，管制越来越严，税收越来越高。北美自由贸易区的建立使美国公司能够转移到环境标准更低的墨西哥。最终结果就是墨西哥的污染日益严重，美国政府对污染的控制能力日益减弱。所以，环境保护主义者认为，应该继续实行贸易及投资限制。㊁

环境标准较低的发展中国家会吸引想要逃避本国严格环境监控的外国制造商，这种情形被称为**污染天堂假说**（pollution havens hypothesis）。这个假说也成为反对降低贸易壁垒的主要理由。尽管这个说法有一定的经济意义，它却忽略了许多重要的问题。第一，该假说假设各国之间污染保留成本的差异是工业布局的主要决定因素。美国制造业的数据表明，污染消除成本平均只占总价值增值的1.38%。即使在一些污染成本很高的行业，它们也不会超过价值增值的5%。因此，在其他条件不变的情况下，就算美国企业将污染转移到那些根本没有污染控制（不像墨西哥）的国家，也不会因此增加竞争优势。更进一步说，就算美国公司转移企业区位，它们极有可能在新工厂里安装新的资本设备。这些设备几乎无一例外地比旧技术更加环保。根据最近的一项关于进口在美国制造业污染降低中扮演的角色的研究中，这个逻辑是成立的。更多细节参见全球视角7-1。

第二，从第3章和第4章的分析中可知，较少的贸易壁垒可以导致贸易自由化按照比较优势的方向进行。所有可得的研究表明，大多数环境保护法律很松的发展中国家都在农业和劳动密集型制造业上有比较优势，而在对环境污染更严重的资本密集型制造业上有比较劣势。因此，美国及其他发达国家对发展中国家更自由的贸易政策很可能使相对“清洁”的工业集中分布在发展中国家。

最后，更自由的贸易会刺激经济增长，提高发展中国家的生活水平。最近的研究表明，随着生活水平的提高，环境质量也会提高。也就是说，改进环境是奢侈品；人们越富裕，就越愿意在环保上花钱。㊂

在WTO规则下，成员可以实行致力于环境保护的贸易政策。然而，各成员必须保证这些规则不能是歧视性的，不能是任意执行的，也不能把它们当做变相的贸易保护。在过去几年里，WTO的一个争议评审小组宣布一个禁止石棉进口以保护其建筑工人和居民的成员胜诉。WTO陪审团也支持那些保护海龟免受商业捕鱼行为侵扰和限制空气污染的贸易措施。

㊀ 更多关于贸易和环境问题的讨论请见 Kym Anderson and Richard Blackhurst, eds., *The Greenting of World Trade Issues*（Ann Arbor: University of Michigan Press, 1992）；以及 Alison Butler, " Environmental Protection and Free Trade: Are They Mutually Exclusive? " *Review*（Federal Reserve Bank of St. Louis 1992）。第8章包含了一个关于GATT在环境保护中扮演的角色的贸易政策案例研究。

㊁ 更多关于北美自由贸易区的信息请见第9章。

㊂ 这些论据和 Gene M. Grossman 与 Alan B. Kreuger 在 “Environmental Impacts of a North American Free Trade Agreement,” in ed. Peter M. Garber, *The Mexico-U. S. Free Trade Agreement*（Cambridge, Mass: The MIT Press, 1993）中的一系列观点对应。

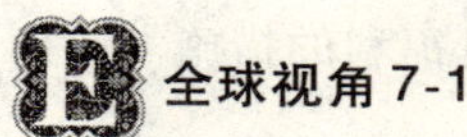

全球视角7-1 贸易、技术和美国的污染

自从20世纪70年代早期以来，美国工业造成的空气污染明显下降。一氧化二氮排放量下降了30%，二氧化硫排放量下降了几乎70%。同时，美国制造业实际产出值增加了超过70%。这些变化来自于两个原因之一（或两者皆有）：制造业的技术进步或在美国本土生产的产品品种的变化。在过去的几十年里，美国环保法律一直都鼓励厂商采用低污染技术，而不去影响生产的和消费的产品的种类。正如本章所述，许多对于国际贸易的批评指出，许多发展中国家的环保法律不健全，或根本没有环保法律。这给制造商尤其是主要污染企业提供了将污染转移到这些国家去的动机。了解环保法律究竟在多大程度上达到了其预期目标和制造商是否真的利用污染避难国将污染转移了这两个问题非常重要。

在最近的一项研究里，乔治敦大学的阿里克·莱文森（Arik Levinson）解决了这个问题。[①]他使用1972年到2001年美国的数据估算了环境问题的好转在多大程度上是来自于技术改变或者产业结构的变化。他的研究表明，对于"典型的空气污染来说，因为技术进步造成的环境改善至少和产业结构改变带来的改善程度相同，对于其他的一些污染，技术进步带来的效果是产业升级作用的两倍。"他还检验了是否工业结构改变带来的污染减少可以用进口的增加来解释。他的分析中包括了需要用来生产各种最终产品的中间产品生产的污染成本。莱文森教授说明，即使包括了中间产品，美国的进口结构也向更环保的产品方向改变，国际贸易规模的扩大可以解释"最多一半来源于产业结构改变的污染减少"。[②]他总结到，污染天堂假说在减少污染上的作用相对较小，技术进步还是污染水平下降的最主要原因。

因此，自由贸易的反对者似乎过分夸大了国际贸易对环境的危害，污染减少可以在不实行贸易管制的前提下在世界范围内达到。

① 见 Arik Levinson, "Technology, International Trade, and Pollution from U. S. Manufacturing," NBER Working Paper #13616, November 2007。

② 这些发现模仿加工了一些相似的结论，这些结论发表在 M. A. Cole, "U. S. Environmental Load Displacement: Examining Consumption, Regulations and the role of NAFTA," *Ecological Economics* (2004); J. Ederington, A. Levinson, and J. Minier, "Trade Liberalization and Pollution Havens," *Advances in Economic Policy and Analysis* (2004); 以及 S. *Gampei-Rabindan*, "*NAFTA and the Environment: What Can the Data Tell Us?*" *Economic Development and Cultural Change* (2006)。■

7. 战略性贸易政策

在第5章，我们提到最近关于国际贸易的理论探索了如何用规模收益递增来解释国际贸易流量的问题。如果我们把规模收益递增加入讨论，国内市场就不再是完全竞争的了。给定行业中的企业数量会变少，从而一个企业的行为会影响其他企业的行为。并且，一旦国际贸易在这样的行业中进行，某国企业采取的行动就会影响到另一个国家企业的行动。[㊀]在

㊀ 要更好地理解这一点，考虑下面两种情况的不同：如果一家中国台湾纺织厂决定提高10%的产量，这对于美国南卡罗来纳某纺织厂的生产计划不会造成影响。另一方面，如果丰田公司宣布提高产量10%，这绝对会对福特汽车或通用汽车的生产计划产生影响。

这样的条件下，像进口关税、出口补贴这样的政策可能就成为提高国内福利的措施。政府因为这个原因而实施的贸易政策，被称为战略性贸易政策。

战略性贸易政策的思想在两个例子中表现得最明显。第一个例子，假设巴西从戴尔公司进口计算机。进一步假设戴尔是世界上唯一的计算机生产商。也就是说，巴西是从一家垄断厂商那里进口。具体情况表现在图 7-4 中。在图中，D_B 代表巴西对计算机的需求曲线。MR_B 代表根据这条需求曲线得到的边际收益曲线。水平线 C 代表戴尔[㊀]的边际成本曲线。在自由贸易条件下，戴尔会通过令边际成本和边际收益相等的方法使其利润最大化，此时它会在 P^* 的价格下出口 Q^* 单位计算机到巴西。戴尔公司得到的利润由图中的阴影部分所表示。

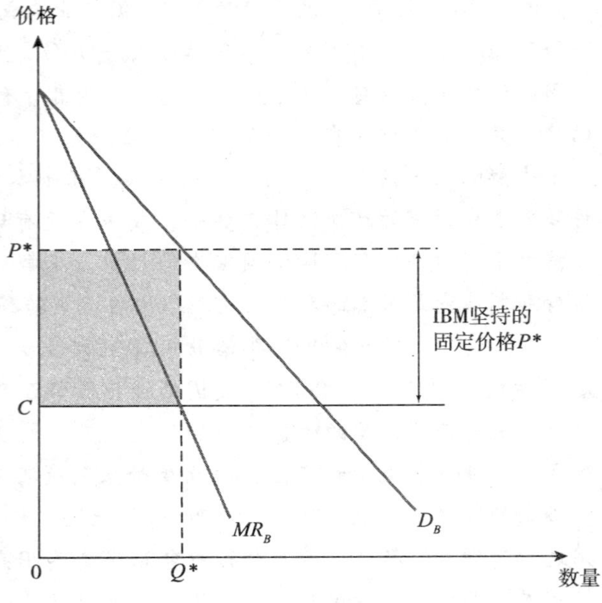

图 7-4 贸易政策和外国垄断

假设，如果巴西国内的计算机价格比 P^* 高，那么在巴西国内就存在可以生产计算机的厂家。也就是说，戴尔[㊁]只要不把价格涨到 P^* 以上，就可以占据全部市场。在这样一种（极端）的情况下，巴西会对计算机征收关税。那么关税会造成什么结果呢？戴尔只要想要独占市场，就不会提高价格。价格不变，那销售量也不会改变。因此，消费者的利益不会受损。关税的唯一结果就是戴尔垄断利润中的一部分变成了巴西的政府收入。在这种情况下巴西的关税应该多高呢？显然，如果戴尔为了防止竞争保持其 P^* 水平的定价不变，巴西政府会一直提高关税直到得到戴尔的全部垄断利润为止。我们要注意到这是一种非常特殊的情况。巴西征收的关税不会给两国带来任何无谓损失，因为价格和贸易规模都没有变化。政府只是攫取了由其居民支付的，原本流入外国生产者（戴尔）荷包里的超额垄断利润罢了。

第二个关于战略性贸易政策的例子是保罗·克鲁格曼在他对支持自由贸易理论的合理性的分析中提出的。[㊂]假设世界上有两个国家和地区——欧洲和美国能够生产一种新的客机，且每个地区有一家公司可以生产该客机——空中客车公司和波音公司。假设两个公司都面临着是否进入市场的抉择，且只要另一个厂家没有进入，进入了市场的厂家就可以从中获利。最后，假设两国所有的飞机销售都是针对第三国市场的，所以生产者剩余和国家福利是相同的。

㊀ 原文此处为 IBM，疑为笔误。——译者注

㊁ 原文此处为 IBM，疑为笔误。——译者注

㊂ 这个例子在保罗·克鲁格曼，"Is Free Trade Passe?" *Journal of Economic Perspective*（Fall 1987）中解释得更详细。在这个重要而可读性很强的文章中，克鲁格曼总结到，尽管经济学家找到了一些实行贸易保护的重要理由，自由贸易仍然是政府应该追寻的正确政策。

表7-4提供了两个企业之间策略竞争的一些细节。先看第一个矩阵。波音（空客）生产或不生产的选择在矩阵的左边（顶部）用字母P和N来标识（p和n）。在其他空格中的数字表示在本公司和另一公司决策决定的情况下各自所获的利润。

表7-4　一项假设的战略性贸易政策的影响

没有补贴的收益矩阵

		空中客车			
		p		n	
波音	P	−5	−5	100	0
	N	0	100	0	0

欧洲给予10单位补贴情况下的收益矩阵

		空中客车			
		p		n	
波音	P	−5	−5	100	0
	N	0	110	0	0

如果两个公司同时做出决定，那么这个博弈没有唯一的均衡解。但是如果波音先做决策，它会决定生产飞机，那么空中客车的最优策略就是不进入市场。在这种情况下，如果没有政府干预，波音就会进入市场，获利100单位，并将空客阻隔在了市场之外。

欧洲是否可以对这样的局面做些什么呢？答案是肯定的。假设欧洲不管波音是否生产都保证给空中客车一个比如说10单位的出口补贴。这一结果体现在表7-4的第二个矩阵中。在这种情况下，空中客车不管波音是否进入市场都可以获利。因此，空中客车会生产飞机而波音的最佳策略就是不进入市场。因此，这个博弈的均衡解从右上方的空格移动到了左下方的空格。10单位的补贴使得空客的利润提高了110单位。其中，100单位代表利润转移和从美国转移到欧洲的经济福利。

经济学家们探索了其他适用战略性贸易政策的情况。在一些市场条件下，合适的政府政策是进口配额。在其他一些条件下，合理的政策可能是鼓励国内研发的补贴。㊀

从以上例子的讨论中我们可以得出，战略性贸易政策是使用关税和配额的一个重要而合理的理由。实际上可能不是这样的。第一，战略性贸易政策可以存在的条件是非常特殊而且紧密依赖于对厂商行为的假定的。比如说，如果两个公司使用改变产量的方法在世界市场上竞争，那么最佳战略性政策很可能就是出口补贴。这在飞机的例子中也是成立的。如果同样的两个公司通过改变价格来竞争，那么最佳的政策就变成了出口关税！

第二，就算我们知道了企业之间是如何竞争的，其他一些必须成立的假设在现实中也很难实现。比如，我们关于波音公司和空客公司的例子表明欧洲有补贴飞机生产的动机。然

㊀ 教科书级别的关于战略性贸易政策的精彩研究，请见 Neil Vousden, *The Economics of Trade Protection* (Cambridge, England: Cambridge University Press, 1990)。关于该问题更高级的讨论，请见 Elhanan Helpman and Paul Krugman, Trade Policy and Market Structure (Cambridge, Mass.: MIT Press, 1989)。现实中战略性贸易政策的案例有限。Douglas Irwin 在一篇优秀的文章中提到，16世纪荷兰和英国在东印度贸易问题上的敌对就是战略性贸易政策的一个经典案例。请见 Douglas Irwin, "Mercantilism as Strategic Trade Policy: The Anglo-Dutch Rivalry for the East India Trade," *Journal of Political Economy* (1991)。

而这个模型忽略了一个事实，那就是，美国飞机的一些部件是由欧洲公司生产的，而空客飞机的大量零部件都是由美国公司生产的。因此，任何针对波音公司的欧洲政策最终都将伤害欧洲的零部件生产商，而有利于美国的零部件生产商。更进一步说，消除了来自波音公司的竞争后，欧洲航空公司就不得不向空客公司支付更多的费用来购买较次的飞机了。因此，净福利是正是负变得模糊，出口补贴的合理性也就值得怀疑了。

关于使用战略性贸易政策的另一个问题就是，这些政策能否奏效还取决于外国政府的反应。就像在贸易保护的最优关税理论中分析的一样，如果外国政府进行报复，那么刚开始的任何获利最终都会失去，至少会减少。

第三，尽管在一些情况下，战略性地使用关税、配额或补贴是有利于本国福利的，经济学家们并没有证明这些政策是可用的最佳政策。这是需要进一步研究的重要领域。

小　　结

1. 尽管关税是当今世界上使用得最普遍的贸易保护措施，非关税壁垒，比如配额、补贴和政府采购政策或健康与安全标准，都影响了很大一部分国际贸易。
2. 配额就是对国际贸易数量或价值的限制。因为配额限制了可贸易品的数量，它们导致价格升高，这会使国内厂商利润增加，社会无谓损失也会出现。
3. 配额的经济效果部分地依赖于它们实施的方式。如果配额许可证是通过完全竞争的政府拍卖来获得的，那么配额的效果将和关税一样。如果配额许可证是通过自愿出口限制的方式给予外国人的，那么配额带来的无谓损失比关税要大。
4. 就算配额是通过拍卖方式确定的，因为它们限制的是数量而不是价格，因此会比关税更加严格。而且，配额水平和配额份额分配的随意性和潜在的比较优势没有任何联系。
5. 其他非关税壁垒给想要实行贸易自由化的政策制定者带来了难题。因为这些壁垒是针对特定商品和特定国家的。制定国际规范来取消这些壁垒就算不是不可能，也是很有难度的。
6. 大部分经常被听到的、重要的贸易保护的理由都是不成立的。也就是说，在这些情况下，贸易保护根本就达不到预期的目的。
7. 贸易保护确实也有合理的理由，比如说政府收入和国家安全，但是贸易保护绝不是解决这些问题最有效的方法。

习　　题

1. 关税和配额的效果在哪些方面是相似的？在哪些方面有所不同？
2. 假设潜在进口公司雇用游说者去说服政府给予他们进口到某国的配额许可证。进口者愿意支付给游说者多少钱来达到目的？请给予解释。假设游说者接受了这笔钱。在这种情况下国内福利会有什么变化？
3. 假设一国要求所有进口食品都接受检查，但本国生产的食品可免于检查。这会对进口、国内生产、价格和消费量产生什么影响？请完整地进行解释。
4. 请用图形表示，垄断厂商在配额情况下比产生同样进口的关税情况下索要的价格更高，产量更低。

5. 美国使用配额来保护其国内糖产业。这个配额会对糖的国际价格产生什么影响(和自由贸易状态下的价格相比)?请解释。
6. 最优关税理论是否是支持贸易保护的一个合理理由?(提示:见第6章)它是否是达到目的的最佳政策?试解释。
7. 考虑一下正文中飞机制造和战略性贸易政策的例子。假设美国在欧洲实行出口补贴之后也对波音公司实行了一个10单位的出口补贴。这一政策会对博弈的均衡产生什么影响?它会对美国和欧洲的社会福利产生什么影响呢?
8. 美国汽车制造商宣布了一项制造并销售电动汽车的计划。美国政府是否应该对该产业实行暂时性的保护以保证美国的商业成功呢?为什么?
9. 假设在一个开放小国里,国内对帽子的需求和供给如下所示:

   $Q = 100 - P$(需求)

   $Q = 50 + 2P$(供给)

   Q代表数量,P代表价格。

   a. 如果世界价格是10,自由贸易状态下的进口量是多少?

   b. 假设该国设定配额为11单位,国内价格会升高多少?

   c. 在11单位的配额状态下,该国的福利效应将会是多少?

   d. 假设该国和其主要的外国供应商达成进行11单位的自愿出口限制。这个政策的福利效果是多少?
10. 根据本章的分析,自愿出口限制会比关税和其他种类的配额带来更大的福利损失。为什么还有国家会使用这种形式的配额来进行贸易保护呢?
11. 假设Guatland使用可以使国内价格提高100美元的配额来保护其国内摩托车业。如果Guatland政府随后要实施一项每辆摩托车收90美元的关税,Guat的摩托车进口会怎样?这个关税会给Guat经济带来怎样的福利效应?
12. 在什么样的情况下,商业政策才是解决世界环境问题的有效工具?在什么样的情况下商业政策不那么有效?总体来说,怎样的情况在现实世界中更有可能存在?

参考文献

Baldwin, Robert. *Nontariff Distortions of International Trade*. Washington, D. C.: Brookings Institute, 1970.

Haberler, Gottfried von. *The Theory of International Trade*. New York: Augustus M. Kelly Publishers, 1968.

Krugman, Paul. "Is Free Trade Passé?" *Journal of Economic Perspectives* (Fall 1987): 131-144.

U. S. House of Representatives, Committee on Ways and Means. *Overview and Compilation of U. S. Trade Statutes*. Washington, D. C.: Government Printing Office, June 2003.

Yeager, Leland B., and David Tuerck. *Foreign Trade and U. S. Policy*. New York: Praeger Publishers, 1976.

如需要更多的习题和补充阅读,请访问我们的网址:www. pearsonhighered. com/husted。

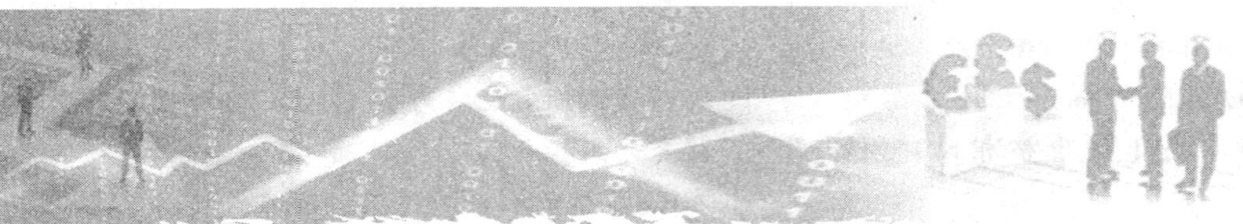

第 8 章

商业政策的历史与实践

学习目标

美国商业政策的历史；
乌拉圭回合与 WTO 的建立；
多哈回合；
美国贸易政策的执行。

到目前为止，我们已经研究了贸易政策的各种工具，以及一些贸易政策提倡者关于采用这些政策工具的论点。在本章，我们将以美国、欧盟和日本的贸易政策措施为中心继续扩大这一讨论。我们还将更详细地了解像 WTO 这样的国际组织和协议在各国制定贸易政策规则时起到的作用。

自从第二次世界大战结束以来，西方工业化国家的总体贸易壁垒等级存在明显的下降趋势。这种转变相当程度上来源于美国的刺激，第二次世界大战后人们希望不要再重复战前几年的贸易战和萧条的经济模式。其结果是国际贸易迅速扩张，并且防止了长期衰退的出现。

但是伴随着贸易的扩张，商业争端也随之增多。这些争端基本上集中于一些特定贸易品上，并且导致一些新的贸易壁垒替换了那些已经被消除的贸易壁垒。相应地，贸易争端促使不同国家的法律制定者修改他们的贸易法或对这些法律的管理来应对环境的改变。所以，本章还将着重讨论美国贸易法的本质及其演变，其中包括这些法律应用于一些特殊贸易问题的实例。

8.1 美国商业政策的历史

美国宪法赋予国会“管理对外贸易”的权力。这项权力包括对进口品征收关税，但是它不承认国会制定出口税的权利。㊀纵览美国历史，国会通过制定一系列关税法案行使了其在这一领域的宪法职责，其中一些法案为特定产业提供了一定程度的保护，其他的法案则旨在对于整个国家总体保护水平做向上或向下的调整。

在美国历史的前 150 年中关税法案的出台是稀少且不规律的。最后一个出台的可能是最著名的法案为 1930 年的关税法案——《斯姆特－霍利关税法案》（详见第 6 章对这一关税的讨论）。在此法案的通过以及随之带来的国际贸易崩溃之后，国会开始将制定政策的重点从设置总体贸易保护等级转向确保特定行业在与国外竞争中减轻负担。这样，自从 1930 年以来，多数有关商业政策的法案（从 1930 年以来叫做贸易法案）把关税设定的权力赋予总统，并授权总统以美国施行低关税为筹码与贸易国协商换取他国的低关税。另外，这些法案逐渐成为美国政府对在美国市场与海外市场存在的“外国不平等贸易行为”的回应。

图 8-1 阐明了自美国建国以来关税的循环波动。建国早期，关税相对较低，其目的只是为联邦政府获得收入。㊁第一个关税法案通过于 1789 年，对大多数商品征收 5% 的进口税。对奢侈品征更高的税，其中对车辆征收的最高税率达到 15%。在 1791～1807 年间，贸易飞速增长，其名义增长率超过了 400%。

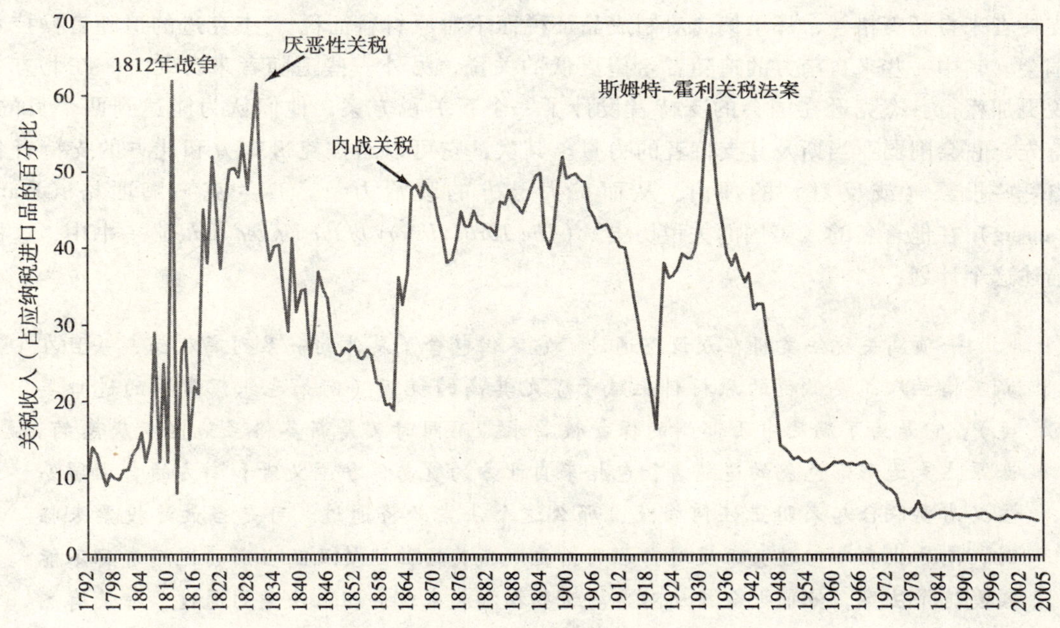

图 8-1　美国 1792～2005 年的关税水平

由于英法战争，美国向两国出售农产品及其他原材料，有效推进了美国贸易的增长。在 1808 年，这种趋势反转了。英法两国通过对对方港口进行军事封锁的方式抑制对方的贸易，中立国（如美国）的轮船被封锁，货物遭到损坏，很多水手被俘。美国政府通过实施对英国的商业禁令来应对这一情况。最终这场争端演化成了 1812 年的战争。为了筹集军费，美

㊀ 出口关税的禁止被写进宪法源于南方代表的坚持，他们怕如果没有这项规定，对棉花出口的征税将成为联邦政府收入的主要来源。

㊁ 美国直到 1913 年第 16 次对宪法的修改获准后才设置所得税。

国增加了1倍的关税。但就是因为这场战争，美国的贸易水平跌入自1790年以来的谷底，尽管关税率较高，但是美国的关税收入却下降了。1814年停战后，关税于1816年升高到平均20%，以确保财政收入来偿还政府在战争期间的债款。

1812年的战争对美国的关税政策产生了深远的影响。因为战争切断了美国与欧洲的贸易，美国工业品制造商加大了其工业产品的生产规模。这些制造商大多位于美国的北部和中部，战后来自这些地区的国会议员迫切要求对工业品实施持续的、更高的关税以保护他们所在区域内的“幼稚产业”。伴随这个影响而来的是战后世界性的经济萧条。萧条导致农产品价格的下降并削弱了国家的传统出口部门（主要在南方和中西部地区）。农产品价格下降又迫使国会承受来自中西部农业州要求使用关税来保护本国市场的压力。只有来自南部的国会议员由于害怕损失掉棉花出口的国外市场而反对高关税。国会于1824年做出回应，而后在1828年颁布了新关税法。后者被称为“可恨关税”（Tariff of Abomination），将平均关税水平提高到近60%。

可恨关税是如何通过的，这是国际贸易政治历史中一个比较有意思的故事。法案写成之时，约翰·昆西·亚当斯是总统，而安德鲁·杰克逊是他的首要政治对手。亚当斯多数的支持者来自新英格兰，那里偏向对制成品征税而不对原材料征税。[⊖]杰克逊的追随者操控着国会。其中一些来自南方的追随者希望更低的关税，另外一些追随者来自北方，在北方关税更加盛行。杰克逊在国会的支持者设计了一个新关税方案，他们认为能达到两个目的。首先，它会削弱亚当斯及其支持者的力量。其次，它可以给杰克逊南方和北方的支持者各自一些投票（或反对）的理由，从而扩大己方的政治力量。弗兰克·陶西格（Frank Taussig）在他著名的《美国的关税历史》（*The Tariff History of the United State*）一书中，这样描述这个计划：

> 一项高关税法案将在众议院通过。它不但包含了总体的一系列高税额，并且在新英格兰人想要低税的原材料上赋予了尤其高的税额（例如毛织厂常用的进口羊毛）。它是为了满足中西部州的保护性要求，而同时又是新英格兰地区所厌恶的。如果杰克逊形形色色的追随者，包括来自北方的贸易保护主义者和南方的自由贸易主义者要联合起来阻止任何修改，那么这个法案必将通过。可是当最终投票来临时，南方代表却回过头来反对自己的措施。新英格兰议员及亚当斯的追随者都不能接受这个法案，他们也会投反对票。这些人加起来就会阻止法案的通过，即使有杰克逊的北方追随者支持它。结果很可能是会议期间没有关税法案被通过，正如南方反对派期望的那样。[⊜]

除了这个法案的高明之处外，国会投票时也有足够的新英格兰选票支持该法案，确保它通过。如此一来，本不应通过的法案被制定成法律。

⊖ 回顾第6章关税升级的概念。

⊜ 这段文字节选自 Frank Taussig, *The Tariff History of the United State*（New York: G. P. Putnam's Sons, 1888），第88~89页。本书是一本引人入胜并且通俗易懂的有关19世纪美国经济学和保护主义政策的书。Taussig一生长寿而多产，接下来他出版的书中分析了最近的斯姆特·霍利关税。

紧接着，要求删除法案中过激部分的压力接踵而来。一些不构成同美国商品竞争的个别商品的关税被降低（如茶、咖啡、可可粉）。1833 年，国会通过了妥协关税法案。这项法律实施了一系列年度减税方案，旨在于 1842 年之前对所有商品实施 20% 的关税。这 20% 的统一关税在 1842 年 7 月 1 日生效。这项法律只生效了两个月，国会为了响应保护本国商品免于与进口品竞争的更高的要求，再次投票提高了多种商品的关税。

在 1842 ~ 1861 年美国内战开始前，国会又通过了两条关税法案。这两条法案实施了关税减免措施，意在降低大量的联邦预算剩余。在 1861 年、1862 年和 1864 年，国会再次提高关税，表面上是为了提高政府收入来给北方的战争行动以财政支持。但像 1812 年战后那样，内战后关税水平仍然居高不下。直到 1913 年，在南方民主党人的支持下，关税才有所回落，威尔逊政府承诺立法大幅减税。关税减至 60 年未见的水平。

和此前战时的情况不同，关税在第一次世界大战期间保持了较低的水平。[㊀]但是停战后不久，美国经济陷入了衰退，共和党人重回白宫，关税又一次被提高。提税的法律被称之为《福德尼 - 麦坎伯关税法》（*Fordney-McCumber Tariff*）。这项法令使关税被提至战前水平，对外国厂商关闭了美国市场，这对受战争损毁的欧洲国家的战后重建经济工作来说真是雪上加霜。

最后一个综合的关税法案是国会在 1930 年编写的。这就是著名的《斯姆特 - 霍利关税法案》。在第 6 章我们讲述了《斯姆特 - 霍利关税法案》的一些特征以及美国的主要贸易伙伴对此关税的回应。此法案的形成在此值得重述。它开始是作为一项措施用来对有限的一组农产品征税。为了法案的通过，它的赞成者在国会寻求志同道合者的支持。这种支持的代价是对这些新支持者所管辖区域生产的产品征收高关税，并将其写入法律。这种通过向一方的提案投票来换取其作为回报对另一方的支持过程被称为**交换选票**（logrolling）。《斯姆特 - 霍利关税法案》就是交换选票过程的经典案例。越来越多的国会成员显示他们支持此法案的意愿，并要求以对他们区生产产品征收高进口关税作为回报。结果产生了自可恨关税以来最高的一组关税。[㊁]这很快招致国外被迫的报复性关税和国际贸易数量的下落。

1828 ~ 1930 年间的关税说明了由政府立法部门制定关税政策的固有弊端。1933 年，当富兰克林 · 罗斯福成为总统时，他的国务卿科德尔 · 赫尔说服国会把与贸易伙伴协商以求减免双方关税水平的权力转让给总统。1934 年的互惠贸易协定设定了允许总统加入此类谈判的机制。这项法令赋予总统协商削减任何美国关税最高达 50% 而不用诉诸国会的权力。国会准予总统进行关税谈判的权力仅仅 3 年时间。此后在 1937 ~ 1943 年间生效的三个贸易法案中这项权利被恢复了。截至 1945 年，美国与 27 个国家签订了 32 项协议，平均削减关税达到 44%。

美国为双边关税谈判加入了一项基本原则即**无条件最惠国待遇**（Unconditional most favored nation status）。在这个原则下，任何美国在双边谈判中达成的关税减免（如与加拿大

㊀ 到 1913 年，美国已经颁布了所得税法。因此美国不用再像以前那样依赖关税来补充战争经费。

㊁ 关于交换选票在《斯姆特 - 霍利关税法案》形成中所起作用的分析，参见 Douglas Irwin 和 Randall Kroszner, "Logrolling and Economic Interests in the Passage of of the Smoot-Hawley Tariff", *Carnegie-Rochester Series on Public Policy*（1996 年 12 月）。

之间)，对于美国政府指定的具备最惠国待遇的其他贸易伙伴同样生效。[⊖]

第二次世界大战结束后，一些新的国际组织和协议成立了，其中一个便是关税与贸易总协定（GATT)。GATT在国际社会主要服务于两个目的。第一，它设定了国际商业行为准则，同时为解决国际贸易争端的听证提供了场所。GATT准则有四项基本原则：①贸易壁垒应该总体上降低，特别是贸易配额应被消除；②贸易壁垒应在无歧视（最惠国）的基础上实施；③关税让步一旦确立后，在没有对被影响的贸易伙伴做出补偿前不得废除，也不得建立新的壁垒来代替已经降低的关税；④贸易争端应磋商解决。GATT贸易准则建立了近代国际贸易规则的基础。详见全球视角8-1中的介绍。

全球视角8-1 GATT协议

总协议的导言部分建议通过减少贸易壁垒，尤其通过消除歧视性贸易行为来提高生活水平。协议第一部分阐述了非歧视原则与合法约束成员遵守贸易让步的基本原则。第二部分呼吁在一系列限制条件下，消除非关税壁垒。第三部分包括程序上的规则，最重要的是包括自由贸易区的构成信息。第四部分添加于1965年，强调发展中国家的特殊需求。

第一部分

最惠国（MFN)。条款Ⅰ规定对一种进口品设置的关税应对所有成员平等。这项非歧视性的主张即为最惠国待遇。

约定海关税则。条款Ⅱ法定约束成员国遵守关税让步。它规定各国关税不得高于其海关税则规定的税率。

第二部分

国民待遇。条款Ⅲ禁止成员国采取非关税政策抵消减免关税的效果。国民待遇要求内部税收对于国内产品和进口产品等同对待，并且与进口品相比制定的规则不能偏向于同等的国内产品。

海关条例。条款Ⅴ、条款Ⅶ直到条款Ⅹ遏制阻碍进口的海关规程。这样的活动包括运输规则（条款Ⅴ)、海关估值（条款Ⅶ)、海关规费和手续（条款Ⅷ)，还有原产地证明（条款Ⅸ)。

条款Ⅹ规定有关贸易的法律和规章应适用透明化原则，这就要求它的社会公开性，以及对贸易法规统一和无偏的管理。

反倾销和反补贴。条款Ⅵ定义了倾销，规定倾销和对国内厂商的损害必须能证明有必要通过反倾销税来补偿，条款还特别规定反倾销税不得超过倾销利润。它还对征收补贴税以抵消国外政府补贴做了相似的规定。

数量限制。条款Ⅺ呼吁在一些限制条件下，从总体上消除贸易的数量限制。最重要的是，数量限制可以维护国际收支平衡（条款Ⅻ）并且为国内产业提供暂时性免责条款（条款XIX)。发展中国家可以利用数量限制达到进一步的发展目标（条款XVIII和第四部分)。条款Ⅷ规定，使用数量限制时，必须是在非歧视的基础上，个别的例外情形列在条款XIV中。

⊖ 关于最惠国待遇概念的更多叙述参见第6章。

条款XV管制了通过货币控制来规避熟练限制的做法，并在国际收支的紧急情况中协调GATT和IMF的利益。

补贴。条款XVI不鼓励总体使用补贴，特别呼吁消除对非初级出口品的补贴。对初级出口品的补贴不应使一国该产品的出口占世界的出口份额超过公正的水平。

国有企业。条款XVII称国有企业在选择潜在买家和卖家时应依据正常的商业标准来考虑，尤其在价格、质量和采购方面。

发展中国家的政府支持。条款XVIII允许发展中国家免责于总协定的大部分要求，但要符合严格的标准。由于它的严格标准，这些免责条款很少被应用。取而代之，发展中国家修改了他们对这些政策的应用，如使用非关税壁垒和出口补贴政策作为应对国际收支问题的安全措施。

例外条款和其他例外。条款XIX至条款XXI提到更多的对总则的例外。条款XIX即例外条款允许国家通过撤回让步或其他措施来保护国内厂商避免因为进口增长而受到损害。条款XX和XXI认可其他本质上非经济的对贸易限制的理由，例如出于国家安全保护的需求。

磋商和争端解决。条款XXII和XXIII设计了GATT争端解决程序。各国间的磋商被重点应用，但是专家工作组也可以在非法律约束的基础上审议案例。

第三部分

程序问题。程序和其他管理问题在条款XXIV到条款XXXV中阐述。值得一提的是，条款XXIV中论述了自由贸易区如何建立；条款XXVIII设立了修改海关税则的规则，其中包括倡议举行定期的关税协商会议；条款XXXIII设立了添加新成员的标准。

第四部分

贸易与发展——发展中国家的待遇。条款XXXVI说明了发展中国家所面临的特殊问题，并且表明发达国家不应该要求发展中国家与之互惠。条款XXXVII包括了一个表明发达国家将通过单边降低贸易壁垒来鼓励发展中国家出口的声明。条款XXXVIII包括了对稳定和提高初级产品市场条件的鼓励。

资料来源：U. S. Congress, Congressional Budget Office, *The GATT Negotiations and U. S. Trade Policy* (Washington, D. C.: Government Printing Office, June 1987), 18-19. ■

GATT的第二个主要目的是为一系列旨在降低各国保护程度的多边对话提供一个论坛。在1947～1993年间，一共完成了八个回合的此类对话，每一个回合都带来世界性的关税削减。第九回合即多哈回合开始于2001年，截止于2005年，但现在仍没有达成共识。乌拉圭回合的一项成果是建立了WTO，替代了关贸总协定。表8-1详述了不同回合谈判的结果。

最开始对世界贸易壁垒有实质性影响的两轮谈判是1964～1967年间举行的肯尼迪回合和1974～1979年间举行的东京回合。两轮会谈都导致了工业化国家关税水平的实际性削减。第二回合甚至达成了减少非关税壁垒的一些最初的协定。在两个回合中，谈判都始于美国通过立法使总统可以派代表参加会谈，并赋予其商议更低贸易壁垒的权力。[⊖]使美国可以参

⊖ 技术上，作为负责对外政策执行的人，总统总是可以对降低关税和其他形式的保护进行谈判的。这些谈判中达成的共识必须被国会通过。这样的话，不会出现由总统召开（或其他国家会参加）没有国会事先授权的谈判的情况。

加肯尼迪回合的立法被称为1962年的贸易扩张法案。1974年的贸易改革法允许美国参加东京回合对话。㊀对美方代表参加乌拉圭回合的授权在1979年首次获准，于1988年的综合贸易法案被更新，并于1991由国会延长授权至1993年。由于关于劳动力和环境议题激烈的政治争论，多哈回合贸易谈判授权被国会推迟到回合开始之后。最终在2002年贸易法案中获准，通过时间是2002年8月。这项法律准许谈判权至2007年，尽管谈判预定将进行到2009年，并且美国将一直参加。

表8-1 美国在GATT下的关税削减 （%）

关贸总协定会议	减税商品占商品总数的比例	削减关税的平均削减率	所有税种的平均削减率	剩余税额占1930年关税的百分比①
GATT前，1934～1947年	63.9	44.0	33.2	66.8
第一回合，日内瓦，1947年	53.6	35.0	21.1	52.7
第二回合，阿纳西，1949年	5.6	35.1	1.9	51.7
第三回合，托基，1950～1951年	11.7	26.0	3.0	50.1
第四回合，日内瓦，1955～1956年	16.0	15.6	3.5	48.9
狄龙回合，日内瓦，1961～1962年	20.0	12.0	2.4	47.7
肯尼迪回合，日内瓦，1964～1967年	79.2	45.4	36.0	30.5
东京回合，1974～1979年	n. a.②	n. a.	29.6	21.2
乌拉圭回合，1986～1993年	78.0	n. a.	33.0	n. a.
多哈回合，2001年至今	n. a.	n. a.	n. a.	n. a.

①这些百分比没有考虑贸易的结构性变化和通货膨胀对平均关税水平的影响。

②n. a表示数据无法获得。

资料来源：Real Phillipe Lavergne, *The Political Economy of U. S. Tariffs* (Toronto: Academic Press Canada, 1983), Table A2. 1, p. 32. Reprinted by permission. Updated by authors.

是什么致使国会最初把其部分贸易政策权力转让给总统呢？显而易见，就像我们在讲到《斯姆特－霍利关税法案》时所说，贸易政策的制定程序瘫痪了。国会大厅中任何引起关税法微小修改的讨论都会引致成群说客的游说来寻求进一步的改变。关税逐步升级，随之而来的是美国的贸易伙伴国针对美国商品征收的报复性关税。

值得称道的是，国会意识到这个问题的解决方式是转移它的一部分权力给政府管理层。国会的举动完全是为了自己的利益，即通过把关税制定权交给总统，国会成员获得了“保护自己的优先权：免除了那些会导致他们制定有缺陷贸易法的直接的、片面的来自厂商利益的压力”。㊁在这个过程中，美国出口商的利益将更受关注，因为美国贸易政策的重点变成开放外国市场而不再是封闭本国市场。

㊀ 如表8-1所示，GATT会议直到1961年的狄龙回合才有名字。道格拉斯·狄龙时任美国财政部部长和美国代表团团长。下一回合以肯尼迪总统的名字来命名，因为贸易扩张法案是在他的任期通过的，也是出于对他的纪念。当尼克松总统成功争取了1974年的贸易改革法案的通过时，他也希望能有一个回合以他的名字来命名，但是水门事件影响了此事。取而代之，此回合被命名为东京回合，不是因为此回合在东京举行（实际在日内瓦举行），而是因为贸易部长们是1974年在东京会面并决定开始这一回合谈判的。这种方式延续到了乌拉圭回合，贸易部长于1986年在乌拉圭的埃斯特角城集会开始这一回合，还有多哈（卡塔尔）回合，始于2001年贸易部长们在那里的会议。

㊁ I. M. Destler, *American Trade Politics: System Under Stress* (Washington, D. C.: Institute for International Economics, 1986)，第12页。

然而，国会并不甘心把它的权力赋予总统的决定。在 1934 年互惠贸易法案后颁布的一连串法案，给总统的权力附加了更多的限制。新的规定被添加到法案中，例如允许国内企业寻求废除关税削减，从而取消对国外贸易伙伴做出的让步。在一些情况下，对国外政府的让步需同时取决于与贸易有关的让步和与贸易无关的政治行为，例如关于毒品管制的合作或者人权保护的联合执行。总的来说，贸易因为多边自由贸易谈判的顺利进行而扩大了，国会却通过其对行政部门行为的批准和限制而设立变相的贸易保护。正如罗伯特 · 鲍德温（Robert Baldwin）所说：

> 要想大概了解这些年来总统被赋予权力特殊性程度的增长，我们只要注意到 1934 年的贸易协定只有两页长，1958 年扩展到了 8 页，1962 年的贸易扩张法案有 32 页，1974 年的贸易法案有 99 页，1979 年的贸易协定有 173 页，而 1984 年的贸易和关税法案却足足有 102 页。[㊀]

8.2　乌拉圭回合与 WTO 的建立

乌拉圭回合开始于 1986 年 10 月在乌拉圭埃斯特角城举行的一场贸易部长会议。[㊁]正式协商进程开始于 1986 年末，有超过 100 个国家和地区的代表出席，预计将进行 4 ~5 年。然而谈判很快因一些难缠的议题进入了僵局，一直拖延到 1993 年 12 月，距美国设定的截止时间仅有小时之隔时，最后的协议才达成。与此前各回合将谈判的焦点放在减少关税上不同，乌拉圭回合讨论的重点却是降低非关税壁垒、扩大知识产权保护、服务与农产品贸易自由化和升级 GATT 系统的运行等问题，所以此回合争议颇多。在此前的回合中，由于担心关于这些问题的分歧会侵蚀谈判的基础，这些目标大多数被忽略了，而这种情况在乌拉圭回合中也几近发生。

在该轮谈判的最后三年中，对达成协议最大的绊脚石就是农产品的贸易自由化。如前文提到，GATT 规则一直被应用于农产品贸易。但是包括美国、日本、韩国和欧盟在内的一些成员在这些规则上却获得豁免。结果，即使对大多数制成品的保护水平已经下降了，很多成员仍继续使用高关税或者配额来保护农业 。

总的来说，欧盟的保护主义政策最严格。为了保护本地农民，欧盟对很多农产品启用了目标价格系统，并同时使用进口壁垒和出口补贴政策。这个系统被称之为共同农业政策。欧盟对剩余农产品施行的进口壁垒和出口补贴严重影响了世界价格。在此次协商中，共同农业政策受到来自美国和一组被称为凯恩斯集团的农业出口国家的严厉批评。美国希望欧盟被补贴的出口品能明显减少，并希望有更多的美国产品进入欧盟市场。但是以法国为首的欧盟在此问题上拒绝做出主要的让步。最后，在 1993 年 12 月，欧盟与美国在农产品上达成了互相妥协的协议，才使乌拉圭回合完成。在这些会谈中，其他成员也宣布其农业政策的自由化。韩国和日本宣布取消其长期执行的大米进口禁运政策。

㊀ Robert Baldwin，*The Political Economy of U. S. Import Policy*（Cambridge，Mass.：MIT Press，1985），第 38 页。

㊁ 对乌拉圭回合达成的主要成绩的详细阐述，参见 Will Martin 和 L. Alan Winters，*The Uruguay Round：Widening and Deepening the World Trading System*（Washington，D. C.：World Bank，1995）。

乌拉圭回合在国际服务贸易自由化上也取得了一定的成就。过去几十年中，包括银行业、建筑业、保险业、数据处理及影视娱乐等在内的服务产品的生产和贸易迅速发展。据WTO统计，2007年跨境服务贸易总额达2.8万亿美元，超过1980年水平的5倍，是世界商品贸易总额的1/3。GATT从未给这个领域的贸易行为设定正式的规则。很多国家仍然限制多种类型的服务贸易，这在发展中国家尤为明显。在1992年3月，关于电子通信与金融服务部门在内的几个服务部门贸易的谈判即将结束。然而，在乌拉圭回合协议最终的草案中，关于将GATT规则延伸到这两部门或其他服务部门的协议只取得了很小的进展。协议呼吁各国撰写条例和许可程序，以保证给予外国服务公司与本国公司同等的待遇。但成员只做了适度的承诺来改变他们的规则以体现这一原则。此外，有一些议题，如关于欧盟对美国电视电影业的限制和征税的争端，被遗留下来，没有得到任何解决。

尽管很多妥协的达成减慢了贸易自由化进程，乌拉圭回合协议还是对国际贸易环境的发展产生了重大的影响。1995年1月1日，协议生效，一系列签署国达成的关税减让开始执行，从那以后关税水平又下降了33个百分点。到2005年年初之前，工业化国家已经淘汰了全部纺织品和服装配额，但美国和欧盟还是对中国的纺织品和服装施行暂时的限制，以限制此类商品进口的激增。

也许乌拉圭回合协议最实质的进展莫过于建立了新的国际组织——世界贸易组织（WTO）。[⊖]WTO取代了GATT，成为一个负责推进现存国际贸易协议及主持新的贸易自由化对话的国际组织。截至2008年年底，153个国家和地区成为WTO成员。这些国家和地区占世界贸易份额的97%以上。WTO的基本准则即是GATT和乌拉圭回合中建立的规则。各成员必须无条件接受所有乌拉圭回合取得的结果，才能获得成员资格。WTO负责对商品、服务贸易、国际投资和知识产权保护设定新规则。它同时也运行着一套更有力的争端解决机制。

旧的GATT因为缺乏强制执行机制而常常遭受批评。当争端在成员间产生时，成员被力劝进行协商。协商失败时，可由第三方代表组成听证会审议案件并做出裁决。但是裁决不构成法律效力。如果某一成员赢得GATT的案子，它可以要求GATT允许其对侵犯成员进行报复。但侵犯成员可以拒绝报复。

WTO争端解决机制使对负责解决贸易争端的工作组的裁决和对负责受理上诉的机构的决定更自动地被接受。它允许交叉报复（如撤销对方一个部门的福利来报复另一部门的违规）。施行更有力的贸易争端解决机制的目的之一便是防止单边在没有WTO认定情况下做出另一方违反规则的决定。

截至2008年年底，WTO争端解决机制一直非常成功和有效。在1995年1月~2009年1月间，超过390个案例被通报给了争端解决程序，囊括了200多种问题。这个总数相当于GATT将近50年历史上案例数量的总量。多数争端被报告至WTO来解决，说明WTO的机制效率大大高于GATT的机制。有时WTO陪审团做出的决定是有争议的，因此被贴上了险恶的标签。WTO陪审团的决定被评论家描绘为一个超政府的实体迫使民主国家倾覆本国的法律以满足跨国公司利益的决定。事实并不尽然。WTO陪审团只是尽量确保各成员政府不会

⊖ 想更多地了解WTO，请访问网址 http://www.wto.org/。

通过违反国际贸易协议的法律，这些国际贸易协议是成员早已同意的。WTO 不能迫使成员以超过它们已选的水平向贸易和投资开放本国经济。虽然如此，一个更有效的争端解决机制意味着协议将被更严密地遵守，这使 WTO 比被它取代的 GATT 更加强大。

强大的 WTO 在有些人看来对世界环境是有害的。因为有些成员的环境政策由于与 WTO 规则抵触而受到了威胁。[⊖]实际上，环境与贸易政策之间的关系越来越被 WTO 官员所关注。WTO 目前对各成员在其政府管辖范围内执行可能对环境不利的生产和消费规章的能力没有加以限制。

当环境问题是由于国外的生产或消费活动产生时，WTO 规则会限制国内的管制行为，因为它禁止依据出口国国内政策或实践的变化来确定市场准入规则。如果不这样规定将造成很多新的贸易限制，一国可能会将本国的环境标准强加于另一国，或使用环境标准作为减少外国进口品竞争的借口。

尽管如此，WTO 阻止单边使用贸易措施作为环境政策并不代表成员在这方面无能为力。它们可以通过达成多边协议来采取共同行动。例如，很多成员在 1987 年签署了《蒙特利尔议定书》，提倡禁止交易损害臭氧层的产品。草案于 1989 年生效。此后，一系列修正案扩充了禁止贸易的商品种类，并且进一步为发展中国家和地区加入此协议提供了更多的经济和技术支持。

另外一个旨在保护环境的国际协议为《京都议定书》，它于 1992 年初创，2005 年生效。签约成员承诺采取行动以减少本国的温室气体排放，使其达到低于 1990 年的水平。协议的一部分要求各成员采取的措施必须与 WTO 的规定协调。就是说各成员不得采取武断的或不公平的贸易手段来歧视外国产品。美国是签约国之一，但是美国（直到 2009 年年初）还没有通过执行此协议的立法。

有些多边协议破裂的案例中，一国可以放弃 WTO 规则而施行本国政策。在这些案例中，这些选择使各国看到了解决环境问题的希望，而又免于单边行动可能产生的节外生枝。

【贸易政策案例学习 1】美国对金枪鱼实施配额以拯救海豚

在太平洋东部，海豚总是在黄鳍金枪鱼附近出没，渔民想要找到黄鳍金枪鱼的一个普遍方法就是找到海豚群，因为它们总是游在金枪鱼上面。在围网金枪鱼的过程中，一些海豚被困在渔网中，结果窒息而死。但是由于不存在交易海豚肉的商业市场，所以死掉的海豚就被丢弃了。

对海豚附带的捕捉虽然是一个独立的问题，因为它只出现在东太平洋海域，但动物权利保护组织早已关注这一问题并积极向国会投诉。1972 年通过的海洋动物保护法案对危害海豚的金枪鱼捕捉方法进行了限制。法案号召政府在每年金枪鱼的捕捉数量超过 20 500 条时关闭东太平洋捕鱼区，以减少对海豚的捕杀。配额在 1986 年 10 月首次达到，捕鱼区在当年余下的时间中对美国船队关闭了。海洋动物保护法案还授权对那些捕鱼行为危害到海洋生物的国家所产的鱼类产品施行进口限制，而允许对来自遵循美国标准的国家产品的进口。但是随着 1984 年、1988 年和 1990 年对海洋动物保护法案的修改，各国越来越难达到美国

⊖ 有关此话题的更多内容，详见贸易政策案例学习 1：美国对金枪鱼施加配额以拯救海豚。

有关黄鳍金枪鱼的标准。1990年4月，美国加州北部地方法院依据海洋动物保护法案的规定，对墨西哥产金枪鱼实行禁运，此禁运在1991年2月的上诉中获得支持，墨西哥直接在GATT框架下对禁运发起挑战。

墨西哥认为禁止进口黄鳍金枪鱼的手段是一种配额，这是GATT条款XI所禁止的。美国解释这种手段不是限额而是美国的内部法规，适用于所有金枪鱼，无论是进口的还是美国渔民捕捉的。GATT工作组在1991年9月做出偏向墨西哥的裁决。它是基于美国的政策没有对墨西哥和美国金枪鱼给予同等待遇的考虑。美国标准允许墨西哥捕杀金枪鱼时杀死海豚的数量是根据美国渔民杀死海豚的数量决定的，但这一数量只有在事情发生后才能知道。这样，墨西哥官员在任何时间都无法得知他们是否符合美国的标准。工作组认为，这种不可预测性对保护海豚没有好处，而且也不能作为对GATT规则的一项例外来处理。1991年10月，两国要求搁置工作组的报告，关于这个问题的双边协议就这样悬而未决。

不久之后，包括美国和墨西哥在内的10个在东太平洋海域捕杀黄鳍金枪鱼的国家建立了一个自愿的国际海豚保护计划，也就是《拉霍亚协定》。这是第一个限制海豚死亡率的协议，并设定目标希望到2000年时，减少海豚的死亡数至5 000头以下。这个项目包括百分百的目击者覆盖率、船长和船员有关海豚放生技巧的培训和对于海豚生物学和副渔获物的数据采集。[①]这个项目大获成功，海豚的死亡率由1989年的年均100 000头锐减至1996年的不到2 700头。

1995年，包括美国和墨西哥在内的11个国家签署了《巴拿马宣言》。这个协议号召美国政府取消对参加协议国在东太平洋捕捉金枪鱼的禁运，并且改变对于“海豚安全”的定义，接纳导致海豚零死亡率的围网捕捉的金枪鱼。当时，美国对海豚安全的定义是不允许在东太平洋围网捕捉金枪鱼。用其他方法或者在其他海域捕捉金枪鱼甚至导致海豚死亡的渔民仍可以使用海豚安全的标签。

1997年美国国会通过了国际海豚保护项目法案，使《巴拿马宣言》的定义合法化。它正式取消了对围网捕捉金枪鱼的禁运，并要求来自国际勘察组的观察员陪同每艘使用围网捕捉金枪鱼的渔船。2002年初，美国商务部宣告降低海豚安全标签的使用规则。这一举措在美国法庭上受到环境小组的质疑，在2004年被驳回了。联邦政府展开了对此项裁决的斗争，2007年一个联邦上诉法庭再次裁决，对围网捕捉金枪鱼禁令的豁免均符合国会的意图。2008年，墨西哥针对这一政策向WTO提出申诉。

① 副渔获物，是不能上市交易的或限制商业性捕获的物种。

8.3 多哈回合

多哈回合贸易会谈始于2001年11月在卡塔尔多哈召开的一次贸易部长级会议。这次会谈的议程目标宏伟，有很多争议问题有待解决，并有超过100个成员参加谈判。部长宣言中设定了会谈目标，重点为讨论经济增长与贸易自由化的关系。超过7年的谈判进展甚微，到2008年7月，会谈崩溃。2009年会谈重启，至今未果。

最初有21个议题被认定为谈判话题。下面列举其中的一部分：

执行。发展中国家和地区目前在WTO乌拉圭回合达成协议的执行上存在一定的困难。在一些协议中，这些成员希望被排除。在另一些协议中，它们希望能减缓他们采用这些新贸易规则的进程。

农业。此处的目标是通过削减贸易壁垒、消除出口补贴和减少国内生产支持计划，使世界农产品贸易更符合比较优势。

服务业。目标是使商业服务贸易自由化。

市场准入。多哈回合号召开展对所有非农产品减税的谈判。目标在于“削减或适当取消关税，包括削减或消除关税峰值、高关税、关税升级还有非关税壁垒，尤其是针对那些对发展中成员出口有利的商品”。这些会谈要全面考虑发展中和最不发达成员的特殊需求与利益，并且承认这些国家不用匹配或报答其他成员做出的关税减免承诺。

知识产权。这些会谈的一个重心就是修改现存的与贸易有关的知识产权协议来改善发展中成员的公共健康状况。为此，协议将寻求提高使用现有药物的水平并鼓励新药物的研制。

环境。谈判聚焦于现有WTO准则与各成员多边环境协议设定的特殊贸易责任之间的关系。谈判会阐述WTO规则如何在达成环境协议的成员国内应用。

最不发达国家。很多发达国家已经取消或降低了对世界最贫困国家的关税。多哈回合希望能达成对于这些国家货物免关税、免配额的市场准入。

这些会谈的最后期限被设为2005年1月1日。会谈开始后不久，各成员贸易部长间就产生了巨大的分歧，显然原定的最后期限无法达成。2005年12月，WTO成员的贸易部长们齐聚中国香港地区，试图恢复谈判。然而，这次会议并没有取得多少实质性成果，只是将该回合新的截止日期设定为2006年12月31日。阻碍会谈最实质的分歧在于如何管理农产品贸易。由于国内政策的原因，包括美国、欧盟和日本在内的主要工业化国家继续对农产品实行生产补贴并设立了较大的进口壁垒。这些政策对国际贸易的扭曲比其他国际贸易部门更加显著。如果工业化国家不改变他们的农业政策，发展中国家就不会情愿减弱它们对工业品和服务的进口壁垒。直到2006年的最后限期时仍然没有达成协议。在那以后，WTO总干事帕斯卡尔·拉米（Pascal lamy）召集了几次部长级会议力图达成一致意见。2008年7月和2009年初，农产品问题再次成为出现最多问题的议题。2009年6月，多哈回会重启至今，仍无结果。综上考虑，多哈回合很可能永远无法达成一个圆满的结局。

8.4 美国商业政策的执行

美国贸易法有一定的双面性。一方面，在1934年通过的主要贸易法中，国会批准系统性地削弱美国的贸易壁垒以换取他国贸易壁垒的降低。另一方面，国会为美国厂商提供可供选择的机制以寻求减少来自国外竞争的压力。这些程序定义了合法商业活动的规则，并且准许以更高程度保护的方式协助厂商抵御国外不公平或公平的竞争。在这一部分我们将深入讨论其中的一些措施。

8.4.1 倾销

倾销（dumping）是指企业以低于本国市场价格或以低于生产成本的价格向国外出售产品。这种类型的销售在美国法律中称之为低于公平价值出售（LTFV）。

在我们讨论处理倾销的法律程序之前，我们先探讨倾销的经济学含义。如图 8-2 所示。假设此图代表美国的汽车市场。P_w 代表世界市场的汽车价格，以及出口国（如韩国）本国的市场价格。在美国实行自由贸易的条件下，美国的汽车价格也应该为 P_w，美国将进口 MN 单位汽车。假设其他条件不变，如果韩国厂商将出口价降至 P_1，那么它们就是在美国市场上倾销。

假设韩国确实以 P_1 的价格倾销，那么美国将受到怎样的影响呢？很明显，美国消费者会受益，而美国汽车生产商会受到损害。但是消费者的获益会高于国内厂商的损失，所以美国的总体福利上升。那么问题便产生了，如果国外倾销对美国是有益的，那么国会为何要立法反对它呢？答案是至少在此时，国会更注重的是保护国内厂商的利益而不是提高美国的整体福利。另外，人们还担心国外的倾销很可能是**掠夺性倾销**（predatory dumping）。

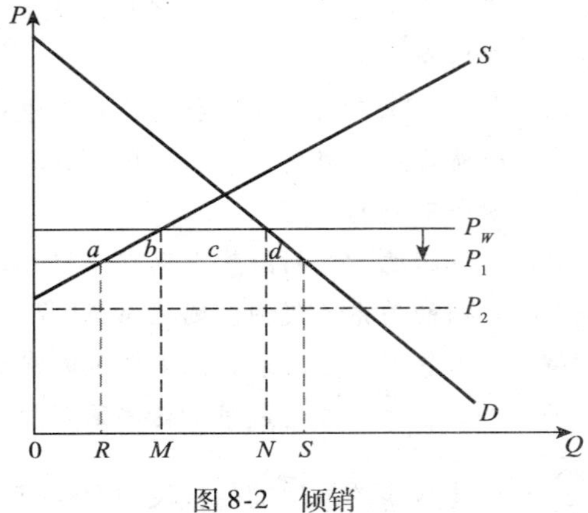

图 8-2 倾销

现在考虑，如果韩国将价格确定为 P_2 而不是 P_1，情况将会如何。很显然，美国厂商将被驱逐出市场。因为 P_2 比任何国内厂商可以接受的最低价格都更低（低于国内供给曲线的截距）。没有了本国厂商的竞争，有人认为国外厂商便不会再定低价，而转变成垄断者进行经营。在这种情况下，倾销是有害的。但有趣的是，没有记录显示掠夺性倾销曾经出现过或是将要出现。如果国外厂商开始进行垄断式定价，那么肯定会诱使新厂商进入或旧的厂商返回市场。这样，如果外国厂商想要保持其对美国市场的独占性，那么它们必须保持一个足够低的价格来阻止美国厂商的进入。

在什么情况下会出现倾销呢？一个条件是某外国厂商在本国和外国市场均有一定程度的市场支配力。由于这种市场支配力，该厂商有权自主定价，该定价可以使其在两个市场上的销售利润最大化。如果厂商在两个市场面临不同的需求曲线，并且商品不能在两个市场间进行倒卖，那么厂商将在两个市场设定不同的价格。换句话说，他会施行**国际价格歧视**（international price Discrimination）。如果货物在本国市场的需求缺乏弹性，那么很可能厂商在本国的定价将高于该商品在国外市场的定价。[⊖]

在图 8-3 中，我们给出了一家日本半导体企业所面临的两个市场。图的左半部分表示本国（日本）对该公司产品的需求曲线。图的右半部分则是外国（美国）市场对该产品的需

⊖ 一国范围内也存在价格歧视的动机。例如匹兹堡一家小型酿造厂想把它的部分啤酒卖到丹佛。合理的想法是厂商将定低价（比匹兹堡更低）以吸引丹佛的顾客尝试它的产品。酿造商唯一需要防范的事就是有人在丹佛以低价买入啤酒再带到匹兹堡市场倒卖。

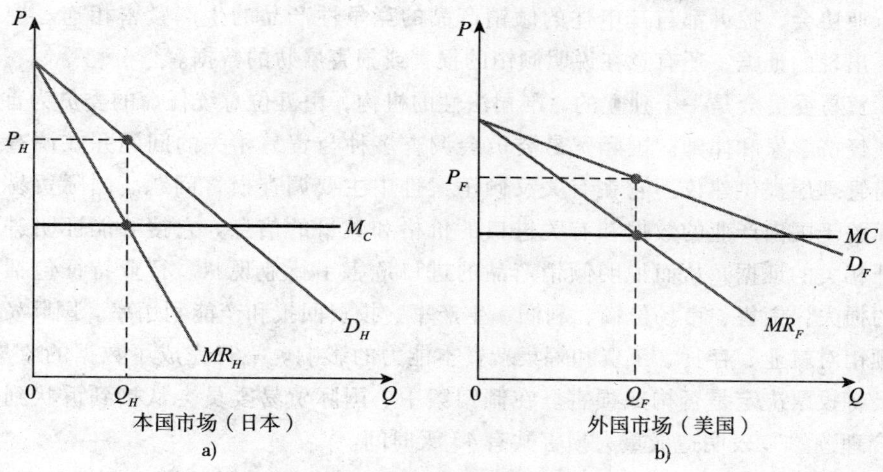

图 8-3　国际价格歧视

求。国内需求曲线更陡峭（弹性更低），反映了可能本国对该产品更加熟悉。美国的需求曲线更平缓，说明当地可能存在替代性的产品。现在假设产品在任何市场销售的边际成本相同（并且不变）。这可以通过水平的边际成本（*MC*）曲线在图的左右两边等高来表示。为了使利润最大化，厂商会以使两个市场的边际收益（*MR*）等于边际成本（*MC*）的生产水平进行生产。然后根据其在两市场确定的产出水平，厂商会确定能使每个市场出清的价格。如图所示，国内价格将会高于美国的价格。㊀也就是说，倾销来源于厂商追求利润最大化的行为。

国际价格歧视是对倾销的一种解释。如果外国厂商可以从其政府得到生产或出口补贴，也会出现倾销。补贴可以帮助厂商降低生产成本，因此厂商可以以低于边际成本的价格出售产品。当厂商在这种情况下在世界市场上倾销产品时，实际上是国内纳税人为买方国家的消费付了一部分账。像许多经济学家玩笑中说的那样，在这种情况下，倾销发生国的居民应该给倾销国纳税人一封感谢信。

8.4.2　反倾销法

目前的反倾销法规定，在一定情况下，对国外在美国出售的、低于公允价值的产品可以征收一项特殊关税（在任何正常税基础上）。㊁这项特殊关税应为商品较低的实际卖价与较高的公允市场价值之间的差额［被称为**倾销差价**（dumping margin）］。如果要征收此特殊关税，必须证明倾销已经对本国产业造成了重大伤害或者产生了伤害本国产业的威胁。必须证明损害或威胁存在的要求叫做**损害检验**（injury test）。

反倾销案件始于向坐落于华盛顿的美国商务部和美国国际贸易委员会的控诉。控诉可以来自于任何人，包括商务部长。但是一般情况下，控诉多来自各种群体，例如企业、贸易联

㊀ 注意这不是必然的结果，也不是每家公司都会以这种方式实行价格歧视。

㊁ 反倾销条例是修订后的 1930 年关税法案中的 731 条款的一部分。第一个反倾销法是在 1916 年通过的。现行条例的基础是 1921 年通过的法律。据我们所知，没有限制美国在国外市场倾销的法律。

盟或者行业协会，控诉都与其申述的倾销产品的竞争性产品的生产紧密相连。控诉都包括倾销将要出现的证据，还有意在说明倾销的损害或损害威胁的数据。㊀

国际贸易委员会是一个独立的、准司法性的机构，由五位总统任命的委员为首，其成员包括一些经济学家和律师。国际贸易委员会调查多种与贸易相关的问题并在调查基础上向美国政府管理层提供建议。它在有关反倾销案件中主要调查损害问题。国际贸易委员会收集多方面关于国内产业的数据和有关进口的价格和数量的信息。它搜寻能证明进口与特定行业特征相关的证据，从而说明倾销产品的进口危害了行业现状。行业特征包括其在以下几方面的损失：销售、市场份额、利润、生产率、投资回报和产能利用率。国际贸易委员会也考虑倾销对就业、存货、工资和筹集新资本能力的影响。一旦完成了数据的收集和分析，五个委员将投票决定是否构成损害。在倾销案中，国际贸易委员会从接到诉状到决定是否存在"合理迹象"表明造成重大损害共有45天时间。

如果国际贸易委员会做出初步的损害鉴定，那么商务部将继续调查倾销是否真的发生。同时国际贸易委员会将开始对产业情况展开更深入的调查，以做出对行业损伤程度的最终裁决。商务部有140天时间对问题做出初步估计，包括估计倾销差价的规模。如果商务部找到证据证明倾销差价可能存在，被质疑的进口品马上会被征收与估计的倾销差价等额的关税。商务部接下来继续调查倾销是否出现，在调查结束时做出最后判决。如果进一步调查后商务部发现并不存在倾销，之前征收的特殊税将被退回。否则，这个程序将持续到国际贸易委员会对损害程度做出最终裁决。

如果国际贸易委员会在它的最终报告中裁定没有出现损害，那么案件也将结案并且特殊税额将被退回。如果商务部和国际贸易委员会都认为诉状成立，一项永久性关税就会生效，税额等同于商务部在它的最终调查中计算的倾销差价。

商务部要计算倾销差价必须决定产品的市场公允价值。美国法律规定了三种决定途径。最常用的计算方式就是用出口国市场同质商品出售价格来衡量，只要这个价格高于成本。如果这种数据不存在，则使用第三国价格（同样只要这些价格超过商品的生产成本）。如果这些数据无法取得或者商务部认为获取相关数据过于耗时，商务部将根据商品生产成本加至少10%的一般费用和至少8%的利润来构造一个价格。㊁

在最近的几个贸易法案中，美国国会试图提高反倾销案件通过和裁决的授予率。1980年，调查倾销差价规模的职责由财政部（从1921年开始负责处理此类案件）转移给商务部。㊂商务部被深信为是美国政府里的首席美国商业倡导者，它很可能在抵抗外国倾销中比财政部表现得更积极。另外在最近的几个法案中，国会指导多使用构造价值而不是国外价格来计算公允市场价值。构造价值的使用显然使商务部更易裁决倾销的存在。法律通过刚

㊀ 有时公司不控诉倾销更符合他们的利益。参见 J. Cassing 和 T. To 的"Antidumping, Signaling, and Cheaptalk," *Journal of International Economics*（2008）。

㊁ James Bovard，在他有关美国贸易政策的书中谈到，世界五百强企业中的15家大型企业，其中有13家在1989年达不到8%的利润，因此达不到商务部强制对外国公司执行的标准。参见 James Bovard，*The Fair Trade Fraud*（New York：St. Martin's Press，1991）。

㊂ 权力从财政部转交给商务部，是卡特政府迫于国会的强大压力而授权的。对于这一问题的相关知识，参见 I. M，Destler，*American Trade Politics*。

性的费用和利润加成来计算构造价值必然沾上“不公平”的污名。这样一来它就禁止了正常的商业行为，比如降价或在市场状况不利时厂商接受更低利润的行为。

反倾销法是众多形式的非关税壁垒中的一种，我们在第 7 章中对非关税壁垒进行了详述。现在考虑这个方法是如何偏向本国公司的呢？如果它们能使商务部和国际贸易委员会认为有理由相信倾销会出现，它们将被立即授予保护。如果本国与外国企业竞争激烈，很可能双方均会进行价格和利润的缩减。反倾销法的出台使外国公司不得不考虑有限度的竞争，否则他们至少要在反倾销的听证会上花上一笔雇用律师的费用。这个法律也为外国公司提供了选择。在此过程中的任意时间，外国企业可以选择与商务部达成协议，自动提高它们商品的价格或停止它们商品在美国的销售，从而规避征税的实施。这样，反倾销法相当于为国外商品价格设置了底线并限制了外国竞争。最后我们注意到，反倾销法使政府官员失去了判断力。只要商务部裁定倾销并且国际贸易委员会裁定损害，就将征收关税。即使关税对更多的美国企业造成伤害而仅保护了少部分企业，情况也会如此。

美国企业多次使用反倾销法。在 1980 ~ 2006 年间，共申诉了超过 1 100 起案件。表 8-2 提供了这些案件设立的一些信息。胜诉案指国际贸易委员会调查发现存在倾销。终结的案件多代表外国企业同意提高它们商品的价格。这样一来，在表中所示 27 年的案件中，只有 39% 没有被设置关税或引起国外产品价格的提升。

表 8-2　美国的反倾销案件：1980 ~ 2006 年

年份	终结	败诉	胜诉	总计
1980	10	15	9	34
1981	6	5	4	15
1982	28	25	12	65
1983	8	14	12	34
1984	29	13	16	58
1985	36	20	26	82
1986	12	14	37	63
1987	4	15	17	36
1988	3	14	21	38
1989	3	9	17	29
1990	2	4	15	21
1991	6	40	19	65
1992	4	47	38	89
1993	16	9	11	36
1994	4	26	29	59
1995	3	6	9	18
1996	2	2	9	13
1997	2	7	14	23
1998	0	11	22	33
1999	6	24	20	50
2000	2	15	18	35
2001	9	43	40	92

（续）

	终结	败诉	胜诉	总计
2002	2	21	12	35
2003	10	11	14	35
2004	6	8	20	34
2005	0	4	6	10
2006	3	3	2	8
总计	216	425	469	1 110

资料来源：U. S. International Trade Commission, Import Injury Investigations Case Statistics, January 2008.

尽管 WTO 规定对所有现行的倾销案件要有五年的日落观察期，多数自 1980 年来征收的反倾销税仍在执行。这些案件涉及的产品包括了来自多个国家的钢铁产品；阿根廷的蜂蜜；中国的铅笔、曲别针和大蒜；韩国的半导体和挪威的鲑鱼。其中 75%（353 件）于 1985 年以后开始征税。在 1980～2006 年间的 1 110 起案件中，有 117 起是针对中国大陆的，110 起针对日本，67 起针对韩国，65 起针对德国，还有 61 起针对中国台湾地区。平均而言，反倾销税是最惠国待遇关税的 10～20 倍。如此高的关税是非常有效地减少国外竞争的机制。托马斯 J. 普鲁萨（Tomas J. Prusa）最近的一项研究表明，美国通过反倾销税使之进口贸易额减少了 30%～50%。[⊖]

8.4.3 反补贴税法

前面曾提到，出现倾销的一个可能原因就是外国政府给予本国企业或行业的产量或出口补贴。国会认为不论倾销是否发生，这都是不公平的商业行为。美国贸易法规定允许征收**反补贴税**（countervailing duty）来削弱任何出口到美国的商品在生产或出口环节的补贴。

反补贴税（CVD）案件的处理办法与反倾销案件基本相同，主要有两处不同：第一，受到补贴的国外企业即使没有施行国际价格歧视，本国企业也可以受到保护；第二，一些案件中不需要进行损害测试。在这类案件中，即使本国行业未受损害甚至没有受到损害威胁，如果证明补贴存在，就可以直接征税。

诉状呈交给商务部，如果在需要进行损害测试的情况下，还要呈交给国际贸易委员会。商务部调查补贴存在与否及其规模。根据法律，补贴是指直接和（或）间接给予生产或出口的补助。补贴可以有很多种形式，如直接的现金支付、税收抵免或刻意的低利率贷款。现行法律也适用于**上游补贴**（upstream subsidy）。上游补贴是指外国政府对使用某种投入品的补贴，使得该国制造商可以以明显较低的价格购买该投入品。

除了美国法律反对补贴，WTO 也执行了一个补贴协议，作为乌拉圭回合谈判的一部分。协议定义了三个等级的补贴：禁止性补贴、可控告的补贴和不可控告的补贴。总体而言，禁止性补贴是指那些依据其出口业绩生效，或根据国内对进口商品的使用而生效的补贴。禁止性补贴服从于争端解决机制，该机制包括 WTO 争端解决体制派生的一个行动时间表。如果补贴确实是禁止性的，则必须马上撤销。如果未在特定时间内撤销，上诉国有权行使

⊖ 参见 Thomas J. Prusa, "On the Spread and Impact of Antidumping," *Canadian Journal of Economics*（2001）。

反措施。至于可控告补贴，出发点是 WTO 成员间不应通过补贴对其他成员国的利益产生负面影响。成员被可控告性补贴影响时可向争端解决组织反映。如果裁定负面影响存在，补贴成员应撤销补贴或消除负面影响。不可控告补贴可以是非特定补贴，也可以是包括对产业研究和竞争前开发活动的帮助、对不发达地区的帮助，或对现有设施适应新法律法规提出的新环境要求的帮助而制定的特定补贴。当成员坚信一个不可控告补贴对本地区产业造成了严重的负面影响时，该成员可要求有关此问题的决断和建议。

协议还包含对反补贴措施使用的规定。它为反补贴案件的开始、国内机构的调查设立了规则，还规定了关于证据的规则，保证所有涉案国家均能提供信息和论据。

协议中，计算补贴数量的规则和决定对国内产业损害程度的基础都有略述。协议要求在估计产业情况时要考虑相关经济元素，在被补贴的进口与所谓的损害间建立因果联系。所有反补贴税必须在 5 年内终止，除非权力机构在审查基础上认为反补贴税一旦停止征收将带来补贴和损害的持续与再现。

8.4.4　不公平国外行为：301 条款

截至目前，我们主要讨论了有关处理外国在美国市场上不公平贸易行为的法律法规。美国贸易法也规定了回击其在国外市场受到的不公平待遇的手段。1974 年贸易法案中的 301 条款（Section 301）赋予总统权力以在国际协议框架下捍卫美国权利，并对国外市场的不平等贸易行为做出回应。这强调的是国外政府在其本国市场针对美国企业的行为。如果外国政府采取增负、限制或歧视美国商品的政策或行为时，而两国又不能达成协议停止这种攻击性的举动时，美国可以对该国商品采取进口限制措施。

301 条款的案例由美国贸易代表办公室（USTR）执行。美国贸易代表办公室是一个属于行政部门的机构，它负责为总统提供有关贸易政策问题的建议并协助美国政府进行贸易谈判。它以一个内阁级官员为首，其头衔也为美国贸易代表。[⊖]

301 条款案例的控诉始于向美国贸易代表办公室申诉。任何人都可提出申请，包括美国政府的自发立案。美国贸易代表办公室有很短的一段时间（通常为 6 周）来决定是否接受该案件。一经接受，美国政府将与被起诉国家政府展开谈判。当争端包括其他 WTO 成员关于任意 WTO 协议涉及的商品或行为时，磋商和谈判将在 WTO 举行，作为 WTO 争端解决程序的一部分。其他情况下 WTO 将不介入。在后面的情况下，如果谈判没有达成任何协议，美国贸易代表办公室被要求在立案起一年内采取行动。行动可能是继续会谈、因缺乏依据放弃案件或通过对该国关闭美国市场的报复行为说服它结束其不平等贸易行为。

1975～2002 年 8 月间，美国政府办理了 121 起 301 条款案件。大概半数案件成功地得以解决，违规的外国贸易行为被消除或在某种程度上被修正。但是少于半数的美国被质疑商品的出口并没有明显扩大。13 起案件引起了美国政府的报复行动，包括提高关税和实行更严格的配额等形式。很多案件一拖数年，可能是因为旧的 GATT 程序烦琐缓慢，或者是因为争端涉及的（私人）组织开始满足于现状。一些案件被放弃，是因为调查不能显示美国企业因为国外的行为而受到负面的影响。

⊖ 为了防止混淆，我们称美国贸易代表办公室为 USTR，而称美国贸易代表个人为 the USTR。

2002 年起，美国尚未启动新的 301 条款案件。相反，它直接把贸易起诉送到 WTO 争端解决体制去处理。贸易政策案例学习 2 提供了一个例子。这个政策的改变为证明 WTO 在帮助成员解决争端上的成功之处提供了更多的证据，各成员不用再依靠单边贸易报复手段。

【贸易政策案例学习 2】国际香蕉争端案

香蕉生长在具有热带气候的国家。最盛产香蕉的地区为中美洲的国家和某些南美洲国家。在过去几十年中，香蕉产量增长迅猛，在过去 20 年中几乎翻了一番。虽然香蕉产量一直在飞涨，但它在欧盟的价格却很昂贵，其零售价通常是美国商店的 2 倍。这种情况归因于 1993 年欧盟施行的复杂的关税和配额系统来控制香蕉的进口。欧盟此项政策宣称是为了支持前欧洲殖民地香蕉的生产，使它们能得到足够多的配额许可证的份额，这些殖民地分布在非洲、加勒比海和太平洋（以下简称 ACP）。欧盟称如果没有此项政策，ACP 香蕉产业将会消失，因为这些前殖民地过去和现在都远不及中南美洲适合种植香蕉。

1996 年，美国贸易代表办公室自己启动了一项针对欧盟香蕉进口政策的 301 条款调查。起因是世界最大的三个香蕉公司——都乐食品公司、奇基塔牌国际公司和新鲜德尔蒙特生产公司都在美国并且因为配额政策在欧盟损失了巨大的市场份额。301 调查的结果是，争端被交给了 WTO。此案中与美国同样立场的是厄瓜多尔，它是香蕉主要的生产和出口国。1997 年 WTO 裁定赞同美国和厄瓜多尔方，同年后期，一个 WTO 受理上诉的工作组同样否决了欧盟的做法。为了阻止大的贸易争端，两方将案件交给了仲裁。但是 1999 年初，WTO 仲裁工作组的裁定仍对美国和厄瓜多尔一方有利。当欧盟宣布不会改变它的香蕉政策时，美国从 WTO 得到许可，允许其对欧盟进口的特定商品征收 100% 关税。这些关税在 1999 年 3 月生效。在 WTO 的协助下，厄瓜多尔也使用了同样的关税。

谈判仍在继续，到了 2001 年，欧盟宣布与美国和厄瓜多尔达成了共识。协议呼吁欧盟到 2006 年对香蕉进口应用基于最惠国的纯关税制度。在过渡期间，欧盟可以施行一个结合了关税率配额和进口许可证要求的进口制度。

2005 年欧盟为香蕉关税提出了两个新的提案。这两个提案上交给 WTO 仲裁后，被认定都不能为所有最惠国成员提供完全的市场准入。2006 年 1 月 1 日，欧盟执行了一项对非 ACP 国家的香蕉进口每公吨征收 176 欧元关税的政策，而对欧盟与之有特惠贸易关系的 ACP 国家施行零关税率配额，配额数量为 775 000 公吨。厄瓜多尔马上对新政策提出质疑。在 2006 年 11 月，谈判没能解决这一争端，厄瓜多尔又将这一案件交给了 WTO。2007 年 6 月，美国也要求 WTO 工作组考察此案。2008 年 4 月，WTO 工作组赞同厄瓜多尔一方。2008 年 5 月，WTO 也裁定美国占优。在两个裁决中，工作组认为欧盟对 ACP 国家实行的特惠关税率配额政策违反了 GATT 准则。2009 年初欧盟提出上诉，但到目前为止还没有达成解决方案。

8.4.5 例外条款：201 条款

到目前为止，我们学习了美国贸易法中为了抵消国外不公平贸易行为而设计的规定。美国法律也建立了一个机制，为本国公司寻求针对国外商品公平贸易竞争的保护。这个机制就是**例外条款**（escape clause）。例外条款自 1940 年初以来就是美国贸易法的一部分，具有多种形式。它准许总统撤销或修改对国外做出的贸易让步，以及对与本国产品很相似或直接竞争、引起严重损害或具有损害威胁的任何商品加以限制。

例外条款强调对本国产业增加的保护具有临时性的性质。贸易限制的加强在最初阶段不会超过5年并且应在此期间逐渐减弱。临时保护的使用主要出于两个原因：第一，它减慢了本国产业收缩的速度，可以为资源顺利转移到其他经济部门提供一些时间；第二，国内利润的增长会刺激国内企业对行业再投资，这样才能更好地与国外厂商抗衡。㊀

为了获得例外条款的保护，行业代表（如企业、劳工或行业贸易协会）须向国际贸易委员会请愿。请愿必须陈述寻求贸易救济的目的，可以是为了便于资源从该行业的转移或者调整行业使之能更好地应对国外的竞争。一旦请愿被接受，国际贸易委员会便开始进行损害调查。根据现行法律，国际贸易委员会必须查明进口是否已带来或威胁将会带来对本国产业的损害。出于其调查的目的，国际贸易委员会可以定义本国产业为只生产相似产品的那部分产业。

国际贸易委员会有6个月来完成它的调查。如果调查发现损害已经发生或将要发生，它会向总统建议贸易救济应有的数量和性质来补救损失或阻止损害的发生。总统接下来就要决定是否提供救济。总的来说，除非总统认为该救济不符合国家经济利益，否则救济一般都会施行。

例外条款在过去几年应用次数相对较少。自1975年以来国际贸易委员会审理了73项请愿。这些请愿中有41项被认定是有损害的，总统只在其中17项中执行了贸易限制。最近的一件被施以保护的案件是有关钢铁制品的进口。若想进一步了解此案，参见贸易政策案例学习3。

【贸易政策案例学习3】美国钢铁产品进口的例外条款关税

美国钢铁工业多年来一直在萎缩。1964～2001年间，美国钢铁总产量减少超过20%，该产业的就业率也下降了将近70%。虽然衰退的大部分是逐步形成的，但1999～2001年却被称为是这一行业的大危机时期。在这段时间内，前后有30家钢铁生产、加工公司申请破产。在乔治W. 布什的第一任总统竞选活动时，他保证不会忘记钢铁工人的利益。在总统任期的初期，行业和钢铁工人工会催促当局实现它的诺言。

2001年6月，布什总统宣布了一系列措施。其中两项包括与钢铁生产国的谈判来解决该行业世界范围的产能过剩问题和消除补贴及其他市场扭曲活动的问题。第三项措施是启动一个国际贸易委员会例外条款调查。2001年10月，国际贸易委员会裁定在33种钢铁进口产品中，有大约半数数量的急剧增长是对本国钢铁工业造成严重损害的主要原因。有趣的是，扁钢产品的进口量在此次调查结果的两年前减少了19%并在之后保持平稳。国际贸易委员会于2001年12月建议对钢铁制品的进口施行一组更高的关税、配额和关税率配额（TRQ）。2002年3月，布什总统下令对扁钢产品、普通热轧钢筋和冷轧条钢征收30%的关税，对其他钢铁品则征收15%的关税。对于未完工的钢板，布什总统设置了一项关税率配

㊀ 对例外条款保护更好的分析，以及这一保护是否成功，参见美国国会，国会预算办公室，*Has Trade Protection Revitalized Domestic Industries*?（Washington, D.C.: Government Printing Office, 1986）。

额：进口凡超过600万短吨的，需征收30%关税，而低于这一限额的则不需缴税。例外条款的保护将在三年内撤销，即在2005年3月结束。

在美国宣布这一政策不久后，它的主要贸易伙伴包括欧盟和日本就威胁它们将实行报复。一些外国供给者向WTO质疑这一政策，认为此政策违反了WTO保障标准。美国之后公布了一系列免税目标商品，它们都是美国还不能生产的。这成功阻止了报复行动，同时不损伤政府部门从国内行业和工人那里得到的政治利益。得到免税权的国家在美国市场可以定更高的价格，这样他们还能保留他们的配额租金份额。

布什的政策有正反两方面影响。有利的一面是，保护的实施使总统有足够的国会支持来换取多哈回合的贸易谈判权。在那项立法中，国会投票要扩大贸易调整援助。随之而来的是对55岁以上退休工人健康保险的课税扣除，由于他们前雇主的破产，这些人的养老金由养老保险金担保公司来管理。

另外，就像在我们的模型中预言的一样，国内钢铁价格和行业利润均提升了。虽然钢铁行业获利了，但是却加重了钢铁制品的购买者的负担，国内汽车业也开始抗议。同样的，这个政策也没有经济学理由。先前的一个分析指出例外条款为了保住一个钢铁行业的工作，每年就要花费约400 000美元。[①]

2003年3月，WTO一个争端解决工作组裁定钢铁关税违背了WTO的保护标准，因为钢铁产品的进口似乎并不是国内钢铁行业每况愈下的主要原因。美国对此决议提起上诉，但在2003年11月败诉。不久后，布什总统宣布提高相关商品的关税率配额，尽管一些钢铁产品的进口税提高了，商务部还是被要求继续监测钢铁行业的健康状况。[②]

① 对此政策更好的分析，参见Gary Hufbauer和Ben Goodrich，"Steel Policy: The Good, The Bad, and The Ugly", *International Economics Policy Briefs*, Institute for International Economics，2003年1月，可登陆网站http：//www. iie. com。

② For an evaluation of the use of the escape clause in this circumstance, see U. S. International Trade Commission, *Steel: Evaluation of the Effectiveness of Import Relief*, *September* 2005, available at http://www.usitc.gov/trade_remedy/731_ad_701_cvd/investigations/2005/204_steel/PDF/Pub3797. pdf.

除了提供更严格的保护外，国际贸易委员会可以规定该行业的工人、企业获得**贸易调整援助**（trade adjustment assistance，TAA）。这项援助用于帮助那些因为进口竞争而长期失业的工人。贸易调整援助提供资金，使工人们可以参加培训项目、在他们寻找新工作期间补充他们的收入或者重新安置。贸易调整援助为公司提供技术支持以建立目的为新产品开发、工艺开发或出口发展的行业性项目。

贸易调整援助作为实施保护措施的替代手段在20世纪70年代被广泛应用。许多汽车、钢铁工人收到贸易调整援助福利，作为对其失业的补偿。大量的开支使国会把项目的重点从收入补贴转为对工人的再培训。由于这些变化，贸易调整援助的使用近年来大幅下降。

8.4.6 其他措施

现行的美国贸易法包含其他针对公平或不公平竞争提供保护的措施。有规定（337条款）限制不公平竞争方式，比如侵害专利权或版权的方式。337条款在美国被各公司广泛应用，主要用于控告国外侵犯专利权。如果国内公司胜诉，外国产品将被禁止进入美国。有一次，几种椰菜娃娃被禁止进口，因为不同于国内的产品，这些娃娃没有收养证书——一种美国市场出售娃娃的版权象征。

还有一种措施（406 条款）免除从非市场经济国家进口导致扰乱市场的危险。406 条款很像例外条款，但是损害测试力度更小。这样的案件很少，尤其是在苏联和东欧共和国解体后。

与国防安全密切相关商品的贸易也有限制。美国政府的一些机构依据联邦“买美国货”法案，必须对不同国家的产品实行歧视并偏向美国产品。

8.4.7　与其他国家政策的对比

以上政策在许多国家都有相似的条例与之对应，尤其是在工业化国家。外国对反倾销应用很多。还有很多保护本国免受外国公平贸易商品影响的例子。后者所说的保护即称为**安全保护**（safeguard protection），和美国法律中的例外条款类似。反倾销、反补贴税、安全保护和一些相似措施的总和占据了当今世界非关税壁垒的相当一部分。

从 1995 年到 2008 年 6 月以来，全世界范围一共发起了 3 305 项案件，其中半数以上以更高的关税告终。除 1995 年和 2007 年外，此间各国每年有超过 200 例申诉。表 8-3 展示了相关国家和地区的数据。如表所示，像澳大利亚、加拿大、欧盟和美国都频繁地使用反倾销法。一些发展中国家，包括立案最多的印度、阿根廷、巴西、中国、印度尼西亚、墨西哥、南非和土耳其也经常使用反倾销法。事实是这些国家对反倾销法的设立和使用至少在一些案件中与美国有关。在过去 20 年中，美国政府派遣了多组专家对各国和地区的官员在建立和管理这种类型贸易法方面进行了培训。在这段时间里，最易成为反倾销行动对象的也囊括了发达及发展中国家和地区：中国名列第一，欧盟第二，韩国第三，紧随其后的是美国和中国台湾地区。

表 8-3　1995 年 2 月 ~2008 年 6 月世界反倾销案件

国家和地区	反倾销案件数目	
	发起数	被控告数
阿根廷	232	29
澳大利亚	195	20
巴西	154	96
加拿大	143	34
中国大陆	141	640
中国台湾地区	13	182
埃及	65	12
欧盟[①]	382	433
印度	520	133
印度尼西亚	67	140
日本	6	142
韩国	107	247
墨西哥	94	40
新西兰	53	10

（续）

国家和地区	反倾销案件数目	
	发起数	被控告数
秘鲁	64	3
南非	206	56
土耳其	128	41
美国	414	183
其他	321	864
总计	3 305	3 305

① 反倾销事宜由欧盟处理而不是单个国家。针对欧盟的反倾销行为一般是对单个成员的出口商而言的。

资料来源：Constructed from tables found on the WTO antidumping Web site page，http://www. wto. org/english/tratop_e/adp_e/adp_e. htm.

反补贴税的应用范围并不很广。据WTO统计，有17个成员和欧盟现在有针对外国补贴商品的法律。在1995年1月~2008年6月这段时间里，这些成员启动了209项反补贴案件。美国排名第一，申诉85件，其次是欧盟（47件）、加拿大（22件）、土耳其（11件）。在被诉方面，印度排名第一，共45次被起诉，中国排名第二，有19次，接下来是韩国（16次）、意大利（11次）、印度尼西亚（10次）。

WTO成员可以使用安全措施来保护本国特定的产业，以防该产业进口激增所带来的或可能带来的严重损害。这样的措施在GATT规则下随时可以使用。然而这些措施却不是经常使用，像美国和欧盟这样的政府更偏向于通过自愿出口限制和其他市场份额策略来保护本国工业，涉及的行业包括汽车、钢铁、录音机和电视机等。

WTO在规定禁止自愿出口限制和对所有安全保护措施出台届满条款方面开创了一片新天地。协议规定成员不得寻求、运用或保留任何自愿出口限制、指令式市场管理或类似的出口或进口方面的措施。

大体上，保护措施不得与进口来源有关。但是协议没有考虑三配额分配权的决定方式问题，以及来自WTO某成员进口品不成比例的快速增长的例外情况。保护措施的实施不得超过4年，尽管可以延长至8年，但需要服从国家权威机构的认定，证明此措施确实需要并且有证据证明产业正在调整。措施实施超过一年的必须逐步自由化。

小　结

1. 商业政策是一国实施的用来影响其国际贸易的一系列壁垒和/或补贴。
2. 美国宪法授予国会发展商业政策的权力。在美国前200年历史的多数时间里，国会通过复杂的关税设定法案行使着这项权力。这类法案的最后一项是1930年的《斯姆特－霍利税法案》。
3. 自1930年以来，通过一系列贸易法案，国会在有限一段时间里将与国外贸易伙伴国在共同利益基础上谈判以达成更低贸易壁垒的权力分配给总统。
4. 最初，总统独立与国外进行协商。然而在第二次世界大战结束后，贸易自由化谈判经常是在GATT的主办下，在多边基础上进行的。在这些谈判中，最著名也是最成功的便是20世纪60年代的肯尼迪回合、20世纪70年代的东京回合和20世纪80年代至90年代早期的乌拉圭回合。自

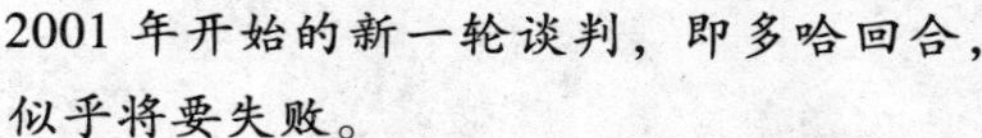

2001 年开始的新一轮谈判，即多哈回合，似乎将要失败。

5. 这些贸易法案中还包含很多规定使行业能够独立地获得持续或扩展的保护。这些规定包括公开针对国外不公平贸易行为的措施（如反倾销条例、反补贴税法和 301 条款），还有针对公平进口提供保护的条款（如例外条款）。
6. WTO 是在乌拉圭回合谈判时成立的，总部设在瑞士日内瓦。WTO 为国际商业活动设立了基本准则并且为新的旨在降低贸易壁垒的会谈提供了一个论坛。它还处理成员国之间的贸易争端并且监控这些国家间的贸易政策。到 2009 年初，WTO 共有 153 个成员。

习　题

1. 仔细观察图 8-1，在哪些阶段美国的关税较高？哪些阶段美国的关税较低？你如何解释这些模式？
2. 什么是 WTO？它有什么作用？请详细解释。
3. 什么是倾销？倾销的福利损失是什么？为什么企业会选择倾销？请详细解释。
4. 对比美国政府处理反倾销案件和反补贴案件的不同。
5. 在美国的贸易法案中，什么是 301 条款？描述它的作用方式。你认为它很有效吗？请给出评论。
6. 1988 年，南加州议员欧内斯特·霍林斯曾讲过“走 201 路线的都是失败者”。这句话表明他认为，美国公司在寻求针对国外竞争的保护时，使用其他的贸易补偿，效果要好得多。根据你的了解，给出 201 条款和美国其他的贸易法规是如何实施的。你同意议员的说法吗？为什么？
7. 一位国际贸易委员会前专员，阿尔弗雷德·埃克斯曾写道：“在倾销战中，贸易官员不但为开放的全球贸易系统赢得了政治支持，还为厂商和消费者同时带来了福利。我还记得美国针对韩国电视制造商的反倾销税的实施是如何使韩国降低国内市场的高价来规避美国反倾销税的。”对埃克斯先生的观点进行评论。你同意他的大体观点吗？以美国政策运用的实例和近期世界对这些政策的运用为论据来支持你的回答。
8. 最近米尔顿·弗里德曼经常写到，美国与其对被补贴的外国商品征收反补贴税，不如给国外纳税者写一封感谢信。你赞同他的观点吗？为什么？用图示进行简单说明。
9. 美国反倾销法的好处和代价分别是什么？
10. 倾销是掠夺性的概率大吗？请对该问题进行讨论。

参考文献

Destler, I. M. *American Trade Politics: System Under Stress*. 4th ed. Washington, D. C.: Institute for International Economics, 2005.

Taussig, Frank. *The Tariff History of the United States*. New York: G. P. Putnam's Sons, 1888.

U. S. House of Representatives, Committee on Ways and Means. *Overview and Compilation of U. S. Trade Statutes*. Washington, D. C.: Government Printing Office, June 2003.

如需要更多的习题和补充阅读，请访问我们的网址：www. pearsonhighered. com/husted。

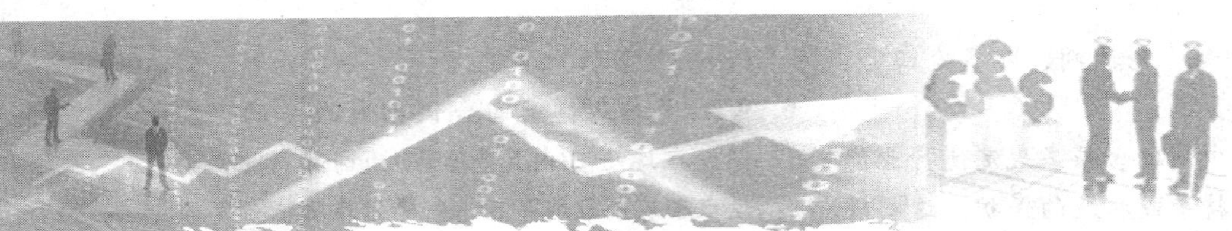

第9章

特惠贸易协定

学习目标

特惠贸易安排：经济分析；
北美自由贸易协定；
美国的其他自由贸易区协定；
欧盟；
地区主义与多边主义。

从第二次世界大战结束以来，贸易壁垒已经减少，国际贸易正在迅速增长。其中一部分贸易壁垒的减少是在由GATT支持下的多边贸易谈判中达成的。在贸易自由化的发展愿景下，许多国家还同意在它们之间进行贸易时，进一步降低贸易壁垒。这些协议被称为特惠（或歧视性）贸易安排，或者叫做地区贸易自由化，因为这些特惠贸易安排常常是在相邻国家之间建立的。事实上，现有的153个WTO成员，都至少参与了由WTO认定的380多个特惠协定中的一个。[⊖]

特惠贸易协定有两种主要的类型，即**自由贸易区**（free-trade areas，FTA）和**关税同盟**（customs unions，CU）。[⊜]自由贸易区和关税同盟的根本区别在于成员是如何对待非成员的。关税同盟是一个国家间的联合，成员国内部共同对内削减贸易壁垒，并一致对非成员国建

⊖ 关于2006年前后地区贸易协定的主要发展趋势和特性的讨论，请见R. Fiorentino，L. Verdeja，and C. Toqueboeu，"The Changing Landscape of Regional Trade Agreements：2006 Update，" *WTO Secretariate Discussion Paper* #12，网址http：//www.wto.org/english/res_e/booksp_e/discussion_papers12a_e.pdf。有关最新的特惠协定的名单，见www.wto.org上的Regional Trade Agreements页面。

⊜ 一些学者将第三种特惠贸易安排称为共同市场（CM）。共同市场是在关税同盟基础上实现了在成员国确定区域内所有生产要素的自由流动。在本章接下来的部分，不会对共同市场和关税同盟加以区分。

立相同的贸易壁垒。而自由贸易区中的成员国也共同对内削减贸易壁垒，但在对待非成员国时，它们依然保持各自独立的贸易壁垒。

最为人们所知的关税同盟的例子就是**欧盟**（European Union，EU）。[⊖]欧盟成立于 1957 年，当时由 6 个国家达成了关税同盟的协议，它们是法国、西德、意大利，以及卢比荷同盟（比利时、荷兰、卢森堡）。从那时算起，欧盟已经增加了 19 个新成员：1973 年英国、爱尔兰、丹麦；1981 年希腊；1986 年西班牙、葡萄牙；1995 年奥地利、芬兰、瑞典；2004 年塞浦路斯、捷克、爱沙尼亚、匈牙利、拉脱维亚、立陶宛、马耳他、波兰、斯洛伐克、斯洛文尼亚。2007 年，保加利亚和罗马尼亚成为了欧盟的最新成员国。许多其他国家，包括克罗地亚、马其顿、土耳其想要加入到欧盟，目前处于不同阶段的谈判中。欧盟现在的人口已经超过 4.5 亿，并且欧盟各国作为一个整体，在世界进出口总量中都位居第一。

理论上，欧盟有点像欧洲合众国：独立的国家由共同的商业政策和内部自由贸易联系到一起，这与加利福尼亚州、堪萨斯州以及纽约州之间的自由贸易非常相似。但实际上却不是这样。虽然协定去掉了欧盟成员国间大部分的关税，却还存在着大量的非关税壁垒。在 1986 年年初，各成员国就同意开始一项旨在到 1992 年年底前取消这些非关税壁垒的议程。这些改革的实施由于过程的复杂性和欧盟的扩张而减缓；其中包括了超过 1 600 项措施，常常需要所有 27 个国家都由立法通过。直到 2006 年 2 月，各国已经通过法律制定了其中 98% 的措施。

1993 年，美国、加拿大和墨西哥之间达成一致，成立了世界上最大的自由贸易区。这一协定被称为**《北美自由贸易协定》**（North American Free Trade Agreement，NAFTA），于 1994 年 1 月 1 日生效。在某些方面，NAFTA 仅仅代表了先前已经存在于美国和加拿大之间的自由贸易区的一个扩张，将墨西哥包括进来。这三个国家间所有贸易商品的实际关税已经降为零；服务贸易已充分自由化，并且对于投资流动的限制也已放松。一个三边的国际委员会，现在共同检阅北美自由贸易协定三个成员国中的任何一个对其他成员国做出的反倾销和反补贴的决议，同时也共同解决协定执行过程中的任何争议。

NAFTA 也在一些重要的部分超越了早前定下的协定。最值得注意的是，这之中包括寻求强化环境和劳动法，并为劳动再培训和环境清理提供基金。同时也号召每个国家，尤其是墨西哥，设立措施来加强知识产权保护。

为什么特惠贸易协定在当前的国际贸易体系中如此重要呢？这些协定会产生什么经济影响呢？这些协定是如何与 WTO 保持一致的？本章的主旨就是要为这些问题找出答案。我们从建立一个简单的特惠贸易协定模型开始，分析其成本和收益。然后继续详细分析现存的一些协定。

9.1 特惠贸易安排：经济分析

特惠贸易安排的经济含义，不管是自由贸易区或者关税同盟，在本质上来说都是一样

⊖ 欧盟在其发展过程中有过很多名字。它最初被称作欧洲共同市场。随后，成为了欧洲经济共同体（EEC）。到更近些时候，它被称为欧洲共同体（EC）。到 1993 年 11 月，欧洲共同体改名为欧洲联盟，以契合它扩大各主权国家政府之间合作的目的。

的。为了了解这些经济含义，假设现在世界上有三个国家：A 国、B 国和 C 国。我们假设 A 国是世界上生产某产品（如啤酒）成本最高的国家，最初 A 国为了保护本国生产者，对国外产品征收 100% 的从价税。假设在封闭条件下，A 国国内啤酒的售价是 5 美元/瓶，B 国愿意以 2 美元/瓶的价格向 A 国出口啤酒，而 C 国作为世界上生产啤酒成本最低的国家，愿意以 1.5 美元/瓶的价格出口啤酒。

图 9-1 表示了 A 国的啤酒市场。直线 S_B 和 S_C 各自表示 A 国市场上来自 B、C 两国的出口产品供给曲线。在自由贸易下，A 国会以 1.5 美元/瓶的价格从 C 国进口 *IJ* 瓶啤酒。由于 A 国从 C 国进口的啤酒价格为 1.5 美元/瓶，因此就不再有以 2 美元/瓶的价格从 B 国进口啤酒的需求。

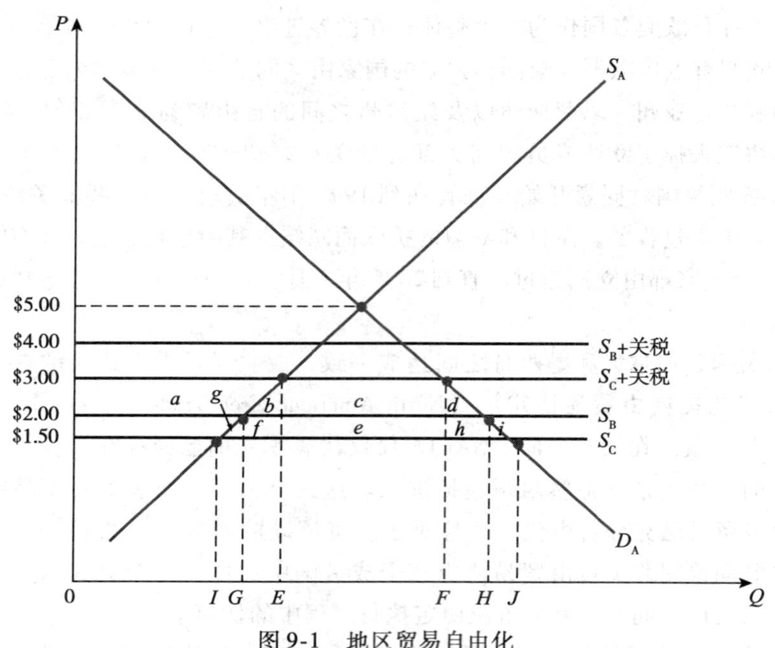

图 9-1 地区贸易自由化

前面我们假设 A 国征收了 100% 的关税。这一关税的影响是使进口啤酒的价格翻倍。因此，从 C 国进口的啤酒价格上升到 3 美元/瓶。这仍然比从 B 国进口的 4 美元/瓶（2 美元的价格再加上 2 美元关税）的价格要低。因此，A 国仍然只从 C 国进口啤酒，价格为 3 美元/瓶，进口量为 *EF* 瓶。

假设 A 与 B 达成了自由贸易区的协定。在这一安排下，A 国不再向从 B 国进口的货物征收关税，而只对从 C 国进口的货物征税。假设向 B 国的进口啤酒征收的关税被去掉了——这会发生什么呢？显然，A 国的消费者可以以 2 美元/瓶的价格购买从 B 国进口的啤酒。如果他们购买从 C 国进口的啤酒，价格将会是 3 美元。因此，A 国会很自然地倾向于将它的啤酒进口从 C 国转换到 B 国。在这一过程中，进口量会从 *EF* 瓶增加到 *GH* 瓶。但是，这些产品将全部来自 B 国而非 C 国。

正如这个例子所示，自由贸易区（或关税同盟）的形成将对国际贸易产生两方面影响。首先，贸易的来源从世界上成本最低的 C 国转变为自由贸易区成员国中成本最低的 B 国。这一国家贸易来源的改变被称为**贸易转向**（trade diversion）。一般而言，贸易转向被视为世界总福利的减少。直观来看就是A不再从具有自然比较优势的国家（如C国）进口了。取而代之，为了自由贸易区成员国B国的利益对非成员国采取差别对待。在这一过程中，资源从世界上啤酒生产成本最低的C国，流向了啤酒生产成本较高的B国。

自由贸易区的形成带来的第二个影响是A国的贸易规模扩大了。进口从EF增加到GH。这一情形发生的原因在于消费者能够以更低的价格来购买进口商品（尽管在这一例子中并不是最低的价格）。由于自由贸易区（或关税同盟）的形成而带来的贸易规模的扩大被称为**贸易创造**（trade creation）。从社会福利的角度来看，贸易创造是好的。之所以这样是因为世界上生产成本最高的国家（在这个例子中以A国表示），可以从国际贸易中获得更多的好处。

成立自由贸易区对成员国是否有利（从静态角度）取决于贸易创造和贸易转向的力量对比。再看图9-1，我们来计算一下A国和B国组成的自由贸易区对A国福利水平的影响。如果A国与B国组成自由贸易区，A国的消费者将受益。A国消费者支付的价格将从3美元下降为2美元。消费者剩余增加$(a+b+c+d)$美元。生产者剩余下降a美元，同时关税收益下降$(c+e)$美元。将这些变化抵消后就产生了A国净福利的影响为$(b+d)-e$美元（见表9-1）。

表9-1 A国与B国建立自由贸易区对A国福利水平的影响 （单位：美元）

消费者剩余的变化	a	$+b$	$+c$	$+d$	
生产者剩余的变化	$-a$				
政府收入的变化			$-c$		$-e$
福利变化（A国）		b		$+d$	$-e$

由于贸易转向，A国不再与C国进行贸易。这会造成关税收益下降。关税损失的一部分，即c美元，以降价的形式增加了国内居民的福利。余下的部分，即e美元，代表了A国的损失。这一损失的出现是因为，A、B两国组成自由贸易区意味着A国的消费者必须支付给B国生产者相对于从C国购买同样的产品更高的价格。e的高表示价格上升的程度（这里是50美分），e的底边表示贸易从C国转向到自由贸易区内的数量。因此e美元就是B国生产者相对于C国生产者在FTA成立之前收益的增加部分。这就是贸易转向给A国带来的成本。

但是，由于贸易扩大，这里还有一个补偿的收益。A国的消费者付出更低的价格来购买商品，因此贸易量扩大。国际贸易的利益是等价于$(b+d)$美元的我们所熟悉的（希望如此）三角形。为了解释这个例子中这些区域的含义，注意到这些三角形的高代表了由于自由贸易区的建立带来的进口商品价格下降的数量（这里是1美元）。这两个三角形底边长之和是由于自由贸易区的建立所带来的贸易量的增加（也就是贸易创造的数量）。因此，这两个三角形之和代表了A从贸易创造中获得的福利。综上所述，如果贸易创造带来的福利增加超过了贸易转向的损失，那么A国的福利水平将会改善，但从图表中并不能确保这一定会发生。

那么另外两个国家将会如何呢？显然，B国在该协议下从事出口是获利的．它获得了以前难以渗透的A国市场。从另一方面来说，如果A国进行某产品生产的成本比C国高，而

B 国降低该商品从 A 国进口的关税，B 国同样面临一个不明确的福利前景。与此同时，C 国受到损失，因为它的生产商失去了市场。因此，由于 A 国和 B 国受到的影响是不确定的，而 C 国是受损的，那么自由贸易区或其他特惠贸易关系的成立对整个世界福利水平的影响就是不确定的。[㊀]世界福利水平可能提高，也可能下降。是什么会造成二者的差别呢？

一般而言，使贸易创造最大化（或者使贸易转向最小化）的特惠贸易安排会给社会福利带来最大的正向影响。我们回到图 9-1，并考虑在 A 国与 C 国之间建立自由贸易区。在这种情况下，A 国会削减对 C 国的关税。啤酒的价格将会下降到 1.5 美元，从 C 国的进口量将会增加到 IJ。进口量的增加代表了净的贸易创造。也就是说，在这个例子里，贸易转向为零，因为在协议前后 A 国都是在与 C 国进行贸易。对于 A 国来说，相对于先前征收关税，与 C 国成立自由贸易区后，A 国的福利水平提高了 $(b+f+g+d+h+i)$ 美元。C 国也同样会获利，因为它的出口增加了。B 国在这个例子中既无获利也无损失，因为它的贸易没有受到任何影响。

一个明显的问题是，为什么 A 国不与能使它获得更大利益的 C 国建立自由贸易区，而是选择与 B 国建立自由贸易区？对于这个问题有许多答案，但没有一个答案是能够做出完整解答的。一种观点是，为了解释特惠贸易关系建立的原因，我们不仅需要计算数字上的得与失（即贸易创造和贸易转向），而还应该计算其中的动态收益。特别地，假设在生产不同商品时存在规模经济。当 A 国与 B 国建立自由贸易区后，两国厂商面临的产品市场将会扩大，使得两国的生产者都可以扩大生产并降低价格。设想一下，是什么使得这个自由贸易区不再扩大将 C 国也包括进来实现世界范围的自由贸易呢？那是因为在这个相对更狭窄的自由贸易区里，规模经济已经充分实现了。

第二种观点是，特惠贸易安排的建立是出于政治（非经济的）原因而产生的。比如欧盟的产生，可以视作一种欧洲政治领导人们试图通过紧密的经济联系来充分消除战争的可能性，那是在 20 世纪两次都无法抵抗的战争。另外，已经在许多工业化国家和发展中国家之间实施的普惠制计划也明显带有很强的政治动机。这些计划为发展中国家的产品提供了有限的（一般是对特定数量和价值基础上的产品）特别贸易优惠（一般为零关税）。这些计划多起源于 20 世纪 70 年代初，是当时的工业化国家迫于发展中国家要求对于它们的发展进程给予帮助的压力下实施的。[㊁]

㊀ 从技术上来说，这并不是太准确，因为为了便于讲解，我们假设 A 国是小国，因此它面对的来自所有潜在出口国的供给曲线都是水平的。在这种情况下，征税只会对 A 国造成损失，一旦取消关税，也只有 A 国受益。如果 A 国（或者 A 与 B 的结合）对世界市场有一点影响力，那么 C 肯定会遭到损失。当 A 国不再与 C 国进行贸易时，C 国产品的价格将会下降。

㊁ 关于特惠贸易安排的文献数不胜数。对这些安排的一个较好的介绍是 1985 年 Richard Pomfret 的 "Discrimination in International Trade: Extent, Motivation, and Implications," *Economic Internazionale*（1985），Richard Pomfret 关于这些协定背后的经济理论的非学术探讨见 "Preferential Trading Arrangements," 还有一篇关于这些安排背后的经济理论的非技术性的讨论，见 Richard Pomfret, "Preferential Trading Arrangements," *Weltwirtschaftliches Archiv*（1986）。最近一篇更加深刻的关于特惠贸易安排的分析是由 Jagdish Bhagwati 和 Arvind Panagaiya 主编的 *The Economics of Preferential Trade Agreements*（Washington, D. C.: The AEI Press, 1996）版。Richard Pomfret 的 *Economic Analysis of Regional Trading Arrangements*（Cheltenham, UK: Edward Elgar, 2003）收集了关于这一话题的重要文献。

9.2 北美自由贸易协定

1994年1月1日，由加拿大、墨西哥和美国达成的《北美自由贸易协定》（NAFTA）正式生效。从1994~2004年间的一系列阶段里，NAFTA成员国原产地产品的关税和配额在这三个成员国中都取消了，尽管在一些敏感项目上还保留了关税——特别是农产品。2008年年初，NAFTA的成员国实现了三国之间在所有商品和劳务上的真正的自由贸易。三国间的贸易之大，使得NAFTA在世界特惠贸易协定中排名第二，仅在欧盟之后。关于缔造NAFTA的一些详细协议，请看全球视角9-1。

全球视角9-1 NAFTA的详细情况

NAFTA于1994年1月1日生效。由于它是自由贸易区形式，因此每个国家都保持着自己原有的对非成员国的关税和其他贸易壁垒。此外，NAFTA没有包含任何协议来制定共同的外部政策、稳定汇率，或协调福利或移民政策。NAFTA只对原产地是成员国并在成员国之间交易的大部分商品和服务实施特惠条款。

NAFTA要求美国给予加拿大或墨西哥生产的产品以特别对待，则必须要在成员国之间建立一个协议以鉴定商品的产地属性。也就是说，一项产品必须有多少是由某个成员国（比如加拿大）生产的？关于解决这一问题的法律是所有特惠贸易协定中必需的部分，它们被称为原产地规则。这些规则在不同的协定中各不相同，通常会带来激烈的谈判。

举个例子，根据NAFTA，一些产品比如电视机、纺织品、服装和机动车，不仅仅需要在成员国内组装，同时也需要部分或全部用北美制造的零部件生产，才能获得特惠对待。比如说纺织品和服装，只有当它们是在北美生产，并使用北美自由贸易协定成员国的纱线或纤维，才能免税。工厂所有人的国籍并不影响特惠待遇的获得，比如一家坐落在美国的日本汽车工厂，只要使用了62.5%以上的NAFTA成员国生产的零部件，就可以获得贸易优惠。

基本协定

关税

协定规定逐步取消三个成员国之间货物贸易的关税。许多关税在协议成立之时就已经取消了。其他的依据产品情况，分别会在5年、10年或15年内取消。现在已经实现免税的产品有计算机、医疗设备、农业设备、内燃机以及电话交换设备，所有这些产品以前在墨西哥市场都面临着10%甚至更高的关税税率。NAFTA还将会取消那些对保护健康和安全不是必需的配额和进口许可证。

安全保护

如果这三个国家中的任何一个发现进口的激增对当地产业造成了伤害，该国可以临时提高该产品的关税到原来水平。提高关税的国家必须尽快降低其他产品的关税以补偿出口国。

投资

来自其他成员国个人或公司的金融投资如果没有全额补偿不能没收。投资者拥有将利润兑换成另外一种货币的权利并可以将利润转移回国。墨西哥可以对外资控制的原油和天然气储备加以禁止，但美国公司被允许开发原油并要分享原油开发的利润。

健康和安全标准

对进口食品和其他产品的检查会一如既往地进行。美国现存的对农药残留和其他危害物的标准将被完整保留，但如果该标准被当做不公平贸易壁垒来歧视其他成员国的进口品，则可能会引起其他国家的诉讼。要赢得上诉，其他国家就必须证明这一标准是没有科学依据的。

服务

墨西哥已经解除了对美国银行在墨西哥国内经营的禁令。2004 年，美国的银行被允许在墨西哥市场中占有25%的份额。2007 年，银行业中所有余下的限制都被消除了。2004 年，美国的证券公司被允许可以控制墨西哥市场上 30%的经纪人业务。同银行业一样，2007 年证券市场所有的限制也都被取消了。

知识产权保护

事实上所有形式的发明，包括制药业和农业化工产品都被列入了北美自由贸易协定的保护条款，条款要求对成员国企业的产品和企业发明的产品生产流程的专利都应受到保护。协议同时还对计算机程序设计和数据库的版权以及程序设计和音像制品的租赁权进行保护。服务商标和商业秘密，以及集成电路膜本身和作为其他其他产品组成部分的集成电路膜也在保护之列。

附属协定

关于环境合作的《北美协定》

《北美协定》(NAA) 的目标在于确保每个国家保护其环境的权利。NAFTA 保留了所有美国的健康、安全以及环境标准，并允许地方政府实施更加严厉的标准。附属协定成立了一个新的环境合作北美委员会，并由三国最高的环境官员组成理事会。一个“分层”的推行机制来确保成员国都遵循它们的环境法律。这一机制首先是“阳光”条款，以确保所有公众都知道这一法律并且参与监督它的执行。如果其他手段无法解决争端的话，接下来就是贸易制裁。委员会将花费高达 80 亿美元来治理美国和墨西哥边境的空气和水污染以及有毒废物的排放，还将建立一个北美发展银行，为在美墨边境的两端进行的环境治理和发展项目提供基金。

关于劳动合作的北美协定

这一协定旨在管理由条约所致的劳动市场潜在的改变。它包括限制童工、健康安全标准以及最低工资等问题。补充的劳动协议以三个基本原则为中心：(1) 在三个成员国内加强合作、互助和信息交换；(2) 加强力度确保各国劳动法及其实施清楚和高度透明；(3) 加强运用有效机制来推动国家劳动法的执行。这一协定建立了强化的程序机制。如果不能达成结果，将依照协议进行仲裁和处罚。墨西哥对于它自己的部分，保证将最低工资的增长与生产率增长联系起来。■

在美国，NAFTA 仍然备受争议。尽管过去和现在的国家领导人和大部分的新闻媒体都支持这项协议，但一些来自两党的高层政治家和专家学者对此表示反对。工会组织和某些环保组织也抵制这一决议。[㊀]进程受到质疑，特别是在众议院，一直持续到最终投票前的几

㊀ 关于更多环保人士反对北美自由贸易协定的内容，请见第 7 章。

天。最终，克林顿政府成功从众议院民主党那赢得了足够的选票以批准这一协议。㊀

为什么 NAFTA 如此受争议呢？最主要的一个原因在于这三个国家在生活水平上的差异。协议的反对者认为，与低工资国家比如墨西哥加强贸易会威胁到美国制造业工人的就业。墨西哥的低工资会使得墨西哥的公司相对于美国而言具有比较优势，如此便会鼓励美国的公司为了维持比较优势，转而到墨西哥去重新开工厂。随着工厂在美国的关闭，那么工人就会失业。美国制造业的就业人数从 1993 年的 1 680 万下降到 2007 年的 1 390 万，尽管这些失业中的大部分与在 NAFTA 下扩大和墨西哥的贸易无关。㊁反对 NAFTA 经济政策研究所的一项最新研究表明，如果 NAFTA 成员国之间的贸易能够平衡，美国就能够再增加 100 万的制造业岗位。㊂但是，这一假设性的结论（平衡贸易），正好与 NAFTA 的目标能够合并，即自由贸易。㊃虽然如此，NAFTA 还是作为议题出现，尤其是在 2008 年总统选举时的美国中西部地区的“铁锈地带”（the rust belt）。在最初的辩论和选举的道路上，贝拉克 · 奥巴马呼吁改变已经作为 NAFTA 中的一部分，以加强工人和环境标准。在与约翰 · 麦肯议员竞争一直到就职期间，奥巴马总统似乎对 NAFTA 的批评已经软了下来。2009 年年初，白宫的网页上再没有提到过 NAFTA。

表 9-2 显示了一些北美自由贸易协定国家经济层面的比较数据。正如表格所示，墨西哥的生活水平的确低于其他两国。利用购买力平价汇率整理后，以价格测量的数据在国家间就具有可比性了，墨西哥的经济与加拿大的规模差不多，但是墨西哥的人口是加拿大的 3 倍多。墨西哥目前的制造业工资只有美国和加拿大的 10% 左右。但是，我们在第 3 章已经知道，即使在劳动力是唯一生产要素的情况下，比较优势也不是单独由工资水平决定的。再看看表 9-2 的数据，尽管墨西哥的工资远低于加拿大，但美国从加拿大进口的货物比从墨西哥进口的要多 50%。

表 9-2 NAFTA 国家的经济数据（2007 年数据）

国家	人口（百万）	GDP（10 亿购买力平价美元）	对美国出口（10 亿美元）	从美国进口（10 亿美元）	工资[①]（美元/小时）
加拿大	33	1 271	332（79%）[②]	226（54%）	29.00
墨西哥	110	1 353	223（82%）	154（50%）	3.72
美国	304	13 780	—	—	29.60

① 平均每小时制造业工人的补偿包括委托管理的收益（2006 年数据）。

② 括号中的数字表示占该国贸易总额的百分比。

资料来源：作者根据劳动统计局的外国劳动统计表 2（可从如下地址获得：ftp：//ftp. bls. gov/pub/special. requests/ForeignLabor/supptab. txt）and the CIA's *World Factbook*（http：//www. cia. gov/cia/publications/factbook/index. html）整理而得。

㊀ 众议院的最后投票结果为 234 票支持，200 票反对；102 位民主党人士和 132 位共和党人士支持这一协议。

㊁ 远在 NAFTA 成立以前，美国制造业的工作岗位数量从 1979 年就开始下降，虽然下降的脚步从 2001 年起加快了。

㊂ 见 R. Scott，C. Salas，and B. Campbell 的“Revisiting NAFTA：Still Note Working for North America's Workers，” *Economic Policy Institute Briefing Paper* #171，2006 年 9 月。

㊃ 即使这一数字是正确的，但仍然比 1992 年的总统候选人和 NATFA 的主要反对者 H. Ross Perot 当时预测的 600 万要少很多。见 H. Ross Perot 和 Pat Choate 的 *Save your Job，Save Our Country：Why NAFTA Must Be Stopped—Now*！（New York：Hyperion，1993）。

回忆我们学过的古典模型，即使在自由贸易下，工资率仍然会由于劳动生产率的国际差异而在各国有所不同。证据表明，墨西哥的劳动生产率相比美国和加拿大要低。一个简单的证明就是跨国的人均 GDP 比较。根据表 9-2，2007 年墨西哥的人均 GDP 是 12 300 美元，大约是加拿大人均 GDP 的 1/3，是美国人均 GDP 的 1/4。[㊀]世界银行计算墨西哥的劳动生产率大约是美国的 1/4。

如何解释墨西哥的低劳动生产率呢？首先，墨西哥的工人大部分都是没有经过培训的，并且工作的时候只有有限的资本。另一个因素是，典型的墨西哥公司制造业的规模相对较小。换句话说，常年以来墨西哥的公司只为当地的市场提供产品，并且销售规模很小。市场规模不够大，使得大部分工厂都不能扩大生产实现规模经济。相反，典型的美国公司则大得多，因此能够通过大量生产实现内部规模经济。其他造成墨西哥低劳动生产率的因素还包括破旧的基础设施以及普遍缺乏合格的管理人员。高速公路很少甚至没有，尽管新的收费公路正在建设中。资本品供给短缺，并且法律系统也不可靠。

由于这些因素的存在，美国大规模重新配置资本投向墨西哥遭到了反对，尽管一些美国资本是被墨西哥劳动生产率较高的部门所吸引。事实上，在 1994 ~ 2007 年间，美国的投资额历史性地从 170 亿美元上升到 832 亿美元。大部分投资来自 1998 年之后，大约一半用在了金融服务业上（包括花旗银行收购一家大型的墨西哥银行公司），其余流入了制造业。美国持有墨西哥资本的增长比美国在海外总资本的增长还要高 7%。但是，以 2007 年为例，在墨西哥的总持有资产仅代表了全球持有投资的 3% 多一点。

NAFTA 成立 15 年后，它对美国经济产生了什么影响？至此，这个答案似乎是“还不多”。美国与其他两个国家的贸易正快速增长，但美国与世界上其他国家的贸易也在快速增长。美国对墨西哥的出口从 1993 年的 470 亿美元到 2007 年的 1 540 亿美元翻了两倍多。美国从墨西哥的进口在同一时期翻了 5 倍，从 450 亿美元上升到 2 230 亿美元。

正如在本章开头所讨论的，特惠贸易安排对各国的福利影响取决于由于协议而产生的新贸易（贸易创造）与国际贸易格局的变化（贸易转向）带来的贸易量的差异。大量的研究对这两种现象的规模进行了估计。[㊁]一篇芝加哥大学学者约翰·罗马里斯（John Romalis）近期发表的论文中给出了证据表明，尽管北美自由贸易协定促进了贸易规模的扩大，但对福利的影响却很小。[㊂]他在报告中指出，美国从墨西哥进口的产品增长了 200% 以上，而美国的关税优惠则上升了 10 个百分点甚至更多。美国从加拿大进口的商品增长了 100%，而美国的关税优惠则上升了 10 个百分点或更多。在那些优惠变动较小的商品种类中，贸易额几

㊀ 计算表 9-2 中的人均 GDP，用第二列的数值乘以 1 000，再除以第一列相对应的数字即可得到。

㊁ 比如 K. Fukao，T. Okubo 和 R. Stern，“An Econometric Analysis of Trade Diversion under NAFTA,” *Research Seminar in International Economics Working Paper* #491，University of Michigan，2002 年 10 月；A. Krueger，“NAFTA's Effects：A Preliminary Assessment,” *The World Economy*，2000；D. Karemara 和 K. Ojah，“An Industrial Analysis of Trade Creation and Diversion Effects of NAFTA,” *Journal of Economic Integration*，1998。在这些研究中并没有完整的一致。这部分是由于要将北美自由贸易协定的影响与同时期其他两个因素的影响区分开有一定的困难，这两个因素包括：20 世纪 80 年代中期生效的墨西哥贸易自由化政策，以及墨西哥比索在 1994 年的贬值。

㊂ 见 J. Romalis，“NAFTA's and CUSFTA's Impact on International Trade,” *The Review of Economics and Statistics*，2007。

乎不变。罗马里斯还对《北美自由贸易协定》对每个国家的福利影响进行了评估。他发现作为国家 GDP 的百分比，NAFTA 不管是对美国还是加拿大的福利都没有影响。他还发现墨西哥的福利水平有轻微下降。他谨慎地说墨西哥的损失可能被夸大了，因为难以计算墨西哥的关税收益的损失。总而言之，这一协定所创造的贸易量实质上已经被这三个国家关税收入的下降以及不再从低成本国家进口的贸易转向的损失所抵消了。

9.3 美国的其他自由贸易区协定

除了 NAFTA，美国还与其他一些国家建立了自由贸易协定。这些协定中的大多数国家都不是美国的主要贸易伙伴。一些协定的出现是基于国际战略的考虑而不是为了拓宽国际贸易。没有一个能够与 NAFTA 的影响相比，也没有哪个像《北美自由贸易协定》那样备受争议。

美国最早的自由贸易区是美国 - 以色列自由贸易区。这一协定于 1985 年生效。到 1995 年，两国之间所有的贸易壁垒都取消了。这一协定也允许各国以非关税壁垒的形式保护其敏感的农产品部门，非关税壁垒的形式包括进口限制、配额及手续费。

《约旦自由贸易协定》于 2000 年 10 月签署。这是美国第三个自由贸易协定，也是美国与阿拉伯国家联盟签署的第一个自由贸易协定。《约旦自由贸易协定》实现了一系列国际贸易问题在真正意义上的广阔的自由化。

布什政府在进行自由贸易协定谈判方面表现出很大的兴趣。第一个是美国 - 智利自由贸易区。该协定于 2004 年 1 月签署，迅速实现了两国间 85% 消费品和工业品的自由贸易。其余商品的关税在未来四年中将逐步取消。美国国际贸易委员会（USITC）的研究表明，美国出口的各种制成品，包括农产品及施工设备、汽车及汽车配件、计算机及其他信息技术产品、医疗设备以及纸制品都会从特惠贸易条约中受益。美国的银行和保险业的服务出口也会从中受益。这一协定也改善了美国很多产品的知识产权保护。

美国与新加坡几乎在美国 - 智利自由贸易区签署的同时也建立了美国 - 新加坡自由贸易区。新加坡目前是美国的第十二大出口市场，建立自由贸易区的目标在于加强这一关系。在协议签署后，新加坡立刻对美国所有产品执行了零关税。美国开始分阶段地撤销其对来自新加坡商品的关税，将最不敏感的产品立即列入关税免除条例。所有其他产品的关税将会在 2014 年全部取消。在服务业方面，美国 - 新加坡自由贸易区为贸易自由化提供了最大的可能性。新加坡会将美国服务产品的提供者视同本国提供商一样对待。

美国 - 澳大利亚自由贸易区于 2005 年 1 月正式生效，超过 99% 的美国出口到澳大利亚的产品立即成为了零关税产品。这一协定也要求在服务业上扩大贸易，更大力度的推进知识产权保护，以及加强两国间的政府采购业务。

美国 - 摩洛哥自由贸易区于 2006 年 1 月正式生效。这一协定立即取消了两国双边贸易中 95% 产品的关税，余下的产品将在 2015 年前逐步取消关税。这一协定及与以色列和约旦建立的自由贸易区，以及和巴林在 2006 年建立的自由贸易区，都是美国在布什政府下发起的试图在 2013 年建立中东自由贸易区的一部分。作为这些努力的一部分，与阿曼的自由贸易协定也已完成。

除了这些双边的自由贸易协定外，美国也加入了中美洲-多米尼加共和国自由贸易区中（CAFTA-DR）。这一协议也于2006年生效，除了美国和多米尼加共和国之外，还包括了哥斯达黎加、萨尔瓦多、洪都拉斯以及尼加拉瓜。中美洲-多米尼加共和国自由贸易区代表了拉丁美洲第二大出口市场，仅次于墨西哥。但在2006年，美国出口到该地区的产品仅为其出口到墨西哥的1/10。

美国继续与其他国家进行着自由贸易区的谈判。

9.4 欧盟

前面已经提到，欧盟是世界上最大的特惠贸易区。作为一个整体，2007年欧盟成员国的总出口为5.3万亿美元，是同年美国总出口价值的4倍以上。欧盟很大部分的贸易是成员国之间的贸易。2007年，欧盟内部总出口为3.5万亿美元。2007年欧盟的世界总出口和内部总出口都是1998年的2倍多。贸易的绝对规模表示贸易创造而不是贸易转向在欧盟的经济成功中扮演了一个决定性的角色。[⊖]

欧盟不仅仅是一个关税同盟协定。欧盟成员国的最终目标是通过紧密结合实现“欧洲合众国”。在早期，欧盟设立了一个政府来制定和执行法令并控制其共同的农业和商业政策。在20世纪80年代中期，欧盟实行了《单一欧洲法案》（Single European Act）。这一政策的目的是在成员国中发展一个统一的产品标准体系，废除那些与实现成员国之间商品和劳务自由流动相悖的物质的、技术的以及财政的壁垒。欧盟还发动过一系列的改革以实现内部统一的劳动力和资本的自由流动。欧盟内部市场统一进程中的顶峰出现在1999年1月1日，即欧元的诞生。

9.4.1 欧盟政府

欧盟政府的总部位于比利时的布鲁塞尔，由四个主要机构组成：欧盟委员会、欧盟理事会（早前被称为部长会议）、欧洲法院以及欧洲议会。理事会和委员会是欧盟总的管理机构，另外两个是欧盟政府的仲裁和立法分支机构。

欧盟委员会（European Commission）是欧盟条约的主要守护者。它最主要的任务是确保欧盟的法律在各成员国和欧盟的机构中实施。它同样也发起制定政策，起草它需要实施的方案，向欧洲议会提出立法动议。欧盟委员会还代表欧盟负责国际贸易谈判，比如WTO回合，并且在农业等领域中制定共同政策，或者降低内部的贸易壁垒。

委员会由27名委员组成，每个成员国各出一名委员。委员在担任欧盟委员会委员之前必须在各自的国家政府中任过职。每届新的委员会每5年由欧洲议会在6个月内选举后指定。成员国政府提名一名委员为主席，并需经议会同意。由委员会主席指定并与成员国协

⊖ 令人惊讶的是，几乎没有什么论文是关于估计欧盟贸易创造和贸易转向的。有一个例外是T. Eichner, C. Henn和C. Papageorgio，“Trade Creation and Trade Diversion Revisited: Accounting for Model Uncertainty and Natural Trading Partners,” *IMF Working Paper* #08/66, 2008。这些作者在他们的研究中总结到，在他们研究的10个自由贸易区中（包括北美自由贸易协定），只有欧盟是真正的“贸易创造大于贸易转向”。关于欧盟这些现象更多的研究请见N. Grimwade，“Measuring the Impact of Economic Integration,” in ed. Ali M. El-Agraa, *The European Union: Economics and Policies*（Cambridge: Cambridge University Press, 2007）。

商以确定潜在的委员会成员。在被选举人确定后，每位都需经议会面试，然后投票表决。委员会成立后，委员会的决议都以少数服从多数决定。

欧盟理事会（Council of the EU）是欧盟政府掌握欧盟政策控制权的另一个重要部分。每个成员国在理事会中都有一个代表席位。通常由每个国家的外交部长来代表各成员国。另外，还有一系列特殊的理事会议，由各国农业部长、交通部长、经济部长、财政部长等参加。特别重要或者有争议的政策都是由一年召开两次会议的欧盟理事会处理。欧盟理事会由各成员国的首脑和外交部长以及欧盟委员会主席组成。理事会主席一职每六个月轮换一次，与欧盟理事会的时间表一致。

通常在委员会提议的基础上，任何具有法律重要性的法案都要经过理事会的批准。商业政策的议题是由多数胜出决定的（大约需占总票数的70%）。为了达成和谐一致的国家法律的指示必须得到全票通过。这同样适用于那些没有在欧盟条约中明确规定的新政策。在与第三方国家进行贸易政策谈判时，理事会会成立一个特别委员会在洽谈过程中协助欧盟委员会。

欧洲法院（European Court of Justice）根据欧盟条约对理事会或者委员会的法案（规章、指示或决定）做出法律上的决议。它也受理由欧盟委员会提出的成员国违反欧盟条约的案子。至于地位或程序，法院与各国最高上诉法院地位相当。案件可以由成员国、欧盟的任何一个机构，或者受到决议或法规影响的个人提出。

欧洲议会（European Parliament）是欧盟的立法机构，并且在欧盟政策制定的过程中是人民群众的最高代表。议会由785个成员组成，每个人的任期为5年。议会中每个成员国代表的人数是由各成员国的人口数和经济实力大小决定的。德国的代表人数最多，有99人；法国、意大利以及英国各有78人。紧接着是波兰和西班牙各有54人。其他国家都不超过24人。议会的总部设在卢森堡，但现在很多会议都在法国的斯特拉斯堡举行。

相对于国家议会，欧洲议会的权力是受到限制的。它可以细查法案但没有立法权。委员会起草的法案由议会提出意见和建议。议会可以修改欧盟的预算支出，并能够提出它自己认为重要的问题到议程中进行讨论。最近，议会获得了拒绝或修改理事会关于单一欧洲法案决议的权利。同时，它对是否同意欧盟潜在新成员的加入也具有否决权。

9.4.2 单一市场倡议

从建立以来，欧盟的目标就是在所有成员国实现商品和劳务、资本和劳务的自由贸易。但是，现实却有很多不同。每个成员国都有它们自己的规则和标准，覆盖了现实经济活动的各个方面。这些标准，从看上去琐细的问题比如通心粉中的小麦含量，覆盆子果酱中的最低含糖量，以及除草机的最大噪声分贝，到一些更重要的问题如机动车的排气标准，都被用于对成员国间的贸易进行限制。此外，欧盟的成员国之间还存在其他形式的非关税壁垒，包括配额、各种国境税和增值税，以及个别补贴和政府采购计划。

1986年，欧盟开始取缔这些非关税壁垒，并颁布了《单一欧洲法案》。这一法案要求成员国实施其中的280条规定。这些条款用于取消欧盟进行内部贸易时的国境检查，取消内部配额，统一技术标准和税收代码，并且解除对各种经济活动的管制，特别是交通运输和金融服务方面。欧盟的目标是在1992年底前实现这些改变，或至少实现这些改变的逐渐采用。

解除管制加强竞争的好处对成员国是显著的。欧盟委员会估计，从法案执行之初开始，有几百万个工作岗位和8 000亿欧元（1万亿美元）的财富被创造出来。欧盟内部国界的实质性取消意味着所有公司获得了一个5亿人口的市场，这一规模的市场使得公司能够实现规模经济。最终，消费者可以享受到更多品种的商品，同时许多商品和服务的价格都显著下降。

尽管大多数的自由化和统一标准已经完成，特别是在商品贸易部分，但在1992年前实现统一市场的确是不太可能。比如说服务部门，尽管在2006年实施的主要新法律已经允许公司提供跨国服务，但服务市场的开发速度比商品市场要慢得多。在分割的国内市场仍然存在的地方，时滞也对金融服务和运输产生影响。大部分的金融服务到2005年已经实现了自由化。2007年3月，欧盟的部长们达成了统一国家支付体制的意向。这样一来，消费者可以在其他欧盟成员国使用信用卡或借记卡来转账。银行对跨国支付的收费早已经下降。

实施市场一体化进程的同时，成员国间还采取了其他方式使各国取得更长远的联系。1991年12月，在荷兰的马斯特里赫特会议上，欧盟成员国同意在20世纪90年代末建立使用单一货币的经济货币联盟（EMU）。这一计划的重要组成部分是成立欧洲中央银行，这是一个为所有成员国管理货币政策的新机构。除了早前实施过程中对个别货币投机压力的威胁，EMU终于在1999年1月成功启动。截至2009年年初，27个成员国中只有15个国家加入了EMU。丹麦、瑞典以及英国都不包括在内。许多在2002年后加入欧盟的中欧和东欧国家都期望在不久的将来加入EMU。

在马斯特里赫特签订的第二个条约旨在加强成员国之间的政治联系。它定义了一个新的社会宪章并要求各国进行更紧密的政治联合，制定共同的外交与国防政策。这一协定允许任一欧盟成员国的居民在其他成员国自由居住。它同时还建立了工人权利的统一标准，并加强了抵抗犯罪的国际网络。

9.5 地区主义与多边主义

欧盟和NAFTA是目前世界存在的各种特惠贸易协定中的两个例子。全球视角9-2描述了一些其他的此类协定。要知道地区贸易自由化与作为WTO基石的多边自由化过程是非常不同的，这一点很重要。在地区贸易协定中，每个国家只对很小范围内的伙伴国降低关税壁垒，并对世界其他国家采取歧视性关税。在WTO中，任何一个国家的自由贸易条款，在最惠国基础上，都会无条件地适用于其他所有成员，这里的本质是无歧视。这两种贸易自由化是互惠互利的，还是其中一者的追求会对另一方产生相反的影响呢？这一问题至今没有答案，并且成为目前贸易政策圈中关注的焦点。

在第二次世界大战末期，美国是多边贸易自由化的主要倡导者。它坚决反对GATT允许成员间歧视性贸易协定的修改，最终，它提出一项妥协的修改方案——XXIV条款——允许自由贸易区和关税同盟的存在，但必须是在成员内所有商品实现100%的贸易壁垒减让。㊀随后，美

㊀ 如我们所见，像北美自由贸易协定和欧盟这样的协定都没有实现100%的自由化；除此之外，它们已经相当接近WTO的要求了。XXIV条款也同样要求对非成员国的贸易壁垒不能高于先前的壁垒或比先前的更严格。此外，自由贸易区或关税同盟的过渡协定只能在一段合理的时间内存在。

国支持了欧盟的建立，并视之为一个解决令西欧苦恼的政治和经济不稳定性的长期办法。

20世纪80年代中期，美国开始改变其对多边主义的态度，并开始拥护地区一致性的利益。在签订NAFTA之前它与以色列和加拿大就进行了自由贸易区的谈判，并由此与许多国家达成了协定。我们对于美国这一态度转变的原因并不清楚。贾格迪什·巴格瓦蒂（Jagdish Bhagwati）认为是“巨人矮化综合征”。他说东亚的崛起（尤其是中国和日本）造成了美国在世界经济中统治地位的衰退。这一力量的削弱以及持续的贸易失衡点燃了美国贸易保护主义者的情绪，并导致了结束多边主义原则的需要。[㊀]巴格瓦蒂认为地区协定建立的增长是一个很危险的趋势，会对WTO造成破坏。此外，地区主义也是有害的，因为它会导致贸易转向。相反地，美国官方的态度是地区协定的建立恰恰补充了WTO所倡导的多边贸易自由化。由于目前总的关税壁垒已经很低了，地区协定并不会造成太多的贸易转向。因此，地区贸易自由化的目标与WTO并不是不一致的，并且在这一领域取得的成功可能会刺激多边谈判的进程。事实上，在经过7年多争论不休的谈判后，乌拉圭回合在美国众议院通过NAFTA后的一个月内便完成了。

哪种观点是正确的呢？保罗·克鲁格曼认为两者都有一定的道理。NAFTA的成立以及单一共同市场倡议是一个进程的两部分，他预期这一进程会最终产生三个主要的世界经济集团：欧洲、北美以及东亚。这一进程将人们的视线从多边贸易自由化转移开。但是，克鲁格曼认为自由贸易区造成的贸易转向将会变低，因为贸易集团是“自然”形成的贸易区域。由于相近的文化以及生活水平，这些区域将会展开大量的地区内贸易。因此，地区安排仅仅是为刺激贸易而服务的，而这些贸易在不存在协定时也会发生。可见，自由贸易区的存在可能实践起来比理论上讲的要更好。[㊁]

全球视角9-2 其他特惠贸易安排

目前世界上许多国家都加入了一个或更多的特惠贸易安排。这里我们给出其中一些在2009年年初以前生效的贸易协定。我们通过地理位置对这些信息进行分类。大多数协定已经存在了数十年，但没几个在经济上是可行的，尤其是发展中国家间建立的特惠贸易协定更是如此。谈判通常为了如何分配感觉上的得失以及获利国对更穷的受损国的补偿问题而破裂。

非洲

1. 中非经济和货币共同体（CEMAC）成立于1964年，是由喀麦隆、中非共和国、乍得、刚果、赤道几内亚以及加蓬组成的关税同盟。1990年，共同的对外关税在6个成员国中的4个国家（喀麦隆、刚果、中非共和国和加蓬）建立起来。这几个国家使用同一种货币——非洲金融共同体法郎。

㊀ 关于这一说法的有力表述见Jagdish Bhagwati，“U. S. Trade Policy at Crossroads,” *World Economy*（1989）。

㊁ 克鲁格曼的分析在“The Move toward Free Trade Zones,” in *Policy Implications of Trade and Currency Zones*（Kansas City：Federal Reserve Bank of Kansas City，1991）中。关于相反的言论，请见C. Fred Bergstern，在同一期中的“Comment on the Move toward Free Trade Zones”。

2. 西非国家经济共同体（ECOWAS）成立于1975年，是由贝宁、布基纳法索、科特迪瓦、加纳、几内亚、几内亚比绍共和国、利比里亚、马里、毛里塔尼亚、尼日尔、尼日利亚、塞内加尔、塞拉利昂、冈比亚以及多哥这15个国家在1975年组成的关税联盟。佛得角在1977年加入。这一协定以构建共同市场和单一货币为经济目标，在政治方面它期望设立一个西非议会、一个经济和社会理事会，以及用西非共同法院代替现有的法庭和决策机构。

3. 中非国家经济共同体（ECCAS）也是一个允许劳动和资本在成员国间自由流动的关税同盟。它成立于1981年，成员包括安哥拉、布隆迪、喀麦隆、中非共和国、乍得、刚果、赤道几内亚、加蓬、卢旺达以及圣多美与普林希比共和国。

4. 阿拉伯马格里布联盟（AMU）有5个成员国：阿尔及利亚、利比亚、毛里塔尼亚、摩洛哥和突尼斯。成立于1989年的阿拉伯马格里布联盟是一个允许劳动和资本自由流动的关税同盟安排。

亚洲

1. 东南亚国家联盟（ASEAN）是由文莱、印度尼西亚、马来西亚、菲律宾、新加坡和泰国组成的自由贸易区。它成立于1967年。尽管它存在的时间很长，但成员国之间关税壁垒的减让进程却很慢。这是因为谈判是针对每一样商品进行的，而不是基于一类商品进行的。1991年，东盟决定在2008年前建立自由贸易区，但这一目标还没有达成。保护程度已经大大降低，但许多关税仍然保持原样。东盟现在的目标是在2020年前实现商品、服务和资本的自由流动。

2. 澳大利亚-新西兰更紧密经济关系贸易协定（ANZCERT）是1983年建立在两国间的自由贸易区。这一协定覆盖了所有的商品贸易；两国间的关税和配额到1990年已经全部取消。1988年，协议范围扩大到服务贸易。1992年，两国互相将对方的产品从反倾销活动中免除。

欧洲

欧洲自由贸易联盟（EFTA）是1960年由冰岛、列支敦士登、挪威和瑞士组成的自由贸易区。其中许多的初始成员国，包括奥地利、丹麦、葡萄牙以及英国都离开了欧洲自由贸易联盟而加入欧盟。欧洲自由贸易联盟四个成员国中的三个，即冰岛、列支敦士登和挪威加入了欧洲经济区（EEA）协议，这是一个联系欧洲自由贸易联盟和欧盟的世界上最大最复杂的多边贸易区。欧洲经济区超越了标准的自由贸易区形式，不仅允许商品和大部分服务的自由贸易，还包括建立单一的劳动市场。属于欧洲经济区的欧洲自由贸易联盟国家采用了大部分欧盟的法律但仍保持独立的农业体制和特殊的渔业、能源以及运输条款。欧洲自由贸易联盟还与土耳其和以色列达成了自由贸易协定。

拉丁美洲

1. 中美洲共同市场（CACM）是由哥斯达黎加、萨尔瓦多、危地马拉、洪都拉斯、尼加拉瓜和巴拿马组成的关税同盟。它成立于1960年，但1969年在洪都拉斯和萨尔瓦多间的战争爆发后破裂。五个成员国在1991年重新达成协定，并于1993年重建关税同盟。

2. 安第斯共同体是由玻利维亚、哥伦比亚、厄瓜多尔以及委内瑞拉组成的关税同盟。它是早前在1969年由这几个国家与秘鲁建立但并没有付诸实施的安第斯共同市场发展而来的。新的协议在1991年达成，当时秘鲁也是创始国之一。1992年，秘鲁“临时”离开这一协议。1994年，包括秘鲁在内的成员国达成了分别为5%、10%、15%和20%的四阶段共同对外关税结构。

3. 南方锥共同市场（MERCOSUR）是由阿根廷、巴西、巴拉圭以及乌拉圭组成的关税同盟。它成立于1991年，1995年开始实施共同的对外关税。委内瑞拉于2005年下半年加入，玻利维亚也受邀加入。目前，智利、哥伦比亚、厄瓜多尔以及秘鲁取得了准成员国地位。■

小　结

1. 特惠贸易安排是在有限个国家间建立的相互提供特殊贸易优惠的安排。
2. 两种主要的特惠贸易安排的类型是自由贸易区和关税同盟。欧盟（EU）是关税同盟的典型例子。1994年，美国、加拿大和墨西哥成立了《北美自由贸易协定》（NAFTA），它是自由贸易区的典型代表。
3. 特惠贸易协定在过去的几十年中变得越来越重要。现在，几乎所有的WTO成员都至少参与了由WTO认定的380多个特惠贸易协定中的一个。
4. 特惠贸易协定可能会也可能不会有利于世界的总体福利。如果它们结束后，世界贸易量增长了（即产生了贸易创造），并且贸易转向很小（即世界贸易的格局改变不大）的话，那么世界总福利则可能增加。
5. NAFTA是世界上第一个工业化国家与发展中国家之间的自由贸易区。正是如此，这一协定的通过在美国国内备受争议。但是，NAFTA对墨西哥的影响最大，因为墨西哥贸易壁垒的降低导致了显著的资源再分配。
6. 欧盟是世界上最大和最富有的关税同盟。欧盟不仅仅是个简单的关税同盟，它的最终目标是通过紧密结合实现“欧洲合众国”。

习　题

1. 自由贸易区和关税同盟的区别是什么？请各举一个例子。
2. 请对“关税同盟成功的标志就是在其建立后世界贸易量扩大”这一现象加以评论。
3. 请对无条件最惠国待遇原则下的多边贸易自由化和地区性贸易协定的优缺点进行讨论。
4. 为什么NAFTA的建立在美国比加拿大引起了更大的争议？
5. 为什么NAFTA的建立在美国引起如此大的争议，但加拿大－美国自由贸易区的建立却几乎没有被大多数美国人关注？
6. 哪种情况更可能导致贸易转向的关税同盟？哪种情况更可能导致贸易创造的关税同盟？
7. 为什么贸易转向被认为是有害的，而贸易创造被认为是有益的？
8. 考虑下述在Guatland与Mexland建立自由贸易区前后的数据：

建立自由贸易区前：	
从Eurland进口	1亿单位
从Mexland进口	0
建立自由贸易区后：	
从Eurland进口	0
从Mexland进口	2.7亿单位

在这一协定中，贸易转向是多少？贸易创造又是多少？假设 Eurland 该种产品的售价为 5 美元，Mexland 是 6 美元。假设 Guatland 原先的关税是每个产品 2 美元。请计算 Guatland 从 FTA 中获得或损失的福利是多少。

参考文献

Bhagwati, Jagdish, and Arvind Panagariya, eds. *The Economics of Preferential Trade Agreements*. Washington, D. C.: AEI Press, 1996.

European Union. *Europa: Gateway to the European Union*, http://europa.eu/index_en.htm.

World Trade Organization. *Regional Trade Agreements*, Web page, http://www.wto.org/english/tratop_e/region_e.htm.

如需要更多的习题和补充阅读，请访问我们的网址：www.pearsonhighered.com/husted。

第 10 章

国际贸易与经济增长

学习目标

国际贸易与经济发展；
国际贸易与经济增长；
国际贸易与经济增长：一些评论；
国际要素流动。

当一个经济体中的产出数量（也就是说该经济体的 GDP）增长时，我们就说该经济体出现了增长。对于所有的经济体来说，经济增长处于最基本的重要地位。回忆第 2 章所学的，我们将人均 GDP 作为衡量一个国家生活水平的有用指标。随着时间的推移，由于所有国家都经历了人口的增长，GDP 的增长仅仅要求保持现有的生活水平不变。事实上，如果生活水平随着时间流逝而增长，那么 GDP 的增长就必须比人口增长速度要快。

经济增长对于**经济发展**（economic development）也是至关重要的。经济发展是指一国普通公民生活质量上取得的成就，可以比得上比如美国这样的现代化的经济体下普通公民可以享受到的生活。经济发展包括消费水平高、教育普及范围广、住房供给充足以及高质量的医疗体系健全等特征。要达到这些目标，只有长时间经历持续高水平的经济增长后才能实现。

国际贸易能够对一个经济体的经济增长水平产生影响。在资源未被充分利用的情况下，出口的增长会导致全面的生产扩张，并伴随着失业率的下降。国际贸易还包括从国外购买资本品，使得经济体能从全球技术进步的成果中获益。反过来，经济增长能够影响到一国出口商品的类型。比如说，一国进口竞争部门的技术提高，能够带来整体贸易量的减少。因此，国际贸易与经济增长是紧密联系的。

在本章中，我们会探索许多贸易与增长的关系。首先，我们简要地看一下贸易与经济发展关系的几个方面。其次，我们来分析经济增长是如何影响国际贸易格局的。最后，我们要探索另外一种贸易与增长的联系机制，即生产要素的国际流动。国际要素流动是指每年劳动和资本从一国向另一国的转移。我们会讨论生产要素国际流动的一些经济影响。特别地，我们会探讨国际劳动力转移的影响。我们还会以跨国公司为例，讨论实物资本的国际流动。

10.1 国际贸易与经济发展[一]

世界上大约75%的人口生活在低等或中等收入的发展中国家。[二]典型的发展中国家的特征是人均收入低，文盲比例高，出生率高，住房及卫生设施供应不足。这些国家的经济大部分是以农业为主，这一比重比工业化国家高。这些国家为实物资本的短缺所困扰。它们的出口部门都只集中在几个项目上，通常是初级产品，比如农产品、原油及矿石，或者是基本制成品，比如纺织品和鞋类。

为了改善这一经济现状，许多发展中国家开始着手实施大规模的发展计划。这些计划通常总是有大量的政府干预经济行为。比如，为了鼓励工业发展，政府会加大对农民征税，用该笔收益补贴工业。这些税收还会鼓励工人离开农业转向创造工业岗位的城市。这些计划的另一个共同点是贸易政策的大量运用。这些国家实施的政策类型通常都被归为以下几类中的一类，我们将在接下来的几节中分别介绍。

10.1.1 初级产品出口导向战略

许多发展中国家很幸运地拥有丰富的自然资源或广阔的土地，非常适合出口自然资源或土地密集型的产品。**初级产品出口导向战略**（primary-export-led development strategy）是指用于开发本国天然比较优势的政府项目，通常是增加与该国丰富资源紧密相关的产品的生产，然后出口这些产品并换取其他地方生产的工业制成品。正如我们在本书开头几章所描述的，这些国家希望依据比较优势实施专业化分工后，能够提高本国的生活水平（即贸易的静态收益）。

除了国际贸易通常的静态收益外，初级产品出口导向增长还能带来许多好处。首先，如果没有国际贸易，很有可能特定的要素会利用不足甚至不能被利用。比如，不存在国际贸易时，一个拥有广阔肥沃土地的国家很可能不会将全部土地投入农业生产。这就意味着这个国家在自给自足时，其生产点会位于生产可能性边界（PPF）之内。开放经济进行贸易，能够鼓励更加密集地使用现有的生产要素。[三]

其次，这种类型的发展战略可以吸引外资流入。外国的公司可以在该国创办工厂，帮助该国扩大出口。经过一段时间，随着发展迹象的出现，其他国外投资就可能会进入相应的部门，这样就能便利其他产业的发展。无论是哪种情况，外资的流入都会使得该发展中国

[一] 这一部分仅为国际贸易与经济发展做一个简要的介绍。更全面的讨论请见 Michael Todaro 与 Stephen Smith 的教科书，*Economic Development* 第10版。（Boston，Mass.：Addison-Wesley，2009）。

[二] 这些国家的名单及其详细的基本情况数据，请见第1章的表1-1。

[三] 这个观点表明贸易是生产剩余的出口。Hla Myint 在 “The ‘Classical Theory’ of International Trade and the Underdeveloped Countries,” *Economic Journal*（1959）中强调了初级产品出口导向政策的这一特点。

家的生产可能性边界向外移动。

最后，这种类型的增长可能会产生**连锁效应**（linkage effects）。连锁效应是指当经济体中某一产业扩张时，给其他产业或部门带来的利益。比如，一个大规模采矿业的增长会带动当地采矿设备产业的发展。这种类型的效应被称为后向关联效应。第二种类型的关联是出口部门的发展导致经济基础设施的供给或发展，比如公路、铁路、港口、通信、电力等。这些基础设施的发展将会减低该国其他产业的成本，进一步推动发展。

初级产品出口导向增长战略是依靠从贸易中获得的静态和动态利益作为最重要的动力来推动经济增长和发展。据说澳大利亚、加拿大和美国取得的经济发展成就就是依这种方式进行的。近年来，依靠初级产品出口导向增长战略至少取得了一些成就的国家包括哥伦比亚（咖啡）、墨西哥和尼日利亚（原油）以及马来西亚（橡胶）。

尽管有这些例子，但一些经济学家和政府领导人对初级产品出口导向型增长策略不满。他们对这种政策的反对态度包括：第一，初级产品国际市场的增长较慢，并不足以支持这些国家的发展。也就是说，初级产品的最大市场是工业化国家。随着工业化国家的增长，它们对初级产品的需求也在增长，但是增长速度却不相同。随着时间的推移，工业化国家进口的初级产品比重可能会下降。

第二个相关的问题是初级产品出口导向发展战略被指出会造成初级产品出口国的长期贸易条件恶化。[㊀]也就是说，随着时间的推移，初级产品的出口价格相对于工业制成品的进口价格会趋于下降。这一下降可能是由以下两个原因中的一个造成的。首先，如果工业化国家对初级产品的需求疲软，那么初级产品价格的增长就会有向下走的压力。其次，如果发展中国家的政府追求扩大出口政策，那么这些产品在国际市场上的供给就会增加，这也会导致价格下降。无论哪种情况，结果都会导致贸易条件恶化，也就是说发展中国家从贸易中分享的利益份额随着贸易的发展会下降。情况到底是不是这样不仅取决于价格，还取决于出口产品的数量。换句话说，假设巴西增加咖啡的出口，这会造成世界咖啡价格的下降。如果世界的需求足够富有弹性，那么巴西的出口收入将会增长。如果出口收入相对于进口价格有所增长，那么巴西就可以比以前购买更多的进口产品，巴西的福利水平就会上升。

关于初级产品出口国的贸易条件是否会随时间的推移而恶化的问题还没有完全解决。最近一项对 1900 ~ 1970 年这 70 年的数据进行的研究表明，没有证据证明衰退曾出现过。[㊁]但是，对 1950 年以来的数据分析却似乎支持了贸易条件恶化这一假设。更近一些的一项研究，运用非常现代化的统计方法，对 1900 ~ 1983 年的数据进行分析，仍然没有找到任何在长期内贸易条件恶化的证据。[㊂]

图 10-1 展示了 1964 ~ 1994 年出口石油和非出口石油的发展中国家其贸易条件表现的情

㊀ 这一论点来自 Hans Singer 的 "The Distribution of Trade between Investing and Borrowing Countries," *American Economic Review*（1950）；以及联合国主要作者 Raul Prebish 的 *The Economic Development of Latin America and Its Principal Problems*（1950）。

㊁ 见 John Spraos， "The Statistical Debate on the Net Barter Terms of Trade between Primary Commodities and Manufactures," *Economic Journal*（1980）。

㊂ 见 John Cuddington 和 Carlos Urzua， "Trends and Cycles in the Net Barter Terms of Trade : A New Approach," *Economic Journal*（1989）。

况。正如图所示，这两组国家的贸易条件在这一时期的表现非常不同。石油出口国的贸易条件有三次显著的增长，分别是在1974年、1979年以及1990年。前两次与OPEC策划的石油价格上涨相符合。第三次反映了伊拉克侵略科威特期间石油价格的上升。而20世纪80年代，在1979与1990年两次增长之间，石油价格明显下降，石油出口国的贸易条件也同样下降。这一局面在1991年海湾战争结束后再次出现。而非石油输出国的贸易条件的波动则要小很多。有两次明显的贸易条件下降，正好与OPEC的石油价格上涨相对应。除此之外，贸易条件显得非常稳定，随着时间的推移有轻微的下降趋势。[㊀]

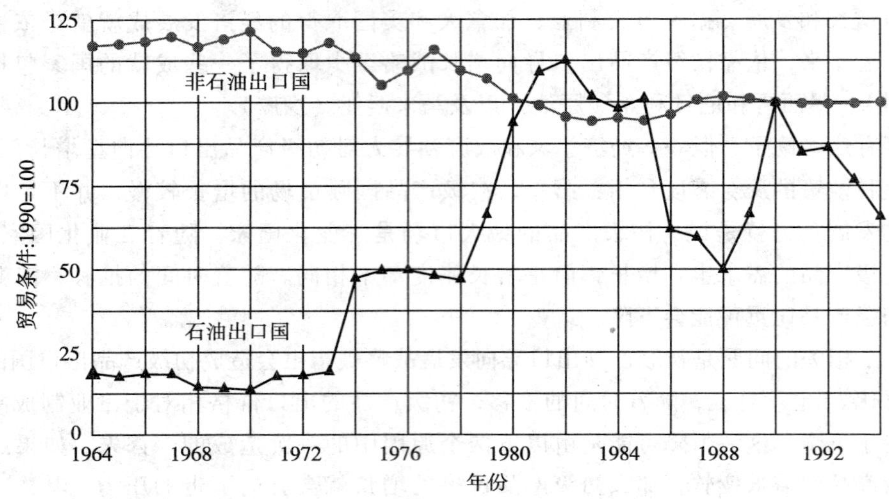

图 10-1 发展中国家的贸易条件

资料来源：International Monetary Fund, *International Financial Statistics Yearbook* (1990)。

图10-1所示的经验为贸易条件的争论提供了一些其他的见解。第一，如果一组国家对某种在国际市场上存在需求的产品具有显著的市场势力，那么这些国家可以通过限制供给来提高贸易条件。这对出口方来说具有与最佳进口关税相当的效果。[㊁]图10-1还告诉我们，一国贸易条件的提高并不是永久的。也就是说，随着时间的推移，价格上升产品的消费者会缩减对该产品的消费，即使高价会鼓励其他地方也增加该产品的生产。随着消费的减少以及新产品的增加，高价产品的价格就会下降。第二，非石油输出国在过去几十年中主要的短期贸易条件恶化，更可能是由其他发展中国家的政策所致（即是指OPEC中的国家），而不是由发达国家的市场状况所致的。

10.1.2 进口替代发展战略

由于各种原因，许多发展中国家都忽略了初级产品出口导向增长战略而更青睐**进口替代发展战略**（import-substitution development strategies）。这一政策企图迅速实现工业化，因此通过建立对国外产品较高的贸易壁垒的发展方法来促进本国的生产。这一发展方式很理想地

㊀ 这些数据的统计分析表明非石油出口国的发展中国家在1964～1994年期间其贸易条件平均每年下降0.77%。

㊁ 见第6章对最佳进口关税的讨论。

为发展中国家的一个或更多的目标产业提供了幼稚产业保护。也就是说，政府决定那些最适合本地工业化的产业部门，然后对这些部门生产的产品建立贸易壁垒，以鼓励本地投资，当本地工业化进程固定下来后再降低壁垒。如果政府选“对”了部门，这些部门的工业生产会持续繁荣下去，即便保护程度开始下降。

在实践中，壁垒其实很少有下降的。公司经理游说政治家让他们认识到利益与保护之间的紧密联系，使他们相信要把加强保护排在第一位。市场的任何可能导致利润下降的改变，使得这些经理又重新向政府寻求更多的保护。最终，这些实施进口替代战略的国家就被归为高贸易壁垒的一类。

进口替代政策还存在其他问题。首先，它们通常限制了那些为受保护产业提供投入品的产业的发展。也就是说，通常最初受到保护的目标产业都是生产消费品的。这些产业的经理人会非常反对任何提高他们投入成本的政策。因此，他们会倾向于反对对其他产业的保护，或者要求更多对他们自己产品的保护。㊀

其次，由于追求进口替代战略的国家并没有对资本品设立高关税，进口的资本品被密集地投入到当地生产中。同时由于其他当地政策的存在（比如最低工资政策，会提高劳动投入成本），当地的经理人利用相对来说是资本密集型的生产技术。这意味着在新的工业化部门里，就业人数的增长并没有像其他情况下那么快。

最后，由于整个发展战略都是依赖于政府官员的决定，相当部分的资源被用于游说官员，使他们相信各种各样的好处，或者是对官员进行贿赂。不管是哪一种情况，用于这些活动的资源本应该投入生产性企业中，这些多余的经济浪费甚至超过了通常贸易保护的无谓损失。

10.1.3　外向型发展战略

除了进口替代战略，一些发展中国家采用了**外向型发展战略**（outward-looking development strategies）。这些政策包括政府寻找那些本国具有潜在比较优势的部门。因此，如果一国低技术劳动力丰裕，政府就会鼓励发展劳动密集型的产业，以期促进这些产品的出口。这一类型的战略包含的政府政策包括，保持相对开放的市场，使国内价格反映国际价格；保持低估本币汇率，使得本国产品的出口价格在国际市场具有竞争力；只允许政府对要素市场进行很小的干预，以使工资和租金反映真实的稀缺性。此外，成功的出口商通常享有更多的福利，包括使用港口设施和沟通网络的特殊优惠，以及更便宜的贷款利率和税率。

只有很少一部分国家在很长一段时间内采取了外向型发展战略，但这些国家都做得非常成功。它们包括第二次世界大战以后进行重建的日本，以及亚洲的新兴工业化国家和地区（NIC）：中国香港、韩国、新加坡和中国台湾。由于它们的成功以及进口替代战略的高经济成本，许多其他国家纷纷效仿开始采取更多的外向型政策。表 10-1 给出了 20 世纪 90 年代发展中国家采取的一些贸易自由化措施。㊁

㊀ 读者应该还记得在第 6 章中关于有效保护率的概念以及关税根据加工阶段逐步升级的趋势。

㊁ 关于外向型发展战略利益的深入分析，见 Jeffrey Sachs 和 Andrew Warner，“Economic Reform and the Process of Global Integration，” *Brookings Papers on Economic Activity*，1995。

表 10-1 样本发展中国家的贸易改革

国家	改革
阿根廷	平均关税水平在 1991 年已经从 18% 降低到 11%。最高关税税率在 1992 年被削减了 15%。进口许可证限制在 1991 年已经基本取消
孟加拉国	平均关税率最近削减了 25%
巴西	平均关税税率从 1990 年的 32% 下降到 1992 年的 21%。紧急计算机保护条例在 1992 年 10 月结束；大部分非关税壁垒在 1990 年 3 月被取消
智利	实质性的改革从 1973 年开始，取消了配额，并对除机动车以外的所有商品实施统一的 10% 的关税。在 20 世纪 80 年代初期遭遇经济危机，统一关税税率又上升到 15%
中国	1992 年达成的一项协议开始了意义重大的进口自由化，包括到 1998 年分阶段地取消 90% 的非关税壁垒
哥伦比亚	在 1992 年平均进口关税从 33% 以上下降到 13% 以下
厄瓜多尔	1992 年 6 月，对大部分商品开始实施 5% ~20% 的新关税范围，取代了先前的 5% ~35% 的范围
埃及	将可贸易品的进口限制从 1990 年的 37% 和 1991 年的 23% 降低到 1992 年 10%。1993 年，5% ~80% 的新关税范围取代了原来的 5% ~100% 的关税范围
加纳	作为 20 世纪 80 年代中期开始的改革的一部分，非关税壁垒已经取消了，并对大部分商品建立了一个统一关税
印度	覆盖 70% 进口产品的严格进口许可证条款在 1992 年被取消。1993 年，平均最高关税税率从 110% 下降到 85%
印度尼西亚	贸易改革始于 1986 年。到 1989 年，只有大约 20% 的进口品被归到特别许可证条款中
牙买加	改革始于 1984 年。配额已经被取消，大部分商品的关税已降低到 20% ~30%
墨西哥	配额的大规模取消始于 1985 年。关税减让到了 11% 的平均水平，最高税率为 20%
巴基斯坦	1992 年，耐用消费品的关税从 80% ~90% 削减为 50%，一些机械产品的关税也减半。禁止进口的商品列表减少了 50%
秘鲁	改革始于 1990 年。配额已经被取消，关税简化为三种税率（15%、25% 以及 50%）。1991 年，最高税率削减为 20%
菲律宾	1991 年开始采用贸易改革政策，在 4 年内将平均关税从 28% 削减为 20%。一些配额被抬高了
塞内加尔	在 1986 ~1988 年间取消了大部分的配额。同时也选择性地削减了关税
突尼斯	到 90 年代中期，许多商品的非关税壁垒都被取消了。最高税率从 220% 下降到 43%
土耳其	大部分关税减让在 1992 年开始生效

资料来源：Based on Table 1 in Dani Rodrik, "The Rush to Free Trade in the Developing World: Why So Late? Why Now? Will It Last?" *NBER Working Paper*, #3947 (January 1992); and Table 1 in Susan Hickok, "Recent Trade Liberalization in Developing Countries: The Effects on Global Trade and Output," *Quarterly Review* (Federal Reserve Bank of New York, Autumn 1993).

10.2 国际贸易与经济增长[⊖]

不考虑政府政策，经济增长的出现总是一种趋势。人口的增加意味着劳动力的增长，企业投资新的工厂和设备意味着资本存量的不断扩大。随着时间的推移，技术进步的出现使

⊖ 接下来的两节可以被省略而不影响连续性。

得生产效率有了更大提高。尽管有这些增长的趋势存在的事实，但是在不同国家实际的要素增长和技术创新的格局却是很不一样的（回忆表 1-1 中的数据）。此外，随时间的发展，一国的增长方式会对其贸易格局产生影响。这正是我们现在要开始讨论的问题。

由于增长可以通过多种方式出现，因此我们要将分析分解为几种特殊的情况。[㊀]对于每种情况，我们假设该经济体生产两种产品，即 S（大豆）和 T（纺织品），使用两种生产要素 L（劳动力）和 K（资本）。我们假设这两种生产要素在长期都是充分就业的，因此该经济体的生产点总是位于该国生产可能性边界上的某处。如果生产可能性边界向外移动则表示经济增长。我们假设大豆（纺织品）的生产相对来说是资本（劳动）密集型的，并且在该经济体里劳动力相对比较丰裕——至少最初是这样。因此，根据 HO 模型，该国最初在纺织品上具有比较优势，并出口纺织品到其他国家来交换大豆。最后，我们假设这个国家是小国，因此它是国际价格的接受者，并实行自由贸易政策。

经济增长用图形表示可以视为一国生产可能性边界的外移。如何才会发生外移呢？正如我们在第 4 章所学的罗伯津斯基定理所示，如果只有一种生产要素增长，生产可能性边界会偏向密集使用该增长要素进行生产的商品的方向扩张。[㊁]假设两种要素都增长，两种要素增长的速率越是相近，则生产可能性边界会更均匀地向各方向扩张。如果两种要素增长的速率完全一样，那么整个经济的资本劳动比例会保持不变。在这种情况下，生产可能性边界会保持原有形状，只是变得更大。

国际贸易就是一国生产和消费的差额。正如我们所见，增长会影响生产，同样地也会影响消费。这是真的，因为与生产可能性边界相切的价格线也会随着增长向外移动，表明一国随着生产资源禀赋的增长，也能承受消费的增长。因此，由于经济增长会同时影响生产和消费，它也就会影响到国际贸易。

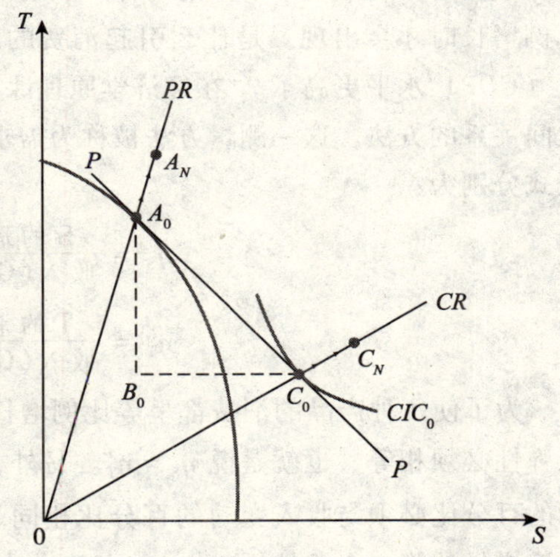

图 10-2 中性经济增长情况下的生产和消费格局

考虑图 10-2。在这里我们描绘了一个经济体在经济增长出现前的情况。[㊂]该国的生产点位于 A_0，消费点位于 C_0。S 的国际价格是由价格线 PP 的斜率给定的。在这一价格下，该国出口 A_0B_0 单位的 T 交换 B_0C_0 单位的 S。再看从原点（0 点）出发经过 A_0 点的直线（用 PR 表

㊀ 有关经济增长所有方式的分类及其对国际贸易影响的分析请见 Harry Johnson 在的 “Economic Development and International Trade” in *Readings in International Economics*, ed. Richard Caves 和 Harry Johnson（Homewood, Ill.: Richard D. Irwin, 1968）。

㊁ 回想罗伯津斯基定理，在价格不变时，如果一国某一要素增长，会带来密集使用该要素的产品的产出增加，而其他产品的产量会减少。同样见图 4-7 对只有一种要素供给增长时的经济增长的分析。

㊂ 在接下来的展开讨论中，我们将增长描述为生产要素的供给的增加。讨论使得现有要素更具生产率的技术进步同样有趣。只要技术进步不是某产业特有的，这两种导致经济增长的原因在分析上是一样的。稍后，我们会简要讨论关于产业特有的技术进步的情况。

示）。*PR* 线的斜率代表了两种产品最初在该经济体中的生产比例。类似地，*CR* 线的斜率代表两种产品在经济增长前的消费比例。一国经济增长的类型，可以根据增长后新的生产和消费点与 *PR* 和 *CR* 相比的位置来分类。

中性经济增长（Neutral economic growth）是指在增长发生后，新的生产和消费点正好落在 *PR* 和 *CR* 线的延长线上。换言之，在经济增长发生后，该经济体继续生产和消费与增长前相同比例的产品。这种情况表示在图 10-2 中就是，如果生产点向外移动到 A_N，相应的消费点就会向外移动到 C_N。结果，在这一例子中，出口和进口会同时以与生产增长的速率成比例地增长。[㊀]

要使经济呈现中性增长，其潜在的经济环境应该是怎样的？首先，新的生产可能性边界必须与原来的看上去一模一样，但是更大。只有在这种情况下，新的生产点才会与原来的生产点一样落在同一条 *PR* 线上。这一情况需要更多的讨论。我们已经假设国际价格不变。如果产出价格也保持不变，那么投入价格也会不变。反过来，不变的投入价格意味着在经济增长后各产业会想要使用与增长前相同的资本和劳动比例。结果，由于两大产业等比例的产出增长，要素供给也必须增长，这样才能使它们在两产业中分配的情况正好与增长发生以前一样。因此，如果新增资本和劳动的比例与先前经济体中存在的全部资本劳动比相同，那么两种产品的产出就会等比例扩张。

中性增长的第二个条件是两种产品的消费沿着 *CR* 线增长。这只有在两种产品的消费等比例增长时才会出现。是什么引起消费的改变？显然，答案是由于经济增长，经济体的收入（GDP）水平更高了。[㊁]在经济学原理课程中，大概学习了关于测量需求变动和收入变动之间关系的方法。这一测量方法被称为需求的收入弹性。我们定义 S 和 T 的需求的收入弹性公式分别为：

$$\eta_S = \frac{\text{S 的消费量变动百分比}}{\text{收入(GDP) 变动的百分比}} \tag{10-1}$$

$$\eta_T = \frac{\text{T 的消费量变动百分比}}{\text{收入(GDP) 变动的百分比}} \tag{10-2}$$

为了使每种产品的消费都呈等比例增长，正如要求保持在 CR 线上一样，那么这两个收入弹性必须相等，也就是说 $\eta_S = \eta_T$。另外，由于没有其他东西可以购买，两种产品消费变动的百分比必须与收入变动的百分比相同。也就是说，两个弹性都为 1。[㊂]这是要保持中性经济增长的第二个条件。

表 10-2 给出了用数字表示的中性经济增长的例子。我们假设某经济体最初的生产水平为 1 000 单位的 T 并消费其中的 600 单位，另外 400 单位的差额出口到世界其他国家。假设

㊀ 要想证明最后这个结论的正确性，根据生产点 A_N 和消费点 C_N 描绘出新的贸易三角。然后与原来的贸易三角比较大小。

㊁ 要记得我们假设价格固定不变。

㊂ 回想我们在经济学原理课程中所学的，收入的需求弹性可能为正或负。如果收入的需求弹性为负，就认为该商品是低等商品。如果收入的需求弹性为正，就认为是正常商品。有很高弹性（弹性为正且大于 1）的商品则被认为是奢侈品，因为收入的提高导致这些商品的消费增长得更快。收入弹性低于 1 的商品通常被归为必需品。

T 相对于 S 的国际价格是 2，因此该国出口 400 单位 T 可以换回 800 单位的 S。该国自己生产的 800 单位 S（假设的）再加上进口的 800 单位 S，该国可以消费 1 600 单位 S。该国的 GDP 用 T 的产出水平（用 S 来计算）与 S 的产出水平相加而得。因此，最初的 GDP 等于 2 800（$2\times1\ 000+800$）。

表 10-2　中性经济增长的例子

	增长前	增长后	百分比变化
T 的产出	1 000	1 600	60
T 的消费	600	960	60
T 的出口	400	640	60
S 的产出	800	1 280	60
S 的消费	1 600	2 560	60
S 的进口	800	1 280	60
PR 线的斜率	5/4①	5/4②	0
CR 线的斜率	3/8③	3/8④	0
贸易条件	2	2	0
GDP⑤	2 800	4 480	60

① 通过 T 的产出/S 的产出 =1 000/800 计算而来。
② 通过 T 的产出/S 的产出 =1 600/1 280 计算而来。
③ 通过 T 的消费/S 的消费 =600/1 600 计算而来。
④ 通过 T 的消费/S 的消费 =960/2 560 计算而来。
⑤ 以 S 的单位计量。

假设资本和劳动的增长带来 S 和 T 产出量有 60% 的变化。各种产品的消费也应该增加 60%。如果每种产品的生产和消费都增长 60%，那么该产品的贸易量也是如此。这一增长由表 10-2 中第 2 列的数字所表示。这个例子对为什么称这类增长为中性增长给予了清晰的例证。该经济体中经济活动的每个方面都以相同的比例扩大。

以中性经济增长作为参考点，我们现在能够来考虑其他形式的经济增长。为了减少举例的数量，我们假设在经济增长后，消费点仍然出现在原来的 *CR* 线上。也就是说，我们始终假设 $\eta_S=\eta_T=1$。㊀

假设劳动供给的增长比资本供给的增长要快。㊁两种产品的产出会出现什么情况呢？由于 T 是劳动密集型产业，并且根据假设，经济增长使得该国的劳动力资源更加丰富，因此生产可能性边界的扩张会更大比例地偏向于 T 轴的方向增长，而不是偏向于 S 轴方向。保持价格不变，新的生产点会位于原来的生产可能性边界上方，新的 PR 线比原来的 PR 线向左转动。在图 10-3 中用区域 1 和 2 表示出来。如果新的生产点落在区域 1，那么 T 和 S 的产出都会增加，但 T 增长的比例更高。如果新的生产点出现在区域 2，那么在经济增长后 T 的产出会增加，而 S 的产出下降。最后，如果新的产出点出现在两个区域的分界线上（用 A_0A_E 表示），那么 T 的产出增加，而 S 的产出不变。生产点最终会落在哪里呢？答案取决于劳动和资本的相对增长量。

㊀ 请读者分析：如果不是这种情况，分析其对国际贸易的影响。我们把这个留作一个作业。
㊁ 这种类型限制的例子是罗伯津斯基定理的例子，在那里经济体中只有劳动供给增长。

我们已经假设T产业相对S产业是劳动密集型的。现在，我们考虑经济体获得了新的劳动和资本输入这一情况，但它们各自的增长率会导致整体资本劳动比例的下降。新的资本和劳动的比率将决定S和T的产出情况会发生什么变化。如果新的资本和劳动的比例与原来T产业的资本劳动比相同，那么新的生产点会落在A_0点上方的垂直线段上。也就是说，T的产出在经济增长后会增加，而S的产出量保持不变。这一结果从直觉上来讲很直观。经济体获得的新的要素正好与生产T的组合相同。因此，这些要素可以非常有效率地被配置于T产业，而对S产业的生产不发生影响。㊀

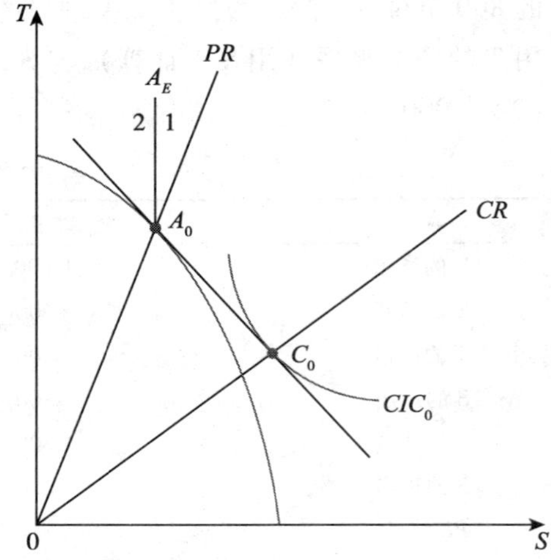

图10-3 亲贸易增长情况下生产的位置

现在考虑新的要素比例与T产业所用要素比例不同这一情况。也就是说，假设新增的资本劳动比相对于T产业原来的资本劳动比更高（低）。那么新的生产点将出现在区域1(2)。㊁ 同样，这一逻辑也很直观。如果新的资本劳动比比原来用于T产业的要低，那么为了使T产业能够雇用这些新要素，它就需要一些额外的资本。这一资本只能来自于S产业。因此，S的产出就会下降，在图中表示就是生产点落在区域2中。相反地，如果新的资本劳动比比原来用于T产业的要高，T的生产就会扩张，但它可能不愿意根据新增要素的比例来使用它们。它可能趋向于使用的资本比可供使用的资本数量要少。但是，如果S产业扩张的话，这些要素可以被S产业利用。因此，在这个例子中，该经济体的生产点会落在区域1。

不管新的生产点位于区域1还是区域2，或者在两个区域的分界线上，在增长出现后该经济体总会倾向于生产比以前相对更多的T和相对更少的S。如果像我们假设的那样，该经济体还想要消费与以前相同比例的S和T，那么进口和出口都有扩大的趋势。考虑该经济体进入区域2的情况。T的产量增加，S的产量下降，但GDP还是增加的。因此，对两种产品的需求都会上升。显然，由于S的产出下降但其需求却增加了，进口就必须增加（许多!）。由于根据假设，进口产品的国际价格保持不变，那么该经济体增加S进口的唯一方法就是增加T的出口。我们现在已经得到了如下结论：当一国的经济增长是由于可出口产品所密集使用要素的供给相对增加引起的时候，那么出口品产出的增长会相对高于进口品产出的增长，并且国际贸易增长的百分比要高于GDP增长的百分比。这种增长类型称为**亲贸易的增长**(protrade biased growth)。

仔细注意亲贸易的增长对于一个经济体的含义。如果一国贸易量随时间推移而增长的速率高于GDP增长的速率，那么贸易对于该经济体的相对重要性也会提高（例如，用出口占

㊀ 在假设中，价格是不变的。这意味着新的要素供给对要素价格不产生影响。因此，每个产业都会想以原来的比例来雇用新的要素。

㊁ 在罗伯津斯基定理的例子中，这是显然成立的，因为只有劳动增加。因此，新的资本对新的劳动力的比例为0。这肯定比原来T产业中的资本劳动比要低；因此，根据罗伯津斯基定理，T的产出会增加，而S的产出会下降。

GDP 的比重进行测量)。在图 10-3 上，*PR* 线向远离 *CR* 线的方向转动，这样生产点就越来越远离消费点。在第 1 章中我们已经看到，第二次世界大战以来，大多数国家的贸易都比 GDP 增长得快。这表明亲贸易的增长是国际上普遍的趋势。

表 10-3 给出了用数字表示的亲贸易增长的例子。在这个例子中，我们假设资本和劳动的增长格局导致 T 的产出增加，S 的产出下降。也就是说，我们在图 10-3 中表示为落到区域 2 的情况。我们还假设 S 和 T 有相同的名义价格，因此 S 的相对价格为 1。这可以简单计算出该经济体中到底出现了多少增长。特别是，在这个例子中，T 增长了 300，但 S 下降了 100。由于这两种产品价格相同，我们可以加总这些有形的变化来找出 GDP 的总变化（用 S 的单位表示）。由于 GDP 增长了 20%，考虑到我们的假定 $\eta_S=\eta_T=1$，那么 S 和 T 的消费量都会增长 20%。将这两种产品产出和消费变化带来的影响结合起来，就得出增长对出口和进口产生的影响。

表 10-3 亲贸易增长的例子

	增长前	增长后	百分比变化
T 的产出	800	1 100	37.5
T 的消费	500	600	20.0
T 的出口	300	500	66.7
S 的产出	200	100	-50.0
S 的消费	500	600	20.0
S 的进口	300	500	66.7
PR 线的斜率	4	11	175.0
CR 线的斜率	1	1	0.0
贸易条件	1	1	0.0
GDP	1 000	1 200	20.0

一国也可能通过增长使得它原本相对稀缺的要素禀赋增加。比如，在我们的例子中，资本稀缺的国家可能经历一个整体资本劳动比相对扩大的情况。从我们前面的讨论中可知，如果这一情况发生了，那么 S 的产出相对 T 而言就会增加。事实上，如果新增资本与劳动的比例比原来 S 产业所使用的资本劳动比高，那么 T 的产出甚至会下降。如果我们假设消费与整体的经济同比例增长，那么由于 S 这一进口品的生产增长的速率比整体的经济增长要快，该国的贸易量将下降。当一国经济增长是由于可进口产品所密集使用要素的供给相对增加引起的时，那么进口品产出的增长会相对高于出口品的增长，并且该国的贸易量会下降。这种类型的经济增长称为**反贸易的增长**（antitrade biased growth)。

反贸易的增长告诉我们，随着时间的推移，经济体产出的产品量越来越接近其消费所需要的量。也就是说，*PR* 线朝着靠近 *CR* 线的方向转动。在这种情况下，国际贸易对该经济体的重要性趋于下降。换句话说就是有自给自足的趋势。

表 10-4 给出了一国经历反贸易增长的例子。在这里，我们假设资本和劳动的增加会导致 S 的产出以比 T 更高的速率增长（也就是说，20% 比 5%）。总的来看，经济增长的速度为 12.5%。因为我们始终假设每种产品需求的收入弹性都为 1，所以 S 和 T 的消费也都增长 12.5%。要注意这一类型的增长对国际贸易的影响。首先看 T 产业，其产出的增长比消费的

增长慢。因此，用于出口的T的量下降了。在S产业里，产出的增长比消费的增长要快。这意味着进口的需求下降了。因此，该国经济增长后的贸易量比之前要少。

表10-4 反贸易增长的例子

	增长前	增长后	百分比变化
T的产出	2 000.0	2 100.0	5.0
T的消费	1 500.0	1 687.5	12.5
T的出口	500.0	412.5	-17.5
S的产出	1 000.0	1 200.0	20.0
S的消费	1 250.0	1 406.25	12.5
S的进口	250.0	206.25	-17.5
*PR*线的斜率	2.0	1.75	-12.5
*CR*线的斜率	1.2	1.2	0.0
贸易条件	0.5	0.5	0.0
GDP	2 000.0	2 250.0	12.5

注意到其他一些关于反贸易增长的事。在这一情况下，随着时间的推移，该经济体传统出口产品的产量会下降，而其传统进口产品的产量却相对上升。那么增长可能会导致贸易格局的转变吗？答案是肯定的。举个例子，如果我们考虑的这个国家其资本的供给持续增加，比劳动增长快很多，那么最终这个国家可能会停止出口（进口）T（S）转而进口（出口）该产品。

10.3 国际贸易与经济增长的评论

我们到目前为止进行的分析已经对经济增长的来源、国家的规模及其贸易政策做了许多严格的假设。在这部分内容里，我们将考察在一些假设被放松的情况下，对我们到目前为止已经建立的结论会带来什么样的改变。

10.3.1 技术进步

当等量的产出可以使用更少的要素投入来生产时，或对等地，等量的投入可以带来更多的产出时，我们称之为科技（技术）进步。技术进步可以以多种形式出现。**中性技术进步**（neutral technical change）被定义为生产既定产量的产品所需要的要素投入量等比例减少的一种革新。**劳动节约（资本节约）型技术进步**［labor-saving（capital-saving）technical change］是指，某种创造或发明导致在原要素价格不变情况下，劳动（资本）使用量减少的情况。

技术进步可以具体到产业，也可以扩大到整个经济的范围。因此，创新发生的区位以及创新节约资源利用的方式这两者的结合会对一国生产可能性边界后期增长的形状产生影响。如果中性技术进步以相同的程度发生在经济体的各产业中，那么该经济体的生产可能性边界将以与原来相同的形状向外移动。然而，更有可能发生的创新是具有产业和要素特殊性的。

一个详细的关于所有特定产业技术进步的论述超出了本书的范围。但接下来的一些普遍

结论是建立在那些世界价格保持不变的特殊情况上的。[一]

如果中性技术进步发生在某一产业中，该产业的产出增长是以其他产业的产出减少为代价的。如果创新的发生导致一个产业所密集使用的要素的单位投入量下降时，这种情况更有可能发生。例如，我们假设如果 T 产业出现了劳动节约型的技术进步，那么 T 产业的产出会明显提高。为什么会这样呢？创新的影响是减少了 T 产业要达到原来生产水平所需的劳动力的数量。在最初的产出水平下，这就好像是该经济体经历了劳动禀赋的增加。根据罗伯津斯基定理，当一个经济体中某一要素的数量增加时，密集使用该要素的产业的产出必然会增加，而其他产业的产量则会下降。

如果技术进步允许某一产业减少其相对使用较少的要素的投入，那么几乎所有事情都可能会发生。发生创新的产业的产出可能会提高，也可能会下降。这是真的，因为有两种相反的效应在同时起作用。创新的效应在于降低创新发生产业的成本，这有可能会导致该产业产出的扩大。与之相反的是罗伯津斯基效应——其他产业的产出必须提高以吸收创新所“节约”下来的要素。

10.3.2　增长、价格与福利

假设我们所讨论的国家在世界市场上是大国而非小国。在这一情况下，该国增长的方式将对世界价格产生很大的影响。比如，假设 A 国是资本丰裕的大国。如我们所见，如果它经历了中性经济增长，那么随着时间的推移，它将想要出口更多的 S 并进口更多的 T。由于 A 国是大国，在世界市场上 S 供给的增加和 T 需求的增加会导致 S 对 T 的世界相对价格下降。换句话说，当中性经济增长发生在大国时，该国的贸易条件（出口价格与进口价格之比）存在随着经济增长而下降的趋势。

有偏的经济增长同样会对大国的贸易条件产生影响。亲贸易的增长会导致贸易条件比中性增长时恶化得更多。发生这一情况的原因是，经济增长为世界市场带来了比等比例增长时更多的出口产品供给和对世界市场的进口产品需求。另一方面，反贸易的增长会为发生经济增长的国家带来贸易条件的改善。

一国贸易条件的变化会对该国的福利水平产生影响。价格不变条件下的经济增长会导致一国的价格线外移，因此扩大了该国的消费可能性集合并提高了该国的生活水平。对于大国来说，如果增长引起贸易条件恶化，那么这一效应会在一定程度上受到削弱。

对于大国来说，经济增长会同时带来正面和潜在负面的福利影响这一事实意味着增长实际上可能会带来一国福利水平的降低。贾格迪什·巴格瓦蒂在一篇经典论文中，给出了发生**悲惨增长**（immizerizing growth）或者说是经济增长导致一国福利水平下降的条件。[二]在图 10-4 中，我们描绘了悲惨增长的情况。最初，该经济体处于自由贸易的均衡下，在 X_1 点进行生产，在 C_1 点消费。它的福利水平在该均衡中由社会无差异曲线 CIC_1 来表示，并且该均衡下的世界价格为价格线 TOT_1。假设现在该国发生了很强的亲贸易增长。这会导致生产可

[一] 见 Ronald Findlay 和 Harry Grubert，“Factor Intensity，Technological Progress，and the Terms of Trade”，*Oxford Economic Papers*（1959），有关于技术进步对生产和国际贸易影响的完整分析。

[二] 见 Jagdish Bhagwati，“Immizerizing Growth：A Geometrical Note”，*Review of Economic Studies*（1958）。

能性边界沿 S 轴向外移动，并且该国出口产品的生产会大幅扩大。进一步假设该产品在世界其他国家的需求相对缺乏弹性。在这一情况下，该产品的世界价格肯定会显著下降。在图 10-4 中表示为价格从 TOT_1 下降到 TOT_2。在这些情况下，消费移动到 C_2 点，该国的社会福利水平下降到 CIC_2。该发生经济增长国家的贸易条件恶化得非常严重，导致其整体福利水平比经济增长前还要低。

悲惨增长是一种普遍现象吗？也许不是，有两个原因来回答这个问题。第一，增长的性质以及世界的需求必须满足两个精确的条件来支持悲惨增长的发生。第二，我们从第 6 章对于最优关税的讨论中已经知道，如果一国有能力运用关税政策来影响国际价格，它就能改善其福利水平。现在的情况就是如此。特别地，如果发生经济增长国家的出口产品的国际价格下降，该国政府可以通过征收出口税来阻止这一情况的发生。因此，政府政策可以用来减轻经济增长带来的任何潜在的负面影响。一个与悲惨增长有某些相似之处的现象也许更常见，这一现象被称为荷兰病。全球视角 10-1 更详细地描述了荷兰病的历史及其影响。

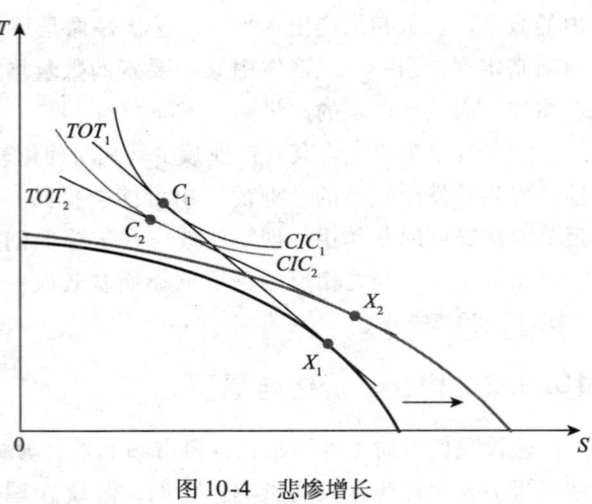

图 10-4 悲惨增长

全球视角 10-1 荷 兰 病

荷兰在 20 世纪 60 年代发现了大量的天然气。天然气迅速变成了荷兰的支柱产业，在产量和出口量上都处于领先地位。由于天然气供给充足，荷兰的其他产业也采用了能源密集型生产技术。到 20 世纪 70 年代，世界经历了两次石油价格冲击。这些冲击对荷兰的影响更是意义深刻。

油价的上升导致能源替代品价格的上涨，包括天然气。随着该国天然气部门价格的上升，其工资也在上涨。这导致工人们纷纷离开其他部门，而进入日益扩张的天然气部门。其他部门的生产商不得不以更高的工资来留住工人。高工资和高能源成本导致一些生产商破产。除此之外，荷兰能源相对独立这一事实导致外汇交易员竞价哄抬荷兰货币的价值。这使得荷兰的生产商更难在世界市场上竞争，并且如此高的能源价格导致很大部分的荷兰制造业部门消失。由于在荷兰工资下降具有刚性，失业人数上升。

除了荷兰之外，其他国家在资源部门繁荣后也有相似的经历。一国经济中某些部分的迅速发展可能会导致整个经济陷入非常困难的时期，这一现象被称为荷兰病。这一概念通常与市场上某一特定商品的繁荣带来的影响，以及这一繁荣对大量拥有这种商品资源的经济体所产生的效应联系起来。

经济学家现在对荷兰病现象的更多分支产生了兴趣。他们尤其对经济体中的其他部门在资源繁荣发生时是否一定会变得更坏有兴趣（也就是说，其他部门是否一定会得"病"）。他们表示，不管资源繁荣什么时候发生，其他部门一定会受到影响。这是在资源有限的约束下可以得到的预期。

但是，像荷兰那样资源繁荣导致的工业退化也不一定会发生。比如像农业这样的出口部门可以通过向扩张部门提供资源来吸收繁荣所带来的负担。此外，尤其是那些提供产品但并不出口的部门（比如政府和许多服务业）可以从资源繁荣中获益，因为这些产业可以提高它们的价格而不用担心国际竞争。■

资料来源：For more discussion of the Dutch disease, see Max Corden and Peter Neary, "Booming Sector and Deindustrialization in a Small Open Economy," *Economic Journal* (1982); James Cassing and Peter Warr, "The Distributional Impact of a Resource Boom," *Journal of International Economics* (1985); and the papers in eds. Peter Neary and Sweder van Wijnbergen, *Natural Resources and the Macroeconomy* (Cambridge, Mass.: MIT Press, 1986).

10.4　国际要素流动

10.4.1　劳动力

到目前为止，我们通过模型设立了来源于一国国内的经济增长。一国也可以通过吸收来自其他国家的要素投入来实现经济增长。我们来看一下美国的例子。据估计在 1820 ~ 2005 年期间，美国大约接受了 7 000 万的外国移民。表 10-5 给出了在过去 185 年中，美国移民的情况。用移民人数占总人口比例的形式来测量，移民人数占总人口比例最高的年份出现在 20 世纪的前 10 年，但在 19 世纪 40、50 和 80 年代移民人数占总人口的比例也非常高。

新人口的流入使得美国的劳动力开始扩张，与此同时其他要素如土地（通过购买、侵占以及剥夺获得）和资本（通过国内外的投资获得）也在增长。因此，移民在美国于 19 世纪末成为世界领先经济体的过程中扮演了重要角色。

美国并不是唯一一个经历了大量移民流入的国家。例如在 1960 ~ 1980 年期间，加拿大、澳大利亚以及新西兰吸收了 570 万移民，大约是这一时期世界永久移民的 1/3。另外，由于这些国家本身人口很少，因此移民占总人口的比重就比美国要高得多。

表 10-5　1820 ~ 2005 年美国的移民[①]

年份	总计		年份	总计	
	人数	比例[②]		人数	比例[②]
1820 ~ 1990	57 090	3.5	1931 ~ 1940	528	0.4
1820 ~ 1830[③]	152	1.2	1941 ~ 1950	1 035	0.7
1831 ~ 1840[④]	599	3.9	1951 ~ 1960	2 515	1.5
1841 ~ 1850[⑤]	1 713	8.4	1961 ~ 1970	3 322	1.7
1851 ~ 1860[⑤]	2 598	9.3	1971 ~ 1980[⑦]	4 493	2.1
1861 ~ 1870[⑥]	2 315	6.4	1981 ~ 1990	7 338	3.0
1871 ~ 1880	2 812	6.2	1991 ~ 2000	9 095	3.4
1881 ~ 1890	5 247	9.2	2001	1 064	3.7

（续）

年份	总计		年份	总计	
	人数	比例②		人数	比例②
1891～1900	3 688	5.3	2002	1 064	3.7
1901～1910	8 795	10.4	2003	706	2.4
1911～1920	5 736	5.7	2004	946	3.2
1921～1930	4 107	3.5	2005	1 122	3.8

① 除比例之外，以千为单位。1976年以前，到每年的6月30日为止，除了有注释的年份；从1977年开始，到每年9月30日为止。移民的定义：1820～1867年，指外来旅客的到达；1868～1891年和1895～1897年，指移民的到达；1892～1894年和1898至今，指被承认的移民。比例根据人口普查局对1929年7月1日前居民人数的估计，以及其后的总人口（不包括1959年以前的阿拉斯加和夏威夷）。还可参见 Historical Statistics, Colonial Times 1970, C89 系列。

② 每1 000美国人口的年度比例，10年的比例是用每年的移民总数之和除以相同的10年里美国的总人口数。

③ 1819年10月1日到1830年9月30日。

④ 1830年10月1日到1840年12月31日。

⑤ 日历年度。

⑥ 1861年1月1日到1870年6月30日。

⑦ 包括预算年度变更时的衔接期，1976年7月1日到9月30日。

资料来源：Jagdish Bhagwati, "Global Interdependence and International Migration," in *Capital, Technology, and Labor in the New Global Economy*, ed. James Cassing and Steven Husted (Washington, D. C.: American Enterprise Institute, 1988), Table 1, reprinted by permission; and *Statistical Abstract of the United States*, 2006 (Washington, D. C.: U. S. Government Printing Office 2007), Table 5.

除了这些被视为永久移民的流动，现在还出现了大量的短期移民。这些短期流动通常是由东道国政府颁布的特殊政策引起的。在这些项目下，外国来的工人受邀在东道国短期安置下来并在各种产业中工作。始于20世纪60年代并一直发展到至少1975年，富有的西欧国家邀请一些**客籍工人**（guest workers）过来，他们都来自较穷的邻国，比如意大利、西班牙、葡萄牙、土耳其、希腊和当时的南斯拉夫。总的来说，大约有630万工人被邀请去了西欧，他们组成了当地重要的工人力量。在某一时期，18%的瑞士劳动力是由客籍工人组成的。参与到这个项目中的工人数量使得来源国的劳动力大量减少。例如葡萄牙就输出了超过10%的劳动力。除了西欧国家的客籍工人项目，中东的OPEC也从埃及、约旦、巴基斯坦、印度甚至韩国吸收了大量工人。每到农业收获季节，墨西哥的移民工人就会穿越国境线去美国工作，这一现象持续了好多年。

移民的出现有很多原因并遵循着许多不同的路径。大量的国际再分配的发生是由于移民在追寻以下三件事中的至少一件：更好的经济环境、逃离政治暴力或破坏，或者与家人团聚。许多移民都是从穷国流向富国，比如客籍工人项目。这些流动大多是由于工人受到高工资和更好的工作保障福利的吸引而出现的。穷国向穷国的流动或富国向富国的流动也非常普遍，但富国向穷国的流动则很少见。

移民拥有各种不同的技术。许多富国向富国流动的移民都是熟练劳动力，[⊖]穷国流向富国的很大部分移民也是熟练劳动力。熟练劳动力离开他们的祖国重新定居国外这一过程被称为**人才外流**（brain drain）。人才外流这一概念在20世纪60年代成为了一个重要的研究焦

⊖ 造成这一现象的部分原因是由于许多东道国都有限制人口流入的移民法律。这些法律的特点在于它通常让那些拥有特殊技术的人更容易移民。

点。随后，人们所关心的是欧洲最熟练的劳动力，包括最好的科学家、医生以及工程师都离开欧洲去了美国、加拿大等地。现在，这一流动减少了并且有些还回流到了欧洲。目前，人们越来越担心的是富有的工业化国家可能会从贫穷的发展中国家挖走熟练劳动力，而这些熟练劳动力对发展中国家经济发展的边际贡献可能会很大。[㊀]

由于相对较高的工资水平和生活标准，低熟练劳动工人从穷国向富国的转移是普遍的现象。这种移民格局很好地描述了20世纪初期欧洲南部和东部的工人，以及现今墨西哥和东南亚的工人向美国流动的情况。而非熟练工人的外流有时被称为劳工外流。

10.4.2 资本

劳动力不是唯一一种穿越国界流动的要素。资本，包括金融资本和实物形式的资本，也都会发生流动。实际上，资本的国际流动在国际经济体系中每天都在发生，并且由于它们数额巨大，可能比劳动力流动对经济增长率和经济活动区位的影响更大。

同样，我们来看美国的例子。整个19世纪，美国都是资本进口国。[㊁]其他国家——尤其是英国——贷出了一大笔金融资本足以使美国修建铁路、工厂以及通信系统，因此帮助推动了美国经济达到工业巨人的地位。从欧洲进口的资本品（用以交换美国的农产品）也推动了美国工业基础的发展。

美国在20世纪的大多数时期处于资本出口国的地位。也就是说，它向世界其他国家提供金融资本借贷，并到1980年成为了世界上最大的净债权国。从20世纪80年代以来，这一趋势开始逆转。美国的企业、公民特别是美国政府向外国大量借贷。在这个过程中，美国从世界上最大的净债权国变成了世界上最大的净债务国。[㊂]

尽管美国最近进口的资本超过其出口的资本，但美国仍然向世界其他国家提供充足的资本。美国的企业带头开展了一种被称为外国直接投资的特殊的国际资本转移。这一情况的发生是指国内（例如美国）的企业获得国外分支企业的所有权或控制权。根据美国的定义，一个（母）公司，如果它拥有了外国商业企业（外国附属公司）10%以上直接或间接的所有者权益，就称为直接投资。美国企业通过在国外建立（或购买先前存在的）生产和营销的便利设施，或者通过成为外国竞争公司的小股东来从事直接投资。在一个或更多的其他国家拥有和操纵资本的企业被称为**跨国公司**（multinational corporations，MNC）。

事实上所有美国最有名的公司，比如福特、通用汽车、IBM、麦当劳以及可口可乐都是跨国公司。许多知名度较小的美国公司也都是跨国公司。2006年，美国跨国公司在世界范围内的总销售为12万亿美元，而美国跨国公司在世界范围内的雇员人数为3 120万，其中

㊀ 关于人才流失是否是一个问题不在本书的讨论范围内。关于人才流失这一议题的一个很好的综述请见Jagdish Bhagwati，“Global Interdependence and International Migration”，in *Capital*，*Technology*，*and Labor in the New Global Economy*，ed. James Cassing 和 Steven Husted（Washington D. C.：AEI，1988），以及里面提到的参考文献。

㊁ 在现实世界，资本会同时流入和流出一国。也就是说，一些代理人（公民、企业或政府）在国际市场借入资金，其他一些则借出资金。资本进口（出口）国是指该国公民在国际金融市场上借入（借出）的资金比他们借出（借入）的多。

㊂ 见第12章以获得关于这些事件的更完整的分析，以及这些对于美国都意味着什么。

美国（母公司）的销售额为8.3万亿美元，其雇员数为2 170万人。表10-6给出了按产业细分的跨国公司活动的分类，测量了跨国公司在美国和国外的雇用情况。显然，制造业部门占据了跨国公司在美国和海外的雇用人数的最大部分。在这一类中，海外雇用中相当大的比例出现在运输设备部门，美国汽车制造商大量的雇员在国外的装配厂工作。

表10-6 2006年美国非银行业跨国公司的雇用情况

（世界范围、母公司及附属公司）

	雇员人数（千人）			附属公司雇用情况占总体的百分比
	世界范围	母公司	附属公司	
所有产业	31 245.4	21 747.6	9 497.8	30.4
矿业	346.8	179.1	167.7	48.4
公共事业	272.5	226.4	46.1	16.9
制造业	12 082.2	7 545.9	4 536.3	37.5
批发贸易	1 824.2	1 061.2	763.0	41.8
信息产业	2 196.0	1 864.8	331.2	15.1
金融（不包括银行）和保险业	1 441.0	1 148.4	292.6	20.3
专业服务	1 743.2	1 157.7	585.5	33.6
其他	11 339.6	8 564.1	2 775.5	24.5

资料来源：Raymond J. Mataloni, Jr., "U. S. Multinational Companies in 2006," *Survey of Current Business* (U. S. Department of Commerce, November 2008).

表10-7给出了美国跨国公司海外附属企业所在区位的信息，同样也衡量了其雇用情况。根据这个表格，美国跨国公司大概70%的海外雇员位于发达国家，其中大部分集中在西欧。美国跨国公司在发展中国家最大的雇用量出现在拉丁美洲。

表10-7 2006年美国跨国公司按地区分布的国外附属公司雇用情况

	雇员人数（千人）		雇员人数（千人）
所有国家	9 497.8	发展中国家	3 684.3
发达国家	5 813.5	拉丁美洲	1 847.8
加拿大	1 081.9	包括：	
欧洲	4 082.6	墨西哥	889.8
包括：		非洲	95.9
法国	590.5	中东	68.2
德国	592.1	亚洲及太平洋地区	1 672.5
英国	1 191.3	包括：	
日本	278	中国	588.7
澳大利亚、新西兰以及南非	371	印度	210.6
		韩国	107.4

资料来源：Raymond J. Mataloni, Jr., "U. S. Multinational Companies: Operations in 2006," *Survey of Current Business* (U. S. Department of Commerce, November 2008).

国外跨国公司也存在，并且大多数在美国运作。附属于国外跨国公司的美国企业在2006年销售了2.7万亿美元的商品和服务，并雇用了超过530万人。欧洲背景的公司在美国子公司雇用中占到最大的份额（67%）。英国和德国公司是美国工人最大的雇主，分别占

17%和12%。加拿大公司占到大约9%。[㊀]

为什么一些公司选择成为跨国公司是一个有趣而尚待解决的经济学问题。显然，在国外经营的公司相对于当地的外国竞争者而言处于不利地位。也就是说，他们面对更多的成本，包括长距离协调的成本，这是它们的竞争者不必承担的成本。经济学理论告诉我们，跨国经营一定有其特殊的优势，否则这些公司就会停止跨国经营活动。这里面会有什么特殊的优势呢？第一，跨国公司可能拥有特殊的技术。对于这项技术的控制权使得跨国公司能够成功地与当地企业竞争。第二个可能性是，一个公司在多个地方设厂可能会带来规模报酬递增。[㊁]

注意到我们对于 NAFTA 的讨论，一些人认为穷国和富国之间的贸易自由化会诱使高工资国家的公司到低工资的国家重新配置它们的制造过程。在这一过程中，高工资国家的就业会下降，生产会被从低工资国家进口的产品替代。这一现象被称为外包（outsourcing）。表 10-6 和表 10-7 的数字说明，到目前为止，美国的跨国公司还没有大规模使用这一实践。全球视角 10-2 给出了关于外包的更详细的内容。

全球视角 10-2 美国的外包

生产转移到国外附属企业这一行为被称为外包或者离岸外包。虽然跨国公司长期以来都有着这一实践，但现在外包却变得备受争议。总统候选人贝拉克·奥巴马（2009 年当选美国总统。——编者注）对外包长期持批评态度。他曾在许多场合许诺要“停止对那些将工作运往海外的公司给予税收优惠”，尽管他从来没有准确地说他要试图取消哪些税收优惠。包括 CNN 的卢·多布斯（Lou Dobbs）在内的其他人对外包这一实践的批评更加尖锐。[①]

在现实中，外包可以有多种形式。跨国公司可以通过在海外设立附属公司生产同样的产品并在国外市场销售而不是在国内生产并出口到国外市场来实现水平扩张。这种活动类型的例子包括美国银行的分支机构在国外市场的开设和运作。另一个极端是，跨国公司可以通过设立附属公司生产产品或服务，然后再进口到本国市场，作为生产最终产品的中间投入品或是作为最终产品直接销售而实现垂直扩张。其中一个例子就是美国的一家公司在印度建立一个呼叫中心，用以为它的产品提供客户支持或技术支持。另外一个例子是一家公司从墨西哥的附属制造商那里购买零部件。虽然任何一种类型的跨国公司扩张都可能会导致国内的失业，但这并不明显说明是一种不可避免的结果。外包可以使企业扩大销售，因此会带来所有地区整体就业水平的提高。在最坏的情况下，它节约的生产成本足够让一个公司生存下去。

外包如此备受争议的原因在于它内含的对国内工作市场就业和就业机会的威胁。政客和专家看到了失业——尤其是制造业部门——并认为这是企业在海外重置岗位的反映。事实

㊀ 关于国外跨国公司在美国活动的更多信息，见 Thomas Anderson，“U. S. Affiliates of Foreign Companies: Operations in 2006”，*Survey of Current Business*（U. S. Department of Commerce，August 2008）。

㊁ 更多关于跨国公司的经济学讨论，见 John Dunning，“The Determinants of International Production” *Oxford Economic Papers*（1973）；以及 James Markusen *Multinational Firms and the Theory of International Trade*（Cambridge，Mass.：MIT Press，2002）。

上，制造业的工作岗位在世界范围内都在减少。大联资产管理公司（Alliance Capital management）的一项最新研究指出，在1995~2002年间，制造业的雇用人数在美国下降了11%，中国为15%，巴西为20%。[②]这一现象甚至出现在世界范围内制造业上升30%的情况下。显然，制造业工作岗位的减少是由生产率的显著提高造成的，而不是由外包造成的。

就业可能受到威胁的部门是服务业，但在这里，由于美国公司外包的数据并不完整，所以证据也并不是很清楚。在一个极端，一些行业出版物已经对国内一些特定部门总就业的可能改变进行了估计。例如，2004年弗雷斯特研究公司估计到2015年底，总共340万美国IT行业的就业将被转移到海外。[③]正如表10-6和表10-7的数据所证明的，美国商务部给出了美国跨国公司在国内和海外的雇用数据，但这些数据没有显示有多少就业是从美国工人转移到外国工人的。此外，这些数据没有考虑到外国跨国公司在美国的雇用人数。

从1994年开始，商务部每年都对一些美国跨国公司的国内外的公司活动进行调查，并且利用这些数据进行的一些研究也开始出现。玛丽亚·博加（Maria Borga）的一项报告重要研究了跨国公司通过允许国外的附属公司为最终产品生产中间投入品而实现它们的产品纵向一体化的行为。她指出，在1994~2002年期间，国内公司进口中间投入品的比例从6.9%上升到7.8%，并由此概括“绝大部分美国的总部采购都来自于国内供给商”。博加随后对增加国内雇用的国内跨国公司（大约占2/3）与减少国内雇用的公司的行为进行了比较。她指出，那些减少国内工作岗位的企业对于它们国外附属公司和其他国外公司的进口投入品的依赖上升。国内雇佣增加的公司在这一时期所使用的进口投入品稍少一些，并且这一比重基本保持不变。简而言之，博加并没有找到对外国投入品的依赖与国内就业之间的明显关系。相反，她指出国内公司就业水平的变化与国外附属公司的就业水平紧密相关；这些变化主要是由产品需求和劳动生产率的变化引起的。第三，她建议海外公司的存在应该是为了打入那些市场而不是为获得低成本的投入品提供便利。[④]

博加的发现反映了其他经济学家的研究结论。[⑤]这些研究的基本结论是大体一致的。第一，外包的范围目前相对有限，并且它对整体美国劳动市场的影响是有限的。第二，随着技术的发展和贸易壁垒的减少，外包将会增加，这会加剧政治紧张。第三，在总体经济中，由于跨国公司在国内和国外雇佣的增加，外包会伴随美国就业的增长。

① 例如 Lou Dobbs，*Exporting America：Why Corporate Greed Is Shipping American Jobs Overseas*（New York：Warner Business Book，2004）。

② 更多详情请见 http：//axaonline. com/rs/axa/public_ articles/10202003Manufacturing_ Payrolls_ Declining. html。

③ 这一数值看上去可能很大，但应该与劳动统计局所预测的到2015年应有1.6亿工作岗位存在相比。

④ 请见 Maria Borga，*Trends in Employment at U. S. Multinational Companies：Evidence from Firm-Level Data*（U. S. Bureau of Economic Analysis，Department of Commerce，September 2005）。

⑤ 更多关于外包的研究，请见 N. Gregory Mankiw 和 Phillip Swagel，“The Politics and Economics of Offshore Outsourcing”，*American Enterprise Institute Working Paper #122*（*December* 2005）；Martin Baily 和 Robert Lawrence，“What Happened to the Great U. S. Job Machine? The Role of Trade and Electronic Offshoring” *Brookings Papers on Economic Activity*（2004）；and eds.，Susan Collins 和 Lael Brainard *Brookings Trade Forum* 2005：*Offshoring White-Collar Work*（Washington，D. C.：Brookings Institute，2005）。■

10.4.3 经济分析

在这部分，我们将通过分析一个简单的模型来结束对于国际要素流动的讨论，这一模型将使我们了解这些流动的经济含义。我们要分析的这个模型非常有普遍性，让我们能够运用到不管是劳动还是资本的国际流动中去。但为了更具体一点，我们专门讨论劳动力的国际转移。我们将这一模型对资本的国际流动的分析作为作业留给读者。

我们首先假设有一个国家，比如美国，以固定量的资本和劳动生产一种产品 Y（或 GDP）。首先我们要建立的是美国在这一情况下所需要的劳动力水平。我们定义美国**劳动的边际产量**（marginal product of labor, MP_L）为在产品生产中增加一单位劳动所能带来的产出的额外增加量。MP_L 有哪些性质？回想我们假设过美国的资本存量是一定的。如果资本存量一定，随着越来越多的劳动投入到产品的生产中，MP_L 会出现**劳动报酬递减**（diminishing returns to labor）的情况。也就是说，由于劳动力增加而引起的产量增加会越来越小。这一情况的出现是由于固定量的机器被越来越多的劳动力所共同使用。

假设在竞争性产品市场上 Y 的单价为 P 美元。然后，我们定义**劳动的边际产品价值**（value marginal product of labor, VMP_L）为生产者通过出售增加雇用的最后一个工人所生产的产品而获得的价值量。换句话说，

$$VMP_L = P \times MP_L \tag{10-3}$$

式中 VMP_L 代表生产者从雇用的最后一个工人那里获得的边际收入。

我们现在考虑厂商根据利润最大化原则来决定他们的劳动投入量。假设工人的工资率为 W；W 可以被认为是雇用最后一个工人的边际成本。利润最大化原则非常简单。厂商应该一直雇用工人直到雇用最后一个工人而增加的边际收益等于雇用该工人带来的边际成本。也就是说，企业应当使边际收益与边际成本相等。

给定在不同雇用水平下 P 和 MP_L 的信息，很容易得到 VMP_L 的图形。图 10-5 给出了这样一个图形。曲线是向下倾斜的，反映了劳动的边际产量递减。VMP_L 曲线可以被看做劳动的需求曲线。我们注意到，经济体中固定的劳动力供给在图中表示为距离 $0A$。劳动力市场上的需求和供给的交点决定了工资率 W'。然后，注意到矩形区域 $0W'ZA$ 是经济体中全部劳动者所获得的收入。这是因为经济体中共存在 $0A$ 数量的劳动力，每个劳动力的收入为 $0W'$。VMP_L 曲线下的其他部分，三角形 $W'TZ$，代表了另一种生产要素——资本的报酬。我们怎么知道这些呢？回忆 VMP_L 曲线上每个点的高度都代表了由于每个工人被雇用，生产商所得到边际收入。工人的工资为 $0W'$ 美元。其他剩下的部分用来付给同样参与到生产过程的资本所有者。两部分结合起来就是总的劳动收入和总的资本所有者的收入，换句话说，就是 GDP 的价值。

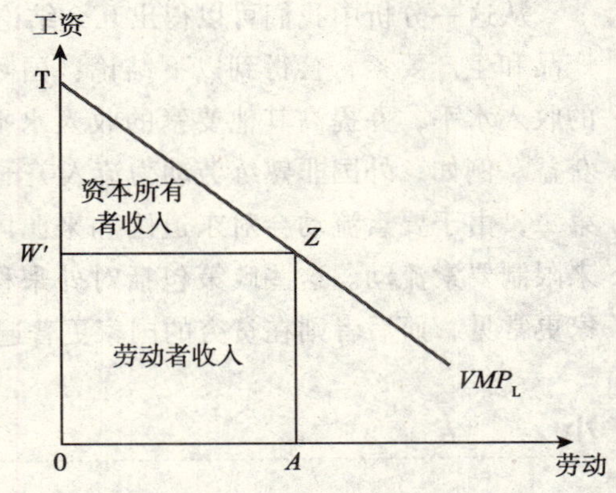

图 10-5　劳动和资本之间的收入分配

我们现在可以来考虑移民了。假设美国允许外来工人的流入，并且这些工人同美国人有

一样的技术水平。这一政策的显著影响就是增加了劳动供给。我们在图 10-6 中将这一增长表示为距离 *AB*。外国工人的移民有多种经济含义。

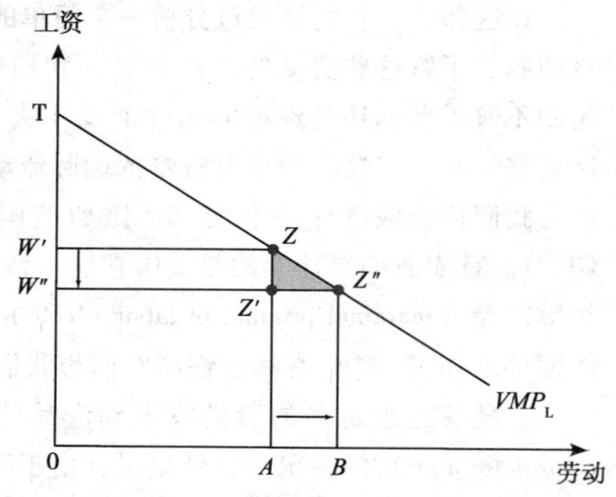

图 10-6　劳动力移入的经济效应

首先，如图 10-6 所示，存在工资效应。由于劳动力供给的扩张（并且假设其他所有的，包括资本存量，都保持不变），工资被迫降到了 *W″*。同时还存在产出效应。劳动力的扩张意味着可以生产更多的产品。扩张的产出的价值在图中表示为梯形 *AZZ″B*。在这部分中，三角形 *ZZ′Z″* 代表资本的报酬，而矩形 *ABZ″Z′* 代表付给外国工人的工资。

最后，还存在收入再分配效应。国内工人的工资率从 0*W′* 下降到 0*W″*，并且国内劳动力的总收入从 0*W′ZA* 下降到 0*W″Z′A*。这两个矩形区域的差额就代表了国内劳动力损失的收入。但这部分损失并不属于该经济体。而是回到了资本所有者（假设是国内公民）那里。资本所有者从外国工人的移入中获得收益，因为产出的增加导致资本被更密集地使用，这样就可以提高资本的租金率。

因此很显然，虽然外国劳动力的移入会导致国内产出的增加，但并不是所有社会成员都从中受益。国内工人遭到了损失，国内资本所有者获益。而劳动力的来源国则发生了相反的情况。这可以从图中看出，将 *AB* 看做等量的劳动力流出。这样，劳动力就变得相对更加稀缺。劳动力输出国的工资水平上升而总产出下降。由于劳动力从该国移出，该国资本所有者的福利下降。

从这一分析中我们可以得出几个结论。第一，如果我们将这一模型一般化到包含更多的产品和生产要素，会得到以下结论：国际要素流动会降低在东道国几乎能直接被替代要素的收入水平，并提高其他要素的收入水平。这意味着东道国一些类型的劳动力能从移民中获益。例如，外国非熟练劳动力流入美国，可能会带来（国内）熟练工人收入水平的提高。第二，由于要素流动会对东道国和来源国的收入分配产生影响，这些国家通常会颁布政策来限制要素流动。这些政策包括对外来移民的限制和对资本流出的限制。前者在富有的国家更常见，而后者则在贫穷的国家更普遍。

小　　结

1. 国际贸易和经济增长在许多方面都是相关的。出口的扩张会提高 GDP 的水平。一国的增长方式又会影响到它的贸易方式。
2. 经济发展是指经济体中的居民平均都达到了较高的生活标准。经济增长是经济发展的必要内容。
3. 由于贸易和增长之间的关系，一些发展中国家追求外向型或初级产品出口导向型发展战略以鼓励出口生产。这些国家中的一些在过去几十年的经济发展中获得了巨大的成功。
4. 其他发展中国家遵循进口替代战略来刺激发展。这些政策包括对许多产品实施高关税或配额以保护国内产业。实践中，这些政策并没有十分成功。

5. 当一国处于充分就业时，经济增长的出现是由于生产要素的增加或技术创新。
6. 一国经济增长的方式会影响到其国际贸易的格局。一国出口和进口的增长与GDP保持相同比例时，称为中性经济增长；当贸易增长比GDP快时，称为亲贸易的增长；当国际贸易量可能会下降时，称为反贸易的增长。
7. 当一国从其他国家吸收要素时也可能带来增长。例如，美国在20世纪的增长很大部分是由于大量的外国工人移民到美国，以及外国资本的流入。
8. 整体而言，要素从国外流入会导致东道国的福利增加，而要素来源国的福利下降。

习 题

1. 比较各国政府颁布的分别促进进口替代政策和外向型战略的不同类型的贸易政策。
2. 许多拉美国家都采用进口替代政策。这些国家中有许多也都经历了长时间的高通货膨胀。请解释进口替代和高通胀之间的可能联系。
3. 根据表10-1，许多发展中国家由于采取更加外向型战略，都开始用关税替代配额。讨论关于这些改变的可能动机。
4. 描述进口替代战略怎样刺激关税按照加工阶段逐步升级。
5. 请详细解释国际贸易如何影响一国的经济增长率。
6. 假设在A国对产品S的收入需求弹性小于1，而对产品T的收入需求弹性大于1。此外，假设A国出口S产品、进口T产品，S是资本密集型产品，而A国的资本相对丰裕。下列情况发生时，会对A国的贸易格局产生什么影响？
   a. A国的资本和劳动同比例增长时，会发生什么？
   b. A国资本的增长超过劳动的增长时，会发生什么？
   c. A国劳动力的增长超过资本的增长时，会发生什么？
7. 比较跨国公司在国外运营花费的成本和该国国内公司运营的成本。解释跨国公司在这种情况下如何竞争。
8. 假设A国是一个接受国际价格的开放小国。如果外国资本流入A国，会对其工资和租金产生什么影响？用一个图形来解释你的答案。哪个集团会支持资本流入？哪些又会反对？请给出解释。
9. 什么是悲惨的增长？你认为它可能发生在现实世界吗？请给出解释。

参考文献

Bhagwati, Jagdish. “Global Interdependence and International Migration.” In James Cassing and Steven Husted, eds., *Capital, Technology, and Labor in the New Global Economy*. Washington, D.C.: American Enterprise Institute, 1988.

Todaro, Michael P., and Stephen C. Smith. *Economic Development*, 10th ed. Boston, Mass.: Addison-Wesley Publishing Co., 2009.

如需要更多的习题和补充阅读，请访问我们的网址：www.pearsonhighered.com/husted。

第 11 章

国际金融概述

学习目标

国际收支平衡；
汇率；
价格与汇率；
利息率与汇率；
其他重要话题。

本书的前10章讨论了有关国际商品和服务贸易的内容，现在我们将转向对金融资产贸易的学习。这些贸易可能与商品和服务贸易的结算有关，也有可能与投资者选择他们的财务资产组合、跨国公司将资产从一个子公司转移至另一子公司、政府买卖不同货币来改变汇率或任一日常活动有关。

本章将提供本书余下部分讨论的议题的一个综述。这一知识主体有时被称为“国际货币经济学”或“国际金融”。无论哪种称呼，我们都讲处理与国际交易相关的金融或货币问题。下面让我们简要浏览一下其中涉及的一些问题。

11.1 国际收支平衡表

我们将从国际收支平衡表开始学习国际金融部分。我们将学习一个国家如何记录与他国的交易。“贸易顺差”和“贸易逆差”等术语越来越被公众所关注，大家都想了解一国是否较买进而言卖出了更多商品。我们应了解，如果一国存在**贸易顺差**（trade surplus），则其出口大于进口，如果存在**贸易逆差**（trade deficit），则其进口大于出口。图 11-1 说明了不同国家在一段时间内贸易收支的不同。美国一直处于贸易逆差状态，其最后一个存在顺差的年份为 1975 年。德国和日本一直存在贸易顺差，加拿大也是如此。而墨西哥曾在 20 世纪 80

年代有过一段顺差，之后的年份变为逆差。接下来的几章将主要阐述国际收支波动起伏的原因和结果。

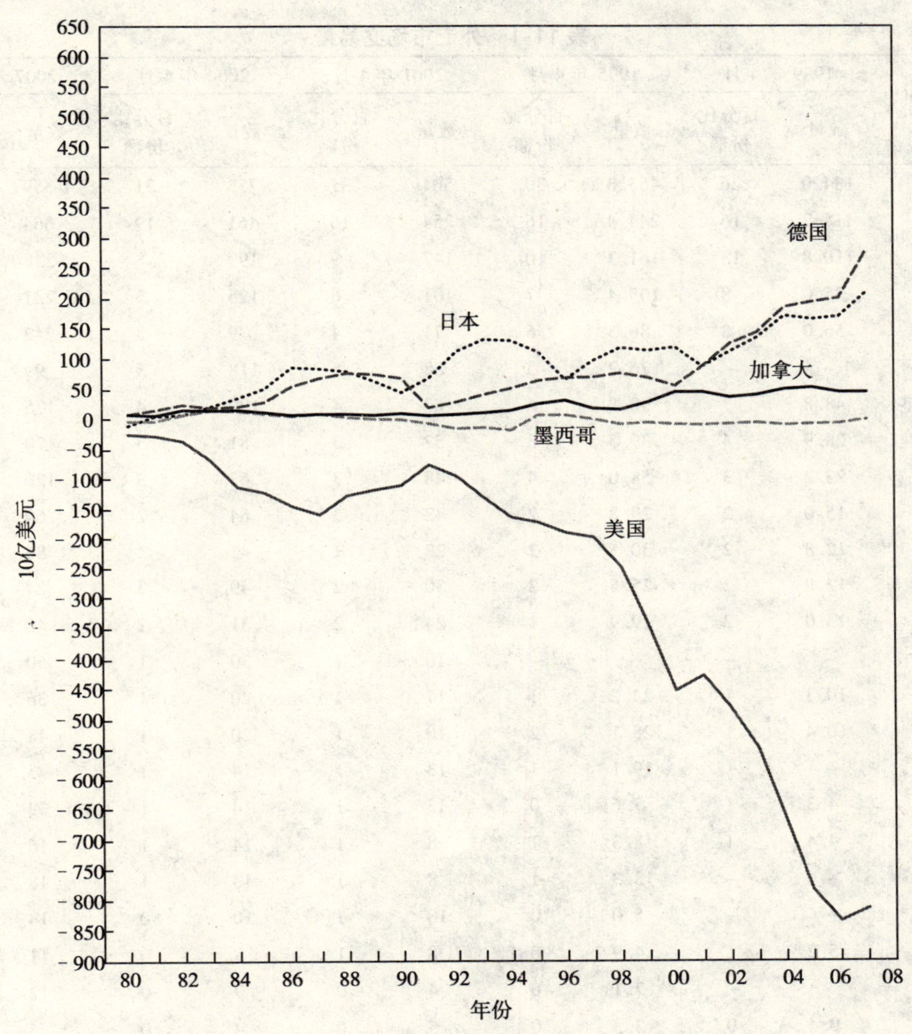

图 11-1 随时间推移的贸易平衡

11.2 汇率

墨西哥人使用比索，日本人使用日元，奥地利人使用欧元，这种不同国家使用不同货币的事实使货币间的兑换成为一种必然需求，以方便国家间的贸易。货币在外汇市场中完成交易，这一市场通过电话或电子通信设施联系世界各地的交易者。一种货币以另一种货币表示的价格被称为**汇率**（exchange rate）。

表 11-1 显示外币的交易量基本集中于几个地方。英国——尤其是伦敦——是世界第一的外汇市场，主要是由于英国国际金融机构历史上在国际金融中的领导者地位及其具有横跨亚洲、欧洲和北美洲商业时区的有利地理位置。表 11-1 的数据来自国际清算银行每三年一次的调查。2007 年 4 月，英国银行报出的每日平均外汇交易量达 13 590 亿美元。其他主

要的外汇交易中心分别坐落于纽约、东京、苏黎世、新加坡、香港和悉尼。除了这些交易中心外，其他地方的交易量明显下降，尽管少数亚洲和欧洲国家也处理了一定规模的交易。

表 11-1 外汇市场交易量

国家和地区	1989 年 4 月		1995 年 4 月		2001 年 4 月		2004 年 4 月		2007 年 4 月	
	数量	百分比份额	数量	百分比份额	数量	百分比份额	数量	百分比份额	数量	百分比份额
英国	184.0	26	463.8	30	504	31	753	31	1 359	34
美国	115.2	16	244.4	16	254	16	461	19	664	17
日本	110.8	15	161.3	10	147	9	199	8	238	6
新加坡	55.0	8	105.4	7	101	6	125	5	231	6
瑞士	56.0	8	86.5	6	71	4	79	3	242	6
德国	–	–	76.2	5	88	5	118	5	99	3
中国香港	48.8	7	90.2	6	67	4	102	4	175	4
澳大利亚	28.9	4	39.5	3	52	3	81	3	170	4
法国	23.2	3	58.0	4	48	3	63	3	120	3
加拿大	15.0	2	29.8	2	42	3	54	2	60	2
丹麦	12.8	2	30.5	2	23	1	41	2	86	2
荷兰	12.9	2	25.5	2	30	2	49	2	24	1
瑞典	13.0	2	19.9	1	24	2	31	1	42	1
俄罗斯	–	–	–	–	10	1	30	1	50	1
意大利	10.3	1	23.2	1	17	1	20	1	36	1
比利时	10.4	1	28.1	2	10	1	20	1	48	1
卢森堡	–	–	19.1	1	13	1	14	1	43	1
挪威	4.3	1	7.6	0	13	1	14	1	32	1
西班牙	4.4	1	18.3	1	8	1	14	1	16	0
奥地利	–	–	13.3	1	8	1	13	1	18	0
南非	–	–	5.0	0	10	1	10	0	14	0
爱尔兰	5.2	1	4.9	0	8	1	7	0	11	0
新西兰	–	–	7.1	0	4	0	7	0	12	0
希腊	0.4	0	3.3	0	5	0	4	0	5	0
巴林群岛	3.0	0	3.1	0	3	0	3	0	3	0
芬兰	3.4	0	5.3	0	2	0	2	0	8	0
葡萄牙	0.9	0	2.4	0	2	0	2	0	3	0
总计	717.9	100	1 571.8	100	1 618	100	2 406	100	3 988	100

注：数量单位为10亿美元并且为日均数据。

资料来源：国际清算银行，*Triennial Central Bank Survey*，Basel：2005 年 3 月。

表 11-1 显示所有地区每日平均国际通货交易量为 39 880 亿美元。这个几乎每天 4 万亿的交易量使得外汇市场成为世界上最大的金融市场。尽管英国具有最大的外汇交易量，但这并不表示英镑就是最普遍的交易货币。表 11-2 列出了作为交易一方的某种货币占交易量的百分比。为了理解这一表格，假设你用美元交换欧元，那么本次交易就同时涉及了美元与欧元。这就是表 11-2 中各数据百分比加总结果为 200% 的原因。每个交易包括两种货币，

所以每笔交易中的两种货币都将被计入表 11-2 中。由该表显而易见美元的炙手可热，它作为交易的一方几乎出现在接近 90% 的交易总量中。紧随美元，次高交易量的货币包括欧元和日元。外汇市场中最常见的交易是用欧元兑换美元。

表 11-2 作为交易一方的货币使用量占外汇市场交易总量的百分比

币种	百分比份额
美元	86
欧元	37
日元	17
英镑	15
瑞士法郎	7
澳元	7
加元	4

接下来有几章会论述汇率为什么会变化以及汇率变化产生的影响。我们应该知道，对于汇率变化的决定因素有几种竞争性的意见。但不管我们认为影响汇率变化的关键因素是什么，显然汇率变化是很难预测的，所以跨国交易存在重要的风险因素是国内交易所没有的。

11.3 价格与汇率

如果一个汉堡在洛杉矶售价为 1 美元，在东京售价为 100 日元，那么美元与日元间应保持怎样的汇率才能使美元兑换成日元或日元兑换成美元时汉堡的价格相同呢？如果汇率为 1 美元兑换 100 日元，则 1 美元价值为 100 日元，汉堡在东京和洛杉矶的价格就相同了。在这种情况下，我们就称“购买力平价”在美元和日元间成立，因为两种货币的购买力是相同的。第 14 章将分析价格与汇率之间的关系。我们将看到，存在重要的原因使购买力平价不能在任何时候都成立，这就使东京的汉堡不一定与洛杉矶的汉堡卖同样的价格。

表 11-3 描述了购买力平价在麦当劳巨无霸汉堡价格上的体现。[⊖]例如，一个巨无霸在美国的价格为 1 美元，在日本的价格为 100 日元，并且日元/美元的汇率为 100，那么巨无霸的购买力平价成立，因为 1 美元的价值等同于 100 日元。如果实际汇率为 1 美元兑换 110 日元，那么日元相对于美元来说被低估了，因为相对于购买力平价的要求，兑换美元要花费更多日元。表 11-3 反映了巨无霸在各国要与在美国具有相同的售价时，各国应具有的汇率。同时此表也报告了实际汇率。那么各种货币相对于美元的高估或低估也就可以报告出来。在表 11-3 中列出的国家中，购买力平价在澳大利亚比其他国家更为成立。此表表明美元可在中国买很多商品，因为人民币相对于美元被低估了 50%。在瑞士，我们看到了一种完全相反的情况，瑞士法郎的价值相对于美元被高估了 91%。所以瑞士商品对美国消费者来说是相当昂贵的。我们将看到，有足够的理由来解释这种价格和汇率偏离购买力平价的差异不仅存在于巨无霸上面。

⊖ 信息来自 www.oanda.com，由 Olsen 和 Associates 发布。对本课题的学术研究，参见 Michael R. Pakko 和 Patricia S. Pollard, “For Here or to Go? Purchasing Power Parity and the Big Mac,” *Federal Reserve Bank of St. Louis Review*（1996）。

表 11-3 巨无霸的购买力平价

国家	(1) 购买力平价汇率①	(2) 实际汇率	(3) 相对于美元的高估（+）或低估（-）(%)②
澳大利亚	1.07	1.04	3
加拿大	1.13	1.01	12
中国	3.42	6.85	-50
日本	87	107	-18
瑞士	1.96	1.02	91

① 以本地货币表示的巨无霸市场价格/巨无霸美元价格

② [栏 (1) -栏 (2)] /栏 (2)

资料来源：建表数据来源于 http://www.oanda.com

11.4 利息率与汇率

利息率在各国间在某一时点上可以有很大不同，并且在一国的不同时间内也会不同。图 11-2 描绘了三个国家的利息率。应注意即使在像美国和加拿大这种有紧密经济联系的国家间，利息率也有各自独立的走势。可以看到 2000 年所有国家的利息率都很低，这表明有一个越发重要的全球因素在影响所有国家的利息率，但一国的利息率在很大程度上仍反映了该国自身的经济状况。在第 15 章中，我们将分析利息率的决定因素和全球的利息率是如何相互联系的。这一分析将帮助我们理清利息率变化的原因并找到一国利息率变化对他国的影响。下面的例子说明了各国利息率的重要关联，我们稍后将对其详细学习。

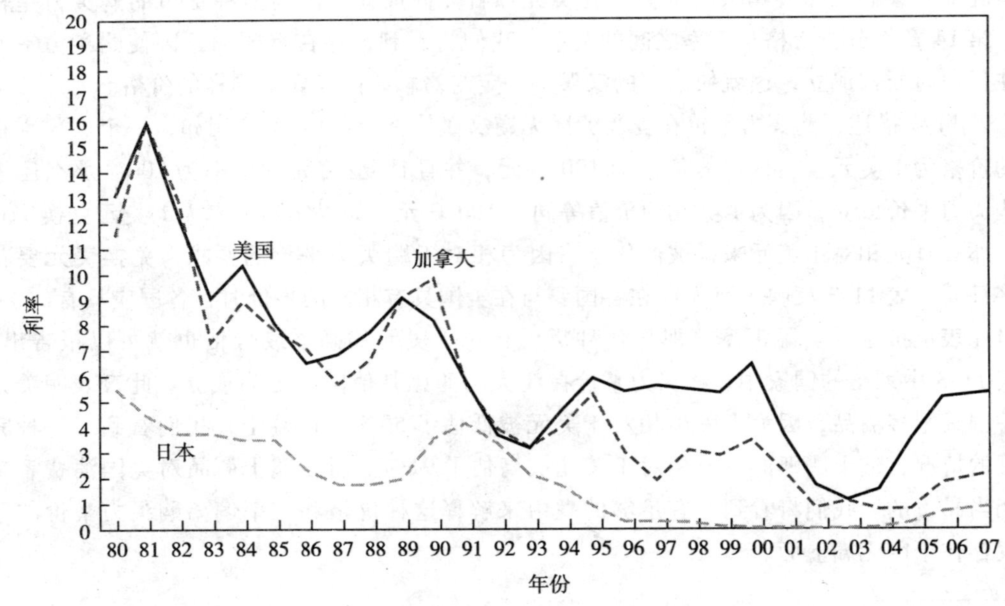

图 11-2 不同国家的利息率

资料来源：Data are bank deposit rates from the International Monetary Fund, *International Financial Statistics.*

如果存款人在土耳其存款可以获得 25% 的利息，而在美国存款只能获得 5% 的利息，为什么还会有人在美国存款呢？答案与预期汇率变化有关。因为土耳其存款用土耳其里拉，美国用美元，里拉/美元汇率的变化会改变存款者的实际回报。例如你是一个美国公民，如果你存 100 美元在一家土耳其银行中，而此时汇率为 1 美元兑换 1 里拉，你的 100 美元在存款的时候就值 100 里拉。一年以后，在 25% 的利息率水平下，你的 100 里拉升值为 125 里拉。然而作为美国公民，你必须把 125 里拉换回成美元。现在让我们看一下汇率的变化是如何抵消美国和土耳其存款利息率的不同带来的收益。如果汇率由 1 美元兑换 1 里拉变为 1 美元兑换 1. 25 里拉，那么 125 里拉现在就值 125/1. 25 = 100 美元。因为你一开始存入 100 美元，你以美元计算的实际利息率相当于零，即使土耳其银行支付给你 25% 的以里拉计算的利息。

各国利息率的差异反映了预期汇率的变化。在前例中，土耳其银行比美国银行提供更高的存款利息率。这暗示着人们预期里拉相对于美元将贬值。有时汇率的变化会超过我们的预期，有时候则少于预期。有一件事似乎是肯定的，那就是汇率总是朝着一个意外的方向变动。

利息率的差异不仅可以反映预期的汇率变化，也可以反映风险补偿。就像高风险借贷者在汽车贷款时相较于低风险借贷者要支付更高的利息，在投资者对其投资的未来价值更不确定的国家必须为了投资者所承担的风险向投资者提供更高的利息率作为补偿。

11. 5　其他重要话题

除了目前已经提到的领域之外，接下来的章节将讨论国际经济学中所有与货币或金融部分相关的关键问题。以下简要列出一些将要讨论的议题：

外汇市场风险。因为汇率变化无常，将来要支付或收到的商定以外币表示的货币数量存在风险。例如，假设东京教科书进口商同意从波士顿的艾迪生 – 韦斯利公司购买价值 10 000 美元的教科书。合同签订时，1 美元价值 100 日元，所以 10 000 美元会花费东京教科书进口商 100 万日元。但是如果付款在 90 天后到期，而在此 90 天内美元价值从 100 日元上升为 105 日元，那么这些教科书将花掉 1 050 000 日元。教科书多花的50 000日元成本是由汇率的变化造成的。

企业和个人有几种规避这种汇率变化风险的办法。东京教科书进口商可以在签订合同时锁定进口书目的日元价格，这样就避免了由于汇率变化带来的购买风险。我们将学习可以用来消除风险的货币远期、期货和期权市场。

国际投资。投资国外金融资产的风险与回报是国际金融的一个重要方面。我们将看到国际金融资产多样化的好处，那就是投资资产组合的风险可以削弱，而不影响其持有的预期回报。除了购买股票和债券等国外资产外，国际投资还包括建立国内公司的海外子公司和全盘收购国外公司。建立国外子公司的理由众多。日本汽车制造商在美国建立子公司是为了避免汇率变化引起的从日本进口的汽车美元价格的波动。在日元相对于美元价值被高估时，进口汽车的美元价格上涨。当汽车是在美国制造时，汇率变化将不再是价格波动的主要原因。建立外国子公司还有其他目的，如跨国公司为了寻求更好地服务国外市场，或是为了阻止本国企业进入该跨国公司占领的行业，或者只是为了逃避国际贸易的关税或配额。

国际货币体系。国际货币体系的发展从100年前的金本位制转变为50多年前的固定汇率制，现在则转到了汇率浮动的时代。我们循着这一体制的发展轨迹来分析选择浮动或固定汇率制度时的关键因素。这一问题现在非常重要，因为不是所有国家都拥有可以浮动的汇率。一些国家因为一些经济原因选择限制本国汇率的浮动幅度，这将在以后章节中阐述。我们将检验决定一个地区是否能在一组国家之间成功地实行固定汇率安排的重要因素。

国际银行。自20世纪50年代早期以来，跨国银行迅猛发展起来。不管我们称之为"离岸银行"、"欧洲货币市场"还是国际银行，我们指的都是一项有巨额存款与贷款发生的商业。我们会发现之所以称之为欧洲货币市场只是来源于它的历史起源，并没有其他特殊的"欧洲"含义在其中。我们的讨论将囊括对20世纪90年代国际金融危机的回顾，连带分析向国外借款的风险评估。国际银行在借款给国外时必须施行一项信誉评估，和他们在国内借款时一样。国际借贷除了经济因素外，还需要考虑政治和社会因素。

国际宏观经济学。通常被称为"开放经济宏观经济学"，研究一国的收入、利息率和汇率在全球范围内的均衡水平的决定，考虑此问题必须超越基本的经济学原理中假设只有一国存在的受限制的经济模型。现在我们可以看到选择浮动还是固定汇率这样的政策选择如何影响一国的经济，并且我们能够分析财政和货币政策在相互依存的经济世界中所扮演的角色。这种依赖性促使各国进行经济政策的协调，以避免一些国家的政策决策对他国产生负面影响。

本书这一部分的目的是为学习国际经济学的金融部分打下一个坚实的基础。当前最热点的问题将被强调理论在现实中的实用意义。这不是一个只适用于教学的"象牙塔"话题。接下来几章所讨论的问题是公共政策和私人商业每天都要处理的，并且这个时代的一些主要政策冲突是基于国际经济学的金融层面的。

小　结

1. 国际收支平衡表是一国与世界他国交易的记录。
2. 货币在外汇市场上进行交换，一种货币用另一种货币表示的价格叫做汇率。
3. 购买力平价理论在两国间成立需要以商品价格为基础的通胀率差异与两国汇率的百分比变化相符合。
4. 两国间利息率的差异会被汇率变化所抵消，所以高利息率不必然会提供更高的回报。

习　题

1. 一国在什么时候会出现贸易顺差？什么时候出现贸易逆差？
2. 哪一个国家拥有最大的外汇交易量？
3. 最常被交易的货币有哪些？

4. 建立一个在伦敦与纽约汽车价格的例子，使得购买力平价成立。假设初始汇率为 1 英镑兑换 2 美元，并且一种特定的汽车在纽约售价为 20 000 美元，在伦敦售价为 10 000 英镑。编制一个新的价格和新的汇率，使美元与英镑间的购买力平价成立。
5. 一个美国公民在本国银行存款 100 000 美元，一年后可以得到 6% 的利息。或者她可以把 100 000 美元兑换成欧元并在德国银行存款，一年后获得 4% 的利息。如果汇率由初始的 1 美元兑换 1.5 欧元变为一年后的 1 美元兑换 1.45 欧元，哪种存款会给该美国公民带来更高的回报？

如需要更多的习题和补充阅读，请访问我们的网址：www.pearsonhighered.com/husted。

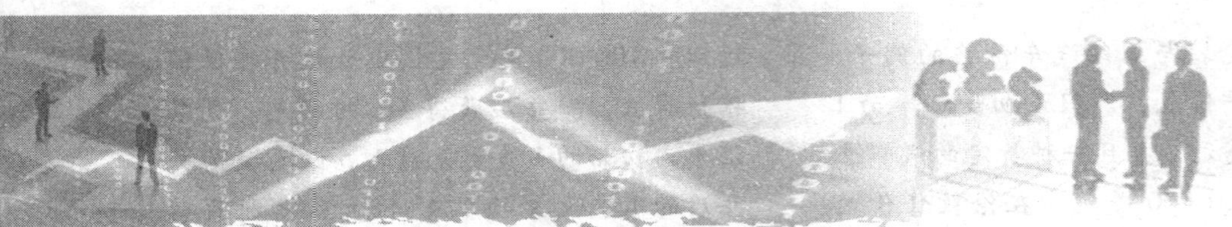

第 12 章

国际收支平衡

学习目标

经常账户；
其他汇总方法；
交易分类；
国际收支平衡表的均衡及其调整。

我们都听说过国际收支平衡。不幸的是，一般的应用不能满足我们对收支平衡的探讨，因为有很多种衡量平衡的方法，而媒体经常混淆诸多方法间的界限。总的来说，国际收支平衡记录了一国与世界其他国家之间在商品、服务和金融资产方面的交易。这样的交易被分为实用的种类来汇总一国的交易总量。私人（个人和企业）和官方（政府）的交易是被区分开来的。国际收支平衡数据在大多数发达国家每季度公布一次。表 12-1 为美国商务部公布的国际收支平衡表。这一强制性文件对经济学家来说有很大用处，但是它对我们的需求来说提供了过多的细节。为了识别常用的国际收支平衡的汇总方法，我们只注重宽泛的定义。表 12-2 为一个简化的国际收支平衡表。

表 12-1　美国的国际交易　（单位：百万美元）

（贷记 +，借记 -）		2007 年
经常账户		
1	商品和服务的出口及收益所得	2 463 505
2	商品和服务出口	1 645 726
3	商品，国际收支的基础	1 148 481
4	服务	497 245
5	美国军事机构销售合同项下的转移	16 052

（续）

（贷记 +，借记 -）		2007 年
6	旅游	96 712
7	旅客票价	25 586
8	其他运输费用	51 586
9	版税和牌照费	82 614
10	其他私人服务	223 483
11	美国政府杂项服务	1 212
12	收益所得	817 779
13	美国海外资产收益所得	814 807
14	直接投资所得	368 275
15	其他私人所得	444 299
16	美国政府所得	2 233
17	雇员薪酬	2 927
18	商品和服务的进口及收益支出	-3 082 014
19	商品和服务的进口	-2 345 984
20	商品，国际收支的基础	-1 967 853
21	服务	-378 130
22	直接国防支出	-32 820
23	旅游	-76 167
24	旅客票价	-28 486
25	其他运输费用	-67 050
26	版税和牌照费	-25 048
27	其他私人服务	-144 375
28	美国政府杂项服务	-4 184
29	收益支出	-736 030
30	对国外在美国拥有资产的收益支出	-726 031
31	直接投资支付	-134 414
32	其他私人支付	-426 515
33	美国政府支付	-165 102
34	雇员薪酬	-9 999
35	单边资金转移，净额	-112 705
36	美国政府拨款	-33 237
37	美国政府抚恤金和其他转移	-7 323
38	私人汇款和其他转移	-72 145
资本账户		
39	资本账户交易，净额	-1 843
金融账户		
40	美国国外所有资产，不包括金融衍生品（增长/资金外流（-））	-1 289 854
41	美国官方储备资产	-122
42	黄金	0
43	特别提款权	-154
44	国际货币基金组织的储备头寸	1 021

（续）

（贷记 +，借记 -）		2007 年
45	外汇	-989
46	美国政府资产，除官方储备头寸	-22 273
47	美国贷款和其他长期资产	-2 475
48	美国贷款的偿还和其他长期资产	4 104
49	美国外汇持有和短期资产	-23 902
50	美国私人资产	-1 267 459
51	直接投资	-333 271
52	国外证券	-288 731
53	美国非银行报告的对非关联外国人的债权	-706
54	美国银行报告的债权，未列入其他项目	-644 751
55	国外在美国所有的资产，不包括金融衍生品（增长/资金内流（+））	2 057 703
56	国外在美国的官方资产	411 058
57	美国政府证券	230 330
58	美国国债	58 865
59	其他	171 465
60	其他美国政府负债	5 342
61	美国银行报告的负债，未列入其他项目	108 695
62	其他国外官方资产	66 691
63	国外在美国的其他资产	1 646 645
64	直接投资	237 542
65	美国国债	156 825
66	美国除国债外的证券	573 850
67	美元	-10 675
68	美国非银行报告的对非关联外国人的债务	156 290
69	美国银行报告的债务，未列入其他项目	532 813
70	金融衍生品，净额	6 496
71	统计误差（以上条目总额，符号相反）	-41 287
备忘录		
72	商品余额（3 和 20 行）	-819 373
73	服务余额（4 和 21 行）	119 115
74	商品和服务余额（2 和 19 行）	-700 258
75	收益余额（12 和 29 行）	81 749
76	单边资金转移，净额（35 行）	-112 705
77	经常账户余额（1、18 行和 35 行或 74、75 和 76 行）	-731 214

注：由于凑整原因细节可能没有包含在加总中。

资料来源：美国经济分析局。

表 12-2　简化的美国 2007 年国际收支平衡表　（单位：百万美元）

	贷方	借方	净额
商品	1 148 481	-1 967 853	-819 373
服务	497 245	-378 130	119 115
收益	817 779	-736 030	81 749
单边转移			-112 705
经常账户			-731 214

（续）

	贷方	借方	净额
资本账户			−1 843
美国所有的海外资产			−1 289 854
国外所有的美国资产			2 057 703
金融账户			774 344
统计误差			−41 287

国际收支平衡表是一个基于复式记账法的会计账目，每一笔交易都在表的两边分别记为贷方和借方。贷方记录那些为本国带来外汇的条目，而借方记录失去外汇的项目。表 12-1 中借方余额被记为负值。例如，我们记载美国制造商向法国进口商销售机器的交易，并且制造商允许买家 90 天后付款。机器的出口记在商品账户的贷方，而对买方的信用延期付款记在金融账户的借方。这样，信用延期与股票、债券和其他短期金融工具就属于同一个宽泛的账户。如果在某一账户贷方数额大于借方数额，那么我们就称存在**盈余**（surplus）。另一方面，如果借方数额大于贷方数额，则存在**赤字**（deficit）。注意盈余或赤字只能指国际收支平衡表中一块特定的区域，因为所有账目借方和贷方的汇总总和总是相等的——国际收支平衡表永远平衡。这在下面的讨论中会愈发明了。

我们已经了解了国际收支平衡的各项定义，那么接下来的问题就是我们为什么要关注它了。一个重要的原因就是国际收支平衡问题经常是热点政治话题。如果没有关于国际收支平衡的知识基础，一个人就很难理解那些政治辩论。就像美国对世界各国存在巨额商品贸易赤字。这有坏处吗？一些政治家认为巨额贸易赤字是在呼吁政府要采取行动，因为他们坚信一国对他国的购买超过其出售的情况是有害的。对国际收支平衡的经济学知识使我们能对这样的观点做出评价。一些政策制定者、劳工领袖和商人会说与单个某个国家存在贸易赤字是不好的。例如，如果美国对日本存在贸易赤字，那么就自然会听到呼吁实施消除双边贸易赤字政策的声音。此时对贸易赤字的经济学认知会使我们对关于消除双边贸易不平衡政策的呼吁有适当的评价。

现在我们一起学习国际收支平衡表中一些常见的汇总方法。

12.1　经常账户

经常账户指包括货物、服务、收益（来自投资）和单边转移贸易价值的账户。货物贸易是指有形商品的贸易。服务指为土地、劳动力和资本等生产要素提供服务的贸易。这一分类里包括旅游、版税、运输费和保险金。对有形资本服务的支付或投资的回报是单独列出的。随着世界金融市场的融合，利息与红利的国际支付金额巨大且增长迅速。这些支付列入收益账户。

国际收支平衡表中的单边转移部分包括美国对外救济、馈赠和退休抚恤金，还有对国外持有美国政府债券的利息支付。美国在这些项目上总体存在大量赤字。

图 12-1 说明了各账户余额随时间的变化。20 世纪 80 年代商品与经常账户的赤字是空前的，尽管它们与现在的赤字相比是相形见细的。2007 年美国存在 7 310 亿美元的赤字，包括 8 190 亿美元的商品贸易逆差，1 190 亿美元的服务贸易盈余，810 亿美元的收益盈余和

1 120亿美元的转移赤字。从1960～1970年，美国是存在商品贸易顺差的。接着到了1971年就有了20亿美元的赤字，之后除了1973年和1975年外，商品账户就一直处于赤字状态。尽管商品贸易账户持续逆差，美国从国外投资获得的收益（或收入）造成可观的盈余，所以经常账户在1973～1976年和1980～1981年间实现了盈余。

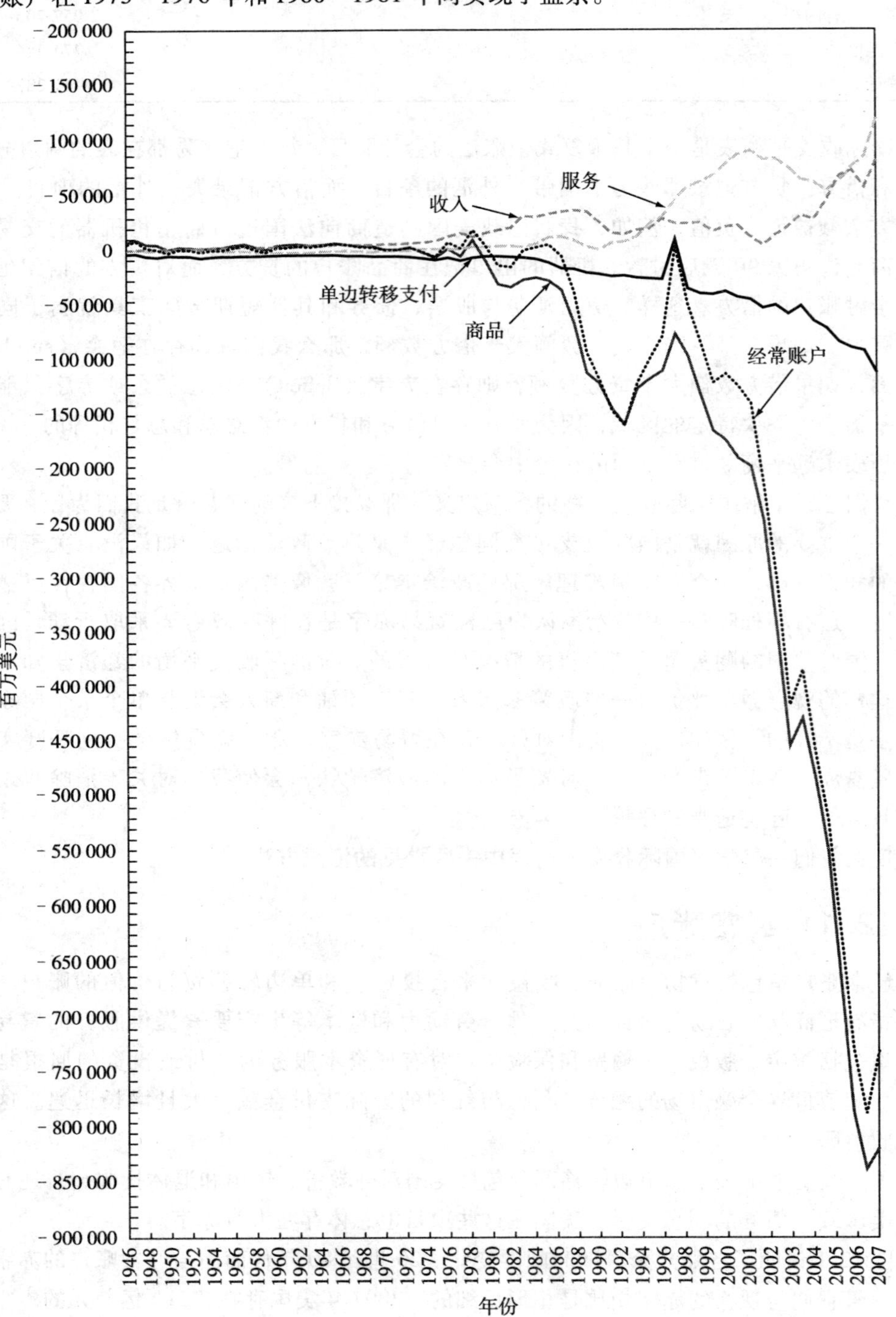

图12-1 1946～2007年美国的国际交易

我们可以在国际收支平衡表中画一条分界线来汇总线上的借方和贷方额。如果我们在经常账户画这条线，那么线下部分表示为商品、服务、收益和单边转移（礼物）融资的数额，所以经常账户代表一个国家是净借入国还是净借出国。经常账户盈余说明一国线下存在净赤字，所以该国对世界是净借出国。

经常账户不包括金融账户交易，即不包括金融资产的买卖。因为经常账户“线下”项目价值必须与经常账户余额相等（符号相反），我们可以看到经常账户余额是如何反映商品、服务、收益和单边转移这些线上记录的内容的情况，同时又反映金融活动的情况（线下）的。在经常账户反应为赤字的时期内（年或季度），一国必须向国外借入足够的资金来弥补这一赤字。

因为国际收支平衡表总是平衡的，近期巨大的经常账户赤字是与金融账户巨额盈余相匹配的。这意味着国外对美国证券投资的水平较高。一些分析家对不断增长的美国对外负债表示担忧。下一部分回顾了这一问题。

12.1.1　为经常账户融资：金融账户㊀

大额的经常账户赤字意味着巨大的金融账户盈余。在国际收支平衡表中，金融账户的交易记录在经常账户之下。参见表 12-1，第 40 ~ 69 行记录了金融账户的交易。我们可以看到金融账户交易包括了官方和私人两部分交易。

在回顾近年来美国的国际金融流量之前，我们先考虑单个条目的定义，如表 12-3 所示。

表 12-3　金融条目定义

直接投资	导致拥有 10% 或以上公司所有权的私人金融交易
证券买卖	私人部门对普通股（股票）和债券的净购买值
银行债权债务	债权：贷款、代理托收、承兑、国外储蓄、对关联国外银行的债权、外国政府债务和国外商业和金融票据 债务：储蓄、储蓄凭证、对关联外国银行的债务和其他
美国政府的国外资产	美国储备资产的变化（黄金、特别提款权、持有外汇和国际货币组织中的储备头寸；所有可用来支付两国间债务的资产）
国外在美国的官方资产	对美国政府证券的净购买额、美国政府企业和机构的债务、美国各州及地方政府债券和美国银行上报的对国外官方机构的债务变化

一些金融账户交易直接来自于商品与服务贸易。例如很多商品交易时使用信用支付。出口商给进口商宽限一段付款时间，通常为 30 天、60 天或 90 天。这类融资会大体反映在银行债权债务上，因为这类交易是由出口商银行操作的。其他金融账户条目来自国际投资者的投资组合管理，证券的购买即属于这一类。官方交易涉及政府并由一系列经济和政治原因催发。

金融账户交易的一个作用是反映一国处于净债权国还是净债务国的地位。净债务国对他国的借款大于他国对其负债；债权国则相反。如全球视角 12-1 所讨论的，美国自第一次世

㊀ 国际收支平衡表也包含了“资本账户”一行。这一行对美国来说很少，基本包括以下交易：债务减免以及随移民工作者进入或离开国家的商品和金融资产。

界大战以来在1985年第一次成为净债务国。20世纪80年代的巨额经常账户赤字与高水平的金融账户盈余并存。外国直接投资和对美国证券的购买使美国由1982年拥有1 470亿美元额度的净债权国地位迅速滑落为1985年的净债务国地位。我们再一次见证了经常账户的实用性，它总结了一国净债务国地位的趋势。由此，国际银行家在评估国外贷款时把经常账户作为一项重要的参数来参考。

全球视角12-1 世界最大的债务国

1985年9月16日，美国商务部宣布美国自第一次世界大战以来第一次成为净债务国。1985年和1986年美国庞大的经常账户赤字使美国成为世界上最大的债务国。

有趣的是美国在1982年时达到了它作为净债权国的新高，拥有净国际投资1 470亿美元。1982年到1985年的迅速滑落之后便是接下来60年的债权国生涯。20世纪50年代和60年代，美国的对外直接投资推动了其作为净债权国的发展。在20世纪70年代，美国银行的对外借款增强了其净债权国的地位。

在美国成为世界主要金融力量之前，英国是世界最大的债权国。在19世纪和20世纪早期，英国为大多数世界贸易提供资金并且准许债务国进入英国市场来赚取还贷所需的外汇。20世纪20年代和30年代，由于保护主义情绪高涨导致的贸易壁垒使债务国还债更加困难了。20世纪30年代世界贸易的滑落标志着英国作为国际借贷霸主时代的终结。第二次世界大战之后，美国成为主要的金融借贷者。那么美国是如何在三年内从净债权国变成净债务国的呢？

美国的故事都记录在20世纪80年代早期庞大的经常账户赤字和与之对应的金融账户盈余中了。为了购买超过本国生产的商品（这就是经常账户赤字的表现），美国必须从国外借款。在美国的例子中，借款规模太大以致1982年净债权国地位的纪录在三年内就被消除了。

在国际收支会计记录的背后隐藏着这一变化的经济原因。20世纪80年代的世界债务危机造成美国对外借款的减少，因为银行想规避违约风险。美国联邦预算赤字的记录使借款给本国更具有吸引力，因为赤字使美国贷款有了相对更高的汇报。同样是这些高回报，加上美国投资“安全港”的称号，使美国证券对国外借贷者更具吸引力。

如果借来的资金用于推动经济更有效率，那么作为净债务国也无可厚非。想一想联邦政府在20世纪80年代的庞大借款，如果没有大额的国外资金流入，美国的利率可能会更高而投资可能会更少些。如果借款带来高增长率，那么未来将分担还款义务的几代人，也会享受更高水平的生活。

20世纪80年代初，美元的升值和高利率标志着对外国在美国投资的激励。巨额的经常账户赤字和金融账户盈余自此一直延续下来。如果国外投资组合达到不再需要美元资产的一点，那么美元将趋向贬值并且利率将下降。金融账户盈余的滑落会伴随着经常账户赤字的减少。最终，情况将发生扭转，美国可能再次成为净债权国，而“世界最大债务国”的称谓也将易主。■

12.1.2 国民储蓄、投资和经常账户

在经济学原理课程中，学生们学习了国民收入恒等式：

$$Y = C + I + G + X \tag{12-1}$$

式中 Y 指国民收入或国内生产总值（GDP），C 是消费支出，I 是投资支出，G 是政府支出，X 是净出口或经常账户余额。我们按如下方式可以重排式（12-1）：

$$Y - C - G = S = I + X \tag{12-2}$$

式中 $Y - C - G$ 为国民收入减去国内的消费和政府支出，我们称之为国民储蓄 S。等式 12-2 说明国民储蓄值等于投资支出和经常账户余额之和。这一关系暗示了经常账户余额等值于国民储蓄（S）减去投资支出（I）：

$$X = S - I \tag{12-3}$$

如果国内储蓄大于投资，会存在经常账户盈余（正的 X）。如果储蓄小于投资，则存在经常账户赤字（负的 X）。

现在我们知道了国内消费和储蓄行为是如何反映在国际收支平衡表中的了。一国的支出大于收入时，其投资就会大于储蓄，并且存在经常账户赤字。支出超出收入的部分需要由国外投资来弥补，所以会存在金融账户的盈余来匹配经常账户的赤字。

这一分析说明国际收支平衡价值会受各国支出和储蓄行为变化的影响。这种行为可能来自家庭和企业，也可能来自政府。为了更好地理解储蓄行为与经常账户余额的关系，我们可以考虑两种类型的储蓄：私人储蓄和政府储蓄。私人储蓄等于国内收入减去税收（T）和消费，政府储蓄等于税收减去政府消费，于是可得：

$$S = (Y - T - C) + (T - G) \tag{12-4}$$

或者说国民储蓄等于私人储蓄加上政府储蓄。多年来，美国存在正的私人储蓄和负的政府储蓄（政府负储蓄）。注意政府储蓄是政府预算赤字的相反项。一国政府消费超过税收将使其产生政府负储蓄并扩大经常账户赤字。近几十年来，美国巨额的经常账户赤字是与大量的美国政府预算赤字紧密相关的，政府的花销远超过税收。这助长了双赤字现象，正如分析家认为的那样，经常账户赤字与政府预算赤字有密切联系。但是在更近一段时期，这一对赤字似乎联系不那么紧密了。当美国预算赤字在 20 世纪 90 年代后期转为盈余时，经常账户赤字仍在增长。近年来，私人储蓄急剧下降而美国的投资上升。这一私人消费行为的变化导致了经常账户赤字的增长。所以美国自 1980 年以来的经验说明大额经常账户赤字与政府负储蓄和私人负储蓄相关。

我们现在看一下国际收支平衡价值是如何与国民收入、支出和国民储蓄受相同因素的影响的。除了仅局限考虑国际贸易及诸如关税、配额和国际贸易政策这样的决定因素外，我们必须考虑更广泛的宏观经济条件以理解经常账户的波动。减少经常账户赤字要求相对于投资而言要增加国内储蓄，或者换另一种方式表达就是，相对于国内支出，要增加国内产出。

12.2 其他汇总方法

到目前为止，我们学习的焦点是国际收支平衡表中的经常账户。从对经济学家、政府政策制定者和企业的实践重要性角度来说，对经常账户的强调是恰当的。但是还有其他汇总方法来衡量国际收支现象。在经常账户类别内部，商品贸易余额经常被知名媒体引用（因为美国每月都会报告该数据）。**贸易余额**（balance of trade）（表12-1中的第3行加第20行）记录了当商品出口超过进口时的盈余。国内企业和劳工团体经常利用贸易余额作为保护本国市场抵御国外竞争的理由。当一国存在大额的贸易赤字时，受到进口竞争损害的当地行业会称贸易余额反映了进口对经济的损害。由于对贸易余额的政治敏感性，它成为经常被使用的一种度量指标。

除了经常账户中记录的条目外，还有旨在反映重要经济关系的更广泛的国际收支平衡汇总措施。

官方结算余额（official settlements balance）（表12-1中第41行和第56行）可产生仅关于国外货币机构的金融资产和官方储备资产交易的国际收支余额。

官方结算余额可用来衡量外汇对美元的潜在压力，因为官方机构可能不愿意持有更多的美元并想抛售它们，这样就会降低美元的外汇价值。但这种做法受到批评：有可能是对美元的需求，使官方美元在没有任何外汇压力情况下形成储备。另外在现代社会中，官方持有资产并不一直是他们表面表现的一样，因为国际金融市场容许中央银行把针对美国的债权转换为私人债权（详见以后章节）。

尽管如此，货币经济学家仍然认为官方结算余额的用处颇多。由于储备头寸是各国货币供给的一个依赖因素，所以国际储备的变化会改变货币存量。

对于多数国家来说，国外货币机构持有他们的债务是微不足道的，所以官方结算余额主要衡量国际储备头寸的变化。在美国的例子中，因为存在着世界对美元金融资产的需求，官方结算余额账户主要记录了国外货币机构对短期美国债务持有的变化。国外中央银行对短期美元债务的需求使美国得以用美元来弥补大量的经常账户赤字。其他国家则必须通过出售外汇来弥补他们的赤字。因此，他们经营赤字的能力面临着更大的限制，因为最终他们会消耗掉其所有的外汇储备。

12.3 交易分类

截至目前，我们已经定义了重要的国际收支总结方法并建立了对一国各种国际交易种类的初步了解。实际的交易分类对初次涉及该问题的人来说经常是容易混淆的。为了帮助理解这样的问题，我们将在一个简化的国际收支平衡表中分析五种交易和它们的位置。

首先，我们必须记住国际收支平衡表是一个平衡的表单，所以在最下面一行，贷方总额与借方总额相等。这表示我们使用的是复式记账法——每一项目在国际收支平衡表中包括两个条目，即借记方和贷记方。贷记方记录引起支付流入的项目。这样的项目关系到在外汇市场上对本国货币的更多需求或对外汇的更多供给。借方记录支付外流的项目。这关系到在外汇市场上对本国货币供给的增加或对外汇需求的增加。现在考虑下面6个虚拟的交易和与它们对应的表 12-4 美国国际收支平衡表中的条目：

表 12-4　国际收支平衡表

	贷方（+）	借方（-）	净余额
商品	1 000 000 美元（2）		
	100 000 美元（5）		
服务		10 000 美元（4）	
收益	10 000 美元（3）		
单边转移		100 000 美元（5）	
经常账户			+1 000 000 美元
官方资产	50 000 000 美元（6）	50 000 000 美元（6）	
私人资产	10 000 美元（4）	10 000 美元（3）	
		1 000 000 美元（2）	
	1 000 000 美元（1）	1 000 000 美元（1）	
总计	52 120 000 美元	52 120 000 美元	

注：括号里的数字代表上文讨论的 6 项虚拟交易。

（1）一个美国银行为一个罗马尼亚食品加工商提供 100 万美元的贷款。贷款以为罗马尼亚公司在美国银行建立 100 万美元储蓄的方式贷出。

（解析：贷款表示私人的金融外流项并被记录为私人资产的借方。新的储蓄记录为私人资产的贷方，因为国外拥有的在美国银行的储蓄增加被视为私人资金的流入。）

（2）一家美国公司出售价值 100 万美元的小麦给一家罗马尼亚公司。小麦使用交易 1 中建立的银行账户付款。

（解析：小麦的出口表示 100 万美元的商品出口，所以我们贷记商品项 100 万美元。使用存款来付款，借记 100 万美元的私人资产，因为国外在美国银行储蓄的减少被视为私人资金的外流。）

（3）一个美国居民得到 1 万美元作为她持有德国债券的利息。这 1 万美元存在德国银行。

（解析：国际投资的收入计入收益账户的贷方。美国拥有的在国外银行储蓄的增长视为金融流出项，并被计入私人资产的借方 1 万美元。）

（4）一个美国游客到欧洲旅行并花掉 1 万美元的德国储蓄。

（解析：旅游花销计入服务账户。美国游客在外国花销借记 1 万美元服务账户。美国在国外拥有存款减少视为一项金融内流项，并贷记 1 万美元私人资产账户。）

（5）美国政府赠予尼加拉瓜价值 10 万美元的谷物。

（解析：谷物出口贷记 10 万美元商品账户。因为谷物属于礼物，相平衡的条目是单边转移账户；在此例中，借记单边转移账户 10 万美元。）

（6）日本政府财政部使用其在美国银行的储蓄购买了价值 5 000 万美元的美国政府债券。

（解析：国外政府购买美国政府债券视为官方金融内流，所以我们贷记官方资产5 000万美元。国外拥有的在美国银行储蓄的减少视为金融外流；但是，因为该储蓄归国外政府所有，所以借记官方资产5 000 万美元。）

注意，经常账户余额是由商品、服务、收益和单边转移账户的总和构成的。汇总贷方和借方，我们发现贷方总额为111 万美元，同时借方总额为11 万美元，所以存在正的贷方余额100 万美元。

金融项目是最容易混淆的，尤其是那些与银行储蓄变动有关的项目。例如，上面讨论过的第三项交易将1 万美元的德国银行存款记录为美国私人资产账户的借方。第4 项交易将美国游客在德国银行储蓄1 万美元的花销记录为美国私人资产账户的贷方。这看起来很令人迷惑，因为本章前面讲过，贷记项目表示为本国带来外汇的项目，而借记项目表示外汇流出本国的项目，但是上面这两笔交易都没有影响美国银行的储蓄，只是影响国外的储蓄。考虑交易3 中在德国银行的1 万美元储蓄，关键在于把它看成好像钱是从美国银行账户来的。美国在国外银行拥有的储蓄的增加记为借记项，不管钱是否曾到过美国。重要的不是钱是否真的曾在美国，而是资金所有者属于哪国居民。同样的，美国在国外拥有的储蓄的减少记为私人财产账户的贷方，不管钱是否真正从国外带回了美国。

表12-1 真实国际收支平衡表中的“统计误差”项（第70 行），并不是记录不知道如何分类的一些项目。国际收支平衡表中记录的国际交易很难准确地衡量。从海关记录和企业调查得来的数据不能掌握所有真实发生的贸易。有些是因为非法或地下交易，但是在现代动态经济中，我们即使在没有非法活动的情况下也将得到大额的测量误差。要考察到每一笔交易几乎是不可能的，所以我们必须依靠国际交易的有效统计抽样。

12.4 国际收支平衡表的均衡及其调整

到目前为止，我们一直关注于国际收支平衡表的记账过程和定义。现在我们要考虑国际收支平衡表的经济应用。例如，由于商品出口赚取外汇而进口包含外汇流出，我们经常听到有关促进贸易规模最大化或经常账户盈余的政策的争议。这实际上是有必要的吗？首先，我们必须认识到因为一个国家的出口是另一国家的进口，所以不可能每个国家都有盈余——在全世界基础上，出口总值应该等于进口总值，所以存在全球贸易平衡。然而，全球经常账户总额近年来出现了赤字。问题似乎在于对国际金融交易不精确的统计。商品贸易的衡量相对准确，全球贸易总额存在盈余是因为出口在货物运出时计算而进口在到货时才计算，并且在出口商和进口商之间总有在运的货物。但是服务贸易更难被衡量，并且投资收入流似乎是全球经常账户误差的主要来源。然而尽管政府统计者面临着这样的簿记问题，基本的经济观点还是千真万确的：不是所有国家都能存在贸易盈余。

由于总有一些国家存在盈余而另一些国家存在赤字，那么是不是盈余就一定是好的，而赤字一定是不好的，一国的受益建立在另一国的支出代价上呢？在某种意义上说，进口应该比出口更受青睐。就当前消费来说，商品出口意味着该商品不能用于本国的消费了，而是被用于进口国的消费。就像我们在国际贸易理论中学到的，自由国际贸易的福利是更有效的生产和消费的增加。如果国家间的贸易是自愿的，那么就很难说赤字国家是受害的而盈余国家是获利的了。

总的来说，一国存在收支盈余相较赤字来说是好是坏并不明显。考虑下面两国双边贸易不平衡的一个简单例子。假设世界上存在 A 和 B 两个国家，A 国是一个富有的债权国并且对贫困的 B 国有贷款。B 国要还清这些贷款，就需要对 A 国产生贸易盈余来获得还款所需的足够收入。你愿意选择生活在富有的但是有贸易赤字的 A 国，还是生活在贫穷的但是存在贸易盈余的 B 国呢？尽管这只是一个简单的例子，但是真实世界中存在富有的存在贸易逆差的债权国和贫穷的存在贸易顺差的债务国。这里的观点在于你不能脱离其他经济条件来分析国际收支余额。赤字并不一定是坏事，盈余也不一定是好事。

国际收支均衡（balance of payments）是个有几种不同定义的概念。一个常用的定义是它指一种条件，此条件下出口等于进口或在特定子账户下贷方额等于借方额，比如在经常账户或者官方结算账户下。如果存在经常账户均衡，一国处于净债权国或债务国不变的地位，那么将不需要任何的净融资——经常账户出口项恰好与经常账户进口项平衡。如果存在经常账户赤字，那么必须用什么方法来减少赤字并使之朝平衡的经常账户发展呢？在本章的前半部分我们已经知道了经常账户是如何等于国内收入减去国内消费支出的：$X = Y - C - I - G$。一个存在经常账户赤字的国家（X 为负数），其支出大于收入。这样的国家必须从世界其他国家借款，并有金融账户盈余来弥补经常账户的赤字。

当国内支出相对于国内收入降低时，经常账户赤字会随之减少。这种变化可能是源于政府减少开支（G）的政策的变化。其他条件不变，政府减少支出会降低经常账户赤字。如果没有政府政策的变化，市场力量最终会通过汇率和利息率的波动来改变经常账户的赤字情况。请回忆经常账户赤字由向世界其他国家出售本国证券（股票和债券）提供融资。赤字情况持续得越长，国外持有本国股票和债券的期限越长。随着国外积累起越来越大规模的国内证券，会给本国货币带来贬值的压力，并趋向于提高本国利息率，以使本国证券对国外居民来说更具吸引力。

我们来看一个明晰的例子。21 世纪初期，美国正经历着经常账户赤字的不断增大。换句话来说，世界其他国家正在积累大量的美元证券。所以美元相对于其他货币贬值了。例如，美元的日元价格由 2002 年初期的 135 日元下降为 2005 年初期的 105 日元。这样的美元贬值使得美国商品对日本居民来说变得更便宜，而日本商品对美国居民来说更贵了。结果，美国应该出口更多、而进口更少的商品和服务，这会提升美国的收入。此外，美国对包括日本在内的他国证券供给的增加，会导致更高的美国利息率来诱使人们持有这些证券。随着美国利息率升高，借款的成本会更高，美国的消费和投资支出将减少。美国收入相对于消费支出的这种升高会减少美国经常账户的赤字。

国际收支不均衡的调整机制是国际经济学中最重要的实际问题之一。这里只做简要介绍，更多关于此话题的分析见第 17、18 章。

小　结

1. 如果在国际收支平衡表某一特定账户中，贷方项目的数值超过（少于）借方项目的数值，则存在盈余（赤字）。
2. 经常账户是商品、服务、收益和单边转移账户的总和。

3. 经常账户赤字由金融账户盈余所抵消。
4. 由于大额经常账户赤字要求美国从国外借入大量资金，美国在1985年成为一个净债务国。
5. 商品出口减去进口等于贸易余额。
6. 官方结算余额等于国外货币机构持有的金融资产的变化和官方储备交易。
7. 美国在外国银行拥有的储蓄的增加（减少）借记（贷记）美国资产。国外在美国银行拥有的储蓄的增加（减少）贷记（借记）美国资产。
8. 赤字并不一定是坏事，盈余也不一定是好事。

习　题

1. 如果我们加总各国的贸易余额，会发现世界贸易余额不为零。那么这一余额是正的还是负的？为什么这一余额不为零？
2. 将下列交易在墨西哥国际收支平衡表中归类：
   a. 一个墨西哥汽车零部件生产商出售价值50万比索的零部件给美国公司，允许30天后付款。
   b. 美国赠予墨西哥价值为1 000万比索的玉米，以帮助墨西哥城地震的受害者。
   c. 一名美国游客到墨西哥马萨特兰旅游，并在度假中在宾馆住宿和龙舌兰酒上消费了1万比索。他用一张亚利桑那州凤凰城的银行支票来支付。
   d. 墨西哥城的Senor de la Madrid收到来自得克萨斯州休斯敦一家银行储蓄的8万比索的利息。他将8万比索存入旧金山的美国银行。
3. 练习2中经常账户的数值是什么？
4. 分析以下陈述："一国会随贸易盈余的增长而富有，所以政策应该始终以使贸易盈余最大化为目的。"
5. 什么是国际收支不均衡？这样的不均衡如何消除？也就是说，什么力量可以使贸易恢复均衡状态？
6. 美国是如何在20世纪80年代成为世界上最大的债务国的？
7. 各国追随旨在提高净出口政策的合理性如何？
8. 利用以下关于瑞士国际交易表格的信息回答下列问题（单位：百万美元）：

国际收支账户	金额
商品进口	92 871
商品出口	93 859
服务进口	15 406
服务出口	26 683
投资收益所得	43 720
投资收益支付	27 702
单边转移	−3 736

   a. 贸易余额是多少？
   b. 经常账户是多少？
   c. 瑞士在本年度变成更大的国际净债权国了吗？
9. 人们有时谈论"双赤字"，包括经常账户赤字和政府预算赤字。详细解释这两个赤字在经济上是如何联系起来的，以致其中一个的变化会反映在另一个的变化上。
10. 私人储蓄如何与经常账户相关联？解释经常账户赤字如何反应一国的消费超过其生产。
11. 什么是减少巨额经常账户赤字的必要条件？政府政策和/或私人部门行为如何帮助缩减经常账户赤字？

参考文献

Bach, Christopher L. "Annual Revision of the U. S. International Accounts." *Survey of Current Business*, July 2008.

Federal Reserve Bank of New York, "Balance of Payments" www. newyorkfed. org/aboutthefed/fedpoint/fed40. html.

Ghosh, Atish, and Uma Ramakrishnan. "Do Current Account Deficits Matter?" *Finance & Development*, December 2006.

Glick, Reuven. "The Largest Debtor Nation." *FRBSF Weekly Letter* (February 14, 1986).

Higgins, Matthew, and Thomas Klitgaard. "Viewing the Current Account Deficit as a Capital Inflow." Federal Reserve Bank of New York. *Current Issues in Economics and Finance* (December 1998).

如需要更多的习题和补充阅读，请访问我们的网址：www. pearsonhighered. com/husted。

第 13 章

外 汇 市 场

学习目标

即期汇率；
套汇；
远期汇率；
掉期；
期货市场；
汇率供需与中央银行干预；
黑市和平行市场。

外汇交易是指用一国货币交换另一国货币。这种交易的需求上升来自于旅游、国际商品的买卖和跨国投资。被特别交易的货币为银行储蓄或者银行转移的外币表示的储蓄。我们通常所认为的外汇市场，是指纽约或伦敦等金融中心的大型商业银行，这些银行间相互交易外汇表示的存款。现实中的纸币，比如美元，相对来说并不十分重要，因为它们很少以实物形式跨越国界。总的来说，只有旅游或非法活动才会导致纸币的跨国转移。之后的章节会呈现外汇市场的基础理论和该市场的价格决定因素。本章主要介绍重要的制度细节。

13.1 即期汇率

表 13-1 提供了某天的外汇汇率报价。**汇率**（exchange rate）是指用另一种货币表示的一种货币的价格。在表中我们可以看到，2008 年 7 月 18 日星期五，瑞士法郎的售价为 1.021 2 美元。注意汇率报价是在一个特定时间，伦敦时间下午 4 点，因为汇率会随货币供给和需求的变化在一天内一直变换。还要注意这些汇率报价是基于大规模的交易（100 万美元或更多），在本质上这是一个货币的批发市场。外汇的买入越少量，其价格就越高。

表13-1中的外汇汇率报价形式是美元的外币价格。只有欧元和英镑例外。这两种货币的报价方式为每欧元或英镑的美元价格。这是标价的市场惯例。但是，如果我们以美元的外币价格的形式知道了两国或地区间的汇率，我们可以通过求倒数，很容易地得到外币的美元价格。例如给出1美元的日元价格为106.735，那么1日元的美元价格就是（1/106.735）或0.009 4。同样的，如果你知道1欧元的美元价格为1.585 2，那么1美元的欧元价格就是（1/1.585 2）或0.630 8。

表13-1 外汇汇率报价

		2008年7月18日星期五的外汇汇率		远期					
				一个月		三个月		一年	
		即期	买入/卖出差价	汇率	%PA	汇率	%PA	汇率	%PA
欧洲									
捷克	（克朗）	14.531 3	200-426	14.546 5	-1.3	14.572 4	-1.1	14.638 3	-0.7
丹麦	（丹麦克朗）	4.706 2	055-069	4.714 5	-2.1	4.731 0	-2.1	4.797 0	-1.8
匈牙利	（福林）	144.256	140-372	144.956	-5.8	146.186	-5.4	151.281	-4.9
挪威	（挪威克朗）	5.079 4	774-813	5.094 7	-3.6	5.125 1	-3.6	5.255 4	-3.5
波兰	（兹罗提）	2.028 5	276-293	2.034 6	-3.6	2.045 5	-3.3	2.087 5	-2.9
俄罗斯	（卢布）	23.212 8	100-155	23.226 2	-0.7	23.286 2	-1.3	23.671 2	-2.0
斯洛伐克	（克朗）	19.141 1	289-533	19.152 6	-0.7	19.201 6	-1.3	19.384 1	-1.3
瑞典	（瑞典克朗）	5.963 7	620-654	5.974 2	-2.1	5.995 2	-2.1	6.088 0	-2.1
瑞士	（瑞士法郎）	1.021 2	209-215	1.020 8	0.4	1.020 3	0.4	1.018 3	0.3
土耳其	（里拉）	1.186 8	855-880	1.201 9	-15.3	1.231 3	-15.0	1.367 0	-15.2
英国（0.5009）[①]	（英镑）	1.996 5	962-987	1.992 0	2.7	1.982 8	2.7	1.946 7	2.5
欧元区（0.6308）[①]	（欧元）	1.585 2	850-854	1.582 7	1.9	1.577 6	1.9	1.557 1	1.8
提别提款权	—	0.611 8							
美洲									
阿根廷	（比索）	3.023 8	225-250	3.049 1	-10.0	3.118 8	-12.6	3.460 8	-14.5
巴西	（雷亚尔）	1.593 2	918-928	1.604 5	-9.2	1.628 2	-9.0	1.740 5	-9.3
加拿大	（加元）	1.005 5	052-057	1.005 9	-0.5	1.006 5	-0.4	1.008 2	-0.3
墨西哥	（新比索）	10.205 8	045-070	10.252 8	-5.5	10.342 8	-5.4	10.733 3	-5.2
秘鲁	（新索尔）	2.849 8	483-513	2.849 0	0.3	2.851 8	-0.3	2.864 8	-0.5
美国	（美元）	—	—	—	—	—	—	—	—
太平洋/中东/非洲									
澳大利亚	（澳元）	1.028 8	286-291	—	—	—	—	—	—
中国香港	（港元）	7.797 3	971-975	7.792 2	0.8	7.782 7	0.8	7.757 6	0.5
印度	（卢比）	42.760 0	550-650	43.0313	-7.6	43.422 5	-6.2	44.590 0	-4.3
印度尼西亚	（卢比）	9 148.00	300-300	9 204.50	-7.4	9 309.00	-7.0	9 638.00	-7.5
伊朗	（里亚尔）	9 143.00	800-800						
以色列	（谢克尔）	3.410 0	075-125	3.414 6	-1.6	3.423 2	-1.5	3.457 5	-1.4
日本	（日元）	106.735	720-750	106.537	2.2	106.172	2.1	104.299	2.3

（续）

		2008年7月18日星期五的外汇汇率		远期					
				一个月		三个月		一年	
		即期	买入/卖出差价	汇率	市场率（%）	汇率	市场率（%）	汇率	市场率（%）
科威特	（第纳尔）	0.265 7	655 – 658	0.265 7	0.1	0.265 2	0.8	0.263 4	0.9
马来西亚	（马元）	3.244 5	430 – 460	3.246 1	–0.6	3.246 8	–0.3	3.244 0	—
新西兰	（新西兰元）	1.312 0	116 – 125	—	—	—	—	—	—
菲律宾	（比索）	44.455 0	500 – 600	44.534 0	–2.1	44.781 5	–2.9	45.904 5	–3.3
沙特阿拉伯	（里亚尔）	3.749 5	485 – 505	3.748 9	0.2	3.746 0	0.4	3.728 6	0.6
新加坡	（新加坡元）	1.353 5	531 – 538	1.351 5	1.8	1.347 7	1.7	1.333 0	1.5
南非	（兰特）	7.550 0	450 – 550	7.611 1	–9.7	7.731 8	–9.6	8.264 0	–9.5
韩国	（韩元）	1 013.85	360 – 410	1 015.70	–2.2	1 018.45	–1.8	1 024.15	–1.0
中国台湾	（台币）	30.356 0	530 – 590	30.271 0	3.4	30.076 0	3.7	29.516 0	2.8
泰国	（泰铢）	33.315 0	000 – 300	33.341 5	–1.0	33.386 3	–0.9	33.675 0	–1.1
阿联酋	（迪拉姆）	3.672 9	727 – 731	3.671 3	0.5	3.665 9	0.8	3.631 0	1.1

① 汇率是美元的外汇价格，欧元和英镑例外。那这两种货币的报价为每欧元或英镑的美元数目（它们各自的一美元价格在括号中给出）。

资料来源：数据摘自 http：//ft. com. es。

汇率是我们决定商品价格使用不同货币标记的依据。例如，假设一个日本进口商从一家美国公司购买计算机软件，软件标价为 1 000 000 美元。这笔交易的日元价格便由美元价格乘以汇率 106.735 决定。日本进口商将为软件支付 106 735 000 日元。

要注意表 13-1 中“即期”栏中给出的汇率报价是“中间”报价。这是银行买入价和卖出价的平均值。银行出价买入外汇的价格要低于其卖出价，卖出价与买入价之间的差额称为**价差**（spread）。表 13-1 列出了 2008 年 7 月 18 日某时点的价差。注意价差只给出汇率的最后三位。我们可以看到，银行可以为 1 美元支付的瑞士法郎价格是 1.020 9 法郎。银行卖出美元兑换成法郎的价格是 1 美元 1.0215 法郎。这一少于 1% 的 1/10 的差价（1.021 5 – 1.020 9）/1.020 9 = 0.000 5 是兑换主要货币的一个正常差价。每一种货币的差价会因每个货币兑换者、交易的货币本身和交易银行在外汇市场的整体条件的不同而不同。对于那些较少交易的货币（货币没积累起大额交易量）或是银行相信某一特定时间交易此种货币风险将上升的货币来说，差价报价将升高。

因为有几种货币都叫“美元”或“比索”或共用其他的名字，我们能单独区分出每种货币就变得至关重要。表 13-2 中列出了代表各种货币的国际标准（ISO）代码字母。几乎所有自由兑换的货币都有汇率报价。在不准许自由市场经济的情况下，国家一般以官方价格操纵外汇交易，不受当前市场条件的限制。

到目前为止，我们已经讨论了即期交货的外汇买卖；这称为**现货市场**（spot market）。在我们有关日本软件进口商的例子中，进口商要使用即期付款购买 1 000 000 美元的商品。如果进口商今天在现货市场购入美元，银行会扣除进口商支票账户余额 106 735 000 日元并将 1 000 000 美元电汇给出口商银行。

表13-2 国际货币符号

国家	货币	符号	ISO代码
澳大利亚	美元	A $	AUD
奥地利	欧元	€	EUR
比利时	欧元	€	EUR
加拿大	加元	Can $	CAD
丹麦	克朗	DKr	DKK
芬兰	欧元	€	EUR
法国	欧元	€	EUR
德国	欧元	€	EUR
希腊	欧元	€	EUR
印度	卢比	Rs	INR
伊朗	里亚尔	RI	IRR
意大利	欧元	€	EUR
日本	日元	¥	JPY
科威特	第纳尔	KD	KWD
墨西哥	比索	Ps	MXN
荷兰	欧元	€	EUR
挪威	克朗	NKr	NOK
沙特阿拉伯	里亚尔	SR	SAR
新加坡	新元	S $	SGD
南非	兰特	R	ZAR
西班牙	欧元	€	EUR
瑞典	克朗	SKr	SEK
瑞士	法郎	SF	CHF
英国	英镑	£	GBP
美国	美元	$	USD

我们很快会考虑到由于贸易合同涉及远期付款而带来的重要问题。首先我们更进一步地研究外汇市场的整体特点。

13.2 套汇

外汇市场是一个价格信息毫不延误的通过电话或计算机终端传输的市场。由于货币是同质商品（1美元在哪里交易都是1美元），因此可以轻而易举地在不同市场间比较价格。世界范围内的汇率趋于相等。如果不是这样，自然会产生在一市场买入货币的同时立即在另一市场卖出该货币而获利的机会。这种活动被称为套汇，它会提高低汇率市场的汇率，因为这将是你买入货币的市场，对此货币需求的提高会导致该货币价格的升高。汇率过高的市场将是你卖出货币的市场，这一卖出行为的增加会降低该市场的汇率。套汇会一直持续，直到两地间的汇率接近到不能弥补继续买卖的成本时为止。当这种情况出现时，我们将此汇率称之为接近交易成本，因为剩余的汇率偏差已经不能弥补进一步套汇交易的成本了，至此套汇活动终止。

例如，假设瑞士法郎在纽约的卖价为0.63美元，同时在伦敦瑞士法郎报价为0.64美元。一个寻求获利的套汇者会在价格相对便宜的地方（纽约）购买瑞士法郎并立即在相对昂贵的地方（伦敦）售出瑞士法郎，这样每1法郎交易可以获利1美分。交易者的净利润取决于该活动引起的交易成本。[㊀]如果交易成本超过1美分，那么将没有套汇活动发生。否则，套汇者的活动将使所有市场的汇率相同。在本例中，在纽约对瑞士法郎需求的上升会提高纽约瑞士法郎的美元价格，相反，伦敦对瑞士法郎供给的增多会降低伦敦瑞士法郎的美元价格。通过这样的方式，套汇确保了美元 - 法郎汇率在各国间基本相同。

套汇活动可能包含不止两个国家。但当我们考虑涉及美元的大批外汇交易时，我们要注意比较不同货币的美元汇率的作用，来决定隐含的第三方汇率是否一致。因为银行的报出汇率均与美元有关（美元成为这一系统的"货币兑换率计价标准"），这样的比较可以直接得出。[㊁]例如，如果我们知道英镑的美元价格（GBPUSD）和欧元的美元价格（EURUSD），我们可以推断出与之相关的欧元的英镑价格（EURGBP）。注意，我们从现在起要清楚地表明汇率的单位以免产生误会。例如，GBPUSD = 2.00美元是每英镑美元的汇率。

假设在伦敦GBPUSD = 2.00，而在纽约EURUSD = 1.50。相应的**交叉汇率**（cross rate）是EURGBP汇率。通过简单计算可得，如果GBPUSD = 2.00并且EURUSD = 1.50，那么EURGBP =（EURUSD/GBPUSD）= 1.50/2.00 = 0.750 0。如果我们在一个市场上观察到GBPUSD、EURUSD和EURGBP中的任何一个汇率与另外两个不一致，就会存在套汇的机会。假设我们发现银行A的一个交易者报出的EURGBP汇率是0.800 0，而其他两组汇率与上面例子中的汇率相同。那么说明在银行A欧元太贵或是英镑太便宜，其他交易者就会利用这一套汇机会，及时的行动将带来回报。我们来举一个例子说明这件事情如何运作。

（1）我们最初用1 000 000美元以EURUSD1.50的汇率购买欧元。我们将得到1 000 000/1.50 = 666 667欧元。

（2）现在将欧元卖给银行A，因为欧元在银行A相对于其他地方来说更贵，每1欧元可以得到0.8000英镑，或者说总共得到666 667 × 0.8000 = 533 333英镑。

（3）最后，以现行的GBPUSD汇率GBPUSD = 2.00卖出英镑，得到533 333英镑 × 2.00 = 1 066 667美元。

起始于1 000 000美元，三角套汇交易带来利润66 667美元（需减去交易相关的费用来得到真正的套汇利润）。

㊀ Several studies have estimated the transaction costs in the foreign-exchange market; Mohsen BahmaniOskooee and Satya P. Das, "Transaction Costs and the Interest Parity Theorem," *Journal of Political Economy* 93 (August 1985): 793-799; and Kevin Clinton, "Transaction Costs and Covered Interest Arbitrage: Theory and Evidence," *Journal of Political Economy* 96 (April 1988): 358-370, are good examples. Clinton estimates transaction costs of approximately 0.06 percent of the value of the transaction. More recent studies have considered 0.05 percent as realistic. Such studies include Richard Levich and Lee Thomas, "The Significance of Technical Trading-Rule Profits in the Foreign Exchange Market: A Bootstrap Approach," *Journal of International Money and Finance* 12 (October 1993): 451-474; and Christopher J. Neely, "Technical Analysis in the Foreign Exchange Market: A Layman's Guide," *Federal Reserve Bank of St. Louis Review* 79 (September/October 1997): 23-38.

㊁ 这一应用的例外是欧元、英镑、澳元和新西兰元。按市场惯例对这些汇率的报价方式为每欧元、英镑、澳元或新西兰元的美元价格。在市场标记法中，欧元的美元价格记为EURUSD。

正如前面提到的两种货币套汇交易，套汇活动得到的有益成果是使汇率回到国际恒定水平。如果初始的差异是银行 A 欧元的英镑价格过高，套汇者在银行 A 出售欧元交换英镑将使银行 A 的欧元价格降低，使价格从 EURGBP0. 800 0 回到 0. 750 0。（实际上汇率不会回到 0. 750 0，因为其他市场的活动会改变其他汇率，以致在 0. 750 0 和 0. 800 0 之间形成 1 欧元的英镑价格，使三种货币达到新的平衡。）

由于美元和多种货币的交易很频繁，我们可以看任意两组包括美元的汇率来推导交叉汇率。所以，即使两种货币的直接交易有限，比如墨西哥比索和日元，通过 USDMXN/USDJPY 相除可以得出隐含的 JPYMXN 汇率。包括美元的外汇交易非常广泛，如果要从货币 X 兑换到货币 Y，而这两种货币间的交易规模较小时，交易成本对少量交易的货币较高，这时通常通过美元兑换会更便宜。因此，如果一家墨西哥公司为了支付从印度进口的商品而需要购买印度卢比，通过卖出墨西哥比索获得美元再用美元购买卢比就比直接用比索兑换卢比便宜。

尽管套汇使世界范围内的汇率报价趋于相等，我们必须清楚，不同的金融中心在不同的时区运行。因此只有在市场交易时间有重叠时，在相同时间比较报价才是有意义的。如图 13-1 所示，我们不能将纽约的 USDJPY 报价与东京的报价进行比较，因为这两个地方没有重叠的交易时间。图 13-1 标明了外汇市场的 24 小时时区维度。我们可以根据图表上方的国家条来确定每个市场的开放时间。时间衡量以格林尼治时间（GMT）为准。例如，东京市场的开放时间从 0000 到 0800，或本地时间早 9 点到下午 5 点。纽约市场的开放时间从 1200（纽约时间上午 7 点）到 2000（纽约时间下午 3 点）。尽管东京与纽约之间没有重叠时段，图 13-1 还表明了同时运行的其他交易中心的范围。

13. 3　远期汇率

现在我们回到日本软件进口商的例子。之前，进口商在即期市场买进美元来结算现期可支付的合同。但是大部分国际贸易合同的签订早于交货和付款。进口商下定未来某天送货的订单不足为奇。比如，假设订单规定的到货和发票的付款时间是在 3 个月后。特别地，我们假设订货价值为 1 000 000 美元。

关于付款，进口商又有怎样的选择呢？一个选择是等 3 个月后购买美元。这一策略的缺点是 3 个月中汇率变化的一种方式可能会使交易变得无利可图。回顾表 13-1，我们看到现在的即期汇率是 USDJPY = 106. 735。以现在的即期汇率，1 000 000 美元 = 106 735 000 日元。但是不能保证这一汇率（和由它决定的合同的日元价值）在将来不变。如果美元相对于日元**升值**（appreciate），那么购买一定数量的美元将会花费更多的日元。比如，假定未来的即期汇率（现在是未知的）是 110. 00。那么，到时要用 110 000 000 来购买 1 000 000 美元，那么对进口商来说，软件的进口利润就不再那么丰厚了。当然，如果美元相对于日元**贬值**（depreciate），那么利润将会更高。由于将来日元 - 美元汇率的不确定性，进口商可能不会选择等 3 个月后再买进美元的策略。

另一个选择是现在买进美元并在 3 个月中持有这些美元或者用其进行投资。这一选择的优点是进口商清楚地知道购买 1 000 000 美元所需的日元数。但是进口商面临的新问题是在 3 个月中对美元进行投资。另外一个可以确定美元的日元价格的选择是利用**远期外汇市场**

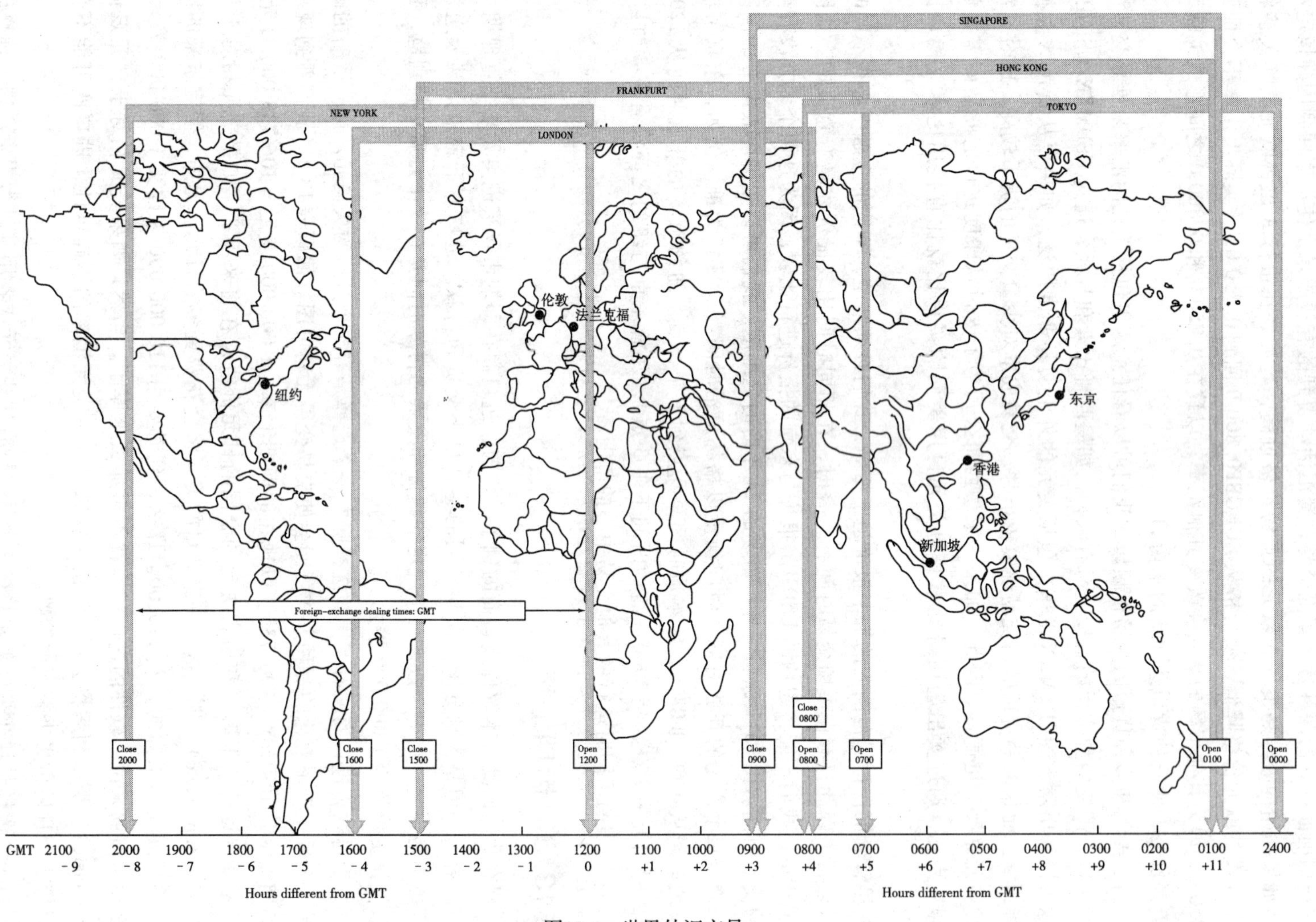

SINGAPORE
HONG KONG
FRANKFURT
TOKYO
NEW YORK
LONDON
伦敦
法兰克福
纽约
东京
香港
新加坡
Foreign-exchange dealing times: GMT
Close 2000
Close 1600
Close 1500
Open 1200
Close 0900
Close 0800
Open 0800
Open 0700
Open 0100
Open 0000
GMT 2100 2000 1900 1800 1700 1600 1500 1400 1300 1200 1100 1000 0900 0800 0700 0600 0500 0400 0300 0200 0100 2400
-9 -8 -7 -6 -5 -4 -3 -2 -1 0 +1 +2 +3 +4 +5 +6 +7 +8 +9 +10 +11
Hours different from GMT
Hours different from GMT

图13-1 世界外汇交易

(forward exchange market)。在之后的章节会显示，前面提到的现在购买美元并用它们做 3 个月投资与远期市场间有密切的联系。现在，我们把重点放在远期市场的运行上。

远期外汇市场主要指买卖在未来时间交付的货币。表 13-1 包括了 1 个月、3 个月和 1 年远期合同的远期汇率。注意日元的 3 个月远期汇率是 106.172。为了购买 3 个月后交付的美元，1 美元要花费 106.172 日元。

远期市场的优点是我们在美元和日元间设立了固定的汇率并且直到 3 个月后需要美元时才去购买美元。这会比现在购入美元并用美元投资 3 个月更受青睐，因为这既不需要现在卖掉任何资金，又不用具备美元投资的知识。(但是，售方银行可能要求进口商持有“补偿余额”，直到 3 个月到期——也就是说在银行中的账户中留有资金，允许银行使用该资金，直到远期交易日。)

如果某货币的远期汇率价格超过即期汇率价格，那么此货币就称为**远期升水**（forward premium）销售。出售货币的远期汇率低于现在的即期汇率时，称为**远期贴水**（forward discount）销售。表 13-1 显示美元相对于日元贴水出售。货币升水或贴水销售的意义将在接下来的章节中进行研究。当即期与远期汇率相等时，称为货币平价。

13.4　掉期

商业银行在进行银行间交易时，经常使用一种远期汇率交易合同的替换品，称为掉期协议。**外汇掉期**（foreign-exchange swap）是一种把即期和远期交易结合起来的交易（有些掉期结合了两个远期交易，称为远期 - 远期掉期交易）。举个例子，假设花旗银行现在需要英镑。它可以借入英镑并安排 3 个月后还清。然后，它可以在远期市场中买入英镑来确保 3 个月后需要英镑时价格是确定的。另外一种选择是，花旗银行可以加入一项掉期协议，其中它现在用美元兑换英镑，3 个月后再以英镑兑换美元。这样一来，掉期就在一笔合同中结合了借款操作和贷款操作。协议安排的条件显然与远期市场情况密切相关，因为掉期率是由远期外汇市场的升水或贴水决定的。

假设花旗银行需要 3 个月的英镑并与德意志银行达成一项掉期交易。花旗银行会将美元卖给德意志银行，并得到英镑作为回报。在 3 个月之后，交易将颠倒过来。花旗会支付英镑给德意志银行，并得到美元。(当然这里使用的 3 个月没有任何特殊性——掉期可以是任何时长。) 假设即期汇率是 GBPUSD = 2.00 美元，3 个月远期汇率是 2.10 美元，所以英镑有 0.10 美元的升水。当作为掉期率时，升水和贴水会加入基点报价中（一个基点是 0.01%，或 0.000 1)。因此，0.10 美元的升水转换为 1 000 点的掉期率，这是所有掉期参与者都关心的；他们不关心实际的即期汇率或远期汇率，因为只有它们之间的差异影响掉期交易。

掉期率经常被转换成每年百分比的形式，以方便与其他的借款和贷款率进行比较。(记住，掉期相当于在掉期合同时间内借出一种货币的同时借入另一种货币。) 1 000 点或 0.1000 的掉期率是指 3 个月时间的。为了将其转换为以年为单位，我们找出掉期时间内的回报率并与掉期占全年份额的倒数相乘：

掉期回报率 = 升水（贴水）/即期汇率 = 0.10 美元/2.00 美元 = 0.05

掉期占全年的份额 = 3 个月/12 个月 = 1/4

$$份额的倒数 = 1/(1/4) = 4$$

$$年升水（贴水）比率或掉期率 = 0.05 \times 4 = 0.20$$

这一掉期产生每年20%的回报，于是可以与银行面对的其他机会来比较。

掉期是一种有效迎合银行对外汇需求的途径，因为它将两项相互分离的交易结合成一项。我们之后将会学到，银行通过把借入外汇带来的负债与借出本国货币形成的资产搭配起来来规避汇率风险，这两项都用已知的远期汇率清算。这就是对外汇风险的套期保值。

表13-3给出了外汇市场交易量的数据。32 100亿美元的交易中大概有31%是即期交易。掉期交易占业务量的53%，而对单个货币的远期购买或销售占交易总数约为12%。我们可以看到外汇交易活动是由即期和掉期交易主导的。

表13-3　银行外汇市场活动日均交易量

	十亿美元	比率份额
即期	1 005	31
掉期	1 714	53
远期	362	12
总计	3 210	

资料来源：Data are drawn from *Triennial Central Bank Survey of Foreign-Exchange and Derivatives Market Activity in April 2007* (Basel: Bank for International Settlements, September 2007). Components don't sum to total due to gaps in reporting.

13.5 期货市场

目前讨论的外汇市场（即期、远期和掉期交易）是一个全球性市场。各地的商业银行、企业和政府利用电话和计算机终端来进行买卖，而不受市场地理位置的限制。但是还有更多的机构我们还没有讲到，其中之一便是期货市场。期货市场中可以买卖外汇在未来某天支付。期货市场与远期市场的不同之处在于只有少数货币参加交易，交易使用标准合同，并且发生在特定地点，像芝加哥商品交易所的国际货币市场（IMM），它是最大的货币期货市场。

国际货币市场期货使用英镑、澳元、加元、日元、瑞士法郎、墨西哥比索和欧元进行交易。合同包括特定数量、在特定到期日支付的货币。在此市场中，合同到期日分别在3月、6月、9月和12月的第三个星期三。在远期市场，合同期限一般是30天、90天或180天，可以在一年中的任何一天到期。远期市场合同可以基于交易双方谈定的任何数量的货币。而在期货市场中，合同金额是固定的：62 500英镑、100 000澳元、100 000加元、12 500 000日元、125 000瑞士法郎、500 000比索和125 000欧元。

期货市场为参加国际贸易的公司提供了套期保值的便利和投机的机会。当投机者准确地预测了期货价格与现在合同价格将发生巨大变动时（大于交易成本），就可以获利。例如，如果我们认为英镑在12月的销售价格为1.50美元，而12月期货合同的现期价格为1.570 0美元，我们就可以卖出12月的合同。那么，合同到期时，1英镑可以获得1.570 0美元，或者按合同规定的62 500英镑可以获得98 125美元。如果英镑的实际价格低于1.570 0美元，我们便实现了盈利（需减去交易成本）。假设12月的实际价格为1.50美元。我们可以用

93 750美元购得 62 500 美元。差价为 98 125 美元 - 93 750 美元 =4 375 美元，再减去交易费用，便是我们的获利。

期货合同相比远期合同数额要小，所以是小规模公司实用的套期保值工具。远期合同是在批发性银行活动的范围内，一般用在大型金融机构和其他大企业的大额外汇交易中。

外汇期权

除了远期和期货合约，还有一类市场可以对未来外汇资产和负债进行套期保值，那便是期权市场。一项外汇期权是指在到期日或到期日之前提供以固定汇率买卖给定数量货币权利的合约。（这被称为“美国”期权；“欧洲”期权只能在到期日行权。）**买入期权**（call option）赋予买进货币的权利，**卖出期权**（put option）给予卖出的权利。买卖货币的价格称为**执行价格**（strike price）或**行使价格**（exercise price）。

期权套期保值的作用是很容易理解的。假设一个美国进口商向德国制造商进口 1 000 000欧元的设备，3 个月后付款。进口商可为防止欧元升值进行套期保值，购买买入期权以获得在未来 3 个月以特定价格买入欧元的权利。具体的，我们假定现在的即期汇率是每欧元价格为 1. 00 美元。在这一汇率下，1 000 000 欧元会花费 1 000 000 美元。如果欧元在未来的 3 个月升值为 1. 05 美元，那么用 3 个月后的即期市场汇率会将进口价值变为1 050 000 美元（1. 05 ×1 000 000 欧元），即进口价格将上涨 50 000 美元。买入期权会为防止发生这种改变提供保障。

交易所上市的外汇期权始于 1982 年 12 月费城证券交易所提供的市场。费城证券交易所提供价值 50 000 澳元、31 250 英镑、50 000 加元、6 250 000 日元、62 500 欧元和 62 500 瑞士法郎的交易合约。

如果执行价格低于买入期权时的即期汇率或高于卖出期权时的即期汇率，那么称该期权为“到价”。我们来考虑美国进口商买进 1 000 000 瑞士法郎的瑞士手表，3 个月后付款。当前的即期汇率是每法郎 0. 838 3 美元。在这一汇率下，1 000 000 瑞士法郎等于 838 300 美元。为了针对难以预测的汇率变动进行保值，进口商可以购买买入期权。假设他或她期望的执行价格为 0. 85 美元，那么进口的上限价值就是 850 000 美元。假设一个执行价格为 0. 85 美元的买入期权的期权费为每法郎 0. 0118 美元或 1. 18 美分，那么一份 62 500 瑞士法郎的合约成本为 737. 50 美元。为了足够包含 100 万法郎，进口商必须购买 16 份合约（16 ×62 500 =100 万），成本为 11 800 美元。如果法郎升值超过 0. 85 美元，期权将被执行。例如，到支付手表费用时的即期汇率是 0. 88 美元，那么使用即期市场汇率意味着要为进口花费 880 000 美元。执行期权合约保证了价格为 850 000 美元，所以与没有采取套期保值的情况相比，公司省下了 30 000 美元减去 11 800 美元的期权费。如果法郎没有升值到执行价格的水平，那么允许终止期权。例如，如果即期价格是 0. 83 美元，那么使用即期市场汇率意味着进口成本为 830 000 美元。这比使用期权合约要节省 20 000 美元。在这种情况下，公司损失的是为期权支付的 11 800 美元的费用。

如果我们肯定地知道将来的汇率会是怎样，那么期权、期货和远期合约都将没有市场。在不确定的世界中，风险规避型的交易者愿意为规避潜在的汇率反向变动引起的损失而支付一定金额。期权相较于期货和远期合约的优点是其灵活性更强。期货或远期合约的义务是在固定的汇率买入或卖出合约。期权提供了选择在未来合意时买入或卖出的权利，而不是一项义务。

全球视角 13-1 **汇率指数**

假设我们要考察一种货币的价值。一种方法是使用双边汇率——比如美元的日元价值。但是，如果我们感兴趣的是一种货币在国际上的表现，我们就需要更宽泛的方法来衡量该种货币相对于多种其他货币的价值。这就像通过观察消费价格指数来衡量价格在一种经济环境中的变动。我们可以观察鞋或面包的价格，但是这种单一商品的价格不一定能反映总体的通胀情况——有些商品的价格是上升的，而另一些商品的价格是下降的。

在外汇市场上，经常可以看到一种货币相对于某种货币是升值的，但是相对于另一种货币却是贬值的。所以，我们构造了汇率指数来衡量一种货币相对于其他几种货币的平均价值。汇率指数是一种货币相对于其他几种货币价值的加权平均值，权数由每种货币在国际贸易中的重要性来决定。如果我们要为美国建立汇率指数，我们会包含美国主要贸易伙伴国的货币并且权数反映了美国与每个国家贸易的重要性。

如果美国的对外贸易有半数是与加拿大之间进行的，另一半是与墨西哥进行的，那么使用贸易量加权的美元汇率指数的百分比变化就由加元/美元和墨西哥比索/美元汇率变化的百分比分别乘以1/2，并加总得到。

汇率指数是国际经济学中常用的分析工具。当一种货币平均价值的变化很重要时，双边的汇率（两种货币之间）不再能满足需求。没有哪个经济理论或实践给出最好的汇率指数。实际上，对一些问题来说，很难区分一种指数与另一种指数。然而在多数情况下，最适合应用的指数取决于需要解决的问题。

经济学家经常用来评估美元国际价值的一种流行的汇率指数是由美联储建立的指数。

美联储的“广泛价值指数”包括了美元相对于美国主要贸易伙伴的价值，每一单独货币的权数取决于该国与美国贸易量的多少。

投资者经常使用的衡量美元价值的流行指数是DXY指数，使用洲际交易所（ICE）发生的交易，符号为DX。DXY权数多年来未曾改变，衡量美元相对于以下货币的价值，权数标在括号中：欧元（57%）、日元（14%）、英镑（12%）、加元（9%）、瑞典克朗（4%）和瑞士法郎（3%）。人们用DX指数推测美元相对于这些货币平均价值的变化。■

13.6 汇率供需与中央银行干预

目前为止，我们还没有明确地将政府引进外汇市场。当然，在真实的世界中，中央银行和国库在外汇市场中起到重要的作用。因为汇率是以一种货币表示的另一种货币的价格，汇率的变化会影响国际商品和服务的价格。这就是官方介入外汇市场的主要原因。中央银行，比如美国的联邦储备委员会，通过买卖货币来驱使它们的货币达到想达到的程度，而不是由自由市场建立的货币价值水平。

让我们用图13-2中的汇率供给和需求图来说明政府干预是如何起作用的。在图中，用美元交换英镑的需求来自美国对英国商品、服务和金融资产的需求。当一个美国公民从英国购买物品时，就会发生美元兑换英镑，于是产生了对英镑的需求。用英镑兑换美元的需求即对英镑的供给来自英国对美国商品、服务和金融资产的需求。当英国居民从美国买进物品时，就会产生英镑兑换美元，并形成了英镑的供给。例如，如果最开始美元每英镑的汇率是 \$/£ =1.60，之后美国对英国商品的需求升高，这导致图 13-2 中对英镑的需求从 D 提升至 D'。结果，英镑相对于美元开始升值，美国从英国的进口将会变得更贵。通过假设汇率是从 A 点的 \$/£ =1.60 变为 C 点的 \$/£ =1.70，将更容易看出这一变化。一个在英国售价为 100 英镑的商品在美国的售价会从 160 美元变为 170 美元。为了刺激英国的出口，英格兰银行会希望通过在外汇市场上出售英镑来停止英镑的升值。如果供给曲线向右移至 S'，那么在 B 点会建立新的均衡，1.60 会再次成为均衡汇率，但是现在更大量的英镑 $£'_0$ 参与了交易。因为市场上英镑的供给增加了，英镑的价格趋于下降，就像苹果供给上升后价格会下降的道理是一样的。

在国内货币贬值的情况下，央行通常卖出外币来兑换本国货币，以阻止本币贬值。例如，在图 13-2 中，除了英格兰银行卖出英镑阻止英镑升值，美联储也可能出售英镑。因为英镑是在英国生产的，而不是在美国，所以美联储不能直接无限制地出售英镑。直到美国不愿花费更多英镑的时候，它会自行让汇率调整。

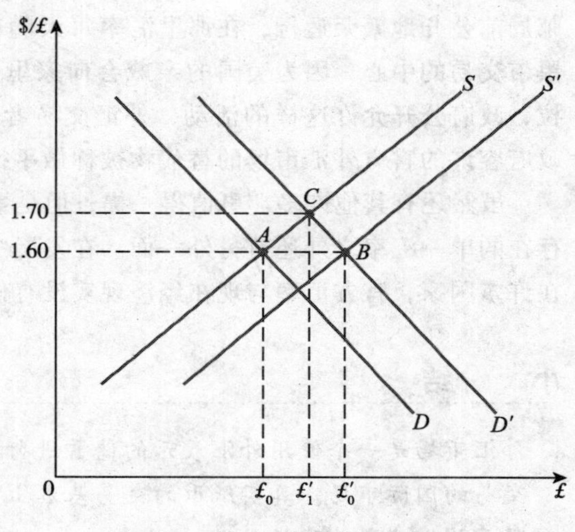

图 13-2　美元/英镑外汇市场

官方机构出现在外汇市场中，除了干预汇率决定外，还有其他原因。在政府正常运行过程中，经常有必要利用外汇市场来便利商品和服务的国际转移。各国中央银行的角色就是执行各国政府的外汇市场运作。

在央行积极干预外汇市场以组织汇率变动的情况下，就存在**固定汇率**（fixed exchange rates）。在图 13-2 的例子中，如果英格兰银行主动干预外汇市场，使英镑汇率保持在 1.60 美元每英镑，那么我们就可以说英国实行固定汇率制度。

当汇率是由自由市场的供给和需求力量决定时，我们称存在**浮动汇率**（flexible exchange rates）。在图 13-2 的例子中，如果实行浮动汇率，那么就不会存在干预。这样，当美国对英国商品的需求上升时，英镑的需求曲线会移动至 D'，均衡汇率会上升至 1.70 美元每英镑。

13.7　黑市和平行市场

到目前为止，我们讨论的外汇市场是个人、企业和政府可以自由买卖货币的市场。对主要发达国家来说，这是一个准确的描述。但是，发展中国家基本上不允许外汇自由市场并对外汇交易实行很多限制。这些限制有多种形式，比如政府许可证要求、购买外汇的数量限制、收到外汇后在限定时间内必须售给中央银行，或甚至公开禁止私人对外汇的使用。

对外汇交易的政府限制或法律禁止造成了非法外汇市场的发展，以满足交易的需求。这些非法市场被称为**黑市**（black markets）。在许多国家，这样的市场在很少或没有政府强行性法律禁止的情况下公开存在。在其他国家，外汇法被严格执行，并且违法者一旦被发现，会受到严格惩罚。

通常，政府会设定一个远远偏离市场自由建立汇率的官方汇率。如果政府只在官方汇率下购买外汇，但是私人愿意支付市场决定的汇率，那么黑市会得到稳定的外汇供给。显然是政府政策促成了黑市。需求的上升来自法律对购买外汇的限制，供给的存在源于政府授权的官方汇率提供少于自由市场的外汇。具有讽刺意味的是，政府捍卫外汇限制的理由是要把稀有的外汇资源保留给高优先权的用途。但是这样的限制只是使流向政府的外汇减少了，而交易者都转向了黑市。

在许多面临经济困难的国家，非法市场通过稳定的外汇供给保证了正常的经济活动。有些政府非官方地承认了黑市的好处，允许黑市公开存在。例如，危地马拉人为制定了一个低官方汇率——1 美元价值为 1 格查尔，并保持了 30 多年。然而，黑市被允许在该国主要邮局前公开地繁荣运行，在那里汇率每天随市场情况浮动。在许多拉丁美洲国家，邮局是黑市交易的中心，因为美国的亲戚会向家里寄来数以百万计的美元支票和汇票。在危地马拉，政府公开允许这样的活动，外汇交易者会叫住离开邮局的人们，提出购买美元。这类政府容许的官方外汇市场的替代物被称做**平行市场**（parallel market）。

虽然还有其他许多趣事值得一提，但是重点在于外汇交易除了公开交易和主要发达国家存在的单一汇率之外还有另外一面。在发展中国家，外汇交易有时是受到严格管制的活动。在许多国家，官方汇率与现在经济现实没有任何关系，所以黑市和平行市场还会繁荣下去。

小　结

1. 外汇市场是一个使用外汇表示的储蓄进行交易的国际市场。真实纸币的交易基本上限于旅游业或非法活动。
2. 即期外汇市场用于现期支付，远期市场用于外汇在未来某日的交付。
3. 套汇保证了汇率作为交易成本在所有市场是接近的。
4. 如果一种货币的远期价格超过（低于）即期价格，就称该货币为升水出售（贴水出售）。
5. 除了远期市场，外汇资产与负债可以在期货和期权市场进行套期保值。
6. 央行会在其认为汇率应该改变的时候干预外汇市场。
7. 外汇的黑市和平行市场的产生源于政府对外汇市场的管制。

习　题

1. 作为一家美国大公司的财务主管，你必须决定如何最好地管理好公司的现金流以使利润最大化，前提是维持在一定可接受的风险水平下。你的公司有一笔要支付给法国公司的 180 天到期的 2 000 000 欧元的账单。回顾可以用来管理这一外汇负债的选择。有理由说明其中的一种比别的方法更合适吗？
2. 下面的例子中，美元是升水销售还是贴水销售？

	即期	三个月远期
(a)	GBPUSD = 1.77	GBPUSD = 1.78
(b)	USDJPY = 0.004	USDJPY = 0.005
(c)	EURUSD = 0.80	EURUSD = 1.25
(d)	USDCHF = 0.90	USDCHF = 1.15

3. 假设在纽约 1 英镑 = 2.4110 美元，在巴黎 1 美元 = 1.050 欧元，在伦敦 1 英镑 = 2.50 欧元。
   a. 如果你开始时持有 1 英镑，那么你如何从这些汇率中获利呢？
   b. 忽略交易成本，你在开始交易时每英镑的套汇利润是多少？
4. 你可以使用供给需求图来分析外汇汇率的变化。建立一个美元相对英镑升值的美元/英镑汇率的例子。认真标记你的图形，并使初始汇率等于 1.60。什么可能引起供给和/或需求曲线按说明的方式移动（什么是汇率变动的潜在原因）？接下来，说明央行需要进行怎样的干预来防止汇率离开初始的均衡汇率。
5. 期权什么时候“到价”[⊖]？
6. 假设你是一家美国公司的财务总管，此公司从日本进口计算器。你有一笔 90 天后到期的 62 500 000 日元的付款。即期汇率是每日元兑换 0.005 美元，但是你预计未来 90 天内日元相对于美元会升值并且购买了日元的买入期权合约。期权费为 0.000 2，执行价为 0.005 5。合约的美元成本是多少？如果 90 天后的即期汇率是 0.005 2，你会执行期权还是终止合同？你持有期权合约的美元利润或损失是多少？如果 90 天后的即期汇率是 0.005 7，你将执行期权还是终止合同？这时你持有期权合同的美元利润或损失是多少？
7. 一辆美国制造的自行车价格为 100 美元。利用表 13-1 中列出的汇率，这辆自行车在下列国家或地区的价格各是多少？
   a. 阿根廷　　b. 巴西
   c. 加拿大　　d. 中国香港
   e. 印度　　f. 墨西哥
   g. 菲律宾
8. 1 瑞典克朗的美元价格从 0.157 2 美元变为 0.173 0 美元。
   a. 美元对克朗是升值了还是贬值了？
   b. 克朗对美元是升值了还是贬值了？
9. 下列报价隐含的交叉汇率是什么：
   a. USDCAD = 1.561 3，EURUSD = 1.000 8
   b. USDJPY = 124.84，GBPUSD = 1.572 0
   c. USDCHF = 1.470 6，USDCAD = 1.561 3

参考文献

Federal Reserve Bank of New York. *All About... The Foreign Exchange Market in the United States*. Available at http://www.newyorkfed.org/education/addpub/usfxm.

Galati, Gabriele, and Michael Melvin. "Why Has FX Trading Surged? Explaining the 2004 Triennial Survey," BIS *Quarterly Review*, December 2004.

Philadelphia Stock Exchange. *PHLX World Currency Options Frequently Asked Questions*. Available at http://www.phlx.com/products/worldcurrencyoptionsfaq.aspx.

Triennial Central Bank Survey of Foreign Exchange and Derivatives Market Activity in April 2007. Basle: Bank for International Settlements, September 2007.

如需要更多的习题和补充阅读，请访问我们的网址：www.pearsonhighered.com/husted。

⊖ “赚头”期权——译者注。

第 14 章

价格和汇率：购买力平价

学习目标

绝对购买力平价；
相对购买力平价；
时间、通货膨胀和购买力平价；
对购买力平价的偏离；
“高估”和“低估”的货币；
实际汇率。

第 13 章讨论了外汇市场的套汇行为使得不同地区的汇率保持相同的作用。如果日元的美元价格在旧金山的美国银行比纽约的花旗银行要高的话，我们认为交易者会从花旗银行买入日元并同时在美国银行卖出日元。这项活动会提高花旗银行的美元/日元汇率报价，并降低美国银行的美元/日元汇率报价，直到两个银行的汇率报价之差接近交易成本。这样的套利行为不仅仅发生在外汇市场上。我们猜想套利在任何不同地点间交易相似商品时都会发生。比如，世界各地的黄金价格在任何时点上都大体相同。如果黄金在一个地方的卖价高于在另一个地方的卖价，那么套利者会在卖价低的地方买入黄金并在卖价高的地方卖出，直到两地价格相等为止（允许存在交易成本）。同样地，我们可以预期拖拉机或者汽车或者钢板的价格在地理上相互独立的市场之间是相关的。然而，我们将会在本章看到，为什么有些商品的价格在各国间更相似，而另一些商品不是如此，这是有充分的经济原因的。

这种相似产品在全球售价相似的趋势表明价格和汇率之间存在联系。如果我们想要知道为什么汇率随时间不断变化，一个明显的回答是国际上的价格在不断变化，汇率也必须不断变化以保持在不同国家间用同一种货币衡量的价格保持相等。换句话说，汇率应该不断调整以抵消不同国家的通货膨胀率的差异。这种商品和服务的价格与汇率之间的关系被称为购买力平价（PPP）。尽管我们不情愿把购买力平价归为一种汇率理论，但是由于接下来将要说明的一些原因，学习价格水平和汇率之间的关系来理解商品市场（区别于金融资产市场）在国际金融中的作用是十分重要的。

14.1　绝对购买力平价

研究购买力平价首先要学习的是绝对购买力平价。这里，我们假设汇率由国家间的价格比决定。如果 E 代表即期汇率（每单位外国货币代表的本国货币单位），P 是国内的价格指数，P^F 是外国的价格指数，则绝对购买力平价的关系式可以写作：

$$P/P^F = E \tag{14-1}$$

对于不太熟悉价格指数的读者来说，P 和 P^F 可能被认为是消费者价格指数或生产者价格指数，或者是 GDP 平减指数——用来把 GDP 从名义值转化为实际大小的价格指数。价格指数被用来衡量一个经济体的平均价格，因此它受到批评，指责它实际上衡量的是没有人面对的实际价格。为了建立这样的指数，我们必须首先决定应该包括哪些价格，也就是说，需要监测哪些商品和服务。接着，需要给这些商品设置一定的权重来反映它们在总支出中的重要程度。因此，住宅价格在消费者价格指数中具有很大的权重，而面包的价格只有很小的权重。最后的指数是被调查的商品和服务价格的加权平均。全球视角 14-1 描述了美国消费者价格指数中一些商品的实际权重。

全球视角 14-1　美国的消费者价格指数

通过考虑美国的消费者价格指数（CPI）是如何计算的，就可以很容易地理解在比较不同国家的价格时出现的问题。为了建立“价格水平”的单一值，有必要计算一个典型家庭可能消费的各种商品和服务价格的加权平均值。

这里出现的一个问题是如何合理地衡量住房花费（什么样的房子）、衣物花费（哪种类型的衣服），或者其他特定类型商品的花费。假设这些问题已经解决，每种商品的价格必须根据其在典型消费者预算中的重要性来赋予其不同的权重。于是，住房占据了最大的权重，而其他商品分配到的比重就相对较小。美国 CPI 中商品权重的分配情况在下面的表中给出。

这个表格说明，住房占据了典型家庭预算的 42%。交通几乎占了 17%，而食品占了大约 15%。很明显，每个美国家庭都是不一样的，所以 CPI 是一个关于家庭所面对各种价格的大致的指标。设想如果我们用日本或者墨西哥的价格指数和美国的指数相比而出现的问题。典型的日本或者墨西哥家庭会与美国的家庭购买相同的产品吗？住房、食物或交通会在美国、日本或者墨西哥的消费预算中占有同样的比重吗？这些问题的答案是：不！由于不同国家的人们消费不用的商品并且花费收入的方式不同，我们通过比较不同国家的价格指数而下结论时必须十分谨慎。■

消费者价格指数各组成部分的相对重要性

所有商品	100.0
食品和饮料	14.9
住房	42.4
衣物及保养	3.7
交通	17.7
医疗	6.2
娱乐	5.6
教育和通信	6.1
其他商品和服务	3.3

就对价格指数的叙述而言，正如式（14-1）所示，绝对购买力平价表明任何两种货币的汇率等于其价格指数之比。于是，汇率是一种依赖于价格的**名义价值**（nominal value）。当我们在使用现实中的价格指数数据时，我们应该注意不同国家的价格指数是否在涉及的产品或者服务和基年（用来比较随着时间变化的参考年份）方面是可比的。如果世界范围内的变化只是名义的，即是因为价格水平变化而产生的，那么如果价格指数是真实的，我们就认为购买力平价成立。我们接下来将会证明最后一句话的重要性。

式（14-1）可以被改写为

$$P = EP^F \tag{14-2}$$

所以一国的国内价格水平等于外国货币的本国货币价格和外国价格水平的乘积。式（14-2）被称为**一价定律**（law of price），表明同种商品在世界范围内的销售价格相同。例如，我们可能发现一件衬衫在美国卖 10 美元，在英国卖 4 英镑。如果英镑对美元（GBPUSD）的汇率是 2.50 美元每英镑，那么 $P = EP^F = (2.50)(4) = 10$。于是，一旦我们运用汇率将英镑价格转换为美元，并以美元来比较两国的价格，我们就会发现英国衬衫的价格和美国衬衫的价格相同。

这种分析的遗憾在于，世界比这个简单的衬衫案例要复杂得多。真实世界的特征包括差异化的产品、昂贵的信息和其他各种阻止世界范围内商品价格均等化的障碍。无疑，商品同质程度越高，一价定律越有可能成立。那些在世界范围内保持本质上相同形式的商品，提供了关于一价定律的最好的例子。比如，黄金在国际上均以美元报价，于是我们可以说一价定律对黄金来说基本成立。然而，由于衬衫的风格、品牌和价格各不相同，我们认为衬衫的一价定律在国内都不一定成立，更不用说国际上了。

经济学家们曾经质疑我们为什么期望购买力平价成立，因为我们知道国际贸易包括运费和关税。给定这些与海运商品相关的成本，我们认为购买力平价对任一特定产品不一定成立，那为什么我们还要期望像式（14-1）中描述的用价格指数表示的关系成立呢？此外，尽管某些产品被包括在一国的价格指数中，但这些产品并不进行国际贸易。当非贸易品的价格变化时，价格指数会发生变化。但是汇率可能不会改变，因为非贸易品的价格变化不会带来国际贸易流量的提高，所以没有导致对货币的供给和需求的任何改变。[⊖]最近，经济学家对购买力平价的分析进行了很多改进，我们在这里将不再讨论。要吸取的重要教训是伴随利用价格指数来解释汇率变化而产生的潜在问题。

到目前为止，我们已经强调了由价格指数的改变或者名义变化带来的汇率的改变。然而，我们有理由相信大多数汇率每周的变化是因为实际因素而不是名义因素。除了由于总体通货膨胀引起的价格水平的变化之外，我们还可以定义**相对价格变化**（relative price changes）。通货膨胀导致所有价格的上涨，但是相对价格变化表明并不是所有的价格都一起变化。一些价格上涨得比其他价格更快，或是一些价格上升的同时另一些价格却在下降。学生们发现很有用的一个比喻是把通货膨胀比作一个装有很多网球的电梯，而网球代表着单个商品的价格。当通货膨胀继续时，网球被电梯抬得更高了，这意味着所有的价格都提高了。但是当通货膨胀继续，电梯上升时，网球或者说单个商品的价格在上下跳动。所以，当电梯抬高了所有电梯内的网球时，网球却不会一起上下跳动。向上跳的网球相对于向下跳的网球而言价格上升了。

如果我们把不同的电梯比作不同的国家，那么，如果球保持不动，所有的电梯以相同的速率上升，则根据购买力平价，汇率将会保持不变。并且，如果我们观察足够长的间隔时间，我们可以忽略那些跳动的球，因为电梯的剧烈运动将会主导汇率的变化。但是，如果我们在很短的间隔时间内观察，在此期间电梯只发生轻微的移动，那么我们会发现跳动的球即单个商品的相对价格的变化会在很大程度上决定汇率。

汇率可以因为实际经济事件而发生变化，甚至在平均价格水平保持不变时也可以。由于我们经常根据价格指数来讨论购买力平价，我们发现例如由歉收带来的相对价格变化这样的实际事件，将会在汇率变化甚至是价格指数保持不变时，引起汇率偏离绝对购买力平价。

前面的讨论说明了为什么绝对购买力平价可能在多数情况下是不成立的。汇率水平等于价格指数之比是一个很严格的阐述。在下一部分，我们将会讨论价格和汇率之间一个没有那么严格的关系。

14.2　相对购买力平价

除了绝对购买力平价之外，还有一种购买力平价的表达方式，即相对购买力平价。当下面的等式成立时，我们就说相对购买力平价成立：

$$\hat{E} = \hat{P} - \hat{P}^F \tag{14-3}$$

其中变量上的补注符号（^）表示百分比变化。所以，式（14-3）说明汇率的百分比变

[⊖] In Michael Melvin and David Bernstein, "Trade Concentration, Openness, and Deviations from Purchasing Power Parity," *Journal of International Money and Finance* (December 1984), a study of 87 countries revealed that purchasing power parity holds better for more open economies (where internationally traded goods constitute a large fraction of GDP) than for more closed economies (where traded goods are a similar fraction of GDP). In P. G. J. O'Connell, "Market Frictions and Real Exchange Rates," *Journal of International Money and Finance* (February 1998), the role of impediments to trade is discussed. A recent paper with evidence that purchasing power parity may, in fact, hold better than most think is Jerry Coakley, Robert P. Flood, Ana M. Fuertes, and Mark P. Taylor, "Purchasing Power Parity and the Theory of General Relativity: The First Tests," *Journal of International Money and Finance* (March 2005).

化（$\hat{E}$）等于国内价格水平的百分比变化（$\hat{P}$）减去外国价格水平的百分比变化（$\hat{P}^F$）。因此，尽管绝对购买力平价表明汇率等于价格指数之比，而相对购买力平价则使用的是这些变量的百分比变化。

我们经常把价格水平的百分比变化称为通货膨胀率。所以，相对购买力平价关系的另一种表述是汇率的百分比变化等于本国和外国的通货膨胀率之差。如果我们说汇率的百分比变化等于通货膨胀率之差，那么我们就可以忽略 E、P 和 P^F 的实际水平而考虑其变化值，这相对于绝对购买力平价来说是一个不那么强的假设。应该注意，当绝对购买力平价成立时，相对购买力平价也成立。但是如果绝对购买力平价不成立时，相对购买力平价可能还会成立。这是因为 E 的值可能不等于 P/P^F，但是 E 的变化值还会等于通货膨胀率之差。

在前面的部分中，我们学习了相对价格可以决定汇率，那么我们也有理由相信，随着时间的变化，相对价格变化的重要性与通货膨胀率相比将会减弱，以至于在长期，通货膨胀率之差将会主导汇率的变化。结论是真实事件引起相对价格变化的观点实际上是**随机**（random）和短期的。随机意味着其不可预料，其提高或者降低汇率的可能性是相同的。在这种情况下，这些随机的相对价格变化随着时间的变化将会互相抵消。（否则，我们无法认为它们提高和降低汇率的可能性相同。）

14.3 时间、通货膨胀和购买力平价

一些学者研究发现购买力平价在高通胀率的国家更好地成立。[⊖]当我们说“更好地成立”时，是指式（14-1）和式（14-3）在高通胀的国家比在低通胀的国家更好地与观察到的实际汇率和价格水平的数据相吻合。在高通胀国家，汇率的变化与通胀率之差高度相关，因为通胀的重要性已经超过了相对价格效应，而在低通胀或者中等通胀的国家，相对价格效应支配了汇率的变化从而导致了与购买力平价的不一致。在前面的例子中，当电梯快速移动时（通胀率较高时），电梯内部球的移动（相对价格）就不是十分重要；然而，当电梯较慢移动时（通胀率较低时），球的跳动就会变得相当重要。全球视角 14-2 描述了玻利维亚的恶性通货膨胀。在这种环境下，急速变化的通胀超过了任何相对价格的变化，从而成为决定汇率的重要因素。

全球视角 14-2　　玻利维亚的恶性通货膨胀

最近几十年最高的通货膨胀率出现在玻利维亚。1982 年，其消费者价格增长了 133%。这种单个年份内双倍增长的物价对许多发达国家的居民来说是十分震惊的，但是直到 1985 年，100% 的通货膨胀在玻利维亚都被认为是可以接受的。1985 年期间，玻利维亚的通货膨

⊖ Studies in this area include Shang-Jin Wei and David Parsley, "Purchasing Power Disparity during the Floating Rate Period: Exchange Rate Volatility, Trade Barriers, and Other Culprits," National Bureau of Economic Research Working Paper no. 5032 (February 1995); and Yin-Wong Cheung and Kon S. Lai, "On Cross-Country Differences in the Persistence of Real Exchange Rates," *Journal of International Economics* (December 2000).

胀率是 11 750%。当玻利维亚的通货膨胀率开始飞速上升时，玻利维亚比索相对于美元的价值开始直线下降。在 1982 年末，1 美元等于 196 比索。到了 1985 年末，1 美元等于 1 692 000比索。当一种货币三年内贬值超过了 13 000%，我们就可以下结论说相对价格的变化不再相关。贬值是由一系列造成玻利维亚比索和美元之间巨大的通货膨胀差距的政策导致的结果。

在 1985 年的玻利维亚，价格每天或者每个小时都在上升。《华尔街日报》曾报道，在一周内，鸡蛋的价格从 3 000 比索上升到 10 000 比索。在同一篇文章中，一个药剂师说她 1982 年买了一辆丰田轿车，而同样数目的钱现在只能买三盒阿司匹林了。当玻利维亚的价格水平上升时，比索的国内购买力在下降。因为比索在国内的购买力下降，套利使得其在其他国家的购买力也下降。当比索的价值在外汇市场上下降时，与其他国家的物价相比，比索的购买力会下降。

虽然相对价格变化是汇率变动的一个重要因素，但是可以肯定在 1985 年玻利维亚的经历中，相对价格的改变并不是十分重要。当时，消费者为了去商店买一台电视，需要携带 68 磅重的 1 000 比索面值的钞票。■

除了通货膨胀率，所分析的时间区间也会对购买力平价是否成立产生影响。我们认为购买力平价用年度数据比月度数据更好地成立，因为更长的时间框架将会出现更多的通货膨胀，以至于随机的相对价格效应变得相对不那么重要，于是我们发现汇率的变化会与通胀率之差密切相关。再次回到那个电梯的比喻，分析的时间跨度越长，电梯会移动得越远；电梯移动得越远，其内部单个跳动的球就变得越不重要。这表明覆盖多年的购买力平价的研究将比仅以几年数据为基础的研究更能证明购买力平价的成立。

关于购买力平价的文献是大量的，并倾向于确认以上的结论。有证据表明实际相对价格变化在短期内有着重要的作用，但是随着时间的变化，相对价格变化的随机特性会使这些不相关事件的重要性减到最小。[⊖]一些研究分析了长期的情况（100 年或以上）并得出了结论：购买力平价在长期内能很好地成立。[⊜]

图 14-1 证明了基于年度和月度数据来检验购买力平价理论的差别。在图 14-1a 中，汇率的年度百分比变化（$\hat{E}$）沿着日本和美国的通货膨胀率之差（$\hat{P}_J - \hat{P}_U$）来变化。在图 14-1b 中，画出了每个变量的月度数据。这个图中有两个结论：第一，汇率比通胀率之差变动更大；第二，月度数据对购买力平价的偏离比年度数据更加明显。

⊖ See Hali J. Edison, "Purchasing Power Parity in the Long Run: A Test of the Dollar/Pound Exchange Rate (1890-1978)," *Journal of Money, Credit, and Banking* (August 1987).

⊜ See Lawrence Officer, "Effective Exchange Rates and Price Ratios over the Long Run: A Test of the Purchasing Power Parity Theory," *Canadian Journal of Economics* (May 1980); Niso Abuaf and Philippe Jorion, "Purchasing Power Parity in the Long Run," *Journal of Finance* (March 1990); Yoon-bai Kim, "Purchasing Power Parity in the Long Run: A Cointegration Approach," *Journal of Money, Credit, and Banking* (November 1990); Francis X. Diebold, Steven Husted, and Mark Rush, "Real Exchange Rates under the Gold Standard," *Journal of Political Economy* (December 1991); and James R. Lothian and Mark P. Taylor, "Real Exchange Rate Behavior: The Recent Float from the Perspective of the Past Two Centuries," *Journal of Political Economy* (June 1996).

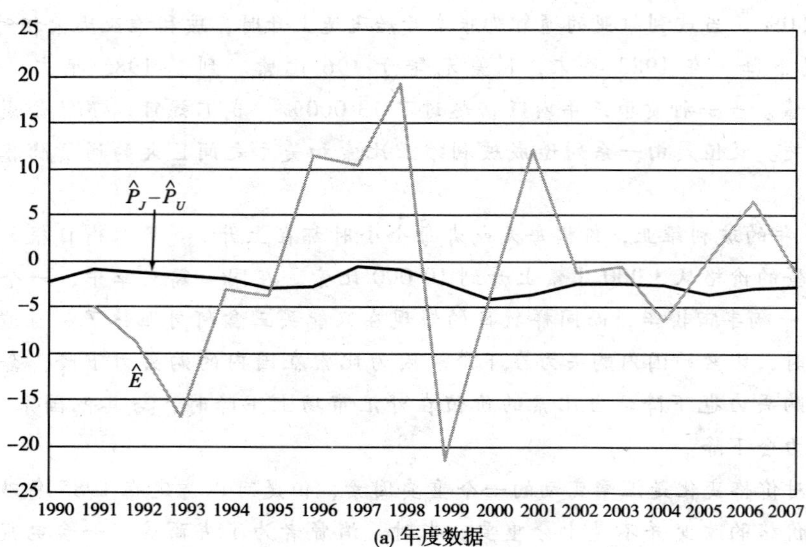

(a) 年度数据

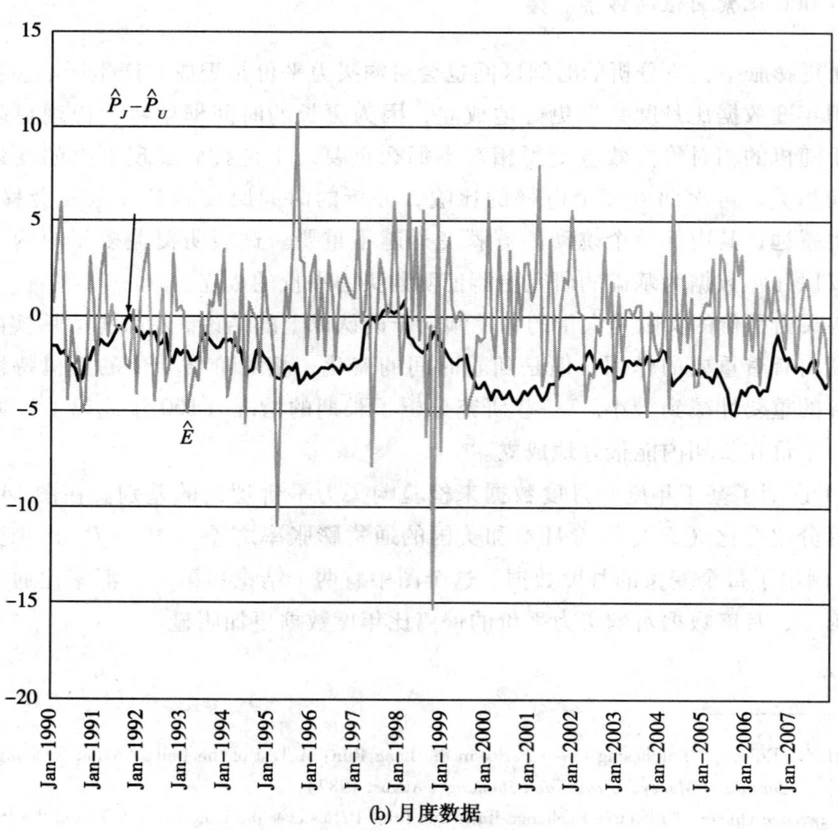

(b) 月度数据

图 14-1 美国－日本的购买力平价

在这个图中，对购买力平价的偏离用 $\hat{E}$ 线和 $\hat{P}_J - \hat{P}_U$ 线间的发散程度来表示。如果相对购买力平价很好地成立，那么 $\hat{E} = \hat{P}_J - \hat{P}_U$［见式（14-3）］，而且两条线会合并成一条线。当汇率的百分比变化与通胀率之差不同时，就会出现对购买力平价的偏离。图 14-1 表明这样的偏离对于月度数据比年度数据更明显。下一部分会分析这些偏离的经济基础。

14.4　对购买力平价的偏离

到目前为止，我们总结了为什么会发生偏离购买力平价的几条原因。当我们讨论商品市场上套利的作用时，我们说一价定律在存在差异产品或者不能进行国际贸易的产品时并不适用。同时，由于国际贸易包括穿越国界的海上运输，价格可能由于运费或者关税而并不相同。相对价格变化被强调是造成购买力平价在长期比短期内更好地成立的一个原因。这种相对价格的变化是由于实际的经济事件引起的，比如偏好的改变，糟糕的天气，或者政府的政策。一价定律可能对单个商品成立，但购买力平价可能对价格指数不成立。当然，这指出了利用价格指数而不是单个商品价格来衡量购买力平价时的一个问题。由于不同国家的消费者消费不同的商品，价格指数在国际上并不能直接比较。我们知道利用美国和日本的消费者价格指数来计算美国和日本的购买力平价时，其结果会由于典型日本消费者和美国消费者购买不同的商品篮子而被削弱。在这种情况下，虽然一价定律对单个商品仍可以很好地成立，但是利用美国和日本的消费者价格指数计算时，我们会观察到对购买力平价的偏离。

考虑到利用国家的价格指数来测量购买力平价出现的问题可能会让我们相信购买力平价，或者一价定律对于单个商品能很好地成立。但是有证据表明购买力平价对很多参与国际贸易的商品都不能很好地成立。[⊖]有以下几个原因导致这种情况的发生。首先，要明确购买力平价不是一个汇率决定理论。换句话说，通胀率之差并不能引起汇率变化。购买力平价是两个**内生变量**（endogenous variables）的均衡关系。当我们说价格和汇率是内生的，意味着它们同时被其他因素决定，比如糟糕的天气或者政府政策［这些变量被认为是**外生**（exogenous）变量］。假如外生变量变化了，比如坏天气及随之而来的坏收成，价格和汇率都会发生变化。如果价格和汇率以不同的速率改变，则计算出的购买力平价会发生偏离。有证据表明，在一些外部**冲击**（shock）发生之后，汇率的变化会先于价格的变化。

这样的发现可以这么解释：用来计算购买力平价的价格指数改变得很慢，是因为商品价格并不像金融资产价格那么富于弹性（汇率是货币的价格）。我们知道由于外汇市场上的需求和供给不断变化，汇率也在每天不断变化。但是一个百货公司多长时间改变一次家具的价格，或者一个汽车零件商店多长时间改变一次轮胎的价格？由于进入公开价格指数的价格比汇率调整得慢，那么汇率的变化领先于价格的变化也就不足为奇。尽管汇率比商品价格变化得更快，我们有另一个原因解释为什么购买力平价应该在长期比短期内更好地成立。当接受到经济**消息**（news）时，汇率和价格都会发生变化。

比如，假设美联储今天宣布它将会在接下来的 12 个月内将美国货币供给提高 100%。这样的一个变化将会带来更大的通货膨胀，因为流通中更多的货币会导致更高的价格。因

⊖ See Peter Isard, "How Far Can We Push the Law of One Price?" *American Economic Review* (December 1977); Aris A. Protopapadakis and Hans R. Stoll, "The Law of One Price in International Commodity Markets: A Reformulation and Some Formal Tests," *Journal of International Money and Finance* (September 1986); Alberto Giovannini, "Exchange Rates and Traded Goods Prices," *Journal of International Economics* (February 1988); and Charles Engel and John H. Rogers, "How Wide Is the Border?" *American Economic Review* (December 1996).

为美元的供给相对于需求上升，美元相对于其他货币的价值将会下降。紧随联储的申明，你认为美国的商品价格会在外汇市场上的美元贬值之前上升吗？虽然关于汇率决定的很多重要问题须等到下面的章节中讨论，但是这里可以说美元会在联储宣布之后立刻贬值。如果交易者认为美元将来的价值会下降，他们现在就会卖出美元，而这种卖出活动会使美元当前的价值下跌。此时在商品市场上也会有相似的力量产生作用，当商品市场交易者预期未来价格会更高时，他们在当前会购买更多的商品。但是对于大多数商品来说，直接的短期效应是在当前价格下耗尽存货。只有随着时间的变化，大多数商品的价格才会上升。

图 14-2 表明汇率如何随着消息而移动。图中横轴表示买入和卖出美元的数量，纵轴表示美元的日元价格。最开始，外汇市场的均衡点出现在需求曲线 D_0 和供给曲线 S_0 的交点，此时的汇率是 140 日元每美元，买入和卖出美元的数量是 $\$_0$。假设联储现在发表申明，使人们预期美国货币供给的增长在未来会加快。这会引起外汇交易者预期美元在未来会贬值。结果，他们当前会卖出更多的美元，使图 14-2 中的供给曲线向外移动到 S_1。在需求不变的情况下，供给的移动会引起当前美元贬值到 120 日元每美元。在这个新的汇率下，交易的美元数量变为 $\$_1$。

假设购买力平价开始时成立，所以有 $E = 140 = P^{JA}/P^{US}$。宣布的货币政策的改变会立即对汇率产生作用，因为货币每天都在不断地交易。而商品和服务的价格会变化得更慢一些。在短期内，日本价格水平和美国价格水平之比可能保持在 140 不变。于是，在图 14-2 中，当 E 今天降到 120 时，国家的价格水平之比还是等于初始的汇率 140，于是存在对购买力平价的明显偏离。

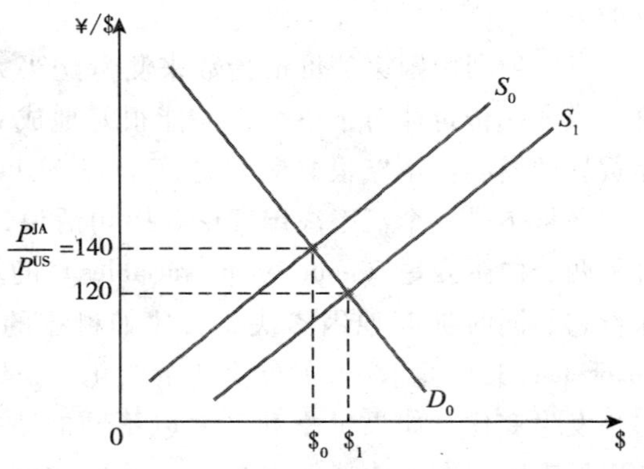

图 14-2 外汇市场上的移动和对购买力平价的偏离

因此，存在重大经济消息的时期将会是对购买力平价的偏离比较大的时期——汇率发生调整而价格却存在时滞。[㊀]除了汇率和价格之间调整速度的差异之外，消息出现的时期可能会是包括很多相对价格变化的时期，所以即使当汇率和价格不是以不同的速率变化时，对购买力平价的偏离也会出现。[㊁]

偏离购买力平价的另一个原因可能是国际贸易存在订货和付款之间的时滞。当前通过合同制定的价格是几个月后才会交付的商品的价格。如果我们比较当前商品的价格和汇率来计算购买力平价，我们在运用适用于今天交付的商品的汇率和过去某个时间确定下来的价格来计算。理想地，我们应该用每个国家签订合同时的合同价格与未来商品交付并完成支

㊀ This story is nicely demonstrated in Jacob A. Frenkel, "The Collapse of Purchasing Power Parities during the 1970s," *European Economic Review* (May 1981); and Martin D. D. Evans and James R. Lothian, "The Response of Exchange Rates to Permanent and Transitory Shocks under Floating Exchange Rates," *Journal of International Money and Finance* (December 1993).

㊁ This relative price effect is linked to "news" in Nurhan Davutyan and John Pippenger, "Purchasing Power Parity Did Not Collapse during the 1970s," *American Economic Review* (December 1985).

付时的汇率相比较。如果当商品价格商定时，未来的汇率真的和预期相一致，那么使用当前的汇率和当前交付商品的价格就没有问题。问题是，实际上，汇率很难被预测，以至于今天的实际汇率很少等于交易者在过去某个时间预测的汇率。

考虑一个简单的例子。假设 9 月 1 日，美国的史密斯小姐同意以每本书 1 英镑的价格从英国的布朗先生那儿买书。合同签订时，这些书在美国的价格是每本 2 美元，当时的汇率是 $E_{GBPUSD}=2$，确保一价定律成立——来自英国的价格为 1 英镑的书在美国售价等于 2 美元（书的英镑价格 1 英镑乘以英镑的美元价格 2 美元每英镑）。如果合同要求在 12 月 1 日运输和付款，价格为每本书 1 英镑，并且史密斯小姐希望直到 12 月 1 日汇率和价格都不要变化，那么她期望付款时购买力平价成立。假设在 12 月 1 日，实际汇率为 1 英镑 = 1.50 美元。一个研究书的一价定律的经济学家将把书的价格 1 英镑和 2 美元与汇率 $E_{GBPUSD}=1.50$ 美元相比较，并检查 $E_{GBPUSD}=P^{US}/P^{UK}$ 是否成立。由于 1.50 美元 $\neq 2/1$，他或她将会得出结论：存在对购买力平价的重大偏离。但是这些偏离是**虚假的**（spurious）。当确定价格时，购买力平价被认为是成立的。我们通过比较当前汇率和过去设定的价格来确定购买力平价发生的偏离。[⊖]

对偏离购买力平价的可能解释包括导致永久偏离的因素（运输成本和关税）、产生暂时偏离的因素（金融资产市场和商品市场或实际相对价格变化的调整速度不同）以及引起偏离现象实际并不存在的因素（将当前汇率和过去设定的价格相比或者当不同国家消费不同的商品组合时使用国家价格指数）。由于购买力平价的度量传达货币相对购买力的信息，这样的度量被当做经济政策讨论的基础。下一部分中，将会给出一个在购买力平价的衡量中包含与政策相关信息的例子。

14.5 "高估"和"低估"的货币

如果我们观察 E、P 和 P^F 一段时间，会发现绝对购买力平价关系对任何两个国家之间都不是非常成立。如果随着时间的变化，P^F 比 P 上升得更快，我们就认为外国货币的本国货币价格 E 会下降。如果 E 的下降幅度不符合更低的 P/P^F，那么我们就说国内货币的价值被**低估**（undervalued）了，或者说（同一件事）外国货币的价值被**高估**（overvalued）了。

在 2007～2008 年期间，有很多关于欧元被"高估"的讨论。欧元的外汇价值相对于欧元区和其他发达国家之间的通胀率之差来说太高了。"高估"这个词表明汇率没有处于其应该的价值；但是如果是由自由市场上的供给和需求因素来决定的汇率，那么"高估"的汇率实际上就是自由市场上的均衡汇率。此时，"高估"可能表明这个均衡只是对购买力平价的暂时偏离，随着时间的变化，汇率会下降并会和通胀率之差保持一致。在全球视角 14-3 中给出的巨无霸的购买力平价，提供了一种更轻松的方式来思考高估或者低估货币的概念意味着什么。

⊖ The analysis of such a problem is found in Stephen P. Magee, "Contracting and Spurious Deviations from Purchasing Power Parity," in *The Economics of Exchange Rates*, ed. Jacob A. Frenkel and Harry G. Johnson (Reading, Mass.: Addison-Wesley, 1978).

全球视角 14-3 巨无霸的购买力平价

很多年来，《经济学人》杂志一直发布购买力平价的巨无霸指数。这个指数检测巨无霸汉堡的价格在不同国家的差异程度。如果购买力平价（PPP）很好地成立，那么当用单一货币价值衡量时，每个地方的巨无霸应该卖相同的价格。比如，在2008年7月的调查中，一个巨无霸在美国卖3.57美元（亚特兰大、芝加哥、纽约和旧金山巨无霸的平均价格）。如果一个美国的居民去其他国家旅行时看见巨无霸以当地货币标明的价格，他或她可以用汇率来决定当地的汉堡比在家乡贵还是便宜。在2008年7月，如果一个美国人去阿根廷旅行，巨无霸汉堡的价格是11阿根廷比索。在汇率是3.02比索每美元时，以美元计价这个价格就等于3.64美元（11/3.02 =3.64），这样一来，阿根廷的汉堡比美国要稍微贵一些。《经济学人》杂志总结认为阿根廷比索相对于美元被轻微高估了；如果比索贬值2个百分点，即从3.02比索每美元贬值到3.08比索每美元，那么汉堡的美元价格将和美国一样 。

通过利用2008年7月存在的汇率来比较巨无霸的价格，《经济学人》杂志发现世界上最被高估的货币是挪威克朗，因为挪威的汉堡价格是7.88美元。克朗需要贬值121%（美元的克朗价格需要从5.08上升到7.88），挪威巨无霸的价格才能等于美国的价格。最被低估的货币是马来西亚林吉特；在马来西亚，巨无霸的美元价格是1.70美元。林吉特需要升值52%（美元的林吉特价格需要从3.20降到1.54），马来西亚的巨无霸才能和美国的巨无霸卖相同的价格。

通过巨无霸来考虑汇率可能看起来会比较低级。但是，一价定律应该适用于相似的商品之间，而巨无霸在世界各地几乎相同。既然我们认为汇率和价格不会与巨无霸平价价值相吻合，应该有别的压力推动朝那个方向的运动。如果美国居民2008年夏天去挪威旅游，肯定会发现他们的美元不会像在国内那样能买那么多的东西。类似地，如果美国居民去马来西亚，他们会发现那里的价格会更能承受得起。通过这种方式，我们可以把国际间的价格比较当做一种衡量哪种汇率被高估或者低估的有效的方法。■

我们已经知道在短期和存在温和通胀的情况下，购买力平价在任何两个国家之间都不会很好地成立，所以就购买力平价来说，肯定总会出现“高估”和“低估”的货币。当偏离持续一段时间并且出现一些宏观经济后果时，这些问题就会变得很重要。在美国的实践中，主要的政治问题是货币的“高估”会损害出口导向的产业。随着美元升值，外国购买者面对的美国产品的价格不断上升。这个问题通过巨大的贸易平衡赤字而变得明显，并且成为一个主要的政治问题。类似地，在2007～2008年，欧洲的出口商把销售额下降归因于“高估”的欧元给他们带来的困难。

许多发展中国家一直抱怨，它们的货币相对于发达国家的货币被高估了，因此它们的贸易平衡出现了更大的赤字。如果购买力平价只适用于进行国际贸易的商品，我们就可以看出发展中国家较低的劳动生产率如何对高估的货币产生作用。对于非贸易品来说，我们假设生产方法在世界各地是相似的。把非贸易品部门当做大量的服务是有意义的。在这种情况下，生产率较高的国家会比低生产率、低工资的国家在服务业部分有更高的工资和更高的价格。我们现在假设不同国家用来计算购买力平价的价格指数随着各国生产率从而是工资的不同而变化。如果我们假设汇率只由可贸易品的价格决定（原理是如果一种商品没有进入国际贸易中，那么其价格就不会实现国际间的均等化，因此其价格的改变也没有理由会影响汇率），于是我们会发现价格指数如何随着服务的价格发生变化而汇率却不受影响。例如，在巴黎理发的价格应该不会被洛杉矶理发价格的上升所影响。所以，如果洛杉矶理发的价格上升而其他价格不变，那么美国的平均价格水平会上升。但是美国价格的上涨不会对美元/欧元的汇率产生任何影响。相反，如果美国的汽车价格相对于法国的汽车价格上涨，那么美元相对于欧元会贬值，因为人们对法国汽车的需求上涨，从而对欧元的需求会上涨，而对美国汽车和美元的需求则会下降。

如果世界像以上描述的那样运行，那么我们认为不同国家间可贸易品的生产率差距越大，反映在服务价格上的工资差异越大，则随着时间的变化对绝对购买力平价的偏离也就越大。假设发展中国家开始时生产率的绝对水平较低，但其生产率增长的速度很快。如果不同国家间的人均收入的差距可以很好地衡量生产力的差异，那么我们预期当发展中国家的人均收入相对于发达国家的人均收入提高时，发展中国家的价格指数将会比发达国家的价格指数增加得更快。同时，当用各国贸易与非贸易商品的平均价格水平衡量时，发展中国家货币的贬值将滞后于通胀率差异。这样一来，在其他条件相同时，一段时间后发展中国家的货币将趋于更多地被高估（发展中国家的外汇价值并没有在平均价格水平的影响下下降），而发达国家的货币会越来越被低估（外国货币的外汇价值没有足够升高）。

最初把生产率与购买力平价联系起来的研究是由巴拉萨（Bela Balassa）和萨缪尔森在 20 世纪 60 年代撰写的。[㊀]现在，人们有时将联系生产率差异与购买力平价的假设称为巴拉萨 - 萨缪尔森效应。上面提到的表明对购买力平价的偏离确实和人均收入的变化系统性相关的证据，在一些研究中已经出现。[㊁]

上述讨论的底线是什么？国家价格指数不是一个汇率调整所需的好指标。从这个方面来说，自从巴拉萨以来的很多研究表明绝对购买力平价不成立就不足为奇了。如果汇率可以随着市场情况的变化而自由变化，那么货币被低估或者高估的概念可能具有误导性。只有中央银行或者政府干预中断了汇率向市场出清水平的自由调整时，我们才能真正讨论货币被高估或者低估的问题（在很多这样的例子中，货币可以以自由市场价格交易的黑市就会发展起来）。购买力平价随着时间的不断变化表现出就两个国家的价格指数来说货币被低估的事实可能更多地反映的是价格指数的局限性，而不是反映什么实际市场现象。

14.6　实际汇率

到目前为止，所有关于汇率的讨论都在名义汇率层面。这是在外汇市场上实际观察到的

㊀ Bela Balassa, “The Purchasing Power Parity Doctrine: A Reappraisal,” *Journal of Political Economy* (December 1964); and Paul A. Samuelson, “Theoretical Notes on Trade Problems,” *Review of Economics and Statistics* (February 1964).

㊁ Examples are Matthew Canzoneri, Robert Cumby, and Behzad Diba, “Relative Labor Productivity and the Real Exchange Rate in the Long Run: Evidence for a Panel of OECD Countries,” *Journal of International Economics* (April 1999); Charles Engel, “Accounting for Real Exchange Rate Changes,” *Journal of Political Economy* (June 1999); and Alastair Thomas and Alan King, “The Balassa-Samuelson Hypothesis in the Asia-Pacific Region Revisited,” *Review of International Economics* (February 2008).

汇率。然而，经济学家有时会使用实际汇率的概念来表示货币竞争力的变化。实际汇率是研究货币被高估或低估的另一种方法。实际汇率表示为：

$$E_{real} = E/(P/P^F) \tag{14-4}$$

即将名义汇率用国内价格水平和国外价格水平之比来调整。在21世纪初，美元相对于欧元看起来被严重高估了，然后在2005~2008年期间被严重低估了。就实际汇率变化来说，这意味着当名义汇率（欧元每美元）相对于欧元区价格对美国的价格之比上升时，欧元每美元表示的实际汇率会在21世纪初上升。随后，在2005~2008年，当名义汇率相对于欧元区价格和美国的价格之比下降时，实际欧元/美元汇率下降。

如果绝对购买力平价一直成立，那么实际汇率等于1。在这样的世界里，名义汇率总会不断变化来反映本国价格和外国价格之比的变化。由于现实世界存在对购买力平价的偏离，我们也会观察到实际汇率的上升和下降。当实际汇率上升到某一点之上时，就会出现对汇率高估的担心。当实际汇率下降到某一点以下时，就会出现对汇率低估的担心。正如在前面部分所提到的，像高估和低估这样的词必须小心使用。这样的词有时可能会反映价格指数作为衡量货币价值公式的一部分的缺点。

小　结

1. 如果汇率等于价格指数之比，则绝对购买力平价成立。
2. 如果汇率的百分比变化等于两国的通货膨胀率之差，则相对购买力平价成立。
3. 购买力平价在高通胀的国家或者长期内价格水平的变化超过相对价格的改变时能更好地成立。
4. 对购买力平价的偏离可能会在以下情况中出现：价格指数中包括非贸易品的价格、差异产品、运输成本、关税、相对价格变化、不同国家的消费集合不同（因此各国的价格指数包含的商品不同）、合同订立的价格或者汇率和商品价格的调整速度不同。
5. 如果货币的升值比本国和外国的通胀率之差增长得更多（或更少），就认为这种货币被高估（或者低估）。
6. 实际汇率等于名义汇率除以本国和外国的价格水平之比。

习　题

1. 标明下面语句是正确、错误还是不确定，并解释原因。
   a. 购买力平价在长期比短期内更好地成立。
   b. 购买力平价不是一个汇率决定理论。
   c. 如果不可贸易品的价格在A国比B国上升得更快，并且不可贸易品的价格比总体价格上升得更快，则当用价格指数衡量时，A国的货币贬值将会比购买力平价理论要求的要多。（假设A国和B国在其他方面都相似）
2. 一价定律对哪种类型的商品更加适用？
3. 为什么购买力平价在恶性通货膨胀时能很好地成立？
4. 列出四个可能导致出现对购买力平价偏离现象的原因，然后详细解释每个原因如何引起这样的偏离。
5. 既然购买力平价很少在任意一个时点成立，那么货币的高估或者低估有实质意义吗？

6. 写出一个表示购买力平价的等式，然后解释这个等式。
7. 假设在 1 月 1 日，美元的日元价格是 120。在这一年中，日本的通货膨胀率是 5%，美国的通货膨胀率是 10%。如果在年末时汇率是 1 美元 =130 日元，那么日元是被高估、低估，还是符合购买力平价水平？解释你的答案。
8. 在 1990 年，1 美元等于 1.30 瑞士法郎。如果 1990 年时购买力平价成立，并且在 1990 年和 2004 年之间瑞士的通货膨胀率是 22%，美国的通货膨胀率是 36%，那么 2004 年汇率的购买力平价价值应该是多少？
9. 假设年初时一本课本在法国巴黎的售价是 60 欧元，在纽约城的售价是 60 美元，并且购买力平价成立。在这一年中，法国的通货膨胀率是 10% 而美国没有通货膨胀。在年末时，什么样的汇率可以维持购买力平价？
10. 什么是实际汇率？如果绝对购买力平价成立，那么实际汇率等于什么？实际汇率的变化如何反映一国货币是否按照使得该国商品的竞争力上升或者下降的方式变化？
11. 假设巨无霸的美元价格是 3.57 美元。巨无霸在中国的价格是 12.5 元。如果当前的汇率（元每美元）等于 6.83 元每美元，那么人民币相对于美元是高估还是低估了？

（提示：首先计算使得中国巨无霸的美元价值等于美国巨无霸的美元价值的汇率。）

参考文献

"The Big Mac Index." *The Economist*, http://www.economist.com.

Edison, Hali, Joseph Gagnon, and William Melick. "Understanding the Empirical Literature on Purchasing Power Parity, the Post-Bretton Woods Era." *Journal of International Money and Finance* (February 1997).

Froot, Kenneth A., and Kenneth Rogoff. "Perspectives on PPP and Long-Run Real Exchange Rates." In ed. G. Grossman and K. Rogoff. *Handbook of International Economics*, vol. 3. Amsterdam: Elsevier, 1995.

Murray, Christian, and David H. Papell. "The Purchasing Power Parity Persistence Paradigm." *Journal of International Economics* (February 2002).

Taylor, Alan, and Mark Taylor. "The Purchasing Power Parity Debate." *Journal of Economic Perspectives* (Fall 2004).

如需要更多的习题和补充阅读，请访问我们的网址：www.pearsonhighered.com/husted。

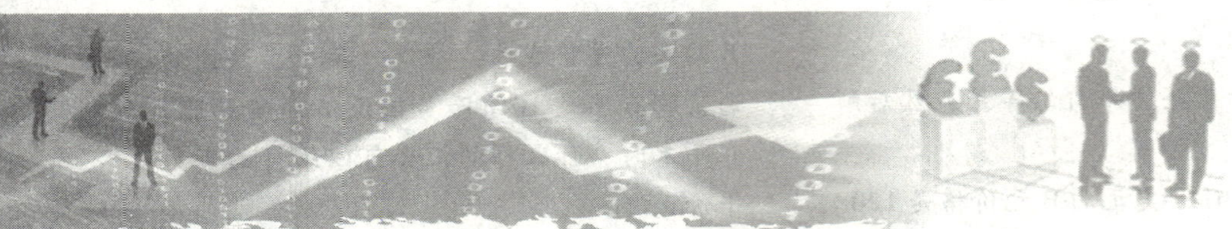

第 15 章

汇率、利率和利率平价

学习目标

利率平价；
利率和通货膨胀；
汇率、利率和通货膨胀；
预期汇率和利率的期限结构。

国际贸易同时发生在商品和金融资产领域。汇率会以某种方式变化来适应这种贸易。第 14 章描述了汇率和价格之间的关系，被称为购买力平价。如果在实体商品市场可以进行不计成本的套利活动，那么我们认为购买力平价成立，于是一国某种商品的价格将会等于另一国以汇率调整的价格（因此该商品在国家间以共同的货币来衡量）。正如我们在第 14 章学到的，有很多原因致使购买力平价不成立。

在本章中，我们将研究利率和汇率的关系。与第 14 章对商品市场的分析不同，我们现在考虑汇率如何随金融市场上的均衡而调整。在第 14 章关于购买力平价的分析中，我们存在比较金融资产的价格——汇率——和实物商品价格比例的问题。由于金融资产价格对于新信息一般比商品价格调整得更快，在存在重要经济消息的时期，购买力平价可能不能很好地成立。然而，由于利率是持有生息金融资产的收益，我们认为利率和汇率一样，对于新信息调整得很快。我们可以通过一个分析国际投资者行为的案例来推导利率平价关系。

15.1　利率平价

利率平价关系是追求利润的套利尤其是抛补的套利活动的结果。让我们通过一个例子来看看抛补的套利是如何进行的。为了说明方便，令：

$$i_{\$} = \text{美国的利率}$$

$i_£$ =英国的利率

F =远期汇率（美元每英镑）

E =即期汇率（美元每英镑）

其中利率和远期利率的到期期限相同（比如，3个月或者1年）。一位美国的投资者在国内投资1美元，一段时期后（比如1年）可以获利 $1+i_\$$。或者，这位美国投资者可以把美元换为英镑并在英国投资英镑。1美元等于 $1/E$ 英镑。于是，美国投资者通过投资英国市场可以获利 $(1+i_£)/E$。这是1美元投资所得的英镑数量。记住，1美元可以购买 $1/E$ 英镑，1英镑在一段时间后会变为 $1+i_£$。于是，$1/E$ 英镑经过一段时间后会变成 $(1+i_£)/E$。由于该投资者是美国居民，投资收益最后会转换为美元。但是因为未来的即期汇率不确定，投资者可以通过远期合约将 $(1+i_£)/E$ 英镑投资转变为美元来消除不确定性。通过当前在远期市场上卖出将来得到的 $(1+i_£)/E$ 英镑，投资者可以保证英镑投资机会的确定的美元价值。**抛补的收益**（covered return）等于 $(1+i_£)F/E$ 美元。美国投资者可以通过在国内投资1美元获得 $1+i_\$$ 美元收益或者通过在英国投资1美元获得 $(1+i_£)F/E$ 美元收益。在两种投资机会上的套利会导致：

$$1+i_\$ = (1+i_£)\frac{F}{E} \tag{15-1}$$

将式（15-1）改写为

$$\frac{1+i_\$}{1+i_£}=\frac{F}{E} \tag{15-2}$$

将式（15-2）的两边都减去1，从而变成更有用的形式，得到下面的**利率平价**（interest rate parity）等式：

$$\frac{i_\$-i_£}{1+i_£}=\frac{F-E}{E} \tag{15-3}$$

这个等式有时约等于：

$$i_\$-i_£=\frac{F-E}{E} \tag{15-4}$$

$i_£$ 越小，式（15-4）就越近似于式（15-3）。式（15-4）表明，美国和英国之间可比较的投资利率之差等于英镑的远期升水或者贴水（必须记住的是，由于利率根据年利率或者每年的百分比来报价，所以远期的升水或贴水也必须是根据年变化率来报价）。现在，我们来学习一个案例。

【案例】 不考虑买卖价差，我们考虑下面的利率：

\$: 7%

£ : 5%

汇率根据英镑的美元价格报价，当前 $E=2.00$。给定以上信息，你认为12个月的远期汇率将会是什么？

根据式（15-4），我们可以带入已知的利率和即期汇率的数值，解出远期汇率：

$$0.07-0.05=\frac{F-2.00}{2.00}$$

$$0.02 = \frac{F - 2.00}{2.00}$$

$$0.04 = F - 2.00$$

$$F = 2.04$$

于是，我们得到一个12个月的远期汇率是2.04，使得12个月的远期升水率等于利率之差0.02。

假设实际上12个月的远期汇率不是2.04美元而是2.06美元。追求利润的套利者会怎么做呢？他们会买入即期英镑，然后卖出这些英镑远期合约以获得美元，这是因为英镑的远期合约价格比利率平价关系表明的要高。这些活动将会提高即期汇率并降低远期汇率，因此会使得远期升水率和利率之差一致。利率也会变化，这是因为对英镑投资的资金活动会使得英镑利率下降，而美元投资的减少会提高美元利率。

利率平价关系也可以用来表示外国投资的**有效收益**（effective return）概念。式（15-4）可以改写为美元利率等于英镑利率加上远期升水率：

$$i_{\$} = i_{£} + \frac{F - E}{E} \tag{15-5}$$

利率平价确保了式（15-5）的成立。但是假设一个美国居民买入英国国债，但是该投资者不通过远期市场交易。英国国债的利率 $i_{£}$ 不衡量相关的收入，因为这是英国投资的收入。国债的有效收益等于利率加上汇率的预期变动。换句话说，英国投资的回报加上英国货币价值的预期变动等于英镑投资的预期收益。如果远期汇率等于预期的未来即期汇率，那么远期升水率也等于汇率的预期变动率，此时**无抛补的利率平价**（uncovered interest parity）成立。（第16章会介绍这一平价可能不成立的一个原因——外汇风险。）

即使外汇交易者以利率之差和当前即期利率为基础来报价远期汇率，使得远期汇率产生的升水率等于利率之差，我们还会问，“现实世界中利率平价理论是否成立呢？”由于对利率平价的偏离看起来会带来有利可图的套利机会，所以我们认为追求利润的套利者会消除任何偏离。但是，细致的研究表明确实存在对利率平价的细小偏离。这些偏离对精明的投资者来说，是未开发的利润机会吗？答案是否定的。有很多原因来解释为什么利率平价不能准确地成立，并且投资者从这些情况中不能获得套利利润。最明显的原因是市场上的交易成本。由于买卖外汇和国际证券涉及每笔交易的成本，所以对利率平价的偏离等于或者小于这些交易成本。在这种情况下，投资者不能从这种偏离中获得利润，因为市场中买卖的价格可以消除任何明显的收益。研究表明对于只有面值货币不同（比如伦敦银行的美元面值和英镑面值的存款）的可比较的金融资产而言，对利率平价的偏离百分之百是因为交易成本。[⊖]

⊖ Several papers have argued that transaction costs may be smaller than previously thought, so that other factors may account for some deviations from interest rate parity. See Mohsen-BahmaniOskooee and Satya P. Das, “Transaction Costs and the Interest-Parity Theorem,” *Journal of Political Economy* (August 1985); Kevin Clinton, “Transactions Costs and Covered Interest Arbitrage: Theory and Evidence,” *Journal of Political Economy* (April 1988); Mark P. Taylor, “Covered Interest Parity: A High-Frequency, High-Quality Data Study,” *Economica* (November 1987); and Helen Popper, “Long-Term Covered Interest Parity: Evidence from Currency Swaps,” *Journal of International Money and Finance* (August 1993).

除了交易成本，还有其他原因使得利率平价不能精确地成立。这些原因包括差别税收、政府管制、政治风险和观察到获利机会与实际交易以实现利润的时滞等。如果税收根据投资者的居住地而不同，那么同样的投资机会可能对不同国家的居民产生不同的收益。[⊖]于是，简单考虑税前有效收益来决定是否存在有利可图的套利是具有误导性的。本章的附录把税收包括进利率平价的条件里。

如果存在政府对金融资本流动的管制，那么会存在国家市场间的有效壁垒。如果个人不能自由地买卖一个国家的货币或证券，那么作用于有效收益差别的自由市场力量就不能发挥作用。全球视角 15-1 讨论了如果政府创建分割的金融市场，利率平价是如何不成立的。事实上，即使是管制的严重威胁，或更一般的，任何发生在一国金融资产国际贸易上的突然事件，都可以使在一国投资具有禁止性的政治风险。政治风险经常被当做是利率平价不成立的一个原因。[⊜]此时我们应该注意：外部或者欧洲货币市场经常作为一种规避政治风险的方式，因为个人可以在每种货币的母国之外借出和借入外汇。比如，欧洲美元市场提供了一个在美国本土之外的主要金融中心进行美元贷款和存款的市场。我们会在第 20 章详细讨论欧洲货币市场。

全球视角 15-1　全球化和利率

现在的货币远比过去在地理上的流动要更强。曾经有一段时间，政府设立壁垒阻止外国货币的流入并限制他们自己居民的外国投资能力。在资本市场分割的世界里，每个国家的利率是由国内政策决定的。伴随着国际货币流动壁垒的消除，金融市场的全球化导致利率由国内和国际的因素综合决定。

如果一国的投资者担心其国内的通货膨胀率会上升到带来麻烦的水平，那么我们认为这个国家的利率会上升以补偿更高的通货膨胀风险。然而，如果这些个人可以投资外国资产，

⊖ The importance of taxation is demonstrated in several articles, including Maurice Levi, "Taxation and Abnormal International Capital Flows," *Journal of Political Economy* (June 1977); Menachem Katz, "Impact of Taxation on International Capital Flows: Some Empirical Results," *in Taxation, Inflation, and Interest Rates*, ed. Vito Tanzi (International Monetary Fund, 1984); David G. Hartman, "Taxation and the Effects of Inflation on the Real Capital Stock in an Open Economy," *International Economic Review* (June 1979); David H. Howard and Karen H. Johnson, "Interest Rates, Inflation, and Taxes: The Foreign Connection," *Economics Letters* 2 (1982); J. Harold McClure, "PPP, Interest Rate Parities, and the Modified Fisher Effect in the Presence of Tax Agreements: A Comment," *Journal of International Money and Finance* (September 1988); and Tamim Bayoumi and Joseph Gagnon, "Taxation and Inflation: A New Explanation for Current Account Imbalances," *International Finance Discussion Papers* (Federal Reserve Board, January 1992).

⊜ The effect of political risk in causing deviations from interest rate parity is discussed in a well-known article: Robert Z. Aliber, "The Interest Rate Parity Theorem: A Reinterpretation," *Journal of Political Economy* (November 1973): 1451-1459. The role of political risk in deviations from interest rate parity between the Mexican peso and the dollar is explored in Michael Melvin and Don Schlagenhauf, "A Country Risk Index: Econometric Formulation and Application to Mexico," *Economic Inquiry* (October 1985). A German mark example is provided by Michael P. Dooley and Peter Isard, "Capital Controls, Political Risk and Deviations from Interest Rate Parity," *Journal of Political Economy* (April 1980). A general application is Daniel Bachman, "The Effect of Political Risk on the Forward Exchange Bias: The Case of Elections," *Journal of International Money and Finance* (April 1992).

那么就可能存在货币流出到通货膨胀较低和稳定的国家。这种流出将会导致国内利率上升，因为国内投资的货币供给减少了。这种货币全球移动的能力会导致国家间利率更加相等，从而与利率平价相符。

在某种意义上，金融市场的全球化表明国家经济政策的原则。在一个分割的市场上，政府可能会采取不良的经济政策并且全球竞争的力量不能发挥作用，所以这个经济体的通货膨胀率会比世界其他地方高，而政府把利率固定在导致对国内投资者来说实际利率为负的水平上。由于不允许本国居民在国外投资，差劲的政策实际上没有被货币追求更多稳定的投资机会所惩罚，投资者发现在这样的经济体中投资是受抑制的。当政府阻止国际资金流动时，利率平价不成立。

开放本国市场迎接全球竞争使得本国经济在国际市场上进行竞争，并允许货币流向投资机会最好的地方。这会确保资源在全球范围内以最有效的方式使用以提高商品和服务的产出。这也创造了一种环境，使得国家间的通货膨胀和利率比在分割的国家金融市场更相似。■

15.2 利率和通货膨胀

为了更好地理解利率和汇率之间的关系，我们应该考虑通货膨胀是如何和这两者相联系的。为了联系汇率、利率和通货膨胀，我们必须首先理解通货膨胀在利率决定中的作用。经济学家们将实际利率和名义利率区分开来。**名义利率**（nominal interest rate）是在市场上实际观察到的利率。**实际利率**（real interest rate）是一个衡量经过通货膨胀调整后的收益的概念。假如你借钱给某人并对这笔贷款收取5%的利息，如果通货膨胀率超过5%，那么你的实际收益将会是负的。比如，如果通货膨胀率是10%，那么债务人偿还贷款的美元价值会降低，价值如此之少导致不再发放贷款，因为债权人得到的偿还本金和利率比初始贷款时的货币的购买力要低。

这意味着在名义利率中加入通货膨胀预期，来给借款人提供使用他们这笔钱的实际收益。这种通货膨胀预期对名义利率的效应被称为费雪效应（以欧文·费雪的名字来命名，他是一位研究利率决定的早期倡导者），通货膨胀和利率的这种关系由**费雪方程**（Fisher equation）给出：

$$i = r + \pi \tag{15-6}$$

式中i是名义利率，r是实际利率，π是预期通货膨胀率。于是，预期通货膨胀率π的上升将会导致名义利率i上升。20世纪70年代和80年代的利率比20世纪50年代和60年代的利率高很多就是因为通货膨胀率更高。我们认为各国在某一时间点的利率随着通货膨胀率的不同而变化。表15-1表明，在通货膨胀率更高的国家和地区，名义利率也会更高。

表15-1　2007年选定国家和地区的利率和通货膨胀率[①]

国家（和地区）	通货膨胀率（%）	利率（%）
中国香港地区	-2.0	4.4
美国	2.9	5.2
墨西哥	4.0	7.3
土耳其	8.8	19.0

① 通过膨胀率是消费者价格指数的年变化率。利率是银行存款利率的年平均值。

15.3　汇率、利率和通货膨胀

如果我们将费雪方程［式（15-6）］和利率平价式［式（15-4）］结合起来，我们可以判断利率、通货膨胀率和汇率是如何联系的。首先，考虑美国和英国的费雪方程：

$$i_{\$} = r_{\$} + \pi_{\$} \quad i_{£} = r_{£} + \pi_{£} \tag{15-7}$$

如果实际利率在国际上相同，那么 $r_{\$} = r_{£}$。[⊖]在这种情况下，名义利率 $i_{\$}$ 和 $i_{£}$ 只根据预期通货膨胀率而不同，所以可以写为：

$$i_{\$} - i_{£} = \pi_{\$} - \pi_{£} \tag{15-8}$$

式（15-4）的利率平价条件表明利率差距也等于远期升水，即

$$i_{\$} - i_{£} = \pi_{\$} - \pi_{£} = \frac{F - E}{E} \tag{15-9}$$

式（15-8）总结了利率、通货膨胀率和汇率之间的联系。换句话说，我们可以说当费雪方程、利率平价和相对购买力平价都成立时，不同国家之间的实际利率相等。

在现实世界中，式（15-7）总结的相互关系是同时被决定的，因为利率、通胀预期和汇率是一起被政府政策变化和其他新的事件和信息所影响的。例如，假设我们从利率平价成立的均衡状态出发。然后，美国政策的变化导致人们预期美国的通货膨胀率会升高。预期通胀的上升会引起美元利率上升。同时，汇率将会调整以保持利率平价。如果预期的未来即期汇率发生变化，我们认为 F 承担了过多的调整负担。如果预期的未来即期汇率保持不变，当前即期汇率会承担大部分的调整压力。最后，如果中央银行的干预是通过买卖外汇以保持将汇率钉住在固定的水平上，那么本国货币和外国货币的利率都不得不上升来保持利率平价水平。基础的一点是美国政策最初的变化导致通胀预期、利率和汇率同时发生变化，因为它们都会调整到新的均衡水平。

15.4　预期汇率和利率的期限结构

在一国之内，再没有像利率这样的事物了。一国的利率随着不同投资机会和相同投资机会的不同到期日而不同。利率随着时间在投资机会上的结构被称为**利率的期限结构**（term structure of interest rates）。例如，我们观察在债券市场上的 3 个月、6 个月、1 年期和长期债券。如果利率随着到期期限而上升，那么我们观察到的是上升的期限结构。如果不管期限如何，利率都一样，那么我们观察到的是平坦的期限结构。将我们观察不同时间利率所对应的点连成一条直线，用这条直线的斜率来描述利率的期限结构。

在国际金融中，我们用不同货币的期限结构来表示预期汇率的变化。比如，如果我们比

⊖ There is evidence that real interest rates may not be equal across countries; see John J. Merrick and Anthony Saunders, "International Expected Real Interest Rates," *Journal of Monetary Economics* (November 1986): 313-322; or Nelson C. Mark, "Some Evidence on the International Inequality of Real Interest Rates," *Journal of International Money and Finance* (June 1985): 189-208. Reasons for inequality are given in Barry K. Goodwin and Thomas J. Grennes, "Real Interest Equalization and the Integration of International Financial Markets," *Journal of International Money and Finance* (February 1994); and Bhagwan Chowdhry and Sheridan Titman, "Why Real Interest Rates, Cost of Capital and Price/Earnings Ratios Vary across Countries," *Journal of International Money and Finance* (April 2001).

较不同期限的欧洲美元和欧洲欧元的存款利率，比如1个月和3个月的存款，这两种期限结构的不同可以反映预期汇率的变化。当然，如果存在资本管制，那么不同国家的市场是孤立的，因此国际利率之间不会有什么特别的关系。

图15-1画出了在某一特定时点从1个月到12个月的欧洲货币存款利率。首先，我们从前面的讨论中可知，当一个国家的利率比其他国家高时，那么高利率的货币预期相对于低利率的货币会发生贬值。由于各地的有效收益相等，一国利率可以比另一国利率更高的唯一办法是如果预期高利率的货币会贬值，于是根据预期的货币贬值（$F<E$），那么有效利率 $i+(F-E)/E$［如式（15-5）表示，远期汇率被用来预期未来的即期汇率］就比观察到的利率 i 要低。

如果两条期限结构线之间的距离在每个点都相同，那么汇率的预期变化是不变的。为了更好地说明这点，再来考虑式（15-4）给出的利率平价关系：

$$i_{\$}-i_{£}=\frac{F-E}{E}$$

这个表达式表明，当利率和远期汇率的到期期限相同时，两国利率之差等于远期升水或者贴水率。如果远期汇率被认为是对未来即期汇率的市场预测，事实也经常如此，那么我们就说利率之差也近似等于即期汇率的预期变化。这意味着在期限结构的每个点，国家间

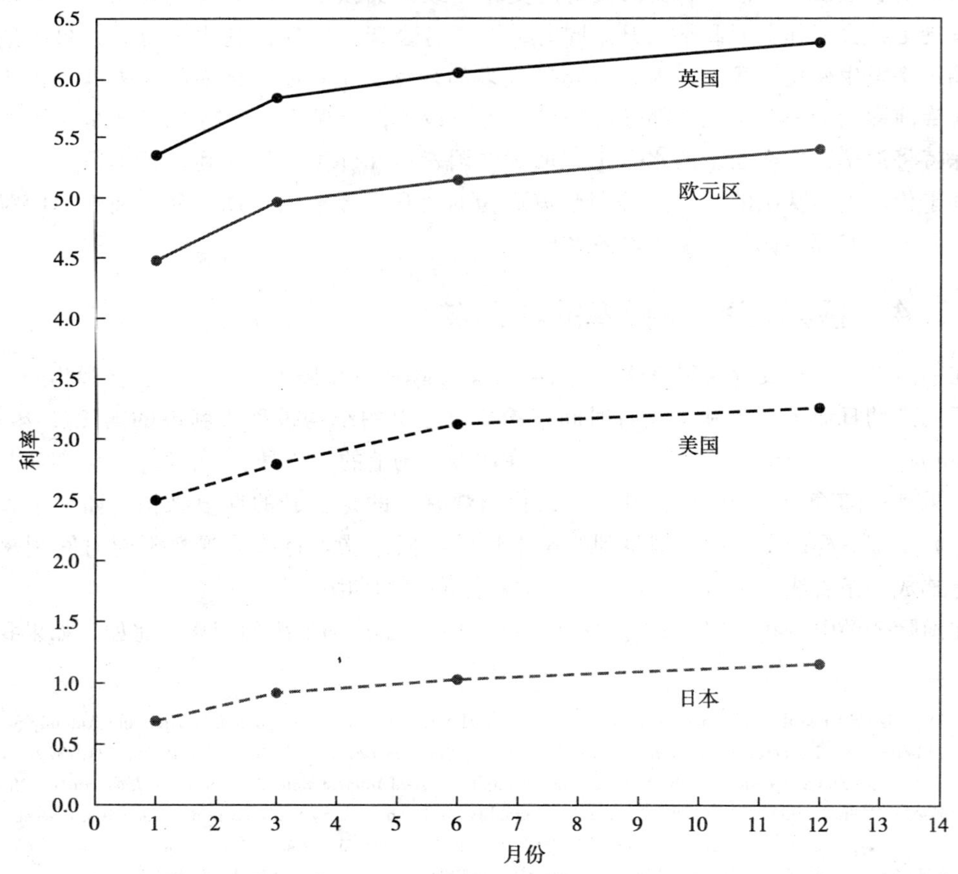

图15-1 2008年7月13日的欧洲货币利率

利率的差别应该反映两国可比货币汇率的预期变化。通过检查期限结构的不同点，我们可以判断预期汇率是如何随着时间而发生变化的。其中的一个应用是即使不存在某种货币的远期外汇市场，一种货币利率和另一种货币的利率之差也会让我们得到预期的未来汇率。

现在我们可以理解为什么两种利率之间不变的差距表明汇率的未来变化会被认为以不变的速度出现。于是，如果两条期限结构线是平行的，则汇率的变化是不变的（货币会以不变的速度升值或者贬值）。另一方面，如果两条期限结构线是发散的，即离彼此越来越远，那么高利率的货币会随着时间以上升的速度贬值。对于期限结构线收敛即越来越近的情况，高利率的货币会以下降的速度相对于低利率的货币贬值。

在图 15-1 中，我们看到欧元区和英国的期限结构线是基本彼此平行的。因此，英镑被认为会随着时间以相对稳定的速度对欧元贬值。美国的期限结构线在欧元区和英国的结构线下方，所以预期美元会相对于欧元和英镑升值。在利率取样当天，美元对欧元的 1 年期远期升水率约为 1.8%，而美元对英镑的 1 年期远期升水率接近 2.5%。期限结构线基本反映了预期汇率的变化。

小　结

1. 利率平价关系表明投资两种货币的利率之差等于两种货币的远期升水或者贴水率。
2. 抛补的套利确保利率平价成立。
3. 对利率平价的偏离可能是由于存在交易成本、差别税收、政府管制和/或政治风险。
4. 实际利率等于名义利率减去预期通货膨胀率。
5. 如果两国的实际利率相等，于是两种货币的利率之差等于通货膨胀率之差，也等于远期的升水或贴水率。
6. 两国利率期限结构的差距反映预期汇率的变化。

习　题

1. 瑞士法郎在即期市场上售价为 0.60 美元，而在 90 天远期市场上售价为 0.62 美元。
   a. 卖出的美元是升水还是贴水？
   b. 瑞士法郎的远期升水（贴水）是多少（按年利率）？
2. 瑞士法郎的 1 年期利率是 5%，美元利率是 8%。
   a. 如果当前美元/瑞士法郎的即期汇率是 0.60 美元，你认为在 1 年内即期汇率会是什么？
   b. 为什么没有可观察的预期未来即期汇率？
   c. 假设美国政策变化导致预期未来的即期汇率是 0.63 美元。你认为现在的美元利率是多少？（假设瑞士的利率不变。）
3. 为什么随着时间的变化，利率平价比购买力平价更好地成立？
4. 判断下面的语句是正确还是错误，然后详细解释你的答案：“贷方从未曾预料的通货膨胀中获益，但是借方却从中受到损失。”
5. 请表明远期升水是如何等于两种货币的预期通胀率之差的。如果这个问题成立的话，需要哪些假设？
6. 我们应该相信利率差异导致汇率变化，还是汇率变化导致利率差异？

7. 假设瑞士法郎减去英镑的3个月利率差异等于-0.05。6个月的利率差异等于-0.03。英镑相对于瑞士法郎是升水还是贴水出售？英镑升值或者贬值的预期变化速度是怎样的？
8. 列出并解释可能导致偏离利率平价的因素。
9. 假设利率的期限结构对于美国是上升的，而对于日本是下降的。如果这是你知道的全部信息，你觉得日元/美元汇率的预期变化是怎么样的？
10. 如果两个国家有相同的利率期限结构，你认为远期升水或贴水随着时间如何变化？

参考文献

Akram, Q. Farooq, Dagfinn Rime, and Lucio Sarno. "Arbitrage in the Foreign Exchange Market: Turning on the Microscope." *Journal of International Economics* 76 (2008): 237-253.

Solnik, Bruno. "International Parity Conditions and Exchange Risk." *Journal of Banking and Finance* 2 (1978): 281-293.

Throop, Adrian W. "Linkages of National Interest Rates." *FRBSF Weekly Letter* (September 2, 1994).

如需要更多的习题和补充阅读，请访问我们的网址：www. pearsonhighered. com/husted。

附录 15A　课税和利率平价

第 15 章在推导利率平价时忽略了投资收入的课税。这是经常发生的，甚至是国际金融的资深研究者。但是我们知道投资者不会忽略税收。投资者的行为应该建立在预期税后收益的基础上。在本附录中，我们将推导包含税收的利率平价关系。

在第 15 章中，我们考虑了一位美国投资者在美国和英国面对的投资机会。现在再考虑之前用过的框架，其中

$i_\$$ = 美国的利率

$i_£$ = 英国的利率

F = 远期汇率（美元每英镑）

E = 即期汇率（美元每英镑）

t_y = 名义收入税率

t_k = 资本所得税率

在本国投资 1 美元一期的回报率是 $i_\$(1-t_y)$。式中 $(1-t_y)$ 是税后的收入部分，所以 $i_\$(1-t_y)$ 是当投资作为普通收入征税时美元投资的回报率。或者，美国投资者可以通过把美元转换为英镑以实现在英国进行英镑投资。在第 15 章中，我们忽略了税收并写出到期时外国投资的价值是 $(1+i_£)F/E$。外国投资的回报率是 $[(1+i_£)F/E]-1$。这个回报率可以分解为两部分：$i_£$ 为英国资产的利率；$(1+i_£)(F-E)/E$ 为本金加利息的外汇收益或损失百分比。由于利息被作为普通收入来征税，所以税后的利率回报是 $i_£(1-t_y)$。外汇的收益或者损失（在很多国家）经常以更低的资本所得税率（t_k）来征税，所以外汇收益或损失的税后回报是：

$$(1-t_k)(1+i_£)\left(\frac{F-E}{E}\right)$$

令税后本国的回报和税后外国的回报相等，得到：

$$i_\$(1-t_y)=i_£(1-t_y)+(1-t_k)(1+i_£)\left(\frac{F-E}{E}\right)$$

化简这个表达式，得到：

$$\left(\frac{F-E}{E}\right)=\frac{i_\$-i_£}{1+i_£}\,\frac{1-t_y}{1+t_k}$$

在这种形式下，我们发现如果没有税收，即 $t_y=t_k=0$，就会有如式（15-2）所示的利率平价等式。如果外汇收益作为普通收入来征税，即 $t_y=t_k$ 且 $(1-t_y)/(1-t_k)=1$，于是问题又会化简成为第 15 章的利率平价等式。只有当 t_y 不等于 t_k 时，税收效应才会变得十分重要。国家对外汇所得征收比利息收入更低的税率是很常见的。于是，忽视税收会对利率平价成立得如何或国际投资的激励是什么等问题产生误导性的结论。就后一种效应而言，由于没有包括税收差异效应的外汇汇率漏掉了相对于美元利率而言美元外汇所得的巨大回报，所以会有更大的激励投资到存在很大远期升水的国家。

我们已经看见税收是如何加入到抛补的套利分析中的。当利息收入和外汇收益以同一水平征税时，忽略税收是正确的；否则，为了保持严格正确，我们应该在利率平价的分析中包含税收效应。

第 16 章

外汇风险、预测与国际投资

学习目标

外汇风险的种类；
外汇风险溢价；
市场有效性；
外汇预测；
国际投资和资产组合多样化；
外国直接投资；
资本外逃；
外资流入问题；
国际借贷和危机。

外汇风险广泛存在于国际商业之中，因为各个币种之间的交易很容易受到外汇汇率变化的影响。尽管管理一家公司用外币计价的资产和债务以规避外汇汇率变化风险是可行的，但是相关费用之高却常常使这种管理变得得不偿失。

对外汇汇率未来走向的预期至少部分决定了公司财务主管和私人投机者所采取的策略。所以，对汇率的预测是国际投资者决策过程中的一个重要环节。

在本章中，我们首先关注外汇汇率风险及其预测。正是由于未来风险不确定性的存在使得做预测非常必要。如果未来汇率可以确定，那么就不会有外汇风险了。在讨论过风险及其预测之后，我们会再讨论作为投资决策结果的国际投资和国际资本流动。

16.1 外汇风险的分类

在我们评价外汇汇率变化对商业企业影响的过程中，我们会遇到的一个问题就是要正确定义外汇风险的概念。

以下是关于**外汇风险暴露**（exchange risk exposure）的三个比较流行的几个概念：

（1）外币折算风险暴露。它也被称为会计风险暴露，指的是外币表示的资产和外币表示的负债之间的差异。

（2）交易风险暴露。这种风险暴露来源于将在未来某一时点进行的，用外币表现的交易本币价值的不确定性。

（3）经济风险暴露。指的是面临外汇汇率变化时的公司价值风险。如果公司价值是用未来税后现金流的现值来衡量的，那么经济风险暴露就涉及长期现金流的真实本币价值对汇率变化的敏感性。

对于一个公司来说，经济风险暴露是最重要的。与其担心会计们会怎样报告国际业务经营的价值（外币折算风险暴露），对于一个公司（与其理智的投资者）来说，更重要的是关注长期现金流的购买力，因为这才是决定公司实际价值的决定性因素。

让我们以一个假想中的公司为例来表现各种风险概念之间的差别。假设我们有一家叫 XYZ 的沙特阿拉伯公司的资产负债表，这家公司是其母公司美国 XYZ 有限公司的国外分公司。表 16-1 中展示的资产负债表首先给出 XYZ 沙特阿拉伯公司用沙特阿拉伯里亚尔（国际标准代码是 SAR）表现的价值。资产负债平衡表是对一家公司资产（在左侧列出）和负债（在右侧列出）的简单记录。资产负债表必须是平衡的。换句话说，资产的价值必须等于负债的价值，所以说这两列数据的和都相等。所有者权益是公司所有者对公司的所有权，在某种程度上来说是资产价值和负债价值之间的差额，因为它必须保证两者相等。

表 16-1　沙特阿拉伯 XYZ 公司 5 月 31 日的资产负债表

现金	1 000 000 里亚尔	负债	5 000 000 里亚尔
应收账款	3 000 000 里亚尔	所有者权益	6 000 000 里亚尔
厂房和设备	5 000 000 里亚尔		
存货	2 000 000 里亚尔		
	11 000 000 里亚尔		11 000 000 里亚尔
在 5 月 31 日兑换美元　4 里亚尔 = 1 美元			
现金	250 000 美元	负债	1 250 000 美元
应收账款	750 000 美元	所有者权益	1 500 000 美元
厂房和设备	1 250 000 美元		
存货	500 000 美元		
	2 750 000 美元		2 750 000 美元
在 6 月 1 日兑换美元　5 里亚尔 = 1 美元			
现金	200 000 美元	负债	1 000 000 美元
应收账款	600 000 美元	所有者权益	1 200 000 美元
厂房和设备	1 000 000 美元		
存货	400 000 美元		
	2 200 000 美元		2 200 000 美元

尽管表 16-1 顶部的那张资产负债是用里亚尔表示的，但是其母公司美国 XYZ 公司将各

个国外分公司的财务报表整合起来制作总体报表。因此，用里亚尔表示的资产负债表里的每一项都必须换算成美元，才能写入母公司的资产负债表里。

假设初始汇率是4里亚尔=1美元。表16-1中部的资产负债表就是使用这个汇率来将子公司资产负债表的数据转换成美元的。表16-1中部的这一组数据给出了该公司在5月31日的状况。然而，假设在6月1日里亚尔从4里亚尔=1美元贬值到了5里亚尔=1美元。用美元表示的资产负债表就将变成表16-1底部的那种情况。注意现在所有者用美元表示的对公司的所有权从1 500 000美元下降到了1 200 000美元。在汇率改变的情况下，当外国分公司使用的币种相对于美元贬值时，所有者权益就会降低。我们必须认识到，这个降低并不一定代表公司的任何实质损失，或者公司价值的实质降低。

正因为将外币表示的资产负债折算成美元的资产负债平衡表本身并不能表现公司的真实经济风险暴露，我们必须考察资产负债表和外币折算风险暴露之外的东西。交易风险暴露可以被看做是一种经济风险暴露，因为未来交易的盈利性对汇率的敏感程度对未来的现金流以至于未来公司的价值都有重要的影响。假设XYZ公司沙特阿拉伯分公司和一家韩国公司签订合同，向韩国公司出售商品，并且达成30天延期付款的协议。假设协议达成时的汇率是120韩元兑换1里亚尔（120KRW=1SAR）。假设合同要求韩国公司在30天之内付清120 000韩元的货款。在现行的汇率之下，120 000韩元的价值是1 000里亚尔。但是如果在这30天之内汇率发生了变化，那么120 000韩元的价值也会相应变化。如果韩币出人意料地贬值了，那么30天后，XYZ公司沙特分公司收到的120 000韩元货款的价值将不足1 000里亚尔，因此这项交易的盈利低于之前的计划。这就是交易风险暴露。XYZ公司沙特分公司同意了延期支付货款，因此使自己暴露于汇率风险之中。如果该合同规定以里亚尔付款，那么该公司就不存在交易风险暴露，但是此时韩国进口商就要面对交易风险暴露了。当然，公司可以在远期外汇市场上针对远期汇率的不确定性进行一个套期保值。韩国公司就可以在远期外汇市场上购买30天期限的里亚尔，从而规避交易风险暴露。

刚才关于交易风险暴露的例子表现了汇率的不确定性是如何影响公司未来盈利的。汇率的变化可以影响企业未来盈利性以至于公司现值的可能性就是经济风险暴露。外汇风险管理包括我们在之前章节提到过的外汇市场的各种操作。我们讲过远期市场、掉期和国际货币借贷的应用。我们在此就不再赘述。然而我们发现，各公司必须小心操作现金流，密切关注预期汇率的变化，而且不能总是试着去避免所有的风险，因为有时候风险也会带来意想不到的收益。只有当预期收益高于成本的时候，各个公司才会在成本约束下控制风险，使风险最小化，从而消除外汇风险。

尽管远期外汇合约对任何公司的套期保值战略来说都是重要的，许多其他方法也经常被使用。比如，假设某公司资产和负债同时用有贬值危险的疲软通货X和有升值可能的坚挺通货Y来表示。该公司财务人员会尽量减少用X表示的应收账款的价值，这意味着对用X付款的客户采取更严格的信用条款。该公司也会尽量延期支付用X表示的应付账款，因为它预期在未来以更便宜的价格买入X货币来支付账款，那样会更划算。在可能的范围内，该公司会实行这些关于应收账款和应付账款的策略，方法是使用货币Y来开具销售发票，而使用货币X来开具采购发票。尽管一些制度上的限制给公司指定不同的发票货币种类带来了难度，实行这些政策还是有好处的。

现在我们知道了，企业的套期保值策略不仅仅指的是使其货币 X 的持有量和以货币 X 表示的银行存款最小化。现金流、应收账款还有应付账款都是跨国公司财务人员日常管理的对象。公司在内部不能成功地实现外币套期保值的情况下，还有远期外汇市场。如果某公司有一笔用 Y 货币表示的债务，并想要规避与此债务相关的外汇风险，则该公司可以购买 Y 货币的远期外汇合约以消除风险。此外，该公司可以使用期货或者期权市场来减轻外币债务的损失。

总的来说，外汇风险可以通过几下几种方法来防范或者消除：

（1）远期合约、期货和期权市场；

（2）用本币计价；

（3）加快（延缓）有可能升值（贬值）货币表示的支付；

（4）加快（延缓）有可能贬值（升值）货币表示的收款。

16.2　外汇风险溢价

现在让我们来探讨外汇风险对远期汇率决定的影响。就像之前提到的那样，外汇远期汇率可以被看做是对未来即期汇率的预报。我们可能会问，远期汇率是否和预期的未来即期汇率相等，或者是否在远期汇率中包括了**风险溢价**（risk premium）作为保费以吸引其他人分担我们的风险，在这种情况下，由于这一溢价的存在，远期利率和预期未来的即期汇率不同。[⊖]在这个方面的实证研究探讨了是否远期汇率是未来即期汇率的无偏估计。无偏估计是指估计量的平均来说是正确的，也就是说，在长期，远期汇率高估未来即期汇率和低估未来即期汇率的可能性是一样的。无偏性并不能保证远期汇率是很好的估计值。比如，一位老律师说，“当我还是个年轻人时，我输了很多我本该打赢的官司；在我年长些后，我赢了很多我本该输的官司。因此，平均看来，正义就得到了伸张。”让我们安慰的是，当我们关注某一场官司的时候，平均上来说，判决是合理的。同理，远期汇率是无偏的，并且“平均起来”可以正确地预测即期汇率，而并不一定真正预测准了未来某一时点的即期汇率。无偏性只是告诉我们，远期汇率可能会高估也可能会低估，这两种情况的可能性是一样的。

两国资产有效回报率的差异取决于每种资产的认知风险和投资者的**风险规避**（risk aversion）。现在让我们先弄清风险和风险规避的概念。和资产联系起来的风险是该项资产对该投资者整个投资组合风险的贡献。现代金融文献普遍将某资产组合的风险性和该组合回报的变化性联系在一起。这是符合情理的，因为投资者们关注投资的未来价值，一项投资的回报越多变，我们就越不能确定其在未来某个特定日期的价值。因此，我们很关注任何个体资产的可变性，因为它会对整体资产组合回报率的可变性带来影响。（我们的资产组合回报指的只是我们投资的整体回报。）

⊖ 许多研究都专注于确定远期汇率中风险溢价的存在。关于这个问题较好的文献包括：Robert J. Hodrick, *The Empirical Evidence on the Efficiency of Forward and Futures Foreign Exchange Markets*, Chur: Harwood, 1987；以及 Charles Engel, “The Forward Discount Anomaly and the Risk Premium: A Survey of Recent Evidence,” *Journal of Empirical Finance*（1996 年 9 月）：第 123-192 页。

风险规避是指相对于更多的风险，人们更偏向于更少风险的一种现实世界存在的现象。就投资看来，两个投资主体可以在和两项资产相关的风险程度上达成一致，但是为了说服对风险更厌恶的投资者持有某项高风险的资产，他或她会要求从更有风险的资产上得到更高的利率。风险规避意味着人们必须因为承担了风险而得到额外回报；也就是说，资信水平较低的个人或者公司必须比资信水平较高的个人或公司付出更高的利率。利率差异可以鼓励贷方向资信较差的借方提供贷款。

前面我们提到，两国资产之间有效回报率的差异是风险和风险规避的函数。美国证券和英国证券之间有效回报率的差异是：

$$i_{U.S.}-\frac{E_{t+1}^{*}-E_{t}}{E_{t}}-i_{U.K.}=f(\text{风险规避},\text{风险}) \tag{16-1}$$

等式的左边是有效回报率的差异，使用美国的报酬率 $i_{U.S.}$ 和外国的报酬率 $(E_{t+1}^{*}-E_{t})/E_{t}+i_{U.K.}$ 之间的差别来衡量。我们还记得外国资产的有效报酬率等于外币的利率加上汇率的预期变化，式中 E_{t+1}^{*} 是下一期英镑的预期美元即期价格。等式右边说明报酬率差异是风险规避和风险的函数。这里把报酬率差异看做是风险和风险规避的函数，意味着风险和风险规避的变化与报酬率差异的变化有关。

我们可以将式（16-1）表示的有效报酬率差异看做是风险溢价。让我们从抛补的利率平价关系看起：

$$i_{U.S.}-i_{U.K.}=\frac{F-E_{t}}{E_{t}} \tag{16-2}$$

要将该等式的左边变换成有效回报率差异，我们必须减去汇率的预期变化。但是因为这是一个等式，在等式左边进行的变换必须同时在等式右边进行同样的变换：

$$i_{U.S.}-\frac{E_{t+1}^{*}-E_{t}}{E_{t}}-i_{U.K.}=\frac{F-E_{t}}{E_{t}}-\frac{E_{t+1}^{*}-E_{t}}{E_{t}} \tag{16-3}$$

或者

$$i_{U.S.}-\frac{E_{t+1}^{*}-E_{t}}{E_{t}}-i_{U.K.}=\frac{F-E_{t+1}^{*}}{E_{t}} \tag{16-4}$$

因此，我们发现有效报酬率差异等于远期汇率与预期未来即期汇率的百分比差额。式(16-3) 的右边可以被看做是远期外汇市场的风险溢价。因此，如果有效回报率差异为零，就意味着没有风险溢价。如果有效回报率差异是正的，本币就有一个正的风险溢价，因为英镑的预期未来即期价格低于现行的远期汇率。换句话说，在未来将要出售英镑买进美元的交易者会得到额外报酬，因为英镑预期会贬值（相对于美元来说），贬值程度将大于现行的远期汇率。相反，想要购买英镑并在下一期交割的交易者必须付出一笔钱给未来的外汇出售者，以保证以确定的未来价格进行交易。

【案例】 假设 $E_t=2.00$ 美元，$E_{t+1}^{*}=2.03$ 美元，$F=2.05$ 美元。外汇风险溢价是：

$$\frac{F-E_{t+1}^{*}}{E_{t}}=\frac{2.05\text{ 美元}-2.03\text{ 美元}}{2.00\text{ 美元}}=0.01\text{ 或 }1\%$$

汇率的预期变化等于：

$$\frac{E_{t+1}^{*}-E_t}{E_t}=\frac{2.03\text{ 美元}-2.00\text{ 美元}}{2.00\text{ 美元}}=0.015\text{ 或 }1.5\%$$

英镑的远期贴水为：

$$\frac{F-E_t}{E_t}=\frac{2.05\text{ 美元}-2.00\text{ 美元}}{2.00\text{ 美元}}=0.025\text{ 或 }2.5\%$$

因此，预期美元会相对于英镑贬值1.5%，但如果我们使用远期汇率作为未来即期汇率的估计值的话，远期溢价表现的贬值仅为1%。两者之间的差异来源于风险溢价，它使得远期汇率成为了未来即期汇率的有偏估计量。也就是说，因为有风险溢价的存在，远期汇率高估了未来英镑的美元价格。

如果英镑的风险溢价为正，持有英国债券的预期有效回报率将会低于美国居民从持有美国债券中得到的用本币计价的回报率。这个非零的有效回报率差异可以看做是理智投资者行为的均衡结果。

继续上例，让我们假设英国利率为0.025，而美国利率为0.05。那么利率差异为：

$$i_{U.S.}-i_{U.K.}=0.05-0.025=0.025\text{ 或 }2.5\%$$

持有英国债券的预期回报是：

$$i_{U.K.}+\frac{E_{t+1}^{*}-E_t}{E_t}=0.025+0.015=0.04\text{ 或 }4\%$$

美国债券的回报率是0.05或5%，超过了外国债券的有效回报率，但这是存在一定风险溢价前提下的均衡状态。投资者们愿意持有英国投资品，即使它们的回报率比美国同样的投资品低，这是因为在美元上有一个正的风险溢价。因此，要诱使投资者持有风险更大的用美元计价的投资品，更高的美元回报率是必要的。

16.3　市场有效性

如果一个市场的价格可以全面反映所有可以得到的信息，那我们就说该市场是一个**有效市场**（efficient market）。在外汇市场上，这意味着即期汇率和远期汇率会对任何新信息迅速反应。比如，美国经济政策有一个突然变化，消息灵通的观察者认为这是一个有通货膨胀倾向的政策（会带来货币供给出人意料的增长），这就会导致美元立即贬值。如果市场不是有效的，那么价格不会随着新信息的出现如此迅速地进行调整，于是消息灵通的投资者就有可能从外汇交易中获得与其所承受风险不相称的高利润。

在有效市场中，远期汇率和预期未来即期汇率的差异仅仅是风险溢价。如果市场不是有效的，那么当远期汇率超过预期未来即期汇率的程度大于风险溢价时，投资者就会意识到现在卖出远期外汇，在未来以低于未来外汇交易时的远期汇率的价格买入外汇，其中是有利可图的。尽管现实世界中外汇投机获利不是什么新鲜事，但没人可以保证百分之百的利润。现实世界中关于未来即期汇率存在着许多不确定性，因为未来的情况永远不可能被完全预见到。但远期汇率会随着不断改变的经济情况根据未来即期汇率可能的走向（还有与相关货币有关的风险的变化）进行调整。在有效市场上，这个根据新信息不断进行的价格调整过程会使投机不可能获得确定利润。当然，未来总是会发生意料不到的情况，使得外汇投机总是有得有失。如果一个精明的投资者可以比市场上的其他主体更好地预测未来外汇的走向，那随之而来的利润将是巨大的。外汇预测将会在下一部分讨论。

有许多关于外汇市场有效性的研究。[⊖]各项研究关于市场有效性问题的结论各不相同，这也再次说明了在社会科学中利用数据统计的难度。这些研究通常关注于，是否远期汇率包括了所有和未来即期汇率相关的信息。他们也检验了是否仅靠远期汇率就可以很好地预测未来即期汇率，或者还有别的数据可以改进预测结果。如果其他信息不能再改进由远期汇率得出的结果，那么我们就可以说市场是有效的。相反的，如果一些数据可以比远期汇率更好地使投机者预测未来的即期汇率（包括了风险溢价），那么他就可以通过外汇投机获得持久的利润，我们就认为该市场不是有效的。通过外汇市场来投机是一个很热门的生意。这种生意的存在也说明了人们认为可以通过预测外汇汇率的走向来获利。全球视角 16-1 就讨论了一个非常流行的投资策略。

全球视角 16-1　套利交易

可能套利交易是当今货币市场上最流行的投资策略了。尽管不同的投资经理人进行套利交易的方式不同，但其基本的理念都是一样的，即购入高利率的货币，同时出售低利率的货币。这也被称为“多头”高利率通货，“空头”低利率通货。回忆一下关于利率平价的讨论，我们知道如果远期汇率可以精确地反应未来即期汇率的价值的话，这样的策略就无法成功。然而，经验证明高（低）利率通货不会像利率平价公式建议的那样贬值（升值）那么多。这使得投资者可以借入低利率的通货来投资于高利率通货，以赚取高额利润。

比如，在最近几年，人们可以以1%左右的利率借入日元，而新西兰元的贷款利率是8%左右。所以进行套利交易的投资者会认为日元不会升值到可以抵消利率差的程度，于是他们会“卖空”日元并“买入”新西兰元。随着投资者们不断实践这个战略（购入新西兰元，卖出日元），他们帮助拉高了新西兰元的价值，同时拉低了日元的价值，这会进一步促进套利交易的成功。

尽管在历史上套利交易成功的案例不少，我们也必须了解这种战略也有失败的时候，投资者们因此损失了大量的钱财。■

⊖ Since tests of a risk premium in the forward market are tests of market efficiency, the studies cited in the previous footnote are also relevant here. In addition, one could read Paul Boothe and David Longworth, “Foreign Exchange Market Efficiency Tests: Implications of Recent Empirical Findings,” *Journal of International Money and Finance* (June 1986): 135-152; David Backus, Allan Gregory, and Chris Telmer, “Accounting for Forward Rates in Markets for Foreign Currency,” *Journal of Finance* (December 1993); William Crowder, “Foreign Exchange Market Efficiency and Common Stochastic Trends,” *Journal of International Money and Finance* (October 1999); Karen Lewis, “Puzzles in International Financial Markets,” in *Handbook of International Economics*, vol. III, ed. G. Grossman and K. Rogoff (Amsterdam: North Holland, 1995); Peijie Wang and Trefor Jones, “Testing for Efficiency and Rationality in Foreign Exchange Markets,” *Journal of International Money and Finance* (April 2002): 223-239; Bang Nam Jeon and Byeongseon Seo, “The Impact of the Asian Financial Crisis on Foreign Exchange Market Efficiency: The Case of East Asian Countries,” *Pacific Basin Finance Journal* (September 2003); and John F. O. Bilson and Deborah Cernauskas, “Currency and Credit Markets,” *Journal of International Money and Finance* (November 2007).

我们也必须承认，对市场有效性的检测自身也有许多弱点。虽然统计分析必须用到以前的数据，但是投资者要预测的是将来的事情。研究者可能可以找到可以比远期汇率更好的预测过去的即期汇率的方法，但这对于现在的投机来说并不实用，这也不能说明市场是无效的。关键是，在那些数据产生的时候，这种方法还没有被发现。所以说，如果 2010 年一个学者说他发现了一个比 2003 年的远期汇率更好地预测 2003 年即期汇率的工具，这并不意味着 2003 年的外汇市场就是无效的。2003 年的投机者并没有 2010 年才发明出来的这个方法，因此也无法利用这个方法来看透 2003 年的远期汇率走势。

16.4 外汇预测

因为未来汇率是不确定的，国际金融市场上的参与者从来无法肯定一个月或一年后的即期汇率会是怎样。所以做预测是必要的。如果我们可以比其他市场主体预测的更加准确，潜在的利润就是巨大的。随之而来的问题是，什么样的预测才算是合意的预测？换句话说，我们应该怎样评判对未来即期汇率的预测？

我们不能仅仅通过预测误差来判断预测的好坏。当然，在其他条件一样的前提下，相比较大的预测误差而言，我们更倾向于较小的误差。但是实际中其他条件是不一样的。要投资成功，预测者必须准确预测远期汇率的走向。举例来说，考虑下面两个对一年后即期汇率的预测：

现在的即期汇率：150 日元 = 1 美元
现在 12 个月期的远期汇率：145 日元 = 1 美元
A 女士的预测：130 日元 = 1 美元
B 先生的预测：148 日元 = 1 美元
12 个月后真实的未来即期汇率：144 日元 = 1 美元

一家日本公司在 12 个月后会收到一笔 100 万美元的货款，并通过对汇率的预测来决定是用远期合约来轧平美元风险还是等到 12 个月后直接在即期外汇市场上卖出这些美元。从预测误差上来看，A 女士的预测是 130 日元 = 1 美元，而实际的未来即期汇率为 144 日元，所以误差为 9.7%。B 先生的预测是 148 日元 = 1 美元，更加靠近未来实际的即期汇率，误差仅为 2.8%。虽然 B 先生的预测更接近于最终的真实即期汇率，但这并不是所谓较优估计的重要特性。B 先生预测的未来即期汇率比远期汇率高，所以根据他的预测，该日本公司应该等到 12 个月以后在即期外汇市场上将美元抛出［或者说对美元做**多头**（long position）］。不幸的是，因为未来即期汇率为 144 日元 = 1 美元，低于美元可以卖出的远期汇率 145 日元 = 1 美元，因此该公司卖出 100 万美元只收到了 1.44 亿日元，而不是 1.45 亿日元。

根据 A 女士的预测，未来即期汇率低于远期汇率，该日本公司就应该在远期市场上出售美元［或者说对美元做**空头**（short position）］。该公司应该以远期汇率每美元 145 日元的价格出售美元，而不是等到 12 个月后再在即期外汇市场上出售美元，那样仅能获得 144 日元。这个远期合约比未补进头寸时多赚取 100 万日元。这个例子告诉我们，对于远期汇率的预测来说，方向准确比误差小更重要。公司财务人员或私人投机者需要预测告诉他们未来即期汇率偏离远期汇率的方向。

如果外汇市场是有效的，即价格可以反映所有信息，那么我们就会问为什么人们还愿意为预测买单呢？有证据表明，在一些时候咨询服务确实比远期汇率“预测得还准”。那么如果这些服务总是可以提供比远期汇率效果更好的预测，我们关于市场的有效性我们能得出什么结论呢？咨询服务提供的预测总是比远期汇率效果好这个事实并不是说明市场无效的必要证据。如果远期汇率和预测之间的差异代表了交易成本，那么使用咨询服务提供的预测就不会带来特别的利润。同样，如果差异来自于风险溢价，那么任何从预测中获得的利润都是对承担风险的正常补偿。最后，我们还必须意识到，咨询服务一般不是免费的。尽管大银行的经济部门有时会为企业客户提供免费的预测，但一般来说，专业性的咨询公司会为其提供的服务要价每年几百或者几千美元不等。如果投机的潜在利润反映在服务的价格中，那么服务的接受者也不能从预测中获取超额利润。

尽管一个优秀的预测者可以获取的利润是巨大的，也没有证据可以证明靠咨询服务可以获取高额利润。而且，如果你发明了一种方法可以始终比其他投机者预测得更加准确，那么你会告诉别人吗？[⊖]

16.5 国际投资和资产组合多样化

在20世纪60年代早期，国际投资被认为是由各国之间的利率差异驱动的。如果一国的利率超过另一国，金融资本就会在两国之间流动直到两国利率相等。现代资本市场理论提供了一个新的分析基础。旧的理论存在明显的问题，因为利率差异只能解释资本的单向流动，从低利率的国家流向高利率的国家，然而现实中的资本流动通常是在各个国家之间的双向流动。

毫无疑问，各国之间资本回报的不同是资本流动的动机之一。然而，世界范围内的利率是不可能均等化的，因为各种不同资产之间的风险不同。同样，我们也预期国际资本流动存在某种随机成分，因为各国一旦出现新的投资机会，资金就会流向这些投资机会。由于资金在各国之间进行转移所需要的时间很短，投资不同资产所获得的预期利润（根据风险差异进行调整之后）应该相等。如果不相等，资本就会在各国之间流动直到利润相等为止。

然而就算各国利率恒定不变，国际资本流动也会有动力。这个额外的动力就来自于对持有**多元化投资组合**（diversified portfolios）的需求。正是这种追求多元化投资的动机导致了各国之间资本的双向流动。除了投资的回报，投资者们还会关心投资的风险。一个有100 000美元的人不可能把所有的钱都投入在一项资产上。投资者们通过选择各种不同的投

⊖ 有关汇率预测的文献很多，并且在预测是否比远期汇率更有效这个问题上争议颇多。代表性的研究包括Richard A. Meese 和 Kenneth Rogoff，“Empirical Exchange Rate Models of the Seventies：Do They Fit Out of Sample?” *Journal of International Economics*（1983年2月）；Christopher J. Neely 和 Lucio Sarno，“How Well Do Monetary Fundamentals Forecast Exchange Rates?” *Federal Reserve Bank of St. Louis Review*（2002年9月/10月）；Richard H. Clarida，Lucio Sarno，Mark P. Taylor 和 Giorgio Valente，“The Out-of-Sample Success of Term Structure Models as Exchange Rate Predictors：A Step Beyond，” *Journal of International Economics*（2003年5月）；Jon Faust，John H. Rogers 和 Jonathan H. Wright，“Exchange Rate Forecasting：The Errors We've Reallly Made，” *Journal of International Economics*（2003年5月）；以及 Lutz Kilian 和 Mark P. Taylor，“Why Is It So Difficult to Beat the Random Walk Forecast of Exchange Rates?” *Journal of International Economics*（2003年5月）。

资品而形成多元化投资组合的方式来降低他们的投资风险。现代金融学文献将回报的多变性作为衡量风险大小的指标。这是很合理的，因为投资者在意的是他们投资组合的未来价值；而投资组合价值的可变性越大，投资者们就越不能确定该投资组合的未来价值。

通过投资不同的资产（包括不同国家的资产），投资者可以降低投资组合的不定性。让我们通过一个简单的例子来看看投资多样化的效果：一个投资者面临两个投资机会：投资资产 A 或投资资产 B。该投资者会持有 A 和 B 的投资组合，其中 a 代表该投资组合中 A 占有的份额，b 代表该组合中 B 占有的份额。如果投资者只持有资产 A，那么 $a=1$，$b=0$。如果该投资者只持有资产 B，那么 $a=0$，$b=1$。但是更可能的情况是，投资者会选择同时持有 A 和 B。

投资组合的回报 R_p，是两种资产各自投资回报 R_A 和 R_B 的加权平均数：

$$R_p = aR_A + bR_B \tag{16-5}$$

预期投资组合的未来报酬取决于预期两种资产各自的投资回报率：

$$R_p^* = aR_A^* + bR_B^* \tag{16-6}$$

式中 R_p^*、R_A^* 和 R_B^* 分别是投资组合和两种资产投资回报的预期价值。我们之前说过，投资组合的风险取决于该组合回报的可变性。一个变量与其平均值的差异程度可以用**方差**(variance) 来衡量。一个投资组合的方差取决于每种资产所占的投资比例、每种资产的方差和它们的**协方差**（covariance）。也就是

$$\text{var}(R_p) = a^2\text{var}(R_A) + b^2\text{var}(R_B) + 2ab\text{cov}(R_A, R_B) \tag{16-7}$$

式中 var 代表方差，cov 代表协方差。协方差是用来衡量两种资产向一起移动的程度的。如果某种资产的回报比平均值高，另一种资产的回报比平均值低，那么协方差就是负的。观察式(16-7)，我们会发现负的协方差会对降低整个投资组合的方差从而降低风险起到巨大的作用。

为了更清楚地说明多样化的效果，我们使用表 16-2 这个简单的例子。

表 16-2　投资机会假设的评估

概率	R_A（%）	R_B（%）
0.25	−2	16
0.25	9	9
0.25	19	−4
0.25	14	11

注：$R_A^* = 10\%$；$R_B^* = 8\%$；$\text{var}(R_A) = 0.006\,05$；$\text{var}(R_B) = 0.005\,45$；$\text{cov}(R_A, R_B) = -0.004\,825$。

表 16-2 表现的是对一个投资机会假设的评估。如果我们仅仅持有资产 A，那么预期回报为 10%，方差是 0.006 05。如果我们仅仅持有资产 B，那么预期回报为 8%，方差为 0.005 45。通过持有 50% 的资产 A 和 50% 的资产 B，我们的投资组合的预期回报为 $R_p = 0.5(10\%) + 0.5(8\%) = 9\%$，方差如下［使用式（16-7）］：

$$\text{var}(R_p) = 0.25(0.006\,05) + 0.25(0.005\,45) + 2(0.25)(-0.004\,825) = 0.000\,462\,5$$

我们不需要关心这个例子背后的统计学理论。对我们有用的结论是，投资多样化可以大幅度减少投资回报的可变性。如果将一半财富投资于 A 而另一半财富投资于 B，预期回报将是只持有 A 或 B 所得回报的一部分。但是，该投资组合回报的方差比 R_A 或 R_B 方差的一半都还要小。由于投资多样化可以大幅度降低风险，投资者们倾向于持有许多不同的资产，包括一些来自于国外的资产。

随着投资者资产组合规模的扩大，投资者们可能会想要购买更多其已持有的资产，以维持原有资产组合的比例。这意味着，随着财富的增长，各国之间的资本就会流动起来，以维持投资者原有的最佳组合比例。因此，即使国际利率不变，我们也可以发现，随着各国财富的增长，资本会在国家间双向流动。

我们也应该注意到，资本的多元化不能消除投资者所有的风险。仍然存在**系统性风险**(systematic risk)，它是指所有投资机会中都存在的风险。比如，我们知道在国内不同产业之间存在不同的商业周期。当一个行业正在享受销售和利润的不断增长时，另一个行业很可能正处于水深火热之中。在另一个时段，这种情况可能会反过来。这跟我们之前提过的投资计划 A 和 B 的情况是一样的。他们之间负的协方差表明，当其中一种资产的获利高于平均水平时，另一个很可能低于平均水平，反过来也是一样。但是即使我们将资产组合多元化并持有两种资产，资产组合的方差也有可能是正数。通过资产多元化可以消除的方差被称为**非系统性风险**（nonsystematic risk)。它指的是某个企业或行业特有的风险。系统性风险存在于所有企业中，用投资组合的方法也不能消除。它来源于所有企业都会经受的事件，比如说在国家层面上整体经济周期性的繁荣和衰退。

我们可以将我们的投资扩展到世界范围内，实现国际性的投资组合多元化以获利。可以通过国际资产多样性组合来降低国家水平上的系统性风险。商业周期不会在各国之间同时发生，所以当一个国家经济快速增长时，另一个国家可能正处于衰退之中。通过将投资分散在各国，我们可以消除国内经济周期导致的资产组合的部分周期性波动。因此，如果我们扩大投资范围，在资产组合中加入国外投资机会，那么在国内范围内被看做是系统性的风险很可能就变成了非系统性风险。我们可以用以下的结论来总结前面的讨论：投资者不仅可以在各个行业之间进行多样化投资，还可以通过在各国之间的多样化投资来赚取额外利润。

多样化投资固然好处多多，但令人惊奇的是，最近的研究表明投资者们似乎对国内资产更感兴趣，对外国资产的投资比人们想象中的要少很多。这被称为**本土偏好**（home bias)。为什么会存在本土偏好呢？让我们考虑以下几种情况。

（1）税收。对外国证券征收的税收不是造成本土偏好的原因。因为付给外国政府的税收以后都可以抵免国内税。

（2）交易成本。买卖外国证券需要的成本包括资金成本，比如说佣金和买卖价差，还有隐形成本，比如说法律和语言的不同，以及缺乏关于外国市场的信息。对国内资产的熟悉度和在国内交易较低的显性成本会导致本土偏好。[⊖]

（3）国际投资多样化获利不大。也许购入国际资产的好处不如人们想象中的那么大。也

⊖ Recent studies on the issue of home bias include Joshua Coval and Tobias Moskowitz, "Home Bias at Home: Local Equity Preference in Domestic Portfolios," *Journal of Finance* (December 1999); Vihang Errunza, Ked Hogan, and Mao-Wei Hung, "Can the Gains from International Diversification Be Achieved without Trading Abroad?" *Journal of Finance* (December 1999); Iftekhar Hasan and Yusif Simaan, "A Rational Explanation for Home Country Bias," *Journal of International Money and Finance* (June 2000); Francis Warnock, "Home Bias and High Turnover Reconsidered," *Journal of International Money and Finance* (November 2002); and Lukas Menkhoff and Torben Leutje, "What Drives Home Bias? Evidence from Fund Managers' Views," *International Journal of Finance and Economics* (January 2007).

许人们可以通过购买在国际上分散了风险的本国共同基金来获得资产多样化的好处。或者可能通过投资多元化可以减少的本国收入可变性没有本国生产中的简单波动显示的那么大。

许多研究都指出了不顾投资分散化看起来带来的巨大好处而继续实行本土偏好的原因。也许将刚才讨论过的那几个原因结合起来能更好地解释投资者的行为。

尽管至今我们讨论的投资者风险是集中在资产组合回报的不确定性上面的，我们也应该意识到，在国际投资中，也经常存在包括没收外国资产在内的国家风险。第 20 章分析了这种风险，还提供了关于在各国发生与投资有关的类似政治风险可能性大小的排名。

16.6　外国直接投资

到目前为止，我们讨论了以投资组合形式进行的国际投资，比如说购买用外币计价的股票和债券。其实，还有一种被称为外国直接投资的国际投资活动。外国直接投资指的是本国企业在国外开设分支机构的支出。直接投资支出的增长和跨国公司规模的扩大是一致的。尽管直接投资应该在国际贸易部分的生产要素的国际流动中讨论，但是我们也需要学会将资产组合投资和直接投资区分开来。

资产组合投资的动机显然和风险与回报概念有关。一般来说，对于风险和回报的考虑是任何企业做决定时都会考虑的，当然也包括进行国际直接投资的企业。但是许多文献都研究了促使国内厂商开设海外分支机构的特殊动机。[⊖]外国直接投资理论从不完全自由市场的角度来研究了这些动机。如果市场是完全竞争的，那么国内厂商就会直接购买外国证券，将资本转移到国外，而不会真的到外国开设分支机构。直接投资理论的一个思路是，一些公司可能并不是以利润最大化为目的的，这是企业股东的利益所在，而企业的目的是使企业的规模最大化。这个概念依赖于寡头垄断的行业性质，它允许企业在不实现利润最大化的情况下生存。在这种情况下，直接投资之所以受青睐是因为本国公司不能太依赖外国公司来实现它们的最佳利益。

其他外国直接投资的理由可能是本国公司与外国公司相比拥有更好的技术、知识或者更全面的信息。这种优势使得国内厂商的国外分公司能够比外国企业获得更高的回报。

让我们分析以下影响跨国公司盈利性的因素，以便更详细地探讨直接投资的原因。

⊖ For reviews of this literature, see Sara L. Gordon and Francis A. Lees, *Foreign Multinational Investment in the United States*, Chapter 3 (New York: Quorum, 1986); Rachel McCulloch, "U. S. Direct Foreign Investment and Trade: Theories, Trends, and Public Policy Issues," in *Multinationals as Mutual Invaders*, ed. Asim Erdilek (London: Croom Helm, 1985); Constantine Michalopoulos, "Private Direct Investment, Finance, and Development," *Asian Development Review* 2 (1985); and Alan M. Rugman, "New Theories of the Multinational Enterprise: An Assessment of Internationalization Theory," *Bulletin of Economic Research* 2 (1986). Other useful articles include R. H. Pettway, "Japanese Mergers and Direct Investment in the U. S.," in *Japanese Financial Market Research*, ed. W. T. Ziemba, W. Bailey, and Y. Hamao (Amsterdam: Elsevier, 1991); Padma Mallampally and Karl P. Sauvant, "Foreign Direct Investment in Developing Countries," *Finance and Development* (March 1999); Ewe-Ghee Lim, "Determinants of, and the Relation Between, Foreign Direct Investment and Growth: A Summary of the Recent Literature," IMF Working Paper No. 01/175, 2001; and Philip Lane and Gian Maria Milesi-Feretti, "External Capital Structure——Theory and Evidence," in *The World's New Financial Landscape: Challenges for Economic Policies*, ed. Horst Siebert (Berlin: Springer Verlag, 2001).

技术转移。企业到外国投资的主要原因是想要将它们占有的先进技术转移到其他市场。技术优势可以使企业的成本相对于国外竞争对手而言更低，或者带来新的产品。但是为什么公司会选择在外国开设生产的分支机构，而不是简单地在国内生产再出口到国外市场呢？一个动机可能是为了规避那些对出口征收的关税，这种关税对外国子公司却是可以避免征收的。另一个动机可能是想要利用外国的成本优势。例如，一家公司有一种至少在部分生产过程中需要大量非熟练劳动力的先进技术。在这种情况下，一国（如美国）的跨国公司就会在墨西哥进行生产以利用当地低廉的工资，然后将产品从墨西哥出口到美国。直接投资的目的不一定是单纯地在外国销售产品。

规模经济。一些行业的技术特点可能使得拥有许多工厂的公司比仅有一家生产基地的公司更具成本优势。这样的多工厂规模经济来源于一些花费巨大、不直接和生产相关却间接支持了一家或多家工厂生产的活动。在这种情况下，将这种支持性活动的花费分摊到各个不同的生产基地会降低拥有多个工厂的公司相对于只有一个工厂的公司的生产成本。什么样的生产支持活动会带来这样的多工厂规模经济呢？营销开支、研究与开发、财务管理或者其他任何可能被各个工厂利用到的费用都是这种多工厂规模经济的来源。虽然国内市场容不下实现多工厂规模经济所需要的厂商数量，在外国设立工厂的直接投资可以使多工厂规模经济成为可能，并降低和对手相比每家工厂的成本。

专属性。假设一家企业拥有一项其他竞争对手都没有的技术优势，但是它认为最终其他公司将会模仿这种技术并进入市场。此时就可以使用直接投资来阻止潜在竞争者的进入。通过在国外设立分支机构，该企业在外国竞争者模仿其技术并开始生产之前就“独占了”该外国市场。这样该企业就可以利用直接投资在与国外竞争对手的竞争中保护自己。

前述的这点观点表明，直接投资来源于跨国公司对国外分支机构拥有的所有权带来的一些优势。此类投资的目标国家也必须提供使得跨国公司的优势得以发挥的区位优势。所以要全面地理解直接投资支出的发展，我们必须考虑和跨国公司技术优势或其他优势联系起来的投资目标国的地理优势。

直接投资作为发展中国家的一种资金来源，发展一波三折。在1973～1974年石油价格冲击导致的银行借款迅速增长之前，直接投资作为发展中国家的资金来源比银行借款的作用更大。直到20世纪70年代末期，银行借款规模急剧增大，到20世纪80年代早期其规模已经超过了直接投资。1970年，直接投资占发展中国家资金流入的19%。到1980年，这一数字下降到了12%。最近，直接投资的重要性再一次提高，从20世纪90年代末期以来，直接投资占发展中国家私人长期资本流入的50%以上。

银行借款的增多是欧洲美元市场发展的结果。欧洲美元市场与石油输出国通过国际银行向发展中国家的借款者“回收”美元有关。发展中国家更喜欢向银行贷款，因为这样得来的资金在使用上具有更大的灵活性。而直接投资在发展中国家从政治角度讲也不太受欢迎，因为其涉及本国资源被国外控制的问题。民族主义情感与对被剥削的担心经常导致发展中国家从法律上限制直接投资。在这样的环境下，各个发展中国家在20世纪70年代热衷于低息贷款也是可以理解的。和外国公司的直接投资决策相反，各国可以按各自的经济政治目的灵活地使用银行借款。

在 20 世纪 80 年代中期，由于不偿还贷款的问题，银行向严重负债的发展中国家的借款明显减少。于是，直接投资再一次成为发展中国家资金的重要来源。1990 年，直接投资和间接投资对于发展中国家来说是同等重要的。然而在 20 世纪 90 年代早期，直接投资的风头又被间接投资盖过。投资形势的剧烈变化来源于以下几个因素。在 20 世纪 90 年代早期，投资“新兴市场”债券十分流行。大型投资基金的经理们为了迎合其客户的需要，购买了规模可观的发展中国家金融资产。然后，在 1994 年，墨西哥的金融危机导致墨西哥比索的突然贬值，墨西哥股价随之巨幅下跌。墨西哥的危机使得投资者们重新审视发展中国家间接投资的风险，这导致出现了**传染效应**（contagion effects），其他发展中国家的金融市场也遭受到巨幅下跌，好像墨西哥危机是肆虐整个发展中国家的传染病一样。发展中国家证券在墨西哥金融危机之后此起彼伏的下跌，也被称为“龙舌兰酒效应”。

1994 年墨西哥危机的结果就是，因为人们认为发展中国家的间接投资和银行贷款的风险大，所以间接投资和银行贷款在发展中国家的重要性降低，而更长期的直接投资地位变得更加重要。这个转变的原因不仅是由于投资者偏好的改变，更是因为东道国态度的改变。间接投资比直接投资的期限更短，资金在一国进进出出过于频繁很可能导致金融危机。直接投资对经济条件短期变化的敏感程度低于间接投资，它更像是个长期的承诺。此外，直接投资会给东道国带来银行贷款所没有的好处。直接投资很可能比间接投资更能促进经济的发展，因为资金更多地用到了对生产性资源的真实投资上。不管是过去还是现在，对主权国家的银行贷款都常常被用于消费支出而不是投资。不仅如此，直接投资还会带来国内没有的新科技和生产技术。如果外国公司在直接投资上决策失误，损失将由外国公司来承担。而如果一国政府使用银行贷款效果不佳，该国还要面对向银行还债的义务。

16.7　资本外逃

在关于资产组合投资的讨论中，我们强调了外国投资的决定因素是预期风险和预期收益。当一国投资风险剧增而预期收益降低，我们有时会观察到巨额投资资金的撤离，该国就面临着巨额的资本账户赤字。这种资金的撤离常常被称为**资本外逃**（capital flight）。导致资本外逃的风险 - 收益关系的变化很可能来自于政治危机或金融危机、更加严格的资本控制、增税或者对本币贬值的担心。[⊖]

⊖ 关于税收负担增加的威胁的研究请见 Jonathan Eaton，“Public Debt Guarantees and Private Capital Flight”（discussion paper，Development Research Department，World Bank，1986 年 9 月）。高估的汇率（预示着未来会贬值）被认为是 20 世纪 80 年代早期智利、墨西哥、乌拉圭和阿根廷资本外逃的主要原因，请见 John T. Cuddington，“Capital Flight：Estimates，Issues，and Explanations”（discussion paper，Country Policy Department，World Bank，1985 年 11 月）。较好的综述文章有 Mohsin S. Khan 和 Nadeem Ul Haque，“Capital Flight from Developing Countries”，*Finance and Development*（1987 年 3 月）。关于外部因素对一国的影响请见 Yoonbai Kim，“Causes of Capital Flows in Developing Countries，” *Journal of International Money and Finance*（2000 年 4 月）。关于外部借款的研究，请见 Leonce Ndikumana 和 James K. Boyce，“Public Debts and Private Assets：Explaining Capital Flight from Sub - Saharan African Countries”（discussion paper，Political Economy Research Institute，2002，http：//wwwx. oit. umass. edu/ ~ peri/html/all. html）。

表 16-3 提供了几个国家在 1977 ~ 1987 年国际债务危机期间资本外流数额大小的估计值。表中的第三列为对外债务总额（1984 年），是为了告诉我们外流的资本占整个债务规模的大小。20 世纪 80 年代发展中国家债务危机带来的一个问题就是，一些银行指出其借给发展中国家的资金并没有被债务国使用，而是被个人滥用了并且又存入了发达国家。除了那些被挪用的资金外，当这些发展中国家还在向发达国家的银行苦苦央求更多的资金援助时，其国内一些资金充裕的个人或公司却经常把资金从债务国转出。

表 16-3　1977 ~ 1987 年国际债务危机期间资本外逃的估计数额　（单位：10 亿美元）

国家	资本外逃	对外债务总额（1984 年）
阿根廷	20	46
巴西	20	104
墨西哥	45	97
委内瑞拉	28	34
尼日利亚	9	20
菲律宾	8	24

资料来源：Morgan Guaranty Trust Company 和世界银行。

表 16-3 表明，在 1977 ~ 1987 年间有 200 亿美元的资金流出了阿根廷。这 200 亿美元几乎是 1984 年整个 460 亿美元债务的一半了。因为一些债务是在 1977 年之前发生的，该数据粗略估计，阿根廷每借入 1 美元，就有 50 美分作为外逃资本离开了该国。表中另一些国家的情况也是一样的。造成资金外逃的一个重要原因是，在国内可供用来进行生产以还债的资源非常少，需要更多的借款来支撑。而且资本外逃还会造成国际储备的损失，给本币带来更大的贬值压力。

关于资本外逃的讨论强调了经济和政治稳定对于促进国内投资的重要作用。企业和个人都偏向于更低的风险和更高的回报。稳定、发展势头良好的发展中国家就算会有资金外逃的问题，其规模也很小，它们可以吸引国外资本进入，帮助其扩大生产能力。

表 16-3 中有几个国家在 20 世纪 80 年代后期到 90 年代经济恢复平稳之后，外逃的资本又回来了。

16.8　资本流入问题

巨额资本涌入发展中国家是 20 世纪 90 年代早期的时代特征之一。对拥有新兴金融市场国家的投资热情同时刺激了对这些国家的直接投资和间接投资。这些投资为穷国提供了基础设施建设所需资金，也为国际投资者提供了资本多样化的机会，因此也受到了东道国和投资者的欢迎。然而，一些国家也因为巨额资本流入而带来了新的问题，这些问题会降低资本流入的积极效应。

短期内大量的资本流入会导致东道国的货币升值。而货币升值会降低该国出口产业的竞争力，导致这些产业的产出降低，失业率升高。资本账户盈余的增加必然伴随着经常账户赤字的增加。资本流入也会带来该国货币供给量的迅速增加，这会造成通货膨胀的条件。正是由于资本流入可能带来的这些潜在问题，一些国家已经采取措施限制资本流入。

财政约束指的是减少政府开支，或提高税率的政策措施。实行该政策的时候，资本流动所带来的膨胀效应可以部分被紧缩的财政政策所抵消。智利、马来西亚和泰国都采用了这种政策。还有一些国家使用了汇率政策措施。一般来说，在汇率浮动性很小的国家，本币将会升值。允许本币升值会损害出口产业的利益，但同时货币供给也会与资本流入隔绝开来，这样就不会出现有通货膨胀倾向的货币政策。一些国家允许汇率在一个更大的范围内波动，以隔离国内货币供给和资本流动。一些国家实行资本控制来限制资本的流入。这种措施包括税收、对资本流入量实行数量配额、对借入外币的银行实行更高的储备金规定，或者对外汇交易进行限制。

总的来说，20 世纪 90 年代的惨痛经历告诉人们资本流入其实是一把双刃剑。对资本流入风险的管理获得了不同程度的成功，不同国家实行不同的政策来解决这个问题，进一步的相关研究会为政府政策的采用提供宝贵的建议。

16.9　国际借贷和危机

国际借贷在许多方面都和国内借贷相似。不管是在城市之间进行借贷还是国界之间进行借贷，贷方关心的是借贷的违约风险和预期收益。然而，最近几年区域性的金融危机给借款人带来了重大的损失，也使得国际借贷一度低迷。在 20 世纪 80 年代拉丁美洲的债务危机期间，许多国家都无法还清累积的国际债务。在 1994 ~ 1995 年墨西哥金融危机期间，墨西哥使其货币大幅度贬值，并向国际货币基金组织和美国财政部申请大额贷款，以避免对其国际债务的违约。然后，1997 ~ 1998 年的亚洲金融危机以 1997 年 7 月泰铢贬值为开始，随后金融恐慌席卷了马来西亚、印度尼西亚和菲律宾群岛，甚至韩国也受到了一些影响。紧随亚洲金融危机之后的是 1998 年秋天的俄罗斯债券违约和 2002 年造成了迄今为止最大规模债务违约的阿根廷金融危机。

这些危机给国际投资者带来了惨重的损失，使得各大银行一度转向发展国内业务，只将较少资源投入国际借贷，特别是在发展中国家，情况更是如此。表 16-4 展示了美国银行在给早期危机发生地区借款的承诺。从表中可见，1982 年拉美危机时美国银行的情况要比其在近期危机中的处境更差。

表 16-4　美国银行给金融危机国家的贷款（相对于美国银行资本的比重）

1982 年的拉丁美洲：	
阿根廷	12%
巴西	26%
智利	9%
墨西哥	37%
1994 年的墨西哥	11%
1997 年的亚洲：	
印度尼西亚	2%
韩国	3%
泰国	1%

资料来源：Steve Kamin, "The Asian Financial Crisis in Historical Perspective: A Review of Selected Statistics," Working Paper (Board of Governors of the Federal Reserve System, 1998).

与 1982 年拉美危机中国际银行的巨额资金暴露在风险之下的情况相反，1997 年亚洲金融危机的债务情况更可控制。许多国际投资者在亚洲危机中都有受损失，但是危机并没有像20世纪80年代的危机那样威胁世界银行体系。

亚洲金融危机的起因至今为止仍在争议之中。但有一些因素是没有争议的，而且这些因素对于我们防止下一次金融危机的爆发有借鉴意义。这些因素包括外部冲击、国内宏观经济政策和国内金融系统漏洞。下面我们逐一讨论这些因素。

（1）外部冲击。经过多年的快速增长以后，东亚经济在20世纪90年代中期面临着一系列可能带来危机的外部冲击。人民币和日元的双双贬值导致其他亚洲经济体和中国与日本相比都失去了竞争力。电子产品制造是东亚各国非常重要的出口产业，半导体价格的暴跌也是这些国家出口和国民收入急剧下降的原因之一。随着出口和收入的降低，偿还贷款变得更加困难，不动产价值也开始下跌。因为不动产是许多银行贷款的担保物，其价值的下降带来了许多问题贷款，使得银行系统面临着许多违约问题。

（2）国内宏观经济政策。大部分危机国家的宏观经济政策有一个共同点，那就是使用固定汇率制度。固定汇率有利于吸引外资流入，而且因为汇率不会波动，大部分外币债务都没有进行套期保值。一旦出现贬值压力，各国央行就会通过用美元购入本币的方法来干预经济，以维持钉住汇率。可是各国美元储备有限，所以他们还要提高利率以提高用本币表示的投资的吸引力。最后，一些国家还不得不采取资本管制的方法，限制外国人利用本币进行投机。比如说，如果一个投资者想利用泰铢进行投机，他们会借入泰铢并把它们兑换为美元，因为他们打赌泰铢价值相对于美元会贬值。限制外国人借入泰铢的资本管制可以减轻泰铢日益增长的抛售压力。但是，最终由于贬值压力太大，国内居民都会参与本币投机，最终导致固定汇率制度崩溃。这给国内金融市场带来了巨大损失。因为国际债务都是用外币表示的，由于固定汇率制度的实施，其中大部分都没有进行套期保值，因此本币债务压力和贬值程度同比例增长。为了偿付债务，各国不得不向别国政府或国际货币基金组织寻求帮助。

（3）国内金融系统漏洞。亚洲金融危机国家的银行系统有一个共同特点，它们的贷款并不是基于审慎的商业决策而发出的。在申请贷款的时候，政治和社会关系常比预期收益和抵押品更为重要。许多不良贷款就这样滋生了。在20世纪90年代早期至中期经济一片繁荣的时候，经济的快速增长掩盖了这个问题。但当经济增长开始放缓的时候，不良贷款就开始侵害银行系统的健康发展了。还有一个相关问题就是，银行和其他借款人都认为如果他们遇到了严重的金融困难，政府就会出面提供援助。这种默认的政府贷款担保造成了道德风险。如果一个人不需要承担错误决策的全部损失，道德风险就会发生。如果承担风险的机构或个人知道他们的错误决策不会给他们带来任何义务，他们就会承担过多的风险。所以，如果银行相信政府会替它们因为贷款给政府相关人士而没有得到偿还而受到的亏损买单，它们就会更加肆无忌惮的发放这种贷款了。

一旦一国发现自己陷入了严重的国际债务偿还问题，它就会寻求额外的资金帮助。但国际银行都不愿向偿还希望很小的借款项目提供贷款，国际货币基金组织就成为了资金的重要来源。

大量的资源投入了对金融危机成因及性质的研究，以避免未来危机再次发生和预测确实发生的危机。在经济学中预测通常都是难度很大的，毫无疑问，意外总是存在的。但有一些变量和过去的危机紧密联系，它们可以作为未来潜在危机的预警信号。这些变量包括：

（1）固定汇率。在最近几年经历了危机的各国，包括1993~1994年的墨西哥，1997年的东南亚各国和2002年的阿根廷，在危机前都采用的是固定汇率制度。一般来说，各个宏观经济政策在固定汇率制度的条件下效果不一致，当大幅度的贬值发生的时候，持有用外币表示的未抛补贷款的国内居民就会遭受重大损失。

（2）不断减少的国际储备。固定汇率制不一定会带来问题。判断是否当前汇率已不再是均衡汇率的一种方法是监控一国的国际储备情况（即由中央银行和财政部持有的大量外国货币）。如果国际储备随着时间的推移稳步减少，那么固定汇率制度就存在压力，贬值势在必行。

（3）透明度低。许多危机国家饱受政府活动和商业活动不透明之苦。投资者们要做出明智的投资决策，就要了解一家公司的财务状况。如果会计规则允许企业隐藏一些可能损害投资者利益行为的财务影响，投资者们就不能正确判断投资该公司的风险何时上升。在这种情况下很可能会爆发金融危机，而除了公司内部知情人士外，谁也预料不到。同理，如果政府不及时准确地披露其国际储备状况，当贬值发生的时候，投资者们也会毫不知情。政府和商业行为的不透明也是未来潜在危机的预警信号。

以上几个预警信号也是国际投资者们在衡量到一国投资的风险时必须考虑的几个变量。[⊖]

小　结

1. 外汇风险可以被总结为外币折算风险暴露、交易风险暴露和经济风险暴露。
2. 外汇风险保值的方式包括使用远期、期货或者期权市场；用本币计价；加速（延缓）有升值（贬值）潜力货币的支付；加速（延缓）有贬值（升值）潜力货款的收取。
3. 外汇风险溢价等于远期汇率和预期未来即期汇率之间的百分比差额。
4. 在有效市场中，价格可以显示所有可提供的信息。
5. 一个合理的即期汇率预测应该是准确预测远期汇率的走势方向。
6. 国际投资是由风险和利益回报驱动的。
7. 非系统性风险可以通过投资多元化的方法消除，只留下系统性风险。
8. 外国直接投资指的是建立外国分支机构。

⊖ 大量文献都是关于危机的早期预警指标的，其数量还在不断增加。最近的一些研究包括 Claudio Borio 和 Frank Packer，“Assessing New Perspectives on Country Risk，” *BIS Quarterly Review*（2004年12月）；Matthieu Bussiere 和 Marcel Fratzscher，“Towards a New Early Warning System of Financial Crises，” *Journal of International Money and Finance*（2006年10月）；Hali J. Edison，“Do Indicators of Financial Crisis Work? An Evaluation of an Early Warning System”（International Finance Working Paper No. 675，Board of Governors of the Federal Reserve System，2000）；Morris Goldstein，Graciela L. Kaminsky 和 Carmen M. Reinhart，*Assessing Financial Vulnerability: An Early Warning System for Emerging Markets*（Institute for International Economics，2000年6月）；以及 Marcel Fratzscher 和 Matthieu Bussiere，“Toward a New Early Warning System of Financial Crises，” *Journal of International Money and Finance*（2006年10月）。

9. 由于经济或政治危机造成的资本外流被称为资本外逃。
10. 资本流入可以提供额外的融资资源，但是它们也可能会给某些行业的产出和就业带来负面影响。
11. 金融危机的来源可能是外部冲击、国内宏观经济政策和国内金融体系的漏洞。
12. 未来潜在金融危机的预警信号包括固定汇率、持续降低的国际储备和公众信息的不透明性。

习　题

1. 区分外币折算风险暴露、交易风险暴露和经济风险暴露。说明每种风险的定义和它们是怎样相互联系的。
2. 如果1年期利率在美国是10%，在瑞士是12%。当前的即期汇率（每瑞士法郎的美元价格）是0.40美元。
   a. 一年期远期汇率应该是多少？
   b. 瑞士法郎的汇率是升水还是贴水？
   c. 如果预期一年期即期汇率是0.38美元，风险溢价是多少？
3. 我们用风险规避来描述投资者的行为特征。你能不能想到一些在现实生活中存在的风险偏好的证据呢？
4. 有效市场是否使得任何投机都无利可图？如果是的，为什么？如果不是，为什么？
5. 数据表明，在国际投资中存在一种“本土偏好”，也就是说与最佳选择相比，投资者们会持有更少的外国证券和更多的国内证券。这是为什么呢？
6. 欲使包括四种证券的投资组合与仅包括这四种证券中的一种（任何一种）的投资组合提供相同的回报方差，需要什么条件？
7. 为什么在外国股市有效的前提下，购买外国股票和购买本国股票一样安全？
8. 什么因素使得外国股票市场对于投资者来说没有本国股票市场有效？
9. 外国直接投资和资产组合投资之间的区别是什么？
10. 要想长期解决资本外逃的问题，各国政府应该怎么做？
11. 假设IBM在德国的分支机构将价值1 000 000欧元的计算机出售给瑞士的零售商，合同规定货款90天后付清。现在的即期汇率是1.4瑞士法郎兑1欧元，90天的远期汇率是1.3瑞士法郎兑1欧元。瑞士零售商的总会计师雇佣了两个市场分析师，他们两人分别对90天后的即期汇率做出如下预测：

    德洛尔女士预测1.32瑞士法郎兑1欧元
    密特朗先生预测1.2瑞士法郎兑1欧元

    实际上90天后的即期汇率是1.28瑞士法郎兑1欧元。两位分析师中谁的预测更好？请解释原因。
12. 假设1单位美元现在的售价是1.50瑞士法郎，美元90天远期汇率升水为5%。请计算瑞士法郎兑美元的3个月远期汇率。如果风险溢价是0.03的话，预期90天后的即期汇率是多少？持有美国债券的预期回报是高于还是低于持有瑞士债券的预期回报？
13. 有人说20世纪90年代末的亚洲金融危机对国际银行系统的威胁要小于20世纪80年代的债务危机。这种说法从哪种角度说是正确的？除了对国际银行系统的威胁外，金融危机还会带来什么危害？
14. 在做出对外投资决策的过程中，要评价该投资的风险需要考虑哪些变量？请从国家的角度而不是企业的角度来考虑这个问题。

参考文献

Ariyoshi, Akira, Karl Habermeier, Bernard Laurens, Inci Otker-Robe, Jorge Ivan Canales-Kirilenko, and Andrei Kirilenko. *Country Experiences with the Use and Liberalization of Capital Controls.* International Monetary Fund, 1999.

Butler, Kirt C., and Domingo C. Joaquin. "Are the Gains from International Portfolio Diversification Exaggerated? The Influence of Downside Risk in Bear Markets." *Journal of International Money and Finance* (December 2002).

Jessica, James. *Currency Management.* Risk Books, 2003.

Kaminsky, Graciela, and Sergio Schmukler. "Short-Run Pain, Long-Run Gain: The Effects of Financial Liberalization." *NBER Working Paper* (June 2003).

Kasa, Kenneth. "Measuring the Gains from International Portfolio Diversification." *Federal Reserve Bank of San Francisco Weekly Letter* (April 8, 1994).

Loungani, Prakosh. "Capital Flows." *IMF Research Bulletin* (September 2002).

如需要更多的习题和补充阅读，请访问我们的网址：www.pearsonhighered.com/husted。

第 17 章

国际收支基本理论

学习目标

贸易收支的弹性论；
弹性和 J 曲线；
货币贬值的证据；
贸易收支的吸收论；
国际收支的货币论。

前面的章节都是关于汇率和国际收支的讨论。现在我们知道了这两个重要的国际金融术语的定义和用法，但是我们还要进一步考虑在任何一个特定时点，汇率和国际收支是如何决定的。为什么一些国家的经常账户是盈余的，而另一些国家却是赤字的呢？值得注意的是，金融机构、中央银行和政府都投入了大量人力物力来对汇率和国际收支进行预测。在本章中介绍的理论决定了经济学家、投资者和政治家们解决这些问题的方法。

我们首先讨论贸易收支理论，再来开始讨论国际收支的决定因素。汇率决定问题将在第18章进行阐述。

17.1 贸易收支的弹性论

经济行为的本质就是如何用有限的资源来满足无限的需求。因为有预算限制，当市场上的价格发生变化时，消费者和厂商就会改变其商品组合，以最大限度地利用预算。举例来说，如果日本产的鞋子和美国产的鞋子是很好的相互替代品，那么当美国鞋子的价格相对于日本鞋子的价格来说上升时，买者就会放弃价格较高的美国鞋，转而购买（相对来说）价格较低的日本鞋。决定消费模式的一个重要因素就是**相对价格**（relative price），即一种商品相对于另一种商品的价格（第2章就对此概念有所阐述）。

单个商品的相对供给和需求改变时，相对价格就会改变。这种改变可能来自于消费者偏好、生产技术、政府税收与补贴或者其他因素的变化。如果这种变化是国内商品的价格相对于外国商品的价格发生变化，那么国际贸易模式就可能改变。贸易收支的弹性论研究的就是国内外相对价格的变化是如何改变贸易收支的。

汇率的变化会改变外国商品的本币价格。假设，最初一双鞋在美国的售价是 50 美元，在日本的售价是 5 000 日元。在 100 日元 =1 美元（或者 1 日元 =0.01 美元）的汇率条件下，两国的鞋用同种货币表示时价格相同。如果日元贬值到 120 日元 =1 美元的水平，鞋价的本币价格不变，那么在日本卖 5 000 日元的鞋，美国消费者仅需要花费 41.67 美元就能买到。在贬值发生后，1 日元 =0.0083 美元，所以 5 000 日元 =41.67 美元，日本鞋的价格对于美国购买者来说降低了。相反地，50 美元的美国鞋对于日本消费者来说，其价格从 5 000 日元上升到了 6 000 日元。日元贬值带来的相对价格效应会增加美国对日本商品的需求，而降低日本对美国商品的需求。需求数量的变化对相对价格变化的反应程度如何影响取决于需求的弹性。

在初级经济学课程中，我们已经知道了**弹性**（elasticity）是用来度量数量对价格变化的敏感程度的。贸易收支的弹性论分析的就是，根据外国汇率和/或外国商品的供给和需求弹性，贬值是如何影响贸易收支平衡的。

当需求或供给富有弹性时，意味着需求量或者供给量对价格的变化是相对敏感的。需求和供给缺乏弹性，表示数量对价格的变化相对不敏感。我们可以通过弹性系数来更加精确的说明这个问题。比如说，令 ε_d 代表需求弹性系数，我们可将其写为：

$$\varepsilon_d = \%\Delta Q / \%\Delta P \tag{17-1}$$

这意味着需求弹性系数等于需求数量变化的百分比除以价格变化的百分比。如果价格上升 5%，需求数量下降超过 5%，那么 ε_d 大于 1（在绝对值上），那么我们就说需求是富有弹性的。如果，当价格上升 5% 时，需求量下降少于 5%，我们可以说需求是缺乏弹性的，此时 ε_d 小于 1。

使用计算需求弹性系数 ε_d 的方法，我们也可以得出供给弹性系数 ε_s，表示为供给数量变化的百分比除以价格变化的百分比。如果 ε_s 大于 1，那么供给量对价格变化的反应较大，我们就说供给是富有弹性的。如果 ε_s 小于 1，那么供给数量对价格的反应相对较小，所以供给是缺乏弹性的。

弹性会决定价格改变后总收入（价格乘以数量）的变化。若需求是富有弹性的，那么需求量变化的百分比大于价格变化的百分比，所以总收入会和价格变化的方向相反。假设对墨西哥黑丝绒印刷品的需求是富有弹性的。如果比索价格上升了 10 个百分点，需求量下降超过 10 个百分点，那么价格上升后销售收入就会下降。如果对哥伦比亚咖啡的需求是缺乏弹性的，那么价格上升 10 个百分点会使得需求量的减少小于 10 个百分点。更高的咖啡价格弥补了销售量的减少，所以价格上升后咖啡的

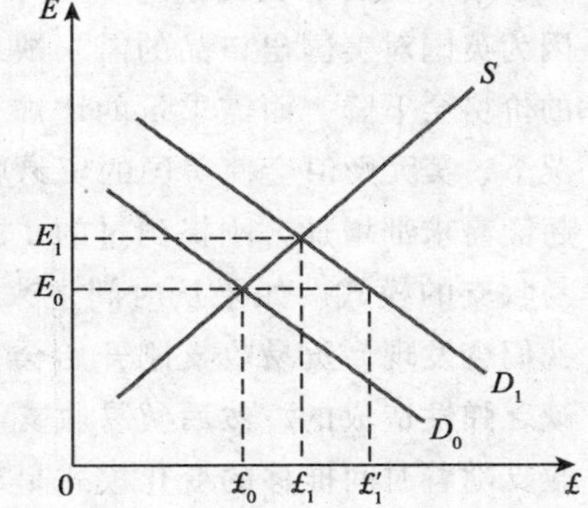

图 17-1　外汇市场上的供给和需求

销售收入提高了。显然，需求弹性是在国际价格变化的情况下确定出口和进口收入的重要决定因素。

现在我们来讨论一个外汇市场上供给和需求的例子。图 17-1 给出了一个关于英镑供给和需求的例子。标记了 D_0 的需求曲线是对英镑的需求，它来源于对英国出口品的需求。该曲线向右下倾斜是因为英镑价格越高，对英镑的需求量就越低。标记了 S 的供给曲线是英镑在外汇市场上的供给。它是向上倾斜的，表明英镑的外汇价格和其供给量是成正比的。供给曲线和需求曲线的交点是均衡点，在该点上英镑的需求和供给数量相等。假设，最初我们的均衡点在 E_0 和 £$_0$。也就是说，£$_0$ 是在汇率为 E_0 时购买和销售的英镑的数量。现在，假设对英镑的需求增加（可能是源于对英国出口品需求的增加）。需求的变化会带来以下几个可能的结果：

（1）在浮动汇率的条件下，英镑会升值，故汇率会上升到 E_1，购买和销售的数量是£$_1$。
（2）中央银行可以通过动用储备，提供£$_1$ − £$_0$ 单位的储备（因此人为地向外移动英镑的供给曲线），以将汇率钉住在原来 E_0 的水平。
（3）供给和需求曲线可以通过对英镑的供给或需求实施控制或配额来人为地移动。
（4）可以对对外贸易实行配额或关税，以维持对英镑原有的供给和需求水平。

弹性论表明了外汇变化对交易货币均衡数量的影响取决于供给和需求曲线的弹性。有一点必须注意，弹性论是关于贸易收支的理论，只有在没有资本流动这个假定条件下，弹性论才可以作为国际收支的理论。

假设，在图 17-1 中，E 是英镑的美元价格，美国央行决定动用美国货币储备向市场上供给英镑，以满足市场上英镑需求的增加。现在，因为央行额外增加了 £$_1'$ − £$_0$ 单位的英镑供给量，原来的汇率 E_0 得以维持。如果可以看出需求的增加将是永久性的变化，那么美联储会使美元贬值，提高英镑的美元价格。当然，这意味着英国商品对美国来说更加昂贵，而美国商品对英国来说则会更加便宜。这样做会改善美国的贸易收支吗？这完全取决于供给和需求的弹性。如果需求是缺乏弹性的，很可能会产生 **J 曲线效应**（*J* curve effects），也就是说，首先美国进口品的价格会提高，但是进口需求的数量改变很少，结果美国对英国的总支付实际上提高了。同样，因为英国对美国出口品的需求缺乏弹性，美国进口品的价格会下降，而需求量的增加非常有限。在这种情况下，美元贬值会使美国的贸易收支赤字和对英镑的超额需求都增加。刚提到过的 J 曲线代表着贬值后贸易收支的模式。如果从时间上来看贸易收支的变化，我们会发现，贸易收支刚开始会下降，这是因为需求缺乏弹性造成的，然后贸易收支会增加，这使得贸易收支随着时间推移的变化模式呈现如字母 J 形状的轨迹，如图 17-2 所示。在图中，贸易收支首先是负的，并随时间持续下降。贬值发生在时点 t_0。在贬值发生

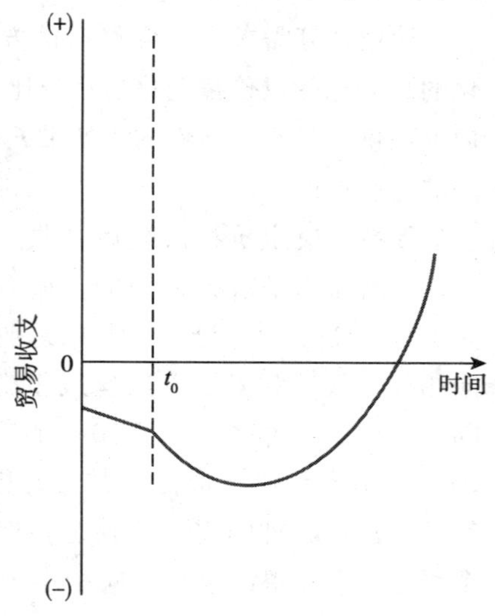

图 17-2　J 曲线

后，贸易收支在最终上升之前仍然会下降一段时间。刚开始的下降是因为短期内弹性较低。随着时间的推移，弹性会增加，所以贸易收支得以改善。这种贸易收支先下降再上升的形态类似于字母 *J* 的形状。

17.2 弹性和 *J* 曲线

贬值被普遍认为是改善一国贸易收支的方法。但是 J 曲线效应告诉我们，虽然贬值会提高外国商品对于本国市场的价格，降低国内商品对于外国消费者的价格，但是在短期内，贸易收支会下降。我们现在来探讨一下短期内决定对外贸易弹性的因素，看看 *J* 曲线背后隐含的原因是什么。贬值发生后，针对新的价格，贸易参与者们首先只能在有限的范围内进行调整，随着时间的推移可以完全适应新的价格体系，我们可以依此来定义贬值后的不同阶段。

17.2.1 货币合约期

在贬值后的短期内，汇率变化之前签订的合约即将到期。我们把这一阶段称为**货币合约期**（currency-contract period）。图 17-3 表现了这些事件的时间。合约是在 t_1 时点签订的。在合约确立以后，在 t_2 时点发生了货币贬值。与合约相关的支付将在 t_3 时点到期。这些已存在的合约对贸易收支的影响取决于合约所使用的计价货币。[⊖] 比如，我们假设美国令美元贬值。在贬值之前，汇率是每单位外国货币等于 1 美元（为了简化，假设只有一种外国货币）；然后，汇率升高到 1.25 美元等于 1 单位外国货币。如果美国出口商已经签订了出口合约，将出售价值 1 美元的货品给外国公司，如果合约货款使用美元支付，那么该出口商仍然可以挣得 1 美元的收入。然而，如果出口合约是以外国货币计价的（令 FC 代表外国货币），那么出口商预期得到 1 单位 FC，等值于 1 美元。但是贬值导致 1FC = 1.25 美元，所以美国出口商从美元贬值中得到了一笔意外的收入。另一方面，让我们考虑一下美国厂商与外国厂商签订进口合约的情况。如果合同要求付款 1 美元，美国进口商将不会受到贬值的影响。但如果合约使用外币计价，那么美国进口者的欠款为 1 单位 FC，他必须付出 1.25 美元来买进 1 单位 FC 以支付给外国出口者。在这种情况下，进口商的利益因贬值而受损。

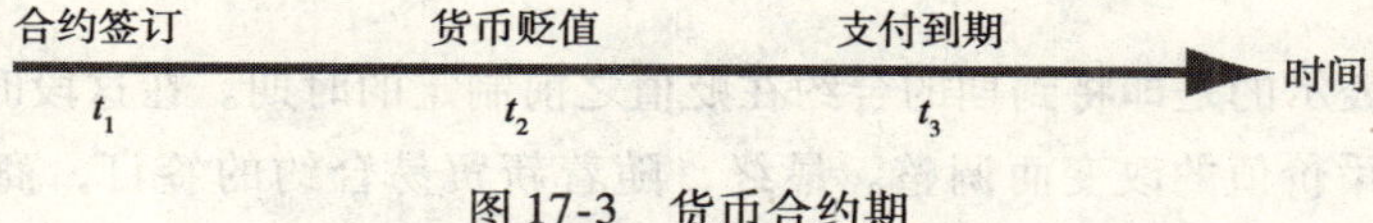

图 17-3 货币合约期

在我们讨论的这个简化的情况中，我们不难发现，卖者会更愿意在合约中用有升值潜力的货币计价，而买者更愿意在合约中用有贬值可能的货币计价。表 17-1 总结了在货币合约期内可能出现的贸易收支状况。

⊖ 近期关于定价所使用货币的研究成果是 M. B. Devereux，“How Does a Devaluation Affect the Current Account?” *Journal of International Money and Finance*（2000 年 12 月）。

表 17-1 贬值后的货币合约期内美国的贸易收支状况

美国出口合约的计价货币	美国进口合约的计价货币	
	美元	外币
外币	Ⅰ. 出口增加 进口不变 贸易收支改善	Ⅱ. 出口增加 进口增加 最初盈余：贸易收支改善 最初赤字：贸易收支恶化
美元	Ⅲ. 出口不变 进口不变 贸易收支不变	Ⅳ. 出口不变 进口增加 贸易收支恶化

注：表格中的“进口”和“出口”代表的是美元价值。

表 17-1 把贸易收支情况分为四个部分。第Ⅰ部分代表了美国出口合约以外币计价，而进口合约用美元计价的情况。在这种情况中，出口品的美元价值会上升，因为外国买家只能用外币付款，而在贬值后外币价值更高。因为进口品使用美元付款，贬值对于美国进口品的美元价值没有任何影响。总的来说，贸易收支情况会得以改善。

第Ⅱ部分代表的是美国出口和进口都使用外币支付情况下的贸易收支状况。因为美元贬值增加了外币的价值，进口品和出口品的美元价值都提高了。美国贸易收支情况的净效应取决于进口和出口相对规模的大小。如果出口超过了进口，即初始时存在贸易盈余，那么出口价值的增加会超过进口价值的增加，因此贸易收支状况会改善。相反地，如果初始时存在贸易赤字，即进口超过出口，那么进口价值的增加会超过出口价值的增加，贸易收支状况将会恶化。

如果出口和进口都是用美元来衡量的，贸易收支状况不受贬值影响，这种情况表现在第Ⅲ部分中。但是如果出口可用美元支付，而进口需要用外币进行支付，出口的美元价值不受贬值影响，但进口的价值会增加，所以贸易收支恶化，这在第Ⅳ部分中得以表现。注意到仅在第Ⅳ部分，贬值后的货币合约期内会出现贸易收支恶化。在第Ⅱ部分贸易收支也可能恶化，但是这种情况仅仅发生在存在初始贸易赤字的时候。表 17-1 的最大特点是，外币表示的进口是美国在贬值后的货币合约期内贸易状况恶化的必要条件，这就是 J 曲线开始部分向下倾斜的原因。

17.2.2 传导期

货币合约期表示的是即将到期的合约在贬值之前制定的时期。在这段时间里，商品价格不能瞬时根据货币价值的改变而调整。最终，随着新贸易合约的签订，商品价格也会趋向于新的均衡。**传导分析**（pass-through analysis）讨论的就是价格在短期内进行调整的能力。一般情况下，调整表示的是货币贬值国家进口商品价格的上升，以及该国向世界其他国家出口商品价格的下降。如果商品价格不按这种方式调整，消费结构就不会改变；那么预期的贬值的贸易收支效应就不会出现。

贬值一般来说是对长期的、日益增加的贸易赤字的回应。随着贬值国家进口价格的上升，进口产品的需求下降。同时对于外国消费者来说，国内出口品的价格降低，所以出口品的需求上升。国内出口品需求的增加和国内对进口品需求的降低结合起来，导致贸易状况的改善。但是在短期，如果对新价格的反应较慢，从而贸易数量不会有太大改变，那么新的价格就会使得贸易收支状况呈现出 J 曲线的形状。比如，如果进口需求是缺乏弹性的，买者对于进口品的高价格反应不大，因此在货币贬值后进口总额会上升而不是下降。这种行为不是没有道理的，因为要为高价进口品找到好的替代品是需要一定时间的。最终，这种替代可以发生，但是在短期内消费者还是会继续消费足够数量的该进口品，于是在贬值后，较高的进口价格带来了更大而不是更小的进口总额。如果国内出口品的国外需求也是缺乏弹性的，那么同样的理论也适用于市场的另一部分。在这种情况下，外国消费者在短期内不会购买太多的商品，尽管国内出口品的价格已经降低了。

表 17-2 总结了在消费数量调整之前，美元贬值后的传导期内可能出现的影响。因为需求和供给缺乏弹性，消费数量在一定时期内是不变的。下面让我们详细讨论表中的每一个部分。

表 17-2　贬值后的传导期内美国的贸易收支状况

美国的出口	美国进口	
	供给缺乏弹性	需求缺乏弹性
供给缺乏弹性	Ⅰ. 出口增加 进口不变 贸易收支改善	Ⅱ. 出口增加 进口增加 最初盈余：贸易收支改善 最初赤字：贸易收支恶化
需求缺乏弹性	Ⅲ. 出口不变 进口不变 贸易收支不变	Ⅳ. 出口不变 进口增加 贸易收支恶化

注：表格中的“出口”和“进口”代表的是美元价值。

1. 第Ⅳ部分：美国贸易收支恶化

第Ⅳ部分给出了最差的状况。由于美国的进口需求和国外对美国出口品的需求都是缺乏弹性的，所以存在完整的价格传导效应。这意味着美国进口品的美元价格上涨程度完全和贬值程度相同，而美国出口品外币价格的下跌程度也完全和贬值程度相同。美国进口品的美元价值之所以上升是因为美国的购买者并没有改变他们对进口商品的购买数量，但是外国生产者要求更多的美元才愿意提供特定数量的商品，因为美元现在贬值了。美国出口品的外币价值降低，因为出口者现在愿意以更低的外币价格来提供商品，因为外币现在更值钱了。外币价格的降低抵消了汇率的变化，使得美元价值不变。因为外国消费者愿意购买的数量是不变的，美元价格也不变，所以对于美国出口者来说，出口的美元价值是不变的。进口价值的增加和出口价值的不变，导致了美国贸易收支的恶化。

【案例】假设有两个国家：英国和美国。最初汇率是 2 美元 =1 英镑。在这个汇率水平下，美国出口者以 1 美元的单价卖出 100 单位某商品，所以出口品的美元价值是 100 美元。英国消费者要支付 50 英镑来购买价值 100 美元的美国出口品。现在，若美元贬值 10%，汇率变成了 2.2 美元 =1 英镑。因为英国对美国出口品的需求是缺乏弹性的，所以贸易数量仍然是 100 单位。如果美国出口者仍然要求得到 100 美元，他们现在可以要价 45.45 英镑，因为现在的汇率是 2.2 美元 =1 英镑，所以 45.45 英镑 =100 美元。此时存在贬值完整的价格传导效应，因为美国出口品的英镑价格下降的幅度正好等于 10 个百分点的贬值幅度。

在美国进口这一方面，英国生产者现在要提高产品的美元售价了，因为现在美元的价值变低了。假设最初时，50单位的商品从英国进口到美国。如果价格是每单位1英镑，那么美国从英国的进口价值是50英镑。在以前2美元=1英镑的汇率下，进口货物价值100美元。在美元贬值后，由于进口需求缺乏弹性，美国进口者仍然购买50单元的商品。但是在2.2美元=1英镑的新的汇率下，英国生产者要维持货物的英镑价值仍然等于50英镑，就必须向美国进口者要价110美元。对于美国的进口价格来说，贬值此时存在完整的价格传导效应，因为美国进口品美元价格上升的幅度正好等于美元10个百分点的贬值幅度。

因为美国出口品的价值在贬值前和贬值后都是100美元，但是美国进口品的价值从100美元上升到110美元，因此美国贸易收支的美元价值下降了。正如表17-2中第IV部分总结的那样，美国进口和出口需求缺乏弹性会导致美国贸易收支的恶化。

2. 第Ⅲ部分：美国贸易收支不变

如果我们将美国出口品的需求缺乏弹性和美国进口品的供给缺乏弹性结合起来，那么美元的贬值不会对美国贸易收支产生任何影响。我们已经知道，如果对美国的出口需求缺乏弹性，那么美国出口品的美元价值不会改变。美国进口的供给缺乏弹性，意味着外国生产者会不顾价格变化而提供相同数量的商品。贬值提高了外币的美元价值，降低了美国对进口品的需求，于是外币价格的下降幅度会和汇率变化的幅度相同，从而抵消了汇率的变化。在这种情况下，进口品的美元价值不变，贬值的影响不会传导到美国进口者的付款上。进口品的美元价值不变，并且由于供给曲线缺乏弹性，进口商品数量也不会改变，于是美国进口品的美元价值不会受贬值影响。由于贬值不会改变进口或出口的美元价值，因此在传导期内贸易收支不会发生改变。

3. 第Ⅱ部分：贸易收支变化不确定

在这种情况中，我们将在第Ⅳ部分讨论过的美国进口需求缺乏弹性和美国出口供给缺乏弹性集合起来。美国进口需求缺乏弹性导致进口品的美元价值在贬值后上升。美国出口供给缺乏弹性意味着美国在贬值前和贬值后会销售同样数量的产品。但是，美元价值降低之后，因为外国消费者愿意付出更多的美元购买商品，美国出口品的美元价格会上升。由于同样数量的商品将会在更高的美元价格上出售，因此贬值后出口的美元价值会上升。如果进口和出口的美元价值上升幅度都与贬值幅度相同，那么贸易收支会发生什么变化呢？这要取决于初始条件。如果初始存在贸易盈余，即出口超过进口，那么进口和出口上升相同的比例意味着出口的美元价值上升得比进口多，于是贸易收支改善。如果初始存在贸易赤字，即进口超过出口，那么进出口同样比例的上升意味着进口的美元价值比出口上升得更多，于是贸易状况恶化。

4. 第Ⅰ部分：贸易收支改善

如果由于进口和出口缺乏弹性，短期内交易数量不变，那么在传导期内贸易收支状况会得以改善。正如第Ⅲ部分讨论的那样，美国进口供给缺乏弹性会使进口数量保持不变。第Ⅱ部分的讨论表明，美国出口供给缺乏弹性会导致出口增加。在这种情况下，在传导期内贸易数量不变而价格改变，贸易收支改善。

对供给和需求都完全缺乏弹性的完美表述只适用于教学。在现实世界中，我们不能说在价格改变后，短期内贸易数量一点都不会改变。传导分析最重要的作用是告诉我们，短期内贸易数量改变很小的情况下，商品价格的改变是如何影响贸易收支的。如果消费者更改需求数量的能力大于生产者更改供给数量的能力的话，那么表 17-2 中第 I 部分的状况最可能在现实中发生。在这个例子中，美国进口和出口的供给都是缺乏弹性的，所以在传导期内美国的贸易收支会改善。全球视角 17-1 提供了一个传导效应的案例，说明了我们为什么会预期在不同行业间会存在差异。

全球视角 17-1 传导效应和利润

在第 14 章，我们学习了一价定律，某商品的本币价格（P）等于外币价格（P^F）乘以汇率（E），也就是说 $P = EP^F$。如果本币贬值（E 上升）而外币价格 P^F 保持不变，那么 P 会和汇率变化同比例变化。一价定律意味着汇率的变化会完全传导到国内价格上去。

另外一种观点却认为，由于不同行业的竞争力不同，一些行业的利润率会高于另一些行业。假设我们分析一种产品，它在国外的生产成本是 C^F，加上利润率 M^F，于是价格 $P^F = C^F + M^F$。现在，按照一价定律，$P = E(C^F + M^F)$。在这种情况下，传导效应会减弱，因为随着 E 变化，M^F 也会变化，那么。例如，即使国内货币可能会贬值，但是如果 M^F 的下降抵消了 E 的上升，那么 P 可能不会改变。

美国贸易的证据表明，利润率的变化可能是衡量传导效应大小的一个重要因素。[①]观察美国的进口数据，我们不难看到，在美元贬值期间，外国生产者一般会降低利润率。在美元升值期间，外国生产者会提高其售往美国商品的利润率。这都意味着，当美元贬值的时候外国生产者会降低他们的利润率 M^F，以使美元价格 P 的升高幅度小于美元贬值的全部幅度。当美元升值时，外国生产者的利润率 M^F 会提高，那么外国商品的美元价格 P 的下降幅度就会小于美元升值的全部幅度。

从对同期美国出口数据的检验可以看出，这里的利润率变化相对较小，所以美国出口行业的利润率对汇率的变化相对不敏感。这也许是由于美国国内的市场规模巨大。美国企业的定价策略和国内市场条件的关系比国际因素更加紧密。

我们可能会认为，因为各行业竞争力的不同，其定价策略也应该不同。[②]但是证据表明，美国出口品的外币价格比美国进口品的美元价格更可能存在重要的汇率传导变化。这意味着当美元贬值时，美国进口的反应要比一价定律所预计的更慢、更小。

① Catherine L. Mann, “Prices, Profit Margins, and Exchange Rates,” *Federal Reserve Bulletin* (June 1986).

② There are many studies that address this issue. A small sample includes Robert M. Dunn, Jr., “Flexible Exchange Rates and Oligopoly Pricing: A Study of Canadian Markets,” *Journal of Political Economy* (January-February 1970); Eric O'N. Fisher, “A Model of Exchange Rate Pass-Through,” *Journal of International Economics* (February 1989); Michael W. Klein, “Macroeconomics Aspects of Exchange Rate Pass-Through,” *Journal of International Money and Finance* (December 1990); Michael M. Knetter, “Is Export Price Adjustment Asymmetric? Evaluating the Market Share and Marketing Bottlenecks Hypotheses,” *Journal of International Money and Finance* (February 1994); Pinelopi Goldberg and Michael Knetter, “Goods Prices and Exchange Rates: What Have We Learned?” *Journal of Economic Literature* (September 1997); Guillaume Gaulier, Amina Lahreche-Rein, and Isabelle Méjean, “Exchange-Rate Pass-Through at the Product Level,” *Canadian Journal of Economics*, (May 2008). ■

17.3 货币贬值的证据

前面的讨论已经表明，在货币合约期和传导期内，贬值对于贸易平衡可能产生的短期影响。而实际的效应到底如何，过去曾经出现的货币贬值提供了怎样的证据呢？然而不幸的是，目前的证据表明，贬值的影响随国家和时间的不同而不同，所以没有很好的概括性的结论。一些研究表明贬值可以在短期内改善贸易账户的状态，但是还有一些研究持相反观点。造成观点不一的原因是不同的研究者使用不同的时期作为样本，并且使用不同的统计方法。

正如在全球视角 17-1 中所介绍的那样，一些研究者关注于不同国家的生产者调整其出口利润率以部分抵消汇率变化影响的方式。这似乎是解释国家之间传导效应不同的重要因素。例如，如果日元相对于美元升值，那么日元的升值会传导给美国的进口商，使得日本出口品的美元价值升高。日本出口商可以通过降低产品的利润率和日元价格的方式限制高价格的传导，以抵消日元升值带来的影响。这种**依市定价**（pricing to market）行为在日本和德国出口商中非常普遍，但是在美国出口商之中却没有那么流行。比如说，约瑟夫·嘉农和迈克尔·科内特分析了汽车贸易，他们估计美元相对于日元 10% 的贬值会导致日本汽车公司降低它们的价格，使得美国进口者面对的美元价格仅上升 2.2%。而当美元升值时，却没有证据表明美国汽车公司会降低出口汽车的价格。托马斯·克利特加德发现，日元每升值 10%，日本出口商就倾向于降低 4% 的出口利润率（相对于国内销售的利润率而言）。他还发现，除了降低利润率外，在 20 世纪 90 年代，日本出口商还通过转向生产对价格上升不敏感的高价值产品上来应对日元升值。日本阻碍传导效应的发生是日本的贸易收支比美国贸易收支更不易受汇率变化影响的另一个原因。

还有一些证据表明，贬值的影响在短期和长期内还会因劳动成本相对于资本成本变化的不同而不同。[⊖]在贬值后的短期内，企业的产出和出口会随着贬值国家劳动力成本的下降而上升，各企业会利用这种优势来增加产量，提高出口销售量。然而，随着时间的推移，如果贬值国家的投资风险上升或者利率上升，对于该国的企业来说，资本会变得更加昂贵。因此，贬值的净效应取决于该国出口行业所采用的资本和劳动组合。一些国家的横向比较表明，在资本劳动比相对较低的国家，贬值更可能会带来出口的扩大和经济的更快增长。但是在资本劳动比相对较高的国家，贬值对出口和经济增长的促进效应几乎不存在，就算存在，作用也是很小的。

商品价格对汇率变化的调整一般都会被拖长。几项研究的证据表明，进口价格要经过长达三年的时间才能调整到反映汇率的变化，而出口价格经过 3 年的调整后只能反映汇率影响的 3/4。美国在 21 世纪早期的经历就是一个很好的例子。美元的价值在 2002 年 2 月达到了顶峰，但是随后直到 2005 年 2 月，美元价值相对于许多货币平均下降了大约 15%。美元贬值一般会导致美国进口商品价格的上升。在现实中，非石油进口品的平均价格仅上升了

⊖ 最近 Kristin Forbes 的研究“Cheap Labor Meets Costly Capital: The Impact of Devaluations on Commodity Firms,” *Journal of Development Economics*（2002 年 12 月）对这个问题进行了分析。

式中 C 代表消费，I 代表投资，G 代表政府支出，EX 代表出口，IM 代表进口。我们可以将吸收 A 定义为等于 $C+I+G$，经常账户余额等于 $EX-IM$；因此，我们可以写出：

$$Y = A + EX - IM$$

或者说

$$Y - A = EX - IM \tag{17-3}$$

吸收（absorption）A 代表总的国内支出，所以，如果国内总产出 Y 超过了吸收，即超过了国内消费的产出总量，那么该国就会将多余的产量出口，经常账户就会有余额。换句话说，如果吸收超过了国内生产，那么 $Y-A$ 就是负的。因此，从式（17-3）中可以看出，$EX-IM$ 也是负的，这也可以用常识来解释，国内需求超过了国内生产的部分必须要用进口来补足。

吸收论的分析根据该国是否处于完全就业状态或者说是否还有未就业资源被分成了两个部分。如果该国是充分就业的，那么所有的资源都已经被利用，此时增加经常账户的唯一方法就是降低吸收。相反，如果该国还存在失业，产量 Y 并不是最大的可能产量，那么可以不改变吸收 A，而通过将国内商品出售给外国人，增加出口 EX 的方法来增加产出 Y。如果我们从非充分就业的情况开始讨论，我们知道，国内产出 Y 会上升，如果前面我们讨论过的弹性条件满足的话，贬值会改善经常账户，使得产出增加（假设吸收不变）。如果我们从充分就业的情况开始讨论，那么产出 Y 处于充分就业水平，此时已不可能再生产更多的商品和服务。此时如果贬值，那么经常账户会改善，最终结果是严格的通货膨胀。当外国消费者想要消费更多的本国产品时，本国却没有更多的产品可以生产出来，唯一的结果就是抬高现有产品和服务的价格。

17.5 国际收支的货币论

弹性论和吸收论都是流行了至少50年的理论。我们不难看出，这些理论强调的是实体经济层面的产品和服务的贸易，对于金融账户却很少提及。对于某些特定目的来说，这些理论可以提供有用的结论。但是现实世界中金融市场发达，国际资本流动数量巨大。要完全理解国际经济之间的联系，我们必须要超越商品和服务贸易，考虑金融资产的重要作用。正是基于这一点考虑，国际收支的货币论（MABP）在20世纪70年代越来越流行。⊖国际收支的货币论着重从货币的角度来考察国际收支情况。

我们可以在国际账户之中画一条线（请回到第12章回顾一下国际收支的概念），经常账户和金融账户在线上，只有那些直接影响货币供给的因素在线下［尤其是，官方黄金持

⊖ 关于MABP的文献实在是太多了，篇幅所限无法一一引用，其中很小的一部分介绍性的文献包括 Lance Girton 和 Don Roper，"A Monetary Model of Exchange Market Pressure Applied to the Postwar Canadian Experience，" *American Economic Review*（1977年9月）；Jeffrey A. Frankel，"Monetary and Portfolio - Balance Models of Exchange Rate Determination，" in *Economic Interdependence and Flexible Exchange Rates*，ed. Jagdeep Bhandari 和 Bluford Putnam（Boston：MIT Press，1983）；以及 Jacob A. Frenkel 和 Harry G. Johnson，eds.，*The Monetary Approach to the Balance of Payments*（Toronto：University of Toronto Press，1976）一书中的文章。最近的实证研究是 Faik Koray 和 W. Douglas McMillin，"Monetary Shocks，the Exchange Rate，and the Trade Balance，" *Journal of International Money and Finance*（1999年12月）。

有量，外汇持有量，特别提款权（SDR），在国际货币基金组织（IMF）中储备的变化—现在看不懂这些术语也没关系]。这使我们能够将注意力集中于国际收支的货币层面。

国际收支货币论的基本前提就是任何国际收支的不均衡都是基于货币的不均衡—即人们想要持有的货币量和货币当局供给的货币量之间的差额。简单来说，如果人们对货币的需求超过央行供给的货币数量，那么对货币的超额需求将通过国外资金流入来解决。相反的，如果央行（在美国是美联储）供给的货币超过需求的数量，超额的货币供给将会通过流入其他国家的方式来消除。因此，国际收支的货币论分析强调的是货币需求和货币供给的决定因素，因为这些因素也将决定国际收支状况。

货币论的历史源远流长，该理论最近的流行可以看做是一个复兴而不是创新。实际上，近期的文献经常引用大卫·休谟（David Hume）在1752年写的 *Of the Balance of Trade* 中的一段话来阐述对这个问题的早期理解。休谟写道：

> 假设大不列颠4/5的货币在一夜之间变成了废纸，从货币上来看，整个国家回到了哈里斯和爱德华统治的时期，这会带来什么后果呢？所有劳动和商品的价格会同比例下降，所有东西都和古代卖得一样便宜吗？有哪个国家可以在外国市场上和我们竞争，或者假装操纵价格，或者和我们用同样低价出售商品呢？而在这个价格水平下我们还能保留足够的利润。这个过程要持续多久我们才能赚回我们失去的金钱，上升到和我们的邻国一致的水平呢？一旦我们达到这个水平，就会立即失去廉价的劳动和商品这个优势；资金流动也会因为我们的富足而停止。

休谟的分析是严格的价格和国际收支的货币论。从经济学中的一些基本理论可知，如果英国的现金储备突然减少了4/5，那么价格水平也会大幅下跌。价格的下降使得英国相对于其国外竞争者来说具有了价格优势，于是其出口会上升，进口会下降。随着外币的涌入（在休谟的年代，外币就是黄金），英国的货币供给会上升，价格水平也随之上升。这个过程会一直持续，直到英国的价格水平和其国外竞争者持平，在此之后整个经济系统重归均衡状态。

到目前为止，我们仅从国际收支的角度讨论了货币论，这在固定汇率或者金平价的情况下是可行的。但是对于浮动汇率制来说，还有一种分析叫对汇率的货币论（MAER）。区分固定汇率和浮动汇率是很重要的。当国家之间的汇率固定时，资金会在各国之间流动以对不平衡做出调整。在浮动汇率制情况下，汇率可以随着每种货币自由市场上的供给和需求变化上下波动。通常假设自由市场中均衡的汇率是可以使出口恰好等于进口的汇率，所以此时并不需要国际资金流动。国际经济学家们把这种要么资金流动，要么汇率变化的选择称为**国际调整机制**（adjustment mechanism）的选择。在固定汇率制下，对国际货币条件变化的调整是通过国际资金流动来实现的。而在浮动汇率制下，调整是通过汇率变化实现的。为了理清我们的思绪，并为区别国际收支的货币论和汇率的货币论的分析提供一个方便的框架，我们引用一个关于货币需求、货币供给、国际收支和汇率的简单经济模型。

在讨论模型之前，我们先来看几个基础的概念和假设。从宏观经济学原理中我们知道，美联储通过改变**基础货币**（base money）（通货加上商业银行的存款储备）来控制货币供给。

随着基础货币数量变化，商业银行的借款能力也会变化。基础货币的增加会导致货币供给的扩大，同理基础货币的减少会缩小货币供给。对于国际收支的货币论来说，将基础货币分成国内资金部分和国外资金部分是很必要的。基础货币的国内部分被称为**国内信用**（domestic credit），剩下的那部分就是**国际储备**（international reserves）（可用来偿还国际债务的货币，主要是外汇）。国内商品或金融资产的超额需求或超额供给会带来国际间资金的流动，影响基础货币，进而影响货币供给。比如，如果美国出口商收到了一笔外币货款，这笔货款会在美国商业银行那里转成美元，存在出口商的账户中。如果商业银行不需要这笔外汇，就会在美联储那里将这笔钱兑换成美元。美联储从商业银行这里购买了外汇，增加了该商业银行在美联储的储蓄账户金额，也就创造了新的基础货币。于是，美联储获得越来越多外汇的过程就是基础货币不断增加的过程。在国内货币供给过剩的时候，要么国内信用下降，要么国际储备下降，从而将基础货币降低到理想水平。

现在我们可以开始构建简单的国际收支的货币论模型㊀了。一般我们假设研究对象是一个**小型开放经济体**（small, open economy）。它之所以被假设成小型的，是因为我们假设这个经济体无法影响商品的国际价格和利率。开放性表示这个国家是国际经济交易中一个积极的参与者。我们可以根据各国的开放程度或者说他们对国际贸易的依赖程度来给国家分类。从美国 GDP 相对其国际贸易的规模来看，美国相对而言是封闭的，而比利时则相对更开放。

我们通过写出货币需求公式来开始对模型的讨论：

$$L = kPY \tag{17-4}$$

式中 L 是货币的需求，P 是国内价格水平，Y 是实际收入或者说财富，k 是常数，表示的是 P 或 Y 变化时，货币需求会怎么变化。式（17-4）也可以表达成“货币需求是价格和收入的函数”，或者“货币需求取决于价格和收入”。一般来说收入越高，人们为了购买商品而持有的货币也就越多。价格水平越高，人们为了购买同样数量的商品就需要持有更多的货币。所以当 P 或 Y 增加时，货币的需求会上升。

货币论的一个重要假设就是货币需求稳定。这意味着货币需求、收入和价格之间的联系不会随着时间有很大改变。只有在这个假设之下，货币论才是合理的分析框架。

令 M 代表货币供给，R 代表国际储备，D 代表国内信用，货币供给关系可以写为：㊁

$$M = R + D \tag{17-5}$$

令 P 代表国内价格水平，E 代表外币的本币价格，P^F 代表外国价格水平，那么一价定律可以表示为：

$$P = EP^F \tag{17-6}$$

最终，我们需要假设货币市场达到均衡，那么货币需求就等于货币供给，即：

$$L = M \tag{17-7}$$

㊀ 对该模型一个很好的阐述来自 Michael Connolly,“The Monetary Approach to an Open Economy: The Fundamental Theory,” in *The Monetary Approach to International Adjustment*, ed. Bluford Putnam 和 D. Sykes Wilford (New York: Praeger, 1978)。

㊁ 我们现在假设的是基础货币和货币供给是相等的。现实中，货币供给是基础货币的倍数。为了简化分析，我们假设乘数是 1。

保证式（17-7）均衡成立的调整机制随汇率制度的不同而不同。在固定汇率制下，国际收支不平衡会导致国际资金流动，货币供给在这个过程中向货币需求靠拢。在浮动汇率制下，通过汇率的变化，货币需求向央行设置的货币供给靠拢。在有管理的浮动汇率制下，理论上汇率是浮动的，但是中央可以对汇率进行干预以使之达到合意水平，此时国际资金流动的同时汇率也会变化。这三种情况我们随后都会讨论。

现在我们开始构建模型，在货币框架下来分析国际收支和汇率。我们先把式（17-6）代入式（17-4）中：

$$L = kEP^{F}Y \tag{17-8}$$

将式（17-8）和式（17-5）代入式（17-7）中，我们可以得到

$$kEP^{F}Y = R + D \tag{17-9}$$

最后，我们要讨论式（17-9），货币需求和货币供给的百分比变化。因为 k 是常数，所以其改变量是0，因此 k 可以从模型中除去，我们就得到：[⊖]

$$\hat{E} + \hat{P}^{F} + \hat{Y} = \hat{R} + \hat{D} \tag{17-10}$$

上方有插入符号（^）的变量代表该变量的百分比变化。

因为这个分析的目的就是解释汇率或者国际收支的变化，因此我们将 $\hat{R}$ 和 $\hat{E}$ 换到公式的左边。重新排列后的式（17-10）如下所示

$$\hat{R} - \hat{E} = \hat{P}^{F} + \hat{Y} - \hat{D} \tag{17-11}$$

这表明储备（国际收支）变化的百分比减去汇率变化的百分比等于国外通货膨胀率加上实际国民收入变化的百分比减去国内信用变化的百分比。在固定汇率制度下，$\hat{E}=0$，则国际收支的货币论可以表示为：

$$\hat{R} = \hat{P}^{F} + \hat{Y} - \hat{D} \tag{17-12}$$

因此，在固定汇率制度下，假设价格和收入不变（于是货币需求也不变），国内信用增加1%，会导致国际储备下降1%。这意味着如果央行扩大国内信用，使得存在超额货币供给，由于人们会花出手中多余的现金，国际收支赤字会扩大，或者说盈余减小。相反的，国内信用的降低会产生超额货币需求，因为对于固定的 $\hat{P}^{F}$ 和 $\hat{Y}$ 来说，货币需求不同，但是 $\hat{D}$ 在下降，因此 $\hat{R}$ 会增加，使得货币供给等于货币需求。

第18章会讨论汇率的货币论。现在我们可以总结出国际收支货币论带来的政策启示如下所示。

（1）国际收支不平衡是正常的货币现象。因此，除非一国为了给政府开支提供资金发行会造成通货膨胀的巨额货币，一般来说是不会出现长期（或者说结构性的）贸易赤字的。

（2）国际收支不平衡肯定是暂时的。如果汇率固定，最终该国会因为弥补赤字而用光所有的外汇储备。

（3）国际收支的不平衡可以通过国内货币政策来解决，而不是通过汇率的调整来解决。

⊖ 如果 $a=bc$，那么 a 的变化百分比等于 b 的变化百分比加上 c 的变化百分比：$\hat{a}=\hat{b}+\hat{c}$。在式（17-10）中，$\hat{R}+\hat{D}$ 其实就是 $R+D$ 作为货币供给一部分的变化，或者说是储备的变化加上国内信用的变化除以货币供给，所以 $\hat{R}=\Delta R/M$，$\hat{D}=\Delta D/M$。

本币的贬值和降低国内信用的作用相同，因为贬值会降低本币对世界其他国家的价值（相反的，本币的升值和提高国内信用作用相同）。在贬值发生之后，如果造成贬值的原因没有被纠正，要抵消该国货币持续的超额供给就需要进一步的贬值。

（4）国际收支情况可以通过货币需求的增加从而国内收入的增加来改善，只要这种增加没有被国内信用的提高所抵消，就可以实现国际收支的改善。

小　　结

1. 消费决策会根据相对价格的变化而变化。
2. 供给或需求的弹性测度的是交易数量对价格改变的反应程度。
3. 本币贬值会提高外国商品相对于本国商品的价格。
4. *J* 曲线描述的是贬值后国际贸易变化的趋势，国际贸易会先恶化，然后改善。
5. 在贬值后的短期内，决定贸易账户情况的是在贬值前签订的合同中规定的计价货币。
6. 贬值对于国内和国外价格的传导过程取决于国际贸易中的供给和需求弹性。
7. 贬值对于国际贸易影响的案例告诉我们，其中没有固定的模式。
8. 只有在收入相对于支出增加的时候，经常账户才会改善。
9. 货币论是从货币供给和需求的角度来分析国际收支和汇率的。
10. 在固定汇率制度下，货币供给通过国际储备的变化进行调整，向货币需求靠近。

习　　题

1. *J* 曲线代表什么现象？为什么会出现这种现象？
2. 假设以下几点成立：

   出口合约用本币计价

   进口合约用外币计价

   国内对出口品的供给缺乏弹性

   国外对于出口品（国内进口品）的供给缺乏弹性

   在本币贬值后，本国贸易收支会有什么变化呢？请仔细解释在货币合约期内和传导期内的效果并解释理由。
3. 用课文中讲过的货币论模型来解释下面的这些情况会怎样影响本国的国际收支（假设汇率固定）：

   a. 外国的通货膨胀率降低。

   b. 自然灾害摧毁了很大一部分国内工业，国内生产力受到了极大影响。

   c. 本国央行降低了基础货币的国内信用部分的增长速度，以期降低国内通货膨胀率。

   d. 一家外国石油卡特尔企业成功地使石油的市场价格翻倍，而国内经济严重依赖进口石油。
4. 货币论表明，长期的，或者说“慢性的”国际收支赤字是由什么引起的？
5. 为什么说吸收论的分析会在是否充分就业的不同假定下得出不同的结论。
6. 根据吸收论，在国内消费增加后，一国的经常账户会发生什么变化？在货币论的框架下，这与收入增加带来的影响又有什么不同？
7. 假设以下几点成立：

   出口和进口合约都用本币计价。

   国内对进口品的需求缺乏弹性。

外国对本国出口品的需求缺乏弹性。本币贬值后，国内贸易收支情况会发生什么变化？请仔细解释在货币合约期和传导期中的不同效果并解释原因。

参考文献

Betts, Caroline, and Michael Devereux. "The Exchange Rate in a Model of Pricing to Market." *European Economic Review* (April 1996).

Bussiere, Matthieu, and Tuomas Peltonen. "Exchange Rate Pass-Through in the Global Economy: The Role of Emerging Market Economies." European Central Bank Working Paper 951 (October 2008).

Fullerton, Thomas, W. Charles Sawyer, and Richard L. Sprinkle. "Latin American Trade Elasticities." *Journal of Economics and Finance* (Summer 1999).

Gagnon, Joseph E., and Michael M. Knetter. "Markup Adjustment and Exchange Rate Fluctuations: Evidence from Panel Data on Automobile Exports." *Journal of International Money and Finance* (April 1995).

Goldstein, Morris, and Mohsin S. Khan. "Income and Price Effects in Foreign Trade." In *Handbook of International Economics*, vol. 2, ed. Ronald W. Jones and Peter B. Kenen. Amsterdam: North-Holland, 1985.

Klitgaard, Thomas. "Exchange Rates and Profit Margins: The Case of Japanese Exporters." *FRBNY Economic Policy Review* (April 1999).

Marquez, Jaime, and Caryl McNeilly. "Income and Price Elasticities for Exports of Developing Countries." *Review of Economics and Statistics* (May 1988).

Olivei, Giovanni. "Exchange Rates and the Prices of Manufacturing Products Imported into the United States." *New England Economic Review* (1st Quarter 2002).

如需要更多的习题和补充阅读，请访问我们的网址：www.pearsonhighered.com/husted。

附录 17A　稳定的外汇市场和马歇尔－勒纳条件

国际贸易的弹性论强调了汇率变化对交易货币均衡数量的影响取决于供给和需求曲线的弹性。一般来说，本币贬值会提高对本国产品的需求，降低对外国产品的需求。最终，本国对外币需求下降的同时，用来交换本币的外币的供给会增加。

第 17 章探讨了 J 曲线的可能性，其中低贸易弹性会导致贬值后本国贸易收支的下降。我们下面学习一个例子，通过这个例子我们会知道贬值后低弹性是怎样带来外币对于国内市场供给的降低的。

假设我们面对的进口品供给是具有完全弹性的（例如，我们进口商品 X）。进口品的需求是 X 产品的国内超额需求——也就是说，国内供给满足不了的对 X 产品的需求。进一步假设我们是在美国，我们从英国进口 X 产品。如果我们使美元贬值，英镑的美元价格就会上升，使得从英国进口的产品更加昂贵了。图 17A-1 表述的就是贬值带来的可能结果。

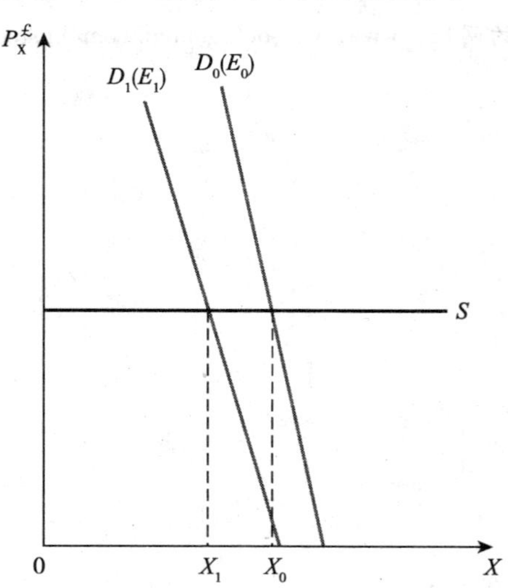

图 17A-1　供给具有完全弹性时贬值对国内进口的影响

在图 17A-1 中，具有完全弹性的供给曲线意味着我们可以用英镑价格 $P_X^£$（这是 X 产品的英镑价格）从英国购入任何数量的 X 产品。注意图 17A-1 中的价格是英国 X 产品的价格。需求曲线是美国对 X 产品的进口需求，是在汇率固定而英国价格改变的情况下得出的。美元贬值会使得需求曲线向左移动，比如说从 D_0（此时旧的汇率是 E_0）移动到了 D_1（此时新的汇率是 E_1）。于是我们得到了类似的结论，即贬值会降低进口。

图 17A-2 表示的是商品 Y 的出口情况。具有完全弹性的出口供给表明，对于初始的供给曲线 S_0，我们愿意在给定价格下如 $P_{Y_0}^£(E_0)$，出售任何数量的 Y 商品给英国。请再次注意，该曲线表明的是汇率固定而英镑价格不同的情况。如果本币贬值，比如说从 E_0 贬值到了 E_1（英镑的美元价格提高），那么与国内固定价格等价的外币价格就会降低。如果 $P = EP^F$，那么保持 P 不变，E 的升高意味着 P^F 要下降才能使等式成立。从图 17A-2 中，我们可以看出供给曲线移动到了 S_1，因为现在同样的国内价格面对的外国价格更低了。当然，供给的变化和英国买家所面对的美国 Y 产品英镑价格的下降表明，英国消费者对 Y 产品需求的数量会增加，表现在图上，均衡数量从 Y_0 增加到了 Y_1。

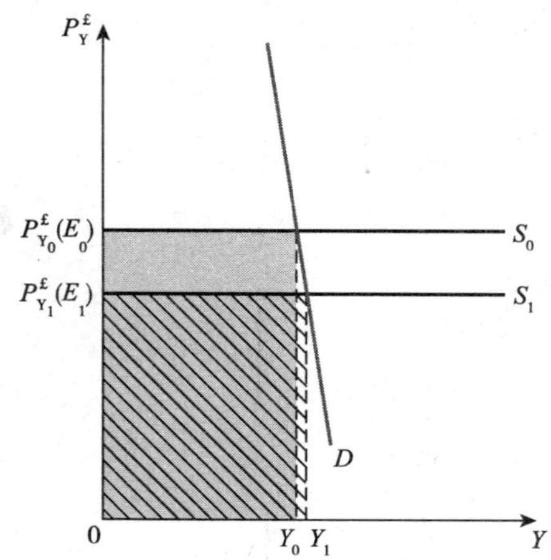

图 17A-2　供给具有完全弹性时贬值对国内出口的影响

图 17A-2 有一个有趣的特点就是汇率的变化对美国出口收入的含义。如果英国对美国出口品的需求是缺乏弹性的，那么销售量从 Y_0 到 Y_1 的增加无法"弥补"价格的下降，这使得英镑表示的出口收入减少。最开始，英国进口商在总出口费用中支付 $P^{£}_{Y_0} \times Y_0$（阴影部分）。在贬值后，他们为出口品支付 $P^{£}_{Y_1} \times Y_1$（画了斜线的部分）。直观的看这两个图形，我们可以发现，价格下降带来的收入损失（$P^{£}_{Y_1}$ 以上的阴影区域）比销售量增加带来的收入增加（Y_0 右边的斜线区域）要大。因此，因为贬值，英国整个的出口英镑收入会下降，这也意味着英国对美国出口品的需求是缺乏弹性的。以上分析还说明，美国的外汇供给曲线斜率为负，如图 17A-3 所示。

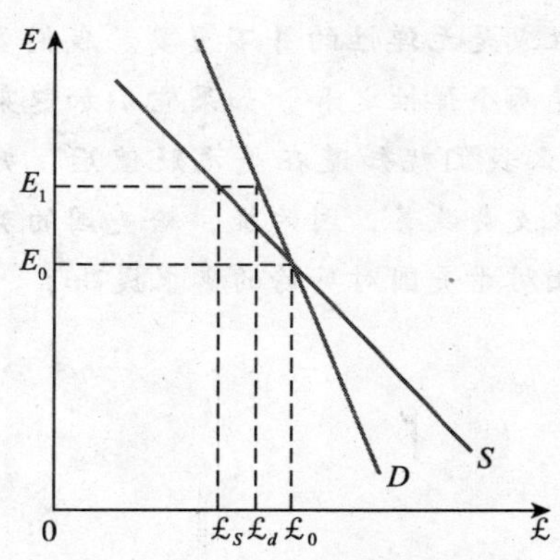

图 17A-3 当贸易弹性较低时，外汇的供给与需求

在图 17A-3 中，斜率为负的供给曲线告诉我们美元的贬值，比如说从 E_0 到 E_1，会使得提供给美国的英镑数量减少，从 $£_0$ 到 $£_S$。我们还知道，因为贬值后美国消费者会降低其对英国商品的购买量（如图 17A-1），因此贬值也会降低英镑的需求数量，从 $£_0$ 到 $£_d$。然而，如果需求曲线比供给曲线的斜率更陡峭（因为美国对英国出口品的需求比英国对美国出口品的需求更加缺乏弹性），那么需求曲线会在供给曲线上方与其相交，贬值就会增加对英镑的超额需求 $£_d - £_s$，如图 17A-3 所示。这可能会是个令人惊讶的结论，因为我们普遍认为贬值会使得外币需求减少，从而稳定外汇市场。

在图 17A-3 中展示的外币的供给和需求曲线的形状是从图 17A-1 和图 17A-2 商品市场的供给和需求曲线中推出来的。给定英镑美元价格的变化，美国对英国出口商品的需求弹性越低，美国对英镑需求的反应就越不灵敏，图 17A-3 中需求曲线的斜率就越陡峭。英国对美国出口品的需求弹性越低，在图 17A-3 中的外汇供给曲线的斜率就越可能为负。

马歇尔－勒纳条件就是贬值会改善一国贸易收支状况并稳定外汇市场的条件。我们用美国从英国进口 X 商品，并向英国出口 Y 商品的例子来说明这个条件。X 和 Y 的供给曲线都是具有完全弹性的，所以进口国可以以现行价格购买任何数量的产品。在图 17A-1 中，美国对进口 X 产品需求曲线的左移取决于其对 X 产品需求的弹性。如果对于美国消费者来说，X 产品的美元价格因为贬值提高了 10%，那 X 的需求缺乏弹性意味着 X 需求量的减少会小于 10%，而需求具有弹性意味着 X 需求量的减少会大于 10%。美国对于进口商品 X 的需求越具有弹性，美国对 X 的进口减少会越多，贬值后美国的贸易收支改善越大。

在图 17A-2 中，英国对美国出口品 Y 的需求弹性越大，美元贬值时，英国消费者面对的 Y 产品的英镑价格下降，Y 的需求量增加越多。在图 17A-2 中所示的情况里，当需求缺乏弹性时，Y 需求量的增加不足以弥补英镑价格的下降，所以英镑供给总额将会下降，如图 17A-3 所示。例如，如果图 17A-2 中供给从 S_0 到 S_1 的变化降低了 10% 的英镑价格，但是需求变化仅为 5%。在这种需求缺乏弹性的情况下，美元贬值后，英镑的供给量会下降，美国的贸易收支反而恶化。如果英国对Y产品的需求是有弹性的，Y产品英镑价格10%的下降会使需求量提高超过10%，这样在美元贬值后市场上英镑的总供给量就会增加，美国的贸易收支会改善。这种“正常的”、斜率为正的供给曲线表示在图17A-4中。

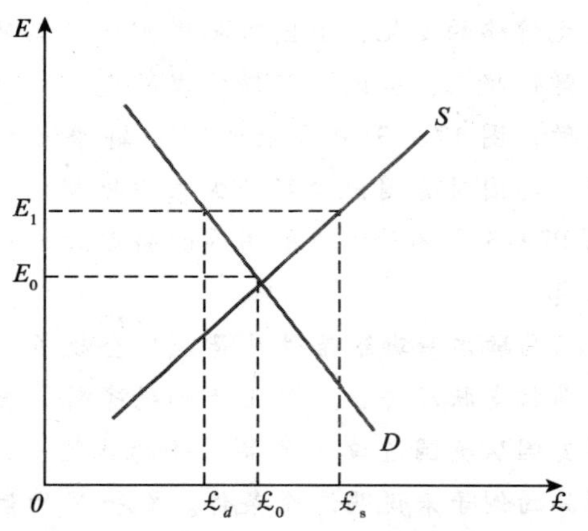

图17A-4　当马歇尔–勒纳条件实现时，外汇的供给与需求

假设初始汇率是E_0，$£_0$是供给和需求的英镑数量。如果美元贬值，新的汇率是E_1，那么英镑会存在超额供给，因为英国公民提供的新的英镑数量为$£_S$，而美国居民需要的英镑数量是$£_d$。这和图17A-3中表示的不稳定的外汇市场均衡相反，在图17A-3中，美元贬值会带来英镑的超额需求，使得美国贸易赤字扩大。

显然，美国对英国进口品的需求弹性和英国对美国出口品的需求弹性越大，美元贬值后美国贸易收支的改善也就越大。马歇尔–勒纳条件表明，仅当美国进口品的需求弹性与美国出口品的需求弹性相加超过1时，贬值才会改善美国的贸易收支，并使得外汇市场稳定。如果两个弹性加起来小于1，那么外汇市场就会不稳定，而且贬值反而会使得贸易收支恶化。如果两个弹性之和等于1，贬值后贸易收支不会改变。在供给曲线具有完全弹性的例子中，单个的需求曲线是有弹性或是无弹性的并不重要。我们要知道的仅是两个弹性之和。如果它们加起来大于1，那么我们就知道在美元贬值后，美国的贸易收支会改善，因为提供给美国的英镑的数量相对于美国对英镑的需求提高了。

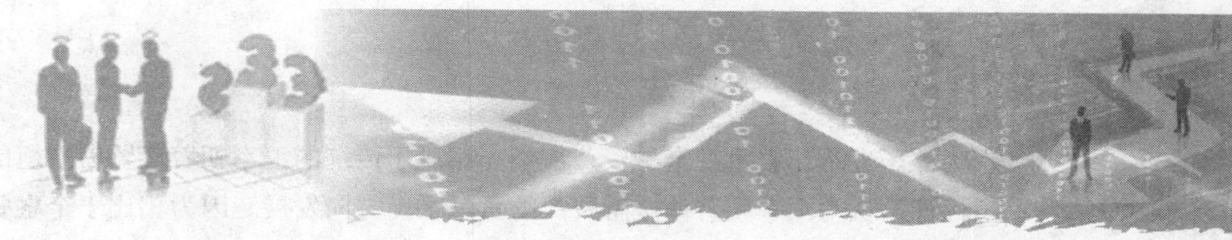

第 18 章

汇 率 理 论

学习目标

资产分析法；

货币分析法；

资产组合平衡分析法；

冲销；

汇率与贸易平衡；

汇率超调；

货币替代；

新闻的作用；

外汇市场的微观结构。

在 20 世纪 70 年代货币论盛行之前，人们普遍认为国际贸易流动是汇率的主要决定因素。这部分是由于政府在金融资本的国际流动上严加限制的事实。汇率变化在消除国际贸易不平衡方面的作用使我们预期拥有贸易盈余的国家的货币应该升值，而拥有贸易赤字的国家的货币应该贬值。汇率的这种变化将导致国际相对价格的变化，进而消除贸易不平衡。

虽然过去的方法从直觉上来看是正确的，但是很明显，世界并不像我们刚才讨论的那般简单的运行。例如，随着金融自由化的进行，与金融资产的国际贸易相比，商品和服务的贸易已经相形见绌。而且，也曾出现过贸易盈余的国家货币贬值，而贸易赤字的国家货币升值的情况。经济学家通过修正汇率决定论的一些其他观点以更好的应对真实世界的情况。这些理论更加重视将汇率作为金融资产的世界市场中许多价格之一的重要作用。本章我们将讨论汇率理论中一些最新的进展。

18.1 资产分析法

现代汇率理论非常重视金融资产市场。相比于传统的汇率朝着使贸易平衡的方向调整的理论，现代理论认为汇率朝着使金融资产的贸易平衡方向发展。因为相比于金融资产价格，商品价格调整很慢，而且金融资产贸易每天都在发生，所以把重心从商品市场转到资产市场是很有意义的。随着不同国家金融资产供给和需求的变化，汇率每天甚至每分钟都在发生变化。

资产分析法的一个重要的含义就是汇率比商品价格更易变化。这似乎是一个经验式的常识。表 18-1 列出了三个国家价格和汇率百分比变化的标准差。在表格涉及的时间段，我们可以看到各国的即期汇率比价格更易变化。比较价格和汇率，我们发现汇率的波动性平均来说是价格波动性的 4 ~ 10 倍。这些数字和汇率根据金融资产市场不断变化的情况做出反应而不是对商品国际贸易的变化做出反应的事实相符。这种情况在 2008 年的金融危机中表现得非常明显。欧元 – 瑞士法郎的汇率从它常见的波动性即每年大约 5% 的标准差上升大约 20%，是原来的 4 倍。这种波动性 4 倍的增长和 2008 年秋天金融市场盛行的疯狂状态紧密相关，而当时商品和服务的价格却很稳定。

表 18-1　价格和汇率的标准差①

国家	价格	汇率
加拿大	0.014	0.051
日本	0.012	0.115
英国	0.019	0.071

① 这张表格中的数据是 1985 ~ 2007 年间，各国的消费物价指数和各国货币对美元的即期汇率百分比变化的标准差。

着重金融资产市场的汇率模型一般假设**资本完全流动**（perfect capital mobility）。换句话说，资本可以自由地跨国流动，而没有明显的交易费用或资本管制作为投资的障碍。在这样的世界中，抛补的套利将保证抛补的利率平价成立：

$$\frac{i - i_f}{i + i_f} = \frac{F - E}{E} \tag{18-1}$$

式中 i 是本国利率，i_f 是外国利率，F 和 E 是 1 单位外币所能兑换的本国货币。鉴于这个关系持续成立，即期和远期汇率与利率将随时随着金融市场条件的变化而调整。

在资产分析法模型框架下，有两个派别：货币分析法和**资产平衡分析法**（portfolio-balance approach）。[⊖]国际收支的货币分析法在第 17 章中已经介绍过。就像我们当时所说，

⊖ 货币分析法早期的经典文献包括 Jacob Frenkel, "A Monetary Approach to the Exchange Rate: Doctrinal Aspects and Empirical Evidence," *Scandinavian Journal of Economics*（1976 年 5 月）；Michael Mussa, "The Exchange Rate, the Balance of Payments, and Monetary and Fiscal Policy under a Regime of Controlled Floating," *Scandinavian Journal of Economics*（1976 年 5 月）；以及 John Bilson, "The Monetary Approach to the Exchange Rate: Some Evidence," *IMF Staff Papers*（1978 年 3 月）。资产平衡分析法的一些早期经典文献包括 William Branson, Hanna Halttunen 和 Paul Masson, "Exchange Rates in the Short Run: The Dollar – Deutschemark Rate," *European Economic Review* 3（1977）；Pentti Kouri 和 Jorge de Macedo, "Exchange Rates and the International Adjustments Process," *Brookings Papers on Economic Activity* 1（1978）；Stanley Black, "International Money Markets and Flexible Exchange Rates," *Princeton Studies in International Finance*（1973 年 3 月）；以及 Polly Allen 和 Peter Kenen, *Asset Markets, Exchange Rates, and Economic Integration*（New York: Cambridge University Press, 1980）。

在货币分析法中，国际收支或任意两种货币之间的汇率是由这两国相对的货币供给和需求决定的。本国和外国证券的相对供给则不那么重要。资产平衡分析法则是由证券的相对供给和需求与货币市场的相对状况决定汇率。表 18-2 总结了这两种方法的区别。

表 18-2 汇率的资产分析法

特性	货币分析法	资产平衡分析法
资本完全流动（即满足抛补的利率平价）	是	是
本国和外国证券完全可替代（即满足无抛补的利率平价以及没有外汇风险溢价）	是	否

本质的区别就在于货币分析法（MA）模型假设本国和外国证券是完全的替代品，然而资产平衡分析法（PB）模型假设本国和外国证券是不完全替代品。如果本国和外国证券是完全替代的，那么只要预期收益相同，需求者对于证券的定价货币并不关心。在这种情况下，证券持有者持有外国证券时并不要求溢价——他们将像愿意持有本国证券一样持有外国证券——所以没有风险溢价，而且在货币分析法模型中，无抛补的利率平价始终成立。

在不完全替代的情况下，需求者存在在不同国家的资产间分配他们的资产的偏好。鉴于第 16 章提到的资产多样化的动机，资产持有者对于任何一个特定国家的资产都有一个合意的组合份额。如果一国的资产供给增加，只有在得到补偿的情况下，投资者才愿意增加该种资产的持有量。这就需要对这些资产支付一个溢价。一般来说，资产平衡分析法模型在远期汇率上存在风险溢价，是资产相对供给的函数。随着 A 国相对于 B 国金融资产供给的增加，在 A 国资产上支付的溢价将会升高。这种溢价意味着无抛补的利率平价不再成立，因为在远期市场将会存在风险溢价。这种溢价在货币分析法模型中会消失，因为在货币分析法模型中，假定投资者并不关心他们持有的是 A 国的证券还是 B 国的证券，或是持有两种证券的比例如何。

我们可以猜到，如果我们怀疑货币分析法模型关于资产在世界范围内完全可替代性的假设，那么资产平衡分析法模型将会更相关。在这种情况下，我们将把汇率看成是由本国和外国证券的相对供给和本国与外国货币的相对供给决定的。接下来我们就来修正货币分析法关于汇率的等式，把这个额外的作用包含进去。

18.2 货币分析法

鉴于第 17 章集中于国际收支决定理论，现在我们把注意力放在汇率决定上，再次重复货币分析法的推导过程。对于学习过第 17 章的读者来说，这将是一个简单的复习。对于其他读者来说，这里的材料将是对货币分析法的一个充分的介绍。

在第 17 章中，我们只是在国际收支平衡方面讨论货币分析法，但这只适用于固定汇率的世界。对于浮动汇率的世界，我们有关于汇率的货币分析法（MAER）。固定汇率和浮动汇率的二分法是很重要的。当国家间的汇率是固定的时候，我们发现货币在国家间流动来调整不均衡。在浮动汇率下，汇率可以随着自由市场上每种货币供求力量的变动而波动。自由市场均衡汇率通常被假定为出现在出口量与进口量相等的点，所以不需要净国际货币流量。我们将建立一个关于货币需求、货币供给、国际收支和汇率的简单的经济模型，为在有关于汇率的货币分析法下的分析工作提供一个实用的框架。

在分析模型之前，我们需要考虑一些基本的概念和假设条件。在宏观经济学原理中我们知道，联邦储备体系通过调节基础货币（现金和商业银行的存款准备金）来控制货币供给。随着基础货币的改变，商业银行的贷款能力也随之改变。基础货币的增加将导致货币供给的增加，相反，基础货币的减少将导致货币供给的减少。对我们来说，把基础货币分为国内部分和国外部分是有帮助的。基础货币的国内部分被称为**国内信贷**（domestic credit），剩下的则由**国际储备**（international reserves）组成（可以用来解决国际债务的资金项，主要是外汇）。对本国商品或金融资产的超额需求或超额供给做出反应的国际货币流动将会影响基础货币，进而影响货币供给。例如，如果一个美国出口商收到外币支付，这笔支付将被送到美国的商业银行兑换成美元并存在这个出口商的账户上。如果商行对收到的这笔外币存款没有用途，它就会在美联储将该外币换为美元。美联储通过增加商业银行在美联储的存款准备金来创建新的基础货币，以用于购买外汇。因此，美联储积累了国际储备，而这个储备的积累带来了基础货币的扩张。在本国货币存在超额供给的情况下，或者是国内信贷减少来降低基础货币，或者是国际储备减少以将基础货币降低到合意的水平。

现在我们已经准备好建立货币论的简单模型。通常的假设是我们在研究一个小型开放经济体。建立小国模型是因为我们希望该国不会影响它面对的商品或利率的国际价格。开放意味着这个国家是国际经济交易的积极参与者。我们按照各国的开放程度或其依赖国际贸易的程度为国家分类。考虑到美国的 GDP 与国际贸易额的比值，美国是一个相对封闭的国家，而比利时则相对开放。

在建立模型的开端，我们将货币需求表达为：

$$L = kPY \tag{18-2}$$

式中 L 是货币需求，P 是国内价格水平，Y 是实际收入或财富，k 是一个显示 P 或 Y 变化时货币需求如何变化的常量。式（18-2）常被表述为“货币需求是价格和收入的函数”，或“货币需求依赖于价格和收入”。通常收入越高，人们将持有越多的货币来购买商品。价格水平越高，购买特定数量的产品所需的货币就越多。所以货币需求将随着 P 或 Y 的上升而增加。

货币论的一个更强的假设是对于货币存在稳定的需求。这就意味着货币需求、收入和价格之间的关系不会随着时间发生很大的改变。缺少稳定的货币需求，货币论将不能为分析提供一个有用的框架。

令 M 代表货币供给，R 代表国际储备，D 代表国内信贷，我们可以把货币供给关系表示成：[⊖]

$$M = R + D \tag{18-3}$$

令 P 代表国内价格水平，E 代表用外币的本币价格，P^F 代表国外物价水平，我们可以将一价定律表示为：

⊖ 我们假设基础货币和货币供给是相同的。而事实上，货币供给是基础货币的乘数。在这里我们假设乘数是 1 来简化分析。

$$P = EP^{F} \tag{18-4}$$

最后，我们假设货币市场均衡成立，以保证货币需求等于货币供给，即：

$$L = M \tag{18-5}$$

保证式（18-5）的均衡成立的调整机制将随着汇率制度的不同而改变。在固定汇率制下，货币供给将通过国际收支不平衡引起的国际货币流动来适应货币需求。在浮动汇率制下，货币需求将通过汇率变化来适应中央银行设定的货币供给。在有管理的浮动汇率制下，即理论上是浮动汇率制，但是事实上存在中央银行介入，使汇率朝着合意的水平浮动，此时既有国际货币流动，又有汇率的变化。这三种情况接下来会依次讨论。

现在我们以一种能够在货币论体系下同时分析国际收支平衡和汇率的方式来建立模型。首先把式（18-3）带入式（18-2），得到：

$$L = kEP^{F}Y \tag{18-6}$$

把式（18-5）和式（18-2）带入式（18-4）得：

$$kEP^{F}Y = R + D \tag{18-7}$$

最后我们来讨论一下式（18-7），货币需求和货币供给的百分比变化。鉴于 k 是常数，其变化量是零，那么 k 就不在研究范围之内，剩下的是：㊀

$$\hat{E} + \hat{P}^{F} + \hat{Y} = \hat{R} + \hat{D} \tag{18-8}$$

式中，上标符号（^）代表了百分比变化。

鉴于这个分析的目标就是要解释汇率或者国际收支的变化，我们应该把 $\hat{R}$ 和 $\hat{E}$ 放在等式的左边，把式（18-8）按这种方式排列我们得到：

$$\hat{R} - \hat{E} = \hat{P}^{F} + \hat{Y} - \hat{D} \tag{18-9}$$

这表明储备（国际收支）的变化百分比减去汇率的变化百分比等于外币通胀率加上真实收入的变化百分比再减去国际信贷变化百分比。在固定汇率制下，$\hat{E} = 0$，我们就得到了第 17 章中讨论过的国际收支平衡的货币论。

在没有央行干预的浮动汇率制下，我们假设储备流 $\hat{R}$ 等于零，而汇率变化不等于零。一般性的式（18-9）现在应该被写成汇率的货币分析论：$-\hat{E} = \hat{P}^{F} + \hat{Y} - \hat{D}$，但是鉴于这一章着重于汇率，我们可以在等式两边同时乘 -1，那么关于汇率的货币分析法等式将被表示为：

$$\hat{E} = \hat{D} - \hat{P}^{F} - \hat{Y} \tag{18-10}$$

在关于汇率的货币分析法框架下，在 $\hat{P}^{F}$ 和 $\hat{Y}$ 保持不变（那么货币需求也保持不变）的情况下，国内信贷的增长将导致 $\hat{E}$ 的增加，鉴于 $\hat{E}$ 是每单位外币能兑换的本币数量，$\hat{E}$ 的增加意味着或者本国货币以较小的比率升值或是较大的比率贬值。在关于汇率的货币分析法框架下，国内货币政策不会导致货币的跨国流动但是会导致汇率的变化。

在式（18-10）中，$\hat{P}^{F}$ 和 $\hat{Y}$ 与 $\hat{E}$ 符号相反表明通货膨胀和收入增长将导致汇率朝相反的方向变化。例如，如果 $\hat{P}^{F}$ 或 $\hat{Y}$ 增加，那么货币需求增加了。在国内信贷保持不变的情况下，将出现货币的超额需求。就像个人试图增加其货币余额，将会出现 $\hat{E}$ 的减少或者是本币更

㊀ 如果 $a = bc$，那么 a 的百分比变化将等于 b 的百分比变化加上 c 的百分比变化：$\hat{a} = \hat{b} + \hat{c}$，在式（18-8）中，$\hat{R} + \hat{D}$ 是 $R + D$ 的变换量，是货币供给量的一部分，或者是储备变化量加上国内信贷变化量除以货币供给，所以 $\hat{R} = \Delta R/M$ 和 $\hat{D} = \Delta D/M$。

快的升值（更慢的贬值）。

迄今为止，我们讨论了固定汇率和浮动汇率下的情况，那么有管理的浮动汇率下的分析框架又是怎样的呢？记住，有管理的浮动汇率制意味着虽然理论上来说汇率是浮动的而且是由市场供求力量决定的，但是中央银行会干预使汇率朝着更有利的方向运行。所以，有管理的浮动汇率制度既有固定汇率制的特点也有浮动汇率制的特点，因为变化的攻击和需求会影响汇率，但是央行的行动也会使国际储备变动。为了同时顾及到国际储备和汇率的变动，我们可以简单的回到式（18-9），对于任意给定的货币供给和货币需求的变动，央行都会使 $\hat{E}$ 朝着自由市场水平移动，或者通过使 E 保持在某种不均衡水平，而通过 $\hat{R}$ 进行调整。

18.3 资产组合平衡分析法

如果本国债券和外国债券是充分可替代的，那么式（18-10）就是汇率决定的实用的货币分析法表述。资产平衡分析方法假定资产在世界范围内并不是充分可替代的，因为投资者认为外币表示的债权是有汇率风险的。相对于外国债券来说，本国债券的供给将增加，本国债券将有一个增加的风险溢价，将会导致本币在即期市场贬值。如果今天即期汇率贬值，并且假设预计未来的即期汇率不变，相对于期货的预期升值（贬值）率增加（减少）。

例如，如果最初美元兑换英镑的即期汇率是 $E_{\$/£}=2.00$，预期一年后的即期汇率是 $E_{\$/£}=1.90$，那么美元的预期升值率就是5%［(1.90－2.00)/2.00］。现在假设在一个著名的面值货币为美元的股票的增加导致了今天即期汇率贬值到 $E_{\$/£}=2.05$。现在预期美元升值率大约为7.3%［(1.90－2.05)/2.05］。

如果即期汇率是相对资产供给的函数，那么货币分析法等式，式（18-10）应该加入外国债券和本国债券的百分比变化进行修正：

$$\hat{E}=\hat{D}+\hat{B}-\hat{B}^{F}-\hat{P}^{F}+\hat{Y} \tag{18-11}$$

外国债券供应量 $\hat{B}^{F}$ 的增加导致国内货币以更快的速度升值（$\hat{E}$ 下降）或者以更慢的速度贬值。国内债券供应量 $\hat{B}$ 的增加导致本国货币以更快的速度贬值（$\hat{E}$ 增加）或者以更慢的速度升值。这个更明朗的资产平衡分析法论点被预期可能比货币分析法式（18-10）更好地解释了汇率的变化。但是，在这一问题上的实证经验并不清晰。㊀

分析汇率决定理论的货币分析法模型和资产平衡分析法模型的一个潜在问题就是意图使本国货币供给不受国际事项的影响的央行举动。下一部分将讨论这一问题的重要性。

18.4 冲销

冲销是指央行通过抵消国际储备的流动来遵循独立的货币政策。在关于国际收支平衡的

㊀ 一些研究者表明很难证明哪个汇率决定理论要明显优于其他理论。Ronald MacDonald 和 Mark P. Taylor 的一篇研究，“Exchange Rate Economics：A Survey”，*International Monetary Fund Staff Papers*（March 1992）；Lucio Sarno 和 Mark P. Taylor，*The Economics of Exchange Rates*（Cambridge：Cambridge University Press，2002）；Yin－Wong Cheung 和 Menzie Chinn，“Empirical Exchange Rate Models of the 1990s：Are Any Fit to Survive?” *Journal of International Money and Finance*（November 2005）.

货币论（固定汇率）的情况下，如果一国存在货币的超额供给，该国将失去国际储备或者经历赤字，直到货币供给重新等于货币需求。如果出于某些原因，央行渴望这一更高的货币供给并且通过进一步增加货币供给来应对赤字，那么赤字将会增加，并且只要央行持续保持货币供给大于货币需求，这种情况将会一直存在。对于货币的超额需求，过程将会是相反的。超额需求导致储备内流来使货币供给和货币需求相等。如果央行试图减少货币供给以至于超额需求始终存在，那么更多的储备流入将使央行的努力归于无用，只要央行持续保持货币供给小于货币需求的政策，这种情况就会持续。至此的讨论都是和不存在冲销的标准货币论相符的。

如果冲销是可能的，那么货币当局事实上就能够决定短期的货币供给，而不会存在储备流动抵消货币当局目标的情况。如果导致国际间套利的力量很难操作，那么这种情况就是可能的。例如，如果存在国际资本流动的障碍，那我们将预料到根据经济情况的变化，国际资产将有不同的回报率。在这种情况下，如果央行想在短期内增加货币供给的增长，它不用考虑货币需求和储备流动的问题就可以实现这个目标。在长期，当资产价格可以完全调整的时候，货币供给的增长速度必须与货币需求相符；在短期，央行将拥有一些自由裁量权。

冲销这个词的使用是基于央行必须有能力中和或抵消由货币政策带来的任何储备流动的事实，如果这个政策是为了实现央行的货币供给目标。例如，如果央行遵循一定的货币供给增长路径，并且货币需求增加，导致储备内流，那么央行必须有能力冲销这些储备内流，以保证货币供给不会上升到不合意的水平。这是通过将国内信贷减少一个和国际储备增长量相同的数量的方法来实现的，这样也就可以保持基础货币和货币供给的稳定。

在第 17 章，固定汇率下国际收支平衡的货币论等式是：

$$\hat{R} = \hat{P}^{F} + \hat{Y} - \hat{D} \tag{18-12}$$

式中 $\hat{R}$ 是国际储备的百分比变化。给定货币需求，国内信贷的增加将反映为 $\hat{R}$ 的下降，或者是储备的增长率降低。如果发生冲销，那么式（18-12）中所包含的因果关系就不再成立。

在货币论等式中，国内信贷 $\hat{D}$ 的变化（等式的右边）导致储备 $\hat{R}$ 的变化（等式的左边）。与之不同的是，在冲销机制下，储备的变化也会导致国内信贷的变化来冲销储备的流动。在冲销机制下，式（18-12）中显示的国内信贷导致储备变化的因果关系需要被重新考虑。冲销意味着还存在着储备变化导致国内信贷变化的因果关系，如式（18-13）所示：

$$\hat{D} = \alpha - \beta\hat{R} \tag{18-13}$$

式中 β 是冲销系数，其取值范围是从 0（不存在冲销）到 1（完全的冲销）。式（18-13）表明，国内信贷变化的百分比等于由央行国内政策目标决定的常量 α 减去储备百分比变化的 β 倍，β 反映了央行用国内信贷冲销储备流动的能力。当然，有可能央行不能完全抵消国际储备流动，然而仍然有一些冲销是可以实现的。在这种情况下，β 将位于 0 ~ 1 之间。有证据表明，事实上 β 的两个极端值和中间值都是可能发生的。从和冲销相关的证据中可以合理地推断出，央行能够在短期内冲销很大一部分的储备流动。[⊖]这就意味着货币当局有可能在短期内选择货币供给的增长率，虽然长期的货币增长必须符合货币需求方面的要求。

至今，我们已经在固定汇率框架下讨论了冲销的问题，现在我们来讨论冲销在浮动汇率机制下是如何运行的。假设日元对美元升值，日本银行决定干预外汇市场，提高美元的价值并减少日元的升值。日本银行增加国内信贷来购买美元面值的债券。对于美元债券需求的增加意味着在外汇市场上对美元需求的增加。这将导致美元的外汇价值提高。现在假设日本银行对于日本的货币供给有一个目标供给量，这个目标量的实现需要国内信贷的增加来抵消。央行将在日本卖出日元面值的债券来减少本国的货币供给，最初用来购买美国债券的国内信贷的增加导致国内日元供给的增加。随着日本银行在本国使用公开市场业务（央行买卖本国债券的行为）来减少国内信贷，货币供给最终将回到最初水平。在有管理的浮动汇率制下，日本银行通过使用**冲销干预**（sterilized intervention），在不影响日元供给的情况下达到降低日元升值的目的。冲销干预即用本国债券换取外国债券。我们也会问如果货币供给不变的话，冲销干预是怎样引起汇率变化的。用货币论模型很难解释这个问题，但是用资产组合平衡论则很好解释。式（18-11）表示，汇率将部分由本国和外国资产供给的相对增长来决定。当日本银行购买美元资产时，私人市场参与者可得的美元资产的供给和日元资产的供给相比会减少。这将导致日元贬值，日本银行在公开市场上出售日元债券会加剧这种现象。

即使是在货币论范畴下，在货币供给不变的情况下，如果货币需求改变，冲销干预对于即期汇率产生影响是可能发生的。干预活动将会改变私人市场对于未来预期的看法。如果干预改变预期的方式是通过影响货币需求来实现的（例如，干预导致人们预期日本的通货膨胀加剧，那么日本的货币需求就会下降），那么即期汇率就会改变。[⊜]

式（18-11）可以用来分析刚才描述过的干预过程。假设日本是本国，美国是外国，那么 $\hat{E}$ 代表了每美元可兑日元汇率。日本银行增加本国信贷购买美元标价债券。随着 $\hat{D}$ 增加，

⊖ 以下文献提供了证据：Michael Connolly 和 Dean Taylor，"Exchange Rate Changes and Neutralization：A Test of the Monetary Approach Applied to Developed and Developing Countries，" *Economica*（1979 年 8 月）；Kathryn M. Dominguez 和 Jeffrey A. Frankel，*Does Foreign Exchange Intervention Work?*（Washington，D. C.：Institute for International Economics，1993）；Geert Almekinders，*Foreign Exchange Intervention：Theory and Evidence*（International Monetary Fund，Washington，D. C.：Edward Elgar，1995）；以及 Joshua Aizenman，"Large Hoarding of International Reserves and the Emerging Global Economic Architecture，" *Manchester School*（2008 年 9 月）。

⊜ 关于冲销干预效应的有用的文章包括 Kathryn M. Dominguez，"Central Bank Intervention and Exchange Rate Volatility，" *Journal of International Money and Finance*（1998 年 2 月）；Richard T. Baillie 和 William P. Osterberg，"Why Do Central Bank Intervene?" *Journal of International Money and Finance*（1997 年 12 月）；Rasmus Fatum 和 Michael Hutchison，"Effectiveness of Official Daily Foreign Exchange Market Intervention Operations in Japan，" *Journal of International Money and Finance*（2006 年 3 月）；以及 Gabriele Galati，William Melich 和 Marian Micu，"Foreign-Exchange Market Intervention and Expectations：An Empirical Study of the Dollar/Yen Exchange Rate，" *Journal of International Money and Finance*（2005 年 10 月）。关于这些文献的一个很好的综述是 Hali Edison，"The effectiveness of Central-Bank Intervention：A Survey of the Literature after 1982，" *Princeton Special Papers in international economics*（1993 年 7 月）；Sylvester C. W. Eijffinger，*Foreign Exchange Intervention：Objectives and Effectiveness*（Cheltenham：Edward Elgar Publishing Ltd，. 1998）；以及 Mark P Taylor，"Is Official Exchange Rate Intervention Effective?" *Economica*（2004 年 2 月）；以及 Christopher J. Neely，"Central Bank Authorities' Beliefs about Foreign Exchange Intervention，" *Journal of International Money and Finance*（2008 年 2 月）。

$\hat{B}^F$ 减少，$\hat{E}$ 增加。最初日元兑美元升值，否则 $\hat{E}$ 就是负的。由于央行的干预，$\hat{E}$ 将上升，或者就是日元以更慢的速度升值（或者甚至是贬值，如果 $\hat{E}$ 变成正数）。

如果干预被冲销了，国内债券就会被换做货币。在式（18-11）中，$\hat{D}$ 下降 $\hat{B}$ 增加。因此，即是 $\hat{D}$ 回到最初水平，$\hat{B}$ 也会更高，那么 $\hat{E}$ 就保持在高于最初的水平上。

资产平衡模型允许冲销机制改变汇率，虽然货币供给最终是没有变化的。在货币法中，债券的相对供给从式（18-11）中被削去了。冲销机制能够改变汇率的唯一办法就是货币需求改变导致收入和价格（或者是利率，如果我们把它作为货币需求的一个决定因素的话）也发生改变。

18.5 汇率与贸易平衡

本章绪论中讨论了最近研究重心从依赖于商品贸易的汇率决定理论到以金融资产为基础的汇率理论方面的转变。但是在资产分析法模型中贸易流动还是起着很重要的作用，因为贸易流动也会影响金融资产的活动。

如果贸易平衡赤字通过耗尽本国的外币储备融资，贸易盈余则本国多持有外国货币的话，那我们就可以看出贸易账户的重要性。如果汇率调整使本国货币和外国货币的持有量合意，那么贸易盈余的国家将会积累外币。随着外国货币持有量的增加，外币的相对价值将会下降，也就是说外币将会贬值。

虽然已经实现的贸易流动和接下来货币持有量的变化将会决定当下的即期汇率，预期未来即期汇率的变化将受对未来贸易平衡以及货币持有量预期的影响。这项分析很重要的一点就是一国货币预期未来价值的变化将会立即体现在即期汇率上，例如，如果世界经济突发巨变导致未来更大的贸易赤字的预期——比如，国际石油卡特尔发展起来，本国将会在石油进口上花费更多——那么有远见的人就会预期本国持有外币量将减少。这个预期将会导致未来外币升值率加快的预期，或者是本币贬值速率加快，因为外币将变得更加稀缺。本币变高了的预期贬值率导致个人和企业现在就更愿意持有外国货币。此时本币和外币储备量都没有变化，把本币兑为外币的企图将会导致外币立刻升值来保持平衡。也就是说预期要发生的事情对现在的价格就会产生影响。

我们注意到当期即期汇率不仅受未来贸易流动预期的影响，也受当期国际贸易流动的影响。就像经济现象中发生的那样，决定贸易平衡的一些事项的短期影响和长期影响是不同的。假设浮动汇率下的长期均衡是贸易平衡，即进口等于出口。如果最初出于平衡状态然后经历诸如石油卡特尔形成这样的干扰，短期将会存在贸易赤字，但是在长期，随着价格和产量的调整，我们又重新回到贸易平衡均衡点。新的长期均衡汇率将会更高，因为在贸易赤字期间，外国人将持有更多的本国货币，而本国居民将持有更少的外国货币。汇率并不是立刻就会移动到新的均衡点，在短期，也就是贸易赤字期间，汇率将在新的均衡汇率以下。那么随着国内货币的外流，本币将会稳步贬值来维持短期均衡，即货币供求量相等。图 18-1 阐释了这些结果。在 t_0 时点发生的一些未预期的扰动导致贸易赤字。初始汇率是 E_0。随着赤字和接下来的货币外流，国内货币将贬值。最终，随着价格和产量的调整，新的均衡在 E_1 达到，贸易平衡也重新恢复。新汇率的产生不是立刻的，因为赤字会持续一段时间。

然而，远期汇率在 t_0 时点就会立刻上升到 E_1，因为市场预期 E_1 是长期均衡汇率。图中虚线代表即期汇率的短期运行路径。在 t_0 点，在贸易赤字被意识到之前，汇率就会有一个即期的上升，因为个人预期到本国本币贬值就会将本币兑换为外币。随着赤字的发生，本币就会稳步贬值，汇率逐步接近新的长期均衡汇率 E_1，并且贸易赤字减少为 0。

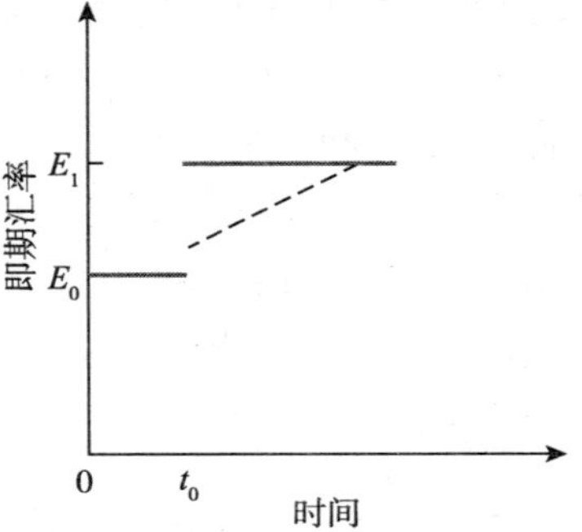

图 18-1 新的事件导致贸易平衡赤字后的汇率变化通道

贸易收支作为汇率的决定因素允许我们把现代汇率决定理论融入到知名报刊的说明中去，后者经常在汇率行为的解释上强调贸易账户。如前所述，在一个由预想的和真实的资产流动决定汇率的模型中，搞清国际收支流动是可能的，所以贸易流动在汇率决定理论中的作用就和资产分析法相一致。

18.6 汇率超调

图 18-1 表明，当出现本国贸易赤字加剧的新闻时，即期汇率立刻上升并且稳步的达到新的均衡点 E_1，当然也可能出现扰动之后汇率不会遵循这样一种有规律的方式运动。

我们现在知道购买力平价理论在浮动汇率下并不能很好的成立。汇率比价格更容易变动。我们可以想象，在短期一些扰动之后，价格将会慢慢朝着均衡水平调整，而汇率和利率则立刻就会调整。调整的速度不同就会产生一些关于汇率和价格的有趣的现象。

有时在出现一些经济扰动的情况下，即期汇率变化非常的快。同时我们也发现了当国家 A 比国家 B 有更高的通胀率的时候，A 国货币相对于 B 国货币升值。这种不规则可以在超调汇率理论中得到解释。[⊖]我们假设资本市场对于外部扰动立刻做出调整，而商品市场将随时间缓慢的进行调整。在这种情况下，我们分析当 A 国增加货币供给时会发生什么。

对于货币市场均衡，货币供给必须等于货币需求。如果货币供给增加，则必须有些因素能够增加货币需求。我们假设人们出于交易需求的目的持有货币，他们同时持有收益率为 i 的债券。根据这个假设我们可以写出货币需求等式：

$$L = aY + bi \tag{18-14}$$

式中 L 是真实货币需求（名义货币需求除以价格水平），Y 代表收入，i 代表利率。货币需求与收入正相关，所以 a 是大于 0 的。随着 Y 的增加，人们对所有物品的需求都增加，包括货币。利率是持有货币的机会成本，货币需求和 i 之间就存在着负相关关系，即 b 是负数。通常认为短期内，在货币供给增加以后，收入和价格水平都保持相对不变，那么利率必须下

⊖ 超调模型的例子见 Rudiger Dornbusch, “Expectations and Exchange Rate Dynamics”, *Journal of Political Economy* (1976 年 12 月)；Robert A. Driskill, “Exchange Rate Dynamics: An Empirical Investigation,” *Journal of Political Economy* (1981 年 4 月)；David H. Papell, “Activist Monetary Policy, Imperfect Capital Mobility, and the Overshooting Hypothesis,” *Journal of International Economics* (1985 年 5 月)；Jay H. Levin, “Trade Flow lags: Monetary and Fiscal Policy, and Exchange Rate Overshooting,” *Journal of International Money and Finance* (1986 年 12 月)；以及 Robert Kollmann, “The Exchange Rate in a Dynamic-Optimizing Business Cycle Model with Nominal Rigidities: a Quantative Investigation,” *Journal of International Economics* (2001 年 12 月)。

降到货币供给重新等于货币需求。现在我们把第二个国家加入我们的分析之中。

对A国和B国来说，合适的利率平价关系应该是：

$$i_A = i_B + (F - E)/E \tag{18-15}$$

在i_B不变的情况下，如果i_A下降，$(F-E)/E$或者是B货币的远期升水就会下降。当A货币供给增加时，那么最终A国的物价会升高，因为有更多的货币追逐有限的商品。为了实现购买力平价，A国未来的高价意味着更高的汇率。我们可以想出一个长期汇率E_{LR}和购买力平价相一致：

$$E_{LR} = P_A/P_B \tag{18-16}$$

在P_B不变的情况下，鉴于P_A将随时间上升，E也会上升。更高的预期的未来的即期汇率反映在更高的现在的远期汇率上。但是如果在F上升的同时，$F-E$下降来维持利率平价，当期的E将比F上升更多。那么，一旦价格开始上升，真实货币余额下降，本国利率就会上升。随着利率的上升，E将下降来维持利率平价。因此，E最初的上升要超出长期水平E_{LR}，或者说E将超调。注意汇率超调模型包括两个基本假设：短期购买力平价不成立，并且即期汇率比远期汇率更易变。

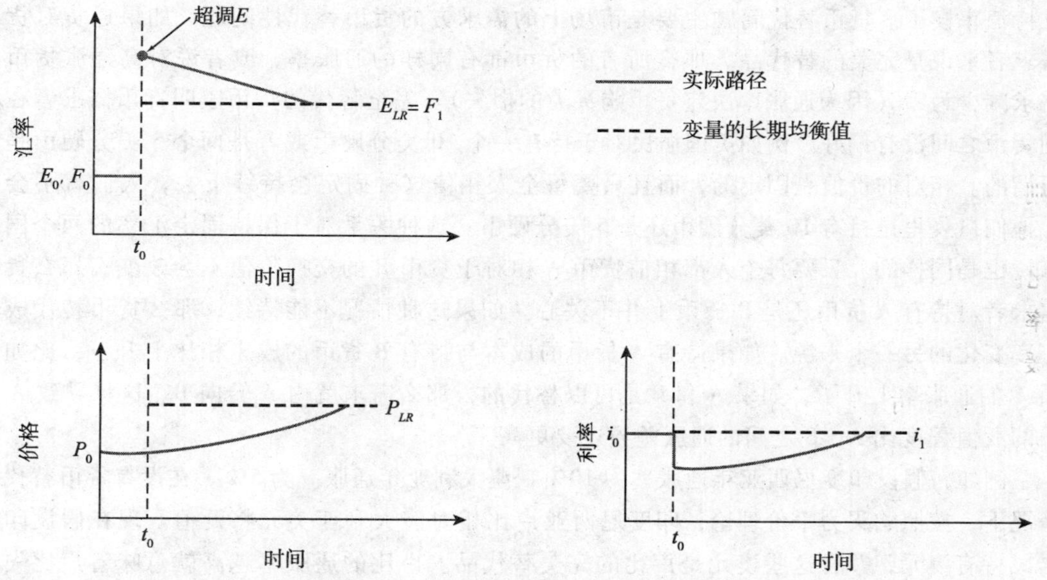

图18-2 时点t_0本国货币供给增加后，远期和即期汇率、利率和价格水平的时间路径

如果此时读者感觉讨论已太过深入，你们大可放心因为后面还会用图表做一个精确的总结。图18-2就给出了这样的总结。最初均衡点是E_0、F_0、P_0和i_0。当货币供给在t_0点增加的时候，国内利率下降，即期和远期汇率上升，但是价格水平保持不变。最终的长期均衡价格P_{LR}和汇率E_{LR}将和货币供给同比例上升。虽然远期汇率立刻移动到新的均衡点F_1，即期汇率将超过最终均衡水平E_{LR}来维持利率平价（短期i下降）。随着时间的推移，价格开始上升，利率开始上升，汇率汇集到新均衡点E_{LR}。

汇率超调的结果就是我们会看到相对于B国的固定价格来说，A国价格在上升，A国货币沿着直线升值朝着E_{LR}聚拢。我们可以把这段时期解释为固定价格上升，真实货币余额下降，利率上升，所以A国货币以和利率上升同样的速率升值，同时还要保持利率平价。

18.7 货币替代

正如在随后第19章中所讨论的，经济学家认为浮动汇率制的一个优势就是各国可以在货币政策上保持独立性。在固定汇率制下显然是不成立的。如果A国必须保持和B国的固定汇率，那么A国必须和B国采用相似的货币政策。如果A国实行通胀政策价格平均每年上升20%，而B国奉行物价稳定政策，那么A、B两国间的固定汇率很难维持。但是在浮动汇率制下，A、B两国可以选择它们喜欢的货币政策，汇率只需按照通胀率的不同进行调整。

如果存在对货币的国际需求，那么浮动汇率下的本国货币政策的独立性就会减少。假设B国居民期望持有A国货币以便未来交割或者只是作为他们资产组合投资的一部分。随着对A、B两国需求的变化，汇率也将随之变化。在一个货币可替代的地区，货币需求的转移时汇率易变性的另一个因素。[⊖]

在固定汇率制下，央行在货币供给方面使货币具有完美的替代性。他们改变货币供给来维持汇率楔子。货币替代问题主要是市场上的需求方的货币替代性问题。如果通货对货币需求者来说是完美的替代品，那么所有的货币都有同样的通胀率，或者说对高通胀货币的需求减少为零（因为通胀率决定货币购买力的损失）。完全替代的货币表明货币需求者在不同货币之间没有偏好。例如美国居民对于持有一个10美分硬币或者是两个5美分硬币是无所谓的。相对的价值是固定的，而且只要每个人相信这种固定会持续下去，人们就不会担心他们口袋里是持有10美分硬币还是5美分硬币。这种关系对于保持固定汇率的两个国家来说也是同样的。只要每个人都相信货币A相对于货币B的交换价值不会改变，那么货币需求者对持有A货币还是B货币上并不关心。如果这种情况不能持续，那么货币替代成为汇率变化的另一个来源。如果持有A货币的成本与持有B货币的成本相比上升了，比如货币A的通胀率上升了，如果A和B是可以替代的，那么需求就由A转向B。这将导致A货币的贬值程度比A、B之间的通胀差异还要更高。

例如，假设印度尼西亚年通胀率为10%，澳大利亚年通胀率为5%。在没有货币替代的情况下，按照购买力平价理论，印度尼西亚卢比相对澳大利亚美元将贬值。现在假设印尼居民持有澳元，并且这些澳元是卢比的完美替代品。卢比的通胀率越高就意味着卢比失去价值就会越迅速，对于澳元的需求就会增加。把卢比换为澳元的举动导致卢比贬值更加严

⊖ 有大量关于货币替代和与其相关（或不相关）的文献，比如 John T. Cuddington, "Currency Substitution, Capital Mobility 和 Money Demand," *Journal of International Money and Finance*（1983年8月）; Betty C. Daniel 和 Harold O. Fried, "Currency Substitution, Postal Strikes, and Canadian Money Demand," *Canadian Journal of Economics*（1983年11月）; Russell S. Boyer 和 Geoffrey H. Kingston, "Currency Substitution under Finance Constraints," *Journal of International Money and Finance*（1987年9月）; Alan G. Isaac, "Exchange Rate Volatility and Currency Substitution," *Journal of International Money and Finance*（1989年6月）; Jeffrey H. Bergstrand 和 Thomas P. Bundt, "Currency Substitution and Monetary Autonomy: The Foreign Demand for US Demand deposits," *Journal of International Money and Finance*（1990年9月）; Sebastian Edwards, "Dollarization: Myths and Realities," *Journal of Policy Modeling*（2001年4月）; 以及 Miguel Lebre de Freitas 和 Francisco Jose Veiga, "Currency Substitution, Portfolio Diversification, and money demand," *Canadian Journal of Economics*（2006）。

重。货币之间的这种需求转移导致汇率易变，并且对于那些渴望汇率稳定的央行来讲令人不安。因此高程度的货币替代需要货币政策上的国际协作。在第 19 章我们将更详尽的讨论**货币联盟**（currency unions）的优势，即央行协调货币政策并固定汇率，但是我们也可以想到需要多高程度的货币替代才能导致货币联盟的产生。如果货币需求者在货币之间自由替换使得货币遵从相似的通胀率，那么浮动汇率制下的货币政策独立性就是虚幻的。虽然央行试图遵循独立的货币政策，货币需求者将少持有高通胀货币而多持有低通胀货币。这种货币替代就导致易变的汇率，不仅是因为汇率调整以补偿最初的通胀差异，而且货币资产组合的调整也带来汇率的变化。

我们可以想象一个资源在国家间有充分流动性的地区，货币替代是最重要的。例如在西欧使用欧元的国家就代表了一个欧洲货币联盟，同时也是单个欧洲国家货币被统一货币替代的一个证据。[㊀]在美元和拉美货币之间也存在高度的货币替换。[㊁]在许多拉美国家，美元是非常重要的可替换货币，既可以作为贮藏手段（美元比拉美货币更稳定），也可以作为交换媒介。后者在边境地区更加显著。

18.8　新闻的作用

考虑迄今为止讨论的汇率决定理论，我们认为运用这些理论，专家在预测未来汇率上应该是非常精通。事实上，预测未来的即期汇率是很难的。虽然研究者们表明上述理论在解释汇率的系统性变化的时候是相关的，它们在预测未来汇率上的作用却很有限，因为未预料到的事情总会发生。真实世界充满了无法预料的事情。当未预料的事情发生的时候，我们把它叫做新闻。鉴于利率、价格、收入经常被新闻影响，那么汇率也会被新闻影响，由定义我们可以看出，和新闻相关的汇率变化也将是不可预期的。我们在预测未来即期汇率的时候遇到麻烦是因为我们知道汇率在一定程度上是由未被预测到的事情影响的。

即期汇率的预期变化，就像远期升水公式中测度的那样，变化幅度比真实变化要小。这一事实表明了即期汇率的变化有多大程度是未被预测的。经常发生未被预期的经济政策变化宣布的时期，即期汇率和远期汇率将随着按新闻修正的预期的变化而波动。

新闻也会影响购买力平价理论。因为汇率是金融资产的价格，而金融资产价格随着新闻不断进行调整，那么新闻也会对汇率产生即期的影响。[㊂]而商品和服务的价格不会因为新的

㊀ 参见 Michael Melvin, "Currency Substitution and Western European Monetary Unification," Economica (1985 年 2 月)。

㊁ 参见 Guillermo Ortiz, "Currency Substitution in Mexico: The Dollarization Problem," *Journal of Money, Credit, and Banking* (1983 年 5 月); Jaime Marquez, "Money Demand in Open Economies: A Currency Substitution Model for Venezuela," *Journal of International Money and Finance* (1987 年 6 月); Michael Melvin, "The Dollarization of Latin America as a Market Enforced Monetary Reform: Evidence and Implications," *Economic Development and Cultural Change* (1988 年 4 月); John H. Rogers, "Convertibility Risk and Dollarization in Mexico: A Vectorautoregressive Analysis," *Journal of International Money and Finance* (1992 年 4 月); 以及 Paul D. McNelis and Carlos Asilis, "A Dynamic Simulation Analysis of Currency Substitution in an Optimizing Framework with Transactions Costs," *Revista de Analisis Economico* (1992 年 6 月)。

㊂ Yin-Wong Cheung 和 Menzie Chinn 在 "Currency Traders and Exchange Rate Dynamics: A Survey of the U. S. Market," *Journal of International Money and Finance* (2001 年 8 月)，调查了外汇交易商，发现大部分交易商认为汇率会在 1 分钟之内对大部分经济新闻做出完全的反应和调整。

消息而变化的很快。一个原因是商品和服务的价格是提前约定好的，所以在合同期内其价格是不灵活的。另一个更基本且普遍的原因就是金融资产，如外汇，相对于加入国家价格指数的商品和服务来说存在时间更长。这点很重要因为存续期长的资产的价格对预期的变化比相对来说存续期短的商品更加敏感。因此，在新闻较多的时期，我们可以观察到汇率比价格变化更多，那么也就会出现和购买力平价理论较大的偏离。价格和汇率的区别在表18-1中有所表示。如前所述，在汇率决定的资产模型中，汇率比商品价格变动的更加频繁。许多未被预期的经济事项（如石油价格波动或者国际信贷问题）发生的时期将会发生很大程度的未预期的汇率变化，而且也会出现和购买力平价理论很大的偏离。例如，如果美联储宣布增加美元通胀的货币政策，在外汇市场上，美元将立刻贬值，商品的服务的价格将会慢慢随着时间增加。

认识到汇率的易变性是不断发展的结果这一点是很重要的。[㊀]在最近几年中，研究发现和失业率有关的消息与其他宏观经济形势宣布相比对汇率有更大的影响。易变的汇率反映了紊乱的时期。即使很好地掌握了汇率决定理论，如果没有很好的远见，在这样一个充满了惊喜的动态世界中汇率也已经被证明是很难预测的。

18.9 外汇市场的微观结构

已经讨论过的汇率的决定因子揭示了导致汇率变化的基本原理。一旦市场接受了和货币供给，贸易平衡或者财政政策相关的信息，汇率的变化就会把这些反映出来。我们可以把这种讨论看成是宏观的，因为这些新闻反映了整个经济和除了汇率以外的其他价格的变化。但是，同样存在一个微观层面，即汇率是由交易者的相互作用决定的。除了为大众所知的宏观新闻和公共信息，还存在一些私人信息，即对于当前的市场状态一些人比另一些人知道得更多。理解"市场的微观结构"使我们用一种日常感觉理解外汇市场的演化过程，其中外汇交易者在不存在宏观新闻的交易日中调整出价和报价。[㊁]

㊀ 这反映在 Takatoshi Ito and V. Vance Roley, "News form the U. S. and Janpan: Which Moves the Yen/Dollar Exchange Rate?" *Journal of Monetary Economics*（1987 年 3 月）; Gikas A. Hardouvelis, "Economic News, Exchange Rates, and Interest Rates," *Journal of International Money and Finance*（1998 年 3 月）; Keivan Deravi, Philip Gregorowicz, and Charles E. Hegji, "Balance of Trade Announcements and Movements in Exchange Rates," *Southern Economic Journal*（1988 年 10 月）；以及 Jun Cai, Yan-Leung, Raymond S. . K. Lee, and Michael Melvin, "Once- in- a- Generation Yen Volatility in 1998; Fundamentals, Intervention, and Order Flow," *Journal of International Money and Finance*（2001 年 6 月）。

㊁ 关于外汇市场微观结构的文献相对较新，而且增长迅速。下面这方面文献给出很少的例子，包括：Richard Lyons, "Tests of Microstructural Hypotheses in the Foreign Exchange Market," *Journal of Financial Economics*（1995 年 10－11 月）; Frank De Jong, Ronald Mahieu 和 Peter Schotman, "Price Discovery in the Foreign Exchange Market: An Empirical Analysis of the Yen/Dmark Rate," *Journal of International Money and Finance*（1998 年 2 月）; Martin Evans 和 Richard Lyons, "Order Flow and Exchange Rate Dynamics," *Journal of Political Economy*（2002 年 2 月）; Vicentiu Covrig 和 Michael Melvin, "Asymmetric Information and Price Discovery in the FX Market: Does Tokyo Know More about Yen?" *Journal of Empirical Finance*（2002 年 8 月）; Harald Hau, William Killeen 和 Michael Moore, "The Euro as an International Currency: Explaining Puzzling First Evidence form the Foreign Exchange Markets," *Journal of International Money and Finance*（2002 年 6 月）; Carol Osler, "Stop-Loss Orders and Price Cascades in Currency Markets," *Journal of International Money and Finance*（2005 年 3 月）；以及 Geir Bjonnes 和 Dagfinn Rime, "Dealer Behavior and Trading Systems in Foreign Exchange Markets," *Journal of Financial Economics*（2005 年 3 月）。

外汇交易者根据买卖货币的订单和地位的变化来改变汇率报价。例如，假设约瑟·史密斯在花旗银行专门从事外汇欧元美元市场的外汇交易。银行管理层通过限制交易者能够把银行暴露在未预期的汇率变化的潜在损失的限度控制外汇交易风险。如果史密斯同意买进比卖出更多的欧元，他在欧元市场上处于多头地位，并且将从欧元升值中获利，在欧元贬值时遭受损失。他在任意时点的境况也被称为存货。交易者根据存货的变化调整报价。交易日末大部分交易者会平仓。即他们购买一种货币的订单和卖的订单是相等的。

假设约瑟·史密斯在交易日中买卖欧元和美元。下午他的头寸是这样的：

美元购买：100 000 000 美元

美元出售：80 000 000 美元

为了平衡头寸，史密斯调整报价促进更少的美元购买和更多的美元出售。这就意味着他将会出更高的价格购买欧元，即卖出美元买进欧元。鉴于他提高了 1 欧元的美元价格，他将想从他那里用欧元买美元的得到更多的出价。当史密斯从其他贸易者那里买到欧元，他也同时卖给他们美元，这样做就帮助他平衡存货病者减少他在美元上的多头地位。

存货控制对汇率的影响就可以解释在没有关于汇率的消息时交易者还是会改变他们的出价。理查德·莱昂斯（Richard Lyons）研究欧元出现以前的马克市场，并且估计，平均来说，外汇交易者对于每 1 000 万不合意的美元存货愿意把报价改变 0. 000 08。那么拥有2 000 万不合意的美元存货的交易者将为支付欧元的价格平均抬高 0. 000 16。

除了存货控制效应，还存在信息不对称效应，这种信息不对称效应导致汇率改变，因为交易者害怕他们是向比他们了解更多市场信息的人报价。即使不存在和前文所述的变量相关的消息，信息也会在交易的过程中传播。如果德国银行的英格里德·舒尔茨想从史密斯那里购买 5 000 美元的欧元，史密斯就会想舒尔茨会不会比他知道更多的信息呢？舒尔茨愿意以史密斯的出价购买会不会是因为史密斯出价太低了呢？舒尔茨会有什么更好的信息呢？每个银行都会从非银行客户那里收到买卖订单。也许舒尔茨知道她的银行刚从宝马那里收到出售美元的大订单，而且她将在有这个非银行客户的从其他贸易者那里购买欧元的订单未来的价格上涨之前卖出美元买进欧元。

史密斯不知道为什么舒尔茨购买欧元，但是他通过提价来保护自己免受再次出售欧元给比自己知道更多信息的人。理查德·莱昂斯认为不对称信息的存在导致每 1 000 美元贸易量就会存在 0. 000 14 的平均变化。在这种平均水平上，史密斯将提高 0. 000 7 的要价作为对舒尔茨购买 5 000 万美元欧元的回应。

存货控制和不对称信息效应帮助解释为什么在不存在对汇率决定变量的新闻的情况下一天中会出现汇率变化。交易的行为产生了想控制存货头寸以减少汇率变化风险以及不愿意和比他们知道更多信息交易者交易的风险厌恶者中的价格变化。

小　结

1. 现在汇率理论强调金融资产市场。
2. 资产分析法可以分为假设国际范围内资产能够完全替代的货币论和假设不完全替代性的资产平衡论。

3. 汇率决定的资产平衡模型加入相对资产供给作为一个决定因素。
4. 中央银行的冲销行为即是改变本国信贷抵消国际储备流动。
5. 既然贸易差额是由资产流动平衡的，那么资产分析法认为贸易差额的变化对于汇率决定也有一定的作用。
6. 如果资产市场比商品市场调整的更快，那么在系统出现扰动时汇率会超调，超过长期均衡点。
7. 国家货币替代是汇率易变性的另一个来源。
8. 高程度的货币替换就会产生货币联盟。
9. 市场根据未预期的事项随时进行调整，所以汇率很难预测。
10. 即使没有新的消息，在外汇交易商管理头寸或和比他们有更多信息的交易者交易后的调整的过程中，汇率也会发生变化。

习　题

1. 假设X国发明了一项新的科技使得未来某一天X出口量将会增加。那么本来是贸易赤字的X国将会出现长期的盈余。X国的外汇价值如何受到影响？在短期和长期会有什么差别的？
2. 对浮动汇率的一个主要的抱怨就是汇率太容易变化。解释这章涉及的话题—贸易平衡，货币替代，资产市场和商品市场调整的不同速度，新闻，市场的微观结构作用—是如何造成汇率的易变性的。
3. 假设本国央行在未被预料的情况下降低了货币供给。以汇率超调模型为背景，即期汇率，远期汇率，利率，价格水平是如何变化的？画图来解释它们的变化路径并解释为什么是该种形状。
4. 仔细观察本地的报纸（最好是华尔街日报）从中找出能够对外汇市场产生影响的新闻。记录每个新闻事项，你预料对本国货币价值的影响（和原因），和实际的影响（汇率与前一天相比的变化）。
5. 假设美联储想提高英镑兑美元的价值。它将如何干预外汇市场达到这个目的？假设美联储希望在干预过程中保持美元供给不变，它将如何操作冲销机制？
6. 为什么小的发展中国家政府担心他们的居民进行货币兑换？
7. 解释在汇率超调理论中为什么汇率会超调。从中我们可以得出关于利率平价和购买力平价短期可信性的什么推论呢？
8. 汇率决定论中的货币论和资产平衡论之间有什么区别和相似之处呢？
9. 根据汇率决定理论的资产平衡论，当外国债券供给相对本国债券供给增加时本币价值会发生什么变化并解释原因。
10. 假设Taka是日元/美元交易者，出价是110.2～110.30日元兑换美元。今天他买入6 000万美元卖出价值3 000万美元的日元。他将如何改变报价平仓呢？
11. 假设Bettina是一个欧元美元交易者，出价1.354 0/1.355 0兑换欧元。她接到Helmut的电话，Helmut是一家德国大银行的交易者，经常能够了解到欧洲的政策变化。Helmut想买欧元，所以Bettina认为可能发生了一些她并不知情的事件。如果她现在对于市场情况不是特别了解那么她将如何改变她的出价呢？

参考文献

Aivazian, Varouj A., Jeffrey L. Callen, Itzhak Krinsky, and Clarence C. Y. Kwan. "International Exchange Risk and Asset Substitutability." *Journal of International Money and Finance* (December 1986).

Isard, Peter. *Exchange Rate Economics*. Cambridge: Cambridge University Press, 1995.

King, Michael R., and Jeannine Bailliu. "What Drives Movements in Exchange Rates?" *Bank of Canada Review*, 2005.

Lyons, Richard K. *The Microstructure Approach to Exchange Rates*. Cambridge: MIT Press, 2001.

Neely, Christopher. "The Practice of Central Bank Intervention: Looking under the Hood." *Review* (Federal Reserve Board of St. Louis, May/June 2001).

Sarno, Lucio, and Mark P. Taylor. *New Developments in Exchange Rate Economics*. Cheltenham: Elgar, 2002.

Taylor, Mark. "The Economics of Exchange Rates." *Journal of Economic Literature* (March 1995).

如需要更多的习题和补充阅读，请访问我们的网址：www. pearsonhighered. com/husted。

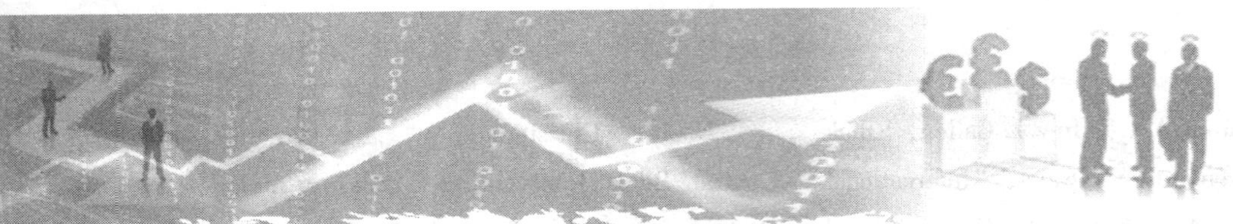

第 19 章

国际货币本位

学习目标

金本位：1880 ~ 1914 年；
战争时期：1918 ~ 1939 年；
金汇兑本位：1944 ~ 1970 年；
过渡期：1971 ~ 1973 年；
浮动汇率制：1973 年至今；
汇率制度选择；
最优货币区；
欧洲货币体系和欧元；
目标区；
货币发行局；
国际储备货币；
多重汇率制度。

像公共政策的很多领域一样，国际货币关系常常经受求变的提议。国际货币体系是存在于国家间的与汇率和货币流动相关的制度安排。固定汇率、浮动汇率、商品货币都有各自的支持者。在考虑其他国际货币体系之前，我们应该理解国家货币体系的发展背景。虽然自从货币开始被交换以来，国际货币政策就一直存在，对于国际货币历史的现代探讨通常是从 19 世纪末开始的，也就是**金本位**（gold standard）开始的时期。

19.1 金本位：1880 ~ 1914 年

虽然我们不能确定金本位开始的确切日期，但是我们知道它是在 1880 ~ 1890 年这段时期开始的。[⊖]在金本位下，货币是用金的等价物来衡量价值的，也就是通常所说的铸币平价（在金本位时期1盎司黄金值20.67美元）。因为每种货币都是用其黄金价值来定义的，所有的货币在固定汇率体系下互相联系。例如，如果1单位货币A价值0.1盎司黄金，1单位货币B价值0.2盎司黄金，那么1单位货币B就价值2单位货币A，汇率就是1单位货币B=2单位货币A。

保持金本位需要各参与国承诺愿意以固定价格买卖黄金。为了维持每盎司20.67美元，美国必须在该价格上买卖黄金。如果政府不能承受在铸币平价上买卖货币，那么货币相对于金的供给需求就会改变，价格也就会变化。在波动的金价下，货币就不以固定汇率相互联系。

金被用于货币本位是因为在世界范围内金是同质的，而且容易储存、可携带并可被分割成标准单位，如盎司（能用鱼来做本位货币吗）。鉴于金的生产成本很高，它也拥有另一项很重要的特性——政府不能轻易增加它的供给。金本位也属于**商品货币本位**（commodity money standard），货币的价值是用金这种商品来固定表现的。

依托有相对固定供给的商品本位的一个特点就是长期的价格稳定。鉴于政府必须保持货币相对于金的固定价值，货币的供给就受金供给的限制。价格仍然会受金产量和经济增长的波动而起伏，但是存在一个回归长期均衡水平的趋势。图19-1阐释了美国和英国在金本位时期的价格与以后年份相比的相对稳定性。鉴于货币可以兑换为金，那么国家的货币供给就被限制在金存量的增长上。只要金存量以稳定的速率增长，价格也会按着这种路径增长。金的新开发将导致价格水平不连续的跳跃，但是金本位时期金存量还是相当稳定的。

现在人们仍然把金本位时期看成是经济增长的黄金时期，也经常会听到支持回到金本位的言论。这种言论通常会以稳定的价格，经济的增长，世界贸易的发展作为这样一种有秩序的国家货币体系提供的好处为证据。其他人认为这些年中经济发展和世界经济的稳定不一定是因为金本位的存在，而是因为这段时期内没有大的实际层面的震动，比如说战争。

虽然人们可能不赞同回到金本位的优点，但是认为各国货币间系统的联系和体统内的价格稳定性促进了世界贸易的发展还是非常合理的。

因为在金本位下，黄金就如同一种世界货币，我们可以很容易的理解国际收支不平衡是如何被校正的。国际收支赤字的国家将出现黄金的净流出，并且减少该国的货币供给和价格。而盈余国家将出现黄金的净流入并且扩张其货币供给，并且价格也随之上升。赤字国家价格的下降会导致更大的净出口（出口-进口），盈余国家价格的上升会引起净出口的减少，那么国际收支平衡状态就会重新达到。

在这段时期的现实情况中，真实的黄金的流动不是唯一的，或者说是最重要的解决国际

⊖ 一些国家早在1880年前就使用金或银来作为本国货币的后盾。这一实践在1880年左右变得十分流行。关于金本位的有趣讨论详见 Robert Triffin, "The Myth and Realities of the So - Called Gold Standard," in *International Finance*, ed. R. N. Cooper (Baltimore; Penguin, 1969); Barry Eichengreen, *The Gold Standard in Theory and History* (London: Methuen, 1985); 以及 Michael David Bordo, "The Classical Gold Standard: Lessons from the Past," in *The International Monetary System: Choices for the Future*, ed. Michael B. Connolly (New York: Praeger, 1982)。

6.4%。[一]因此在这三年期间内，美国的进口价格远没有被完全的传导效应所影响。正如本例所述，美国进口品中传导率较低的商品在总进口品中所占的比重似乎越来越大。如果这是真的，那么未来的传导效应将会更弱。[二]

有证据表明，在发达国家中，汇率对进口价格的传导效应正在降低，尤其是在美国。[三]有以下几个原因解释这种现象：

(1) 价格对汇率更敏感的商品在总进口中所占的比例不断下降。比如，美国非石油工业产品、食物和饮品所占的份额就在随着时间不断下降。这些产品的汇率传导效应相对较高，所以一旦它们在一国进口中的比例减少，我们就会发现整个美国进口价格的传导效应变小。

(2) 外国出口者越来越多的使用依市定价的方法，在汇率变化的时候调整他们的出口价格，以使汇率变化对美国进口价格的影响降到最低。

(3) 随着中国市场份额的不断扩大，由于中国对美元汇率的灵活性不大，以及来自其他各国为了和中国竞争而限制美元贬值对美国进口价格升高传导的压力，汇率对美国进口的传导效应越来越不明显了。

汇率变化影响国内价格的主要渠道是进口价格，因此汇率对进口价格传导效应的减小意味着美国的通货膨胀对于汇率变化相对不敏感。这也意味着，为了提高美国进口价格以降低美国对外国商品的消费量，从而减少贸易收支赤字，需要美元更多地贬值。

17.4 贸易收支的吸收论

弹性论告诉我们一国可以通过贬值的方式来改善贸易收支状况。一旦汇率影响传导到了进口和出口价格上，进口将会下降而出口将会增多，这会刺激国内商品和服务的生产以及国内的收入。如果一国在贬值前产量就已经达到了充分就业的水平，其产量已经是可能的最大产量了，所以不可能生产出更多的产出。这种情况下贬值会带来什么后果呢？我们现在来讨论国际收支表中经常账户的吸收论来解答这个问题。

吸收论是研究商品和服务贸易收支状况的一种理论，它强调的是一国在国内商品和服务上的支出是如何相对国内产出而变化的。换句话说，贸易收支状况被看做是一个经济体生产和消费，或者说对本国使用的吸收之间的差额。正如在经济学基础课程中普遍阐述的那样，总产出 Y 等于总支出，也就是说

$$Y = C + I + G + (EX - IM) \tag{17-2}$$

[一] 相关数据请见“Dollar Depreciation and Inflation,” *Federal Reserve Bank of Cleveland Economic Trends*（2005 年 4 月）。

[二] 关于近期证据的文献综述，请见 Diego Valderrama，“Does a Fall in the Dollar Mean Higher U. S. Consumer Prices?” *FRBSF Economic Letter*（2004 年 8 月 13 日）。

[三] 更进一步的解释和证据请见 Gordon Bodnar，Bernard Dumas 和 Richard Marston，“Pass-Through and Exposure,” *Journal of Finance*（2002）；Jose Campa 和 Linda Goldberg，“Exchange Rate Pass-Through into Import Prices,” *Review of Economics and Statistics*, vol. 87（2005）；以及 Mario Marazzi 和 Nathan Sheets，“Declining Exchange Rate Pass-Through to U. S. Import Prices: The Potential Role of Global Factors,” *Journal of International Money and Finance*（2007 年 10 月）。

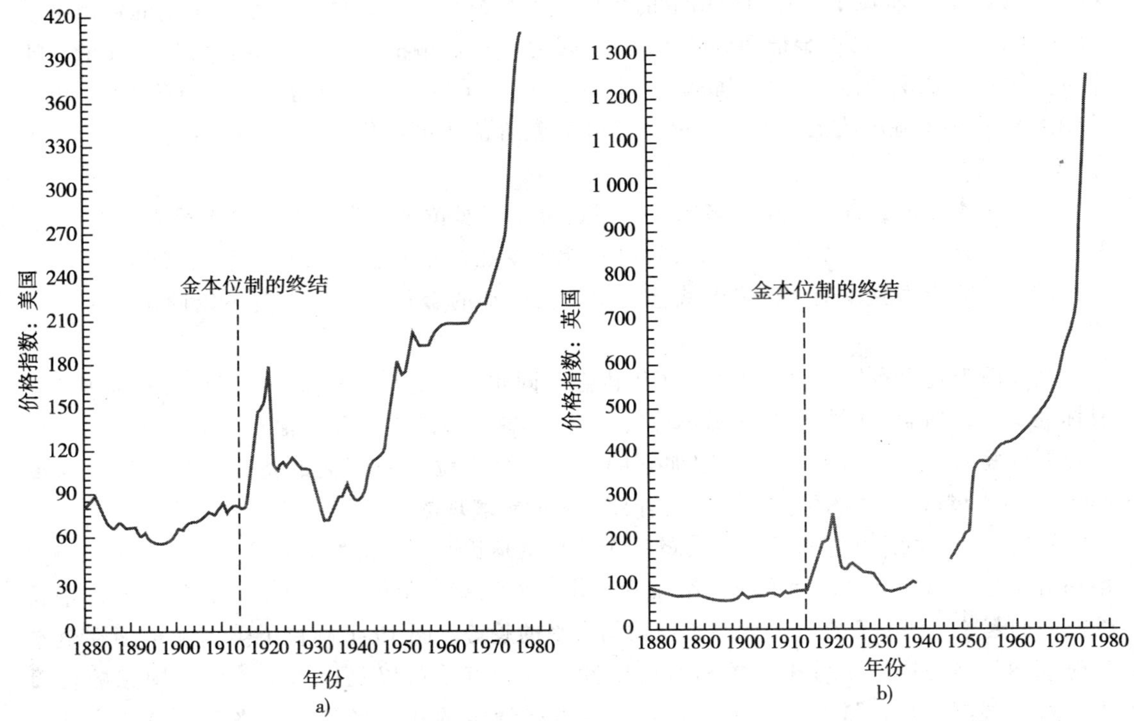

图 19-1 美国和英国的批发价格指数，1880～1976 年

资料来源：Roy W. Jastram, *The Golden Constant* (New York: Wiley & Sons, 1977).

债务的手段。鉴于伦敦是世界的金融中心并且英国也是世界的主要贸易者和金融资本的来源地，英镑也充当世界货币。国际贸易通常用英镑标价，甚至并不经手英国的贸易也用英镑结算。

19.2 战争时期：1918～1939 年

第一次世界大战结束了金本位。战争损害了国际金融秩序，因为商人们和银行家肯定会担心国家限制国际资本流动的可能性。在战争初期，各国公民的爱国响应和法律限制都停止了私下的黄金流动。因为战时融资需要敌对的各国谨慎的管理国际储备，私下的黄金出口被认为是不爱国的行为。中央政府鼓励（有时强制）黄金和外汇的私人所有者把它们卖给政府。政府通过加印货币的方式弥补战时支出，结果就是战前的联盟不复存在。

因为欧洲大部分国家在战时和随后的一段时期内经历了严重的通货膨胀，在旧的汇率基础上重铸金本位是不现实的。然而，美国仅经历了轻微的通货膨胀，并在 1919 年 6 月在旧的平价上恢复金本位。这次战争结束了英国的金融重要性，美国一跃成为世界主要的庄家国。在战后的几年中，英镑按购买力平价随美元波动。⊖

⊖ 关于战争期间的很好的综述见 Ragnar Nurkse, *International Currency Experience* (Geneva: League of Nations, 1944)。

在 1925 年，英国恢复战前英镑兑黄金的汇率的金本位，即使自从战前开始价格就已经上升。正如约翰·梅纳德·凯恩斯曾正确地警示过，英镑的高估损害了英国的出口并导致英国工资和价格的贬值。由于黄金的低价，人们用货币换取政府黄金并导致货币供给的收缩。到 1931 年，英镑被宣布不可兑换；英国黄金储备的流失（把英镑兑换为黄金的大量需求）促使政府不再用黄金换取英镑货币，进而结束了英国对于金本位的回归。然而，一旦英镑不能自由兑换为黄金，自由市场的注意力将转移到美元身上。美国面临着将黄金兑换为美元的大量需求。在 1931 年末美国黄金的流失导致美国黄金储备量下降了 15%。虽然这没有导致美国政策的立即改变，但是到 1933 年美国把金价提高到 35 美元 1 盎司来减少黄金的外流。

萧条的年份是以国际货币战争为标志的。在试图用增加出口刺激经济的过程中，一个接一个的国家低估它们的货币，结果是 20 世纪 30 年代早期到中期可以被看成是一个竞相低估的过程。政府甚至动用外汇管制的手段试图以一种增加 GDP 的方式操纵净出口。当然，随着第二次世界大战的冲击，敌对的国家间利用外汇管制帮助为战争融资。

19.3 金汇兑本位：1944 ~1970 年

战时的经济战的回忆促使了 1944 年在新罕布什尔的布雷顿森林的国际会议的召开。随着第二次世界大战的结束，把国际货币体系改进为一个依赖于相互合作和自由可兑换货币的诉求越发强烈。这个会议达成了将各国货币连接起来的协议。布雷顿森林决议要求各个国家用含金量固定各国货币的价值（人为建立的平价是为了保证各国货币间的固定汇率）。美元是体系中的核心货币，1 美元被定义为等于 1/35 盎司黄金。鉴于每种货币都存在一个人为规定的含金量，所有货币在这个体系中都与固定汇率相连。

属于这个体系的国家都有义务使其国家货币维持在平价上下 1% 的范围之内。各国央行为了达成这个目标需要在外汇市场上买卖该国货币（通常是与美元交易）。当一国出现国际收支不平衡很难维持其平价时，它可以求助于在布雷顿森林会议上新建立的一个组织：国际货币基金组织（IMF）。国际货币基金组织建立的目的是监督这个体系的运作并为国际收支出现暂时性困难的国家提供短期贷款。

全球视角 19-1　　国际货币基金组织

IMF 是在 1944 年 7 月 1 日到 22 日期间在新罕布什尔的布雷顿召开的布雷顿森林会议上创立，并于 1945 年 12 月 27 日开始运行，总部设在华盛顿特区，IMF 成员由最初的 39 个增加到现在的 184 个。

最初，IMF 主要关心的是监管成员的汇率政策，以保证在布雷顿森林会议上达成的固定汇率体系有效运行。在 20 世纪 50 年代，IMF 开始检查成员的国际收支状况和可能对国际收支产生影响的宏观经济政策。国际收支有问题的国家可以从 IMF 借款来弥补赤字。这种借贷通常是短期（3 ~5 年间偿付）缓解暂时出现的问题。更基本的长期问题还是需要与 IMF 商讨通过汇率重新估值或者宏观经济政策调整来解决。

IMF通过“有条件”条款获得在国家和地区间的影响力。需要从有条件贷款的成员必须同意IMF设置的收取基金的条款。这些条款强调致力于提高各成员应对国际收支不平衡能力的推荐汇率和国内政策。IMF条款有时会成为复杂的政治问题，因为成员自豪感和本土政策目标可能会因IMF要求受损。例如IMF的一个长期条款就是减少本土消费品的政府补贴以创造一个更自由的市场。对于穷困成员的政府来说，提高面包和牛奶的价格从政治角度讲是很难的，但是这种借贷条款也是政府过度干预经济导致出现问题的一个识别方式。

由于21世纪初良好的全球经济形势，发展中国家极大地减少了它们从IMF的借款。由于减少了需要IMF建议和借款的“问题国家”，IMF在2006年经历了一场旨在减少员工数量和预算的紧缩编制的过程。许多观察家也在质疑IMF是否还有存在的需要。但是当2008年全球金融危机席卷了发展中国家，IMF的贷款和建议仍旧变得重要时，这种讨论便突然停止了。

总之，IMF的活动主要包含以下几个领域：

（1）监管汇率政策

（2）监管国际收支失衡

（3）为国际收支融资提供短期贷款 ■

全球视角19-1描述了IMF的运作方式。IMF贷款受限于（现在仍然是这样）IMF需要的致力于恢复国家收支平衡的国内政策的改变。在基本的不平衡状况中，即国际收支问题不是短期性质的，一国也被允许重新估值该国货币并导致汇率平价的短期波动。表19-1总结了布雷顿森林体系期间主要工业国家的汇率调整历史。

表19-1 布雷顿森林体系期间主要工业化国家的汇率

国家	汇率①
加拿大	汇率浮动直到1962年5月2日。此后以1.081加元=1美元的汇率钉住美元。此后又从1970年6月1日起浮动
法国	1948年后没有官方的IMF平价（尽管实际汇率在350法国法郎=1美元上下盘旋）；直到1958年12月29日，汇率固定为493.7法国法郎=1美元（旧法郎）。1年之后，创造出新法郎之后，（1个新法郎等于100个旧法郎），汇率变为4.937法国法郎=1美元。1969年8月10日，法郎贬值为5.554法国法郎=1美元
德国	1961年3月6日汇率重新定价，从4.2德国马克=1美元变为4.0德国马克=1美元。1969年10月26日重新定价到3.66德国马克=1美元
意大利	从1960年3月30日到1971年8月，钉住汇率为625里拉=1美元
日本	实行钉住汇率360日元=1美元，直到1971年
荷兰	实行钉住汇率13.80弗罗林=1美元，直到1961年3月7日重新定价为13.62弗罗林=1美元
英国	1967年11月11日，从2.80美元=1英镑贬值为2.40美元=1英镑

① 相对于美国美元。

我们需要注意的是布雷顿森林体系虽然主要来说是一个固定汇率体系或者说与金挂钩的汇率体系，它也允许在经济形势需要汇率调整的时候对汇率进行调整。事实上，这个体系最好被描述成可调整的固定汇率制。这个体系还被描述成金汇兑本位，因为核心货币美元可以在美元的官方持有处（中央银行和国库）兑换为黄金。

布雷顿森林体系在整个 20 世纪 50 年代和 60 年代初运行良好。在 1960 年首次出现了美元危机。美国在 20 世纪 50 年代末一直推行国际收支赤字政策。这意味着美元在外国央行中有很多积累。对于大量美元外汇的持有的担忧导致一些中央银行家用其美元储备兑换为美国黄金储备，自此，美国黄金持有量下降。美国黄金储备的减少导致对于美元兑黄金贬值的担忧，这种担忧也导致私人黄金市场上对于金需求量的增大。央行联合起来使金价维持在官方水平上，但是骚乱仍然产生了。虽然长期的美元赤字和日本以及欧洲国家的盈余问题可以通过重新估值被低估的日元、马克和法郎来弥补，但是盈余国家认为恢复国际收支平衡是美国单方的责任。

面对基本经济情况变化调整货币价值的失败预示了布雷顿森林协定下金汇兑本位走向灭亡的开端。在 20 世纪 60 年代晚期，美国的美元负债已经超过了美国的黄金储备量。"美元充斥"压力一直积累到 1971 年 8 月，即尼克松总统宣布美元不可兑换。这个举动被称为"关上黄金的大门"，结束了固定汇率制度和可兑换货币的布雷顿森林体系时代。

19.4　过渡期：1971 ~1973 年

1971 年 12 月，在华盛顿特区的史密森纳研究院召开了一个国际货币会议重新梳理主要货币的外汇价值。《史密森纳协定》把美元的黄金价值由 1 盎司黄金 35 美元更改为 38 美元。在美元贬值 8% 的同时，盈余国家发现它们的货币被高估了。在官方货币价值的改变之后，这个体系仍然按照固定汇率运行，央行买卖该国货币以使汇率维持在评价的上下 2.25% 之间。

虽然《史密森纳协定》重新梳理的货币价值暂缓了外汇危机，这种平静只是暂时的。资本的投机性流动开始给英镑和里拉带来下降的压力。1972 年 6 月，英国政府允许英镑根据供给需求状况自由浮动。经历大规模投机资本流入的国家，如德国和瑞士，使用法律管制减缓国际热钱的进一步流入。

虽然美元的金价曾被官方的改变过，美元仍然不可兑换为黄金，因此美元贬值的重要性主要是和美元的外汇价值相关而不是和官方黄金运动相关。在 1972 年和 1973 年早期，货币投机者开始大量抛售美元。这种压力导致 1973 年 2 月美国政府把 1 盎司黄金的官价由 38 美元提到 42.22 美元时美元进一步贬值。尽管美元贬值，投机资本流动仍然存在。各国接连宣布放弃固定汇率制。到 1973 年 3 月，主要货币都采用浮动汇率制。

19.5　浮动汇率制：1973 年至今

虽然我们说国际货币体系自从 1973 年开始为浮动汇率体系，当时汇率并不单纯是由自由市场上供给和需求决定的。这个体系的操作最好被称为有管理的浮动汇率制，其中央行有时会干预来获得一个政治上有利的汇率而不是单纯由市场决定的汇率。这种有管理的浮动汇率制并不是应用于所有的国家和货币，我们如今可以观察到国家间的几种有差异的汇率制度。表 19-2 列出了 IMF 成员的汇率制度。其中一些成员（如美国）允许其货币自由浮动，而其他成员（如阿鲁巴）选择实行钉住单一货币的政策，如美元或英镑，还有一些国家（如斐济）选择钉住一揽子货币。选择钉住一揽子货币有几个原因。例如，如果该国贸易不是只局限于一个国家而是分布在多个国家，那么就更有道理钉住有权重的一揽子货币而不是单一货币。

表 19-2 中的不同的标题表明了各种不同的汇率安排，我们将为每种提供一个简短的描述：

没有独立的法定货币。用另一国家的货币作为法定货币，如巴拿马和美元，基里巴斯共和国和澳大利亚美元。

货币发行局。法定承诺用以固定汇率用法币换取指定外币。本国货币的新的发行是以一定比例（通常是一比一）的外币的持有作为支持的。

其他传统的钉住汇率安排。和单一主要货币或者一揽子货币汇率固定的安排。需要积极的干预来维持目标钉住汇率。

水平幅度内的钉住汇率制度。汇率在固定的中央汇率上下浮动。这种目标区制度允许汇率适量的波动同时试图保持货币在目标中央汇率上。

爬行钉住制。汇率在固定的预先宣布的汇率基础上做周期性小幅调整或是根据特定指示做出反映（如主要贸易国家间的通胀差异）。

爬行带汇率制度。汇率在固定的预先宣布的汇率基础上在中央汇率周围特定范围内波动或者是根据特定指示做出反映。

有管理的浮动汇率制。货币当局（通常是央行）通过积极的外汇市场干预在不预先通知的情况下影响汇率。

独立浮动。汇率是由市场决定的，干预的目标是减缓波动而不是决定汇率水平。

除了现今存在的不同种类的汇率安排，表 19-2 还提供了各国央行货币政策的信息。货币政策简单描述包括：

汇率锚。央行维持对单个国家货币或者是一揽子货币的有限的汇率浮动。

货币总量目标。央行通过制定货币供给增长率的货币政策。

通货膨胀目标框架。承诺保持本国通胀率在一定范围内决定的货币政策。

其他货币政策则是在除了上述列出的变量的基础上制定的货币政策。

表 19-2 汇率制度和货币政策体系

汇率安排（成员数量）	汇率锚				货币总量目标	通货膨胀目标框架	其他[1]
	美元（66）	欧元（27）	复合（15）	其他（7）	（22）	（43）	（12）
没有独立法定货币的汇率安排（10 个成员）	厄瓜多尔 萨尔瓦多 马绍尔群岛 密克罗尼西亚联邦 帕劳 巴拿马 东帝汶民主共和国	黑山共和国 圣马力诺		基里巴斯			
货币局安排（13 个成员）	安提瓜和巴布达[2] 吉布提 多米尼加[2] 格林纳达[2] 中国香港特别行政区 圣基茨和尼维斯联邦[2] 圣卢西亚[2] 圣文森特及格林纳丁斯[2]	波斯尼亚和黑塞哥维那 保加利亚 爱沙尼亚[3] 立陶宛[3]		文莱达鲁萨兰国			
其他传统的钉住安排（68 个成员）	安哥拉 阿根廷 阿鲁巴岛 巴哈马群岛 巴林 孟加拉国 巴巴多斯岛 白俄罗斯 伯利兹城 厄立特里亚国 圭亚那 洪都拉斯 约旦 哈萨克斯坦 黎巴嫩 马拉维 马尔代夫 塞舌尔 塞拉利昂 所罗门群岛 斯里兰卡 苏里南 塔吉克斯坦 特立尼达和多巴哥 土库曼斯坦 阿联酋 委内瑞拉玻利瓦尔共和国 越南 也门 津巴布韦	贝宁[4] 布基纳法索[4] 喀麦隆[5] 佛得角 中非共和国[5] 乍得[5] 科摩罗 刚果共和国[5] 科特迪瓦[4] 克罗地亚 丹麦[3] 赤道几内亚[5] 加蓬 几内亚比绍[4] 拉脱维亚[3] 马其顿王国	斐济 科威特 利比亚 摩洛哥 俄罗斯联邦 萨摩亚群岛 突尼斯	不丹 莱索托 纳米比亚 尼泊尔 斯威士兰	阿根廷 马拉维 卢旺达 塞拉利昂		

（续）

汇率安排（成员数量）	汇率锚					货币总量目标	通货膨胀目标框架	其他[①]
	美元（66）		欧元（27）	复合（15）	其他（7）	（22）	（43）	（12）
其他传统的钉住安排（68个成员）	蒙古 荷属安的列斯群岛 阿曼 卡塔尔 卢旺达 沙特阿拉伯		马里[④] 尼日尔[④] 塞内加尔[④] 多哥[④]					
在水平幅度内的盯住汇率（3个国家）		斯洛伐克共和国[③]	叙利亚 汤加					
爬行钉住（8个成员）	玻利维亚 中国 埃塞俄比亚	伊拉克 尼加拉瓜 乌兹别克斯坦		博茨瓦纳 伊朗				
爬行带（2个成员）	哥斯达黎加			阿塞拜疆				
没有提前按决定的汇率路径的有管理的浮动汇率制（44个成员）	柬埔寨 吉尔吉斯 老挝 利比里亚 毛里塔尼亚 毛里求斯 缅甸 乌克兰			阿尔及利亚 新加坡 瓦努阿图		阿富汗 布隆迪 巴哈马 几内亚 海地 牙买加 肯尼亚 马达加斯加 摩尔多瓦 莫桑比克 尼日利亚 巴布亚新几内亚 圣多美与普林 希比共和国 苏丹 坦桑尼亚 乌干达	亚美尼亚[⑥] 哥伦比亚 加纳 危地马拉 印度尼西亚 秘鲁 罗马尼亚 塞尔维亚[⑥] 乌拉圭	多米尼加共和国 埃及 印度 马来群岛 巴基斯坦 巴拉圭 泰国

（续）

汇率安排（成员数量）	汇率锚					货币总量目标	通货膨胀目标框架	其他[①]
	美元（66）		欧元（27）	复合（15）	其他（7）	（22）	（43）	（12）
独立浮动（40 个成员）					赞比亚	阿尔巴尼亚 澳大利亚 奥地利[⑦] 比利时[⑦] 巴西 加拿大 智利 塞浦路斯[⑦] 捷克共和国 芬兰 法国[⑦] 德国[⑦] 希腊[⑦] 匈牙利 冰岛 爱尔兰[⑦] 以色列	意大利[⑦] 韩国 卢森堡[⑦] 马耳他 墨西哥 荷兰[⑦] 新西兰 挪威 菲律宾 波兰 葡萄牙 斯洛文尼亚[⑦] 南非 西班牙[⑦] 瑞典 土耳其 英国	刚果金 日本 索马里[⑧] 瑞士 美国

① 包括没有明确声明名义锚的成员，但是它们在实施货币政策的时候监视一系列指标。
② 东加勒比货币联盟的成员国。
③ 第二汇率机制的参与国。
④ 西非经货联盟的成员国。
⑤ 中非经货联盟的成员国。
⑥ 央行对通胀目标采取了准备步骤，并准备向完全通胀目标过渡。
⑦ 欧洲经货联盟的成员国。
⑧ 1989 年 12 月底时。
资料来源：IMF staff reports。

19.6 汇率制度选择

完全的固定汇率制或钉住汇率制体系的运作方式和金本位非常相似。所有的国家都把其货币和某一单一货币（如美元）汇率固定起来，进而也就和其他所有国家货币汇率固定起来了。在这种安排下，国家将被要求在外汇市场上买卖货币来保持其价格固定。

浮动汇率制的发生条件是汇率由市场的供求力量决定。随着一种货币需求（供给）相对于供给（需求）增长，货币将升值（贬值），央行不干预来影响该国货币的汇率价值。

经济学家们在浮动汇率和钉住汇率体系的优缺点上并不能达成一致。例如，一些人认为，浮动汇率制的主要优点就是各国可以实行独立于其他国家政策的宏观经济政策。为了维持固定汇率制，国家间必须拥有类似的通胀经历，否则购买力平价理论就被违反了。国家间的共同的通胀率又要求相似的货币政策。维持这种情况的失败也经常成为第二次世界大战后固定汇率体系的问题的一个来源。例如在20世纪60年代晚期美国政府相对于日本政府来说实行非常扩张的货币政策来赢得两场战争：一个是与贫困的战争，一个是对外战争。已存的钉住汇率制便不能被维持了。但是在浮动汇率制下，各国可以选择合意的通胀率，汇率并据此做出调整。如果美国选择8%的通货膨胀率，而日本选择3%的通货膨胀率，就会存在美元相对于日元的稳定的贬值（在不存在相对价格变化的情况下）。给定各国不同的政治环境的文化遗产，各国实行不同的货币政策是合理的。浮动汇率制则允许汇率根据这些不同的通胀率进行有规律的调整。

仍然有经济学家认为各国选择通胀率是浮动汇率一个不可取的方面。这些固定汇率的支持者指出固定汇率在为各国的通胀政策上提供一个国际约束方面是很有用的。固定汇率为各国通胀趋势提供了一个锚。通过维持和美国的固定汇率（或其他货币），各国的通胀率将和美国的通胀率绑定并遵循美元的货币政策。

浮动汇率制的批评者还指出浮动汇率将受**动荡投机**（destabilizing speculation）控制。动荡投机就是外汇市场上的投机者将导致汇率波动比不存在投机的情况下范围更大。相反意见是逻辑表明如果有投机者预期货币贬值，他们在外汇市场的行为将导致贬值，这也是一种自我实现的机制。但是投机者在猜测错误时将会损失金钱，所以只有成功的投机者才会在外汇市场上保留，而且后者在汇率波动上发挥重要作用。例如，如果一个投机者预期下个月货币将贬值，他现在就将卖出货币，并导致当期货币贬值。这将会导致未来贬值程度变小。因此，投机者帮助把汇率变化在时间尺度上铺平，并减少汇率的大幅度波动。例如投机者肯定未来美元贬值并卖出美元持有法郎，如果美元升值，那么投机者将损失金钱。法郎只能换回更少的美元，投机者出现损失，如果这种失败持续发生，该投机者将被驱逐出市场。

研究表明在选择固定汇率制的国家和选择浮动汇率制的国家间存在系统性的差别。[⊖]一个重要的特征就是国家大小（用经济实力或者GDP来测度）。大国倾向于更具独立性，而不

⊖ 参见 Hali Edison 和 Michael Melvin, "The Determinants and Implications of the Choice of an Exchange Rate System," in *Monetary Policy for a Volatile Global Economy*, ed. W. Haraf and T. Willett (Washington, D.C.: American Enterprise Institute, 1990)。

愿意使他们的国内政策目标屈从于维持和外国货币的固定汇率。因为大国对外贸易占 GDP 的比重比小国要小，那么也很容易理解这些国家和小国相比不也太担心汇率问题。

一国的开放度是另一个重要的方面。开放度意味着一国依赖国际贸易的程度。可贸易品（国际范围内的可贸易品）占 GDP 的比重越大，这个经济体就越开放。很少或没有国际贸易的国家被称为封闭经济体。如前所述，开放度和大小相关。一个经济体越开放，可贸易品的价格在该国总体价格水平中的作用就越重要，因此汇率变化对全国价格水平的影响就越大。为了减少这种和外国相关的震荡对于国内价格的影响，更加开放的国家倾向于实行钉住汇率制度。

回忆购买力平价关系，我们可以理解为什么选择比其贸易伙伴更高的通胀率的国家在维持和这些国家固定汇率是存在困难。鉴于在高通胀的国家价格上升更快，他们的货币必须贬值以保证他们的商品价格和其他国家水平相当。这些高通胀国家将选择浮动汇率制或爬行钉住制，以使汇率可以在短的间隔内浮动来补偿通货膨胀的差异。

贸易集中于一国的国家倾向于使其货币钉住其贸易国的货币。例如，美国占据了巴贝多贸易的绝大部分。通过使其货币，巴贝多美元钉住美元，巴贝多在进出口价格上维持了相当的稳定性。贸易国比较分散的国家发现钉住汇率制并不是非常合意，因为只有和他们钉住的货币所属国贸易的时候才能保证价格稳定性，而和其他贸易伙伴交易的时候将出现价格波动。

以前研究的证据非常确信的表明钉住者和浮动者之间的系统性差异。这些特征在表 19-3中给予总结。我们必须意识到这些一般特征中也存在例外，因为并不是所有的钉住者或所有的浮动者都有相同的特征。我们可以负责任地说，一般来讲，一国越大，就越可能实行浮动汇率制；一国越封闭，就越可能实行浮动汇率制。重点是，经济现象而不仅仅是政治操作最终会影响汇率制度。

表 19-3　选择钉住或浮动汇率国家的特征

钉住汇率国家	浮动汇率国家
规模小	规模大
开放经济	封闭经济
和谐的通货膨胀率	发散的通货膨胀率
集中的贸易	多样化的贸易

汇率制度的选择如何影响一国经济稳定性也是需要考虑的问题。⊖如果国内政策当局想尽量减少国内价格水平未预期的波动，那么他们就会选择最好的减少这种波动的汇率制度。例如，国外可贸易品价格波动越大，当局就越可能选择浮动汇率，因为浮动汇率有助于使国内经济同国外价格波动相分离。

⊖ 参见 Harvey E. Lapan 和 Walter Enders, "Random Disturbance and the Choice of Exchange Regimes in an Intergenerational Model," *Journal of International Economics*（1980 年 5 月）；Michael Melvin, "The Choice of an Exchange Rate System and Macroeconomic Stability," *Journal of Money, Credit, and Banking*（1985 年 11 月）；Andreas Savvides, "Real Exchange Rate Variability and the Choice of Exchange Rate Regime by Developing Countries," *Journal of International Money and Finance*（1990 年 12 月）；以及 Paul De Grauwe and Gunther Schnabl, "Exchange Rate Stability, Inflation, and Growth in Eastern and Central Europe," *Review of Development Economics*（2008 年 8 月）。

国内货币供给波动越大，就越可能实行钉住汇率制，因为国际货币流动充当着震荡吸收器的功能，减少国内货币供给波动对于国内价格的影响。在固定汇率制度下，本国货币的过量供给将导致资本外流，因为一些过量供给通过国际收支赤字减少了。在浮动汇率制度下，货币的过量供给保留在国内并且反应在更高的国内价格和贬值的本币上。实证分析支持这样的论断：现实世界的汇率操作室由这种经济现象决定的。

19.7 最优货币区

什么是最优货币区呢？首先，在区域内汇率是固定的，和区域外货币汇率则是浮动的。"最优"货币区是国家间为了达成某些特定目的，如对于真实和名义波动的一种最优组合方式。那么如何选择货币区以使汇率政策更好地为达成某些经济目标服务，如充分就业和价格稳定呢？

一个很流行的理论认为最优货币区是以生产要素（资本和劳动）可以相对低成本流动为特征的区域。[⊖]为了阐述这个理论，我们假设有两个国家，A 和 B，分别生产电脑和棉花。现在出现了偏好的变化导致需求从计算机转移到棉花上。国家 A 将出现贸易赤字并且在劳动和资本上存在过度供给，原因是计算机需求下降了，而 B 国将出现贸易盈余并产生由棉花需求量上升导致的劳动和资本的过度需求。将会出现怎样的国际调整来适应这些变化呢？

（1）生产要素（劳动和资本）将从国家 A 移到国家 B 并在各个区域出现新的均衡工资和价格。

（2）A 国价格相对 B 国来讲会下降，并且如果资本和劳动在国家间不能自由移动的话，相对价格的改变将消除贸易收支不平衡。（我们现在将忽略资本账户，假设零资本流动。）

（3）如果 A、B 两国拥有不同的货币，那么汇率将会改变并且带来相对价格的变化。

现在我们可以理解为什么最优货币区是以生产要素可移动为特点了。如果要素可以自由且低成本的从缺少工作岗位的地区移动到需要劳动的地区，那么要素移动性将恢复平衡状态因为一个地区的失业通过移民被转移了。于是地区内的固定汇率也将是合适的因为相对价格的变动不再是重新达到均衡状态的唯一手段。

当生产要素不可移动并且均衡状态只能通过相对价格变化重新实现，那么浮动汇率制就拥有了一个优势。如果各国的货币当局趋向于限制价格变化，那么最简单的调整办法就是采用浮动汇率制，因为这种调整将大部分通过汇率渠道进行而不是通过价格渠道。在现实世界中，我们认为考虑到加拿大、墨西哥、美国的地理位置和西欧各国的地理位置，北美

⊖ 这一理论是 Robert A. Mundell, "A Theory of Optimum Currency Areas," *American Economic Review*（1961 年 9 月）发展起来的。这一领域的其他文献包括 Paul De Grauwe, *Economics of Monetary Union*, 4th *ed*。（Oxford：Oxford University Press，2000）；Kevin Dowd 和 David Greenaway，"Currency Competition，Network Externalities and Switching Costs：Towards an Alternative View of Optimum Currency Areas，" *Economics Journal*（1993 年 9 月）；Masahiro Kawai，"Optimum Currency Areas，" in *The New Palgrave*：*A Dictionary of Economics*（New York：Stockton Press，1987）；Paul R. Masson 和 Mark P. Taylor，*Policy Issues in the Operation of Currency Unions*（Cambridge：Cambridge University Press，1993）；Ronald I. McKinnon，"Optimum Currency Areas，" *American Economic Review*（1994 年 3 月）；以及 Edward Tower and Thomas Willett，*The Theory of Optimum Currency Areas and Exchange Rate Flexibility*，International Finance Section，No. 11（Princeton University，1976）。

和西欧就很像是货币区。鉴于美元、加元和墨西哥比索紧密相连（当然比索和美元长期以来实行固定汇率），我们认为这些国家间实行钉住汇率制，而与其他国家实行浮动汇率制。西欧事实上已经明显的采用了这样一种区域性的最优货币区的安排。12国采用单一的货币——欧元，就是对12国间固定汇率制的最终贡献。

19.8 欧洲货币体系和欧元

最优货币区理论表明，在像西欧这样的区域背景下固定汇率体系是合适的。虽然共同货币欧元的创立可以被看成是一种永远的固定汇率体系，在欧元之前，自从20世纪70年代末期也曾有过一种联系各种货币的体系并且限制汇率的浮动。1979年3月，欧洲货币体系（EMS）成立以维持西欧各国的汇率稳定性。欧洲货币体系汇率机制（ERM）要求各国必须使其货币保持在对其他成员国货币汇率波动在2.25%之内（意大利里拉则被允许波动6%）。汇率则由中央银行干预使其波动在如此窄的一个范围内。例如如果法国法郎兑德国马克的汇率低于最低界限，那么德国和法国央行将购入法郎使货币价值维持在ERM限制之内。

尽管这种干预手段可以用来稳定汇率，但是当货币价值出现根本性的变化的时候，ERM价值则会重新排列。例如，德国和荷兰明显比其他成员国通胀率低，那么重新排列的目标就是其他国家货币对德国马克和荷兰盾贬值。

限制国际金融交易（包括外汇交易）的资本管制的移除在1992年体系的分解上起了很大的作用。帮助保持国内资本市场与外部压力隔离的资本管制使得中央银行的货币管理更加容易。正如1986年《单一欧洲法案》所要求的那样，这种管制的移除允许欧洲国家间更大程度的资本移动。另外，以汇率管理为代价的对于国内宏观经济政策目标的追求给ERM施加了更大的压力。在1992年9月，当一些货币，特别是英国英镑和意大利里拉接近ERM汇率的底线，投机者开始打赌将会出现再一轮的货币重排使这些货币贬值。英镑和里拉的大量卖出导致英国政府使英镑在1992年9月16日脱离ERM。在英国采取行动后几个小时，意大利政府也是里拉脱离ERM。这场货币危机导致ERM汇率浮动范围在1993年8月增加到15%。

朝着单一欧洲货币发展的巨大的一步发生在1991年12月，即呼吁单一欧洲央行和单一货币的马斯特里赫特条约被签署了。这个条约清楚地说明了EMS遵循的以实现货币联盟的路径。如下则是采取的具体步骤：

（1）立刻移除对于欧洲资本流动的限制并且在货币和财政政策上采取更大的合作。

（2）在1994年1月建立欧洲货币委员会（EMI）来协调单个央行间的货币政策并且为单一货币政策做好技术性的准备工作。

（3）所有国家间不可撤销的固定汇率，只存在单一货币（欧元）和单一欧洲中央银行。

最后一步在1999年1月才得以实现。进入货币联盟中最后一步的国家需要使它们的宏观政策和其他EMS国家的宏观政策相一致。在以下几种情况下则被称为一致化：第一，该国通胀率与通胀率最低的三个国家的平均数相比不超过1.5个百分点；第二，长期政府债券利率与通胀率最低的三个国家相比不超过2个百分点；第三，该国政府预算赤字不超过GDP的3%，重要的政府债务不超过GDP的60%。

新的欧洲货币欧元于1999年1月1日初次登场。符号是€，ISO代码是EUR。欧元纸币和硬币开始在2002年1月1日正式流通使用。在1999～2001年的过度期内，人们把欧元作为一种计价单位，用欧元来命名资产价值和交易。银行账户和信用交易也可以用欧元表示。然而，直到2002年欧元开始流通前实际的货币交易都不可以用欧元进行。

在开始使用欧元之前，欧元区的国家的“法币”都与欧元保持固定汇率。表19-4给出了旧货币和欧元间的固定比率。例如，1欧元等于40.3399比利时法郎或者等于1.95583德国马克。当然欧元区国家的旧币已经不再被使用并被欧元所替代。

表19-4 欧元替代旧货币的汇率

以前的货币	1欧元=
比利时法郎	BEF40.3399
德国马克	DEM1.95583
西班牙比塞塔	ESP166.386
芬兰马克	FIM5.94753
法国法郎	FRF6.55957
希腊德拉克马	GRD340.750
爱尔兰英镑	IEP0.787564
意大利里拉	ITL1936.27
卢森堡法郎	LUF40.3399
荷兰盾	NLG2.20371
奥地利先令	ATS13.7603
葡萄牙埃斯库多	PTE200.482

一种货币需要一个中央银行，欧元也不例外。欧洲中央银行（ECB）于1988年1月1日在德国法兰克福开始营运，现在负责管理欧元区的货币政策。各国中央银行如意大利银行或者德国联邦银行也仍然在运行中并且执行在ECB成立前的许多功能，如银行监管和推动支付系统。在某种程度上它们就像是美联储体系的地区性银行。欧元区的货币政策是由法兰克福的ECB主导的，正如美国的货币政策是由华盛顿特区的美联储主导的。当然欧元区的国家性央行在各国也发挥着很大的作用。由各国央行和ECB组成的整个体系被称为欧洲央行体系。欧元区的货币政策是由ECB的监管委员会制定的。这个委员会包括欧元区国家各国央行的首脑加上ECB执行委员会委员。委员会是由ECB主席，副主席和欧元区政府首脑选定的其他四人。

目前，欧盟的三个成员国符合加入欧元使用的条件但是仍然保留它们自己的货币和货币政策。这三个国家是丹麦、瑞典和英国。我们还需要关注这些国家是否或何时成为欧元区的一部分。[⊖]自从欧元投入使用之后，如下国家采用欧元作为其货币：塞浦路斯、马耳他、斯洛伐克和斯洛文尼亚。

⊖ 关于欧元的文献很多。其中一部分有用的文献包括Jay H. Levin, *A Guide to the Euro* (Boston: Houghton Mifflin, 2002)；Philipp Hartmann, Michele Manna和Andres Manzanares, “The Microstructure of the Euro Money Market,” *Journal of International Money and Finance*（2001年11月）；Harald Hau, William P. Killeen和Michael Moore, “The Euro as an International Currency: Explaining Puzzling First Evidence from the Foreign Exchange Markets,” *Journal of International Money and Finance*（2002年6月）；Hans-Werner Sinn和Frank Westermann, “Why Has the Euro Been Falling?” *CESifo Working Paper No.* 493（2001年5月）；以及Iftekhar Hasan和James Lothian, “The Euro Five Years On,” *Journal of International Money and Finance*（2004年11月）。

19.9 目标区

像过去的 EMS 一样的汇率安排，即汇率围绕中央固定汇率有限制的浮动，有时被称为目标区。在这种背景下，汇率可以随着其决定因素的改变而改变，如货币供给、收入和价格，但是改变的幅度则被限制在目标区安排所限定的范围内。

图 19-2 阐述了目标区制度的核心思想。例如，我们假设美国和英国同意实行美元英镑汇率目标区制度，并使其汇率限制在每英镑 1.96 ~ 2.04 美元之间。图 19-2 的纵轴测度了每英镑美元的汇率。目标区的上限在图中表示为 $E_{max} = 2.04$，下限表示为 $E_{min} = 1.96$。横轴测度了汇率的一些基本决定因素的值，如货币供给、收入、价格和其他一些因素的净影响。

如果用一种每英镑两美元的固定汇率制度安排取代目标区制度，在图中看起来是怎样的呢？固定汇率将由 $E = 2$ 的原点这一点来表示。也就是说，随着其他基本量的变化，央行改变货币供给来抵消其他基本量的影响以使汇率保持不变。

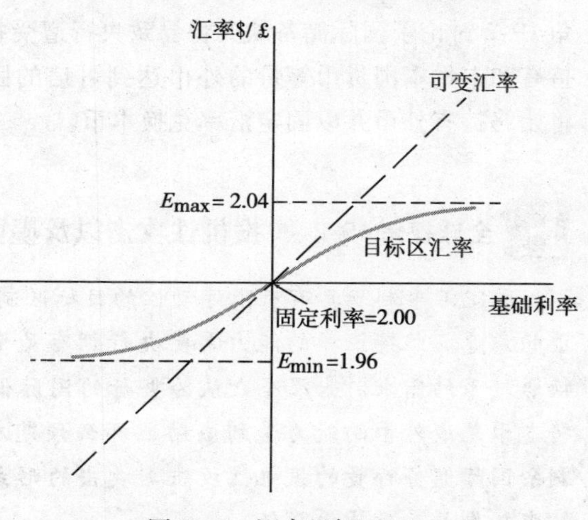

图 19-2 汇率目标区

如果用浮动汇率制度来代替目标区制度，那么在图中看起来是什么样的呢？浮动汇率制由 45°线表示。这就表明汇率随着基本量的改变而改变，央行并不试图抵消基本量变化带来的影响。当然，注意浮动汇率可能被基本量推动无界限的上升或下降。

在目标区制度下，央行必须干预使汇率上升不高于 $E = 2.04$，汇率下降不低于 $E = 1.96$。如果人们认为这个目标区将被政府严格落实，那么汇率将落在图 19-2 的 S 型线上。[⊖]注意这条线比代表浮动汇率制的 45°线更加平坦。曲线呈 S 型的原因是随着汇率越接近上下限干预的可能性就越大。例如，假设汇率在上升并且接近 2.04 的上限，央行干预的可能性就加大了，结果人们预期随着干预的实施汇率将下降而不是继续上升。结果是，汇率变得平坦并形成 S 曲线的顶部。变量的持续增加导致随着央行以美元升值为目标的干预将出现越来越小的美元贬值。在这种情况下，以可信任的政府政策为支撑的汇率目标区相对于浮动汇率来说有利于稳定汇率。

⊖ 关于目标区的文献非常多，有些关于目标区分析的技术细节超过了本书的研究范围，但是在如下的这些文章中进行了讨论：Paul Krugman，“Target Zones and Exchange Rate Dynamics,” *Quarterly Journal of Economics*（1991 年 8 月）；Lars E. O. Svensson，“An Interpretation of Recent Research on Exchange Rate Target Zones,” *Journal of Economic Perspectives*（1992 年秋）；Hans Lindberg 和 Paul Söderlind，“Testing the Basic Target Zone Model on Swedish Data, 1982 – 1990,” *European Economic Review*（1994 年 8 月）；Marcus Miller 和 Paul Weller，“Exchange Rate Bands with Price Inertia,” *Economic Journal*（1991 年 11 月）；以及 Matteo Iannizzotto 和 Mark P. Taylor，“The Target Zone Model, Nonlinearity and Mean Reversion：Is the Honeymoon Really Over? ” *Economic Journal*（1999 年 3 月）。

19.10 货币发行局

在汇率目标区的讨论中我们提到政府当局的资信也作为决定汇率安排有效性的一个决定因素。然而，金融市场参与者认为一些政府缺乏需要维护体系中信息的资信。特别地，伴随着不稳定汇率很长时期的发展中国家发现很难使公众相信政府政策将在未来使汇率保持稳定。如果控制货币和汇率政策的当局专断的政策制定能力能够被限制，那么政府方面资信的缺失就可以弥补。一种限制形式就是货币发行局。货币发行局就是以固定汇率用本币换取外币的政府机构。

固定汇率制度的失败就源于当央行没有外汇储备来换取本币最终导致低估本币。全球视角 19-2 讨论了国际储备缺失将导致央行遭受投机性冲击并引起货币低估。货币发行局通过持有和未付本国货币等量的外币达到可信的固定汇率。这样一种持有外币的结果是发行局将始终持有外币并以固定汇率兑换本币。

全球视角 19-2　投机性攻击以及墨西哥和亚洲金融危机

固定汇率制或具有有限浮动性的目标区制度的维持依赖于政府以目标汇率买入或卖出本币的意愿。维持汇率的能力需要央行拥有足量的国际储备以满足公众以固定汇率卖出本币换取外币的需求。如果公众认为央行的国际储备存量降至某点，在该点，满足用固定汇率将本币兑成外币的能力受到威胁，那么预期本币将会贬值。这种预期通常会导致对于央行剩余国际储备存量的投机性攻击。攻击的形式是大量抛售本币换取外币以至于国际储备的缺失加剧并导致货币贬值。

在 1994 年 12 月，墨西哥政府就面临了美元储备的投机攻击。结果是比索贬值并伴随着比索美元汇率的浮动。在攻击的前一段时间，比索/美元汇率维持在目标内。在领先的总统候选人科罗修遭到谋杀之后，汇率就接近了目标区的上限。为了将汇率维持在目标区内，央行（墨西哥银行）不得不用美元换取比索，这种汇率导致在 1994 年 10 月和 11 月大量的国际储备流失。尽管墨西哥政府在 1994 年 12 月 20 日比索贬值后才公开宣布储备损失量，一些投资者显然可以看出在出现贬值之前的大量售出比索换取美元，即投机攻击的时候肯定是出了什么问题。在 12 月 20 日比索贬值 15% 之后，投资者通过更多的出售比索来继续攻击政府的国际储备，他们相信政府缺乏必要的美元储备来维持新的汇率。作为储备流失的结果，墨西哥比索在 12 月 22 日允许和美元自由浮动。朝向浮动汇率的改变和从美国财政部以及 IMF 借入的美元结束了这场投机攻击。

1997 ~ 1998 年间的亚洲金融危机包括对于泰铢、马来西亚吉林特和印度尼西亚卢比的投机攻击。在每种情况下，投机者正确的预见到政府为了维持固定汇率很不情愿损失大量的美元储备。这些货币的贬值伴随着很多固定汇率与浮动汇率的公众争论。■

例如，中国香港特别行政区就实行货币发行局制度，其汇率是 1 美元兑换 7.8 港元的固定汇率。鉴于只有在发行局持有美元数量增加时港币的供给才能增加，并且有港元和美元有保证的固定汇率保证率，货币发行局制度很类似于金本位。如果香港官方国际收支盈余以至于其国际储备增加，它就可以发行更多的港币。如果香港国际收支赤字国际储备减少，港元未付供给量就会缩水。货币发行局制度的批评者指出，运行这样一个制度需要持有大量外币的成本。然而，货币发行局持有的主要是以外币标价的有利息的短期证券而不是没有利息的纯货币，利息也趋向于使货币发行局有利可图。

采用货币发行局制度的国家也有中央银行来规范并为国内银行体系提供服务。然而这些央行在汇率决定上并没有主导权。如果他们有主导权的话，公众就会质疑政府维持固定汇率的可行性。如表 19-2 所示，有 13 个国家和地区维持货币发行局制度。很明显，对于想保持固定汇率但很难保证公众对于长期汇率稳定信心的国家而言，货币发行局制度就可以成为建立置信的汇率体系的一种合理的手段。

阿根廷提供了货币发行局制度最近的一个失败案例。10 年来，阿根廷一直维持着 1 美元兑 1 比索的固定汇率。然而，巨大的财政赤字导致政府无力偿还。同时政府积聚了大量美元债务，比索的贬值也符合经济规律。货币发行局的固定汇率不再和扩张的财政政策引发的经济现实相一致以至于在 2001 年年末和 2002 年年初经济危机爆发了，引起大街上的骚乱，两任总统接连辞职，银行存款取款冻结以及固定汇率制度的打破。一旦货币局制度终止，比索立刻由 1 美元兑 1 比索贬值为 1 美元兑 3 比索。阿根廷的例子提供了一个警示，那就是货币发行局制度并不是永远的固定汇率制度的保证。如果政府政策和固定汇率制不一致的话，货币发行局制度也不能维持。

19.11　国际储备货币

在世界经济中，（几乎）有多少国家就有多少种货币。鉴于一些成本问题，这些货币中许多都并不在国际商务中使用。相反，有少数几种货币（甚至是一种）在国际经济中发挥的作用就像是货币在本国发挥的作用一样。这些货币被称为是储备货币。在国内货币理论中，经济学家通常认为货币发挥三种职能：价值尺度、流动手段、贮藏手段。相似的是，在国际背景下，我们可以按照各种职能标准来解释贮备货币的选择。[⊖]

表 19-5 总结了储备货币的功能。首先，国际价值尺度的存在是因为存在信息成本。我们发现初级产品的价格，如咖啡、锡和橡胶在世界范围内都是用美元标价。鉴于这些产品是同质的，至少和制成品相比是这样，用同种货币标价的话和它们价值相关的信息可以被传递的更加迅速。在国际贸易合同中的发票货币的使用源于储备货币与其他货币相比的信息优势。除了作为私人合同的计价单位，储备货币还是其他货币钉住的基本货币。

表 19-5　储备货币的作用

功能	原因	私人作用	官方作用
1 国际价值尺度	信息成本	发票货币	钉住货币
2 国际流动手段	交易成本	媒介货币	干预货币
3 国际贮藏手段	稳定价值	银行货币	储备货币

⊖ 有用的讨论见 Paul Krugman，“The International Role of the Dollar：Theory and Prospect，” in *Exchange Rate Threory and Practice*，ed. John F. O. Bilson 和 Richard C. Marston（Chicago：University of Chicago Press，1984）；以及 Stephen P. Magee 和 Ramesh K. S. Rao，“Vehicle and Nonvehicle Currencies in International Trade，” *American Economic Review*（1980 年 5 月）。

储备货币作为国际交换媒介的作用源于交易成本。以美元为例，美元被如此广泛的交易以至于把货币 A 兑换为美元再兑换为货币 B，比直接把货币 A 兑换为货币 B 要便宜。因此，将美元作为国际交换媒介是很有效率的，美元充当着买卖非美元货币的工具。作为媒介货币的私人功能（通常是银行间的）意味着美元（或主要的储备货币）也被用作央行外汇市场干预已达成汇率目标水平的工具。

储备货币作为国际贮藏手段的职能源于它价值的稳定性。换句话说，未来价值的稳定性提到一种货币作为购买力的储存手段的职能。私人市场用美元标价国际借贷和储蓄也表明主要储备货币在银行间的重要作用。另外，国家也会选择用主要储备货币的形式持有其外汇储备。

前述讨论表明，市场力量而不是政府命令决定一种货币的国际价值。然而我们需要注意，虽然市场选择提到一种货币（如美元）作为储备货币的地位，它也会剥夺一些货币的这种地位，如 20 世纪早期的英镑和 20 世纪 60 年代以来的美元（程度较轻）。

国际储备也是解决国际债务的手段。在金本位下，黄金是国际储备的主要形式。在第二次世界大战后的金汇兑本位下，国际储备既包括黄金又包括储备货币美元。储备货币国持有黄金作为外国持有的货币差额的支持。货币的外国持有者可自由把货币兑换为黄金。然而，就像美元曾经发生的一样，一旦这种货币的可兑换性受到质疑，或者一旦存在大量货币兑换为黄金的需求，这个体系就会分崩离析。

这好像是在描述第二次世界大战后的美元。在战争结束后并贯穿了 20 世纪 50 年代，世界需要美元作为国际储备。在这段时期，美国国际收支赤字为各国国际储备增长的需求提供了来源。随着美国以外的世界的发展和成熟，美元对国外负债进一步增长，最后超越了黄金所能支持的负债水平。然而只要对于美元储备需求的增加等于供给，缺乏黄金支持是无关紧要的。在 20 世纪 60 年代晚期，美国政治和经济事件开始导致美元国际地位出现问题。持续的美元赤字和对美元增长的需求不再匹配，将美元兑换为金的压力和接下来的下降的黄金储备导致美元在 1971 年 8 月被宣布不再可兑换为黄金。

美元不是唯一一种充当储备货币的货币，虽然它是主要的储备货币。表 19-6 阐释了自从 20 世纪 80 年代中期以后外汇储备货币的分布情况。美元份额经历了先下降后上升的局面。注意欧元的到来并没有减少美元作为储备货币的作用。欧元只占国际储备的 25%，而美元占国际储备的百分之 63%。随着时间的流逝，欧元标价的金融资产将变得更加普遍，将会出现西欧以美元转向欧元的持续的趋势。

乍一看，成为储备货币的发行国是其他国家接受你的贸易赤字作为世界贸易融资的必须手段是合意的。储备国建立新的收支差额的成本和储备国用这种差额可以获得的实际经济资源之间的差异被称为**铸币税**（seigniorage）。因此铸币税成为储备货币作为一种世界货币的金融奖励。

虽然美国自从 20 世纪 70 年代以来失去了一些储备货币的市场，但是美元仍然是迄今为止最主要的储备货币。因为美国的国际地位在过去几十年中有所衰退，问题出现了：为什么没有出现其他货币作为主要的储备货币？虽然马克、日元和瑞士法郎是流行的货币，各国政府也拒绝使它们的货币承担更大的责任。除了主要国际货币的较低的铸币税回报，还有另外一个原因。主要货币生产国发现对该种货币需求的移动将对国内货币政策产生影响。

对于一个美国大小的国家来说，国内经济活动重要于国际活动，因此任何等级的国际资本流动对于美国市场的扰动与日本、德国和瑞士市场的影响相比要小得多，而对于后者来说，对外操作要更为重要。在这种情况下，我们可以很清楚地看出为什么这些国家会抵挡日元、马克和瑞士法郎成为储备货币。随着时间的发展，我们将会发现随着欧元区国家经济实力的增强，欧元将会成为主要的储备货币。

表 19-6 年底官方认定外汇储备持有量中的国家货币比例 (%)

	1987 年	1991 年	1995 年	1999 年	2003 年	2007 年
所有国家						
美国美元	56.0	50.9	56.4	68.4	63.8	63.9
英镑	2.2	3.4	3.4	4.0	4.4	4.7
德国马克	13.4	15.7	13.7	—	—	—
法国法郎	0.8	2.8	1.8	—	—	—
瑞士法郎	1.8	1.2	0.9	0.7	0.4	0.2
荷兰盾	1.2	1.1	0.4	—	—	—
日元	7.0	8.7	7.1	5.5	4.8	2.9
埃居	14.2	10.0	6.5	—	—	—
欧元	—	—	—	12.7	19.7	26.5
未指明的货币	3.4	6.2	9.7	8.8	6.8	1.8
工业化国家						
美元	54.8	43.8	52.8	73.5	70.8	69.4
英镑	1.0	1.8	2.1	2.3	1.7	2.8
德国马克	14.1	18.3	15.7	—	—	—
法国法郎	0.3	3.0	2.1	—	—	—
瑞士法郎	1.5	0.8	0.1	0.1	0.2	0.2
荷兰盾	1.1	1.1	0.2	—	—	—
日元	6.3	9.7	6.9	6.5	4.0	3.1
埃居	19.9	15.8	12.3	—	—	—
欧元	—	—	—	10.7	20.9	23.1
未指明的货币	1.0	5.7	7.8	6.9	2.3	1.4
发展中国家						
美国美元	59.1	63.3	60.5	64.6	59.3	60.7
英镑	5.4	6.2	4.9	5.3	6.2	5.8
德国马克	11.5	11.0	11.4	—	—	—
法国法郎	2.0	2.3	1.5	—	—	—
瑞士法郎	2.7	2.1	1.8	1.1	0.6	0.1
荷兰盾	1.3	1.0	0.8	—	—	—
日元	8.6	7.0	7.3	4.7	5.2	2.8
埃居	—	—	—	—	—	—
欧元	—	—	—	14.2	18.9	28.4
未指明的货币	9.5	7.1	11.8	10.2	9.8	2.1

19.12 多重汇率制度

大多数国家在单一汇率下实行多种的外汇交易。但是一些国家维持多重汇率。典型的制度安排就是双轨制，资本项下交易实行自由市场决定的浮动汇率制，经常项下交易实行固定汇率制，通常是高估本国货币。一些国家还有包含应用于不同交易下的三种或更多汇率的更复杂的汇率安排。

IMF试图统一存在多重汇率国家的汇率。论据是多重汇率既伤害实行这种制度的国家也伤害其他国家。在不同类型的交易下应用不同的汇率，国际范围内交易的商品的国内相对价格和世界相对价格将出现偏离。这就导致了消费、生产和投资上的歪曲的决策，因为国内居民根据人造的价格而不是世界市场的真实价格做出反应。多重汇率也很昂贵，因为人们总是将资源浪费在利用不同的汇率获利上（进行归于最有利的汇率范围内的交易）。最终，多种汇率的维持也需要昂贵的管理费用。

研究表明多重汇率是保护主义的一种形式，最初用来改善一国的国际收支。[⊖]多重汇率的一种消除方式就是允许所有的交易在市场决定的汇率基础上发生。如果一个统一的固定汇率是合意的，浮动汇率将为新的固定汇率提供一个合适的水平。当然，在固定汇率建立以后，货币和财政政策必须和新的汇率的维持相一致。

小　结

1. 在金本位下，货币可以固定汇率兑换为金。
2. 在1944年的布雷顿森林会议上，IMF和固定汇率制度被创立。
3. 在1973年3月，主要发达国家开始实行浮动汇率制。
4. 实行浮动汇率制的国家多为大国和较封闭的国家，并且通胀率和其贸易伙伴国不同，且贸易主要是在多国家间分散开的。
5. 最优货币区是以生产要素可移动为特征的。
6. 汇率目标区规定了汇率波动的最大范围。
7. 货币发行局以固定汇率兑换本币和外币。
8. 储备货币充当价值尺度、流通手段和贮藏手段的职能。
9. 多重汇率被用来促进出口抵制进口。

⊖ 关于多重汇率的有趣的文章包括 Charles Adams 和 Eremy Greenwood, "Dual Exchange Rates and Capital Controls: An Investigation," *Journal of International Economics* (1985年2月); Robert P. Flood, "Exchange Rate Expectations in Dual Exchange Markets," *Journal of International Economics* (1978年2月); J. Saul Lizondo, "Exchange Rate Differential and Balance of Payments Under Dual Exchange Markets," *Journal of Development Economics* (1986年6月); Nancy P. Marion, "Insulation Properties of a Two-Tier Exchange Market in a Portfolio Balance Model," *Economica* (1981年2月); Michael J. Moore, "Dual Exchange Rates, Capital Controls, and Sticky Prices," *Journal of International Money and Finance* (1989年12月); 以及 Peter Vander Windt, Eric Schaling 和 Harry Huizinga, "Capital Controls and Foreign Investor Subsidies Implicit in South Africa's Dual Exchange Rate System," *CentER Discussion Paper Series No. 2007-91*。

习 题

1. 国际储备货币充当不同的功能，包括价值尺度、流动手段、贮藏手段。什么因素决定了哪种货币充当这些功能？
2. 铸币税是什么，它和竞争成为主要储备货币之间有什么联系？
3. 描述存在于 20 世纪 40 年代中期到 70 年代早期的被称为布雷顿森林体系的国际货币体系或者金本位。这个体系是如何运行的？最终是如何破裂的？
4. 表 19-2 列出了 IMF 成员的汇率安排。观察这个表格，回答下述问题：
   a. 选择有限汇率浮动的国家通常选择哪种锚货币制定汇率政策？
   b. 一些国家选择爬行钉住制而其他国家选择传统的固定汇率制，区别在哪里？为什么有些国家选择爬行钉住制而不是传统的固定汇率制？
   c. 在表的底部有一些成员并没有独立的法币。欧元区国家被列为“独立浮动”但是这些国家也没有独立的货币，为什么这些国家被列在独立浮动的国家范围内？
5. 为什么小国倾向于使用固定汇率制而大国倾向于使用浮动汇率制？
6. 在表 19-2 中我们可以看到一些成员没有独立的本币。一些欧洲国家使用欧元，一些非洲国家使用 CFA 法郎，一些加勒比海国家使用东加勒比海美元。这些国家使用共同货币有什么优势呢？
7. 为什么多重汇率制度是不合意的？
8. 如果一国在经常项下使用固定汇率制在资本项下使用浮动汇率制，该国如何决定对于所有交易都适用的正确的固定汇率呢？
9. 列出决定一国选择汇率制度的三个因素。以美国为例，解释这些因素如何影响美国关于浮动汇率的政策。
10. 假设印度卢比钉住它的三个主要贸易伙伴的加权汇率。其贸易量的 1/4 是和澳大利亚开展的，1/4 是和日本开展的，1/2 是和美国开展的。如果卢比兑日元贬值 10%，兑美元贬值 4%，卢比的汇率将作何变化？
11. 详细阐述目标区制度如何帮助建立一个更加稳定的汇率。
12. 欧元是何时开始使用的？哪些国家在欧元区内，哪些货币被欧元取代了？
13. 欧洲中央银行位于哪里？欧洲央行体系和联邦储备体系有和相似之处？

参考文献

Alesina, Alberto, and Robert J. Barro. *Currency Unions*. Stanford: Hoover Institution Press, 2001.

Bordo, Michael David. “The Classical Gold Standard: Lessons from the Past.” In Michael B. Connolly, ed., *The International Monetary System: Choices for the Future*. New York: Praeger, 1982.

de Vries, Margaret. “The IMF: 40 Years of Challenge and Change.” *Finance and Development* (September 1985).

Edison, Hali J., and Michael Melvin. “The Determinants and Implications of the Choice of an Exchange Rate System.” In William S. Haraf and Thomas D. Willett, eds. *Monetary Policy for a Volatile Global Economy*. Washington, D. C.: AEI Press, 1990.

Enoch, Charles, and Anne-Marie Gulde.

"Are Currency Boards a Cure for All Monetary Problems?" *Finance and Development* (December 1998).

European Central Bank. *Monthly Bulletin 10th Anniversary of the ECB*. Available at www.ecb.europa.eu, 2008.

Levin, Jay H. *A Guide to the Euro*. Boston: Houghton Mifflin, 2002.

Parsley, David, and Shang-Jin Wei. "In Search of a Euro Effect: Big Lessons from a Big Mac Meal?" *Journal of International Money and Finance* (March 2008).

Reinhart, Carmen, and Kenneth Rogoff. "The Modern History of Exchange Rate Arrangements: A Reinterpretation." *Quarterly Journal of Economics* (February 2004).

如需要更多的习题和补充阅读，请访问我们的网址：www.pearsonhighered.com/husted。

第 20 章

国际银行业务、债务和风险

学习目标

离岸银行业务的起源；

国际银行业务机构；

离岸银行业务；

国际债务；

IMF 的贷款条件性；

腐败的影响；

国家风险分析。

外汇市场是进行货币交易的市场。货币充当一种商品和服务的支付方式，外汇市场的存在使国际收支更加便利。正如存在国际货币收支的需求一样，同样存在对国际信贷的需求，即以不同货币计值的存款和贷款的需求。国际存款和贷款市场常被称为**欧洲货币市场**(Eurocurrency market)，接受存款和放出贷款的银行被称为欧洲银行。

欧洲货币或者欧洲银行的前缀“欧洲”的使用具有一定的误导性，因为其描述的活动一般和离岸银行（提供外国货币的借入和借出服务）有关，而决不仅限于欧洲。例如，欧洲美元市场最初是指美国之外的美元银行。欧洲日元市场包括日本之外的以日元为主的银行存款和贷款。

欧洲货币市场主要特点是用于银行交易的货币通常和银行所在国的本国货币不同。但并不都是这样，因为可能存在一些用本国货币交易的国际银行活动。就适用于这类交易的规定来说，本国货币的国际银行活动和其他本国货币银行活动是分离的。我们在下面的部分将会学到，由于缺乏要求银行提供服务更高效率的规定，离岸银行活动的增长十分迅速。

20.1 离岸银行业务的起源

欧洲美元市场开始于20世纪50年代末期。在这个时期几家欧洲银行开始接受美元的存款并向储户许诺他们有权利以美元形式取出存款。这个市场为什么产生及如何产生是争论的焦点，但是人们就几个特定的要素达成了一致。假设美元是储备货币，把美元市场作为首先发展的外部货币市场是十分合理的。有些人争论说欧洲的中央计划经济国家是早期美元平衡出现的来源；这些国家不时地需要美元但是由于害怕突然的敌意报复而不愿意将美元存放在美国的银行里。于是，中央计划经济国家在英国和法国银行拥有的美元存款象征着第一批欧洲美元存款的出现。

除了政治上的考虑之外，欧洲银行的发展也是追求利润的结果。银行通过（向存款人）以一个特定利率（存款利率）借钱而把这些钱以一个更高的利率（贷款利率）贷出来获得利润。利差是存款利率和贷款利率之差。由于美国实施对银行的大规模管制，位于美国以外的银行可以比他们的美国竞争者们提供更高的存款利率和收取更低的贷款利率。比如，美国的银行需要以非生息的准备金的形式保留他们的部分存款。因为欧洲银行实际上是不受监管的，可以比美国的银行保留更少的准备金，所以他们可以提供更小的存贷利差。于是，存款和潜在的贷款客户会转向离岸市场。除了准备金要求，欧洲银行也可以从以下方面获益：不受政府规定利率的控制，无须存款保险，没有政府规定的信贷分配，没有新银行进入的限制（这样可以鼓励竞争、提高效率），较低的税率。这不意味着开办欧洲银行的国家没有这些规定。我们发现这些国家有两套监管规定：存在很多适用于本国货币的银行活动的不同的规定和限制，而外国货币的银行活动则较少受到监管。

图20-1描述了美国国内的贷款和存款利率和欧洲货币的贷款和存款利率的标准关系。图中表明美国银行的存贷利差超过欧洲银行的存贷利差。欧洲银行可以比美国银行提供更低的美元贷款利率和更高的美元存款利率。如果没有这些区别，欧洲美元市场可能就不会存在，因为对美国居民来说欧洲美元的交易被认为比美国国内美元的交易更有风险。这是说，就欧洲银行的存款的供给来说，美国的存款利率是欧洲美元存款利率的最小值，因为欧洲银行的存款供给对美国存款利率来说具有完全弹性。（如果欧洲美元存款率低于这个利率，欧洲银行将不会有美元存款。）就欧洲银行的贷款需求来说，美国的贷款利率是欧洲美元贷款利率的最大值，因为欧洲银行的美元贷款需求对美国贷款利率来说具有完全弹性（任何高于这个利率的欧洲银行贷款利率将会导致其贷款需求为零）。

当把美国市场和欧洲银行市场的实际贷款和存款利率作比较时，就要决定比较哪个利率。在欧洲美元市场，贷款利率常常报价为高于LIBOR几个百分点。LIBOR代表**伦敦银行同业拆借利率**，是每天早晨伦敦的一些大银行相互之间存款或者拆借的利率。英国银行家协会（BAA）每天上午伦敦时间11:00用每个主要货币来修正LIBOR值。LIBOR是世界各地修正利率的主要利率指标。比如，某种货币的一个可变的贷款利率可能定为高于LIBOR两个百分点并且每年进行调

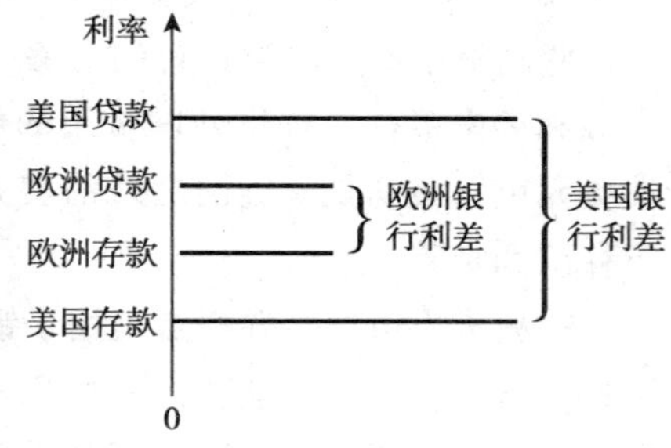

图20-1 美国的银行和欧洲银行的利差比较

整。所以，贷款利率会每年一次调整为 LIBOR 的当前值加上 2 个百分点。

LIBOR 每天的数值从一组样本银行里获得，选择这些银行是因为他们的声誉，在伦敦市场的活动水平，和其在相关货币的认可的专业知识。在每个营业日接近上午 11：00 时，每家银行报告其通过接受的除了样本银行之外的银行间提供的利率，使其能从在合理的市场规模上借来资金。这些贡献银行的利率按顺序排列并只对中间两位的四分位数进行平均来计算 LIBOR。

LIBOR 每天由以下 9 种货币来修订：英镑（GBP）、加元（CAD）、丹麦克朗（DKK）、欧元（EUR）、美元（USD）、澳元（AUD）、新西兰元（NZD）、日元（JPY）、瑞典克朗（SEK）和瑞士法郎（CHF）。每天为 LIBOR 设定的到期日有隔夜、2 天、1 周、2 周和 1～12 个月。美国的商业票据利率被认为是相对于 LIBOR 最有可比性的国内利率。欧洲美元存款利率和美国的大额存单利率最具有可比性。

我们已经看到某一货币的外部利率将会被其国内利差所限制。在资本控制的情况下，这不再成立。对国际资本流动的控制包括对外国贷款和存款的配额，或者对国际资本流动征税。例如，如果瑞士将要限制外国货币的流动，那么可能出现瑞士国内的存款利率超过在其他国家瑞士克朗的外部存款利率的情况。尽管外国人可能会更喜欢将瑞士克朗存在瑞士的银行来获得更高的利息，但是对资本流动的法定限制会禁止这种行为。

对私有产权权利的威胁的感知也会导致看起来不正常的利率关系。如果美国威胁将没收外国存款，资金会离开美国转移到外部的美元市场。这可能造成欧洲美元存款利率低于美国存款利率。

一般，风险对国内利差超过外部利差起很大作用。在国内市场上，政府机构协助确保国内金融机构的健康运行，而欧洲美元市场却很少受到监管，没有中央银行去准备营救出问题的银行。在国际交易中还有一个额外的风险是投资基金受到发行计价货币的国家（当进行偿还时）和存款银行所在的国家的控制。例如，如果一家美国企业在中国香港特区有一笔美元银行存款，当这家企业想要取出这些存款时，即要在中国台湾地区支付债务，这笔交易将可能受到两地政府的干预。首先，香港可能不允许外汇自由离开其境内。其次，美国可能控制来自美国的美元流出，以至于香港当地的银行不能购买到提供取款的美元。应该认识到即使国内和外部的存款和贷款利率由于风险而不相同，但所有的利率都倾向于同时变化。当国内的美元利率上升时，外部的美元利率也会倾向于上升。全球视角 20-1 分析了在 2008 年金融危机期间 LIBOR 如何对与银行间贷款相联系的信贷风险做出迅速的反应。

E 全球视角 20-1　金融市场的“黑天鹅现象”

课文中定义 LIBOR 为一种银行间利率。这是指一家银行会以 LIBOR 利率借钱给另一家银行。如果银行担心他们对其他银行的贷款无法得到偿还，此时会发生什么？利率将会上升以反映借出资金的更高的风险。在 2008 年的金融危机期间，LIBOR 上升到了令人意想不到的水平。这被人们称为“黑天鹅现象”。“黑天鹅”这个词来自历史。由于欧洲人只见过白天鹅，他们就相信所有的天鹅都是白色的。17 世纪在澳大利亚发现了黑天鹅，“黑天鹅”便成为用来表示一个被认为不可能发生的稀有事件出现的短语。

在 2008 年，人们认为金融市场上出现了黑天鹅事件。在 2008 年 9 月，投资银行雷曼兄弟被允许倒闭。众所周知，雷曼兄弟和许多其他金融机构一样，制造了不再具有以前价值的贷款，所以人们都知道雷曼兄弟不再像过去那样具有良好的信用。但是，存在一种“太大而不能倒闭”的观点，美国政府会支持它们从而能让它们偿还对其他企业的债务。这种情况在2008年早些时候已经在另一家大企业“贝尔斯登”出现过；当时，美国政府提供给贝尔斯登贷款，并组织将其出售给J. P. 摩根以避免贝尔斯登破产，保证其不会对所欠债务违约。然而，美国的决策者决定允许雷曼兄弟倒闭并对其债务违约。

2008年9月15日，雷曼兄弟宣布破产。在这个声明宣布后不久，由于每家银行都在担心欠他们钱的人和银行违约消息的披露，银行间借款的信贷风险不断增加。不断上升的信贷风险反映为银行相互之间短期贷款的利率LIBOR的不断上升。一个衡量银行间市场信贷风险的常用方法是泰德利差，即3个月LIBOR利率和3个月美国国库券利率之差。后一种利率是与美国政府违约可能性实际为零的无风险资产相关的利率。图20－2表明在雷曼兄弟违约前后泰德利差发生的变化。泰德利差维持在1%左右，然后在9月15号雷曼兄弟宣布破产之前的几天开始上升。即使政府政策要用资金充斥市场，以缓解银行面对的由于不肯借钱给其他银行带来的资金问题，泰德利差仍继续不平衡地上升。因为LIBOR上升了，银行开始通过政府而不是其他银行来获得短期融通的资金。泰德利差最后在4.50%达到了峰值，这是一个真正的黑天鹅事件。

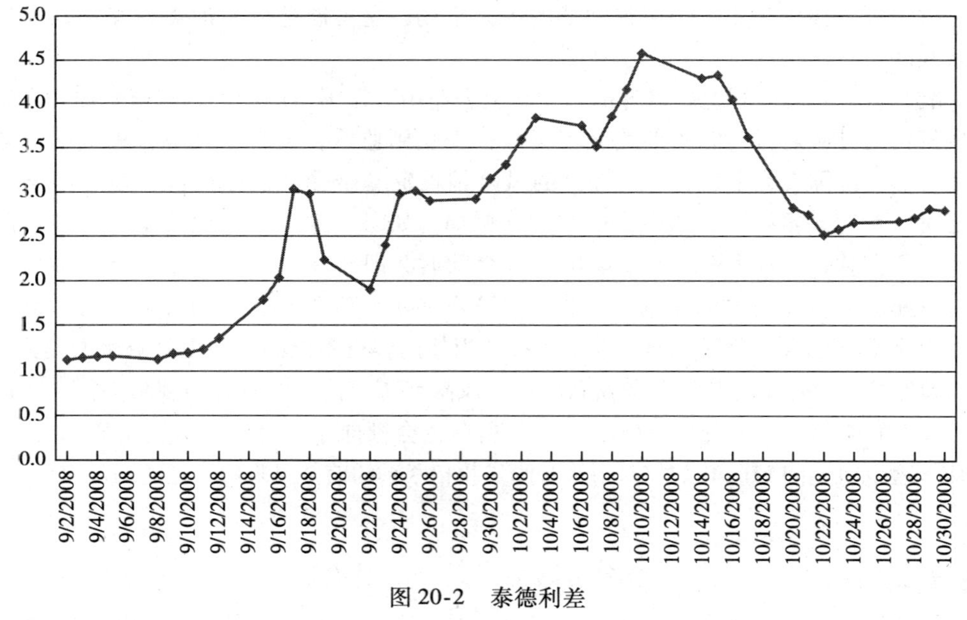

图20-2 泰德利差

随着时间的推移，重要的外部市场对其他主要的国际货币也进行了发展。但是欧洲美元（指美元的离岸银行活动）的交易规模远大于其他货币。

图20-3说明不同国家持有的外国资产。英国在国际银行业的主导作用很明显。注意图中区分了银行资产的类型，其包括对外国人的总债权和扩展到非银行金融机构的信贷。银行间债权是在其他国家银行的存款。如果我们想要知道对非银行借款人的实际信贷数量，我们必须剔除银行间活动而去关注扩展到非银行金融机构的信贷活动。图20－3表明了在国际金融中几个规模很大的银行间市场。本章后面的部分将会给出一个银行间存款和对非银

行金融机构的信贷的例子。

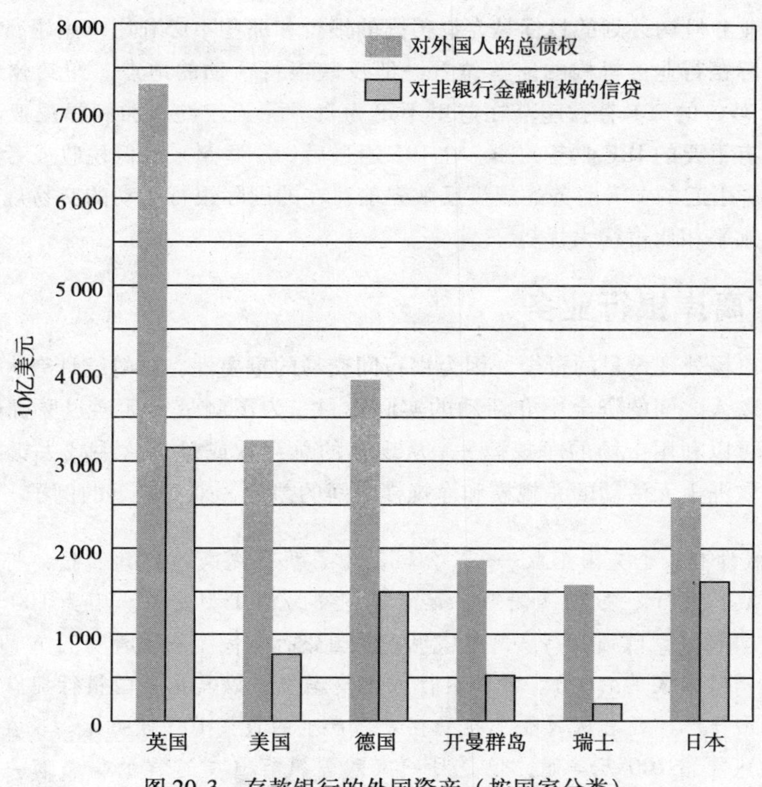

图 20-3 存款银行的外国资产（按国家分类）

资料来源：Bank for International Steelements，Basel. Data are for March 2008；http：//www. bis. org/publ/.

20.2 国际银行业务机构

1981 年 12 月，美联储允许美国银行在美国本土参与欧洲银行活动。在这之前，参与国际银行业务的美国银行通过它们的离岸分支机构来处理贷款和存款。位于开曼群岛或者巴哈马这样地方的银行“外壳”分支机构，往往除了一间办公室和一部电话之外什么也没有。利用这些地方来登记贷款和存款，美国银行可以避免对正常美国银行业适用的准备金要求和利率规定。

1981 年 12 月，**国际银行业务机构**（international banking facilities，IBF）在美国合法化。[⊖]IBF 不包括任何在美国的银行办公室的新的物理场所。相反，它们只需要对现有的办公室里装备一套不同的账簿来记录 IBF 建议下允许的存款和贷款。IBF 允许对非美国居民或者其他 IBF 获得存款和借出贷款。这些贷款和存款银行的其他业务是分离的，因为 IBF 无须受到准

⊖ 对此事件的描述和导致 IBF 建立的争论参阅 K. Alec Chrystal，“International Banking Facilities，” *in Federal Reserve Bank of St. Louis Review*（1984 年 4 月）；Sydney J. Key 和 Henry S. Terrell，“International Banking Facilities，” *in International Banking and Financial Centers*，ed. Yoon S. Park 和 Musa Essayyad（New York：Kluwer，1998）；Michael H. Moffett 和 Arthur Stonehill，“International Banking Facilities Revisited，” *Journal of International Financial Management and Accounting*（1989 年春季）。

备金要求，利率管制、或者联邦保险公司的存款保险金等适用于正常美国银行业的约束。

国际银行业务机构计划的目标是允许美国的银行和那些不必利用离岸银行办公室的离岸银行竞争。国际银行业务机构的座落位置一般反映银行活动的地点。纽约州作为美国的金融中心，超过75%的IBF存款座落在这里不足为奇。除了纽约，加利福尼亚和伊利诺伊是仅有的其他拥有重要的IBF业务的州。在IBF通过后，一些州采取低税收或者免税的方式鼓励IBF的建立。引起的IBF业务的规模反映先前存在的国际银行活动的交易规模，即纽约与其他州的业务水平相比占很大优势。

20.3 离岸银行业务

欧洲货币市场处理大量的资金。因为银行间交易的重要性，总的统计夸大了就非银行储户和非银行借款人之间的资金中介活动的实际数目。为了测量实际通过欧洲银行进行的信贷数量，我们可以利用市场的净规模——从现存的总存款或总贷款中减去银行间活动来衡量。为了理解欧洲美元活动的总规模和净规模之间的差异，来看以下的例子。

【案例】我们假设有一个美国企业——X公司，为了获得更高的存款回报，将100万美元从美国银行转到欧洲银行。表20-1表明了记录这笔交易的T型账户。因为100万美元存款的所有权从X公司转移到欧洲银行A，所以现在美国银行有一个对欧洲银行A的100万美元的负债（记在资产负债表的右侧）。欧洲银行A把这笔交易以其在美国银行拥有的存款的形式记为100万美元资产，还有从X企业接受存款而产生的负债100万美元。现在，假设欧洲银行A没有借款人要借100万美元，但是另一家欧洲银行B有这样的借款客户。欧洲银行A将会把100万美元存在欧洲银行B，以获得超过其必须为100万存款付给X公司利息的1%。表20-2表明欧洲银行A在欧洲银行B存款之后，美国银行现在欠B银行一笔美元存款，在表中表示为与从B银行到A银行的100万美元的存款负债相对应的B银行的资产。

表20-1 X公司在欧洲银行A存款100万美元

资产		负债
	美国银行	
		应付欧洲银行A 100万美元
	欧洲银行A	
在美国银行存款100万美元		应付X公司100万欧洲美元的存款

表20-2 欧洲银行A在欧洲银行B存款100万美元

资产		负债
	美国银行	
		应付欧洲银行B 100万美元
	欧洲银行A	
在欧洲银行B存款100万美元		应付X公司100万欧洲美元存款
	欧洲银行B	
在美国银行存款100万美元		应付欧洲银行A 100万欧洲美元存款

最后，在表20-3中，欧洲银行B对Y公司进行贷款。现在，美国银行已经把其存款负债的所有权转移到Y公司。（注意当在欧洲美元交易之后这笔美元实际花费时，实际的美元必须来自美国。只有美国才能发行美元；欧洲美元市场只是作为一个中介市场。）市场的总规模以在欧洲银行的200万美元总存款来衡量。市场的净规模的计算需要减去银行间存款，因此其衡量的是对美元的非银行使用者的实际信贷。在本例中，欧洲银行A在欧洲银行B存款100万美元。如果我们从总的200万美元的欧洲银行存款中减去100万的银行间存款，那么可以得到市场的净规模为100万美元。这100万美元是从非银行出借人流动到非银行借款人的实际信贷量。

表20-3　欧洲银行B向Y公司借出100万美元

资产	负债
美国银行	
	应付Y公司100万美元
欧洲银行A	
在欧洲银行B存款100万欧洲美元	应付X公司100万欧洲美元存款
欧洲银行B	
对Y公司贷款100万美元	应付欧洲银行A 100万欧洲美元存款
Y公司	
在美国银行存款100万美元	欠欧洲银行B 100万美元贷款

由于欧洲美元市场有如此巨大的交易量，所以经济学家和政治家就欧洲美元市场对国内的市场影响存在担心也是可以理解的。在美国，欧洲美元存款包含在货币供给的M2定义中。美国货币供给的度量常常用来估计公共开支的可用资源。欧洲美元不是可以支出的货币，但更像是替代货币，比如像国内银行的定期存款。因为欧洲美元不作为一种支付方式，欧洲银行不能像国内银行那样创造货币。欧洲银行实际上是中介机构，它们接受并借出这些存款。

即使欧洲美元不能作为一种支付方式，但其可以在国内货币业务中发挥作用。对于那些没有高效率货币市场的国家，进入充分高效和竞争性的欧洲美元市场可以减少对国内货币的需求。居民可以转移资金到欧洲美元市场并从中获得更有竞争性和市场决定的回报，而不是保持国内货币平衡。

欧洲美元市场的效率可能鼓励国际资本流动并因此导致对中央银行冲销措施的更大需求。在第18章中，我们把冲销定义为对基础货币国内部分的改变旨在抵消外汇储备部分的变化。于是，如果由于欧洲美元市场高效率吸引的国际资本流动导致国际储备流动加快，中央银行必须实施更加频繁和大量的冲销操作以保持国内货币增长政策的稳定。

所有的银行都想最大化其存款和贷款利率之间的利差。在这方面，欧洲银行和其他国内银行相同。所有的银行都会关注风险管理，即与其资产和负债相关的风险。和所有的中介机构一样，欧洲银行往往会短期借入，长期借出。于是，如果存款负债急剧减少，那么在短期内存款利率会上升得很快。匹配存款和贷款的期限结构的优点是能同时考虑周到，所以银行可以对存款或贷款需求的变化更好地进行反应。

欧洲货币市场的存款固定期限从几天到几年不等，尽管大多数不到6个月。存单被认为是国内与欧洲货币存款最接近的金融工具。

欧洲货币市场的贷款可以到10年或者更长：欧洲货币市场的贷款利率被描述为高于LIBOR的利差。LIBOR是伦敦银行同业拆借利率，即伦敦大银行之间进行银行间贷款的利率。标明为LIBOR的贷款的利率每隔一段时间会调整，比如每3个月调整一次。这些可调整的利率是为了使银行的利率风险减到最小。

大额贷款一般由欧洲银行财团来做。财团由一个领头银行或者管理银行发起，之后其他希望参与贷款的银行会加入辛迪加，共同提供贷款。通过允许银行减少其在任一贷款中的参与水平，银行可以参与不同的贷款，以此实现多样化来减少损失的风险。

全球视角20-2讨论了伊斯兰银行的崛起。这些分享利润的银行家是否延伸到国际银行业务还有待观察，但是伊斯兰银行在传统西方银行流行的伊斯兰银行投资机会的资助的增长表明伊斯兰银行机构将来可能会就生息的银行间贷款发展出另一种金融工具。

全球视角20-2　伊斯兰银行

根据《古兰经》，伊斯兰法律禁止对贷款收取利息。遵照伊斯兰法律的伊斯兰银行仍充当出借人和借款人的中介的角色，但不是对贷款收取利息和对存款付息，而是银行预先获得企业的一部分利润直到贷款得到偿还。这些银行分享的企业利润会转到存款人手中。

除了分享利润的存款，伊斯兰银行主要提供的服务还有：支票账户、旅行支票和各种以收取费用为基础的贸易相关服务。利润分享的存款的收益随着地区经济情况而波动。

由于存款的增长经常远远超过当地投资机会的增长，伊斯兰银行借款给传统银行来提供满足两者道德和商业需要的资金支持。这样的资金不能用来投资生息的证券，或者涉及酒、猪肉、赌博和武器的企业。这样共同盈利的投资机会的增长表明伊斯兰银行为存款人提供了一种有价值的服务，既能符合其宗教信仰的规定，又能符合现代银行业的赢利要求。

伊斯兰金融服务潜在的扩张和赢利能力使像花旗、汇丰和瑞士银行这样的大银行开设致力于伊斯兰银行服务的分支机构。另外，在购买某公司股票之前，存在共同基金来筛选其是否符合伊斯兰法律。例如，由于大多数金融机构收取和支付大量的利息，这样的企业会被排除在伊斯兰共同基金范围之外。

提供伊斯兰投资的最常用的工具是穆拉巴哈。它实际上是成本加成的融资，金融机构为客户购买商品或服务，然后在一定时间内偿还等于原来的成本加上额外的一部分利润的金额。在美国这样的安排甚至用来给财产抵押贷款作融资。金融机构会购买某项财产，然后向客户收租金，直到支付的租金等于购买价格加上一些利润。在全额支付之后，财产的权利就转到客户。[①]

① 关于伊斯兰银行有趣的回顾参阅 Rami Khouri, “The Spread of Banking for Believers,” *Euromoney*（1987年5月）；“Islamic Banking: First View of the Banks,” *The Banker*（1996年10月）；Peter Koh, “The Shari'ah Alternative,” *Euromoney*（2002年10月）。其他信息来源可参见网站：http://www.failaka.com/。■

20.4 国际债务

在 20 世纪 70 年代，当 OPEC 国家在欧洲银行存放大量的美元时，银行有很多**石油美元**（petrodollars）。反过来，银行把这些 OPEC 国家国际收支盈余的美元，大部分都借给赤字的发展中国家。（这种形式被认为是石油美元循环。）在进行贷款时，发展中国家借款人存在合理的信贷风险。他们出口商品的价格很高，没有人会预测到发生在 20 世纪 80 年代初期的全球经济衰退。债权银行认为用借款人的出口收入能偿还贷款。20 世纪 80 年代初期当发达国家的收入和需求都下降时，债务国家面临着其产品需求的下降。与此同时，由于美元利率的上升，他们债务需要支付的利息也在上升。到 1982 年，很多贷款开始无法偿还，因为发展中国家发现自己透支了。表 20-4 表明主要 LDC（最不发达国家）借款人在债务危机时期面临的外部债务规模的估计值。

表 20-4　国际债务危机时期的外部债务/出口比例

（平均总外部债务占商品、服务出口和私人转移支付的比例）

	比例（%）					1988 年末商业银行未消账款（10 亿美元）
	1982 年	1984 年	1986 年	1989 年	1991 年	
阿根廷	405	461	536	537	433	30.4
巴西	339	322	425	302	325	67.6
智利	333	402	402	188	154	11.0
哥伦比亚	191	254	198	208	168	6.0
厄瓜多尔	239	259	333	392	363	5.5
墨西哥	299	292	413	264	224	63.4
尼日利亚	84	158	300	390	257	6.7
秘鲁	269	356	497	432	484	5.3
菲律宾	269	309	308	226	216	10.8
委内瑞拉	84	158	322	212	187	26.6

资料来源：数据来自 *World Debt Tables*, 1989 - 1990, First Supplement (Washington, D.C.: World Bank, 1990); 和 *World Development Report*, 1993 (New York: Oxford University Press, 1993)。

前文说过出口被指望用来获得需要偿还债务的外汇，检查表 20-4 的债务和出口的百分比，我们就会注意到这些国家陷入的困境。阿根廷或者巴西可以偿还现存债务（履行还债义务）的唯一办法是借更多的钱直到他们的出口收入上升，或利率下降，减少其偿还的利息（注意，这些债务是可变利率贷款）。以防这些债务负担太重以至于无法偿还，债务被重新安排。（看起来没有国家会违约；宁愿重新计划利息的偿还。）重新安排是指就贷款期限重新商议——延后和延长本金和利息的偿还时间。

重新安排债务的最重要的平台之一是**巴黎俱乐部**（Paris Club）。巴黎俱乐部不是一个有着持续生命的官方组织，而是指债权国（主要是西方发达国家）和债务国的非定期会面。当一个国家接近对现有债务的违约边缘时，并且债权国拒绝增加额外的贷款，债务人会联系法国政府并要求与其债权人官员会面。（在巴黎举办这样的会议没有特殊的原因，只是因为法国愿意举办这样的活动并行成为传统。）债务人必须在会议召开之前向 IMF 申请一个备用信贷安排。巴黎俱乐部会议涉及债务人政府和债权人政府就贷款期限和成本偿还重新计划的谈判。

除了巴黎俱乐部对拖欠政府债务的重新安排，拖欠商业银行的债务也会被重新安排。在这种情况下，商业银行组成委员会来和债务人谈判。除了延长债务偿还时间和修改贷款期限，商业银行也会涉及将发展中国家的债务来交换这些债务国商业项目的资产。**债转股互换**（debt/equity swaps）是用债务来交换债务国的货币，然后用货币来购买债务国商业的所有权资产。

债转股互换的存在刺激了商业银行出售发展中国家对其债务的二手市场的发展。市场的买家可以用这笔债务来交换债务国的股权资产。这个市场一直很小，大约只相当于商业银行持有的发展中国家的债务的1%或2%。这些“小”市场可以导致单个买家或卖家“改变市场”。就是说，市场规模相对较小时，一个购买债务的大订单可以使债务的价格上升。根据*Euromoney*中引用的一个经纪人的话，花旗银行曾经购买6 200万美元的墨西哥债务以换取日产在墨西哥的一个汽车生产工厂。购买这个数量的债务导致债务的市场价格上升超过3%。

债转股互换很少以债务的票面价值进行。发展中国家的债务的二手市场价格会在债务的票面价格上打个折扣。这个价格反映了不被偿还的风险。债务不被偿还的可能性越大，债务的价值就越低。

20.5 国际货币基金组织的贷款条件性

国际货币基金组织一直是为正经历偿还问题的债务国提供资金支持的重要来源。上文中，我们看见债务人如果没有IMF批准的备用信贷安排是不能进入巴黎俱乐部的。IMF贷款的重要性远超过仅仅“救助”商业银行和债权人政府。IMF需要借款人调整其经济政策以减少国际收支赤字和提高债务偿还的机会。这种IMF要求的调整计划被称为IMF的“贷款条件性”。

发展一个贷款计划的过程的一部分是在IMF“任务”要求下去借款国考察。这个任务由回顾这个国家经济问题的起因和提出解决办法的经济学家组成。通过和借款人的谈判，会达成一个有条件的贷款计划。这些条件常常涉及宏观经济变量的目标，比如货币供给增长或者政府赤字。如果条件没有完成，贷款会以新的支付的削减间隔支付。

现在可以理解IMF贷款条件对债权人的重要性。从出借人的角度来看，对主权政府的贷款和对私营组织的贷款是一样的。尽管国家不会倒闭，但是他们会有革命或者政治动荡导致其拒付前任政权的债务。即使没有剧烈的政治变革，国家也会不能够或者不愿意在不利的经济环境下偿还债务。国际借款则是另一种风险，因为既不存在国际法庭来执行合同，也没有双边的贷款，除非借款国可能在出借国有资产。IMF充当监督员的角色，并且如果借款国同意条件，IMF可以提供新的贷款。如果外国债权政府或者商业银行建议改变债务国国内政策，主权政府会受到侵犯，但是IMF是一个超过180个成员的组织。执行IMF前往债务国任务的成员将来自不同的国家和地区，其建议将会是非政治的。然而，由于其被代表西方发达工业化国家的利益所控制，IMF还是饱受批评。就投票权来说，这是对的。

IMF的投票决定着政策，而投票权则是由国家“配额”决定。这个配额是一国作为其成员对IMF的金融贡献。至少75%的配额由本国货币组成，不到25%用外汇储备或SPD来支付。每个国家有250张票，加上其配额每SPD100 000算1票。美国的票最多，因为美国在总资金中占了接近17%。之后是日本和德国，分别是6.3%和6.1%；再往后是英国和法国，均占了5%。这5个发达国家在IMF配额中总共占了超过40%，因此它们主导了投票权。[㊀]

IMF因为采取限制借款国经济增长、降低借款国生活水平的贷款条件而受到批评。其主要的贷款条件是减少政府开支、提高税收和限制货币增长。比如，在1986年7月，墨西哥和IMF签订了一个16亿美元的贷款协定，包括以下条件：在之后的18个月内预算赤字下降3个百分点，限制货币增长以减少资本外逃，名义利率超过通货膨胀率，减少商业开支的扣除以增加税基。[㊁]这些政策可能被理解为IMF对其实施的苦行，但是这些苦行可以用来帮助借款政府促使生产性的私人部门在经济中发挥更大的作用。

更近一些，在2008年11月，IMF通过了对匈牙利的150亿美元的贷款计划。因为这笔债务很大，匈牙利很难再吸引新的资金支持并支持已有的开支。IMF计划包括旨在减少政府开支的条件，通过减少政府支持的工资和养老金的支出来实施。在金融危机时，政府告诉选民公务人员的工资和退休人员的养老金必须削减是十分困难的。然而，有像IMF这样的外部权威实行这样的规定使这些不受欢迎的政策变得更容易去执行。

IMF的观点是在面临偿还问题的债务国，调整计划是不可避免的。所需的调整可以促进经济的长期增长。虽然调整到政府发挥更少的作用、政府补贴更少的情况实际上会存在短期成本，但是在长期所需的调整可以刺激经济增长从而能够偿还债务。

20.6 腐败的影响

政府官员的腐败行为会减慢经济增长。在很多国家，为了获得政府服务或者利益而支付金钱或礼物的行为十分普遍。研究表明一个国家的腐败水平和其投资及增长有着相反的关系。

研究表明，腐败在政府管制与自由市场共存的经济产出和实际产出之间制造扭曲的国家盛行。例如，一个需要政府许可才能买卖外汇的国家将会存在一个繁荣的外汇黑市，黑市的美元汇率将会比政府提供的“官方汇率”花费更多的本国货币。这种扭曲使得政府官员有通过使用官方汇率的方式获得个人收益的机会。

一般来说，一个国家的市场越是竞争的，腐败的机会就越少。所以旨在减少腐败的政策主要是减少政府官员在分配利益或者对他人征收费用方面的灵活性。这包括更透明的政府业务办理和政府雇佣中能力竞争的引进。由于一国腐败问题的政治敏感性，IMF只是最近才在其咨询和贷款功能中包括这一问题。当IMF或者世界银行的贷款没有达到预想的目的，而是被腐败的官员所吸收时，对此项贷款提供主要支持的工业化国家会关注并且推动国际组织将反腐败的措施包含进贷款条件中。在20世纪90年代末期，IMF和世界银行

㊀ 2010年11月5日，IMF执行董事会通过改革方案，中国上升到第三位，位列美国、日本之后。——编者注

㊁ 关于墨西哥贷款交易的描述参阅Art Pine，“Mexico-IMF Pact Is Seen Easing Cash Crunch，Altering Economy，” *Wall Street Journal*，1986年7月23日，第25页。关于IMF贷款条件性的总体综述参阅Susan Schadler，“How Successful Are IMF-Supported Adjustment Programs?” *Finance and Development*（1996年6月）。

开始明确地把反腐败政策作为对腐败已在当地经济中根深蒂固的借款国的借款程序的一部分。

20.7 国家风险分析

国际金融活动涉及在国内交易不存在的风险。其没有国际法庭来执行合同，一家银行不能收回一国的抵押品，因为没有物品被抵押。主权政府的问题贷款使大多数“债务问题”公开化，但是认识到由于资本控制或者汇率政策对私人企业的贷款也可变为不良贷款十分重要。在这方面，如果外汇管制阻止资金的转移，即使设在外国的下属机构也不能把资金转移到跨国公司的母公司。

商业银行和跨国公司能够估计在国际交易中的风险十分重要。国家风险分析已经成为国际商务的重要组成部分。国家风险是指在一个国家整体的政治和金融条件和这些条件可能影响一个国家偿还其债务能力的程度。在决定和某一国家相关的风险程度时，我们应该考虑质量和数量的因素。质量因素包括一个国家的政治稳定性。以下几个主要特征表明政治的不确定性。

(1) 不同语言、种族和宗教的群体之间的分裂可能对稳定构成威胁；

(2) 极端民族主义和对外国人的厌恶可能导致对本地利益的优惠待遇和对外国控股企业的国有化；

(3) 不适宜的社会条件，包括财富的极端分化；

(4) 存在社会冲突，比如频繁的游行、暴力事件和游击战；

(5) 激进集团的实力和组织情况。

除了质量或者政治的因素，我们也需要经济因素，对一国偿还债务的能力进行估计。[⊖]国家风险分析家检查下面的因素。

(1) 外部债务。特别地，这是拖欠外国人的债务与 GDP 或者外汇收入之比。如果一国的债务相对较大，那么这个国家可能会有债务偿还问题。

(2) 国际外汇储备。持有的储备表明一国满足其短期国际贸易的需要即出口收入下降的能力。根据国际储备的流动性，用国际储备和进口之比来对国家进行排名。

(3) 出口。这个因素以出口所获得的外汇和出口商品的多样性来衡量。依靠一两种商品来获得外汇的国家比有多样化的出口集合的国家在外汇收入上更易于波动。

(4) 经济增长。这个因素以真实 GDP 或者人均真实 GDP 的增长来衡量。可充当一国总体经济情况的指标。

尽管没有一种评估国家风险的方法是十分准确的，但是通过使用结构化的方法评估和比

⊖ 有很多研究分析国家风险在经济方面的决定因素。其中一小部分包括 Sebastian Edwards，“LDC's Foreign Borrowing and Default Risk：An Empirical Investigation 976 ~ 1980，” *American Economic Review*（1984 年 9 月）；R. A. Somerville 和 R. J. Taffler，“Banker Judgment versus Formal Forecasting Models：The Case of Country Risk Assessment，” *Journal of Banking and Finance*（1995 年 5 月）；Steven B. Kamin，“The Current International Financial Crisis：How Much Is New?” *Journal of International Money and Finance*（1999 年 8 月）；Claudio Borio 和 Frank Packer，“Assessing New Perspectives on Country Risk，” *BIS Quarterly Review*（2004 年 12 月）。

较不同的国家，国际出借人就有了一个基础，并以此来形成对是否对某个国家提供信贷的主观评估。

Euromoney 杂志对国际银行家每年进行两次调查，询问他们对不同国家和地区信用可靠度的评估。除了对国家风险的主观评价之外，*Euromoney* 排名还包括以下评估：经济增长、外部债务、偿还记录和一国（地区）的现在的信贷条件。表 20-5 是最近调查的结果。我们不要太过注意准确的排名顺序，而是应该把国家和地区分为不同的组。所有在名单顶部的国家和地区有较低的风险，银行愿意向其发放信贷。在表格中间的国家和地区可能存在对借款的准入限制。那些在底部的国家则不可能吸引新的商业银行贷款。

表 20-5　国家和地区风险排名

排名（2008 年 9 月）	国家和地区	排名（2008 年 9 月）	国家和地区
1	卢森堡	35	以色列
2	挪威	36	巴哈马
3	瑞士	37	沙特阿拉伯
4	芬兰	38	捷克
5	丹麦	39	斯洛伐克
6	荷兰	40	文莱
7	瑞典	41	韩国
8	爱尔兰	42	阿曼
9	奥地利	43	波兰
10	美国	44	智利
11	德国	45	博茨瓦纳
12	加拿大	46	巴巴多斯
13	英国	47	爱沙尼亚
14	澳大利亚	48	匈牙利
15	新加坡	49	马来西亚
16	法国	50	中国
17	比利时	51	墨西哥
18	日本	52	立陶宛
19	冰岛	53	俄罗斯
20	新西兰	54	南非
21	中国香港	55	毛里求斯
22	西班牙	56	印度
23	意大利	57	克罗地亚
24	葡萄牙	58	罗马尼亚
25	科威特	59	拉脱维亚
26	斯洛文尼亚	60	巴西
27	希腊	61	泰国
28	阿联酋	62	保加利亚
29	塞浦路斯	63	摩洛哥
30	巴林	64	突尼斯
31	马耳他	65	特立尼达和多巴哥
32	卡塔尔	66	秘鲁
33	百慕大	67	巴拿马
34	中国台湾	68	埃及

（续）

排名（2008年9月）	国家和地区	排名（2008年9月）	国家和地区
69	哈萨克斯坦	113	乌干达
70	哥斯达黎加	114	阿尔及利亚
71	阿塞拜疆	115	叙利亚
72	中国澳门	116	斐济
73	哥伦比亚	117	柬埔寨
74	安提瓜和巴布达	118	巴拉圭
75	约旦	119	圣文森特和格林纳丁斯
76	土耳其	120	汤加
77	越南	121	孟加拉
78	印度尼西亚	122	塞舌尔
79	菲律宾	123	马达加斯加
80	马其顿	124	肯尼亚
81	乌克兰	125	贝宁
82	危地马拉	126	塞尔维亚
83	萨尔瓦多	127	格林纳达
84	阿尔巴尼亚	128	摩尔多瓦
85	亚美尼亚	129	马里
86	蒙古	130	赤道几内亚
87	多米尼加共和国	131	玻利维亚
88	格鲁吉亚	132	伯利兹
89	加纳	133	卢旺达
90	尼日利亚	134	黎巴嫩
91	圣卢西亚	135	多米尼加
92	洪都拉斯	136	埃塞俄比亚
93	安哥拉	137	纳米比亚
94	乌拉圭	138	加蓬
95	白俄罗斯	139	厄瓜多尔
96	马尔代夫	140	苏里南
97	巴布亚新几内亚	141	尼泊尔
98	黑山共和国	142	新喀里多尼亚
99	委内瑞拉	143	伊朗
100	斯里兰卡	144	吉布提
101	佛得角	145	塞内加尔
102	莱索托	146	所罗门群岛
103	莫桑比克	147	土库曼斯坦
104	斯威士兰	148	喀麦隆
105	瓦努阿图	149	吉尔吉斯共和国
106	波黑	150	尼日尔
107	赞比亚	151	冈比亚
108	坦桑尼亚	152	苏丹
109	牙买加	153	萨摩亚群岛
110	也门	154	尼加拉瓜
111	阿根廷	155	刚果
112	巴基斯坦	156	利比亚

（续）

排名（2008 年 9 月）	国家和地区	排名（2008 年 9 月）	国家和地区
157	圭亚那	172	利比里亚
158	塞拉利昂	173	乍得
159	科特迪瓦	174	几内亚比绍
160	不丹	175	布隆迪
161	乌兹别克斯坦	176	缅甸
162	塔吉克斯坦	177	中非共和国
163	布基纳法索	178	厄立特里亚
164	多哥	179	阿富汗
165	毛里塔尼亚	180	索马里
166	老挝	181	密克罗尼西亚
167	马拉维	182	古巴
168	海地	183	津巴布韦
169	刚果（金）	184	马绍尔群岛
170	圣多美和普林西比	185	朝鲜
171	几内亚	186	伊拉克

资料来源：*Euromoney*（2008 年 9 月）。

小　结

1. 国际银行业务存款和贷款的市场叫做欧洲货币市场。
2. 由于缺少旨在提供银行服务的高效率的管制，欧洲银行得以发展起来。
3. 国际银行业务机构是被允许参与欧洲银行业务的美国银行部门。
4. 欧洲美元市场的净规模衡量实际对非银行主体的信贷规模。
5. 大额欧洲货币贷款由银行财团实施。
6. 在巴黎俱乐部，债务国和债权国政府就主权贷款进行重新安排。
7. 发展中国家债务的二手市场鼓励债务国债转股互换的发展。
8. IMF 贷款伴随着需要经济调整以增强偿还能力的条件。
9. 国家风险分析包含经济因素和政治因素的分析。

习　题

1. 为什么欧洲银行能够提供比本国银行更窄的存贷利差？
2. 创建一家美国企业通用电气把 100 万美元存在欧洲美元市场的案例。你的案例中在一家法国公共事业企业——巴黎电气借得这笔钱之前，应该至少包括一次银行间交易。在你的案例中，欧洲美元市场的总规模是如何变化的？净规模呢？
3. 想象你处在一家大型跨国银行的求职面试现场。面试官说到最近银行面临着一些对外国政府的问题贷款。面试官问你，当在评估一家外国政府机构的贷款申请时应该考虑哪些因素。你该如何回答？
4. IBF 是什么？IBF 业务最初的增长来自哪儿？
5. 在巴黎俱乐部会安排中，哪种债务可以被重新安排？为什么在巴黎俱乐部会议之前需要一个IMF的备用贷款协议？

6. 当研究人员检测套补利率平价的有效性时，他们主要是看欧洲货币利率而不是某国银行报价的利率。你认为这种选择的理由是什么？

7. 债转股互换如何帮助解决国际债务问题？请从债务国的角度指出其优点和缺点。为什么一直以来债转股互换市场的规模都很小？

8. 选择5个国家并写出其国家风险指数。按照可以观察到的因素进行排名，比如GDP增长率、出口、人均GDP增长率等。你的国家风险排名和最新的*Euromoney*排名相比有什么结果？

参考文献

Bird, Graham, Mumtaz Hussain, and Joseph P. Joyce. "Many Happy Returns? Recidivism and the IMF." *Journal of International Money and Finance* (June 2004).

Brealey, R. A., and E. Kaplanis. "The Impact of IMF Programs on Asset Values." *Journal of International Money and Finance* (June 2004).

Bulow, Jeremy, and Kenneth Rogoff. "Cleaning Up Third World Debt without Getting Taken to the Cleaners." *Journal of Economic Perspectives* (Winter 1990).

Clark, Jack, and Eliot Kalter. "Recent Innovations in Debt Restructuring." *Finance and Development* (September 1992): 6-8.

Cline, William. "Private Sector Involvement in Financial Crisis Resolution." Center for Global Development Working Paper 18 (2002).

Kutan, Ali, and Bernd Hayo. "Investor Panic, IMF Actions, and Emerging Stock Market Returns and Volatility: A Panel Investigation." *Journal of International Money and Finance* (November 2005).

Mayer, Wolfgang, and Alexandros Mourmouras. "IMF Conditionality: An Approach Based on the Theory of Special Interest Politics." *The Review of International Organizations* (2008).

Schadler, Susan. "How Successful Are IMF Supported Adjustment Programs?" *Finance and Development* (June 1996).

如需要更多的习题和补充阅读，请访问我们的网址：www.pearsonhighered.com/husted。

第 21 章

开放经济下的宏观政策及其调整

学习目标

内部和外部宏观经济均衡；
IS 曲线；
LM 曲线；
BP 曲线；
均衡；
固定汇率制度下的货币政策；
固定汇率制度下的财政政策；
浮动汇率制度下的货币政策；
浮动汇率制度下的财政政策；
新开放经济宏观经济学；
国际政策协调；
全球金融危机及宏观经济影响；
开放经济乘数。

一个开放的国际贸易和支付的经济体会面对与封闭国家不同的问题。经济学介绍的典型宏观经济均衡和政策的代表是从一个封闭经济体的视角。对于针对事业和通货膨胀的经济调整的讨论并没有考虑到其他国家。显然，在这个国际一体化程度越来越高的时候，这不再是一个可行的方法。

在一个开放经济体下，我们将经济目标总结为内部平衡和外部平衡的实现。**内部平衡**（internal balance）的意思是指国内经济在一个不变的低失业率下平稳增长。**外部平衡**（external balance）是指预期贸易平衡或预期国际资本流动的实现。在经济学原理课程中，重点是内部平衡。只单独关注内部目标时，如预期的通货膨胀率、失业率以及经济增长率，简单的经济模型可以用于分析。要同时追求内部和外部平衡，需要对经济有更详细的观察。复杂性轻微地增加一点就会产生很大的效果，使得现代政策的制定者要以更加现实的观点面对问题。这不再是一个改变政策就能改变国内失业和通货膨胀的问题了。现在，当权者必须还要考虑到对贸易平衡、资本流动和汇率变化的影响。

21.1 内部和外部宏观经济均衡

宏观经济学政策的主要工具是财政政策（政府开支和税收）和货币政策（中央银行控制货币供给）。这些工具是用来实现宏观经济均衡的。我们假设宏观经济均衡要求在经济的三个主要方面实现均衡：

（1）产品市场均衡：商品和劳务的供给数量与需求相等。

（2）货币市场均衡：货币供给与货币需求相等。

（3）国际收支平衡：经常项目赤字（盈余）与资本项目盈余（赤字）相等，因此官方结算的收支等于零。

我们应该用在各自市场实现均衡的曲线来分析宏观经济均衡。*IS* 曲线表示产品市场均衡。*LM* 曲线表示货币市场均衡。最后，*BP* 曲线表示国际收支平衡。把这些曲线画在一个图上就是 *IS-LM-BP* 曲线图。㊀在三条线的交点上，宏观经济实现均衡。在这一点上，国内的利率水平 i 等于 i_e，并且国内收入水平为 Y_e。我们现在来讨论这些均衡曲线各自是如何实现的。图 21-1 给出了 *IS-LM-BP* 曲线图。

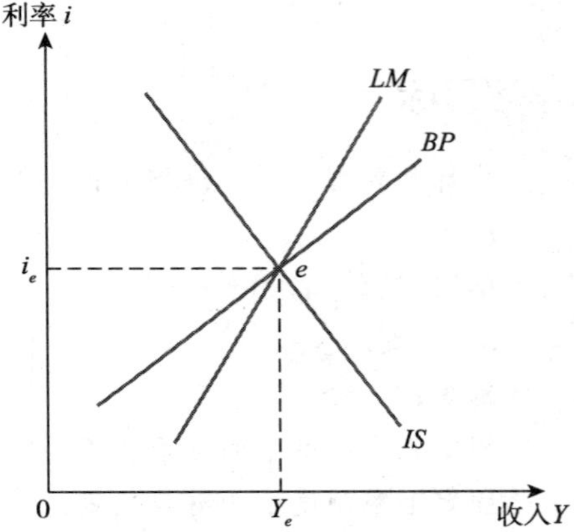

图 21-1 产品市场（*IS*）、货币市场（*LM*）以及国际收支（*BP*）均衡

21.2 *IS* 曲线

首先，我们来看一下 *IS* 曲线。这条线代表了在其他条件保持不变时（例如，价格水平），i 和 Y 在产品市场上的均衡。当商品和劳务的产出等于其需求数量时，产品市场的均衡就实现了。在经济学原理课上，当经济体花费的“漏出量等于注入量时”宏观经济均衡就实现了。更确切地说，国内储蓄（S）、税收（T）和进口（IM）代表获得的收入中没有用于国内商品和劳务的部分——即国民收入的流出量。而国民收入的流入量成为收入的包括投资（I）、政府支出（G）以及出口（EX）。投资是商业公司在新的厂房和设备上的开支。

当式（21-1）成立时，

$$S + T + IM = I + G + EX \tag{21-1}$$

均衡就实现了。当国民收入的流出等于流入时，从生产商品和劳务获得的收入将会等于

㊀ 这些标注是宏观经济学文献的习惯用法。*IS* 代表投资和储蓄——它们是商品市场均衡的重要决定因素。*LM* 代表货币需求（*L*）和货币供给（*M*）。*BP* 代表国际收支。

总支出，或总的需求量。图 21-1 中的 *IS* 曲线是由无数 i 和与式（21-1）中产出相等的 Y 组成的。我们现在来讨论为什么 *IS* 曲线向下倾斜。

我们假设政府制定的税收（T）与收入无关，而居民的储蓄（S）和进口（IM）则是由他们的收入决定。国内收入越高，国内居民的储蓄就越多，并且在进口上的花费也更多。在图 21-2 下半部分，$S+T+IM$ 向上倾斜。这表示随着国内收入增加，储蓄加税收加进口的值就越大。假设投资（I）是由国内利率决定的，并且不随当期国内收入的变化而改变。因为投资是通过借入资金进行的。假设出口是有国外收入决定的（它们是国外的进口），并且不随国内收入的改变而变化。最后，政府支出与收入无关。因此，I、G 和 EX 都与当期国内收入无关，因此图 21-2 下半部分中的 $I+G+EX$ 线是水平的。

式（21-1）表明当 $S+T+IM=I+G+EX$ 时，均衡就会实现。在图 21-2 的下半部分，点 A 表示在 Y_A 收入水平下的均衡水平。在图的上半部分，Y_A 与 *IS* 曲线上的 A 点保持一致。这一点还与特殊的利率 i_A 相关。

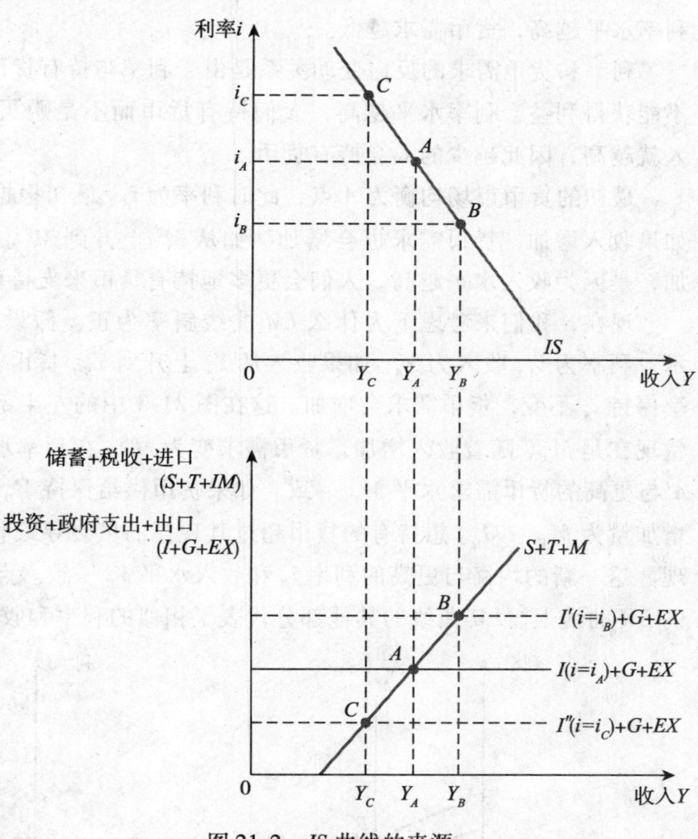

图 21-2　*IS* 曲线的来源

要理解为什么 *IS* 曲线向下倾斜，就要考虑到利率改变是会发生什么。假设利率下降。在更低的利率下，更多的潜在投资项目会变得有利可图（当借入资金的成本下降时，公司不会要求投资有同等的高回报），因此投资会增加，正如图 21-2 中所示 $I+G+EX$ 移动到 $I'+G+EX$。在这一高投资下，均衡的收入增加到 Y_B。*IS* 曲线上的点 B 描述了这一新的产品市场均衡，有更低的利率 i_B 和更高的均衡收入 Y_B。

最后，我们来看下当利率上升时会发生什么。当借入资金的成本增加是，随着越来越少的项目能获利，投资会下降。在更低的投资水平下，图 21-2 的 $I+G+EX$ 曲线会向下移动到 $I''+G+EX$。新的均衡点 C 与收入水平 Y_C 相对应。上面的 *IS* 曲线图中点 C 与均衡的收入 Y_C 和均衡利率 i_C 一致。*IS* 曲线上的其他点是产品市场上任意收入和利率的组合的均衡点。

我们必须记得 *IS* 曲线是在国内价格（和汇率水平）保持不变的情况下得到的。国内价格水平的改变会引起国内商品价格相对外国商品的变化。如果国内价格下降（假设利率不变），投资、政府支出、税收和储蓄都会改变；但是由于国内商品现在相对国外商品要便宜，出口会增加，进口会下降。结果，$I+G+EX$ 曲线会向上移动，$S+T+IM$ 曲线会向右下移动。双方面的调整会带来均衡收入的提高。由于利率不变收入增加，*IS* 曲线会向右移动。国内价格水平的增加会引起 *IS* 曲线向左移动。当汇率上升而价格水平保持不变时，会出现相似的结果。

21.3 *LM* 曲线

图 21-1 中的 ***LM* 曲线**（LM curve）是在货币需求等于货币供给时的 i 和 Y 的组合。图 21-3 给出了 *LM* 曲线的由来。左半部分给出了货币需求曲线 M^d 和货币供给曲线 M^S。水平轴代表了货币数量，纵轴代表利率水平。货币供给的实际值为 M_0。货币需求曲线向下倾斜，表明利率水平越高，货币需求越低。

利率和货币需求的反向变动关系是由于利率与持有货币的机会成本有关。由于持有货币不能获得利益，利率水平越高，人们持有货币而不是购买其他获益资产所需支付的利息收入就越高，因此越少的人会持有货币。

最初的货币市场均衡为 A 点，此时利率为 i_A。最初根据收入水平确定的货币需求为 M^d。如果收入增加，货币需求也会增加，如从 M^d 上升到 $M^{d'}$。货币需求在一给定的利率下会增加，是因为收入水平越高，人们会更多地持有货币来支持他们增加的商品购买。

现在，我们来考虑下为什么 *LM* 曲线斜率为正。假设最初的均衡点在 A，如图 21-3 所示，利率为 i_A，收入为 Y_A。如果收入从 Y_A 上升到 Y_B，货币需求就会从 M^d 上升到 $M^{d'}$。如果利率保持 i_A 不变，货币需求会增加。这在图 21-3 中的左半部分可以看到，由于货币需求的数量现在是 $M_{A'}$。随着收入增加，货币需求变为 $M^{d'}$。在利率水平 i_A 下，在货币需求曲线上的点 A' 与更高的货币需求水平 $M_{A'}$ 一致。如果货币供给保持 M_0 不变，那么对货币的需求会增加，增加量为 $M_{A'}-M_0$。想持有的货币超过其现存的量会导致利率的增长直到新的均衡在 B 点实现。这一新的均衡与更高的利率 i_B 和收入水平 Y_B 一致。点 A 和 B 都出现在图 21-3 右半部分的 *LM* 曲线上。*LM* 曲线的其他部分代表了相似的利率和收入的均衡组合。

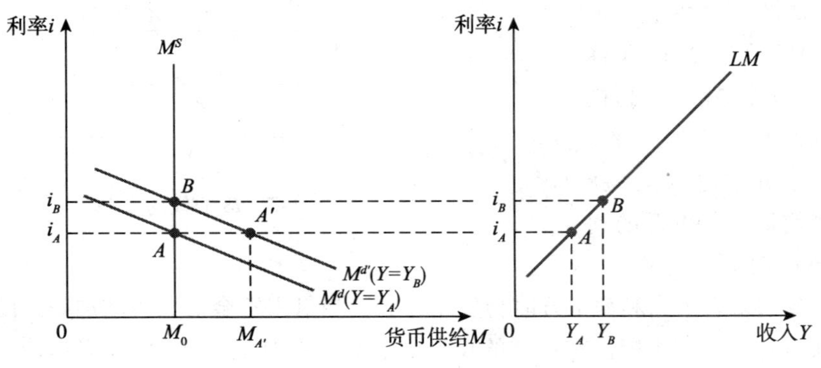

图 21-3 *LM* 曲线的来源

LM 曲线是在特定的货币供给下得到的。如果货币供给增加，货币需求的量就会增加来重新实现均衡。这就要求 i 降低，因此 *LM* 曲线会向右移动。同样，货币供给的减少会导致利率上升，因此 *LM* 曲线向左移动。

21.4　*BP* 曲线

图 21-1 中的最后一条曲线就是 BP 曲线。***BP* 曲线**（BP curve）是在国际收支平衡时的 i 和 Y 的组合。*BP* 曲线是在国内价格、汇率和净国外负债给定时得到的。当官方结算项目等于 0 时，均衡就实现了。只有当经常项目盈余（赤字）等于资本项目赤字（盈余）时才会发生。图 21-4 解释了 *BP* 曲线的由来。下半部分的图给出的 *CA* 线代表经常项目盈余，*KA* 线代表资本项目赤字。*CA* 线向下倾斜，因为随着收入增加，国内进口会增加，并且经常项目盈余减少。假设资本项目是由利率决定的，与收入无关。因此，*KA* 线是水平的。当经常项目余额等于资本项目余额时，均衡就实现了，因此官方结算项目等于 0。最初，均衡出现在 *A* 点，收入水平为 Y_A，利率水平为 i_A。如果利率上升，国内资产对外国买家的吸引力就更大，那么资本项目赤字会下降到 *KA'*。在原有的收入水平 Y_A 下，经常项目盈余会超过资本项目赤字，因此收入会上升到 Y_B，并且新的均衡为 *B* 点。点 *A* 和 *B* 都在图 21-4 的 *BP* 曲线上，当 i 上升时，Y 必须也同时上升以保持均衡。只有一条向上倾斜的 *BP* 曲线，才能保证 i 和 Y 的组合在不同的 i 下保持均衡。

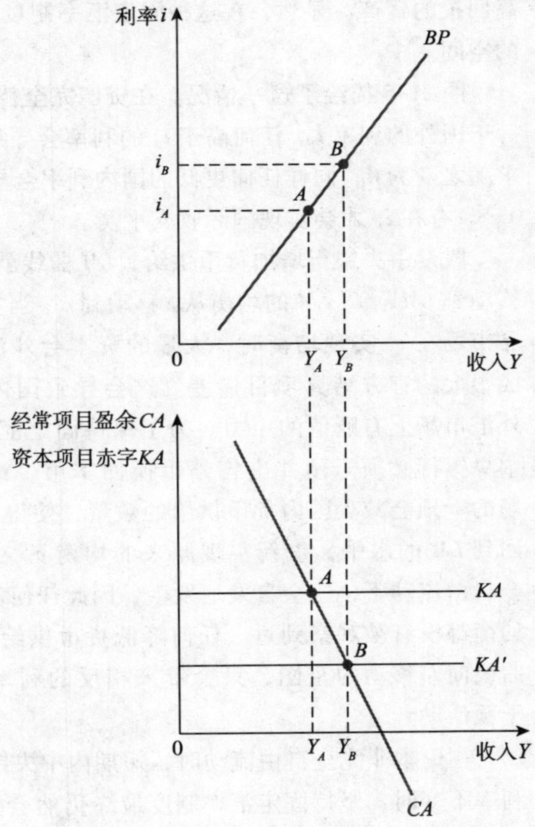

图 21-4　*BP* 曲线的来源

21.5　均衡

经济体均衡要求全部三个市场——产品市场、货币市场和国际收支——都实现均衡。当 *IS*、*LM* 和 *BP* 三条曲线交于同一（均衡）水平的利率和收入时，均衡就会实现。图 21-1 中，点 e 是均衡点，均衡利率为 i_e，均衡收入为 Y_e。*IS-LM-BP* 的均衡会维持在所有产品出清、货币需求等于货币供给以及经常账户盈余等于资本账户赤字使得官方结算账户为零，直到某些变化的出现使得其中一条曲线移动。

21.6　固定汇率制度下的货币政策

在解释 *BP* 曲线来源的时候，我们假设国内经济体中更高的利率会吸引外国投资者，并使得资本账户逆差减少。在固定汇率制度下，国内的中央银行不能独立于世界其他国家自由调节货币政策。在第 18 章的讨论中我们提到，在短期内，如果国内与国外的金融资产不是完全替代的，中央银行就应该对货币供给给予一定控制。如果资产是完全替代的，那它们必定给投资者带来相同的回报。在固定汇率制度下，这表示国内利率将会等于国外利率。如果资本可以完全自由流动，那么任何国内利率和国外利率的背离都会导致投资者只持有高回报的资产。显然，在这种固定汇率制度的情况下，中央银行没有调控独立的货币政策的空间。

图 21-5 描绘了这一情况。在资产完全替代时，*BP* 曲线是水平的，国内利率水平为 i，并等于国外的利率 i_F。任何高于 i_F 的利率会导致大量（无限的）资本流入，而对外国资产的需求随之变为 0，同样任何更低的国内利率会导致大量资本外流，对国内资产的需求随之变为 0。只有在 i_F 才会实现国际收支平衡。

假设中央银行增加货币供给，*LM* 曲线就会从 *LM* 移动到 *LM′*。*IS-LM* 的均衡从 e 移动到 e'。当货币和产品市场在 e' 实现均衡时，大量的资本会外流，并造成很大的官方结算项目逆差。这会导致国内货币在外汇市场上有贬值的压力。为了保持固定汇率制度，中央银行必须干预并出售外币换回本币。对外汇市场的干预会减少国内货币供给的数量，使得 *LM* 曲线回到 *LM* 的水平，重新实现原来的均衡 e。在资本完全自由流动下，这会自发地发生，因此任何离开 e 的均衡都没有被观察到过。任何降低货币供给和将 *LM* 曲线向左移动的企图，只会带来相反的利率变动和干预活动。

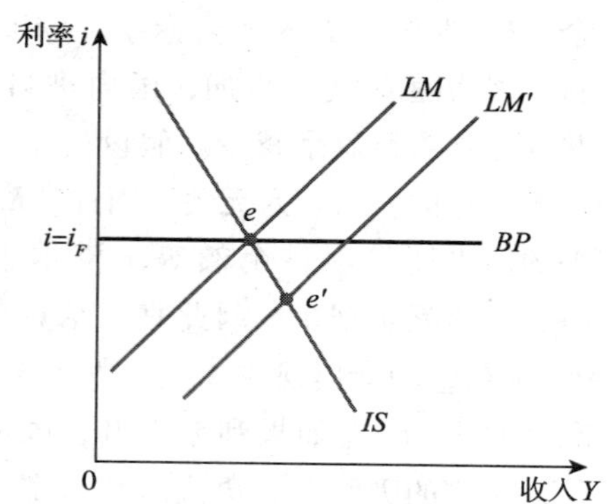

图 21-5 固定汇率和资本完全流动条件下的货币扩张

在资本非完全自由流动时，短期内中央银行对货币供给还是有一定的作用。在面对国外利率不变时，坚持固定汇率制度最终仍然会要求一个相反的政策。随着时间的推移，这一过程本质上是持续的而非短暂的。例如，图 21-5 中，从 e 向 e' 的移动可以在一段可观察的时间（几周或几个月）中出现。国际收支逆差增加这一结果也可能持续几个月。调节速度缓慢的根本原因在于国内利率在短期内与国外利率产生差异的能力。

21.7 固定汇率制度下的财政政策

政府开支或税收的变化会引起 *IS* 曲线的变化。假设实行扩张政策。图 21-6 阐释了这一效应。在固定汇率制度、资产完全替代以及资本完全自由流动情况下，*BP* 曲线是水平的，并且 $i = i_F$。政府开支的增加使得 *IS* 曲线向右移动到 *IS′*。国内均衡从 e 移动到 e'，这意味着更高的均衡利率和收入水平。由于 e' 在 *BP* 曲线上方，官方结算项目会出现顺差，这是由于更高的国内汇率吸引外资流入。为了阻止本币升值，中央银行必须增加货币供给并用本币买入外币。货币供给的增加使得 *LM* 曲线向右移动。如图 21-6 所示，当货

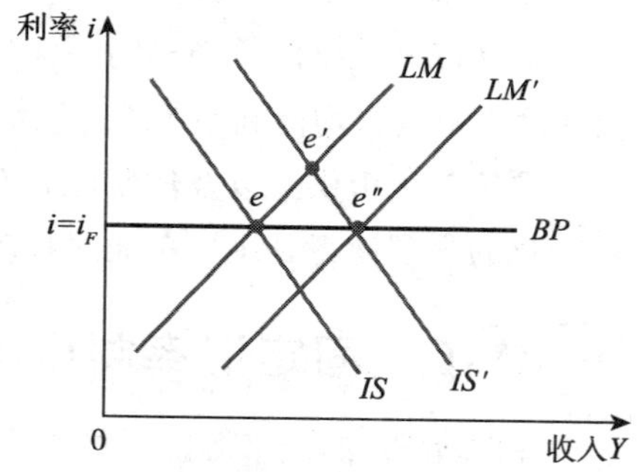

图 21-6 固定汇率和资本完全流动条件下的财政扩张

币供给增加到足够使 *LM* 曲线移动到 *LM'* 时，均衡在 e'' 点实现。注意，在点 e''，利率回到 $i = i_F$，产出增加。

后一个结果与前一部分的扩张性货币政策完全不同。在固定汇率制度和资本完全自由流动下，货币增长对改变收入水平是无效的。这是因为在固定汇率制度下，独立的货币增长没有操作的空间。相反，财政政策对收入有很大的影响，并能用于刺激国内经济。

21.8　浮动汇率制度下的货币政策

我们现在来考虑一个浮动汇率制度和资本完全自由流动的情况。这部分分析与前两个固定汇率制度部分的显著区别是，在浮动汇率制度下，中央银行没有义务干涉外汇市场来维持特定的汇率。没有干预时，经常项目盈余（赤字）就总会等于资本项目赤字（盈余），官方结算项目始终为零。此外，由于中央银行不干预维持固定汇率，货币供给就可以由货币当局决定改变到任何水平。根据浮动汇率制度的支持者，货币政策的这一独立性是浮动汇率制度的一个优点。

资产完全替代和资本完全自由流动的假设与前面一样会导致 $i = i_F$。*BP* 曲线在 $i = i_F$ 时再一次是水平的。只有现在，当经济条件发生变化时，国际收支的均衡会要求汇率也随之改变。

汇率的改变会引起 *IS* 曲线的移动。如果我们假设国内和国外产品价格在短期内是固定的，那么本币的贬值会使得本国商品相对便宜并刺激国内的净出口。由于净出口是总支出的一部分，*IS* 曲线会向右移动。本币升值则会导致国内净出口下降并引起 *IS* 曲线向左移动。图 21-7 解释了扩张性货币政策的效应。货币供给增加引起 *LM* 曲线右移到 *LM'*。利率和收入在点 e' 实现货币市场和产品市场的均衡，但会导致更大的资本项目逆差（并且官方结算项目赤字），这是由于国内利率水平比 i_F 低。由于汇率可变，随着汇率的调节重新实现均衡，官方结算项目赤字是可以避免的。特别地，官方结算项目赤字会带来本币贬值的压力。这一贬值与 *IS* 曲线的右移有关，这是因为净出口增加。当 *IS* 曲线移动到 *IS'* 时，新的均衡在 e'' 实现。在 e'' 点，收入增加，国内利率等于国外利率。

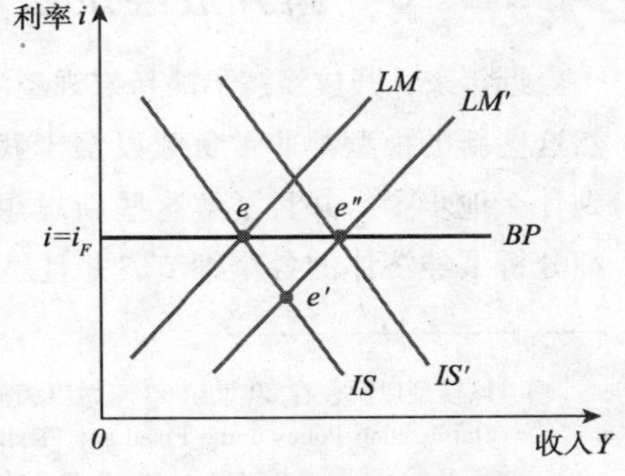

图 21-7　浮动汇率和资本完全流动条件下的货币扩张

如果发生的是货币紧缩而不是扩张，那么结果就会相反。短期的高利率会减少资本项目逆差，带来本币升值的压力。同样，本国净出口减少，*IS* 曲线左移直到新的均衡在一个较低的收入水平和原来的 $i = i_F$ 利率水平下重新实现。

与固定汇率相反，在浮动汇率制度下货币政策能够改变收入水平。由于通过汇率调整就可以保持国际收支平衡，中央银行就能够独立与其他国家制定其货币政策。

21.9　浮动汇率制度下的财政政策

一项扩张性的财政政策，比如减税或者增加政府支出，会使得 *IS* 曲线向右移动。早前在固定汇率制度下已经知道，这种政策会带来更高的国民收入。但在浮动汇率制度下，我们会看到情况截然不同。

在图 12-8 中，一项扩张性的财政政策使得 *IS* 曲线从 *IS* 向右移动到了 *IS'*。这一移动会在点 *e'* 形成一个中间均衡。在点 *e'* 商品市场和货币市场都是均衡的。但有出现官方结算顺差的趋势，这是因为利率在 *e'* 点会更高，则引起资本项目逆差减少。由于利率可以自由调节来消除国际收支顺差，因此本币升值。这一升值会使得本国出口减少，进口增加；随着净出口的减少，*IS* 曲线会向左移动。当 *IS* 曲线回到原来的位置时，所有市场的均衡又重新实现了。注意到原来的均衡出现在 *i* 和 *Y* 的水平下。在浮动汇率制度下，财政政策对于改变国民收入没有什么影响。当一项扩张的财政政策对收入没有影响时，完全的**挤出效应**（crowding out）就会产生。这一挤出的发生是由于扩张性的财政政策引起本币升值，致使净出口减少，其减少的水平刚好抵消了积极财政政策对收入的影响。

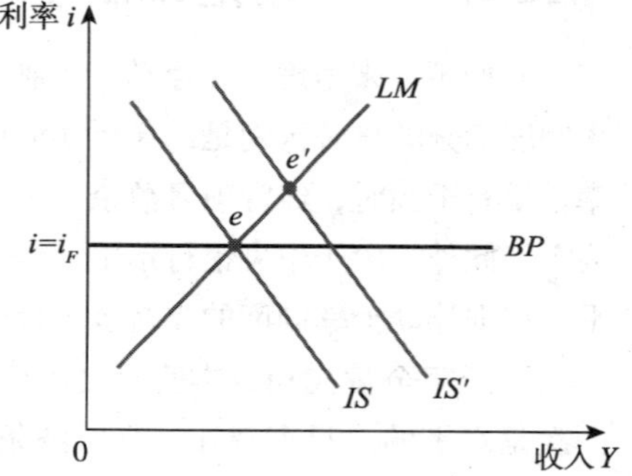

图 21-8 浮动汇率和资本完全流动条件下的财政扩张

这一浮动汇率制度和完全资本流动的情况通常被称为开放经济下的**蒙代尔－弗莱明模型**（Mundell-Fleming model）。[㊀]价格水平不变和完全资本流动的假设可能与现实情况不符，但蒙代尔－弗莱明模型的普及表明很多研究都认为这是一个非常有用的能用来理解浮动汇率制度下宏观经济政策的工具。[㊁]

21.10 新开放经济宏观经济学

近年来，开放经济下的新宏观经济模型发展都超越了我们先前所述的 *IS-LM-BP* 框架。[㊂]虽然这些新的模型都非常负载以至于我们再次无法具体描述，但我们应该知道经济思想发展到什么地步了，并且了解这些新思想的含义。新的国际经济学从个体企业和家庭的层面仔细分析了经济体的各个细节，并且思考他们的行为是如何组成宏观经济现象的。

㊀ 该模型以两位在 20 世纪 60 年做出相似模型的研究者的姓名来命名：Robert A. Mundell，“Capital Mobility and Stabilization Policy under Fixed and Flexible Exchange Rates，” *Canadian Journal of Economics*（1963 年 11 月）；以及 Marcus Fleming，“Domestic Financial Policies under Fixed and under Floating Exchange Rates，” *IMF Staff Papers*（1962 年）。在这个领域有大量的文献。一个有用的综述是 Lucio Sarno 和 Mark P. Taylor，*The Economics of Exchange Rates*（Cambridge：Cambridge University Press，2002）。

㊁ 显然，价格在现实世界中不是固定的，因此这是一个为了方便做出的假设。资本完全流动不是一个明显的命题，但研究总体认为这也不是真实的。

㊂ 关于这一领域文献的有用的综述参阅 Philip R. Lane，“The New Open Economy Macroeconomics：A Survey，” *Journal of International Economics*（2001 年 8 月）；Lucio Sarno，“Toward a New Paradigm in Open Economy Modeling：Where Do We Stand?” *Federal Reserve Bank of St. Louis Review*（2001 年 5 月/6 月）；以及 Nelson C. Mark，*International Macroeconomics and Finance*（Malden，Mass.：Ballinger，2001）。这一领域中的一些论文包括 Maurice Obstfeld 和 Kenneth Rogoff，“Exchange Rate Dynamics Redux，” *Journal of Political Economy*（1995 年 6 月）；Caroline Betts 和 Michael B. Devereux，“Exchange Rate Dynamics in a Model of Pricing－to－Market，” *Journal of International Economics*（2000 年 2 月）；以及 Giancarlo Corsetti 和 Paolo Pesenti，“Welfare and Macroeconomic Interdependence，” *Quarterly Journal of Economics*（2001 年 5 月）。

IS-LM-BP 模型集中考虑一个国家，并将世界其他国家抽象掉作为背景。新的国际经济学特点在于考虑两个国家（你可以将其中一个认为是世界其他国家），宏观经济的决定关键则有很多，比如收入、价格以及汇率。这类模型关于国内货币供给激增的预测包括如下效应：国内和国外的消费指数增加；国内收入增加比国外快；国内货币贬值；购买力平价保持不变。

IS-LM-BP 模型假设价格水平不变。在许多新国际经济学模型中，短期内价格是固定不变的，但长期内允许价格随时间有动态调整，这是静态的 *IS-LM-BP* 模型中没有的。在许多新国际经济学模型中，如果价格是完全富有弹性的，那么货币供给的冲击在购买力平价假设下，将对实际因素比如收入或消费没有影响。这种情况下，价格将与货币供给同比例变动，并且汇率将会变动使得国内外的相对价格保持不变（一价定律），因此消费和生产都不会受到影响。因此“黏性价格”的假设对于开支和产出变化的发生非常重要。

由于有很多证明都反对一价定律，一些研究就将重点集中到修改过的新国际经济学模型上，这些模型允许**因市定价**（pricing to market）。这一现象出现在各个国家的当地货币价格能够反映当地市场状况，并且允许跨国间价格歧视的时候。在这种情况下，购买力平价不成立，因此一国货币供给的改变会导致更大的汇率变化，这是由于相对缺少对跨国间价格水平的反应。这是一项非常重要的改变，因为我们观察现实世界的汇率变化比国家间相对价格的变化要大很多。

21.11　国际政策协调

本章到目前为止已经阐明了在固定和浮动汇率制度下的财政和货币政策效应。从20世纪70年代以来，主要工业化国家已经普遍实现了浮动汇率制度。在这一框架下，财政和货币政策会造成很大汇率变动。发达国家间高度的资本自由流动的存在表明财政活动导致的国内利率与国外给定利率的分歧，会由于汇率对净出口的影响很快被消除，如图21-8所示。许多经济学家认为，美国净出口在20世纪80年代中期的大量下降是由美国政府的扩张性财政政策造成的。

净出口的这一减少怎样才能最小化呢？如果所有的国家协调它们的国内政策，并且同时刺激它们的经济，世界利率会上升，并且汇率变化和净出口调整的压力会减少。图21-8所示的问题是一个单一国家实行扩张性财政政策而其他国家保持政策不变而产生的，因此 i_F 保持不变。如果 i_F 随着 i 的上升同时上升，*BP* 曲线会向上移动，因此国际收支平衡会在更高的利率水平下维持。

相似地，货币政策导致的汇率和净出口变化可以减少如果中央银行协调政策使得 i_F 与 i 同时变化。这里有大量的外汇市场干预协调的例子，一组中央银行共同实施旨在实现相对美元贬值或升值的政策。全球视角21-1讨论了一个广为人知的协调干预的例子。这些协调干预旨在实现美元的目标价值，同样使得国内货币政策与其他国家在一条线上。如果美国相对于日本和欧元区国家实施一项扩张性货币政策，美国的利率相对其他国家就会下降，因此出现大量资本项目逆差和美元贬值的压力。如果中央银行决定通过合作来制止美元这一贬值，日本和欧洲中央银行则会在外汇市场上用本币买入美元，同时联邦储备局必须卖出外汇购入美元。这会导致美国和欧洲货币供给增加，并降低美国的货币供给。这一协调干预使得各国货币政策更集中。

全球视角21-1　广场协议

1985年9月22日，美国、西德、日本、英国和法国的代表出现在纽约广场饭店的一个秘密会议上，宣布了旨在使美元贬值的协调干预外汇市场的计划。所谓的5国峰会或G5的国家，对美国国会通过关税和配额限制美国进口的威胁做出反应。协调干预被视为一个可选择的方式，使在国际贸易价格中美元的贬值来刺激美国贸易平衡。

在20世纪80年代初期的升值之后，1985年年初美元开始贬值。但到了8月和9月，美元又开始升值。在广场饭店开展的计划就是设计来引人注意经济基础力量必须要为美元贬值做出贡献。财政部长指出，美国更加适度的经济增长需要伴随其他国家的强大经济增长。他们相信市场汇率不能反映出美元的贬值，因此他们要求紧跟宏观经济政策和协调外汇市场政策来实现美元的价值与他们所希望的价值达成一致。

广场协议对市场有很强的影响。由于五国间的秘密协商，广场协议让人未能预料。广场协议改变了市场上的参与者对未来五国的政策形成的预期。实际上，这似乎是美国政策从自由市场视角转移的一个信号——即关于汇率应该有贸易水平来决定的视角——转变为美国政府将会帮助带来更弱一点美元。

由于对交易员预期的影响，美元在协议签订后的那天即贬值，早于所有的政府干预。一旦干预开始，影响通常会很大。

在协议后几周的任何时间里，美元一旦有升值倾向，美联储就抛售美元。在10月的第一周，美联储就抛售了1.99亿美元来买入德国马克和2.62亿美元买入日元。其目标是是市场参与者坚信五国势必要降低美元的价值。

由于广场协议对汇率的影响以及协议的公营性质，9月22日通常被认为是外汇市场历史上标志性的一天。中央银行和少召开记者招待会来讨论他们的会议和政策计划。这次公告被视为以前里根政府自由市场导向的外汇政策的一个主要变化，它给出了通过国际政策合作来实现国内政治经济目标新趋势的信号。

国际政策协调的基本论调在于这种协调可以稳定汇率。汇率的稳定是否可以在自由浮动汇率的独立政策下带来任何真实的利益是最具争议的。一些专家认为协调货币政策来实现固定汇率或减少汇率在狭窄的“目标区”内的波动可以在货币被“高估”或“低估”时降低国际商品和金融资产贸易的不稳定方面。[⊖]这一观点强调在世界经济一体化程度增加时，似乎更倾向于在国际背景下指导国家经济政策而不是简单地集中在国内政策目标上而不考虑其国际含义。

一个选择性的观点是，大部分的汇率变动都是由于实体经济的冲击，比如技术变化，应该被认为是永久性的改变。在这一观点中，美欧高估或低估货币的情况，因为汇率总是在

⊖ 一个影响重大的例子是Ronald I. McKinnon, *An International Standard for Monetary Stabilization*（Washington, D. C.: Institute for International Economics, 1984）。

给定的当前经济情况中实现均衡。[一]还有，政府不能通过干预外汇市场来操纵名义汇率，使其出现某一特定水平来改变商品国际间的实际相对价格，因为价格水平会根据新的名义汇率调整。随后，这一观点指出旨在降低通货膨胀和稳定国内经济的政府政策是最好的。

除了汇率目标，考虑到国际经济的相互依靠性，国际政策协调还包括其他宏观经济目标。其中一个例子就是避免所谓的以邻为壑政策，即一国通过低估其本国货币来刺激出口并阻止进口。如果其他国家的反应也是低估本币，那么一系列的低估竞争最终会导致没有一方可以从其他国家获益，但所有国家都会面临与低估本币相连的更高的通货膨胀。这些低估本币的竞争可能可以通过国际政策协调来避免，规定单个国家实施以邻为壑政策不可能获得成功。政策协调有时候会用来刺激从一国向另一国的特定出口。例如德国或美国一样的大国通过刺激它们的经济来增加进口。然后增加的进口可以刺激其他国家的经济增长。这通常被称为**火车头效应**（locomotive effect），即大型经济体拉动在其后面的世界其他国家，如同火车头拉动其他的火车一样。

关于国际政策协调的水平和形式的争论在富有国家经济增长放慢这段时间有愈加激烈的趋势。许多领头的经济学家也参与进来，但在实际操作上的问题是不同的政府有不同的目标重点，也会对当前经济形势有不同看法。要形成国际政策一直比典型的学术争论要复杂得多，据推测，政府对当前问题和可选择政策的一致看法会对这些问题产生影响。[二]

在21世纪第一个10年的中期，关于国际经济政策的主要议题就是大量增长的美国经常项目逆差以及有什么可以改变来减少逆差。到2004年年初，美国经常项目逆差创纪录的高达GDP的6.3%。巨大的经常项目逆差是外国政府和中央银行买入美国证券筹措而来的。一些言论认为美国应该通过增加个人储蓄和降低政府预算赤字来增加储蓄，如此降低美国的进口来降低经常账户逆差。其他则认为外国充斥着大量储蓄刺激了美国经常项目逆差的增长——也就是说，世界其他国家的储蓄者认为美国的投资机会很有吸引力，因此资本不断向美国涌入，导致资本项目顺差和相应的经常项目逆差。

美国真的应该把它的经常项目逆差归责世界其他国家的错吗？对于这个问题不同的观点引起了对于该做什么的争论。一些人说这个问题在于亚洲的政府维持对美元的固定汇率，这会导致它们积累大量的与干预外汇市场有关的美元主导的金融资产，用以维持固定汇率。例如，中国通过买入美元主导的金融资产以对私人部门卖出美元换人民币的行为做出反应，

[一] 关于这个方法一个有力的论证参阅 Alan C. Stockman, "The Equilibrium Approach to Exchange Rates," *Federal Reserve Bank of Richmond Economic Review*（1987年4月）。

[二] 一些研究考虑了单个政府持有不同意见的重要性和影响。这些研究包括 Atish Ghosh, "International Policy Coordination in an Uncertain World," *Economics Letters 3*（1986年）; Gerald Haltham, "International Policy Coordination: How Much Consensus Is There?" *Brookings Discussion Papers in International Economics*（1986年9月）; Torsten Persson 和 Guido Tabellini, "Double - Edged Incentives: Institutions and Policy Coordination," in *Handbook of International Economics*, ed. Gene Grossman 和 Kenneth Rogoff（Amsterdam: North Holland, 1995）; Pierpaolo Benigno, "A Simple Approach to International Monetary Policy Coordination," *Journal of International Economics*（2002年6月）; 以及 Matthew Canzoneri, Robert E. Cumby 和 Behzad T. Diba, "The Need for International Policy Coordination: What's Old, What's New, What's Yet to Come?" *NBER Working Paper 8765*（2002年2月）。关于协调可能不是必须的或不会带来利益的观点，请见 Kenneth S. Rogoff,, "A Vote Against Grandiose Schemes," *Finance and Development*（2003年3月）。

来维持人民币对美元的固定汇率。美国的政治家们要求中国允许人民币升值，这样中国产品对美国的买家来说价格就会上升，从而降低美国对中国的赤字。对于这一建议政策的批评者指出，汇率不能改变太多，并且美国对中国的赤字产生的影响比大多数人相信的要小很多。中国学者认为他们的经济还没有准备好实施弹性汇率制度，并且如果人民币显著升值，这一升值会对许多中国产业和工人造成损失。

这一争论指出了跨国经济政策协调正在面临的难题。一国居民认为有利的政策，在其他国家看来却可能是有害的。

21.12 全球金融危机及宏观经济影响

2008～2009 年的国际金融危机期间，很明显看到全球政策协调并未成熟，但各国却采取了相似的政策。为了抵制房价下跌和其他资产价格下落的严重衰退，以及消费和经济开支的严峻下滑，政府增加了开支并且伴随着财政赤字增加。与此同时，中央银行紧急降低利率并且设立基金帮助金融机构刺激贷款。

金融危机是关于国际经济是相互关联的一个阐述。曾经有过长期的繁荣，并且银行最终在借贷标准上放宽。在这一时期，金融机构开始追逐创造贷款的政策，并将这些贷款卖给其他金融机构和投资者，德国一家小银行也能够买下来自于美国的打包的房贷利息。它们的想法是这样可以分散风险，因此许多机构也做未收回贷款而不仅仅是创造它们的银行。但没有意识到的是，这一向其他机构销售未收回贷款的进程，导致一些贷款机构开始对信用低下借款者放宽申请标准——因为贷款机构已经将风险通过售卖转移给其他人了，这就是所谓的次级贷款。随着住房价格的快速上涨，借款机构相信通过非常简单的方式向借款人借出贷款是非常安全的。如果一个借款人拖欠贷款，银行可以占有房子来获得比原售价更多的利益，并且银行可以避免损失。

直到 2006 年这一时期有时被称为房价“泡沫”。一旦泡沫破灭，房价就会下跌，银行会发现借给有限偿还能力的借款者的次级贷款变成了一个严重的问题。这不仅仅对原借款机构是个问题，还对所有其他买过他们的打包贷款的金融机构也是个问题。这种贷款在美国和欧洲尤其严重，其中一个结果就是金融危机率先袭击了这些国家。但是，由于贷款和消费的下降带来的衰退逐渐影响了全球。如果富有的国家大量削减它们的开支，会减少它们的购买即其他国家的出口，使得这些国家的经济受损。全球经济是一体的；2008～2009 年的全球金融危机深刻提醒了我们这个事实。

21.13 开放经济乘数

我们可以用本章展开的宏观经济模型来分析支出变化对国民收入均衡水平的影响，并假设利率不变。我们从图 21-2 下半部分基本的宏观经济均衡情况开始：

$$S + T + IM = I + G + EX \tag{21-2}$$

在均衡中，储蓄加税收加进口的计划水平必须等于投资加政府支出再加出口的计划水平。为了找到国民收入（Y）和净出口（$EX - IM$）的均衡水平，我们必须根据式（21-2）中的变量做出假设。特别地，我们假设储蓄和进口都与国民收入水平相关。国民收入越高，人民的储蓄就越多，并且花在进口商的支出也越多。新增收入中人们愿意用于储蓄的分数被称为边际储蓄倾向，我们用 s 表示。新增收入中人们愿意用于增加进口的分数被称为边际进口倾向，我们用 m 表示。因此，$S = sY, IM = mY$。式（21-2）中的其他变量（T、I、G 和 EX）都被视为由外生因素决定而不是收入水平决定。

有了这些假设，我们可以用新的字母来代替 S 和 IM，并将式（21-2）重写为：

$$sY + T + mY = I + G + EX \tag{21-3}$$

将 Y 都放到方程左边，并将 T 移到方程的右边，我们有 $(s+m)Y = I + G + EX - T$。解出方程中 Y 的均衡产出水平为：

$$Y = (I + G + EX - T)/(s + m) \tag{21-4}$$

如果 I、G 或 EX 增加 1 美元，Y 的均衡水平将会增加 1 美元的 $1/(s+m)$ 倍。T 的增加会导致 Y 的下降。$1/(s+m)$ 的值被称为**开放经济乘数**（open-economy multiplier）。这一乘数等于边际储蓄倾向（s）加上边际进口倾向（m）的倒数。因为 s 和 m 都是小于 1 的分数，我们预期这一乘数值会大于 1，因此 I、G 或 EX 的增加会导致国民收入的均衡水平比支出的变动水平更大。相反地，对美国和欧洲大市场出口的下降会导致其他国家均衡收入水平的衰退或下降，正如在前面部分讨论的国际金融危机的宏观经济效应。

我们来考虑一个乘数效应的例子。假设我们回到图 21-9 中所示的图 21-2 的模型中。在这个经济模型中，边际储蓄倾向为 0.3，边际进口倾向为 0.2，税收为 20，投资、政府支出和出口各为 10（假设以 10 亿美元为单位）。在这个例子中，宏观经济模型为：

$$S + T + IM = 0.3Y + 20 + 0.2Y = 0.5Y + 20 \tag{21-5}$$

和

$$I + G + EX = 10 + 10 + 10 = 30 \tag{21-6}$$

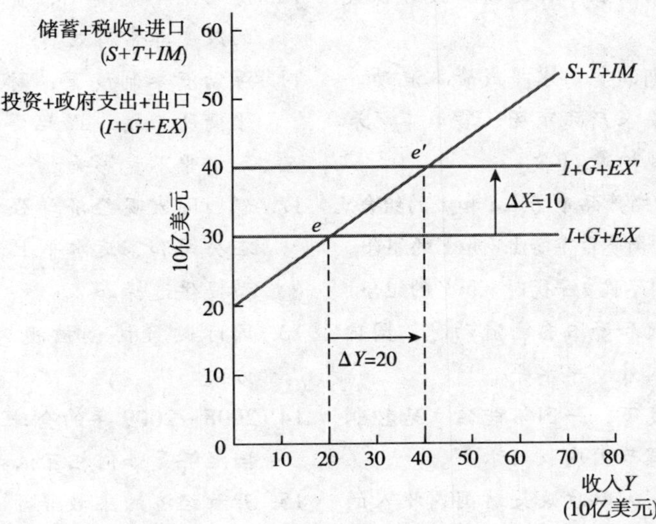

图 21-9　出口增长效应

这两个方程式在图 21-9 中用线 $S + T + IM$ 和 $I + G + EX$ 表示。交点为 e，此处国民收入的均衡水平为 200 亿美元。

收入的均衡水平可以通过式（21-4）找到，并用给定值代替各变量：

$$Y = (I + G + EX - T)/(s + m) = 10/0.5 = 20 \tag{21-7}$$

无论我们是用代数还是几何的方法求解 Y 的均衡水平，我们都得到了200 亿美元的值。

如果出口增加会发生什么？例如，假设出口从100 亿美元增加到200 亿美元。在图21-9中，$I+G+EX$ 线根据出口的变动量向上移动到 $I+G+EX'$。这两条线是平行的，因为它们在每个收入水平下只相差一个不变的100 亿美元的出口。新的均衡收入水平为400 亿美元，在新的交点 e' 实现。注意到出口增加了100 亿美元，而收入却增加了200 亿美元，从原来的200 亿美元增加到400 亿美元。由于均衡国民收入的增长是出口增长的2 倍，开放经济下的乘数一定是2。从代数上来讲乘数是 $1/(s+m)$，在这个例子中是 $1/(0.3+0.2)=1/0.5=2$。在本例中，I、G 或 EX 都会使得 Y 的增加是支出增加的2 倍。

乘数效应背后的知识已经在经济学原理一课中教给大家了。如果开支，比如出口，在某些产业中增加，那么该产业所使用要素的收入也会增加。这些雇用资源所有者，比如劳动者，会增加他们在产品和服务上的开支，并刺激未来的生产，以及未来收入和支出的增加。这一“乘数效应”具有有限的价值，因为并不是所有增加的收入都用在了国内经济上。一些被储蓄起来了，一些花在了进口上。储蓄和进口被视为国内支出的漏出量，会使得乘数变小。边际储蓄倾向和边际进口倾向越大，乘数越小。

在现实世界中，由于税收和来自世界其他国家的反馈效应的存在，这种乘数效应会更加复杂。但是，本质的一点——支出的变化会带来更大的国民收入的变化——是不变的。稳定的经济增长需要稳定的支出增加。

小　结

1. 内部平衡是国内增长率伴随着一致的低失业率。
2. 外部平衡指预期的贸易水平或资本流动。
3. 宏观经济均衡要求产品市场、货币市场和国际收支都实现均衡。
4. *IS* 曲线代表了均衡产品市场上 i 和 Y 的组合。
5. *LM* 曲线代表了均衡货币市场上 i 和 Y 的组合。
6. *BP* 曲线代表了国际收支平衡时 i 和 Y 的组合。
7. 在资产完全替代和资本自由流动时，国内利率水平等于国外利率水平。
8. 在固定汇率制度下，一国不能独立地控制其货币政策来调节国内收入水平。
9. 固定汇率制度下，财政政策对国内收入的改变非常有效。
10. 浮动汇率制度下，货币政策对国内收入的改变非常有效。
11. 浮动汇率制度下，财政政策被国际收支平衡所抵消，因此会出现挤出效应，收入水平不受影响。
12. 新国际宏观经济学强调将经济模型建立在公司和家庭水平上，并为 *IS-LM-BP* 模型提供选择。
13. 国际政策协调被视为稳定汇率的一种方式。
14. 2008～2009 年的全球金融危机显示了各国经济是如何相互依存的。
15. 开放经济的乘数等于边际储蓄倾向与边际进口倾向之和的倒数。

习　题

1. 定义内部和外部平衡，并举例说明为何追求一个目标的实现会导致实现另一个目标出现问题。

2. 宏观经济政策的主要工具是什么？解释并阐明各种工具是如何使 *IS* 或 *LM* 曲线变动的。
3. 假设一国有高失业率和国际收支逆差。运用 *IS-LM-BP* 模型解释如何运用政府政策能增加收入并重新实现国际收支平衡。
4. 为什么货币政策有效性随着汇率是否具有弹性而改变？
5. 从各自的市场均衡情况推导 *I*、*LM* 和 *BP* 曲线。解释为什么各曲线的斜率是那样的。
6. 画出 *IS-LM-BP* 的均衡。现在，加入一个比原有均衡具有更高收入水平和更低利率水平的点 *A*。详细解释点 *A* 不均衡的特性（在各个单独市场的情况）。
7. 协调干预政策是如何对宏观经济政策集中的实现起到作用的？
8. 假设美国国会增税。在浮动汇率制度下，仔细阐释产生新的产品市场、货币市场以及国际收支平衡的过程。这一政策对国内收入和就业产生什么影响？
9. 如果墨西哥的价格水平相对美国大幅提高，墨西哥中央银行会做出什么干预政策来保持对美元的固定汇率不变？在分析中运用 *IS-LM-BP* 模型。
10. 假设边际储蓄倾向是0.4，边际进口倾向是0.2。如果投资减少100亿美元，计算均衡国民收入的变化。开放经济下的乘数是多少？
11. 美国国内的次级房屋贷款是如何与欧洲各国的金融危机联系起来的？

参考文献

Bergsten, C. Fred. "Should G7 Policy Coordination Be Revived?" *The International Economy* (Fall 2003).

Carlberg, Michael. *International Economic Policy Coordination*. Berlin: Springer, 2005.

"Complete International Policy Coordination Needed to Avoid Negative Policy Spillovers." *Economics Update*. Federal Reserve Bank of Atlanta (October-December 1993).

Demirguc-Kunt, Asli and Luis Serven. "Are All the Sacred Cows Dead? Implications of the Financial Crisis for Macro and Financial Policies." World Bank Policy Research Working Paper No. 4807 (2009).

Dooley, Michael P., David Folkerts-Landau, and Peter Garber. *An Essay on the Revived Bretton Woods System*. NBER Working Paper 9971. Cambridge, Mass: National Bureau of Economic Research, 2003.

Obstfeld, Maurice, and Kenneth Rogoff. *Foundations of International Macroeconomics*. Cambridge, Mass.: MIT Press, 1996.

Sarno, Lucio, and Mark P. Taylor. *New Developments in Exchange Rate Economics, Volume I*. Cheltenham, U.K.: Edward Elgar, 2002.

如需要更多的习题和补充阅读，请访问我们的网址：www.pearsonhighered.com/husted。

经济学

课程名称	书号	书名、作者及出版时间	版别	定价
银行经济学	978-7-111-23664-1	银行经济学（马修斯）（2008年）	外版	32
西方经济学（微、宏观）	978-7-111-22188-3	经济学（英文版）（哈伯德）（2007年）	外版	88
西方经济学（微、宏观）	978-7-111-28088-0	经济学：私有和公共选择（第12版）（格瓦特尼）（2009年）	外版	78
西方经济学（微、宏观）	978-7-111-29597-6	经济学：私有和公众选择（英文版.第12版）（格瓦特尼）（2010年）	外版	78
西方经济学（微、宏观）	978-7-111-27481-0	经济学原理（精要版）（第4版）（帕金）（2009年）	外版	62
西方经济学（微、宏观）	978-7-111-32830-8	经济学原理（英文版.第4版）（帕金）（2011年）	外版	68
国际经济学	978-7-111-26910-6	国际经济学（第4版）（格伯）（2009年）	外版	48
国际经济学	即将出版	国际经济学（第8版）（赫斯特德）（2011年）	外版	68
国际经济学	978-7-111-29558-7	国际经济学（国际金融分册）（第6版）（阿普尔亚德）（2010年）	外版	39
国际经济学	978-7-111-29034-6	国际经济学（国际贸易分册）（第6版）（阿普尔亚德）（2010年）	外版	59
发展经济学	978-7-111-25123-1	发展经济学（第9版）（托达罗）（2008年）	外版	68
产业经济学	978-7-111-26563-4	产业组织：理论与实践（第3版）（沃德曼）（2009年）	外版	69
博弈论	978-7-111-18644-1	博弈论：战略分析入门（麦凯恩）（2006年）	外版	42
西方经济学（微、宏观）	978-7-111-33476-7	经济学基础（第2版）（李士金）（2011年）	本版	26
西方经济学（微、宏观）	978-7-111-23798-3	经济学基础（李海东）（2008年）	本版	28
税收学	978-7-111-20494-7	税收学（姜竹）（2007年）	本版	33
经济法	978-7-111-32871-1	经济法（葛恒云）（2011年）	本版	32
经济法	978-7-111-21783-1	经济法（郭懿美）（2007年）	本版	36
经济法	978-7-111-13974-4	经济法基础与实务（黄瑞）（2008年）	本版	32
经济地理学	978-7-111-18512-9	经济地理学（陈念平）（2006年）	本版	28
国际经济学	978-7-111-25578-9	国际经济学（精品课）（赵英军）（2009年）	本版	32
国际经济合作	978-7-111-25923-7	国际经济合作（赵永宁）（2009年）	本版	30
国际经济关系学	978-7-111-27371-4	国际经济关系学概论（周林）（2009年）	本版	30
公共支出管理	978-7-111-21170-7	公共支出管理（吴强）（2007年）	本版	28
产业经济学	978-7-111-19084-X	产业经济学：教程与案例（精品课）（干春晖）（2006年）	本版	42
财政学	978-7-111-27276-2	财政学（第2版）（李友元）（2009年）	本版	36
财政学	978-7-111-29769-7	财政学（朱福兴）（2010年）	本版	32
博弈论	978-7-111-30394-7	博弈论及其应用（李帮义）（2010年）	本版	25

教师服务登记表

尊敬的老师：

您好！感谢您购买我们出版的________________________________教材。

机械工业出版社华章公司为了进一步加强与高校教师的联系与沟通，更好地为高校教师服务，特制此表，请您填妥后发回给我们，我们将定期向您寄送华章公司最新的图书出版信息！感谢合作！

个人资料（请用正楷完整填写）

教师姓名		□先生 □女士	出生年月		职务		职称：□教授 □副教授 □讲师 □助教 □其他
学校		学院		系别			
联系电话	办公： 宅电： 移动：	联系地址及邮编		E-mail			
学历		毕业院校		国外进修及讲学经历			
研究领域							

主讲课程	现用教材名	作者及出版社	共同授课教师	教材满意度
课程： □专 □本 □研 □MBA 人数： 学期：□春□秋				□满意 □一般 □不满意 □希望更换
课程： □专 □本 □研 □MBA 人数： 学期：□春□秋				□满意 □一般 □不满意 □希望更换

样书申请			
已出版著作		已出版译作	
是否愿意从事翻译/著作工作 □是 □否		方向	
意见和建议			

填妥后请选择以下任何一种方式将此表返回：（如方便请赐名片）

地 址：北京市西城区百万庄南街1号 华章公司营销中心 邮编：100037

电 话：(010) 68353079 88378995 传真：(010)68995260

E-mail:hzedu@hzbook.com markerting@hzbook.com 图书详情可登录http://www.hzbook.com网站查询